Wolfgang Kraushaar (Hrsg.)
Die RAF

Schriftenreihe   Band 657

Wolfgang Kraushaar (Hrsg.)

Die RAF

Entmythologisierung einer
terroristischen Organisation

bpb:
Bundeszentrale für politische Bildung

Für dieses Buch wurden Beiträge der Originalausgabe von Wolfgang Kraushaar (Hg.), Die RAF und der linke Terrorismus, 2 Bände, Hamburger Edition 2006, neu zusammengestellt, eingeleitet und ergänzt.

Bonn 2008
Lizenzausgabe für die Bundeszentrale für politische Bildung
Adenauerallee 86, 53113 Bonn
© 2006 by Hamburger Edition

Umschlaggestaltung: Michael Rechl, Kassel
Umschlagfoto: © picture alliance / dpa / Werner Braun.
        Polizeiwagen vor dem Gebäude des Springer-Verlags
        nach der Bombenexplosion am 19. Mai 1972
Satz: Dörlemann, Lemförde
Druck und Bindung: Clausen & Bosse, Leck
ISBN 978-3-89331-816-2
www.bpb.de

Inhalt

WOLFGANG KRAUSHAAR
  Einleitung   7

WOLFGANG KRAUSHAAR
  Mythos RAF
  Im Spannungsfeld von terroristischer Herausforderung
  und populistischer Bedrohungsphantasie   15

RUDOLF WALTHER
  Terror und Terrorismus
  Eine begriffs- und sozialgeschichtliche Skizze   50

HERFRIED MÜNKLER
  Guerillakrieg und Terrorismus
  Begriffliche Unklarheit mit politischen Folgen   71

HENNER HESS
  Die neue Herausforderung
  Von der RAF zu *Al-Qaida*   109

MARTIN JANDER
  »Zieht den Trennungsstrich, jede Minute«
  Die erste Generation der RAF   140

TOBIAS WUNSCHIK
  Aufstieg und Zerfall
  Die zweite Generation der RAF   174

ALEXANDER STRASSNER
  Die dritte Generation der RAF
  Terrorismus und Öffentlichkeit   200

Inhalt

CHRISTOPHER DAASE
Die RAF und der internationale Terrorismus
Zur transnationalen Kooperation klandestiner Organisationen   233

ANDREAS ELTER
Die RAF und die Medien
Ein Fallbeispiel für terroristische Kommunikation   270

WOLFGANG KRAUSHAAR
Kleinkrieg gegen einen Großverleger
Von der Anti-Springer-Kampagne der APO
zu den Brand- und Bombenanschlägen der RAF   292

WOLFGANG KRAUSHAAR
Die RAF und ihre Opfer
Zwischen Selbstheroisierung und Fremdtabuisierung   356

LUISE TREMEL
Li*terror*isierung
Die RAF in der deutschen Belletristik zwischen 1970 und 2004   368

Zu den Autorinnen und Autoren   426

Wolfgang Kraushaar

Einleitung

Dreißig Jahre nach dem sogenannten Deutschen Herbst und ein knappes Jahrzehnt nach ihrer Auflösung ist die *Rote Armee Fraktion* (RAF) wieder präsent. Monatelang trat einem die RAF mit Penetranz in nahezu allen gedruckten und elektronischen Medien entgegen. Das Logo mit der quer über einen fünfzackigen Stern montierten Maschinenpistole prangte von Buchtiteln, Theater- und Filmplakaten, auf Fotostrecken in Boulevardblättern, Illustrierten und Magazinen – geradezu als Emblem eines erfolgreichen Markenprodukts. »RAF sells«: Das Thema scheint, wie es in der Wortwahl von Verkaufspsychologen heißt, noch immer zu »ziehen«. Handelt es sich nur um ein aufgeregtes Medienspektakel, soll die Gangsterballade von Bonnie & Clyde nun als nicht enden wollende Fortsetzungsserie Baader & Meinhof nachinszeniert werden? Oder geht es um mehr, etwa um ein bislang verdrängtes Kapitel der deutschen Zeitgeschichte, das im Lichte der globalen terroristischen Bedrohung im 21. Jahrhundert neue Aktualität gewinnt?

An Anzeichen für einen Medien-Hype mangelt es jedenfalls nicht. Die Literaturnobelpreisträgerin Elfriede Jelinek hat ein Stück verfasst, das im Oktober 2006 unter dem Titel »Ulrike Maria Stuart« am Hamburger Thalia-Theater uraufgeführt und zum Publikumsrenner wurde; Stefan Aust, der ehemalige Chefredakteur des *Spiegel*, hat das Drehbuch für die Verfilmung seines Longsellers »Der Baader Meinhof Komplex« abgeschlossen, die Dreharbeiten mit Moritz Bleibtreu und Martina Gedeck in den Hauptrollen haben begonnen; der mehrfach preisgekrönte Dokumentarfilmer Andres Veiel bearbeitet seit längerem die Dreifachbiografie »Vesper, Ensslin, Baader«; der von Gerhard Richter geschaffene, in düsteren Grautönen gehaltene Stammheim-Bilderzyklus ist seit Jahren einer der Publikumsmagneten im New Yorker Museum of Modern Art.

Kulturell ist die RAF präsent wie selten zuvor. Doch warum sollte man sich aus politischen, zeithistorischen oder gar aus pädagogischen Gründen mit ihrer Geschichte beschäftigen? Und warum sollte anderen, zumal Jüngeren, empfohlen werden, sich mit dieser Vergangenheit auseinanderzusetzen, wenn es gerade nicht darum gehen sollte, popkulturellen Affinitäten zu erliegen? Es gibt solche Gründe, und sie sind weder beiläufig noch nebensächlich, sondern durchaus gewichtig, auch und vielleicht insbesondere für die politische Bildung.

Die Frage, warum es eine vergleichsweise kleine Untergrundorganisation wie die RAF vermocht hat, Polizei und Justiz über ein Vierteljahrhundert lang in Atem zu halten und die Öffentlichkeit, insbesondere die Eliten in Politik, Wirtschaft und Finanzen, in Aufregung, ja in Angst und Schrecken zu versetzen, ist nicht einfach zu beantworten. Wie konnte das angesichts ihrer Isolation, ihrer mangelnden sozialen Basis überhaupt geschehen? Resultierte ihre Wirkung nicht damals schon aus Aufgeregtheit und Überreaktion, war sie nicht vor allem das Phänomen einer seinerzeit weit verbreiteten (Medien-)Hysterie?

Anfangs war es keineswegs selbstverständlich, die Akteure der RAF als Mitglieder einer terroristischen Organisation einzuordnen. In der Presse war von ihnen – ganz nach politischer Couleur – entweder als »Baader-Meinhof-Gruppe« oder als »Baader-Meinhof-Bande« die Rede. Und auf den ersten Fahndungsplakaten des Bundeskriminalamtes wurden sie noch als »Anarchistische Gewalttäter« bezeichnet.[1] In dieser Bezeichnung schwang ein Moment mit, das deren Handeln einen gewissen Rest an fehlgeleitetem Idealismus meinte unterstellen zu können.

Das war schon der Tenor bei der Verurteilung der Warenhausbrandstifter, zu denen Andreas Baader und seine Gefährtin Gudrun Ensslin gehörten, im Oktober 1968 gewesen. Das Frankfurter Landgericht hatte sie einerseits zwar wegen menschengefährdender Brandstiftung zu jeweils drei Jahren Zuchthaus verurteilt, andererseits aber in seiner Urteilsbegründung darauf hingewiesen, dass die Angeklagten »keine kriminellen Typen im üblichen Sinne« seien und ihnen deshalb – insbesondere wegen ihrer Bezugnahme auf den Vietnamkrieg – »ideelle Motive nicht abgesprochen« werden könnten.[2] So zerstörerisch der Anarchismus mit seinen Attentaten und Bombenanschlägen auch sein mochte, er unterschied sich mit seinem programmatischen Eintreten für Freiheit und Herrschaftskritik nicht unerheblich vom blanken Terrorismus. Doch schon bald nachdem die ersten Mordtaten der RAF – wie die Erschießung des Hamburger Polizeimeisters Norbert Schmidt im Oktober 1971 – verübt worden waren, schienen derartige Spurenelemente eines politisch ernstzunehmenden Selbstverständnisses vollständig aufgezehrt zu sein.

Im Fall der RAF lässt sich zeigen, warum sich eine Gruppierung, die selbst nicht als terroristisch klassifiziert werden wollte, in kürzester Zeit in einer Dynamik verfing, die sie mehr oder weniger zwangsläufig zu einer terroristischen Organisation werden ließ. Nachdem sich gezeigt hatte, dass Bombenanschläge politisch folgenlos blieben, weil sich ihr Adressat – im weitesten Sinne die lohnabhängige Bevölkerung – der selbsternannten Guerilla hartnäckig verweigerte, sahen sich ihre Akteure mehr und mehr auf sich selbst zurückgeworfen. Aus der Guerilla wurde eine Frage der Identität, aus dem Anspruch, den Staat stürzen und die Gesellschaft umwälzen zu wollen, eine selbstbezügliche, wenn nicht gar autistische Verfallsform.

Die Entstehung der RAF ist ohne die ebenso kurze wie dynamische Geschichte der 68er-Bewegung nicht zu verstehen. Ihre Gründer stammten zumindest aus dem Umfeld der damaligen Protestbewegung. Die RAF war vor allem ein Produkt ihrer Zerfalls- und Transformationsgeschichte. Dabei ging es in zentraler Hinsicht um eine rasch zunehmende Eskalation und schließlich um eine Neuformierung von Gewalt. Militante Demonstrationen entwickelten außerordentliche Suggestivkraft. Der Einsatz gewaltsamer Mittel wurde von Rudi Dutschke und anderen mit dem angeblich konstitutiven Zusammenhang von Aufklärung und Aktion begründet. Indem Gesellschaftsverhältnisse als latente Gewaltverhältnisse begriffen wurden, schien es politisch nur noch darauf anzukommen, deren Latenz durch militante Aktionen manifest und offenkundig zu machen. Die anfangs häufig strapazierte Unterscheidung zwischen »Gewalt gegen Sachen« und »Gewalt gegen Personen« erwies sich jedoch rasch als untauglicher Versuch, Formen der Gewaltanwendung zu beschränken.

Die RAF, die in gewisser Weise als ein illegitimes Kind der 68er-Bewegung bezeichnet werden kann, hielt sich mit derartigen Unterscheidungen nicht lange auf. Ulrike Meinhof stellte im Frühsommer 1970 bereits nach wenigen Tagen im Untergrund klar, dass für sie die bewaffneten Vertreter der Staatsmacht »Schweine« seien, auf die im Ernstfall geschossen werden könne.[3] Durch diese Feinderklärung war die Front abgesteckt. Die RAF erklärte bald darauf dem bundesdeutschen Staat den Krieg. Indem sie dessen Gewaltmonopol in Frage stellte, verwarf sie zugleich die Voraussetzungen des Rechtsstaates.

Da es sich die RAF zum Ziel gesetzt hatte, den Staat zu stürzen und an seine Stelle ein kommunistisches Regime zu setzen, richtete sich ihr Angriff im Kern gegen das Gewaltmonopol des Verfassungsstaates. Sie stellte unter Verweis auf angebliche personelle wie institutionelle Kontinuitäten zum NS-Regime dessen Legitimität in Abrede.

Gleichwohl erscheint die Frage nicht ganz unberechtigt, ob es sich bei der RAF nicht eher um ein sozialpsychologisches als um ein politisches Phänomen gehandelt habe. Wenn als Kriterium zu deren Einordnung etwa eine Charakterisierung der Anschlagsziele (bei denen Entführungen, Attentate und sonstige Aktionen einzubeziehen sind) gewählt würde, dann fiele das Ergebnis alles andere als eindeutig aus. Die Mehrzahl der zwischen 1970 und 1998 verfolgten Aktionsziele war selbstreferentiell, sie bezogen sich entweder auf die Verbesserung der eigenen Logistik (Geldbeschaffung durch Banküberfälle, Fahrzeugdiebstahl etc.) oder aber auf die Freipressung von RAF-Häftlingen. Nur selten sind Ziele verfolgt worden, die über sie hinauswiesen.

Erst in zweiter Hinsicht folgten Zielsetzungen, die bei allem darin zum Ausdruck gebrachten Zerstörungswillen als politische deklariert werden konnten, wie etwa die Anschlagsserie im Mai 1972 auf Einrichtungen der US-Armee, des Axel-Springer-Verlags und der Justiz. Die mit Emphase vertretenen revolutionären Absichten lösten sich jedoch in wolkigen Kommandoerklärungen auf. Was blieb, war kaum etwas anderes als der Nebel einer Chimäre. Das Modell einer aus Lateinamerika übernommenen Stadtguerilla blieb ein Hirngespinst. Real war vor allem der Schrecken, der von der RAF und den von ihr verübten Aktionen ausging.

Wie sieht das soziologische Profil aus, mit dem sich die Mitglieder der RAF charakterisieren lassen? Die gründlichste sozialwissenschaftliche Untersuchung, die es zum westdeutschen Terrorismus gibt, ist immer noch jene, die das Bundesinnenministerium 1978 im Anschluss an die Schleyer-Entführung in Auftrag gegeben hat. Damals waren in einer Datenerhebung 250 Personen erfasst worden, von denen mit 227 die weitaus meisten aus linksextremen terroristischen Gruppierungen stammten. Das Bild, das sich dabei hinsichtlich der sozialen Herkunft des Linksterrorismus ergab, war ganz unmissverständlich. Eines der Resultate bestand in einem »untypisch hohen Herkunftsniveau der Terroristen«.[4] Die Väter von 47 Prozent der Terroristen kamen im Gegensatz zu 12 Prozent im Bevölkerungsdurchschnitt aus gehobenen Berufen. Im Hinblick auf die Geschlechtszugehörigkeit fiel dieses Ergebnis noch krasser aus: 60 Prozent der Mitglieder waren Frauen. Hinzu kam im linken Terrorismus »ein überdurchschnittlich hohes Bildungsniveau«.[5] Im Gegensatz zu 19 Prozent im Bevölkerungsdurchschnitt hatten 47 Prozent aller Terroristen das Abitur abgelegt und eine Hochschule oder Universität besucht. Zwar lautete das Ergebnis nicht pauschal, die Terroristen kämen aus dem Bildungsbürgertum, doch hieß es, sie stammten aus »besonders bildungsbeflissenen Familien«. Das Ergebnis war dabei von einem markanten Widerspruch geprägt: Einerseits handelte es sich um Kinder überdurchschnittlich ehrgeiziger Eltern, andererseits aber waren die von ihnen unternommenen Bildungsanstrengungen zumeist gescheitert. Der Prozentsatz an Studienabbrechern war außergewöhnlich hoch. Dem Anschluss an eine politische Gruppe, hieß es zur Erklärung, war offenbar der Vorzug gegenüber einem Studienabschluss gegeben worden.

Auch wenn die damals vorgelegten Untersuchungsergebnisse zu sozialer Herkunft, Bildung und religiöser Orientierung noch keine Rückschlüsse über den eigentümlichen Rückhalt der RAF in der linksintellektuellen Szene zulassen, so geben sie doch eine Reihe empirisch abgesicherter Hinweise. Die Stichworte lauten: hohes Herkunfts- und Bildungsniveau sowie die Transformation eines religiösen Absolutheitsanspruchs in einen politischen.

Die RAF ist demnach tatsächlich aus der Mitte der Gesellschaft, genauer aus ihren gehobeneren Teilen, gekommen. Die unbestreitbare Tatsache, dass sich ihre Kader die technische und sonst nötige Unterstützung aus Randgruppen bzw. Unterschichten holten, steht dazu nicht im Widerspruch. Es waren vornehmlich die Kinder von Architekten, Ärzten, Pastoren, Richtern, Sparkassendirektoren, Universitätsprofessoren und anderen angesehenen Berufsgruppen, die in ihren Biografien einen Bruch von existentieller Schärfe vollzogen und sich nicht davon abhalten ließen, die Waffe in die Hand zu nehmen.

Dieser Ausbruch der Bürgersöhne und -töchter aus den vorgegebenen Lebensentwürfen und Karrierebahnen lässt sich nur aus einer fundamentalen Misstrauenserklärung gegenüber Staat und Gesellschaft begreifen. In der zweiten Hälfte der 1960er Jahre hatte sich in Teilen der jüngeren Generation offenbar eine tiefgreifende Erosion bürgerlicher Werte und Normen vollzogen. Angesichts der Unfähigkeit, Antworten auf die nur unzureichend aufgedeckte und erklärte NS-Vergangenheit und die als schockierend empfundene Gegenwärtigkeit des Vietnamkrieges zu geben, war in der Bundesrepublik eine Glaubwürdigkeitskrise entstanden. Eine der Reaktionen darauf war die Herausbildung unterschiedlich extremistischer Haltungen, die auf der einen Seite den Parlamentarismus und andere demokratische Institutionen unter Generalverdacht stellten und auf der anderen Seite als Antwort totalitarismusverdächtige Politikmodelle favorisierten.

Der Radikalisierung, die die entlaufenen Kinder der Bourgeoisie an den Tag legten, fehlte es jedoch an der entsprechenden Resonanz. Gewiss, in den Universitätsstädten existierten ein paar tausend Sympathisanten und mehrere hundert Unterstützer, die von ihren Taten fasziniert waren. Es gab jedoch keinerlei Ansatz zu einer sozialen Bewegung, als deren verlängerter Arm sich die RAF hätte begreifen können. Dafür war ihre Isolation zu groß. Politisch galt sie von Anfang an als nicht kreditwürdig. Der Gang in den Untergrund war zugleich auch eine Flucht vor der Legitimationsunfähigkeit ihrer Aktionen in der linken Öffentlichkeit. Erst nachdem ihre Kerngruppe inhaftiert war, gelang es ihr stärker, in akademischen, kirchlichen und intellektuellen Kreisen eine Art Mitleidsbonus zu aktivieren. Mit Hungerstreiks gegen die Haftbedingungen inszenierte sie sich in einer Opferrolle, die bei nicht wenigen, darunter namhaften Intellektuellen, das schlechte Gewissen weckte. Politisch betrachtet liefen die meisten der unter dem Stichwort Solidarität in Gang gebrachten Aktivitäten jedoch auf Ersatzhandlungen hinaus, die die Misserfolge in dem von so vielen Grüppchen apostrophierten Klassenkampf kompensieren sollten.

Aus dem Terrorismus der RAF entstand keine sozialdynamische Kraft. Deshalb ist er einerseits auch – von einigen indirekten Wirkungen wie Gesetzesänderungen und Ausweitungen des Sicherheitsapparates abgesehen – politisch folgenlos geblieben. Andererseits aber war die RAF vermutlich der Katalysator, der seinerzeit die außerparlamentarische Linke zur Aufgabe ihrer klassenkämpferischen Imperative zwang und sie schließlich in der Folge des Deutschen Herbstes mehr und mehr zur Akzeptanz rechtsstaatlicher Normen führte. Es scheint jedenfalls alles andere als Zufall gewesen zu sein, dass mit dem 1977 offenbar gewordenen Scheitern der radikalen Linken zugleich ein Transformationsprozess einsetzte, der in der Folge zur Gründung einer neuen Partei, der Grünen, und damit zu einer zusätzlichen parlamentarischen Kraft geführt hat. Vor dem Hintergrund der zitierten sozialwissenschaftlichen Resultate lassen sich die folgenden Gründe benennen, die für eine eingehendere Beschäftigung mit dem Phänomen RAF sprechen.

Erstens: Die RAF ist nicht als ein Randphänomen der damaligen Gesellschaft abzutun. Sie ist in ihrer Mitte entstanden. Die meisten ihrer Akteure entstammten Elternhäusern angesehener Berufsgruppen, waren überdurchschnittlich qualifiziert und vertraten Wertansprüche, die moralisch aufgeladen waren. Mit Gudrun Ensslin, Ulrike Meinhof und Horst Mahler galten allein drei aus ihrem Gründerquartett als hochbegabt und bezogen Stipendien der Studienstiftung des Deutschen Volkes. Wer begreifen will, warum es in einer in vieler Hinsicht so saturierten Gesellschaft zu einer terroristischen Feinderklärung kommen konnte, wird kaum umhinkönnen, sich mit der RAF zu befassen. Noch in ihren abgründigsten Merkmalen, ihrer Unerbittlichkeit, ihrer Zerstörungswut und ihrem Hass spiegelt sich etwas von den gesellschaftlichen Widersprüchen, die die jüngere Generation in der Bundesrepublik der 1960er und 1970er Jahre geprägt haben.

Zweitens: Die RAF war die größte Herausforderung in der Geschichte der alten Bundesrepublik. Weder zuvor noch danach hat es eine andere Gruppierung gegeben, die so zielgerichtet den Sturz der politischen Ordnung verfolgt hat. Diese Position bezieht auch der ehemalige Bundeskanzler Helmut Schmidt, der in der Hochphase der RAF mit seinen Entscheidungen die größte Verantwortung zu tragen hatte. Die Geschichte der RAF hat gezeigt, dass wenige zu allem entschlossene Terroristen ausreichen, um einen Staat im übertragenen Sinne nervös werden zu lassen; sie zeigt aber auch, dass die parlamentarische Demokratie stark genug gewesen ist, dieser Herausforderung standzuhalten.

Drittens: Wer den deutschen Staat in seinem heutigen Selbstverständnis begreifen will, der kommt nicht umhin, sich mit einem unfreiwilligen Test näher zu befassen, jener 44 Tage andauernden Zeitspanne zwischen der Entführung des Arbeitgeberpräsidenten Hanns Martin Schleyer, die am 5. September 1977 mit der Ermordung seiner fünf Begleiter begonnen und am 19. Oktober mit der Ermordung des Entführten endete und von zahlreichen Kommentatoren als Krise des Rechtsstaates bezeichnet worden ist. Die damalige Mobilisierung von Abwehrkräften gegenüber der terroristischen Bedrohung, die dazu tendierte, die Grenzen des Rechtsstaates auf Kosten der Freiheit auszudehnen, ist im Positiven wie im Negativen ein Lehrstück für aktuelle und künftige Gefährdungen. Wann auch immer seit dem 11. September 2001 hierzulande von terroristischer Gefahrenabwehr die Rede gewesen ist, war der erste dabei zu Rate gezogene Vergleichsmaßstab die vor drei Jahrzehnten praktizierte Sicherheitspolitik.

Viertens: Die Frage, die während der Schleyer-Entführung im Zentrum der von den politischen Entscheidungsträgern angestrengten Überlegungen stand, ist auch heute noch überaus aktuell: Darf sich ein Rechtsstaat erpressen lassen? In einem früheren Fall, der Entführung des Berliner CDU-Politikers Peter Lorenz im Februar 1975, war den Forderungen der Geiselnehmer nachgegeben worden, um den Preis, dass die auf diesem Weg Freigepressten in den Untergrund zurückkehrten und erneut schwere Straftaten beginnen. In einem anderen Fall, der Geiselnahme in der bundesdeutschen Botschaft in Stockholm im April 1975, war nicht nachgegeben worden, was zwei Todesopfer unter den Botschaftsangehörigen und zwei in den Reihen der Täter zur Folge hatte. An diesen Erfahrungen gemessen war die im Falle der Schleyer-Entführung vom ersten Moment an entschiedene Haltung der Bundesregierung unter Bundeskanzler Schmidt, sich auf einen Austausch von Häftlingen unter keinen Umständen einzulassen, mit erheblichen Risiken verbunden, die zudem durch die Entführung der Lufthansa-Maschine nach Mogadischu auf ein Vielfaches angewachsen waren. Immer wenn seither, wie zuletzt in Afghanistan mehrfach geschehen, ein deutscher Staatsbürger entführt wird, um damit die Bundesregierung zu erpressen, sind mit einem Schlag dieselben Fragen und Probleme aktuell, die in den 1970er Jahren bereits auf ihrer Vorgängerin gelastet haben.

Fünftens: Der von der RAF so wortstark beschworene »bewaffnete Kampf« war die Absage gegenüber der Politik. Ingesamt kann Terrorismus als Anti-Politik charakterisiert werden, als die Ersetzung des Politischen durch Formen extremer Gewaltausübung. Ihm mangelt es an wesentlichen Elementen, die politisches Handeln in Demokratien auszeichnen: Öffentlichkeit, Gewaltenteilung, Kompromissfähigkeit und anderes mehr. An der terroristischen Herausforderung lässt sich insofern ex negativo das ablesen, was für eine parlamentarische Demokratie elementar ist.

Kurzum, aus der Perspektive der hier aufgeführten Gesichtspunkte kann eine (Selbst-)Vergewisserung dessen, was die RAF für die Geschichte der Bundesrepublik, ihr politisches ebenso wie ihr staatliches Selbstverständnis bedeutet hat, erheblich zu einer Präzisierung jener Fragen beitragen, die uns gegenwärtig in der Konfrontation mit dem neuen, globalisierten Terrorismus gestellt werden.

1 Vgl. das Fahndungsplakat der Abteilung Sicherungsgruppe des BKA, auf dem die Porträts der RAF-Kerngruppe abgebildet sind: Klaus Pflieger, Die Rote Armee Fraktion – RAF – 14. 5. 1970 bis 20. 4. 1998, Baden-Baden 2004, S. 36.
2 Urteil des Landgerichtes Frankfurt (»Brandstifterurteil«) vom 31. Oktober 1968, in: Reinhard Rauball (Red.), Die Baader-Meinhof-Gruppe, Aktuelle Dokumente, hrsg. von Ingo von Münch, West-Berlin/New York 1972, S. 207.
3 *Der Spiegel* vom 15. Juni 1970, 24. Jg., Nr. 25, S. 75.
4 Gerhard Schmidtchen, Terroristische Karrieren. Soziologische Analyse anhand von Fahndungsunterlagen und Prozeßakten, in: Herbert Jäger/Gerhard Schmidtchen/Liselotte Süllwold, Lebenslaufanalysen, Analysen zum Terrorismus, Bd. 2, hrsg. vom Bundesministerium des Innern, Opladen 1981, S. 21.
5 Ebenda, S. 24.

Wolfgang Kraushaar

Mythos RAF

Im Spannungsfeld von terroristischer Herausforderung und populistischer Bedrohungsphantasie

Jeder Mythos lebt aus einem Grundwiderspruch heraus – die Phänomene, in denen er in Erscheinung tritt, sind weder einfach der Realität zuzuschlagen noch umgekehrt aus dieser auszuschließen. Seine Grundstruktur ist in jeder Hinsicht aporetisch. Ein Mythos leistet dem Ethnologen Claude Lévi-Strauss zufolge in einer Kultur das, was in der Wirklichkeit ausgeschlossen ist – die Versöhnung des Unversöhnlichen.[1] Ein Mythos ist jedoch keine reine Einbildung; er ist »weder eine positive Realität noch eine reine Fiktion«, er ist – wie es Jeanne Hersch einmal in einer paradox anmutenden Formulierung festgehalten hat – eine »wirksame Fiktion«.[2] Die Wirksamkeit des Mythischen ist abhängig von der Form seiner Wiedergabe, ihm ist eine bestimmte Erzählstruktur inhärent.

Der Mythos ist vor allem eine Narration. Er erzählt eine Geschichte, allerdings ohne einen individuell identifizierbaren Geschichtenerzähler und ohne eine genauer bestimmbare Zuhörerschaft. »Der Mythos ist […] Erzählung, er ist Rede oder das Gesagte, aber Erzählung nicht im Sinne eines situationsgebundenen Berichtes, der von einer bestimmten Person an eine andere ergeht, sondern sein Inhalt ist stereotypisiert und verselbständigt, der Mythos ist ›Erzählung an sich‹.«[3] Der Mythos als Narration lässt sich in viererlei Hinsicht definieren: durch seine Rollen- ebenso wie seine Situationsungebundenheit, durch die Unabänderlichkeit seiner Erzählfiguren und durch seine Tendenz zur Überzeitlichkeit, ja zur Ewigkeit. »Der Mythos ist selber Logos, und was ihn tötet, ist nicht die steigende Rationalität, sondern das entstehende historische Bewußtsein.«[4] Historisierung und Entmythologisierung stehen demnach in einem engen Zusammenhang. Je mehr das historische Bewusstsein anwächst, umso stärker büßt der Mythos auch an Energie, an Lebenskraft ein. Ob er jedoch im Zuge der historischen Aufklärung auch völlig erlischt, scheint eher zweifelhaft. Die Langlebigkeit gehört nicht zuletzt deshalb zu seiner Natur, weil sich zu seiner Erneuerung immer wieder neue Quellen erschließen.

Politische Mythen[5] haben vor allem die Aufgabe, ein Kommunikationsdefizit zu kompensieren. An die Stelle, an der eine politische Aussage zu erwarten ist, die in Wirklichkeit jedoch leer bzw. verwaist bleibt, wird eine Form gesetzt, eine Form, die eine Botschaft enthält. Eine *message* ersetzt die Aussage. Das ist auch im Falle der RAF so. Das Unternehmen »bewaffneter Kampf« nimmt unter der Hand die Form eines unter spezifischen Bedingungen aufgeführten Theaterstücks an.[6] Es gibt ein Stück, einen Drehbuchschreiber, einen Regisseur, ein Ensemble, ein Publikum, eine Bühne, eine Dramaturgie und den üblichen Theaterdonner – es zischt, es qualmt und es knallt. Nur, im Unterschied zur Theaterbühne sind die Zerstörungen real, die Verletzungen echt, und die Toten bleiben tot. Das Theater ist in diesem Falle ein Teil der Wirklichkeit, und das Wirkliche wiederum spielt sich auf einer imaginären Theaterbühne ab.

Der Hamburger Lyriker und Schriftsteller Peter Rühmkorf, der für die Zeitschrift *konkret* gearbeitet und dabei die Kolumnistin und spätere RAF-Ikone Ulrike Meinhof aus nächster Nähe erlebt hat, begann bereits frühzeitig die unfreiwillige Theatralik der RAF mit ihren ebenso absurden wie tragikomischen Zügen zu durchschauen. Er ging davon aus, dass es im Konflikt mit der Baader-Meinhof-Gruppe bzw. -Bande – wie es damals zumeist hieß – verschiedene Ebenen unterhalb den in der Öffentlichkeit sichtbaren geben müsse.[7] Als 1971 die Fahndung nach ihren Mitgliedern einen ersten Höhepunkt erreichte, entwarf er in seinem Tagebuch die Dramaturgie eines »Mobilen Theaters«, für das er »B & M« jenseits aller Politparolen in Wirklichkeit hielt. Der Beginn »des spukhaften Spektakels« sei bereits die Warenhausbrandstiftung von Baader, Ensslin und anderen im April 1968 in Frankfurt gewesen. Während der eigentliche Adressat, der Konsument, die von den Flammen ausgehenden »Leuchtzeichen« überhaupt nicht verstanden habe, sei ungeteilter Beifall »aus den Renommierkellern des Underground« und »aus den Logen eines linksliberalen Bildungsbürgertums« gekommen. Sie hätten sich schließlich aufs »Symbolelesen« und »die höheren Weihen einer mystisch-symbolischen Partizipation« verstanden. Mit diesem Initiationsakt auf der Frankfurter Konsummeile Zeil sei der dramaturgische Rahmen für eine »Freilichtbühne« geschaffen worden, in dem sich dann »das modernste und radikalste Aktionstheater der Bundesrepublik« entwickelt habe.

Rühmkorf dekliniert die Faktoren durch, die die Wirksamkeit dieser vom Publikum mit massenhysterischen Zügen goutierten, an Schillers »Räuber« ebenso wie an den Hollywood-Streifen vom wild um sich ballernden Gangsterpärchen »Bonnie & Clyde« erinnernden Aufführungen der Reisetruppe garantiert hätten: »Zu ihren Faszinationsmomenten zählten a) ein Laienensemble mit frischen und dennoch einprägsamen Gesichtern; b) ein hohes und gleichwohl unverfrorenes Sendungsbewußtsein; c) eine rabiate, wenn auch weithin unverständliche Symbolsprache; d) rücksichtslose Bereitschaft, den politischen Spielboden zu skandalisieren; e) extreme Beweglichkeit, mobiler Spielraum; f) Rollendurchlässigkeit bis zum Persönlichkeitsumschlag: Schreibkräfte als Gewalttäter, Nonkonformisten in der Banden-Klammer, Bürgerkinder als Feinde des bürgerlichen Staates; g) Einbeziehung des Publikums bis zur persönlichen Inanspruchnahme. Dies und in Sonderheit die Vermischung von Bühne und Leben, Kunst und Politik, Überbauwesen und Untergrundtätigkeit, führte zeitweilig zu Formen des totalen Theaters, wie sie von der Bühnenavantgarde vergebens angestrebt wurde.«[8] Nichts an dem Spektakel habe in politischer Hinsicht mehr gestimmt, weder die Bundesrepublik als Ort noch die Zeit – die damals gerade begonnene Reformära der sozialliberalen Koalition. »B & M« seien so zum Modellfall eines spätbürgerlichen »Vexiertheaters« geworden.

Das Panoptikum, das Rühmkorf hier schildert, enthält bereits zahlreiche Grundelemente einer Mythenproduktion, wie sie für die Zeit der RAF insgesamt typisch war.[9] In dem wie eine Fata Morgana anmutenden Bürgerkrieg sind die Mythologeme wie die Figuren eines Albtraums versammelt, die den Anweisungen eines unbekannten Regisseurs gehorchen.

Von Anfang an hat es eine große Diskrepanz zwischen den hochtönenden Zielprojektionen und dem lange Zeit in bloßer Logistik stecken gebliebenen Aktivismus der RAF, zwischen vermeintlich revolutionärer Politik und Guerillakampf auf der einen sowie binnenzentrierter Gruppendynamik und technizistischem Dilettantismus auf der anderen Seite gegeben.[10] Die von ihr verfolgten Ziele – ihre Antiimperialismus-, Antikapitalismus- und Klassenkampf-Rhetorik, ihre Lobpreisung der militärischen Intervention – klangen hohl und phrasenhaft. Diese Hohlheit, die Diskrepanz zwischen Wollen und Sollen, war so stark, dass das Kapitel »bewaffneter Kampf«, zunächst in West-Berlin und schon bald darauf in der gesamten Bundesrepublik, immer auch ein Absurdistan gewesen ist: Eine terroristische Sekte führt mit einer existentialistisch zugespitzten Rhetorik einen Kampf gegen zwei ausgesuchte Feindmächte – den bundesdeutschen Staat, genauer dessen Eliten in Politik, Wirtschaft und Finanzen, sowie den US-Imperialismus als den angeblichen Geburtshelfer des sich in Kontinuität zur NS-Vergangenheit bewegenden Machtapparates.

In diese Lücke konnten Imaginationen und Phantasmagorien vorstoßen, konnten sich Wahnideen und Projektionen, ganze Nebelschwaden an Phantasiegebilden ausbreiten. Diese Sphäre ist die entscheidende Voraussetzung für die Entstehung von Mythologien gewesen, die sich von Anfang an um die RAF gerankt haben. Oder wie Roland Barthes es einmal in Bezug auf die bürgerliche Gesellschaft formuliert hat: »Der Mythos ist eine entpolitisierte Aussage.«[11] Der Mythos beseitigt einerseits die Komplexität menschlichen Handelns und ersetzt sie andererseits durch »die Einfachheit von Essenzen«. Derartige Essenzen wurden mit einem Absolutheitsanspruch verfochten wie der totale Kampf, die existentielle Entscheidung, der Kampf auf Leben oder Tod.

Es hat allerdings nicht *den* Mythos RAF gegeben,[12] sondern eine Vielzahl einzelner, zum Teil nur schwer voneinander zu separierender Mythologeme bzw. Mythenräume, von unterschiedlicher Seite in Szene gesetzt.

Noch wichtiger als die Vielzahl derartiger Phänomene ist jedoch die Tatsache, dass es unterschiedliche Mythenproduzenten gegeben hat. Zwischen ihnen ist zunächst einmal zu unterscheiden, um eine solche Betrachtung nicht in ein vages Feld unkontrollierter Spekulationen abrutschen zu lassen.

In dieser Skizze der Mythenkonstruktionen soll zwischen den folgenden Mythenproduzenten und Mythenproduktionen unterschieden werden:

1. der RAF im Sinne einer heroischen Selbstdeutung;
2. dem Staat im Sinne einer entgrenzenden Dämonisierung der terroristischen Herausforderung;
3. den Massenmedien im Sinne einer populistischen Dramatisierung;
4. dem Massenpublikum im Sinne einer Selbstsuggestion und
5. der Szene, dem Milieu der so genannten Unterstützer und Sympathisanten, im Sinne einer Delegierung von Wünschen und Zielsetzungen sowie Selbst- und Fremdstilisierungen.

Dem Kranz an Mythen, der die RAF umgibt, ist nicht aus einer partiellen Perspektive auf die Spur zu kommen, sondern nur aus dem Zusammenspiel unterschiedlicher Mythenproduktionen. Was unter einem Mythos RAF zu verstehen ist, hängt letztlich also ganz wesentlich von der Interaktion dieser je eigenen, ganz unterschiedlichen Produktionsformen ab.

Die Mythenproduktionen

1. Die Selbstheroisierung der RAF

Die RAF pflegte einen durchaus bewussten, zum Teil sogar berechnenden Umgang mit Mythen bzw. mythologischen Figuren und Elementen. Sie wollte zunächst einmal selbst einen schier übermächtigen Mythos zerstören – den von der Unangreifbarkeit des politischen Systems. 1971 hatte Ulrike Meinhof in ihrem Begründungstext »Das Konzept Stadtguerilla« geschrieben: »Stadtguerilla zielt darauf, den staatlichen Herrschaftsapparat an einzelnen Punkten zu destruieren, stellenweise außer Kraft zu setzen, den Mythos von der Allgegenwart des Systems und seiner Unverletzlichkeit zu zerstören.«[13] Damit sollte der Beweis angetreten werden, dass es trotz aller politischen und militärischen Aussichtslosigkeit gegenüber den realen Kräfteverhältnissen möglich sei, einen bewaffneten Kampf gegen den Staat, dessen Funktionseliten und das kapitalistische System überhaupt zu führen.

Mit dem Staat sollte der »Leviathan«, dieses alttestamentarische Ungeheuer, ein im Meer lebendes Schlangenmonster, das durch Thomas Hobbes' gleichnamiges Werk zum Inbegriff des modernen Staates und damit zur klassischen Figur der Staats- und Politikwissenschaft geworden war,[14] bezwungen werden. Es besaß durchaus eine innere Logik, dass Gudrun Ensslin bei der Suche nach einem System schlüssiger Decknamen für die RAF-Zentralfiguren auf eine literarische Analogie des »Leviathan«-Stoffes zurückgriff.

Es ging um Herman Melvilles 1851 erschienenen Roman »Moby Dick«, in dem der Name bekanntlich für einen weißen Wal steht, der sich als Meeresungeheuer und damit letztlich als unbezwingbar erweist.[15] Die Fabel wird von einem einfachen Matrosen namens Ismael erzählt, einem Namen, der in der Bibel den aus der Gemeinschaft mit Gott Ausgestoßenen und bei Melville ein völlig atomisiertes Individuum meint. Der einbeinige Ahab, Kapitän des Walfangschiffes *Pequod*, macht mit seiner Mannschaft Jagd auf den weißen Wal, weil dieser ihn bei einem gescheiterten Fangversuch zum Krüppel gemacht hat. Gegenspieler des von blindem Hass getriebenen Ahab ist Starbuck, der Erste Maat, ein ebenso erfahrener wie nüchtern denkender Seemann. Nachdem Ozeane durchquert, das Kap der Guten Hoffnung umsegelt und verschiedene andere Wale erlegt worden sind, wird schließlich der mythenumwobene weiße Wal östlich von Japan gesichtet. Doch die von Anbeginn an existentiell anmutende Jagd auf Moby Dick wird Ahab schließlich zum Verhängnis. Am Ende des insgesamt drei Tage andauernden Finales erweist sich Moby Dick als der Stärkere. Ahab ertrinkt, der Wal versenkt mit seiner unbändigen Kraft die *Pequod,* und die gesamte Mannschaft verliert dabei, mit Ausnahme von Ismael, der damit als Einziger ein Zeugnis von der Katastrophe abgeben kann, ihr Leben.

Die mit der Besatzungsliste des Walfangschiffes zur Verfügung stehenden Namen wurden von Ensslin mit dem Anschein einer gewissen Selbstevidenz ausgewählt.[16] »Ahab«, der Name des Kapitäns, konnte nur für Baader reserviert sein. Holger Meins war »Starbuck«, der wichtige Erste Steuermann, der allein es hätte wagen können, sich gegen das gefährliche Treiben, den vom Kapitän vom Zaun gebrochenen Privatkrieg, zu stellen. Jan-Carl Raspe war der »Zimmermann«, der die Särge für die bei der Jagd nach dem Ungeheuer zu verzeichnenden Opfer zusammenbaute, Horst Mahler war »Bildad«, ein bereits im Ruhestand befindlicher Waljäger. Und Gerhard Müller erhielt den Namen des Harpuniers »Queeqeg«, eines über und über tätowierten Südseeinsulaners, der zwar Schrecken erregend aussah, jedoch der Inbegriff des »edlen Wilden« war. »Smutje«, den Namen des Koches, hatte die Namensverteilerin schließlich für sich selbst reserviert. Er sei es, bemerkte sie in einem

Brief, der »die Töpfe spiegelblank« halten und »gegen die Haie« predigen müsse.

Die Einzige, die keinen Namen aus der Besatzung der *Pequod* abbekam und damit aus dem von Ensslin definierten Rollenspiel herausfiel, war bezeichnenderweise Ulrike Meinhof. Sie erhielt den hintersinnigen Decknamen »Therese«, benannt nach einer spanischen Ordensschwester aus dem 16. Jahrhundert, die schon bald nach ihrem Tod heilig gesprochen wurde. Therese von Avila bzw. Jesu (1515–1582) wollte den Karmeliterorden in seiner ursprünglichen Reinheit wiederherstellen und sah sich deshalb Verfolgungen ausgesetzt. Die aus Altkastilien stammende heilige Therese wurde insbesondere von den katholischen Mystikern hoch verehrt. Sie gaben ihr wundersam anmutende Beinamen wie: »Arche der Weisheit«, »himmlische Amazone«, »Balsamgarten«, »Orgel und Kabinettssekretär des Heiligen Geistes«.[17] Die Binnendramaturgie des »Moby Dick« schien nach dieser Rollenverteilung bereits auf der Hand zu liegen. Und das schreckliche Ende ebenfalls. Die Jagd nach dem monströsen weißen Wal konnte auch für die selbsternannten Krieger gegen den bundesdeutschen Staat nur in eine Katastrophe münden.[18] Ob Gudrun Ensslin allerdings in ihrer Adaption eines der am stärksten von Mythen durchwobenen Stoffe aus der Weltliteratur so weit gegangen ist, auch diese finale Implikation mitzudenken, dafür haben sich bislang keine Belege finden lassen.

Den Kampf gegen den ihr als Ungeheuer erscheinenden Staat führte die RAF im Namen einer selbsternannten »revolutionären Avantgarde«, die für sich beanspruchte, durch beispielhafte Aktionen die Führungsrolle im Klassenkampf übernehmen zu wollen[19] und sich dabei bekanntlich auf eine Armee berief. Während die nach der so genannten Baader-Befreiung im Mai 1970 verbreitete Gründungserklärung mit der ebenso sarkastischen wie bombastischen Losung »Die Rote Armee aufbauen« überschrieben war,[20] hieß es bald danach – sich auf ein imaginäres Ganzes berufend – *Rote Armee Fraktion*. Eine größere Provokation ließ sich in einer antikommunistisch geprägten Insel des Kalten Krieges wie West-Berlin kaum vorstellen. Die angstbesetzte Eroberungsvision, dass »der Russe«, vulgo »der Iwan«, nicht zu stoppen sei, deutsches Territorium besetzen und das deutsche Volk unterjochen werde, wurde in gewisser Weise zitiert, in ihr Gegenteil verkehrt und als angebliches Projekt revolutionärer Befreiung umdefiniert.

Die Rote Armee hatte einerseits zwar die letzten noch lebenden Häftlinge von Auschwitz befreit, war andererseits aber identisch mit dem Militär eines totalitären Staates, dem Sowjetkommunismus unter einem Despoten wie Josef Stalin. Indem man sich also auf jene Armee bezog, die den Nationalsozialismus besiegt und zugleich ein Vasallenregime im östlichen Teil Deutschlands errichtet hatte, kündigte man zweierlei an: zum einen, einen Militärapparat aufbauen zu wollen, der sich zumindest symbolisch an der Sowjetarmee orientierte, und zum anderen, einen marxistisch-leninistisch begründeten Herrschaftsapparat etablieren zu wollen, der von keinerlei totalitären Skrupeln gekennzeichnet sein würde.

Wie eng sich die RAF in ihren blockpolitischen Überlegungen dabei an die DDR anzulehnen bereit war, wurde in einem Brief deutlich, mit dem sie sich im Oktober 1971 an die Partei der Arbeit des nordkoreanischen Diktators Kim Il Sung wandte und um militärische Unterstützung bat. Darin findet sich die einzige ausführlichere Erläuterung ihrer Selbstbezeichnung: »Die sozialistischen Errungenschaften der DDR verteidigen und den westdeutschen Imperialismus angreifen, die Grenzen der DDR sichern und dem Imperialismus in seinem eigenen Herrschaftsbereich in den Rücken fallen, den Prozeß, in dem die antikommunistischen Vorurteile gegen die DDR in der westdeutschen Bevölkerung beseitigt werden, unterstützen und den Prozeß der sich entwickelnden Kampfbereitschaft gegen die Kapitalisten hier vorantreiben – das sind unsere Aufgaben, sicherlich sehr komplizierte Aufgaben. Erst eine kämpfende kommunistische Partei wird sie gleichzeitig in Angriff nehmen können. Diese Partei gibt es noch nicht. Weil wir meinen, daß sie sich nur im praktischen Kampf entwickeln kann, daß nur diejenigen sie werden gründen können, die am praktischen Kampf selbst teilnehmen, deshalb nennen wir – das sind die, die die Zeit für reif halten, bewaffnete Stadtguerillaeinheiten aufzubauen – uns Rote Armee Fraktion, ›Fraktion‹ nicht als Spaltergruppe einer zuvor einheitlichen Bewegung, sondern als Gruppe, die aufgrund der herrschenden Repression gezwungen ist, illegal zu arbeiten – nicht selbst Partei, wohl aber organisatorisch, praktisch, konzeptionell notwendiger Bestandteil einer kommunistischen Partei, die diesen Namen verdient.«[21] Die RAF definiert sich hier als der vorweggenommene militärische Flügel einer noch gar nicht existierenden kommunistischen Partei. Sich dabei auf die DDR zu berufen, deren Staatspartei SED 1968 dafür gesorgt hatte, dass es mit der DKP eine indirekte Nachfolgerin der 1956 verbotenen KPD gab, grenzte schon an Chuzpe. Als Verfasserin des zum Teil verschlüsselten Bittbriefes glaubt das Bundeskriminalamt – nach Form und Inhalt – in erster Linie Ulrike Meinhof ausmachen zu können.[22]

Für die Gründergeneration der RAF ist die besonders hervorgehobene Rolle der ehemaligen Journalistin unbestreitbar. Sie war die stärkste Stimme der Untergrundorganisation und sie stellte in moralischer Hinsicht so etwas wie das symbolische Kapital der RAF dar. Ohne ihre zumindest propagandistisch führende Rolle wäre der RAF seitens vieler Linker wohl kaum ein derartiger Glaubwürdigkeitsvorschuss eingeräumt worden. Weder Mahler noch Ensslin, geschweige denn Baader, hätten unter potentiellen Anhängern eine solche Resonanz erzielen können. Ulrike Meinhof war innerhalb des

Quartetts der führenden Gründerfiguren die Einzige, die für eine zwingend erscheinende Verbindung zwischen Gewaltpolitik und Moralität stand. Das Pathos, das sie ein Jahrzehnt lang in ihren *konkret*-Kolumnen verbreitet hatte,[23] stellte in den ersten Jahren so etwas wie das Reservoir dar, aus dem die Gruppe bei den Versuchen, ihren Gewaltaktionen einen Anschein von Legitimität zu verleihen, schöpfen konnte.

Unter dieser Voraussetzung konnte es nicht überraschen, dass sich seitens der RAF niemand besser als Projektionsfigur für Außenstehende geeignet hat als Ulrike Meinhof. Diese Rolle ist in einem Streit, der sich einige Jahre später im Kultur- bzw. Literaturbetrieb abgespielt hat, besonders ungeschminkt zum Vorschein gekommen. Als der Dramatiker Heiner Müller sein Stück »Die Hamletmaschine« dem Frankfurter Suhrkamp Verlag 1977 zur Veröffentlichung anbot, zugleich aber darauf bestand, dass als Voraussetzung eine Abbildung von Ulrike Meinhofs nach ihrem Selbstmord in Stammheim aufgefundenen Leichnam zu dessen Illustration gezeigt werden müsse, stieß er bei Verlagschef Siegfried Unseld auf strikte Ablehnung. Das nur wenige Seiten umfassende Manuskript, in dem der »Terrorismus als extreme Form des Humanismus« und der »Molotowcocktail als letztes bürgerliches Bildungserlebnis«[24] figurieren, konnte erst ein Jahr später in einem kleinen Kölner Verlag erscheinen.[25] In seiner Rede zur Büchnerpreisverleihung hat Müller dann 1985 seine ebenso düstere wie distanzlose Verehrung für die von ihm offenbar wortwörtlich gemeinte Marienfigur Ulrike Meinhof[26] noch einmal überschwänglich zum Ausdruck gebracht.[27]

Mit keinem anderen RAF-Mitglied ist aber auch in einem solch exzeptionellen Maße eine Besetzung des Auschwitz-Traumas verbunden. Das gesamte Denken und Handeln Ulrike Meinhofs ist ohne Auschwitz, ohne die Judenvernichtung der Nationalsozialisten, kaum vorstellbar. Darin lag, dessen glaubte man jedenfalls lange Zeit sicher sein zu können, die Wurzel ihrer Radikalität. Politik schien sich letztlich an ihrem Verhältnis zum Holocaust zu bemessen. Ihr in der Strafanstalt Köln-Ossendorf formulierter Satz, dass die »Auschwitzphantasien [...] realistisch« seien, ist der vermutlich am häufigsten zitierte. »Der politische Begriff für den toten Trakt, Köln, sage ich ganz klar – ist: das Gas.«[28] Einerseits scheint diese Angstvision aus einer eminenten Not heraus, der Erfahrung des »toten Traktes«, geboren worden zu sein, andererseits jedoch als Parallelkonstruktion, in dem sie sich mit den Opfern der KZ- und Vernichtungslager gleichsetzt, unentschuldbar.

In ihren Viktimitätsphantasien wird das Auschwitz-Phantasma bis in seinen Kernbereich, den der Vernichtung von Häftlingen durch Gas in den Krematorien, hineinprojiziert. Diese Anknüpfung signalisiert zweierlei: Zum einen, dass in ihren Augen die Haftbedingungen in der Bundesrepublik mit denen der NS-Vernichtungspraxis nicht nur zu vergleichen, sondern letztlich identisch sein müssten, zum anderen, dass es sich bei den Gefangenen der RAF um Häftlinge handle, die mit denen eines nationalsozialistischen Vernichtungslagers auf ein und dieselbe Stufe gestellt werden könnten. In dieser Viktomologie phantasiert sie sich selbst in das eliminatorische Zentrum der Judenvernichtung hinein. Dieser hysterischen Opfer-Identifikation sind in den 1970er Jahren nicht wenige inner- und außerhalb der RAF gefolgt.

Eine Fortsetzung dieser Negativ-Phantasmagorie findet sich in den Bildern, die im Winter 1974/75 nach dem Tod des RAF-Häftlings Holger Meins von Demonstranten in der Öffentlichkeit verbreitet worden sind. Der Leichnam des zum Skelett abgemagerten Meins erinnerte einerseits an die in den Konzentrationslagern umgekommenen NS-Häftlinge, andererseits aber auch an die Selbstaufopferung eines Jesus Christus. Für die zweite Generation der RAF gewann dieses im *Stern* veröffentlichte Foto des im Hungerstreik zu Tode Gekommenen, das bei Demonstrationen auf überdimensionalen Transparenten wie eine Monstranz herumgetragen wurde, als sollten damit die Wund- und Todesmale eines gemarterten Guerilleros in aller Öffentlichkeit unter Beweis gestellt werden, so etwas wie eine Initialfunktion. Birgit Hogefeld, RAF-Angehörige der dritten Generation, führte später dazu aus, dieser Eindruck sei für sie »eine der zentralen Weichenstellungen« gewesen, »weil dieser ausgemergelte Mensch so viel Ähnlichkeit mit KZ-Häftlingen, mit den Toten von Auschwitz« gehabt habe.[29]

Mit beiden Imagines ist damals symbolisch Politik betrieben worden – auf der einen Seite, um die Haftbedingungen und damit zugleich das gesamte bundesdeutsche System zu skandalisieren und auf der anderen Seite, um die Mitglieder der RAF in einer – wie die exzessive Verwendung des Che-Guevara-Porträts indiziert – immer noch wirksamen christlichen Überlieferung zu heroisieren.

Während der ersten und im Übergang zur zweiten Generation der RAF wurden drei zentrale Mythen verbreitet:

Erstens: Der Mythos vom bewaffneten Kampf (1970–1972)[30]

In den Anfangsjahren ging es um kaum etwas anderes als um Logistik: Waffen wurden besorgt, Autos geknackt, Ausweispapiere gefälscht, konspirative Wohnungen erkundet und Banken überfallen. Vom vielbeschworenen »bewaffneten Kampf« fand sich kaum eine Spur. In der 1972 verbreiteten Schrift »Dem Volke dienen« wurde daher ein erheblicher Begründungsaufwand betrieben, um Banküberfälle als revolutionäre Aktionen zu rechtfertigen. Sie seien – hieß es, um allen Kritikern und Zweiflern den Mund zu stopfen – logistisch, politisch, taktisch und strategisch richtig.[31] Erst im Zuge der so genannten »Mai-Offensive« im Frühjahr 1972 wurden mit Bombenanschlägen auf US-Kasernen in Frankfurt und Heidelberg, das Springer-Hochhaus in

Hamburg und einen Richter des Bundesgerichtshofes in Karlsruhe offen terroristische, in Umrissen politische Ziele verfolgt. Über zwei Jahre hatte es gedauert, bis es so weit war.

Das, was heroisierend als »bewaffneter Kampf« beschworen und mit »Andreas«, dem vermeintlichen »Kämpfer«, als beispielgebend stilisiert wurde, war also kaum etwas anderes als eine lang anhaltende Vorbereitungsphase, bestenfalls die Praxis anarchistischer Bombenleger. Nur selten kamen die von der RAF ausgewählten Aktionsziele über den Rückbezug zur eigenen Gruppe hinaus. Die 1978 von einem linken Kritiker erstmals verwendete Formel von der »Befreit-die-Kader-Guerilla«[32] bringt dieses konstitutive Missverhältnis auf den Punkt. Es ging nach der Verhaftung der RAF-Gründergruppe fast nur noch darum, eigene Inhaftierte freizupressen. Alles andere – wofür, wogegen, warum – trat weit in den Hintergrund; erst in den 1980er Jahren änderte sich das wieder mit den Mordanschlägen auf Militärs, Manager, Industrielle und Bankiers. Die RAF drehte sich lange Zeit nur um sich selbst. Von der Figur des »interessierten Dritten«,[33] die in den Terrorismus-Theorien einen so prominenten Platz einnimmt,[34] kaum eine Spur. Diejenigen, die als Unterdrückte, Leidende, Geknechtete ausgemacht und pseudoanalytisch klassifiziert worden waren, hatten offensichtlich kein Interesse daran, der selbsternannten Avantgarde zu folgen.[35]

Zweitens: Der Mythos von der Isolationsfolter (1973–1998)[36]
Auf einen Nenner gebracht lautete der von RAF-Häftlingen, vielen ihrer Angehörigen und Anwälte sowie der mit ihnen Sympathisierenden erhobene Vorwurf: Die bundesdeutsche Justiz übe keinen Strafvollzug aus, sondern unterwerfe die Inhaftierten stattdessen auf eine besonders raffinierte Art der Folter. Zwar ging niemand so weit, zu behaupten, dass die RAF-Gefangenen in ihren Zellen systematisch körperlich misshandelt würden, jedoch war die Auffassung, dass die zeitweilige Einzelhaft etwa von Ulrike Meinhof und Astrid Proll in Köln-Ossendorf mit der Ausschaltung elementarer Sinneswahrnehmungen verbunden gewesen sei und deshalb als »sensorische Deprivation« betrachtet werden müsse, zeitweilig weit verbreitet.[37]

Auch wenn es im Nachhinein keinen Grund gibt, die seinerzeitigen Haftbedingungen schönzureden, so ist der pauschale Vorwurf einer »Isolationsfolter« ganz gewiss das Produkt hysterischer Übertreibung. Insbesondere die für Baader, Ensslin, Meinhof und Raspe existierenden Haftbedingungen im siebten Stock in Stammheim widersprachen diesem Bild in jeder nur denkbaren Hinsicht. Ein im Jahr 2003 veröffentlichter Erinnerungsband eines der zuständigen Justizvollzugsbeamten, der detailliert zu schildern wusste, mit welchen Besonderheiten – wie Fernseher, Plattenspieler, Privatbibliotheken u.a.m. – die entsprechenden Zellen ausgestattet waren,[38] ist in der Öffentlichkeit als Hohn auf diejenigen wahrgenommen worden, die seinerzeit bereit gewesen sind, den drastischen Beschreibungen der RAF-Gefangenen nicht nur Glauben zu schenken, sondern sie auch ungeprüft weiterzuverbreiten.

Der Mythos von der Isolationsfolter war aber mehr als Hysterie und Übertreibung, er war ein RAF-Propagandainstrument zum »Aufbau einer legalen Sympathisantengruppe«.[39] Die so genannten Folterkomitees dienten aber darüber hinaus vermutlich auch unmittelbar der Rekrutierung neuer Mitglieder. Der RAF-Mitbegründer Horst Mahler hatte diese Überzeugung bereits 1978 geäußert und sich deshalb gegen Vereinnahmungen durch derartige Kampagnen gewehrt. An den in der Justizvollzugsanstalt Werl einsitzenden Peter Paul Zahl schrieb er: »Das Geschrei über die Haftbedingungen war und ist der Stoff, mit dem Mitleidskampagnen gefüttert werden, die nichts anderes sind als Rekrutierungsunternehmen für die RAF und ihre Ableger. Daran will ich mich in keiner Weise beteiligen. Ob Du an den gegebenen Haftbedingungen kaputt gehst oder nicht, hängt nicht von diesen Bedingungen ab, sondern allein von dir.«[40] Man habe mit der »Folterkampagne« eine »schwere Schuld« auf sich geladen, die Menschen draußen, die ihnen geglaubt und vertraut hätten, seien »belogen« worden.[41]

Es war offenkundig, dass für Andreas Baader der bewaffnete Kampf nach seiner Festnahme im Juni 1972 und der anschließenden Inhaftierung keineswegs zu Ende war. Als der mit ihm befreundete Rechtsanwalt und Schriftsteller Peter O. Chotjewitz ihm 1974 in der Justizvollzugsanstalt Schwalmstadt einen Besuch abstattete und ihn fragte, ob diese Situation bereits gleichbedeutend mit der Niederlage sei, antwortete ihm der offenbar bereits über die Fragestellung empörte Baader: »Der Kampf hat erst begonnen.«[42] Diese Antwort scheint jedoch alles andere als rhetorischer Natur gewesen zu sein. Was für andere Gruppen nach ihrer Verhaftung Geltung gehabt hätte, galt nicht für die RAF. Sie versuchte ihren »Kampf« ungebrochen fortzuführen. Die Bedingungen hatten sich zwar geändert, jedoch waren das keine ausreichenden Gründe, an eine Kapitulation zu denken. Die auf hysterische Weise skandalisierten Haftbedingungen wurden nun zum Resonanzboden, um noch stärker als zuvor für die Fortsetzung des bewaffneten Kampfes zu trommeln. Die Behauptung von der »Isolations- und Vernichtungshaft« wurde zum propagandistischen Hauptinstrument, um ein längst gescheitertes und in seinen politischen Umrissen nur verschwommen erkennbares Gewaltunternehmen verlängern zu können.

Drittens: Der Mythos von den Gefangenen-Morden in Stammheim (1977ff.)

Kein anderes Ereignis in der Geschichte der RAF hat unter ihren Anhängern für so viel Empörung gesorgt wie die am Morgen des 18. Oktober 1977 verbreitete Nachricht von den in ihren Stammheimer Zellen aufgefundenen

Leichen Andreas Baaders, Gudrun Ensslins und Jan-Carl Raspes.[43] Die gleichzeitig verbreitete Meldung, dass mit Irmgard Möller eine weitere RAF-Angehörige nur leicht verletzt in ein Krankenhaus eingeliefert worden sei, hat demgegenüber innerhalb der linken Szene in der Bewertung entweder keine oder nur eine verschwindend geringe Rolle gespielt. Dabei hätte gerade dieses Faktum ein entscheidender Grund sein müssen, alle Spekulationen über eine von Geheimdienstagenten verübte Mordaktion in Zweifel zu ziehen.

Doch gerade die überlebende Irmgard Möller war es, die zu einer Art Kronzeugin der Mordlegende wurde. Was sie am 16. Januar 1978 vor dem Untersuchungsausschuss des baden-württembergischen Landtages erklärte, dass sich keiner der Häftlinge mit dem Gedanken getragen hätte, Selbstmord zu begehen, das bekräftigte sie später noch einmal in einem Interview mit einem verschwörungstheoretischen Konstrukt: »Sie wollten uns tot. [...] Ich war und bin davon überzeugt, dass es eine Geheimdienstaktion war.«[44] Sie gehe davon aus, dass die Bundesregierung involviert gewesen sei und die Unternehmung auch innerhalb der NATO »abgesprochen« gewesen wäre. Insbesondere von der CIA wüsste man ja, dass sie es verstehe, »Morde als Selbstmorde« darzustellen.

Doch sowohl gegenüber den Obduktionsergebnissen eines vierköpfigen Medizinerteams als auch dem einstimmig angenommenen Ergebnis des bereits erwähnten parlamentarischen Untersuchungsausschusses, das besagte, dass sich die drei RAF-Gefangenen »selbst getötet« hätten, zeigten sich weite Kreise der radikalen Linken resistent. Was nicht sein durfte, das konnte auch nicht sein.

Die Annahme einer Selbsttötung wäre in doppelter Hinsicht einem Eingeständnis von Schwäche gleichgekommen – zum einen, weil mit der Geiselbefreiung in Mogadischu durch ein Kommando der GSG 9 das letzte Erpressungsmittel im Krieg mit dem Staat sein Ziel verfehlt hatte und zum anderen, weil eine Selbstaufgabe der Führungsspitze diese Niederlage endgültig besiegelt hätte. Nur durch die abenteuerlich anmutende Mordannahme konnte das von Andreas Baader verkündete RAF-Durchhalte-Credo – keiner von ihnen werde vor Polizei und Justiz kapitulieren – weiter offen gehalten werden. Die sehr viel näher liegende Alternative zu akzeptieren, hätte vermutlich bedeutet, dass der Mythos RAF wie ein Kartenhaus in sich zusammengestürzt wäre. Und daher musste, solange es irgendwie ging, noch an den absonderlichsten Konstrukten manifester Selbsttäuschung festgehalten werden.

Einer der Wahlverteidiger, der Raspe-Anwalt Karl-Heinz Weidenhammer, der sich zu Beginn der 1990er Jahre das Leben nahm, ging schließlich so weit, in einer 500 Seiten umfassenden, ausschließlich der Frage »Selbstmord oder Mord?« gewidmeten Publikation zu schreiben: »Die behauptete Selbsttötungsverabredung ist [...] widerlegt.«[45] Noch 1990 zogen mehrere hundert Demonstranten anlässlich des Jahrestages des Todes von Baader, Ensslin und Raspe durch Berlin und skandierten: »Nichts ist vergessen, nichts ist vergeben.«

Über das, was von Brigitte Mohnhaupt RAF-intern bereits seit 1977 als »suicide action« bezeichnet wurde,[46] hat schließlich das ehemalige RAF-Mitglied Karl-Heinz Dellwo 1998 in einem Interview mit der *tageszeitung* nüchtern erklärt: »Wir haben der Entstehung des Mythos zugeschaut und teilweise nachgeholfen.«[47] Warum der Streit über die Frage, ob in der Nacht vom 17. zum 18. Oktober 1977 Mord oder Selbstmord begangen wurde, Jahrzehnte hat überdauern können, ist vermutlich einem bestimmten Umstand zu verdanken. Angesichts der in Stammheim geübten Abhörpraxis darf gemutmaßt werden, dass sich der Staat nur deshalb so schwer getan hat und noch immer tut, die gegen ihn erhobenen Vorwürfe zu entkräften, weil er damit möglicherweise ein doppeltes Vergehen einräumen müsste – zum einen die Zellen der im 7. Stock untergebrachten RAF-Gefangenen abgehört zu haben[48] und zum anderen nicht eingeschritten zu sein, um das, was als »suicide action« längst angekündigt war, noch in letzter Minute zu verhindern.

Die drei hier nachgezeichneten zentralen RAF-Mythen verraten, dass es um eine Metamorphose gegangen ist, den Verwandlungsprozess eines mythischen Essentials, das in seiner Grundfigur bereits während der so genannten ersten Generation ausgebreitet vorlag und dessen Transformation sich schon in den Jahren 1970 bis 1977 vollzogen hat. Im Mittelpunkt stand eine emotional aufgeladene Dramatisierung und eine bis ins Extrem gesteigerte existenzielle Selbstüberhöhung: zunächst im bewaffneten Kampf gegen das verhasste System und seine Exponenten, dann im Kampf gegen die »Vernichtungshaft«, der die RAF-Gefangenen angeblich ausgesetzt waren, und schließlich – beide Momente vereinend – im finalen Todeskampf im siebten Stock des Hochsicherheitstraktes in Stuttgart-Stammheim. Immer sollte es um Leben oder Tod gehen, um sonst gar nichts, kein Zwischenton, keine Vermittlungsstufe, nur entweder – oder, nur schwarz und weiß. Der Grundton war dabei der der Hysterie. Diese Dauerhysterisierung, eine latente Empörung, die jede sich bietende Gelegenheit nutzte, um sich als Anti-Haltung zu produzieren, war wie nichts anderes *das* Markenzeichen der RAF. Diese schrille Tonlage übertönte alles andere. Niemand anders hat diese Empörung so intoniert wie Ulrike Meinhof. Sie ging in ihrer Identifikation mit bestimmten Opfern völlig auf, setzte sich zuweilen an ihre Stelle und vollzog mit und in der RAF, wie das im Nachhinein einer ihrer in gleich mehrfacher Hinsicht ausgescherten Mitbegründer beschrieben hat, nichts anderes als einen »moralischen Amoklauf«.[49] Das Empörungstremolo, das ihre Stimmlage verriet, ist bereits aus den Interviews zu vernehmen, die von ihr aus den Jahren 1967/68 überliefert sind und in denen sie ihre Rage – etwa über den Schah-Besuch oder den Vietnamkrieg – offenbar nur mühsam unterdrücken konnte.

Bei den Zentralmythen der RAF geht es um die schubweise Transsubstantion eines imaginären mythischen Helden: Zuerst verwandelt sich die Figur eines heroischen Guerillero, die in dem in Bolivien ermordeten Che Guevara ihr Ebenbild hat, in die eines tragischen KZ-Häftlings, dem der Leichnam des im Hungerstreik zu Tode gekommenen Holger Meins so zu gleichen scheint, und diese wird schließlich zum Opfer eines angeblich vom Staat verübten Mordanschlags. Der Held wird damit in seiner Körperlichkeit endgültig ausgelöscht und als Imago zugleich zur mythischen Absolutsetzung freigegeben. Der doppelte Figurentausch mündet in eine jeglicher Kritik entzogene Helden-Imago.

Diese drei Mythenfiguren mit ihrer Helden-Imago als Schlussakkord haben – durch ihren Opfertod beglaubigt – die Existenz einer terroristischen Sekte, deren systematisches Scheitern nur notdürftig durch die inflationäre Verwendung von Pathosformeln verdeckt wurde, fortwährend verlängert und schließlich bis auf fast drei Jahrzehnte ausgedehnt. Absichtlich initiierte und blauäugig beförderte Mythen haben den Weg zu einer – nüchtern betrachtet ganz unwahrscheinlichen – Karriere der RAF gepflastert.

2. Die Dämonisierung der RAF durch den Staat

Für die Bundesregierung war die RAF spätestens mit dem Tod des ersten Polizisten im Zuge der Fahndungsaktivitäten im Oktober 1971 zum Feind schlechthin geworden: Die »Baader-Meinhof-Bande«, wie die RAF dann in Reaktion auf den zweiten, am 22. Dezember 1971 bei einem Banküberfall in Kaiserslautern erschossenen Polizisten zumeist genannt wurde,[50] hieß es, sei nun der »Staatsfeind Nr. 1«. Eine Etikettierung, die angeblich auf den damaligen Bundesinnenminister Hans-Dietrich Genscher zurückgeht.[51] Dadurch wurde der Eindruck geweckt, man bewegte sich in einem innenpolitischen Szenario, das mehr und mehr Züge eines Bürgerkrieges angenommen habe. Vorübergehende Zuspitzungen wie die so genannte »Mai-Offensive« 1972 oder die »Offensive 77«, die dann zum so genannten Deutschen Herbst führte, erschienen als Entscheidungsschlachten in einem imaginierten Krieg, in dem angeblich die Existenz des Rechtsstaates auf dem Spiel stand.

Der gewaltige Ausbau des Bundeskriminalamtes unter seinem neuen Präsidenten Horst Herold, die Einführung der Rasterfahndung, die Gründung der GSG 9, die Durchsetzung einer Nachrichtensperre während der Schleyer-Entführung, die Einführung des Kontaktsperregesetzes und anderes mehr verraten, mit welcher Unsicherheit der Staat, die Entscheidungsträger von Bundesregierung, Justiz und Polizei, seinerzeit auf die terroristische Herausforderung reagiert haben.

Die Unverhältnismäßigkeit staatlicher Reaktionen auf die RAF hat Theo Rasehorn, damaliger Vorsitzender Richter am Oberlandesgericht Frankfurt, am Beispiel eines Jahrgangs durch ein reines Zahlenspiel, den Anteil terroristischer Delikte an der Gewaltkriminalität insgesamt, zu veranschaulichen versucht. Für das Jahr 1974 stellte er fest:

»Von 3945 Morddelikten entfallen 5 auf Terroristen, somit 1,2 Promille. Von 6099 Brandstiftungen entfallen 57 auf Terroristen, somit 0,9 Promille. Von 18 965 Raubüberfällen entfallen 5 auf Terroristen, also 0,3 Promille.«[52]

Auch wenn hier die Dimension unmittelbarer Bedrohung nicht aufscheint, der Spitzenvertreter aus Politik, Polizei, Justiz, Presse, Wirtschaft und Finanzen zweifelsohne ausgesetzt waren, so verdeutlicht die Gegenüberstellung doch den verschwindend geringen Anteil, den die von Terroristen verübte Gewaltkriminalität insgesamt gespielt hat.

Zu welchen Exzessen die exorbitanten Sicherheitsaufwendungen bisweilen geführt haben, lässt sich im Nachhinein an einem speziellen Quellenbestand erkennen, der zwar die Bundesrepublik betrifft, jedoch seit anderthalb Jahrzehnten im Ausland deponiert sein soll. Seit Beginn der 1990er Jahre sei im renommierten Internationalen Institut für Sozialgeschichte (IISG) in Amsterdam, wie ein ehemaliger Mitarbeiter zu berichten weiß,[53] eine Containerladung mit aus der Bundesrepublik stammenden Polizeidokumenten untergebracht, aus denen hervorgehe, dass bundesdeutsche Wohngemeinschaften flächendeckend und systematisch fotografiert, deren Bewohner katalogisiert sowie observiert worden seien. Ein Dokumentenbestand, der im Übrigen formell nicht eingegangen, der nirgendwo verzeichnet ist und den es offiziell auch gar nicht gibt.

3. Die populistische Dramatisierung der Auseinandersetzung zwischen Staat und RAF durch verschiedene Printmedien

Wer die Berichterstattung über die RAF in den Printmedien der 1970er Jahre noch einmal Revue passieren lässt, dem wird rasch klar, dass es unter den Boulevardzeitungen und den Illustrierten beinahe durchgängig um ein und dieselbe Themenkombination gegangen ist – um Sex & Crime. Dieses altbekannte Muster wurde in den Schlagzeilen und den Bildmontagen nicht nur reproduziert, sondern, soweit es ging, auch potenziert. Insbesondere mit den Abbildungen der weiblichen RAF-Mitglieder wurde der Eindruck erweckt, als sei der Schritt in den Untergrund ausschließlich libidinös bedingt gewesen. Terroristisches Handeln und sexuelle Potenz näherten sich dabei so weit an, dass sie beinahe deckungsgleich wurden.

So lauteten etwa repräsentative Schlagzeilen in *Bild* bzw. *Bild am Sonntag*: »Baader-Bande: Liebe vor dem Banküberfall«,[54] »Revolte nach der Liebesstunde«,[55] »Liebesgrüße hingen am Perlonstrumpf«,[56] »Jetzt kommandiert die schöne Hedwig«,[57] »Meuterei, Schlägerei, Durststreik und: Terrorist Baader bei der Ensslin im Bett«.[58] In der Serie mit dem Titel »Andreas Baader: Verpfuscht in alle Ewigkeit« wurden voyeurhaft »Zärtliche Nächte im Beduinenzelt«[59] insinuiert. Und über die palästinensische Flugzeugentführerin Leila Khaled heißt es in der letzten Folge einer anderen Serie mit dem Titel »Der Terror hat tausend Gesichter«: »Leila trifft immer ins Schwarze«.[60]

Vor allem die Zweideutigkeit im Umgang mit Schusswaffen ist hier ganz unzweideutig sexuell codiert: »Das Leben der Terrormädchen: Potente Männer, scharfe Waffen/Die Frauen der Baader-Meinhof-Bande waren stärker als ihre Komplizen. Hier erfahren Sie, warum«.[61] Wer etwa Aufnahmen von Ingrid Schubert, Ina Siepmann, Marianne Herzog oder Angela Luther zu Gesicht bekommt, der könnte meinen, in eine Model-Show der ganz besonderen Art versetzt zu sein. Insbesondere die Nacktaufnahmen Gudrun Ensslins, die in einem eher harmlosen Film zu sehen sind, werden als Indizien für die angeblich pornografische Dimension von Gewaltexzessen gelesen und entsprechend ausgebeutet.[62] Ein angeblicher Sexualforscher kommentiert die Frage »Potente Männer und scharfe Waffen – zufällige Bettgenossen einer Terroristin?« mit den Worten: »Sobald ein Mensch die Bindungen an die Gesellschaft zerreißt, so daß Gebote und Gesetze für ihn außer Kraft gesetzt sind, steigert sich seine Sexualität ins Ungewöhnliche – ja direkt in die Perversion. Und die Gewalt dieser Menschen ist für sie nichts anderes als Sexualität.«[63] Wenn es die männlichen Mitglieder an der für ihre Aktionen nötigen Energie mangeln ließen, seien sie – wie »ein prominentes Bandenmitglied« gestanden habe – von ihren Genossinnen wieder »aufgebaut« worden.[64]

Ein anderer durchgängig zu beobachtender Tenor ist die exzessive Steigerung von Gewaltmitteln und deren angeblich zu befürchtender Einsatz gegen die Bevölkerung im Allgemeinen. Weitere Schlagzeilen in der *Bild*-Zeitung lauteten: »Komplice enthüllt Baader-Meinhof-Pläne/Bomben auf Rathäuser – egal, ob dabei Menschen sterben«,[65] »Das ist das Mädchen mit der Stalin-Orgel«,[66] »Mit Bomben, Terror und 1000 Mann – Aufstand in Deutschland geplant«.[67] Derartig obsessive Gewaltphantasien gehörten seinerzeit zum Standardrepertoire der Boulevardzeitungen, aber auch von Illustrierten wie *Quick*, *Revue* und zuweilen auch des *Stern*.

4. Die Selbstsuggestion des Massenpublikums

Die RAF ist für das Massenpublikum in den 1970er Jahren über weite Strecken die bevorzugte Projektionsleinwand gewesen. Auf der einen Seite wurden Neugierde, Lust und Voyeurismus geschürt und auf der anderen Angst, Neid und Abscheu. Das Resultat der wechselseitigen Aufladung von Sex- und Gewaltphantasien waren häufig mehr oder weniger unkontrollierte Affekte.

Wie das Massenpublikum auf eine derartige Konditionierung durch Presseorgane reagierte, wurde spätestens während der Schleyer-Entführung im Herbst 1977 deutlich. Vom Durchschnittsbürger wurde – wie Interviews und Umfragen belegen – einer Lynchjustiz mehr und mehr das Wort geredet. Laut einer unmittelbar nach der Entführung Hanns Martin Schleyers durchgeführten Emnid-Umfrage sprachen sich 67 Prozent dafür aus, Terroristen mit dem Tode zu bestrafen.[68] Was zur selben Zeit im Kleinen Krisenstab an Gedankenspielen durchexerziert wurde, wo man auch nicht vor einem Modell zurückschreckte, nach dem jede Stunde ein RAF-Häftling hätte hingerichtet werden sollen, bis Schleyer schließlich freigelassen worden wäre,[69] hat hier seine populistische Entsprechung.

Etwa einen Monat nach der Kölner Entführungsaktion vom 5. September 1977 wurde deutlich, dass die Zustimmung in der Bevölkerung gegenüber der Haltung der Bundesregierung im Vergleich etwa zu der ähnlichen Situation während der Lorenz-Entführung im Frühjahr 1975 gewachsen war.[70] Die Weigerung von Bundeskanzler Helmut Schmidt, sich von den Entführern erpressen zu lassen und auf deren Forderungen einzugehen, hielt die überwiegende Mehrheit für richtig. Nach einer Umfrage des Allensbacher Instituts für Demoskopie waren selbst 42 Prozent der CDU-Anhänger der Ansicht, dass die Regierung Schmidt angemessen gehandelt habe.[71] Und die Verhängung einer Nachrichtensperre wurde von 77 Prozent der Befragten befürwortet und nur von 13 Prozent abgelehnt.[72]

Große Teile der Bevölkerung ließen sich im Herbst 1977 von einer von diffusen Angstgefühlen bestimmten Atmosphäre anstecken, sahen sich stärker als zuvor selbst bedroht und vollzogen deshalb immer mehr den Schulterschluss mit den Regierenden in Bonn. Die Tatsache, dass ein palästinensisches Kommando bald darauf eine Lufthansa-Maschine entführte, in der sich Mallorca-Urlauber befanden, schien ihren Suggestionen und dem daraus resultierenden Sicherheitsbedürfnis vorübergehend sogar Recht zu geben.

5. Die Delegierung eines imaginären Kampfauftrages durch die Szene, das Milieu der so genannten Unterstützer und Sympathisanten

Die RAF war vom ersten Moment an auch eine bevorzugte Projektionsfläche für die radikale Linke, für all jene, die eine solche Option zwar grundsätzlich nicht für unmöglich hielten, jedoch noch nicht oder gar nicht bereit waren, den Schritt, sich zu bewaffnen und in den Untergrund zu gehen, auch praktisch zu vollziehen.

Die sich bald ausbreitende Etikettierung als »Sympathisant«, als deren Archetypen mit dem Schriftsteller Heinrich Böll und dem Psychologieprofessor Peter Brückner nicht zufällig zwei prominente Intellektuelle fungierten, diente damals zweifelsohne als »Ausgrenzungsbegriff«.[73] Im Zuge der so genannten »Mescalero-Affäre«[74] erreichte die Diskussion, die nach der Ermordung Jürgen Pontos und der bald darauf folgenden Entführung Hanns Martin Schleyers immer weiter eskalierte, im Spätsommer 1977 ihren Höhepunkt.[75] In der Folge galten »Sympathisanten« in großen Teilen der Öffentlichkeit, wie es ein Springer-Journalist in jenen Tagen formuliert hat, als »das stille Reserveheer des Terrorismus«.[76] Selbst der damalige Berliner Wissenschaftssenator Peter Glotz hatte in einem Interview mit seiner Definition, dass unter Sympathisanten Personen zu verstehen seien, die Terror und Mord nicht nur billigten, sondern auch praktisch unterstützten,[77] die Grenzen zwischen Sympathisierenden und Unterstützern weitgehend verwischt. Gegen ein derartig fragwürdiges Verständnis, das einer missbräuchlichen Verwendung Tür und Tor öffnete, haben sich seinerzeit nur wenige zu Wort gemeldet, die auf einer qualitativen Differenz insistierten.

Einer von ihnen war der ehemalige Präsident des Bundesamtes für Verfassungsschutz, Günther Nollau. In einem Artikel betonte er vor allem, dass der stigmatisierende Begriff strafrechtlich irrelevant sei: »Das Strafrecht kennt den Begriff des Sympathisanten nicht. Es unterscheidet ›Täter‹, ›Gehilfen‹, ›Begünstiger‹. Da wird nicht mit Vermutungen operiert [...] Da müssen Tatsachen bewiesen werden, Tatsachen, aus denen hervorgeht, welchen Beitrag einer zur Tat geleistet hat. Einem solchen Tatbeitrag kann (muss aber nicht) ›Sympathie‹ für den Täter oder die Tat als Motiv zugrunde liegen. Sympathie allein ist kein Tatbeitrag. Sympathie hegen, Wohlgefallen, Zuneigung empfinden ist nicht strafbar [...].«[78] Diese grundlegende Unterscheidung wurde in der öffentlichen Auseinandersetzung, die mitunter Züge einer Hexenjagd annahm, jedoch weitgehend ignoriert.

Mit einem Anflug von Selbstironie hatte der *Verband des Linken Buchhandels* (VLB) im Oktober 1977 mit dem an einen Song der Rolling Stones erinnernden Aufkleber »Sympathy for the devil/Hexenjagd auf die Linke« für eine Podiumsdiskussion auf der Frankfurter Buchmesse geworben.[79] Die radikale Linke fühlte sich in die Ecke gedrängt und zu Unrecht stigmatisiert. Eine Vorstellung vom Ausmaß an Projektionen auf die RAF-Häftlinge, von Delegierungen uneingestandener Wünsche an ihre noch aktiven Mitglieder, besaß sie allerdings nicht. Jedenfalls spielten sie in der erwähnten Diskussion, an der u. a. Walter Boehlich, Peter Brückner, Daniel Cohn-Bendit und Alice Schwarzer teilnahmen, keine Rolle. Diese Dimension blieb in der ansonsten wegen ihrer Bereitschaft zur Dauerdebatte so bekannten Szene sorgsam ausgespart.

Was die außerordentlich hohe Anziehungskraft der RAF für die radikale Linke und ihre wichtigsten intellektuellen Wortführer, ihren habituellen Magnetismus anbetrifft, gilt es neben dem bereits am Beispiel von Ulrike Meinhof beschriebenen Auschwitz-Phantasma eine ganze Reihe zusätzlicher Faktoren zu benennen:
– die Suggestivität einer Idee des bewaffneten Kampfes zu einer Zeit, in der eine pragmatische Reformpolitik von der sozialliberalen Koalition, also von Exponenten des ansonsten so verhassten Staates, selbst besetzt war;
– das Faszinosum Krieg in einer immer saturierter, jedoch in ethisch-moralischer Hinsicht nicht unbedingt glaubwürdiger gewordenen Nachkriegsgesellschaft;
– das Geheimnisumwitterte des Untergrunds und das Außeralltägliche des Guerillakampfes in einer an Abenteuern arm gewordenen Wohlstandsgesellschaft;
– der existentialistische Gestus, der der tendenziellen Sinn- und Perspektivlosigkeit der eigenen Biografie ein Ende zu machen versprach;
– die Entschlossenheit als Grundhaltung der Mitglieder der Stadtguerilla[80] und
– die Verlockung einer absoluten Machtphantasie, deren Auskostung Züge einer spezifischen »Lebensform RAF« annehmen konnte.[81]
Dies alles hat das ehemalige RAF-Mitglied Volker Speitel 1980 in einer Nachbetrachtung in der Fiktion einer Sehnsucht, der größenwahnsinnigen Suche nach dem »neuen Menschen«, zusammengefasst: »Der Eintritt in die Gruppe, das Aufsaugen in die Norm und die Knarre am Gürtel entwickeln ihn dann schon, den ›neuen‹ Menschen. Er ist Herr über Leben und Tod geworden, bestimmt, was gut und böse ist, nimmt sich, was er braucht und von wem er es will; er ist Richter, Diktator und Gott in einer Person – wenn auch für den Preis, daß er es nur für kurze Zeit sein kann.«[82] Diese von der RAF verkörperte Machtphantasie war offenbar überaus verlockend. Oder in einer von Herfried Münkler gebrauchten und von Niklas Luhmann entlehnten Wendung, die die Allmachtsphantasien und das Suggestive des bewaffneten

Kampfes auf einen gemeinsamen Nenner bringt: Die selbsternannte Guerilla der RAF sei eine »Komplexitätsreduktion mit Waffe« gewesen.[83] Mit der Waffe in der Hand schien eine erfahrene Macht- und eine absehbare politische Aussichtslosigkeit potentiell umkehrbar zu sein.

Die Dekonstruktion der Mythen

Die eingangs beschriebenen Mythen sind nichts anderes als – zum Teil naturwüchsig entstandene, zum Teil künstlich geschaffene bzw. absichtsvoll beförderte – Hilfskonstrukte. Die Adaption der Che Guevara nachempfundenen Figur des heroischen Guerillero auf der einen wie der des Auschwitz-Opfers auf der anderen Seite, dem durch die angebliche »Isolationsfolter« eines neuen Faschismus in den Tod getriebenen Häftlings, sind in positiver wie in negativer Hinsicht bis ins Extrem aufgeladene, existentialistisch definierte Rollenmuster, die Ersatzkonstruktionen darstellen.

In den jeweiligen Entwürfen bewaffneter Gruppierungen wurden Identitätskonstruktionen ausprobiert, mit denen offenbar die tiefreichenden Unsicherheiten im kollektiven »Wir-Gefühl« kompensiert werden sollten. Nicht ohne Grund heißt eines der in den einschlägigen RAF-Texten am häufigsten verwendeten Worte »Identität«. Oder wie es Baader in der ihm eigenen burschikosen Diktion einmal formuliert hat: »die identität der guerilla, alles andere ist – so – erstmal sülze.«[84]

Umgekehrt resultierten die Erschütterungen, die die RAF auszulösen vermochte, nicht zuletzt daraus, dass ihre Attacken auch als ein Anschlag auf den Gründungsmythos der Bundesrepublik verstanden werden konnten, vielleicht sogar mussten. Die RAF war schließlich die erste Gruppierung, die nach 1945 dem Staat den Krieg erklärt hatte. Mit einem Mal stand genau das, was die Verfassungsväter und -mütter mit der Gründung eines Rechtsstaates und der Abkehr von allen Totalitarismen unbedingt hatten verhindern wollen, im Zentrum der Auseinandersetzung – eine selbsternannte Partisanengruppe führte gegen die parlamentarische Demokratie Krieg und ging sogar dazu über, prominente Vertreter von Staat und Politik, Justiz, Finanz- und Industriekapital zu entführen und zu ermorden.

Aus der Schwierigkeit heraus, sich mit einem Kollektiv zu identifizieren, das Auschwitz als Signum des absoluten Bösen wie ein Kainsmal auf der Stirn trug, agierte die RAF das Phantasma eines bewaffneten Aufstands aus und schlug sich, das Eigene überspringend, mit Entschlossenheit ganz auf die Seite der so genannten Befreiungsbewegungen der Dritten Welt. Nur in dem, was sich mit der auf Kuba begründeten Trikontinentale in der zweiten

Hälfte der 1960er Jahre herauskristallisierte,[85] schien sich ein Ausweg aus einer für die eigene Nation als blockiert angesehenen Zukunft anzubahnen – ein sich im transnationalen Guerillakampf konstituierender Internationalismus. Der bewaffnete Kampf war für die Dauer einer Generation das mit dem Eingehen existentieller Risiken verbundene Versprechen auf eine Rettung aus dem mit einem Jahrhundertverbrechen kontaminierten Nationalismus.

Der aus ganz verschiedenen Elementen zusammengesetzte RAF-Mythos, dessen Ausprägung ganz nach Blickwinkel höchst unterschiedlich war, hat sich in Teilen bereits während der RAF-Zeit aufgelöst.[86] Die Demontage bzw. Dekonstruktion vollzog sich in einzelnen Schritten:

– Zunächst schon im Juni 1972 mit der Verhaftungswelle der Gründergeneration. Angesichts der Tatsache, dass es dem Fahndungsapparat nach der Neuformierung des Bundeskriminalamtes unter seinem Präsidenten Horst Herold in einer relativ kurzen Zeitspanne gelungen war, Baader, Meins, Raspe, Ensslin, Meinhof, Mohnhaupt, Proll und andere zu verhaften, wurde die deklarierte Absicht, die Besiegbarkeit des staatlichen Herrschaftsapparates unter Beweis stellen zu wollen, nachhaltig in Zweifel gestellt.

– Dann im Oktober 1977 mit den Selbstmorden von Stammheim und dem Scheitern einer doppelten Entführung, zunächst der von Hanns Martin Schleyer, danach derjenigen der Mallorca-Urlauber, war die letzte Aussicht auf einen Ausweg aus lebenslanger Inhaftierung zusammengebrochen. Die RAF hatte trotz des Einsatzes aller ihr zur Verfügung stehenden Gewaltmittel den jahrelang propagierten »Krieg« mit dem bundesdeutschen Staat bereits jetzt verloren.

– Und schließlich im Juni 1990 mit der Verhaftung der in der DDR untergetauchten RAF-Mitglieder.[87] Auch wenn es vermutlich überzogen ist, von einer regelrechten »RAF-Stasi-Connection« zu sprechen,[88] so waren die Formen der Duldung und Unterstützung so kompromittierend, dass sie einem Gesichtsverlust gleichkamen.

Von dem Mythos RAF schien nach dem Fall der Berliner Mauer und dem Zusammenbruch der DDR nicht mehr viel übrig geblieben zu sein. Auch wenn, wie der Mordanschlag auf den Treuhandchef Detlev Karsten Rohwedder und der Sprengstoffanschlag auf die Justizvollzugsanstalt Weiterstadt zeigten, es ihr offenbar immer noch gelang, einzelne Aufsehen erregende Aktionen durchzuführen, so konnte die Aufgabe des bewaffneten Kampfes nur noch eine Frage der Zeit sein.

Die Fortschreibung eines Rests an Mythen im Moment der offiziell eingeräumten Niederlage

Bei der Nachrichtenagentur Reuters ging am 20. April 1998 ein acht Seiten umfassendes Schreiben der RAF ein, das die Auflösung der RAF als Projekt erklärte. Daraus lassen sich einige axiomatische Behauptungen herausdestillieren: Die RAF steht zu ihrer Geschichte; ihre Mitglieder glauben, dass die RAF ein Bruch in der Kontinuität zum Nationalsozialismus gewesen sei; sie halten die Entscheidung, die RAF gegründet und an ihr mitgewirkt zu haben, auch nachträglich für grundsätzlich richtig; sie glauben, dabei trotz aller Bedrängungen Subjekt geblieben zu sein, Durchhaltevermögen bewiesen und bei alldem keinerlei Korrumpiertheit an den Tag gelegt zu haben.

An welchen Mythen, so ist hier im Nachhinein zu fragen, wurde in dieser Auflösungserklärung weiter fortgestrickt? Vor allem ist es der Mythos Antifaschismus, den sich die RAF auf ihre Fahne geschrieben hatte. Ausführlich versucht sie damit die Entführung und Ermordung des Arbeitgeberpräsidenten Hanns Martin Schleyer, der die Kontinuität zwischen NS-Regime und Bundesrepublik verkörpert habe, ein weiteres Mal zu rechtfertigen. Dabei wird in völliger Verkennung der Verhältnisse behauptet, man habe mit dieser Entführungsaktion im Herbst 1977 »die Machtfrage« gestellt.

Von den drei erwähnten Zentralmythen wird lediglich einer gestreift. Durch die Feststellung, dass es richtig gewesen sei, »die Gefangenen aus der Folter zu befreien«, wird der Mythos von der »Isolationsfolter« noch einmal bekräftigt. Die anderen beiden Zentralmythen – der Mythos vom bewaffneten Kampf ebenso wie der von den »Stammheim-Morden« – werden dagegen einfach ignoriert.

Auffällig ist, dass man sich vor Zusammenhängen, die sich in der Vergangenheit als problematisch erwiesen und zu anhaltenden Kontroversen innerhalb der linken Szene gesorgt hatten, vollständig drückt und auf tabuisierte Ereignisse wie den Tod Ulrike Meinhofs, die Ermordung der Schleyer-Begleiter, die Todesnacht von Stammheim, die Hinrichtung Schleyers und den aus rein instrumentellen Gründen begangenen Mord an dem US-Soldaten Edward Pimental nicht eingeht.

Die Mythen sind zwar verblasst, aber nicht vollständig erloschen. Von denen, die erheblich zum Bestand der RAF beigetragen haben, scheint kaum noch etwas übrig geblieben zu sein. Umso hartnäckiger halten sich dafür jedoch jene erwähnten Mythologeme, die auch weiterhin für Uneinsichtigkeit und Selbstverblendung sorgen.

Die popkulturelle Adaption des politisch verpufften RAF-Mythos

Es ist nicht bekannt, wie ehemalige RAF-Mitglieder darauf reagiert haben, dass Repräsentanten einer jüngeren Generation kurz nach Auflösung der RAF damit begannen, diese in den unterschiedlichsten kulturellen Bereichen zum Gegenstand einer erneuten Verklärung zu machen, ihren gescheiterten Feldzug gegen Staat und Eliten streckenweise zu ästhetisieren, sich besonders spektakuläre Elemente des vermeintlichen Guerillakampfes herauszugreifen und sie zu romantisieren sowie Einzelne, wie Andreas Baader und Ulrike Meinhof, nun als Pop-Ikonen zu besetzen und erneut zu heroisieren.[96] Das RAF-Emblem mit der quer über den fünfzackigen Stern montierten Maschinenpistole von Heckler & Koch tauchte nun auf T-Shirts und Postern, auf Buchtiteln und Filmplakaten, auf Fotostrecken in Mode- und Anzeigen von Lifestyle-Magazinen auf.[97] Es schien sich, wenn auch nur vorübergehend, um eine regelrechte Welle zu handeln, die der gerade untergegangenen RAF als popkulturelles Artefakt plötzlich erneut Aufmerksamkeit verschaffte. Die Rede war nun von »RAF ist hip«, »RAF ist chic«, »RAF goes Pop« und – das alles hochgerechnet – von einem regelrechten »RAF-Retro-Trend«. Doch zum Teil scheint dieser »Trend« auch einem medialen Kumulationseffekt geschuldet gewesen zu sein. Jedenfalls war unübersehbar, wie sich Kritiker dieses Phänomens annahmen, sich daran abarbeiteten und es auf diese Weise selbst noch einmal, wenngleich auch nur indirekt, multiplizierten und potenzierten.

Die größte Aufmerksamkeit gewann zunächst die Verballhornung von »Baader Meinhof« zu »Prada Meinhof«, einem Label, unter dem die Hamburger Boutique »Maegde und Knechte Elternhaus« ein T-Shirt vermarktet hat.[98] Andere T-Shirts trugen Aufschriften wie »Prada Terror«, »German Eiche«, »German Tiefgang«, »Feldbett Diva« und »Mein Kampf«, dies auf einem Unterhemd, auf dem ein kleiner Kampfhund zu sehen war. »Prada Meinhof« wurde rasch zu einem durchschlagenden Erfolg.[99] Das Etikett ist inzwischen zum Synonym für die RAF-Mode insgesamt, das Spiel mit den Terrornamen und -emblemen, die tendenzielle oder zuweilen auch manifeste Tabuverletzung inbegriffen, avanciert.

Ein anderer Ausgangspunkt dieses Trends war ein Treffen von snobistisch auftretenden Jungschriftstellern in der Executive Lounge des Berliner Hotels Adlon gewesen, die sich seit 1999 mit wechselndem Erfolg als »popkulturelles Quartett« zu vermarkten versuchten. Einer von ihnen, der 30-jährige Alexander von Schönburg, erklärte mit einem kalkuliert provokanten Gestus, wie es weiland Georg Heym kurz vor Ausbruch des Ersten Weltkriegs getan hatte: »Unsere einzige Rettung wäre eine Art Somme-Offensive. Unsere Langeweile bringt den Tod. Langsam komme ich zur Überzeugung, dass wir uns in einer ähnlichen Geistesverfassung finden wie die jungen Briten, die im Herbst 1914 enthusiastisch die Rugby-Felder von Eton und Harrow, die Klassenzimmer von Oxford und Cambridge verließen, um lachend in den Krieg gegen Deutschland zu ziehen.«[100] Vor einer als tödlich empfundenen Langeweile sich den Krieg herbeizuwünschen und darin vielleicht tatsächlich den Tod zu finden, das hatte Vertreter einer Studentengeneration im Herbst 1914 bereits nach Langemarck geführt. Doch dieser sehr viel näher liegende Anknüpfungspunkt schien den versammelten Jungautoren nicht besonders geeignet zu sein. Das Image kriegsbegeisterter Nationalisten vertrug sich offenbar wohl nicht mit einem Snobismus, für den britische Eliteschüler als Vorbild sehr viel eher in Frage kamen. Mitautor Joachim Bessing ging im weiteren Verlauf von Kriegs- zu Terrorphantasien über, schlug vor, man müsse nun »von innen bomben«, und konkretisierte das mit den Worten: »Bomben aus Semtex bauen und dann in Prada-Rucksäcken an die Art-Direktoren schicken, per Kurier. Oder das Café Costes oder das Adlon sprengen.«[101] In dieser Situation konnte es nicht ausbleiben, dass nun auch das Stichwort RAF fiel. Es war Benjamin von Stuckrad-Barre, der es, obgleich in Abgrenzung gegenüber seinem Vorredner, in die Runde warf. Er hielt Bessing vor, dass es ihm im Unterschied zur RAF wohl nur um Zerstörung gehe, während die RAF zwar auch nichts bewirkt, jedoch an die Stelle des von ihr Zerstörten »etwas Neues« habe setzen wollen. Doch der Bann schien gebrochen.

Es war ein weiterer Jungschriftsteller, der den Ball auffing und sein eigenes Spiel damit trieb. John von Düffel (Jg. 1966) hatte bereits mit Stücken wie »Rinderwahnsinn« und »Born in the RAF« Aufmerksamkeit erregt. In einem *Zeit*-Interview verriet er dann im Jahr 2000, was er an der RAF und ihrer Zeit so aufregend finde: Wie die RAF-Leute mit ihrem ganzen Leben für eine Gesinnung eingestanden hätten, das habe »auch etwas Großes, Unbedingtes, Absolutes. Also Mythisches. Wie im Kino. [...] Da gibt es Entführung, Flucht, Untergrund – das Land zu RAF-Zeiten war der letzte große Abenteuerspielplatz der deutschen Geschichte.«[102] Mit dieser Haltung blieb der damalige Dramaturg am Hamburger Thalia-Theater, wie zahlreiche Romane, Filme und Theaterstücke belegen, keineswegs ein Sonderfall, sondern setzte nur den vom »popkulturellen Quartett« in Szene gesetzten Thrill weiter fort.

Das »Große«, das »Absolute«, das »Unbedingte« – diese unverkennbaren Ingredienzien einer hier freilich nur ästhetisch auftretenden fundamentalistischen Ideologie – schienen ihren Reiz auf Vertreter einer jüngeren Generation keineswegs verloren zu haben. Bezeichnend dürfte allerdings sein, dass diese Bewunderungshaltung, die Anbetung des Mythischen, fast nur noch im Bereich der Fiktion, also von Schriftstellern, Theater- und Filmemachern, geäußert werden kann. Der »Abenteuerspielplatz« RAF blieb, wie der Regisseur Christopher Roth mit seinem Filmporträt »Baader« anschaulich unter Beweis gestellt hat,[103] nun für sie reserviert. Waren derartige Äußerungen in einem politischen Umfeld auch so gut wie vollständig diskriminiert, so verfügten fiktionale Autoren immer noch über einen solchen Spielraum. Während sich die RAF politisch längst erledigt hatte, feierten die von ihr geschaffenen Mythen in der Kultur fröhliche Urständ.

Eine besondere Rolle spielten dabei Pop- und Rockmusiker. Die aus Sindelfingen stammenden Punkrocker *Wizo* widmeten der aufgelösten Untergrundorganisation mit »R. A. F.« gar einen eigenen Song. Darin heißt es unverblümter als in irgendeinem anderen Zusammenhang:

»Als wir noch kleine Scheißer waren, da wußten wir nicht viel,
doch wir haben schon gern RAF und Polizei gespielt.
Ich wollte nie ein Bulle sein, denn Bullen sind nur Dreck,
ich war viel lieber Terrorist und bombte alles weg.
[...]
Rote Armee Fraktion – ihr wart ein geiler Haufen,
Rote Armee Fraktion – mit euch ist was gelaufen
Rote Armee Fraktion – ich fand euch immer spitze
Leider war ich noch zu klein, um bereits bei euch dabei zu sein,
doch mein Herz schlug damals schon
für die Rote Armee Fraktion.«[104]

Die Hip-Hop-Band *Absolute Beginner* mit ihrem Song »Die Söhne Stammheims«, in dem von deren Sänger Jan Delay beklagt wird, dass die jungen Leute nur noch für Hunde und Benzin kämpften und nicht mehr Baader und Ensslin folgten, sowie die Schweizer Band *Mittageisen*, die einen in der Zelle verfassten Meinhof-Brief intonierte, um so für einen »faireren Umgang« mit ihr und ihrem Schicksal zu plädieren, standen dem nur wenig nach.

Für die wohl größte Aufregung sorgte jedoch 2002 das inzwischen eingestellte Modemagazin *Tussi Deluxe* mit seiner 22 Seiten langen Bilderstrecke »RAF-Parade«. Darin wurden einige der schaurigsten Sequenzen aus der Geschichte der RAF, wie etwa die Szene mit dem im Kofferraum eines Pkw aufgefundenen Leichnam des von der RAF erschossenen Hanns Martin Schleyer, mit der quer über die Doppelseite führenden Zeile »Aber die fliegende Schlinge wand sich um seinen Hals« von Models nachgestellt. Das alles war offenbar absichtslos, nicht einmal als gezielte Provokation in Szene gesetzt. Die einzige erkennbare Absicht hinter der Geschmacklosigkeit bestand darin, wie bei einer Werbekampagne etwa, der – wie die mit den Aufnahmen von Aids-Toten operierende Benetton-Reklame früher schon unter Beweis gestellt hat – im Zweifelsfall auch jedes Mittel recht ist, Neugierde für das eigene Produkt zu wecken.

Diesem Erfolg wollte das Hamburger Lifestyle-Magazin *Max* nicht nachstehen und übernahm die Bilderstrecke unter der Überschrift »Die Zeit ist reif für RAF-Popstars«.[105] Auch *Max* ließ sich nicht davon abhalten, etwa die Aufnahme des von einem Fotomodell nachgestellten, in einer Blutlache auf dem Boden seiner Zelle liegenden Leichnam Andreas Baaders zu reproduzieren sowie ein darüber montiertes Bild von einem Paar Hausschuhen samt der zynischen Empfehlung, dass »Andreas Baaders Woolworth-Pantoffel Kult« seien. Der Tabubruch, Modearrangements mit Aufnahmen von Todesopfern zu »garnieren«, und die Skrupellosigkeit, auf der Suche nach geeigneten Sujets die Geschichte des Terrorismus zu plündern, scheinen sich hier die Waage zu halten.

Mit der hemmungslosen Verklärung von Baader, Meinhof & Co., ihrer Trivialisierung, Romantisierung und Popularisierung, geht gewiss auch eine Bagatellisierung ihrer Taten und denen des Terrorismus insgesamt einher. Dass dies auch noch nach dem 11. September 2001 möglich gewesen ist, hat viele irritiert, verärgert und auch abgestoßen. Jedoch wäre es ein Kurzschluss, die während der RAF-Zeit entstandenen Mythologeme und die nach ihrer Auflösung produzierten Pop-Artefakte gleichrangig behandeln zu wollen. Ihre Konstitutionsgeschichte, ihre soziokulturelle Funktion und damit auch ihr jeweiliger gesellschaftlicher Stellenwert sind dafür zu unterschiedlich.

Die radikale Entkontextualisierung von Symbolen, die beliebige Adaption von Zeichen und deren Neuverwendung in völlig anderen Zusammenhängen sind ein hervorstechendes Merkmal der Popkultur. Die Zeitgeschichte fungiert im Falle der RAF wie ein Supermarkt oder ein Steinbruch, in dem sich diejenigen, die sich als Popartisten in Kunst, Mode, Theater, Musik und Literatur Aufmerksamkeit verschaffen wollen, nach Belieben glauben bedienen zu können. Namen, Embleme, Markenzeichen und Logos werden entwendet, gekreuzt oder verballhornt, wie »Prada Meinhof«, und als mit dem Gestus des »radical chic« versehene ästhetische Zeichen erneut benutzt.

Dies alles wäre in den 1970er und 1980er Jahren kaum vorstellbar gewesen. Möglich wurde es erst unter der Voraussetzung, dass die RAF aufgehört und sich die mit ihr verbundene Aufregung gelegt hatte. Ein Kritiker merkte in diesem Zusammenhang zutreffend an: »Weil der bundesdeutsche Terrorismus im kollektiven Bewusstsein aufhörte, etwas zu sein, was wehtut, kehrt die RAF als Logo wieder – als vage Chiffre für heroische Gesten, Tod und Bedeutung.«[106] Das von seiner ursprünglichen Bedeutung Losgelöste und in seiner Semantik Unbestimmte macht hier offenbar den Unterschied aus. Stand die Verwendung von RAF-Symbolen früher zumindest in ideologischer Hinsicht für eine bestimmte Aussage, so ist sie heute weitgehender Beliebigkeit anheim gefallen.

Wie erheblich die Diskrepanz zwischen der RAF als einem historischen und einem ästhetischen Phänomen ist, darauf hat der Kulturwissenschaftler Niels Werber hingewiesen: »1967 und auch 1977 sind von diesem Tableau weit entfernt, denn es werden nur jene Elemente dieser historischen Schichten zitiert, die in das Programm einer coolen Ästhetik passen: Mode, Models, Drogen, Sex. Der Terrorismus wird so losgelöst von seiner historischen Umwelt, von seinem genuinen Kontext und selektiv für den Konsum der Gegenwart neu zurechtgemacht.«[107] Was bei dieser Entkontextualisierung bislang herausgekommen ist, dürfte daher wohl eher als »Terroristenkitsch« denn als eine Besorgnis erregende Remythologisierung der RAF zu bezeichnen sein.

Was der Literaturwissenschaftler Heinz-Peter Preußer in einer kritischen Auseinandersetzung mit den Abwehrreaktionen auf die 2003 verbreitete Ankündigung der Kunst-Werke, sie wolle eine Ausstellung zum Thema »Mythos RAF« zeigen, festgestellt hat, das gilt auch in dem hier entfalteten Zusammenhang: »Der Mythos Terrorismus ist [...] nicht eine Mystifizierung von Verbrechen, sondern Signal für das Unbewältigte der Zeitgeschichte. Und dieses Unbewältigte lässt sich nicht äußerlich in Entmythisierung überführen. Aufklärung über den Mythos schließt ein, sich auch seiner Faszinationsgeschichte zu vergewissern – nicht affirmativ, sondern begreifend. Was arbeitet weiter in den Subjekten, die sich zu diesem Diskurs affektiv verhalten? Und dazu zählen die fragwürdige Position des Sympathisanten wie die aufgeregte Reaktion, die dem Terror eine mediale Wirkungsmöglichkeit in die Massen der Gesellschaft gab (und immer wieder gibt). Damit erst war die Stilisierung von Personen und Programmen zum Mythos möglich: Weil die Gesellschaft die Personalisierung von Konflikten so nahm, wie sie von den Terroristen gedacht wurden – als symbolische Handlung. Und die Opfer erst gaben den Taten Tiefe: das Fremdopfer, das kalt und bewusst eingeplant war, wie das Selbstopfer, mit dem sich die RAF in Stammheim ein letztes Mal inszenierte, um dem Mythos Nahrung zu geben.«[108] Das Verhältnis zwischen Mythos und Logos, zwischen Mythos und Aufklärung, zwischen Historisierung und Entmythologisierung ist also keine Einbahnstraße. Die Hoffnung, die Geschichte ließe sich von entzauberten Mythen einfach entgiften, die Vergangenheit ließe sich entschlacken, ist trügerisch. Nur im Bewusstsein, dass das Faszinosum Untergrundkampf, von dem der Terrorismus so lange hat zehren können, wohl auch unabhängig von seinem jeweiligen politischen Kontext fortexistieren wird, bleibt eine Ahnung von den Risikopotentialen, die der Moderne weiter innewohnen, erhalten.

1 Vgl. Claude Lévi-Strauss, Strukturale Anthropologie, Frankfurt am Main 1967, S. 226–254; ders., Mythos und Bedeutung, Frankfurt am Main 1995.
2 Jeanne Hersch, Mythos und Politik, in: Kurt Hoffman (Hg.), Die Wirklichkeit des Mythos, München/Zürich 1965, S. 79–91, hier S. 86.
3 Arnold Gehlen, Urmensch und Spätkultur. Philosophische Ergebnisse und Aussagen, Bonn 1956, S. 250.
4 Ebenda.
5 Vgl. Andreas Dörner, Politischer Mythos und symbolische Politik. Der Hermannmythos: zur Entstehung des Nationalbewußtseins der Deutschen, Reinbek 1996.
6 Der Politikwissenschaftler Brian Jenkins hat nach dem Olympia-Anschlag 1972 als Erster terroristisches Handeln systematisch als eine Form der Theaterinszenierung untersucht. Von ihm stammt auch der inzwischen zum Kanon der Terrorismusforschung zählende Satz »Terrorismus ist Theater«. Vgl. ders., International Terrorism. A New Mode of Conflict, in: David Carlton/Carlo Schaerf (Hg.), International Terrorism and World Security, London 1975, S. 13–49. Im Anschluss an die Terroranschläge vom 11. September 2001 hat der Religionswissenschaftler Mark Juergensmeyer Terrorismus als eine spezifische »performance« in symbolischer wie in linguistischer Hinsicht untersucht. Vgl. das Kapitel »Theater des Terrors«, in: ders., Terror im Namen Gottes. Ein Blick hinter die Kulissen des gewalttätigen Fundamentalismus, Freiburg 2004, S. 167–200.
7 »Wer die zeitweilig bis zur Massenhysterie gesteigerte Anteilnahme eines bundesbreiten Publikums erklären möchte, muß sich wahrscheinlich zu einer Bühne unterhalb der sichtbaren hinabbequemen, einem Spielraum hinter dem öffentlich zutage tretenden, magischen Binnenspielraum, wo real die Träume hausen und der vorgestellte Speer wahrhaftig das Herz des ausgemalten Büffels oder Bullen trifft.« Peter Rühmkorf, Tabu II. Tagebücher 1971–1972, Reinbek 2004, S. 18.
8 Rühmkorf, Tabu II, S. 39f.
9 Vgl. Matteo Galli/Heinz-Peter Preußer (Hg.), Mythos Terrorismus. Vom Deutschen Herbst zum 11. September, Heidelberg 2006.
10 Die Reduktion der RAF-Untergrundtätigkeit auf gewöhnliche kriminelle Handlungen wie Bankraub, Diebstahl, Passfälschung und anderes mehr war anfangs so unübersehbar, dass sie sich in einer ihrer Gründungsschriften explizit damit auseinander setzte, um sich der innerhalb der radikalen Linken und somit in Kreisen potentieller Unterstützer immer stärker werdenden Kritik zu erwehren. Zur Rechtfertigung hieß es, dass diese Formen der »Lösung der logistischen Probleme« und damit der Kontinuitätssicherung der eigenen Organisation dienten. Rote Armee Fraktion, Dem Volke dienen. Stadtguerilla und Klassenkampf, in: ID-Verlag (Hg.), Rote Armee Fraktion. Texte und Materialien zur Geschichte der RAF, Berlin 1997, S. 142.
11 Roland Barthes, Mythen des Alltags, Frankfurt am Main 1964, S. 130ff.
12 Die *Grünen*-Politikerinnen Antje Vollmer und Christa Nickels hatten bereits 1987 im Zusammenhang mit ihrer Initiative, einen Dialog zu ermöglichen, von der Aufgabe gesprochen, die RAF entmythologisieren zu müssen. »Wer immer sich damit intensiv befaßt hat, auch mit den Menschen, um die es damals ging, der weiß, daß für Heroisierung kein Anlaß ist und daß gerade dieser Mythos eine der Schwierigkeiten ist, die alle Problemlösungsversuche heute so kompliziert machen. Klaus Bölling hat gesagt, die RAF müsse ›entdämonisiert‹ werden. Und das ist richtig! Sie muß aber gleichzeitig entmythologisiert werden. Denn beides, die Dämonisierung und die Mythenbildung haben auf merkwürdige Art und Weise zusammengewirkt, um dieses Phänomen weiter aufrechtzuerhalten.« Die Grünen im Bundestag, Arbeitskreis Recht und Gesellschaft (Hg.), Ende der bleiernen Zeit? Versuch eines Dialogs zwischen Gesellschaft und RAF, Bonn 1989, S. 68.

13 Rote Armee Fraktion, Das Konzept Stadtguerilla, in: ID-Verlag (Hg.), Rote Armee Fraktion, S. 42.
14 Thomas Hobbes, Leviathan oder Stoff, Form und Gewalt eines bürgerlichen und kirchlichen Staates, hrsg. von Iring Fetscher, Neuwied/West-Berlin 1966.
15 Kurz nach der dreibändigen, freilich zensierten englischen Erstausgabe erschien eine vollständige amerikanische Fassung: Herman Melville, The Whale, London 1851; ders., Moby-Dick or The Whale, New York 1851. Die erste von inzwischen neun deutschen Übersetzungen war eine um zwei Drittel gekürzte und zum Teil umgeschriebene Fassung: Moby Dick oder Der weiße Wal, Berlin 1927. Die letzte ungekürzte, von Matthias Jendis übersetzte Ausgabe erschien 2001.
16 Vgl. das Kapitel »Die Jagd auf den Leviathan«, in: Stefan Aust, Der Baader Meinhof Komplex, erweiterte und aktualisierte Ausgabe, München 1998, S. 286–289.
17 Im »Pfaffenspiegel« heißt es über die kaum zu bändigende Religiosität der heiligen Therese: »Schon als Kind wurde sie von der Schwärmerei ergriffen und wollte nach Afrika gehen, um dort den Märtyrertod zu finden. Endlich, als sie siebzehn Jahre alt war, hielten es die Eltern nicht mehr aus und brachten sie in das Karmeliterkloster zu Avila. Sie hatte nun bald Erscheinungen aller Art, und als ihr gar einst eine Hostie aus der Hand des Bischofs von selbst in den Mund flog, da war die Heilige fertig. Sie ward endlich Äbtissin eines eigenen Klosters zu Pastrana, und nun konnte sie ihrer Heiligkeit freien Lauf lassen.« Otto von Corvin, Pfaffenspiegel, Erstausgabe 1845, 43. revid. Ausgabe, Schwerte/Ruhr 1996, S. 73.
18 Es ist naheliegend, warum diese Auswahl von Decknamen für die Kerngruppe der RAF zu weitreichenden Deutungen eingeladen hat. Insbesondere die Tatsache, dass mit dem Staatsrechtler Carl Schmitt der Vordenker des Dezisionismus während der NS-Zeit mit seinem Buch »Der Leviathan in der Staatslehre des Thomas Hobbes« (Hamburg 1938) eine Monografie vorgelegt hatte, in der dessen Autor behauptete, dass sich die politische Philosophie »zum Fang des großen Wals« – also des Staates – verbündet und ihn schließlich »erlegt und ausgeweidet« habe, eröffnete die Möglichkeit, den von Ensslin gestifteten Assoziationszusammenhang nun auch mit Hilfe der in Schmitts Theorie zentralen Begriffe Ausnahmezustand, Entscheidung sowie der Freund-Feind-Unterscheidung zu interpretieren. Vgl. Niels Werber, Hobbes, Melville, Schmitt und die RAF. Zur Geschichte eines politischen Symbols, *Frankfurter Rundschau* vom 22. September 2001. In seinem Nachwort der 1982 neuaufgelegten Schmitt-Monografie merkte Günter Maschke lapidar an, es gebe eine Verwandtschaft zwischen Hobbes und Schmitt – während der eine die Theorie des neuzeitlichen Staates begründet habe, habe der andere diesem den Totenschein ausgestellt. Günter Maschke, Zum »Leviathan« von Carl Schmitt, in: ders., Der Leviathan in der Staatslehre des Thomas Hobbes, Köln 1982, S. 180f.
19 »Proletarische Führung kann aber nur in der Avantgarde-Funktion realisiert werden. Die Avantgarde hemmt nicht die Initiative der Massen, sondern entwickelt sie. Die Führung besteht in der beispielhaften Aktion, die durch ihre Verallgemeinerung die Avantgarde ständig aufhebt [...] Avantgarde ist danach nicht die Gruppe, die sich so nennt oder sich selbst so interpretiert, sondern diejenige, an deren Verhalten und Aktionen sich die revolutionären Massen orientieren. Die Führung im revolutionären Prozeß durch eine Avantgarde ist ein wesentliches revolutionäres Moment.« Rote Armee Fraktion, Über den bewaffneten Kampf in Westeuropa, in: ID-Verlag (Hg.), Rote Armee Fraktion, S. 69.
20 Die Rote Armee aufbauen!, *Agit 883* vom 5. Juni 1970, 2. Jg., Nr. 62, S. 6.
21 Aus der Protest-Chronik: 10. Dezember 1971, in: *Mittelweg 36*, 15. Jg., Juni/Juli 2006, Heft 3, S. 92f.
22 Ebenda.

23 Vgl. die Auswahl ihrer Kolumnen: Ulrike Meinhof, Dokumente einer Rebellion. 10 Jahre konkret-Kolumnen, hrsg. von Klaus Rainer Röhl und Hajo Leib, Hamburg 1972; außerdem: Peter Brückner, Ulrike Marie Meinhof und die deutschen Verhältnisse, Berlin 2001.
24 Matteo Galli, »Mit dem Einkaufswagen durch den Geschichts-Supermarkt«? Zu einigen Bestandteilen des so genannten Mythos RAF in den Künsten: Entstehung, Entwicklung und Neukontextualisierung, in: ders./Heinz-Peter Preußer (Hg.), Mythos Terrorismus, S. 108.
25 Heiner Müller, Die Hamletmaschine. Heiner Müllers Endspiel, hrsg. von Theo Girshausen, Köln 1978.
26 Eine linke Zeitschrift erschien ein Jahrzehnt darauf sogar mit einem Coverbild, das unter dem Titel »Mythos RAF« alle Utensilien einer derartigen Marienfigur in sich vereinigte – Ulrike Marie Meinhof mit zum Beten gefalteten Händen, darin einen Rosenkranz haltend und ihr tief eingehülltes Gesicht obendrein noch von einem Heiligenschein umgeben: *Die Beute – Politik und Verbrechen*, 3. Jg., 1996, Nr. 9.
27 »Tochter Preußens und spätgeborene Braut eines anderen Findlings der deutschen Literatur, der sich am Wannsee begraben hat, Protagonistin im letzten Drama der bürgerlichen Welt, der bewaffneten WIEDERKEHR DES JUNGEN GENOSSEN AUS DER KALKGRUBE, […] eine Schwester mit dem blutigen Halsband der Marie.« Heiner Müller, Die Wunde Woyzeck, in: ders., Shakespeare-Factory 2, West-Berlin 1989, S. 262.
28 Zit. n. Aust, Der Baader Meinhof Komplex, S. 292.
29 Birgit Hogefeld, Zur Geschichte der RAF, in: Hans-Jürgen Wirth (Hg.), Hitlers Enkel – oder Kinder der Demokratie? Die 68er-Generation, die RAF und die Fischer-Debatte, Gießen 2001, S. 106.
30 Vgl. Wolfgang Kraushaar, Der Mythos vom bewaffneten Kampf. Zur Selbstheroisierung der RAF, in: Matteo Galli/Heinz-Peter Preußer (Hg.), Deutsche Gründungsmythen. Von der Hermannsschlacht bis zum Wunder von Bern, Heidelberg 2008.
31 Rote Armee Fraktion, Dem Volke dienen, S. 141.
32 Jochen Reiche, Zur Kritik der RAF, in: *Jahrbuch Politik* 8, West-Berlin 1978, S. 16–23, hier S. 22.
33 Rolf Schroers, Der Partisan. Ein Beitrag zur politischen Anthropologie, Köln/West-Berlin 1961, S. 247–298.
34 Nach der von Münkler modifizierten Fassung freilich häufiger auch als der »zu interessierende Dritte« bezeichnet: Herfried Münkler, Die neuen Kriege, Reinbek 2002, S. 180f. Damit wird die legitimitätsstiftende Figur des Adressaten, an den sich terroristische Akteure richten und für deren Interessen sie zu kämpfen vorgeben, immer ungreifbarer und tendiert schließlich dazu, sich vollends im Nebel hochtrabender Verlautbarungen zu verlieren.
35 Der Politikwissenschaftler Iring Fetscher hat in seiner 1977 unter dem Eindruck der Ermordung des Generalbundesanwalts Siegfried Buback und des Bankiers Jürgen Ponto sowie der Entführung Hanns Martin Schleyers verfassten Terrorismuskritik den Glauben, die Bevölkerung könne durch terroristische Aktivitäten für eine gewaltsame Revolution gewonnen werden, als den ersten schweren Denkfehler der RAF ausgemacht. Vgl. das Kapitel »Denkfehler des Terrorismus in der Bundesrepublik«, in: ders., Terrorismus und Reaktion, Köln/Frankfurt am Main 1977, S. 32–68, hier S. 33–35.
36 Vgl. Gerd Koenen, Camera Silens. Das Phantasma der »Vernichtungshaft«, in dem die »Isolations-« bzw. »Vernichtungshaft« als Zentralmythos der RAF untersucht wird, in: Wolfgang Kraushaar (Hg.), Die RAF und der linke Terrorismus, Hamburg 2006, S. 994–1010.

37 Eine maßgebliche Rolle hat in diesem Zusammenhang ein Zeitschriftenartikel gespielt: Sjef Teuns, Isolation/Sensorische Deprivation: die programmierte Folter, in: *Kursbuch* 32, 9. Jg., August 1979, S. 118–126.
38 Kurt Oesterle, Stammheim. Die Geschichte des Vollzugsbeamten Horst Bubeck, Tübingen 2003, S. 86–88.
39 So jedenfalls der RAF-Aussteiger Gerhard Müller bei seiner Vernehmung durch BKA-Beamte der Abteilung Terrorismus am 28. April 1976: »Mitte des Jahres 1973 wurden nach einem Plan BAADERs in verschiedenen deutschen Städten so genannte Folterkomitees aufgebaut. Dies geschah in Form von Aufrufen, die von den Anwälten ausgingen [...] Inzwischen ist mir klar geworden, daß BAADER damit den Aufbau einer legalen RAF-Sympathisantengruppe bezweckte, und zwar von Anfang an.« Archiv des Hamburger Instituts für Sozialforschung (HIS-Archiv), So 01/011,006, S. 132f.
40 Brief Horst Mahlers an Peter-Paul Zahl vom 14. Oktober 1978, in: Peter-Paul Zahl, Die Stille und das Grelle. Aufsatzsammlung, Frankfurt am Main 1981, S. 142. Mahlers Entzauberung der »Isolationsfolter«, die er kurz darauf in einem *Spiegel*-Interview auch einem größeren Publikum bekannt gemacht hat, ist seinerzeit auf heftige Abwehr gestoßen. Vgl. Karl Heinz Roth, Zur Kontroverse Mahler – Zahl, in: ders./Fritz Teufel, Klaut sie! (Selbst-)Kritische Beiträge zur Krise der Linken und der Guerilla, Tübingen 1979, S. 50–56.
41 Mahler an Zahl: »[I]ch sage, daß wir mit der Folterkampagne eine schwere Schuld auf uns geladen haben: wir haben die Menschen draußen, die uns als Genossen geglaubt und vertraut haben, belogen [...] Ich wünsche sehr, daß sich die Haftbedingungen für dich und alle anderen Staatsschutzgefangenen schnellstens normalisieren – schon damit sich nicht noch mehr junge Menschen aus Mitleid mit den Gefangenen und Empörung über angebliche Folterhaft in den politischen Untergrund treiben lassen, und auch, weil diese Haftsituation die politischen Irrtümer, die uns ins Gefängnis geführt haben, eher fixiert als überwinden hilft.« Ebenda, S. 142f.
42 Peter O. Chotjewitz, Andreas Baader: Nicht versöhnt, stern.de [18. Oktober 2002].
43 Vgl. das Kapitel »Die Todesnacht in Stammheim« in: Butz Peters, Tödlicher Irrtum. Die Geschichte der RAF, Berlin 2004, S. 450–467.
44 Oliver Tolmein, »RAF – Das war für uns Befreiung«. Ein Gespräch mit Irmgard Möller über bewaffneten Kampf, Knast und die Linke, Hamburg 1997, S. 133.
45 Karl-Heinz Weidenhammer, Selbstmord oder Mord? Das Todesermittlungsverfahren: Baader/Ensslin/Raspe, Kiel 1988, S. 225.
46 Mohnhaupt, die selbst eine Zeit lang in Stammheim eingesessen hatte und von Baader für den Fall seines Todes als neue Führungsfigur autorisiert worden sein soll, hörte zusammen mit anderen RAF-Mitgliedern mit einem Weltempfänger über Kurzwelle in Bagdad die Nachricht von den drei in ihren Zellen aufgefundenen Leichen. Als sich die anderen daraufhin in ihren durch Trauer, Verzweiflung und ersten Anzeichen von Resignation bestimmten Reaktionen überboten, hielt sie ihnen eine Standpauke: »Könnt ihr die Stammheimer wirklich nur als Opfer sehen? Das war eine Aktion, habt ihr verstanden, eine Aktion! Ihr könnt aufhören zu flennen, ihr Arschlöcher!« Zit. n. Peters, Tödlicher Irrrtum, S. 452.
47 »Wir waren mit der Mord-Behauptung in einer Sackgasse und zur Umwälzung, die stattfinden muß, nicht mehr in der Lage. So haben wir der Entstehung des Mythos zugeschaut und teilweise nachgeholfen.« – »Wir haben uns die Niederlage handhabbar gemacht.« Karl-Heinz Dellwo, ehemaliges RAF-Mitglied, im Gespräch mit Petra Groll, *die tageszeitung* vom 27. Juni 1998.
48 »Alle Regeln der Wahrscheinlichkeit sprechen dafür, daß auch während der Schleyer- und der ›Landshut‹-Entführung die Gespräche der Gefangenen über die Kommuni-

kationsanlage im siebten Stock – die kaum zu übersehen war – mitgeschnitten worden sind. Dann aber müßte es ein Tonband der Todesnacht von Stammheim geben. Das aber wird von in Frage kommenden Stellen und Personen heftig bestritten.« Aust, Baader Meinhof Komplex, S. 657f.

49 Zu welch einer Überidentifikation mit Opfern das bei ihr mitunter führte, hat Horst Mahler später am Beispiel der gemeinsamen Betrachtung von Fernsehnachrichten beschrieben: »Wir haben an ihr erlebt, wenn wir vor dem Fernseher gesessen hat, sich die Frontberichte aus Vietnam, die täglich kamen, anschaute, sah die wie eine Strecke erlegter Hasen zum Zählen aufgereihten erschlagenen vietnamesischen Bauern. Sie konnte das nicht ertragen. Vor Wut heulend sprang sie auf und schrie: ›Das können sie mit mir nicht machen. Ich sitze in einem weichen Sessel und soll mir das ansehen! Die machen mich fertig!‹ Das wurde bei ihr zum Impuls, irgend etwas dagegen zu unternehmen. Irgendwas, das nicht verschwiegen werden konnte. Es mochte noch so aussichtslos sein. Wenigstens wollte sie – wie sie das in einer konkret-Kolumne formuliert hatte – dem Lieben Gott Bescheid sagen, daß sie dagegen sei. Das war ein durch und durch existenzialistischer Einstieg in den bewaffneten Kampf.« Horst Mahler/Franz Schönhuber, Schluß mit dem deutschen Selbsthaß. Plädoyers für ein anderes Deutschland, Berg am Starnberger See 2000, S. 108f.
50 Die Bezeichnung wurde erstmals in einer Ausgabe der *Bild*-Zeitung vom 23. Dezember 1971 verwendet. Vgl. Georg Stötzel/Thorsten Eitz (Hg.), Zeitgeschichtliches Wörterbuch der deutschen Gegenwartssprache, Hildesheim 2002, S. 51.
51 Diese Zuschreibung wurde allerdings vom Presse- und Informationsamt der Bundesregierung damals umgehend dementiert.
52 Theo Rasehorn, Jenseits des Rechtsstaats?, in: Josef Augstein u.a., Terrorismus contra Rechtsstaat, hrsg. von Rudolf Wassermann, Darmstadt/Neuwied 1976, S. 245–263, hier S. 260.
53 Axel Diederich am 3. Dezember 2003 im Gespräch mit dem Verfasser.
54 »Die steckbrieflich gesuchte Ulrike Meinhof (36) versüßt sich das Versteckspiel mit der Polizei nach der Apo-Lebensregel: Erst wird geliebt, dann geschossen! Einem 32jährigen Komplicen redete sie Gewissensbisse aus: ›Wer große Dinge vor sich hat wie ich, muß dazu entspannt sein. Das bin ich nur nach einer Liebesnacht. Du mußt mich lieben.‹« *Bild*-Zeitung vom 15. Februar 1971.
55 *Bild am Sonntag* vom 14. August 1977.
56 Angeblich hatte Marianne Herzog Kassiber in einem Perlonstrumpf befördert: *Bild am Sonntag* vom 25. Juni 1972.
57 Gemeint ist die RAF-Angehörige Ina Siepmann. *Bild am Sonntag* vom 21. Oktober 1973.
58 Wie sich dann aber herausstellt, waren beide vollständig bekleidet; sie hatten lediglich ihre Decken bis zum Hals hochgezogen. *Bild*-Zeitung vom 11. August 1977.
59 Entsprechend eindeutig soll sich die RAF-Angehörige Ingrid Schubert über Baader geäußert haben: »Seine Stärke bestand in seiner sexuellen Anziehungskraft auf die ›Damen‹ und kam erst nachts voll zur Geltung. Sie sahen (und hörten, vor allem), nicht ohne Neid, wie Andreas Baader ›mehrmals in der Nacht die Grete zu orgiastischen Schreien brachte‹ (Schubert). ›Grete‹ war der Deckname für Gudrun Ensslin.« *Bild*-Zeitung vom 12. Juni 1972.
60 Curt Vasall, Der Terror hat tausend Gesichter, *Bild am Sonntag* vom 1. Oktober 1972.
61 Der Artikel beginnt mit einer Assoziationskette: »Handgranaten, Gummimatratze, Terror, Pfarrerstochter, Sex, Philosophiestudium, Tellerminen … Beziehungsloser Wirrwarr? Nein. Der Stoff, aus dem die Terrormädchen sind.« *Bild*-Zeitung vom 6. Februar 1974.

62 Die Bildunterschrift lautet: »Szenen aus dem Leben einer Terroristin: Pfarrerstochter Gudrun Ensslin als nackte Darstellerin in einem Pornofilm.« *Bild*-Zeitung vom 6. Februar 1974.
63 So Dr. Wilfried Dogs aus Rinteln, heute als Psychotherapeut in Osterholz-Scharmbeck tätig, in der *Bild*-Zeitung vom 6. Februar 1974. Er geht so weit, die RAF-Frauen mit einer angeblichen KZ-Leiterin zu vergleichen: »Daß Frauen in dieser Situation die Führung übernehmen, ist wissenschaftlich erklärbar. Sie sind für diese Sexübersteigerung weit anfälliger als Männer – entsprechend auch viel grausamer und konsequenter. Denken Sie nur an die KZ-Kommandeuse Ilse Koch und ihre scheußlichen Verbrechen …« Ebenda. Ilse Koch war die Frau von Karl Otto Koch, dem Kommandanten des Konzentrationslagers Buchenwald. Wegen ihrer Grausamkeit Häftlingen gegenüber wurde sie als »Hexe von Buchenwald« bezeichnet. 1951 wurde sie in Augsburg wegen Anstiftung zum Mord und schwerer körperlicher Misshandlung zu einer lebenslangen Haftstrafe verurteilt. Sie erhängte sich 1967 in ihrer Gefängniszelle.
64 »Wenn wir Männer schlapp wurden, zogen Ulrike und die anderen Mädchen uns ins Bett.« Ebenda.
65 *Bild*-Zeitung vom 19. Januar 1972. Anlass für die Schlagzeile waren Aussagen des RAF-Aussteigers Karl-Heinz Ruhland vor dem Oberlandesgericht Düsseldorf.
66 Gemeint war die RAF-Angehörige Silke Mayer-Witt. *Bild*-Zeitung vom 29. August 1977.
67 R. Wienrich/B. Plogmann, Mit Bomben, Terror und 1000 Mann – Aufstand in Deutschland geplant. So stellen sich Baader-Meinhof und andere Terroristen den »Volkskrieg« vor, *Bild*-Zeitung vom 21. Juni 1972.
68 »Der Bürger ruft nach härteren Strafen«, *Der Spiegel* vom 19. September 1977, 31. Jg., Nr. 39, S. 26–33, hier S. 26.
69 Nach der Sitzung vom 8. September 1977, in der Bundeskanzler Helmut Schmidt die Teilnehmer ausdrücklich dazu aufgerufen hatte, »exotische Vorschläge« zu unterbreiten, wurde als »Modell Nr. 6« im Protokoll festgehalten: Nach einer Änderung des Grundgesetzes können »solche Personen erschossen werden, die von Terroristen durch menschenerpresserische Geiselnahme befreit werden sollen. Durch höchstrichterlichen Spruch wird das Terrorurteil gefällt. Keine Rechtsmittel möglich.« »Die Deutschen sind irrsinnig geworden«. Die exotischen Lösungen zur Befreiung Schleyers im Herbst 1977 – überlisten, internieren, erschießen, *Der Spiegel* vom 31. August 1987, 41. Jg., Nr. 36, S. 106–111, hier S. 109.
70 Vgl. Im Einklang mit der Volksmeinung, *Der Spiegel* vom 3. Oktober 1977, 31. Jg., Nr. 41, S. 16.
71 Ebenda.
72 Ebenda.
73 Vgl. Hanno Balz, Der »Sympathisanten«-Diskurs im Deutschen Herbst, in: Klaus Weinhauer/Jörg Requate/Heinz-Gerhard Haupt (Hg.), Terrorismus in der Bundesrepublik. Medien, Staat und Subkulturen in den 1970er Jahren, Frankfurt am Main/New York 2006, S. 320–350.
74 Vgl. Stefan Spiller, Der Sympathisant als Staatsfeind. Die Mescalero-Affäre, in: Kraushaar (Hg.), Die RAF und der linke Terrorismus, S. 1211–1226.
75 Vgl. »Mord beginnt beim bösen Wort«. *Spiegel*-Serie über Sympathisanten und so genannte Sympathisanten, Teil I, *Der Spiegel* vom 3. Oktober 1977, 31. Jg., Nr. 41, S. 28–47; Teil II: Die Anwälte, *Der Spiegel* vom 10. Oktober 1977, 31. Jg., Nr. 42, S. 28–57; Teil III: Die Hochschulen, *Der Spiegel* vom 17. Oktober 1977, 31. Jg., Nr. 43, S. 203–226; Teil IV: Spontis und Anarchos, *Der Spiegel* vom 31. Oktober

1977, 31. Jg., Nr. 45, S. 36–52; Teil V: Rote Hilfen und Folterkomitees, *Der Spiegel* vom 7. November 1977, 31. Jg., Nr. 46, S. 36–54.
76 Werner Kahl, Das stille Reserveheer des Terrorismus, *Die Welt* vom 12. September 1977.
77 »Ich würde als Sympathisanten nur Leute bezeichnen, die tatsächlich den Terror, das heißt auch den Mord, billigen und von denen zu vermuten ist, daß sie aus dieser Einstellung heraus auch zur Unterstützung solcher Verbrechen bereit sind.« *Spiegel*-Gespräch »Jeder fünfte denkt etwa so wie Mescalero«. Berlins Wissenschaftssenator Peter Glotz über Sympathisanten und die Situation an den Hochschulen, *Der Spiegel* vom 3. Oktober 1977, 31. Jg., Nr. 41, S. 49.
78 »Sympathie allein ist kein Tatbeitrag«. Der ehemalige Verfassungsschutzpräsident Günther Nollau über Terroristen und ihre Gehilfen, *Der Spiegel* vom 17. Oktober 1977, 31. Jg., Nr. 43, S. 206.
79 Der Aufkleber ist abgebildet in: Tatjana Botzat/Elisabeth Kiderlen/Frank Wolff, Ein deutscher Herbst. Zustände. Dokumente, Berichte, Kommentare, Frankfurt am Main 1978, S. 105.
80 Vgl. Wolfgang Kraushaar, Entschlossenheit: Dezisionismus als Denkfigur. Von der antiautoritären Bewegung zum bewaffneten Kampf, in: Kraushaar (Hg.), Die RAF und der linke Terrorismus, S. 140–156.
81 »RAF – das bedeutet nicht eine Kette von Ohnmachtserfahrungen, die zu weiteren Radikalisierungen führte, sondern *eine Lebensform, die Machterfahrungen mit sich brachte wie keine andere*; Machterfahrungen, an denen teilhaben konnte, wer sich, nicht ›mit den Zielen‹ der RAF, sondern mit der ›*Lebensform RAF*‹ [...] identifizierte.« Jan Philipp Reemtsma, Was heißt »die Geschichte der RAF verstehen«?, in: Wolfgang Kraushaar u.a., Rudi Dutschke Andreas Baader und die RAF, Hamburg 2005, S. 100–142, hier S. 113f. [Hervorhebungen im Original].
82 Volker Speitel, »Wir wollten alles und gleichzeitig nichts«, III. Teil, *Der Spiegel* vom 11. August 1980, 34. Jg., Nr. 33, S. 36.
83 Herfried Münkler, Sehnsucht nach dem Ausnahmezustand. Die Faszination des Untergrunds und ihre Demontage durch die Strategie des Terrors, in: Reiner Steinweg (Red.), Faszination der Gewalt. Politische Strategie und Alltagserfahrung, Frankfurt am Main 1983, S. 61.
84 Andreas Baader, Brief vom 3. September 1974, in: das info. Briefe der Gefangenen aus der RAF 1973–1977, hrsg. von Pieter H. Bakker Schut, Kiel 1987, S. 158.
85 Vgl. Ingo Juchler, Trikontinentale und Studentenbewegung. Antiimperialismus als Schibboleth, in: Kraushaar (Hg.), Die RAF und der linke Terrorismus, S. 205–217.
86 Vgl. aus ethnologischer Sicht das Kapitel »Wie die Mythen sterben«, in: Claude Lévi-Strauss, Strukturale Anthropologie II, Frankfurt am Main 1975, S. 287–301.
87 Vgl. Tobias Wunschik, Baader-Meinhofs Kinder. Die zweite Generation der RAF, Opladen 1997.
88 Michael Müller/Andreas Kanonenberg, Die RAF-Stasi-Connection, Berlin 1992.
89 Rote Armee Fraktion, »Wir beenden das Projekt«, *jungle world* vom 29. April 1998.
90 Ebenda.
91 Ernst Bloch, Tübinger Einleitung in die Philosophie, Gesamtausgabe Bd. 13, Frankfurt am Main 1970, S. 151. Bloch zitiert aus einem Lied, das 1525 nach der Niederlage im Bauernkrieg gesungen wurde.
92 Rote Armee Fraktion, »Wir beenden das Projekt«.
93 Ebenda.
94 Mit Jürg Peemüller figuriert darunter auch ein Unbekannter. Es ist nicht auszuschließen, dass es sich bei dem Namen, der sich in keiner Dokumentation findet, um einen Decknamen handelt.

95 Ebenda. Das Originalzitat lautet: »›Ordnung herrscht in Berlin!‹ Ihr stumpfen Schergen! Eure ›Ordnung‹ ist auf Sand gebaut. Die Revolution wird sich morgen schon ›rasselnd wieder in die Höh' richten‹ und zu eurem Schrecken mit Posaunenklang verkünden: Ich war, ich bin, ich werde sein!« Rosa Luxemburg, Die Ordnung herrscht in Berlin, *Die Rote Fahne* vom 14. Januar 1919, in: dies., Gesammelte Werke Bd. 4: August 1914 bis Januar 1919, hrsg. vom Institut für Marxismus-Leninismus beim ZK der SED, (Ost-)Berlin 1974, S. 538. Zum historischen Kontext vgl. das Kapitel »Ich war, ich bin, ich werde sein«, in: Peter Nettl, Rosa Luxemburg, Köln/West-Berlin 1968, S. 699–747.
96 Vgl. Matteo Galli/Heinz-Peter Preußer, Mythos Terrorismus: Verklärung, Dämonisierung, Pop-Phänomen. Eine Einleitung, in: dies., Mythos Terrorismus, S. 7–18.
97 »Vom T-Shirt für den Freizeitrevolutionär über Mützen und Turnschuhen bis hin zu Rucksäcken und Glitzershirts ist so ziemlich alles zu haben. Selbst mit Stern und Sturmgewehr verzierte Unterwäsche und Kondome sind käuflich zu erwerben.« *Berliner Zeitung* vom 28. Oktober 2002.
98 Vgl. Coco Drillo, Das RAF-Mode-Phantom, in: http://www.salonrouge.de/rafhype2.htm (15. Januar 2004).
99 Einen Vorläufer einer derartigen RAF-Adaption hatte es bereits 1997 in Dänemark gegeben. Eine freilich fiktive Bildreportage der Modezeitschrift *Damernes Verden* war unter dem Titel »Die Mutter der Revolution« erschienen. Gemeint war damit Ulrike Meinhof. Kunden konnten sich Kleidungsstücke, die Meinhof-Models trugen, danach in einem Versand bestellen.
100 Tristesse Royale. Das popkulturelle Quintett mit Joachim Bessing, Christian Kracht, Eckhart Nickel, Alexander von Schönburg und Benjamin von Stuckrad-Barre, Berlin 1999, S. 137f.
101 Ebenda, S. 156.
102 Christiane Grefe, Damals war noch was los. Dramaturg John von Düffel, 33, über Sehnsucht nach Radikalität, *Die Zeit* vom 13. September 2000, 55. Jg., Nr. 37, S. 5.
103 In einer Besprechung heißt es dazu: »Mit dem Mythos Baader, meinte Drehbuchkoautor Moritz von Uslar, habe man sich auseinandersetzen wollen, mit dem Faszinosum, das er für seine Anhänger gewesen ist. Nur, leider: davon ist nichts zu sehen. Weder wird der Mythos demontiert noch wird ihm ein Gegen-Mythos entgegengestellt, weder gibt es eine irgendwie originelle Neu-Beschreibung der Gruppendynamik noch den Versuch, Baader als ambivalente Figur einleuchtend zu machen. Es reicht einfach nicht, das macht der Film ganz unfreiwillig überdeutlich, die vermeintliche Coolness Baaders zum Ausgangspunkt einer mit dem Historischen flirtenden Erzählung zu machen – und damit der Lifestyle-Welle der letzten Jahre hinterherzusurfen, die, mit der erlaubten Verständnislosigkeit der Nachgeborenen, den Chic des Terrorismus entdeckt hat (und natürlich nur seine Signifikanten meint).« Ekkehard Knörer/Christopher Roth: Baader (D 2002), in: Jump Cut Filmkritik. Magazin für Film & Kritik: Rezensionen und News. http://www.jump-cut.de/filmkritik-baader.html (15. Juni 2006).
104 http://www.rafinfo.de/archiv/files/RAF-Pop.pdf (19. Juni 2006).
105 Die Zeit ist reif für RAF-Popstars, *Max* vom 22. Februar 2001, S. 6.
106 Stefan Reinecke, Das RAF-Gespenst, *die tageszeitung* vom 5. September 2002.
107 Niels Werber, Vom Glück im Kampf. Krieg und Terror in der Popkultur, Antrittsvorlesung vom 16. Mai 2001 an der Ruhr-Universität Bochum, http://homepage.ruhr-uni-bochum.de/niels.werber/Antrittsvorlesung.htm (19. Juni 2006).
108 Heinz-Peter Preußer, Warum *Mythos* Terrorismus? Versuch einer Begriffsklärung, in: Galli/Preußer (Hg.), Mythos Terrorismus, S. 69–83, hier S. 83.

Rudolf Walther

Terror und Terrorismus

Eine begriffs- und sozialgeschichtliche Skizze*

Walter Laqueur hält die Vermutung des Arztes und Kriminologen Cesare Lombroso (1836–1909), der die Taten der bombenwerfenden Anarchisten des ausgehenden 19. Jahrhunderts mit deren Vitaminmangel erklärte, für eine ebenso »lächerliche Idee«[1] wie die heutigen Erklärungen für die Ursachen des Terrorismus. Er lehnt es deshalb ab, den Begriff Terrorismus zu definieren, und versteht das weltweit auftretende Phänomen abwechselnd als Resultat von religiösem Fanatismus oder psychischer Deformation. Auf der entgegengesetzten Seite des Forschungsspektrums bietet der amerikanische Soziologe Alex P. Schmid nicht weniger als 109 Terrorismus-Definitionen mit 22 semantischen Elementen an.[2] Auf kaum einem anderen sozialwissenschaftlichen Forschungsfeld herrscht eine solche Beliebigkeit und Konfusion wie auf dem der Terrorismusforschung. Das ist schon lange so,[3] hat sich aber seit dem 11. September 2001 entschieden verschärft.[4] In seiner Sammelrezension von zehn Büchern über Terror und Terrorismus kommt Friedhelm Neidhardt zu einem für die sozialwissenschaftlichen Autoren niederschmetternden Urteil: »Fast alles bewegt sich ungedeckt im Spekulativen.«[5] Besonders beliebt sind momentan Anleihen bei der zeitlos simplen Küchenpsychologie und einer hemdsärmelig konstruierten Anthropologie, deren Ergebnisse sich umgekehrt proportional verhalten zu ihrem prätentiösen Auftreten.[6]

Die hier vorgelegte Skizze möchte dagegen »Terror« und »Terrorismus« begriffs- und sozialgeschichtlich kontextualisieren, denn zweifellos ist das, was Terror genannt wurde und wird, nicht immer und überall dasselbe. Die begriffsgeschichtliche Analyse unterstellt keine Kontinuität, sondern will den Wandel und die Brüche der beiden Begriffe aus den historischen Konstellationen und den damit verbundenen Argumentationsstrategien heraus verstehen und interpretieren. Sozialgeschichtlich verstandene Semantik oder Begriffsgeschichte versucht – jenseits von normativen Vorgaben – herauszuarbeiten, was bei der Anwendung bestimmter Begriffe offen oder versteckt mittransportiert *und* was an historisch-semantischen Konnotationen eines Terminus beabsichtigt oder unbeabsichtigt gekappt wird.

Als allgemeine Definition, die jedoch immer der historischen Kontextualisierung bedarf, taugt jene von Henner Hess trotz ihrer syntaktischen Unebenheiten. Er versteht unter Terrorismus »erstens eine Reihe von vorsätzlichen Akten direkter physischer Gewalt, die zweitens punktuell und unvorhersehbar, aber systematisch, drittens mit dem Ziel psychischer Wirkung auf andere als das physisch getroffene Opfer, viertens im Rahmen einer politischen Strategie ausgeführt werden«. Von gewöhnlichen Verbrechen unterscheiden sich demnach terroristische Akte dadurch, dass sie ein doppeltes überschießendes Moment enthalten: Sie folgen – wenn auch noch so dünn begründeten – politischen Motiven, und sie weisen insofern über sich hinaus, als sie das Publikum einschüchtern, die Anhänger begeistern und neue Proselyten gewinnen wollen. Außer auf den direkten Adressaten bzw. das Opfer zielen also terroristische Täter auf Dritte. Der Terrorismusforscher Brian M. Jenkins brachte diesen Aspekt des Terrors 1975 auf die griffige Formel »Terrorismus ist Theater«.[7]

Terror kommt – obwohl oberflächlich gesehen immer überraschend – nicht »wie eine Naturkatastrophe über die Menschen« und wurde auch nicht von »Dynamitwerfern, Bombenlegern und Heckenschützen [...] Ende des letzten Jahrhunderts im zaristischen Russland« erfunden.[8] *Terreur* bzw. Terror meinte in der Französischen Revolution Formen unmittelbarer Gewaltanwendung unter dem Schutz und im Interesse des Staates. Der Begriff bezeichnete nichts Neues, sondern stand für die Eskalation vorhandener Gewalt. Der Schein, dass Terror Gewalt erfindet, entsteht, wenn existierende Gewaltpotentiale nur noch affirmativ als »Recht«, »Ordnung« oder »Staat« gefasst werden. Die Vielfalt von Gewaltformen, die das Wort »Terror« abdecken kann, rührt daher, dass sowohl die staatliche Gewalt von oben als auch revolutionäre Gewalten von unten terroristisch agieren können bei der Konkurrenz um politische Macht und Herrschaft. Das ist der Grund dafür, dass das Wort »Terrorist« ausgesprochen selten als Selbstbezeichnung reklamiert wird; es dient fast ausschließlich der Zuschreibung an andere. Enthistorisiert erfüllt es die Funktion einer politischen Kampfparole bzw. eines beliebig verwendbaren Feindbegriffs.

Vorgeschichte

Zwar erhält *terreur* als politischer Begriff erst in der Französischen Revolution große Verbreitung und semantische Tiefenschärfe, aber er hat eine lange Vorgeschichte, die sich zum Teil im modernen Sprachgebrauch gleichsam eingelagert hat. Im Alten Testament gehören »terror« bzw. »Schrecken« zu den Grundbegriffen. In Gott vereinigen sich Güte, Gerechtigkeit und Weisheit, aber auch dessen Allmacht, die Menschen als Schrecken – in der Vulgata terror – zu spüren bekommen können. Einen Vers aus Hiob 6, 4 (»terrores Dei militant contra me«) übersetzte Luther mit »und die schrecknis Gottes sind auff mich gerichtet«. Im Neuen Testament dagegen erscheint der Begriff nur selten, aber Theologen wie Thomas von Aquin motivierten Gottesfürchtigkeit wie Friedfertigkeit problemlos mit dem »terror poenae«, d. h. mit dem Schrecken der Strafe für Zuwiderhandelnde. Nach Duns Scotus ist die Zwangstaufe unter Drohungen und Schrecken (»minis et terroribus«) zulässig.[9] Bereits im 17. Jahrhundert wird dem Begriff »Terror« die theologische Dignität jedoch abgesprochen. Blaise Pascal meinte, jemandem die Religion mit »Gewalt und Drohungen ins Herz einzupflanzen«, laufe darauf hinaus, nicht »die Religion, sondern den Schrecken« *(la terreur)* zu verbreiten.[10]

Seit Aristoteles wird in ästhetischen Schriften der Tragödie eine reinigende Wirkung (Katharsis) durch Furcht und Schrecken (das Griechische kennt dafür nur das Wort »phóbos«) zugeschrieben. Im 18. Jahrhundert machte Edmund Burke den Schrecken (»the terror«) zum »herrschenden Prinzip des Erhabenen« (»the sublime«), während er in seinen politischen Schriften nicht von »terror«, sondern von »jacobinism« spricht.[11]

Der politische Gebrauch des Begriffs beginnt nicht mit Hobbes, sondern schon im 16. Jahrhundert (etwa bei Jean Bodin), aber erst bei Hobbes erscheint er häufig – zum Beispiel als »terror of legal punishment«. Montesquieu ordnete 1748 jeder Regierungsform ein ethisches Prinzip zu: der Monarchie die Ehre und der Republik die Tugend. Die Despotie dagegen werde von Furcht (»crainte«) und Schrecken (»terreur«) regiert. *Terreur* als Herrschaftsmittel von Despoten und Tyrannen wurde in der politischen Theorie der Aufklärung bei Voltaire, Holbach, Mably, Helvétius und dem älteren Mirabeau zum Gemeinplatz. Einen Ministerwechsel kommentierte Turgot 1771 mit dem Satz: »Der Großwesir ersetzt den fröhlichen Großwesir, und es scheint, dass man nun mit Terror *(terreur)* und im Stillen regieren möchte.«[12]

Am eindeutigsten belegt den intimen Zusammenhang von Staat, Terror und Folter der über Jahrhunderte übliche juristische Gebrauch. Bereits die erste umfassende Systematisierung des römischen Rechts enthält ein beschränktes Folterverbot. Der oströmisch-byzantinische Kaiser Justinian regierte von 527 bis 565 und veranlasste, die Grundsätze des römischen Rechts zusammenzustellen. Das so entstandene Corpus Iuris Civilis (auch Codex Justinianus genannt) regelte u. a. die Befragung der mutmaßlichen Delinquenten. Die Juristen unterschieden zwischen bloßer Befragung *(nuda interrogatio)* und leichter Schreckung *(levis territio)*. Hier wurde auch festgehalten, dass »Jugendliche nicht gefoltert, wohl aber geschreckt werden« dürften.

Über zulässige Mittel der Befragung, der Schreckung und der Folter enthält die Gesetzessammlung nichts Präzises.

Das lateinische Wort »territio« (Schreckung) stammt von »terror« (Schrecken) ab und blieb über Jahrhunderte der Fachausdruck für die Einschüchterung von Delinquenten. Schreckung/territio ist das Tor für die Legitimation der Folter. Einerseits sprachen die römischen Juristen davon, dass für den Rechtszustand nichts verabscheuungswürdiger sei als »Terror gegenüber jenen Personen, die [...] aus Unschuld sicher sind«. Das bot jedoch nur bedingten Schutz, denn grundsätzlich von der Folter ausgenommen wurden nur jene, »die durch ihre Ehre geschützt sind« – also die Herren.[13]

Noch das Universallexikon Johann Heinrich Zedlers (68 Bände, 1732–1750) hielt »die Tortur« für »eine dem gemeinen Besten sehr nützliche, ja notwendige Sache« und unterschied zwischen »Verbal-Territion« und »Real-Territion« bzw. »tätlicher Schreckung«.[14] Bis Mitte des 18. Jahrhunderts gehörten Schreckung und Folter zu den üblichen staatlichen Machtmitteln – die längste Zeit, ohne dass die Mittel technisch und juristisch genau normiert worden wären.

Es klingt paradox, aber die gesetzliche Regelung der Folter im Strafrecht verdankt sich einem Fortschritt. Bis zur Einführung der »Peinlichen Gerichtsordnung« (»Carolina«) Kaiser Karls V. im Jahr 1532 galten in der Rechtsprechung Gottesurteile als Beweise. Das Gottesurteil lebte von der Annahme, dass sich Unschuld feststellen lasse, wenn der Angeklagte auf die Probe gestellt werde. Gab es keine Zeugen, wurde seine Schuld oder Unschuld »bewiesen«, indem man ihn zum Beispiel gefesselt ins Wasser warf. Schwamm er obenauf, galt er als schuldig, weil ihn das reine Wasser nicht akzeptierte. Ging er unter, galt er zwar als unschuldig, ertrank aber.

Gegen solche archaischen Praktiken führte die »Carolina« den Inquisitionsprozess ein, der auf dem Prinzip beruhte, dass fortan nur verurteilt werden konnte, wer zuvor ein Geständnis ablegte. Geständnisse erhielt man durch die Mittel der verbalen Schreckung und der Folter. Dieser Fortschritt war teuer erkauft, denn ein Teil des öffentlichen Gerichtsverfahrens wurde ins Dunkel der Folterkammern verlegt, wo die reine Willkür herrschte.

Christian Thomasius (1655–1728) entzog der Folter 1705 die juristische und moralische Rechtfertigung, indem er deren Grundlagen zerstörte: Es gibt keine vernünftigen Gründe dafür, anzunehmen, Gefolterte würden die Wahrheit sagen. Sie sagen das, wovon sie glauben, dass Folterer es hören möchten – was die Wahrheit sein kann, aber nicht muss. Wie Befürworter der Todesstrafe unterstellen auch Anwälte der Folter eine abschreckende Wirkung der Gewaltanwendung auf andere. Voltaire kritisierte »die Apparatur des Terrors« *(l'appareil de terreur)*, zu der er Folter und Todesstrafe zählte, als Veranstaltungen für den »Zuschauer«.[15] Es handelt sich dabei – wie beim modernen Terror – um Formen der Gewalt, die nicht allein auf ihr unmittelbares Ziel aus sind, sondern auf die Wirkung bei Dritten, unbeteiligten Zuschauern, die abgeschreckt und eingeschüchtert werden sollen.

Terreur in der Französischen Revolution

Der Versuch, die Französische Revolution ganz auf die Terrorherrschaft der Jakobiner zu reduzieren und diese anachronistisch als Vorläufer des stalinistischen und nationalsozialistischen Terrors zu verbuchen, lebt von der These, Terror sei das legitime Kind der Aufklärung, was durch die Vorgeschichte des Begriffs widerlegt ist. Nur eine instrumentell verkürzte und verabsolutierte Vernunft, nicht *die* Vernunft provozierte eben durch diesen Radikalismus des Mittels ihre Selbstzerstörung, weil sie die Ziele aus den Augen verlor. Vor allem im religiösen wie im moralischen Fundamentalismus, die wohlverstandene Aufklärung behindern, gehen Mittel in Zielen und Ziele in Mitteln auf. Erklärungsbedürftig ist, wie ausgerechnet ein im politischen und juristischen Sprachgebrauch des Ancien Régime nachhaltig diskreditierter Begriff wie *terreur* zeitweise zur revolutionären Regierungsmaxime aufsteigen konnte.

Entscheidend waren die Zeithorizonte der Akteure, denen Furet und Richet bescheinigen, dass sie den Terror als Herrschaftsmethode nicht gezielt planten.[16] Er war nicht primär ein Resultat der Moralisierung von Politik, obwohl dieser Prozess in der Spätphase der Revolution eine Rolle spielte. Der Terror als Herrschaftsmethode und Regierungsmaxime ergab sich vielmehr naturwüchsig aus der Dynamik der Gewalt und dem Tempo der Ereignisse, die die Regierenden steuern wollten. In vielen Phasen agierten die Jakobiner unter dem Zeitdruck tatsächlicher und vermeintlicher innerer und äußerer Bedrohungen. In diesen wirklichen und eingebildeten Zwangslagen griffen sie immer häufiger und immer schneller zur Gewalt als probates Mittel für die Abkürzung politischer Entscheidungsprozesse.

Noch einen Monat vor dem Septembermassaker von 1792, als eine aufgehetzte Pariser Volksmasse wahllos gefangene Girondisten als »Verräter« ermordete, warnte ein jakobinischer Abgeordneter im Nationalkonvent vor dem »Terror der Könige«.[17] Obwohl die Guillotine seit April im Gebrauch war, sprach außer Jean-Paul Marat noch niemand vom Terror im positiven Sinne. Das änderte sich schlagartig mit der Radikalisierung der Sansculotten-Volksbewegung. Angesichts von drohender Hungersnot, militärischen Niederlagen und der Desertion eines französischen Generals ins österreichische Lager stieg die Angst vor Verrat und Verschwörungen. In einem Wechselbad von hochgestimmtem Patriotismus und Vernichtungsängsten radikalisierten sich Teile der Jakobiner. Obendrein verschärfte sich die Versorgungslage. Der Aufstand der Bauern in der Vendée und die Ermordung des Volkstribuns Marat im Juli 1793 erzeugten die Stimmung, in der die regierenden Jakobiner aus dem verhassten Schlagwort »terreur« eine Staats- und Regierungsmaxime drechselten.

Danton forderte jetzt »schreckliche Maßnahmen« und ermahnte die Jakobiner in Anspielung auf die spontanen Massaker vom September: »Lasst uns schrecklich (»terribles«) sein, um das Volk davor zu bewahren, es zu sein.« Wenige Monate später sprach der Abgeordnete Claude Royer die Parole des Augenblicks erstmals aus: »Man setze den Terror auf die Tagesordnung! Das ist das einzige Mittel, um das Volk wachzurufen und es zu zwingen, sich selbst zu retten.«[18] Die griffige Formel verbreitete sich schnell. Mit der Konstituierung der Revolutionsregierung (10. Oktober 1793) wurde die Verfassung vom 24. Juni 1793 suspendiert und die *grande terreur* eingeleitet, während der bis zum Juli des nächsten Jahres 16 594 Todesurteile gefällt wurden und insgesamt etwa 40 000 Menschen umkamen. Danton hoffte zunächst, die entfesselte Gewaltdynamik mit Revolutionsgerichten in quasi legale Bahnen lenken zu können. Das Gegenteil trat ein. Mit dem »Gesetz über die Verdächtigen« (17. September 1793) war der Weg frei für eine Welle von Denunziationen und Willkürakten.

Die Regierung musste handeln, wenn sie nicht zwischen Gemäßigten und blutrünstigen Ultras zerrieben werden wollte. Robespierre unternahm in zwei Reden den Versuch, die Ambitionen beider Flügel als gleichermaßen schädlich hinzustellen. Er wollte weder die »terreur« durch die »clémence« (Milde) ersetzen noch die »terreur« zur »vengeance« (Rache) steigern.[19] *Terreur* sollte sich genau in der Mitte dazwischen als Ideologie und Waffe einer Regierung in schwieriger Lage bewähren. *Terreur* wurde zur integrativen Parole für die jakobinische Militanz aus der Mitte. Die Regierung erklärte die Tugend zu ihrem zentralen Anliegen und machte den Terror zu deren wichtigstem Instrument. »Terror« war jetzt das Synonym für »schnelle, unnachsichtige und unbeugsame Gerechtigkeit«.[20] Die direkte Umsetzung derart abstrakter moralischer Prinzipien in konkretes politisches Handeln war nur um den Preis rigoroser Reduktion der Komplexität der gesellschaftlichen Verhältnisse möglich. Die jakobinische Regierung der Mitte agierte als nationales Rasiermesser und mähte links und rechts alles nieder, was sie ebenso willkürlich wie chaotisch als Feind erkennen wollte. Die Differenz zwischen despotischer und revolutionärer Politik verschwand ebenso wie deren Inhalte und Zwecke. Es blieb nur noch ein einziges Mittel übrig – »die heilige Guillotine« (so Jacques-René Hébert, der selbst ihr Opfer wurde) sowie die Zuflucht zur bloßen Rhetorik im Stile des ciceronischen Quo-usque tandem und dem berühmten Satz: »Die Regierung der Revolution ist der Despotismus der Freiheit gegen die Tyrannei.«[21] In seiner letzten Rede vor seiner Hinrichtung beschwor Robespierre ungenannte »Monster« als Schuldige und distanzierte sich vom »abscheulichen System des Terrors und der Verleumdung«,[22] das er und seine Regierung eingerichtet hatten.

Einer, der den Ruf nach dem Terror begrüßt hatte, meinte schon vier Tage nach Robespierres Hinrichtung (27. Juli 1794): »Der Terror war immer die Waffe des Despotismus.« Ehemalige Gefährten gingen nun zügig dazu über, ihre Verbündeten von gestern als »terroristes«, die Regierung personalisierend als »système de Robespierre« und die ehemalige Regierungsmaxime als »terrorisme« zu bezeichnen; der Neologismus »terrorisme« war von Anfang an negativ besetzt.[23] Schnell bürgerte sich für die Zeit der Jakobinerherrschaft, »das höllische Regime« (Joseph Marie de Maistre), die Epochenbezeichnung »Terrorherrschaft« (»règne de la terreur«) ein.

Terror und Terrorismus im 19. und 20. Jahrhundert

Die Begriffe *terreur, terroriste* und *terrorisme* wurden umgehend ins Deutsche übersetzt und mit Schrecken, Schreckensmann und Schreckensherrschaft wiedergegeben, aber auch einfach als Fremdwörter übernommen (Terror, Terrorist, Terrorismus). Noch lange tauchten die Begriffe kaum in anderen historischen Konstellationen auf, sie blieben in der Publizistik, in der Philosophie bei Kant und Hegel wie in der Literatur bei Heine und Büchner reserviert für eine Phase der Französischen Revolution. Eine Ausnahme bildet Marx, der in seiner Schrift über die Klassenkämpfe in Frankreich 1848 bis 1850 dem negativ besetzten »Bourgeoisterrorismus« den positiv verstandenen »roten Terrorismus« entgegensetzte.[24]

Die marginale Rolle, die die Begriffe »Terror« und »Terrorismus« spielten, spiegelt sich vor allem in den Enzyklopädien und Konversationslexika. Etwa von der Mitte des 19. Jahrhunderts an und bis in die 1930er Jahre enthielten Brockhaus' Konversationslexika zum Beispiel zu Terror Artikel von nur zwei Zeilen Umfang: »Terror: Schrecken, seit der Französischen Revolution auch Schreckensherrschaft, Gewaltherrschaft.«[25] Selbst in renommierten Handbüchern wie dem »Handwörterbuch der Staatswissenschaften« (4. Auflage 1923) oder der »International Encyclopedia of Social Sciences« (1972) fehlt das Stichwort »Terror«.

Zur Bezeichnung politisch motivierter Gewalt wurde im 19. Jahrhundert nicht mit dem Begriff Terrorismus operiert, sondern am weitaus häufigsten mit Anarchismus und Sozialismus, gelegentlich mit Nihilismus. Einzig die oppositionelle russische Bewegung *Narodnaja Volja* (Volkswille) verstand ihre

Praxis 1879 explizit als »terroristische Aktivität« zur Bekämpfung der Regierung, aber auch zur »Hebung des revolutionären Geistes des Volkes«.[26] Erstmals nach den Jakobinern bezog sich diese Gruppe wieder positiv auf den Terrorismus, den sie als »Selbstverteidigung und öffentliche Verteidigung«[27] des Volkes propagierte. In militanten nationalen Bewegungen wie der irischen dagegen spielte der Begriff keine Rolle, obwohl diese Gewalt keineswegs ablehnte.

Die am meisten verbreitete Verwendung von »Terrorismus« im 19. Jahrhundert hatte mit der Französischen Revolution so wenig zu tun wie mit unmittelbarer Gewaltanwendung. Politik, Justiz und Unternehmer bezichtigten sozialdemokratisch und gewerkschaftlich orientierte Arbeiter, die zum Streik oder Boykott aufriefen, des Terrorismus. Man kann insofern von einer metaphorischen Umdeutung des Begriffs sprechen, als in diesem Kontext direkte Gewalt gar nicht vorkam. Schon den gewerkschaftlichen Boykottaufruf gegen eine Firma verurteilte das Berliner Kammergericht 1907 mit einer Begründung, die die Gewerbefreiheit gegen das Koalitionsrecht ausspielte und dieses faktisch aushebelte: »Die« – notabene gewaltfreie – »Geschäftssperre ist unzulässig, denn die Gewerbefreiheit hebt die Freiheit des Publikums nicht auf und unterwirft die Handarbeiter nicht dem Terrorismus einer Anzahl von Personen, die sich zu einem Verbande vereinigt haben.«[28]

Wie peripher der Begriff Terrorismus bis zum Ende des Ersten Weltkriegs blieb, zeigen zwei weitere Beispiele. In Arnold J. Toynbees Darstellung der Gräueltaten der deutschen Armee im Ersten Weltkrieg erscheint der Begriff zwar im Titel – »The German Terror in Belgium« – des 1917 erschienenen Buches, aber im Text taucht er nicht auf. Andererseits brachte eine Berliner Firma 1918 ein »hygienisch-hochstehendes Radikal-Mittel« gegen Mäuse und Ratten auf den Markt und gab ihm den Namen »Terror-Bazillus«.[29]

Von der Oktoberrevolution bis zum Ende des Zweiten Weltkriegs

Die 1898 gegründete Sozialdemokratische Partei Russlands lehnte den Terror genauso ab wie – zunächst – die Partei Lenins. Von 1905 an bis zur Revolution von 1917 entwickelte Lenin jedoch die vage Marx'sche Vorstellung von der Diktatur des Proletariats schrittweise weiter zu einer politischen Strategie und Parteidoktrin. Terror bildete darin ein Scharnier, um Agitation, Organisation und revolutionäre Praxis zu verbinden. Lenin formte »Terror« zum affirmativen Begriff und rechtlich normierten Kampfmittel im Bürgerkrieg: »Das Gericht soll den Terror nicht beseitigen, [...] sondern ihn prinzipiell, klar, ohne Falsch und ohne Schminke begründen und gesetzlich verankern.«[30]

Was zu Lebzeiten Lenins noch offen benannt wurde und als temporäre Notwendigkeit galt, um den jungen Staat zu sichern, erschien nach seinem Tod euphemistisch verkleidet als »neue Politik der Liquidierung«.[31] Bevor Stalin jedoch den Terror als Herrschaftsmittel dauerhaft installierte – und gleichzeitig den Begriff tabuisierte! –, brach eine grundsätzliche Auseinandersetzung über die Rolle des Terrors aus. Karl Kautsky sah im Vorgehen der deutschen Reichswehr und der Freikorps beim Januaraufstand 1919 ebenso »blutigsten Terrorismus« am Werk wie in der Praxis der bolschewistischen Revolution und ihrer Parteidiktatur, die fälschlicherweise beanspruchte, die »Diktatur einer Klasse«[32] zu sein. Leo Trotzki dagegen verteidigte den »roten Terror« offensiv als unvermeidbar in der Situation des Bürgerkriegs: »Der rote Terror ist staatlicher Terror«, d. h. »Sowjetterrorismus«, der »die Abschreckung« dazu benützt, den Gegner einzuschüchtern: »Die Revolution [...] tötet Einzelne und schreckt Tausende ab. [...] Die Frage der Form oder Abstufung der Repression ist natürlich keine prinzipielle Frage. Das ist eine Frage der Zweckmäßigkeit«. Was bei Kautsky als Grund für das Scheitern der Revolution erscheint, wird bei Trotzki zu einer Bedingung für ihr Gelingen – »die terroristische Diktatur«.[33]

Ohne vorauszusehen, wie exakt die theoretische Erwägung bald ihn selbst, andere Prominente und Legionen von Namenlosen einholen würde, sprach Trotzki von der Revolution als einem »sehr ernsten Geschichtsprozess«.[34] Die Revolutionsperiode wurde zum – geschichtsphilosophisch verklärten – Strafprozess. Inthronisierte der Historismus des bürgerlichen Zeitalters die Geschichte als letzte Instanz, die post festum registrierte, was sich durchsetzte, um dieses im Umkehrschluss der Geschichte als Telos einzuschreiben, so verfuhr Trotzki genau andersherum. Er verbuchte im Namen der Geschichte den Terror vorab unter den unvermeidlichen Kosten der Revolution. Die stalinistische Herrschaft brauchte die Metapher »Geschichtsprozess« nur noch wörtlich zu nehmen, um aus Oppositionellen Angeklagte und aus Kritik Delikte zu machen. Nikolai Bucharin akzeptierte in Stalins Schauprozess gegen ihn den justizförmigen Terror als »nackte Logik des Kampfes« und schloss mit Berufung auf Schiller: »Die Weltgeschichte ist das Weltgericht.«[35]

Abgesehen von der Endphase der Weimarer Republik, als die KPD, die gegenüber der Agitation von SA und NSDAP in die Defensive geraten war, plötzlich »revolutionären Massenterror«[36] propagierte, blieb der Begriff Terror in der stalinistischen wie in der nationalsozialistischen Parteipropaganda fast ausschließlich für den Gegner vorbehalten. Nur selten sprach Hitler davon, »Terror mit zehnmal größerem Terror brechen«[37] zu wollen. Zwar vermengten sich Staat, Polizei, Justiz und Partei seit der Entrechtung jüdischer, kommunistischer, sozialdemokratischer und anderer Bürger durch Sondergesetze offensichtlich mit Terror, aber der Begriff war unter dem Nationalsozialismus ebenso tabu wie das Wort Mord für das Verbrechen an Ernst Röhm und 82 seiner Leute, das Carl Schmitt als »echte Gerichtsbarkeit«[38] feierte.

»Terror« und »Terrorismus« nach 1945

Die alten Fronten blieben nach 1945 erhalten und verschärften sich noch nach dem Beginn des Kalten Krieges. Der Begriff Terror diente den beiden Lagern wechselseitig als Synonym für die Bezeichnung des jeweils feindlichen Systems. Beide Seiten blendeten die Rolle und Bedeutung von Terror in der eigenen Geschichte ganz aus und übertrugen ihn dafür totalisierend auf das andere System. Mit einem völlig enthistorisierten und politisch in alle Richtungen dehnbaren Terrorbegriff grenzte schließlich die in den USA und in Frankreich entstandene Totalitarismustheorie liberale Demokratien gegen rechts von autoritären Diktaturen und gegen links von der Diktatur des Proletariats ab.

In der deutschen Debatte um die Figur »Gleichgewicht des Schreckens« ist – im Unterschied zur englischen *balance of terror* – die Affinität und Nähe von Staat, Sicherheit und Terror getilgt. Die Urheberschaft des Begriffs *balance of terror* ist umstritten.[39] Der Sache nach erkannte Churchill als Erster die paradoxen Implikationen der *condition humaine* im Nuklearzeitalter. In einer seiner letzten Unterhausreden kam er auf die atomaren »Abschreckungsmittel« zu sprechen: »Diese Abschreckungsmittel könnten jederzeit die Eltern der Abrüstung werden, vorausgesetzt, sie schrecken ab. [...] Dann könnte es sein, dass wir durch einen Prozess der höheren Ironie eine Phase in dieser Geschichte erreicht haben, in der Sicherheit das robuste Kind des Terrors und Überleben der Zwillingsbruder der Vernichtung sein wird.«[40]

Mit der Studentenbewegung bekam der Terrorbegriff erneut Schwung und Aktualität. Staatlicherseits verkündete der Regierende Bürgermeister von Berlin nach dem Tod des Studenten Benno Ohnesorg am 2. Juni 1967: »Wir lassen uns nicht länger von einer Minderheit terrorisieren.« Jürgen Habermas replizierte: »Die Polizei hat am Freitag, den 2. Juni vor dem Opernhaus in Berlin Terror ausgeübt, und der Berliner Senat hat am selben Abend diesen Terror gedeckt.«[41] Gleichzeitig gelangten durch die Studenten Begriffe wie Polizeiterror, Konsumterror und Warenterror in die Alltagssprache. »Den Terror in den Institutionen« zu entlarven, war ebenso ein Anknüpfungspunkt der Protestbewegung wie die Kritik an der amerikanischen Kriegführung in Vietnam oder am Verhalten der Elterngeneration unter dem Nationalsozialismus. Trotz zuweilen vieldeutiger Äußerungen und verharmlosender Stellungnahmen zur Gewalt hielt Rudi Dutschke daran fest, »daß es in den Metropolen keinen revolutionären Terror mit Waffen gegen Menschen geben könne«.[42]

Mit dem Zerfall der Studentenbewegung zerbrach diese Grundlage. Nach Bankeinbrüchen, Brandanschlägen und der gewaltsamen Befreiung von Andreas Baader aus dem Gefängnis konstituierte sich 1971 auf der Basis des lateinamerikanischen Konzepts der Stadtguerilla die *Rote Armee Fraktion* (RAF). Ohne Rücksicht auf die tatsächlichen politischen Verhältnisse verschrieb sich die RAF einem Konzept, das den Kampf aus dem Untergrund favorisierte. Sie beschwor großspurig die politische Vermittlung der »Aktionen« an jene, für die sie eigentlich ausgeführt wurden, erfüllte diesen Anspruch jedoch nie auch nur ansatzweise. Politik verkümmerte zu einer quasi-religiösen Selbstbespiegelung der Aktivisten als Revolutionäre. Die deutsche Adaption des Programms schob die Verantwortung für die selbstproduzierte Isolation präventiv der Polizei zu: »Unser ursprüngliches Organisationskonzept beinhaltete die Verbindung von Stadtguerilla und Basisarbeit. [...] Es hat sich gezeigt, dass das nicht geht. Dass die Kontrolle, die die politische Polizei über diese Gruppen hat, [...] schon jetzt so weit reicht, dass man dort nicht sein kann, wenn man unkontrolliert sein will.« Damit war der Weg frei für voluntaristische Feindbestimmungen, da es nur noch von der borniertn Realitätswahrnehmung einer selbsternannten Avantgarde abhing, wer als Opfer vermeintlich »revolutionärer Intervention« ausgewählt wurde. Die 1970er Jahre galten der RAF als eine Art Vorfaschismus, dem nur der bewaffnete Kampf angemessen sei: »Die RAF organisiert die Illegalität als Offensiv-Position für revolutionäre Inter-vention.«[43] Die kleine Gruppe stilisierte sich selbst als »Guerilla« und ihre Taten als »Aktionen«, während sie den Terror dem Staat, der Justiz und der Polizei zurechnete.

Terroristische Aktionen und staatliche Reaktionen gerieten – spätestens nachdem die Aktivistin Petra Schelm am 15. Juli 1971 bei einem Schusswechsel mit der Polizei in Hamburg ums Leben gekommen war – in eine spiralförmige Bewegung, weil jede »Aktion«, mit der außer der Verschärfung der staatlichen Reaktion und Repression nichts erreicht wurde, nach einer größeren »Aktion« verlangte. RAF und Staatsgewalt setzten sich fortan mit ihrem Aktionismus gegenseitig unter ständig wachsenden Handlungs- und Erfolgszwang. Nachdem die erste Generation der RAF 1972 verhaftet worden war, zielten die folgenden »Aktionen« fast ausschließlich auf die Befreiung der Gefangenen und dienten insofern nur noch der Selbsterhaltung der Gruppe.

Die isolierten Gefangenen verhedderten sich im Widerspruch, sich selbst als Kriegsgefangene zu apostrophieren, staatliche Reaktionen mit tödlichem Ausgang jedoch als Mord und Terror. Die Rhetorik des Krieges führte geradewegs in einen rhetorischen Krieg gegen Staat und Öffentlichkeit. Den führten stellvertretend Anwälte und Unterstützergruppen. Sie informierten und desinformierten die Öffentlichkeit über die Haftbedingungen, Hungerstreiks und die Schikanen gegen die Verteidigung. Insbesondere mit der Kampagne gegen die Isolation (die skandalös war, aber keine Folter) schuf sich die RAF ein mit dem Wort »Umfeld« bezeichnetes, ebenso heterogenes wie diffuses Milieu, für das Politik und Medien die pauschalen Denunziationsparolen »Sympathisantentum« und »Sympathisanten« lancierten. Ohne Zweifel wirkten die staatlichen Verfolgungsorgane dadurch zumindest indirekt daran mit, dass sich aus diesem Milieu immer wieder zur Gewalt bereite Nachwuchsaktivisten rekrutierten, die in die Illegalität abtauchten und die Nachfolge der Inhaftierten antraten.

Nicht nur die RAF bewegte sich in einer »zirkulären Logik«,[44] die dem Aktionismus bei jeder Umdrehung mehr Schwung, aber kein Ziel gab. Auch Polizei, Justiz, Parlament, Regierung und Geheimdienste hatten außer der Verschärfung von Gesetzen und der sicherheitsstaatlichen Aufrüstung kein Rezept gegen den Terrorismus. Zwischen 1971 und 1977 wurden neun gesetzliche Neuregelungen im Zusammenhang mit der Terrorbekämpfung geschaffen. Deren Angemessenheit und vor allem deren Wirksamkeit blieben umstritten. Am einschneidensten waren die Schaffung des Straftatbestandes »Bildung terroristischer Vereinigungen« (Art. 129a Strafgesetzbuch) und des Kontaktsperregesetzes (30. September 1977), das rechtsstaatliche Garantien entwertete. Der ungeheure Fahndungsdruck, das rigide Haftregime und die zum Teil unverhältnismäßig harten Urteile brachten auch Subalterne aus dem Unterstützermilieu wie Johannes Thimme dazu, das zu werden, was ihnen der Verfolgungsapparat in jahrelanger Überwachung unterstellte. Sie verbarrikadierten sich im intellektuell dumpfen und gegen außen abgeschotteten Leerraum mit Gesinnungsgenossen in der Halblegalität, weil ihnen längst die Zuversicht ausgetrieben worden war, sie hätten noch Chancen auf einen fairen Prozess, wenn sie umkehren und sich der Justiz stellen würden. So wie der Glaube an immer mehr Sicherheit das Weltbild der Akteure des Staates hermetisch abdichtete gegenüber alternativen Strategien, so verwandelte sich die BRD für dieses Milieu wie für die RAF in ein Phantom, »in dem alles Gefängnis ist«.[45]

Trotz Aufrufen zur Besonnenheit kam es in den Medien und in den Parlamenten zu grotesken Aufblähungen und Verstiegenheiten sowie zum inflationären Gebrauch der zu »Stigmawörtern«[46] gemachten Begriffe Terrorist und Sympathisant. Golo Mann meinte, »politische Mörder« hätten »ihre

Grundrechte verwirkt«, und beschwor den »Ausnahmezustand«, andere sprachen vom vermeintlichen »Staatsnotstand«. Zeitungen nahmen das »Sympathisanten-Wild« ins Visier oder forderten gleich »Terroristen-Jagdkommandos«.[47] Die *Frankfurter Rundschau* berichtete am 28. April 1983, dass nach Staatssekretär Eduard Spranger »Frieden und Freiheit auch nach innen wichtig« seien, »aber in erster Linie für die Normalen, nicht für perverse Minderheiten, Terroristen, Verbrecher und Randgruppen«. Noch Anfang der 1990er Jahre verbreitete das Bundesinnenministerium eine Broschüre über »die geistigen und politisch-sozialen Ursachen des deutschen Terrorismus«, in der Marx und Mao, Chomeini und Hitler, aber auch Heinrich Böll und Herbert Marcuse[48] zu den geistigen Vätern des Terrrorismus gezählt werden. Bei der Zurechnung von Ursachen für den Terrorismus wurden in den 1970er und 1980er Jahren Intellektuelle, politische Meinungen und ganze Denktraditionen wie die Kritische Theorie im großen Stil und breitenwirksam delegitimiert und kriminalisiert.

»Die Intensität, Dramatik und Heftigkeit der Reaktion auf den Terrorismus« erklärt sich weniger aus den »verletzten Rechtsgütern«[49] als aus der hysterisierten Stimmung in der Öffentlichkeit und in den Medien. Die deutschen Terrorismusdebatten von den 1970er Jahren bis zur Jahrtausendwende sind geprägt von Reduktion und Übertreibung. Von staatlicher Seite reduzierte man die Terrormusgefahr auf fahndungstechnische sowie rechts- und sicherheitspolitische Fragen. In der Öffentlichkeit und in den Medien dominierte dagegen die hemmungslose Übertreibung. Dem hielt Laqueur schon 1970 entgegen: »Der Terrorismus ist natürlich eine Gefahr, aber noch gefährlicher ist es, seine Bedeutung zu übertreiben.«[50]

Anfang 1992 ergriff der damalige Bundesjustizminister Klaus Kinkel eine zaghafte Initiative und wollte die Strafe für acht Langzeithäftlinge aussetzen, um zu verhindern, dass diese in Unterstützerkreisen zu Märtyrern und Mythen verklärt wurden. Er entzog damit aber auch der RAF die Basis für ihre Kriegsrhetorik und setzte sie unter Zugzwang. Am 15. April 1992 erklärte ein Teil der Organisation seine Bereitschaft, »Angriffe auf führende Repräsentanten aus Wirtschaft und Staat [...] einzustellen.«[51] Eine vernagelte Minderheit war freilich dagegen und verkündete, den Kampf weiterführen zu wollen.

»Islamismus«, »Terrorismus«, »Krieg gegen den Terrorismus«

Seit den Anschlägen vom 11. September 2001 hat die Terrorismusdebatte weltweit enormen Schwung gewonnen, die Literatur über die Anschläge ist ungeheuer schnell angeschwollen. Im Gegensatz zur quantitativen Vermehrung kann von einer Vertiefung oder gar Klärung der Debatte mit Sicherheit nicht die Rede sein. Nach dem Sechs-Tage-Krieg von 1967 bildeten sich terroristische palästinensische Gruppen, was dazu führte, dass spätestens nach dem Anschlag auf das Münchner Olympiadorf 1972 die Begriffe Terrorist und Palästinenser synonym gebraucht wurden. Später beriefen sich Gruppen unterschiedlicher Herkunft auf einen für politische Zweck hergerichteten Islam. Weitgehend ungeklärt blieb das Verhältnis von Islam und Islamismus, was jedoch die Gleichsetzung von Islamismus und Terrorismus nicht verhinderte. Zwar reicht die Skala in Wissenschaft und politischer Publizistik von der strikten kategeorialen Trennung zwischen Islam als Religion und Islamismus als politischer Ideologie bis zu der meist aus durchsichtigen Gründen behaupteten Identifizierung von Islam und Terror, aber die differenzierende Analyse gerät mit jedem Anschlag mehr in die Defensive. Nach jedem Anschlag seit 2001 wächst offenbar das Bedürfnis bei Autoren wie beim Publikum nach verschärfter Verurteilung. Es sei dahingestellt, wie moralisch berechtigt und psychologisch verständlich dieses Bedürfnis ist; jedenfalls fehlt es der Entrüstungsvokabel »Islamo-Faschismus«, die in der amerikanischen wie in der deutschen Presse nach den Anschlägen in Madrid im März 2004 die Runde machte, an jedem sachlichen Fundament.

Was die intellektuellen Grundlage des Islamismus betrifft, so geistert seit Jahren ein Gerücht durch die Feuilletons, das sich mittlerweile zum Gemeinplatz ausgewachsen und verselbständigt hat. Als Vater des Islamismus gilt demnach der Ägypter Sayyid Qutb (1906–1966). Einigermaßen zutreffend daran ist die Tatsache, das Qutb ein ausgesprochen buchstabenfrommer Muslim war, der einen 4016 Seiten starken Koran-Kommentar verfasste – zum größten Teil während seiner Haft in den Gefängnissen Gamal Abdel Nassers, der ihn 1966 hinrichten ließ. Sicher war Qutb ein religiös Orthodoxer oder Fundamentalist. Aber über Politik hat er sich nur in religiösen Begriffen geäußert. Er gleicht darin Hegel: »Im Allgemeinen ist die Religion und die Grundlage des Staates eins und dasselbe; sie sind an und für sich identisch«, so wie »Religion und Philosophie in eins fallen«.[52]

Nach dem Sechs-Tage-Krieg von 1967 bemächtigten sich ägyptische, syrische, libanesische und palästinensische Kämpfer Qutbs Person als Märtyrer und benützten seine religiösen Schriften ziemlich grobianisch, um den Islam zu politisieren und zu ideologisieren. Das Resultat kann man »Islamismus« nennen. Aber mit dem religiös motivierten Urheber, in dessen Schriften trotz schillernder Passagen weder Gewehre noch Sprengstoff vorkommen, hatten die politisch-religiösen Traktate so wenig gemein wie Hegels Religionsphilosophie mit dem Programm der RAF.[53] Entscheidende Impulse in Qutbs Werk, an die die Islamisten problemlos anschließen konnten, entstammen obendrein nicht dem Islam, sondern dem reaktionären katholischen Integralismus des französischen Medizinnobelpreisträgers Alexis Carrel.[54]

Die Interpretationen von Terror und Terrorismus schießen seit 2001 förmlich ins Kraut. Auf der einen Seite wird behauptet, »Terrorismus gab es schon immer, weil unsere Zivilisation ihn fördert«. Menschen mit »Sehnsucht nach Tod und Zerstörung« habe es »im antiken Rom wie in den NS-Verbrechen und anderen Massakern der Neuzeit, im Kongo, in Mexiko, im ehemaligen Jugoslawien« gegeben. Und gemordet wurde angeblich immer aus »heldischer Selbstzerstörung« und »Lust am Untergang«.[55]

Am anderen Ende des Spektrums stehen streng historisierende Interpretationen, die nach den Anschlägen vom September 2001 ältere Formen von Terror ebenso grundsätzlich geschieden wissen möchten vom »neuen Terror« wie ältere Kriegsformen vom »neuen Krieg«. Herfried Münkler etwa meint, der »neuere Terror« habe keinen eindeutigen Adressaten mehr und spricht deshalb von der »geminderten Relevanz des Dritten«. Weitere Differenzen zwischen älterem und neuerem Terrorismus sieht Münkler im Übergang von »hierarchischen Kommandostrukturen« zu »segmentären Netzwerkkonstruktionen« sowie in der »Autonomisierung des Terrorismus«, den er als »eine neue Variante des Verwüstungskrieges«[56] begreifen möchte. Was die Organisationsstrukturen betrifft, so räumt der Autor ein, dass man etwa im Fall von Al-Qaida »nichts Sicheres«[57] weiß und somit ziemlich umfassend auf Spekulationen angewiesen bleibt, deren Basis bestenfalls Geheimdienst-»Informationen« und -Vermutungen bilden. Statt auf einen benennbaren Dritten ziele der »neuere Terror« – so Münkler – auf die »sensible Wirtschaftspsychologie postheroischer Gesellschaften«,[58] das heißt, auf Touristenzentren und aussichtsreiche Standorte für Kapitalanlagen. Was die »Wirtschaftspsychologie« angeht, bleibt Münkler ziemlich im Ungefähren. Für die wirklichen ökonomischen Auswirkungen der Anschläge haben die Ökonomen handfeste Zahlen bereitgestellt. Zwar erlitten Tourismus, Direktinvestitionen, Finanzmärkte, Börsenwerte und (kurzfristig) auch die Luftfahrtindustrie Einbussen, aber insgesamt berechnet Leibfritz[59] die »Wohlfahrtsverluste« durch die Anschläge auf 0,2 Prozent des Bruttoinlandprodukts der USA und 0,4 Prozent in Europa.

Schon eher könnte von den Folgen des »Krieges gegen den Terrorismus«, den die amerikanische Administration zu ihrem Programm erhoben hat, als einem Verwüstungskrieg gesprochen werden. Paradox ist der Aufruf zu einem »Krieg« schon deshalb, weil man ja den Gegner bzw. Feind gar nicht kennt. Obendrein birgt diese Redeweise eine längst erkannte Gefahr: »Wer das Wort Krieg reinbringt«, warnte Herbert Wehner in einer Debatte am 11. September 1977, »hilft den Terroristen.«[60]

Terrorexperten wie Peter Waldmann halten dafür, dass »der internationale Terrorismus [...] in seiner Tragweite meist weit überschätzt« werde und die wohlfeile Beschwörung eines »age of terrorism« eine »Überdimensionierung des Problems«[61] darstelle, aber keine begründete Diagnose. Terminologisch möchte Waldmann unterscheiden zwischen »Terrorismus als einer bestimmten Form des Angriffs auf die staatliche Ordnung« und »Terror als staatliche Schreckensherrschaft«, wobei er betont, dass »Regimeterror [...] ungleich mehr Menschenleben« fordert »als aufständischer Terrorismus«[62] von selbsternannten Avantgarden. Demgegenüber operieren große Teile der meinungsbildenden Presse seit den 1960er Jahren und nach 2001 intensiver mit einem Begriff von Terror, der diesen einseitig substaatlichen Tätergruppen zuordnet und Staat und Regierungen pauschal und präventiv zum Folteropfer erklärt: »Wer mit roher Gewalt in einer Zivilbevölkerung Angst und Schrecken verbreitet und damit die Absicht verfolgt, Regierung oder Gemeinschaften seinen religiös oder politisch geleiteten Willen aufzuzwingen, ist nach christlich-abendländischem Verständnis ein Terrorist.«[63] Pentagon, State Department und FBI verwenden nach Bruce Hoffman recht unterschiedlich akzentuierte Terrordefinitionen, die sich nur in einem einzigen Punkt völlig decken – im »grundsätzlich substaatlichen Charakter der Täter«.[64]

---

* Ich widme den Beitrag dem Andenken an Johannes Thimme, den ich nur aus dem herausragenden Buch kenne, das seine Mutter über sein Leben und Sterben geschrieben hat (Ulrike Thimme, Eine Bombe für die RAF. Das Leben und Sterben des Johannes Thimme von seiner Mutter erzählt, München 2004).
1 Walter Laqueur, Krieg dem Westen. Terrorismus im 21. Jahrhundert, München 2003, S. 32.
2 Alex P. Schmid u.a., Political Terrorism. A New Guide to Actors, Authors, Concepts, Data Bases, Theories and Literature, New Brunswick 1988, S. 5f.
3 Mitten im Deutschen Herbst 1977 empfahl ein Autor, »sämtliche Quellen anarchischen Denkens und Sinnens zum Versiegen« zu bringen und meinte, schon die Leistungsverweigerung von Schülern hätte einen »terroristischen Einschlag«: Martin Rock, Anarchismus und Terror. Ursprünge und Strategien, Trier 1977, S. 86f.
4 Nur zwei Beispiele: Edda Heiligsetzer, Extremismus, Terrorismus, »Heiliger Krieg«, in: Petra Bendel/Matthias Hildebrandt (Hg.), Im Schatten des Terrorismus. Hintergründe, Strukturen, Konsequenzen des 11. September 2001, Wiesbaden 2002, S. 162: »Der Terminus ›Extremismus‹ verdeutlicht vielmehr in aller Schärfe – gerade durch seine Unschärfe und gerade durch die Vorannahme einer ideologisch gemäßigten Mitte – die starke Affinität und den schleichenden Übergang von der Normalkultur zur so genannten Extremkultur, wobei letztere gewissermaßen nur die extreme Ausprägung der ersteren ist.« – Dirk Baecker, Diesseits von Gut und Böse, in: ders./Peter Krieg/Fritz B. Simon, Terror im System. Der 11. September und die Folgen, Heidelberg 2002, S. 220: »Der Kampf der Kulturen, auf den sich die Vereinigten Staaten gegen al-Qaida eingelassen hat, ist ein Kampf zweier Versionen von Imperium [sic! RW] gegeneinander. [...] Ich kann mich des Eindrucks nicht erwehren, dass es dabei immer auch um die Frage geht, wie das Verhältnis zwischen Mann und Frau geordnet wird. Washington steht für den Versuch, das Patriarchat über den Umgang mit Technologie, al-Qaida für den Versuch, es nach wie vor als über die Sippe zu sichern.«

5 Friedhelm Neidhardt, Zur Soziologie des Terrorismus, in: *Berliner Journal für Soziologie*, 14. Jg., 2004, Nr. 2, S. 263–272.
6 Stilbildend: Wolfgang Sofsky, Zeiten des Schreckens. Amok, Terror, Krieg, Frankfurt am Main 2002; im letzten Buch überbot der Autor die These um den Preis intellektueller Selbstdemontage: ders., Das Prinzip Sicherheit, Frankfurt am Main 2005.
7 Henner Hess, Terrorismus und Terrorismus-Diskurs, in: ders. (Hg.), Angriff auf das Herz des Staates. Soziale Entwicklung und Terrorismus, Bd. 1, Frankfurt am Main 1988, S. 58; vgl. auch Rudolf Walther, Terror, Terrorismus, in: Geschichtliche Grundbegriffe. Historisches Lexikon zur politisch-sozialen Sprache in Deutschland, hrsg. von Otto Brunner, Werner Conze, Reinhart Koselleck, Bd. 6, Stuttgart 1990, S. 323–443; Brian M. Jenkins, International Terrorism. A new Mode of Conflict, in: David Carlton/Carlo Schaerf (Hg.), International Terrorism and World Security, London 1975, S. 16.
8 Ludger Lütkehaus, Sinnsuche angesichts des Sinnlosen, *Neue Zÿrcher Zeitung* vom 2. Juni 2004; Hans-Peter Bartels/Joachim Krause, Die neue Dimension des Terrors braucht neue Antworten, *Frankfurter Rundschau* vom 19. Juli 2004.
9 Thomas von Aquin, Super evangelium Matthei 26, 6, 202 (um 1252), Opera omnia, hrsg. von Roberto Busa, Bd. 6, Stuttgart 1980, S. 219; Johannes Duns Scotus, Quaestiones in quatuor sententiarum 4, 4, 9 (um 1300), Opera omnia, Bd. 16, Paris 1894, S. 489.
10 Blaise Pascal, Pensées (1669), hrsg. von Léon Brunschvicg, Paris 1964, S. 122, Nr. 125.
11 Edmund Burke, A Philosophical Inquiry into the Origin of our Ideas of the Sublime and Beautiful (1757), Works, Bd. 1, London 1854, S. 89.
12 Thomas Hobbes, Leviathan 2, 30 (1651), English Works, Bd. 3, London 1839; Ndr. 1962, S. 323; Charles Louis de Secondat, Baron de la Bréde et de Montesquieu, L'esprit des lois 3, 9; 6, 9 (1748), Œuvres complètes, hrsg. von Roger Caillois, Bd. 3, Paris 1976, S. 258. 318; Anne Robert Jacques Turgot, Brief vom 1. Januar 1771, Œuvres, hrsg. von Georges Schelle, Bd. 3, Paris 1919, S. 501.
13 Corpus Iuris Civilis 9, 41, 17, hrsg. von Paul Krüger, 23. Aufl., 1980.
14 Johann Heinrich Zedler, Universallexikon, Bd. 35, Halle, Leipzig 1743; Ndr. Graz 1961–1964, S. 1113f.
15 Voltaire, L'ABC ou dialogues entre A, B, C (1769), Œuvres complètes, Bd. 27, Paris 1879, S. 386.
16 François Furet/Denis Richet, Die Französische Revolution, München 1968, S. 267; François Furet, Art. Terreur, in: ders./Mona Ozouf, Dictionnaire critique de la Révolution Française, Paris 1988, S. 156ff., Albert Mathiez, La vie chère et le mouvement social sous la terreur, [1927], Paris 1973, Bd. 1, S. 306ff.
17 Pierre Henri Lebrun-Tondu, Compte rendu à la Convention Nationale, Paris 1792, S. 2. – Zur selben Zeit empfahl Mallet du Pan – als Agent des französischen Königs – dem deutschen Kaiser die »Gegenrevolution« und »die gleichzeitige Anwendung von Terror und Vertrauen«, Denkschrift (Juli 1792), in: Johann Wilhelm Zinkeisen, Der Jakobiner-Klub, Bd. 2, Berlin 1853, S. 1003f. – Weitere Belege: Gerd van den Heuvel, Art. Terreur, in: Handbuch politisch-sozialer Grundbegriffe in Frankreich 1680–1820, hrsg. von Rolf Reichardt u. Eberhard Schmitt, Heft 3, München 1984, S. 92ff.
18 Georges-Jacques Danton, Rede vom 10. März 1793, Discours, hrsg. von Hector Fleischmann, Paris 1920, S. 63f.; Claude Royer, Rede vom 30. August 1793, zit. n. Annie Geffroy, »Terreur« et sa famille morphologique de 1793–1796, in: Néologie et lexicologie. Hommage à Louis Gilbert, Paris 1979, S. 126.

19 Maximilien Robespierre, Rede vom 25. Dezember 1793, Œuvres, hrsg. von Marc Bouloiseau, Bd. 10, Paris 1950, S. 274ff.; ders., Sur les principes de morale politique (5. Februar 1794), S. 353ff.
20 Ebenda, S. 357.
21 Ebenda. – Robespierres rhetorische Frage camoufliert die Verlegenheit, ein Mittel anzuwenden, dessen Zielsetzung so unbekannt ist wie seine Angemessenheit unklar: »Wie lange noch soll die Raserei der Despoten Gerechtigkeit genannt werden und die Justiz des Volks Barbarei oder Rebellion?« Ebenda.
22 Ders., Rede vom 26. Juli 1794, ebenda, S. 569.
23 Bertrand Barère de Vieuzac, Rede vom 1. August 1794, in: *Archives parlementaires*, Bd. 94, Paris 1885, S. 30. Zuerst gebrauchte Jean-Lambert Tallien den Begriff »terrorisme« am 23. August 1794, laut *Moniteur* vom 30. August 1794.
24 Karl Marx, Die Klassenkämpfe in Frankreich 1848 bis 1850 (1850), Marx-Engels-Werke (MEW), Bd. 7, (Ost-)Berlin 1960, S. 88. In den späten 1850er Jahren sprach Engels gelegentlich von der Herrschaft Napoleons III. als einem »Terrorsystem«: Friedrich Engels, Europa im Jahre 1858, MEW, Bd. 12, (Ost-)Berlin 1961, S. 657.
25 Brockhaus, 15. Aufl. 1934, S. 571, Artikel Terror.
26 Programm des Exekutivkomitees der *Narodnaja Volja* (1879), zit. n. Leopold H. Haimson, The Russian Marxists and the Origin of Bolshevism, Cambridge/Mass. 1955, S. 17.
27 Vgl. die Dokumente bei: Walter Laqueur, Zeugnisse politischer Gewalt. Dokumente zur Geschichte des Terrorismus, Kronberg 1978, S. 65, 60ff.
28 Berliner Kammergericht, Urteil vom 7. August 1907, zit. n. Siegfried Nestriepke, Das Koalitionsrecht in Deutschland, Berlin 1913, S. 51.
29 Staatsarchiv Basel-Stadt, Sanitätsakten H 6, Dossier 1918/19, zit. n. Walther, Artikel Terror, Geschichtliche Grundbegriffe, Bd. 6, S. 405. Der Anti-Terror-Berater Russell Keat und der Planspielexperte Carl Solomon präsentierten Anfang 2004 auf der Anti-Terror-Messe in Las Vegas vor Geheimdienstleuten, Regierungsbeamten, Militärs, Wissenschaftlern und Unternehmern das Simulationsspiel »Terrorex 04«, wobei die Endsilbe -ex für Ausmerzen, aber auch für Übung *(exercise)* steht, denn das Planspiel soll Polizei und Geheimdienste schulen *(Die Zeit* vom 22. Januar 2004).
30 Lenin an D. I. Kurski, 17. Mai 1922, Werke, Bd. 33, (Ost-)Berlin 1962, S. 344; ders., Rede vom 6. November 1919, Werke, Bd. 30, (Ost-)Berlin 1961, S. 222: »Terror und Tscheka sind absolut notwendige Dinge.« Die Tscheka wurde bereits am 20. Dezember 1917 eingerichtet.
31 Josef W. Stalin, Zur Frage der Politik der Liquidierung des Kulakentums als Klasse (1930), Werke, Bd. 12, (Ost-)Berlin 1954, S. 161.
32 Karl Kautsky, Terrorismus und Kommunismus. Ein Beitrag zur Naturgeschichte der Revolution, Berlin 1919, S. 139.
33 Leo Trotzki, Terrrorismus und Kommunismus. Anti-Kautsky (1920), Hamburg 1923, S. 22, 64, 60; ders., Zwischen Imperialismus und Revolution (1922), in: ders., Die Grundfragen der Revolution, Hamburg 1923, S. 330.
34 Ebenda.
35 Schlußwort vom 12. März 1938, in: Die Moskauer Schauprozesse 1936–1938, hrsg. von Theo Pirker, München 1963, S. 237, 239; wörtlich bei Friedrich Schiller, Resignation (1784), Sämtliche Werke, hrsg. von Karl Goedeke, Stuttgart 1877, Bd. 1, S. 46.
36 Vgl. Eve Rosenhaft, Die KPD der Weimarer Republik und das Problem des Terrors in der »Dritten Periode« 1919–1933, in: Wolfgang J. Mommsen/Gerhard Hirschfeld (Hg.), Sozialprotest, Gewalt, Terror. Gewaltanwendung durch politische und gesellschaftliche Randgruppen im 19. und 20. Jahrhundert, Stuttgart 1982, S. 408.

37 Adolf Hitler, Proklamation zur Parteigründungsfeier (24. Februar 1943), in: Philipp Bouhler (Hg.), Sammlung der Reden, Erlasse und Verlautbarungen 1943, Berlin 1943, S. 34.
38 Carl Schmitt, Der Führer schützt das Recht, *Deutsche Juristen-Zeitung*, Jg. 39, 1934, S. 947.
39 Einige Autoren, zuletzt Roger Scruton, A Dictionary of Political Thought, London 1984, S. 35f., halten den britischen Diplomaten Lester Pearson für den Urheber.
40 Winston S. Churchill, Rede vom 1. März 1955, Complete Speeches, hrsg. von Robert Rhodes James, Bd. 8, London 1974, S. 8627, 8629.
41 Heinrich Albertz, 3. Juni 1967, in: Knut Nevermann (Hg.), Der 2. Juni 1967. Studenten zwischen Notstand und Demokratie. Dokumente zu den Ereignissen anläßlich des Schah-Besuchs, Köln 1967, S. 141; Jürgen Habermas, Rede vom 9. Juni 1967, in: Bernward Vesper (Hg.), Bedingungen und Organisation des Widerstandes. Der Kongreß in Hannover, Berlin 1967, S. 43.
42 Rudi Dutschke, Rebelllion der Studenten (1968), in: ders., Mein langer Marsch. Reden, Schriften und Tagebücher, Reinbek 1980, S. 90; ders., Vom Antisemitismus zum Antikommunismus, in: Uwe Bergmann u.a., Rebellion der Studenten oder die neue Opposition, Reinbek 1968, S. 72.
43 Das Konzept der Stadtguerilla (April 1971), in: Die Mythen knacken. Materialien wider ein Tabu, Frankfurt am Main 1987, S. 103, S. 105. – Von der »Urbanisierung ruraler Guerilla-Tätigkeit« und vom »städtischen Guerillero« sprachen Rudi Dutschke und Hans-Jürgen Krahl schon auf der Delegiertenkonferenz des SDS am 5. September 1967 in ihrem Organisationsreferat, ebenda, S. 139. – Wolfgang Kraushaar hat in seinem Beitrag »Rudi Dutschke und der bewaffnete Kampf« (in: Wolfgang Kraushaar/Karin Wieland/Jan Philipp Reemtsma, Rudi Dutschke Andreas Baader und die RAF, Hamburg 2005, S. 13–50) in aller Deutlichkeit gezeigt, dass Dutschke bereits Anfang 1966, also über drei Jahre vor Carlos Marighellas im Sommer 1969 in São Paulo erschienenem Minihandbuch des Stadtguerillero, den Begriff Stadtguerilla gebrauchte. Insofern war er »der Begründer der Stadtguerilla in Deutschland« (Kraushaar). Dutschke entwarf damals im Anschluss an Mao und Che Guevara ein theoretisches Konzept der Stadtguerilla, in dessen Zentrum direkte Aktionen, verstanden als Gegengewalt zur Abschaffung der herrschenden Gewalt, vorgesehen waren. Als Belege dafür, Dutschke zum intellektuellen Vordenker des RAF-Programms zu machen, taugen diese hermetischen Texte der theoretischen Selbstverständigung jedoch nicht. Dutschkes Ablehnung des RAF-Terrors war eindeutig: »Terrorismus ist reiner Mord; er ist gegen die sozialistische Ethik« – zit. n. Kraushaar, Rudi Dutschke und der bewaffnete Kampf, S. 47, Anm. 47. – Der Versuch von Langguth, das Gegenteil zu begründen, überzeugt nicht: Gerd Langguth, Mythos 68. Die Gewaltphilosophie von Rudi Dutschke – Ursachen und Folgen der Studentenbewegung, München 2001, S. 72ff.
44 Peter Waldmann, Terrorismus. Provokation der Macht, München 1998, S. 174.
45 Exemplarisch: Thimme, Eine Bombe für die RAF; Bekennerbrief der RAF nach dem Mord an Jürgen Ponto (30. Juli 1977), zit. n. Andreas Musolff, Krieg gegen die Öffentlichkeit. Terrorismus und politischer Sprachgebrauch, Opladen 1996, S. 178.
46 Ebenda, S. 12: »Der Terrorist wird zum Feind, gegen den der Staat und Teile der Öffentlichkeit ihrerseits glauben einen Krieg führen zu müssen.«
47 Zahlreiche Belege ebenda, S. 179ff. – »Man sollte einmal die, die für die Freiheit des Volkes angeblich kämpfen, dem Volk überlassen, dann brauchen die Polizei und die Justiz sich gar nicht darum zu kümmern«, Franz Josef Strauß nach *Frankfurter Rundschau* vom 30. September 1977. – Ein Extremismusexperte fand noch 1991 »Bau-

elemente aus dem Ideensteinbruch von 1968« in den »Rechtfertigungsschreiben terroristischer Gruppen«: Uwe Backes, Bleierne Jahre. Baader-Meinhof und danach, Erlangen 1991, S. 56.
48 Kurt J. Klein, Gewalt und Terrorismus – aktueller Stand, hrsg. vom Bundesministerium des Innern, Bonn 1990, S. 23: »Da ist ein bisschen Marx, wo man Marx braucht. Das ist ein bisschen Markuse [sic! RW], wo man Markuse braucht.« Ähnlich grobschlächtig: Bernhard Rabert, Links- und Rechtsterrorismus in der BRD von 1970 bis heute, Bonn 1995, S. 99 ff., 338.
49 Heinz Steinert u.a., Protest und Reaktion, in: Analysen zum Terrorismus, hrsg. vom Bundesministerium des Innern, Bd. 4/2, Opladen 1984, S. 37. – Zwischen 1970 und 1979 ermordeten Terroristen, von denen 26 selbst umkamen, 57 Personen; 178 Personen wurden verletzt. Im gleichen Zeitraum geschahen etwa 8000 bis 9000 Morde ohne politische Motivation, was von Politik, Medien und Bevölkerung »letztlich als Schicksal hingenommen« wurde (ebenda, S. 393).
50 Laqueur (Hg.), Zeugnisse der Gewalt, S. 223. – Ganz abgesehen von der zweifelhaften Effizienz und den Nebenfolgen der auf Abschreckung setzenden sicherheits- und fahndungstechnischen Aufrüstung stellt sich die Frage der Kosten. Der Ökonom Bruno S. Frey plädiert dafür, gegen den Terrorismus nicht allein mit Sanktionen zu agieren, weil die Kosten repressiver Anti-Terror-Politik den Nutzen überstiegen. Insbesondere für die armen Länder des Südens empfiehlt Frey mit ökonomischen Argumenten, von bloßer Abschreckung auf Anreize in Form von Bildungsangeboten und Belohnungen (Schaffung von Arbeitsplätzen) umzustellen. Das virtuos berechnende Spiel von Terroristen mit ihrer medialen Präsenz möchte Frey dadurch vereitelt wissen, dass zwar über Taten, aber nicht länger über Namen von vermuteten Urhebern und ihren Organisationen berichtet wird; vgl. Bruno S. Frey, Dealing with Terrorism – Stick or Carrot?, Cheltenham 2004.
51 Zit. n. Musolff, Krieg gegen die Öffentlichkeit, S. 205. – In Italien, wo man es mit 47 terroristischen Organisationen (allein die *Brigate Rosse* sollen über 911 Aktivisten verfügt haben!) zu tun hat, ging eine Initiative von vier ehemaligen Militanten aus. Sie wollten den Graben zwischen den Trugbildern vom »terroristischen Killer« und dem »im bewaffneten Kampf gefallenen Kommunisten« überspringen, um zum »Menschlichen in seiner Komplexität« zu gelangen. Sie haben eine beachtlich objektive, von Heroisierung und Apologie gleichermaßen freie Dokumentation vorgelegt, die der Erinnerung und der Historisierung des »bewaffneten Phänomens« verpflichtet ist: Renato Curcio u.a., Progetto memoria, Bd. 1: La mappa perduta, Rom 1994, S. 9; dies., Bd. 2: Sguardi ritrovati, Rom 1995, S. 18.
52 Georg Wilhelm Friedrich Hegel, Vorlesungen über die Philosophie der Religion (1820/1832), Werke, hrsg. von Eva Moldenhauer und Karl Markus Michel, Bd. 16, Frankfurt am Main 1969, S. 236.
53 Ibrahim M. Abu-Rabi, Intellectual Origins of the Islamic Resurgence in the Modern Arabic World, New York 1996, S. 92 ff.; Olivier Carré, Mystique et politique. Lecture du Coran par Sayyid Qutb, frère musulman radical, Paris 1984, S. 31 ff., S. 128 ff.
54 Rudolf Walther, Die seltsamen Lehren des Doktor Carrel. Wie ein katholischer Arzt aus Frankreich zum Vordenker der radikalen Islamisten wurde, *Die Zeit* vom 31. Juli 2003, 58. Jg., Nr. 32, S. 70.
55 Arno Gruen, Der Kampf um die Demokratie. Der Extre-mismus, die Gewalt, der Terror, Stuttgart 2002, S. 9 ff.
56 Herfried Münkler, Ältere und jüngere Formen des Terrorismus. Strategie und Organisationsstruktur, in: Werner Weidenfeld (Hg.), Herausforderung Terrorismus. Die

Zukunft der Sicherheit, Wiesbaden 2004, S. 30; vgl. Münkler, Die neuen Kriege, Reinbek 2002.
57 Münkler, Ältere und jüngere Formen, S. 39.
58 Ebenda, S. 37; vgl. ders., Die neuen Kriege, S. 19: »[...] in welch zuvor unvorstellbarem Ausmaß Wirtschaftssysteme, die über Börsen und Aktien gesteuert werden, durch Terrorakte verwundbar sind«.
59 Willi Leibfritz, Auswirkungen des Terrorismus auf die Volkswirtschaften und die Wirtschaftspolitik, in: *Aus Politik und Zeitgeschichte*. Beilage zur Wochenzeitung *Das Parlament* vom 19. Januar 2004, S. 12.
60 Zit. n. Musolff, Krieg gegen die Öffentlichkeit, S. 184.
61 Waldmann, Terrorismus, S. 19f. – Waldmann berechnete für die Zeit von 1976 bis 1996 den Anteil des »internationalen Terrorismus« an sämtlichen terroristischen Anschlägen auf höchstens fünf bis zehn Prozent. – Guido Steinberg, Islamwissenschaftler und Referent für Terrorismus im Bundeskanzleramt, hält – laut *Süddeutscher Zeitung* vom 28. September 2004 – das von vielen Zeitungen und vor allem von den Voreiligen unter den deutschen Terrorismusforschern verbreitete »Bild von der Existenz einer globalen islamistischen Terrororganisation« für »nicht haltbar«. Ein vom Verlag als »führender Terrorismusforscher« angepriesener Autor entdeckte dagegen den »Terror-Dachverband Al-Qaida«, der funktioniere wie ein »Fußballverein« mit »Mitgliedern, Trainer, Spielern, Vorstand und Vereinsheim«, Kai Hirschmann, Terrorismus, Wissen 3000, Hamburg 2003, S. 12–14.
62 Waldmann, Terrorismus, S. 58. – Ebenso Sebastian Scheerer, Terroristen sind immer die Anderen, in: Dieter S. Lutz (Hg.), Zukunft des Terrorismus und des Friedens. Menschenrechte, Gewalt, offene Gesellschaft, Hamburg 2002, S. 17: »Der Staatsterrorismus ist die häufigste und brutalste Art von Terrorismus.« Als einziger Staatsmann kritisierte der türkische Premierminister Erdogan die Ermordung von Hamas-Aktivisten durch das israelische Militär öffentlich als »Akte des Staatsterrors«, *Neue Zürcher Zeitung* vom 27. Mai 2004.
63 Was ist Terror?, *Frankfurter Allgemeine Zeitung* vom 1. Oktober 2001; Mit Sicherheit Freiheit, *Frankfurter Allgemeine Zeitung* vom 29. September 2004: »Heute aber wird der Bürger nicht durch den Staat bedroht, sondern von außerstaatlichen Gefahren«, und die kommen nicht »von alten christlichen Frauen«, sondern von »jungen muslimischen Männern«. – Laut *Frankfurter Rundschau* vom 6. November 2004 denken mehrere Berliner Parteien an eine Grundgesetzänderung, um dem Bundeskriminalamt Sondervollmachten bzw. Vorfeldbefugnisse zur straftatunabhängigen, das heißt, präventiven und exklusiv gegen den »islamistischen Terror« gerichteten Fahndung und Beobachtung einzuräumen.
64 Bruce Hoffman, Terrorismus – der unerklärte Krieg, Frankfurt am Main 2002, S. 48.

Herfried Münkler

Guerillakrieg und Terrorismus

Begriffliche Unklarheit mit politischen Folgen[1]

Wiewohl die Begriffe Terrorismus und Guerillakrieg seit vielen Jahren zu den meistgebrauchten politischen Vokabeln gehören, sind sie doch zu den unpräzisesten und am meisten verwaschenen politischen Begriffen zu zählen. So hat einer der führenden so genannten Anti-Subversionsspezialisten, der britische General Frank Kitson, auf die Verwirrungen hingewiesen, mit welcher auch und gerade in militärischen Kreisen »Begriffe wie zivile Unruhe, Aufruhr, Guerilla-Kriegführung, Subversion, Terrorismus, ziviler Ungehorsam, kommunistisch-revolutionäre Kriegführung und Aufstand«[2] durcheinander gebracht werden – ohne jedoch selbst einen Beitrag zur Lösung dieses terminologischen wie inhaltlichen Problems leisten zu können. An dieser begrifflichen Konfusion hat auch die in den letzten Jahren deutlich angewachsene Literatur über Terrorismus und Guerillakrieg nur wenig zu ändern vermocht. Zu Recht hat darum Peter Lösche beklagt, dass es in den Sozialwissenschaften »keine eindeutige Definition von Terrorismus« gebe,[3] und der englische Terrorismusforscher Walter Laqueur hat seine langjährigen Forschungen in der resignierenden Feststellung zusammengefasst: »In der letzten Zeit wird der Begriff ›Terrorismus‹ (wie ›Guerilla‹) in so vielen verschiedenen Bedeutungen benutzt, dass er fast völlig seinen Sinn verloren hat.«[4]

Die Literatur zum Thema Terrorismus und Guerillakrieg soll hier also vor allem im Hinblick darauf untersucht werden, inwieweit sie Beiträge zu einer inhaltlich präzisen Bestimmung der Begriffe Terrorismus und Guerillakrieg geleistet oder inwieweit sie durch unspezifische Begrifflichkeit – wie zu befürchten ist – mehr zur Verwirrung als zur Klärung des Problems beigetragen hat. Der Wert dieser Literatur – so meine These – hängt weitgehend davon ab, ob sie in der Lage ist, zumindest zwischen Terrorismus und Guerillakrieg begrifflich saubere Grenzen zu ziehen. Wo dies nicht gelang, wird der Leser regelmäßig mit einer unstrukturierten Vielfalt von Ereignissen und Fakten konfrontiert, deren Zusammenstellung oft genug weniger durch wissenschaftliche Kategorien als vielmehr durch den jeweiligen politischen Standort des Autors motiviert worden ist.

Um dies anhand von zwei Beispielen zu erläutern: Lange Zeit wurden die Guerilleros von Joshua Nkomo und Robert Mugabe in vielen Publikationen als Terroristen rubriziert und damit beispielsweise der RAF in der Bundesrepublik oder den *Brigate Rosse* in Italien gleichgestellt, während gleichzeitig die afghanischen Mudschaheddin in der sowjetischen Presse als »terroristische Banditen« bezeichnet wurden. Bei der jeweiligen Etikettierung als Freiheitskämpfer, Guerillero oder Terrorist liegen oftmals nicht wissenschaftliche Präzision, sondern politische Sympathie oder Antipathie den jeweiligen Bezeichnungen zugrunde. Dass politische Begriffe zu Lob oder Denunziation instrumentalisiert werden, mag im politischen Handgemenge verständlich sein; dass sich die wissenschaftliche Diskussion davon aber ebenfalls nicht freizuhalten vermochte, muss bedenklich stimmen.

Es kommt hinzu, dass Terrorismus nicht nur von der Guerillastrategie unterschieden werden muss, sondern auch von allen Formen der Kriminalität, denen er sich auf der Ebene der Erscheinung nur allzu oft angleicht. Die Diskussion um die Möglichkeit und Zulässigkeit der letztgenannten Unterscheidung ist – parteipolitisch aufgeladen – in der Bundesrepublik Deutschland Anfang bis Mitte der siebziger Jahre unter der Fragestellung geführt worden, ob es sich bei Baader-Meinhof nun um eine »Gruppe« oder eine »Bande« handele. Die Durchsicht der wissenschaftlichen Literatur zeigt, dass dieser Differenzierung nur geringe Aufmerksamkeit zuteil geworden ist, ja, dass sie verschiedentlich sogar durch die Eliminierung der Motivationsebene gänzlich unmöglich gemacht worden ist. Gleichzeitig fällt auf, dass in demselben Maße, in dem diese Differenz von den Anti-Terrorismus- und Anti-Guerilla-Analytikern vernachlässigt wurde, sie gerade von den Theoretikern und Strategen des Guerillakrieges immer wieder betont und herausgestellt worden ist. Gerade deren Schriften aber sind, bei aller ihnen erwiesenen Reverenz, oft genug vernachlässigt worden. Nicht dass ihre militärtheoretischen Überlegungen unbeachtet geblieben wären, im Gegenteil: gerade sie sind immer wieder breit zitiert worden – was vernachlässigt worden ist, sind die ökonomischen und politischen Bedingungen, auf denen die Militärdoktrin der Guerillatheoretiker erst aufbaut. Allzu schnell haben sich die Anti-Terrorismus- und Anti-Guerilla-Autoren mit der allgemeinen Versicherung, es handele sich hier um ein politisches Problem, begnügt, ohne anschließend die Voraussetzungen und Folgen dieser Feststellung weiter zu bedenken. In Konsequenz dessen sind Terrorismus und Guerillastrategie häufig unter *moralischen* und *militärstrategischen,* selten jedoch unter *politischen* Aspekten untersucht worden.

Das weitgehende Fehlen eines präzisen und anerkannten Begriffs des Terrorismus ist kein esoterisches Problem der Politik- oder Rechtswissenschaften, sondern hat gravierende politische Konsequenzen. So wurde im Jahre

1937 die Konvention zur Verhinderung und Bestrafung von Terrorismus – eine Antwort auf die Ermordung des jugoslawischen Königs Alexander I. und des französischen Außenministers Louis Barthou durch ein Mitglied der *Innermazedonischen Revolutionären Organisation* (IMRO) am 9. Oktober 1934 in Marseille,[5] ein Attentat, hinter dem wohl die Ustascha des Ante Pavelić stand –, die zunächst von 24 Staaten paraphiert worden war, schließlich nur von einem einzigen Land ratifiziert. Stein des Anstoßes war im Wesentlichen der Artikel 3 der Konvention, der die Unterzeichnerstaaten verpflichtete, in ihrer Gesetzgebung jegliche Aufforderung zur Unterstützung terroristischer Aktionen gegen andere Staaten unter Strafe zu stellen. Dieser Artikel 3 der Konvention, so argumentierten ihre liberalen Gegner, werde im Ergebnis dazu führen, dass jedwede Propaganda von Privatpersonen gegen auswärtige Staaten unter Strafe gestellt werde. Vor allem die britische Regierung machte sich diese Position zu Eigen und betrachtete die Konvention gegen den Terrorismus als einen Eingriff in die Freiheit der öffentlichen Meinungsäußerung, die zu den Grundlagen der britischen Verfassung gehöre. In seiner Studie über internationale Anti-Terrorismus-Konventionen von 1937 bis heute hat John Dugard die Argumentation der liberalen Gegner einer derart weitgehenden Bestimmung des Terrorismus sehr klar herausgearbeitet.[6]

Das Scheitern der Anti-Terrorismus-Konvention war also letztlich darin begründet, dass sich die Vertreter eines *extensiven* und die Vertreter eines *restriktiven* Terrorismusbegriffs nicht auf eine gemeinsam akzeptierte Definition einigen konnten. Diese Differenzen sind auch in den UNO-Debatten über eine Anti-Terrorismus-Konvention wieder aufgetaucht. Seit Annahme der »Resolution 1514« im Jahre 1960, die den Kolonialvölkern die Unabhängigkeit garantiert, hat sich bei einer Mehrheit der UNO-Mitgliedsstaaten die Auffassung durchgesetzt, dass zur Erreichung dieser Unabhängigkeit auch Gewaltanwendung legitimiert sei. So wurde von zahlreichen Vertretern auf dem 5. Kongress der UNO zur Verhütung von Verbrechen, der im Jahre 1975 in Genf stattgefunden hat, betont, »daß eine unterschiedslose Verurteilung aller Gewalttaten ein Hindernis für Handlungen nationaler Befreiungsorganisationen sein würde, deren Berechtigung von der Generalversammlung der UNO wiederholt anerkannt worden sei«.[7] Während nun einige Teilnehmerstaaten dieses Kongresses vorschlugen, durch die Unterscheidung von Gewalthandlungen zum persönlichen Vorteil und Gewalthandlungen politischer Art zur revolutionären Befreiung, also durch den Rekurs auf die handlungsleitenden Motive, dieses Dilemma aufzulösen,[8] hatten die USA in ihrer drei Jahre zuvor der UNO-Generalversammlung unterbreiteten Anti-Terrorismus-Konvention versucht, den kleinsten gemeinsamen politischen Nenner aller Staaten darin zu finden, dass sie Terrorismus auf seine *internationalen* Formen begrenzten und terroristische Akte *innerhalb der Grenzen eines Staates* dessen eigener Gesetzgebung überließen. Auf diese Weise sollten nationale Befreiungskriege weitgehend aus einer international verbindlichen Anti-Terrorismus-Konvention, die sich vor allem gegen Flugzeugentführungen richtete, herausgehalten werden. Auf eine differenzierende Motivanalyse bei der Bestimmung terroristischer Handlungen wurde in dem US-Vorschlag verzichtet.[9] Dass der amerikanische Vorschlag dennoch keine Mehrheit fand, zeigt das Misstrauen vieler Staaten, ihren Verdacht, unter dem Begriff »Terrorismus« sollten durchgängig alle Formen politischer Gewaltanwendung international geächtet werden.

Terrorismus und Guerillakrieg: Kontinuum der Subversion oder divergente Strategien?

Die Schwierigkeiten bei der Entwicklung einer präzisen und verbindlichen Definition des Terrorismus zeigen sich auch in den Sozialwissenschaften. Wenn Karl Markus Kreis in seiner Arbeit über internationalen Terrorismus diesen als »die direkte, aktuelle Drohung mit oder Anwendung von Gewalt gegen Personen und Sachen« unter »Berufung auf eine politische Zielsetzung, gleichviel ob diese Berufung in anderen Augen als legitimiert erscheint oder nicht«, bestimmt,[10] so setzt er mit dieser Definition Terrorismus, Guerillakrieg und Massenaufstand implizit gleich, da die Definition in ihrer Allgemeinheit für alle drei Strategien politischer Veränderung Geltung hat. Die »Anwendung von Gewalt gegen Personen und Sachen« bzw. die Drohung damit ist charakteristisch für alle revolutionären Veränderungen, ohne dass diese darum doch als Terrorismus zu bezeichnen wären. Offensichtlich ist die *differentia specifica* zwischen Terrorismus, Guerillakrieg und Massenaufstand an anderer Stelle zu suchen als in dem Begriff der Gewalt.

Explizit findet sich die Gleichsetzung von Terrorismus und Guerillakrieg in den Arbeiten des Militärwissenschaftlers Werner Hahlweg: »Guerillabewegungen und Terrorismus wachsen praktisch weitgehend zu einer Einheit zusammen […].«[11] Oder: »Guerillabewegungen und Terror sind in der Praxis nicht voneinander zu trennen.«[12] Wie bei den Arbeiten von Militärwissenschaftlern über Guerillakrieg und Terrorismus fast durchgängig zu beobachten, interessieren Hahlweg die möglichen Unterschiede zwischen Guerillakrieg und Terrorismus nicht, und er versucht auch nicht, ihnen nachzugehen. Stattdessen konzentriert er sich ausschließlich auf die Differenz beider Strategien revolutionärer Veränderung zur regulären Kriegführung. Alles, was unterhalb der Schwelle des regulären Krieges bleibt, wird als ein unstrukturiertes Kontinuum *revolutionärer* Gewaltformen angesehen, das zu differenzieren nicht für nötig erachtet wird. [...] Nur allzu deutlich zeigt sich dies auch in der Studie von André Beaufre, der trotz einer expliziten Unterscheidung von Terrorismus und Partisanenkrieg[13] doch beide Formen der Gewaltanwendung immer wieder gleichsetzt.[14]

Der Politikwissenschaftler Gerd Langguth schließlich weist alle Versuche, die verschiedenen Formen von politisch motivierter Gewaltanwendung zu differenzieren, als »semantische Spitzfindigkeiten« zurück:[15] Folglich konzediert er der RAF auch, in der geistigen Tradition von Clausewitz und Mao Tse-tung zu stehen.[16] Erheblich vorsichtiger ist demgegenüber Franz Wördemann, der davon spricht, dass die Grenzen zwischen Guerillakriegführung und Terrorismus »verwischt« seien.[17] Als eine der wenigen kann seine Arbeit über den Terrorismus für sich in Anspruch nehmen, Materialfülle und systematische Durchdringung des Stoffes miteinander verbunden zu haben.

Abseits der Frage nach ihrer wissenschaftlichen Haltbarkeit befördert die Gleichsetzung von Guerillastrategie und Terrorismus nicht nur die Befürchtung vieler Länder der Dritten Welt, von denen einige ihre Entstehung schließlich Guerillakriegen verdanken, mit internationalen Anti-Terrorismus-Konventionen sollten alle anderen Formen politischer Gewaltanwendung geächtet werden, sondern leisten nolens volens auch der Selbstetikettierung von Terroristen als Guerilleros Vorschub. Das wohl mehr politisch als wissenschaftlich motivierte Interesse an der Nichtunterscheidung der verschiedenen Formen der politischen Gewaltanwendung zahlt für die Stigmatisierung von Guerilleros der Befreiungsbewegungen in der Dritten Welt als Terroristen den Preis, dass es den in Demokratien agierenden Terroristen die Möglichkeit eröffnet, sich als Guerillos zu drapieren, die für legitime Rechte kämpfen. Walter Laqueur, dessen Terrorismus-Studie noch sorgfältiger als die von Franz Wördemann jede Vermischung von Guerillastrategie und Terrorismus vermeidet,[18] dürfte dieses Problem im Auge gehabt haben, als er auf der Differenz von Guerillastrategie und Terrorismus insistierte: »Terrorismus ist nicht, wie vielfach angenommen wird, eine Abart des Guerillakrieges (oder revolutionären Krieges). Darüber hinaus hat er heute auch eine grundsätzlich andere politische Funktion. [...] Der Unterschied zwischen Guerilla und Terrorismus ist nicht eine Frage der Wortwahl, sondern der Qualität.«[19] Auch Rolf Tophoven unterscheidet »trotz häufig fließender Übergänge« zwischen Guerilla und Terrorismus: »Im grundlegenden Unterschied zum Terrorismus ist der Guerillakrieg primär charakterisiert durch eine besondere Form der militärischen Taktik, durch einen spezifischen Einsatz der Truppen sowie durch Mobilität und Kommandooperationen.«[20] Gaston Bouthoul schließlich, ein französischer Terrorismusforscher, will Terrorismus von Guerilla, die er als eine Form der Kriegführung nach den von Fabius Maximus Cunctator im 2. Punischen Krieg entwickelten Methoden bezeichnet, ebenso unterschieden wissen wie von Verschwörungen, Staatsstreichen und Putschversuchen.[21] Diese Unterscheidungen von Terrorismus und Guerillakrieg bleiben im Wesentlichen jedoch auf der Ebene der Erscheinungsformen stehen und lassen darum viele Fragen offen.

Politische und kriminelle Gewalt: die Verallgemeinerungsfähigkeit der Motive

Die Unterscheidung zwischen Guerilla und Terrorismus auf der einen und gewöhnlicher Kriminalität auf der anderen Seite wird nicht gerade dadurch erleichtert, dass Aktionen von Guerilleros oder Terroristen und Handlungen im Rahmen der gewöhnlichen Kriminalität auf den ersten Blick oft genug ununterscheidbar sind. Nach Angaben des britischen Generals und Terrorismusforschers Richard Clutterbuck sind von den bis zum Jahre 1975 offiziell registrierten etwa 450 Flugzeugentführungen mehr aus kriminellen als aus politischen Motiven durchgeführt worden.[22] Den häufig gleichen Erscheinungsformen politisch bzw. kriminell motivierter Handlungen entspricht eine vor allem in ökonomisch rückständigen Ländern mit starken Veränderungen im Agrarbereich zu findende soziale Dimension des Banditentums, die von Eric Hobsbawm als »Spielart individueller oder minoritärer Rebellion« bezeichnet worden ist.[23] So hat auch Fritz René Allemann in seiner Untersuchung über lateinamerikanische Guerillabewegungen im 20. Jahrhundert mehrfach auf die enge Verknüpfung von Guerilla- und Banditentradition gerade in Lateinamerika hingewiesen.[24] Es steht zu vermuten, dass für die speziell in Süditalien beheimateten Gruppen der italienischen Terroristenszene Ähnliches gilt – genauso übrigens wie für jüngere Entwicklungen in den Guerillabewegungen Lateinamerikas.[25] Es dürften diese Überschneidungen zwischen politisch und kriminell motivierten Handlungen gewesen sein, welche die Theoretiker des Guerillakrieges dazu veranlasst haben, die Grenzlinie zwischen Guerillastrategie und kriminellen Handlungen in ihren Schriften immer wieder deutlich zu markieren. So bezeichnete Mao Tse-tung in seiner grundlegenden Studie »Strategie des chinesischen revolutionären Krieges« es als eine der wesentlichen Aufgaben revolutionärer Kriegführung, dem »Marodeurstum«, Plünderungen und Ausschreitungen, mit aller Entschiedenheit entgegenzutreten und eine strikte politische Disziplin durchzusetzen.[26] Für Ernesto Che Guevara liegt die Differenz zwischen Guerilleros und einer Räuberbande in der vorhandenen oder fehlenden Unterstützung durch die Bevölkerung: »Die Partisanen müssen sich dabei [bei dem Beginn der Kampfhandlungen, H. M.] der allseitigen Unterstützung der örtlichen Bevölkerung sicher sein. Das ist eine unbedingte Voraussetzung. Nehmen wir, um diese Notwendigkeit verständlich zu machen, das Beispiel einer Räuberbande, die in dem einen oder andern Gebiet ihr Unwesen treibt. Eine solche Bande hat möglicherweise alle Attribute einer Partisaneneinheit – Geschlossenheit, Achtung gegenüber dem Anführer, Mut, genaue Kenntnis der Örtlichkeit und oftmals sogar eine richtig angewandte Taktik – bis auf eines, sie wird von der Bevölkerung nicht unterstützt. Nur deshalb können die Machtorgane des Staates eine solche Bande aufspüren und vernichten.«[27] Guevara berichtet in seinem Buch über den Guerillakrieg in Kuba mehrfach von Hinrichtungen, welche an Guerilleros vollstreckt wurden, die zu Marodeuren geworden waren.[28]

Sah Guevara in »Guerra de guerrillas« den Unterschied zwischen Guerillero und Bandit in der Unterstützung durch die Bevölkerung, so machte ihn Carlos Marighella, der Theoretiker der Stadtguerilla, in seinem »Mini-Manual do Guerrillheiro Urbano« an den Aktionen für oder gegen die Bevölkerung fest: »Das Gebiet des Stadtguerillero ist das der großen brasilianischen Städte. In diesen Ballungszentren sind aber auch die Banditen tätig, die üblicherweise als ›Marginales‹ bezeichnet werden. Oft werden die Überfälle dieser Banditen für Aktionen der Stadtguerilleros gehalten. Der Stadtguerillero unterscheidet sich dennoch radikal von den ›Marginales‹. Diese trachten in ihrer Aktivität nach einem persönlichen Vorteil und greifen an ohne Unterscheidung zwischen Ausgebeuteten und Ausbeutern. Unter ihren Opfern befinden sich daher auch Männer und Frauen des Volkes. Der Stadtguerillero dagegen verfolgt ein politisches Ziel und greift nur die Regierung, die großen Kapitalisten und die ausländischen Imperialisten, insbesondere die nordamerikanischen, an.«[29]

Nun machen aber Strategie und Taktik der Stadtguerilleros deren Aktionen für Verwechslungen mit denen gewöhnlicher Krimineller anfälliger, als dies bei der Landguerilla der Fall ist; daraus erwächst auch das bei Marighella noch größere Interesse an dieser Unterscheidung als bei Mao Tsetung und Guevara. Nachdrücklich fordert Marighella dazu auf, bei Banküberfällen, der »typischen Enteignungsaktion« des Stadtguerillero, die Konkurrenz der »Marginales« zu beachten: »Diese Konkurrenz ist ein Faktor, der das Volk verunsichert. Um dies zu verhindern, muß der Stadtguerillero zwei Dinge beachten: 1. Er muß auf die Technik der Marginales verzichten, d.h. er darf nicht unnötige Gewalt anwenden und die Güter und Sachen des Volkes nicht antasten. 2. Der Überfall muß schon während der Ausführung als Mittel der Propaganda genutzt werden [...].«[30] Ein – wenn man so will – rationaler Umgang mit den Mitteln der Gewalt und die propagandistische Ausnutzung von Aktionen sollen hier die Differenz zwischen den Stadtguerilleros und den »Marginales« kennzeichnen – eine Trennlinie, die sich schon bald als unzureichend erwiesen hat.

Tatsächlich hatten die lateinamerikanischen Guerilleros allen Grund, sich von gewöhnlichen Kriminellen klar zu distanzieren: Gegen Zusicherung von Straffreiheit für begangene Taten ließen einige lateinamerikanische Regierungen kriminelle Banden zur Bekämpfung der Stadtguerilleros – gewissermaßen als »Counter-Guerilla« – antreten.[31] Diese lateinamerikanischen Erfahrungen decken sich mit denen, die auch die Rote Ruhr-Armee im Jahre 1920 in Deutschland mit den nach dem Sturm auf die Gefängnisse rekrutierten Kriminellen machen musste. Emilio Lussu, dessen »Teoria dell'insurrezione« eine der interessantesten Arbeiten über Geschichte und Technik des Massenaufstandes in Europa darstellt, hat die Rolle dieser Kriminellen so beschrieben: »Im Sturmangriff waren sie die Letzten, beim Flüchten aber die Ersten, und nach der Niederlage betätigten sie sich als die eifrigsten Denunzianten.«[32] Aus dieser Erfahrung hat Lussu dann die Forderung abgeleitet, beim Aufbau der bewaffneten Einheiten eines Aufstandes »mit größter Unnachsichtigkeit [...] zwielichtige Elemente und Gesindel auszuschließen«.[33]

Lussu trug damit den beiden im Kern grundverschiedenen Motivationsebenen der Gewaltanwendung durch Revolutionäre oder durch Kriminelle Rechnung: Liegt die im Rahmen gewöhnlicher Kriminalität angewandte Gewalt im unmittelbaren, wenn auch womöglich nur vermeintlichen oder pathologischen Interesse des Täters, ohne dass dabei eine Veränderung der sozialen und politischen Ordnung intendiert ist, so ist politisch motivierte Gewaltanwendung dadurch gekennzeichnet, dass die Handelnden durch sie eine Veränderung der sozialen und politischen Ordnung anstreben, die mit ihren persönlichen Interessen nicht unmittelbar identisch sein muss. Paul Wilkinson, einer der wenigen Terrorismusforscher, der der Unterscheidung von terroristischen und kriminellen Handlungen große Aufmerksamkeit zugewandt hat, hat darum die Differenz zwischen krimineller und politischer Gewaltanwendung darin gesehen, dass bei der Ersteren das Interesse an der Selbstbereicherung dominiere.[34] Mao Tse-tungs bereits zitierte Anweisungen zum harten Durchgreifen gegen Marodeure zeigen, wie sehr bei politisch motivierter Gewaltanwendung das mitunter auftretende Interesse an Selbstbereicherung verpönt ist und mit allen Mitteln unterdrückt werden muss, soll sich die Gruppe nicht in kürzester Zeit aus Partisanen in Banditen verwandeln – wofür es in der Geschichte der Guerilla an Beispielen nicht fehlt. Der spanische Stadtguerillero Sabaté soll, obwohl seine Familie in kärglichsten Verhältnissen lebte, niemals in Erwägung gezogen haben, etwas von dem bei Überfällen geraubten Geld für sich oder seine Familie zu behalten[35] – ein Ehrenkodex übrigens, der dem der häufig in illegale Praktiken verstrickten Geheimdienstagenten gleicht.[36]

Mögen politisch oder kriminell motivierte Gewaltanwendung auf der Ebene der Erscheinungen einander häufig sehr ähnlich sein, so unterscheiden sie sich auf der Ebene der Motivationen doch grundlegend: Im Augenblick der Tat weniger sichtbar, treten diese unterschiedlichen Motivationen vor Gericht deutlich hervor. J. B. S. Hardman, der sich neben Wilkinson besonders mit den Unterschieden zwischen politischer und krimineller Gewaltanwendung beschäftigt hat, hat die Differenz zwischen dem Kriminellen und dem politischen Terroristen daran zu erläutern versucht, dass der Kriminelle zumeist seine Tat durch Lüge oder Bestechung zu vertuschen suche, während der Terrorist zu seinen Taten stehe, um seine Doktrin zu vertreten und neue Anhänger zu gewinnen.[37]

Es muss als ein herausstechendes Charakteristikum des westdeutschen Terrorismus gelten, dass von seinen theoretischen Vertretern die Scheidelinie zwischen politisch und kriminell motivierter Gewaltanwendung keineswegs mit dieser Klarheit herausgestellt worden ist wie von den Guerillatheoretikern Mao Tse-tung, Guevara und nicht zuletzt auch Marighella, auf den sich die RAF doch häufig bezogen hat. In den Monografien über die RAF[38] ist diesem Umstand überraschenderweise kaum Beachtung geschenkt worden. So bestritt Horst Mahler in einem am 24. Januar 1972 im *Spiegel* veröffentlichten Artikel, dass »zwischen revolutionärer Politik und Kriminalität ein unauflösbarer Gegensatz bestünde«.[39] In ihrem 1973 verfassten Papier »Die Massen und der Konsum« ging Ulrike Meinhof noch einen entscheidenden Schritt weiter, indem sie zwei Wege unterschied, in den Besitz von Gebrauchsgegenständen zu gelangen: den Weg der Arbeit und den Weg des Diebstahls. Sei der zweite Weg früher verpönt gewesen, so habe sich dies mit dem Wachsen des Warenangebots inzwischen grundlegend geändert. Daraus nun folgerte sie: »Die Revolution ist bereits ausgebrochen! Die Massen haben sich bereits von der herrschenden kapitalistischen Eigentumsfrage bewußtseinsmäßig emanzipiert. Sie klauen. Sie klauen massenhaft in den Warenhäusern. Sie klauen massenhaft in den Betrieben.«[40] Da nur noch Polizei und Justiz das kapitalistische System zusammenhielten, sei es nunmehr die Sache der Stadtguerilla, die Gewalt des Systems über die Menschen mit Gewalt zu zerbrechen.

Indem sie damit kriminelles in politisches Verhalten umdeutete, hat Ulrike Meinhof die Differenzen zwischen kriminell und politisch motiviertem Handeln eingeebnet[41] – eine Argumentation, die durch Verweis auf die von Kant in der »Grundlegung zur Metaphysik der Sitten« zur Logik des kategorischen Imperativs angestellten Reflexionen[42] leicht zu erschüttern ist: Die handlungsleitenden Motive des Warenhausdiebes zielen als Verstöße gegen die bestehende Eigentumsordnung eben gerade nicht auf deren Überwindung, sondern auf individuelle Bereicherung innerhalb deren fortbestehender Gültigkeit; der Warenhausdieb will eben gerade nicht, dass die Maxime seines Handelns, das Interesse an der Aneignung fremden Gutes, zur Grundlage der allgemeinen Gesetzgebung wird, da er sich dann nicht nur der Früchte seines Diebstahls, sondern auch seines sonstigen Eigentums nicht lange würde erfreuen können. Der Warenhausdieb verlangt vielmehr – ungeachtet seines eigenen Handelns – den Schutz des Eigentums und notfalls dessen polizeiliche Gewährleistung. Die Motive seines Diebstahls sind nicht verallgemeinerungsfähig und fallen der Logik des kategorischen Imperativs zum Opfer. Hingegen ist derjenige, der aus politischen Motiven gegen bestimmte Gesetze verstößt oder Gewalt anwendet, von der Verallgemeinerungsfähigkeit seines Handelns – zumindest für die Phase der angestrebten Revolution – überzeugt und betrachtet die Logik des kategorischen Imperativs als seinen Verbündeten. Dies macht zugleich das von Hardman beschriebene unterschiedliche Auftreten beider Gruppen vor Gericht verständlich: Während der Kriminelle seine Tat zu vertuschen versucht, weil er ihre Verallgemeinerungsunfähigkeit zumindest ahnt, steht der politisch motivierte Täter im Bewusstsein der Verallgemeinerungsfähigkeit seiner Handlungen auch zu ihnen und sucht sie zur Verbreitung seiner Theorie und zur Gewinnung neuer Anhänger zu nutzen. Ihm dient die Gerichtsverhandlung dazu, andere zur Nachahmung der vor Gericht verhandelten Taten zu motivieren. Das Eingeständnis seiner Taten ist der Appell zu ihrer Nachahmung durch andere. Die intendierbare oder nicht intendierbare Verallgemeinerungsfähigkeit von Handlungsmaximen kann somit zum Prüfstein für die kriminelle oder politische Motivation von Gesetzesverstößen werden.

Die unterschiedlichen Intentionen der Gewaltanwendung: physische oder psychische Folgen

Im Gegensatz zur Kriminalität sind Guerillakrieg und Terrorismus gleichermaßen geprägt durch die politisch motivierte Gewaltanwendung. Gleichwohl hat, wie David Fromkin in seiner grundlegenden Studie »Die Strategie des Terrorismus« herausgearbeitet hat, die Gewaltanwendung für Guerilleros einen anderen strategischen Stellenwert als für Terroristen. Am Beispiel der von Lawrence of Arabia entwickelten Guerillastrategie der arabischen Insurgenten während des Ersten Weltkriegs und der Aktionen von PLO und PLFP hat Fromkin diesen unterschiedlichen strategischen Stellenwert systematisch unterscheiden können: »Lawrence, der Guerilla-Führer, griff eine Bahnlinie an, weil er sie zerstören wollte, wohingegen arabische Terroristen eine Fluglinie angreifen, obwohl sie sie nicht zerstören wollen.«[43] Die Aktionen der von T. E. Lawrence geführten arabischen Guerillaarmee zielten auf die Störung bzw. Zerschlagung des logistischen Systems der türkischen Armeen in Palästina und auf der arabischen Halbinsel: »Für uns kam es darauf an, nicht die Armee der Türken, sondern ihre materiellen Hilfsmittel zu zerstören. Die Vernichtung einer türkischen Brücke oder Eisenbahn, einer Maschine oder Kanone oder eines Sprengstoffvorrates war für uns von größerem Nutzen als die Vernichtung eines Türken.«[44]

Hatten im Mittelpunkt der Guerillastrategie des Lawrence of Arabia Aktionen gegen die türkische Logistik bei gleichzeitigem Verzicht auf Gefechte mit massierten türkischen Verbänden gestanden,[45] so hat Mao Tse-tung dann auch den Gedanken der Entscheidungsschlacht in seine Guerilladoktrin einbezogen: »Für Sieg oder Niederlage ist es notwendig, daß die beiden Armeen sich eine Entscheidungsschlacht liefern. Nur eine Entscheidungsschlacht kann die Frage klären, welche Armee Sieger und welche Besiegter ist. Das ist die einzige Aufgabe im Stadium der strategischen Gegenoffensive.«[46] Für diese Gegenoffensive die bestmöglichen Voraussetzungen zu schaffen, ist die Aufgabe des von Mao eingehend analysierten strategischen Rückzugs, in dessen Verlauf die Linien und logistischen Stränge des Gegners immer weiter ausgedehnt werden, bis schließlich zwischen seinen Kräften und denen der Guerillaarmee ein strategisches Gleichgewicht besteht. Ähnliches gilt auch für die Guerillastrategie Che Guevaras: Nach der Lähmung gegnerischer Operationen durch Sabotageakte der Guerilleros in einer bestimmten Zone werde es möglich, »daß die Partisanen in immer neue Gebiete eindringen und ihre Operationen den Charakter von Kriegshandlungen einer regulären Armee annehmen. Es entsteht jetzt eine Frontlinie, an der die Partisanenarmee mit den Truppen des Gegners kämpft. Auch schwere Waffen und sogar Panzer werden dabei in die Hände der Partisanen fallen, und sie werden jetzt dem Kampf mit einem starken Gegner nicht mehr auszuweichen brauchen. Im Gegenteil, der Gegner wird in [...] Kampf unterliegen und schließlich angesichts der Gefahr seiner völligen Vernichtung kapitulieren.«[47]

Sei es nun in der im Wesentlichen um Sabotageaktionen zentrierten Strategie des Lawrence of Arabia, sei es in den auf die entscheidende, häufig bereits mit regulären Verbänden geführte Schlacht hinzielenden Guerillastrategien Mao Tse-tungs, Che Guevaras und Régis Debrays: Allen Guerillastrategien ist gemeinsam, dass sie ihre politisch-militärischen Ziele durch die Anwendung von Gewalt unmittelbar zu erreichen suchten und es ihnen primär um die physischen Folgen der Gewaltanwendung ging. Dagegen orientiert sich die Strategie des Terrorismus – dies herausgearbeitet zu haben ist vor allem das Verdienst David Fromkins – an den durch die Gewaltanwendung provozierten *Reaktionen* bei Freund, Feind und zunächst Gleichgültigen und sucht so primär die psychischen Folgen der Gewaltanwendung.[48] Das heißt jedoch nicht, dass es sich bei terroristischen Aktionen nur um symbolische Akte handele, wie verschiedentlich angenommen worden ist. Zu Recht hat Walter Laqueur darum davor gewarnt, man solle den »Terrorismus nicht so sehr als ›symbolische Handlung‹ sehen, denn eine Kampagne systematischen Terrors besteht aus vielen Handlungen, die überhaupt nicht symbolisch sind«.[49] Gleichzeitig folgt aber auch Laqueur im Wesentlichen der von Fromkin vorgeschlagenen Charakterisierung des Terrorismus, wenn er ihn als eine »Strategie der Provokation« bezeichnet.[50]

Folgt man Max Webers Analyse sozialen Handelns als »am vergangenen, gegenwärtigen oder für künftig erwarteten Verhalten anderer« orientiert,[51] so zielt Terrorismus mehr als alle anderen Strategien politischer Gewaltanwendung auf die gesellschaftlich desorientierenden Potentiale der angewandten Gewalt. Sicher ist Chalmers Johnsons Hinweis berechtigt, dass alle in Revolutionen angewandte Gewalt das Verhalten anderer desorientiere,[52] doch während dies bei einem Guerillakrieg, der auf die militärische Niederlage des Gegners abzielt, nicht primär intendierte, mitunter förderliche, mitunter nachteilige Nebenfolgen der Gewaltanwendung sind, werden die Auswirkungen der Gewaltanwendung auf das Verhalten anderer in der terroristischen Strategie intendiert und kalkuliert. Fromkin hat es darum als die Einzigartigkeit der terroristischen Strategie bezeichnet, dass sie »ihr Ziel nicht durch ihre Handlungen, sondern durch die Reaktion auf ihre Handlungen« erreicht.[53] Diese Feststellung wird bestätigt durch die von Horst Mahler 1971 ausgegebene Devise, die RAF werde nach dem Grundsatz verfahren, einen zu bestrafen, um Hunderte zu erziehen.[54] Ganz eindeutig wird hier das Interesse an den direkten physischen Folgen der Gewalt überwogen von dem an den psychischen Folgen bei denen, die von der Gewalt nicht direkt und unmittelbar betroffen worden sind. Nicht die *violentia* selbst, sondern der von ihr ausgehende *terror,* der Schrecken, ist es, worum es der terroristischen Strategie im Kern geht.

Dazu gehört auch das strategische Ziel terroristischer Aktionen, den Staatsapparat zu Maßnahmen zu provozieren, die mit seiner politischen Legitimation unvereinbar sind und die langfristig einen Prozess politischer Destabilisierung in Gang setzen. Ulrike Meinhof hat diese Strategie als die »Dialektik von Revolution und Konterrevolution« beschrieben: »das ist die dialektik der strategie des antiimperialistischen kampfes: daß durch die defensive, die reaktion des systems, die eskalation der konterrevolution, die umwandlung des politischen ausnahmezustandes in den militärischen ausnahmezustand der feind sich kenntlich macht, sichtbar – und so, durch seinen eigenen terror, die massen gegen sich aufbringt, die widersprüche verschärft, den revolutionären kampf zwingend macht.«[55] Es fällt jedoch bei der kritischen

Durchsicht der RAF-Schriften auf, dass diese dezidiert terroristische Strategie erstmals in der zitierten Rede von Ulrike Meinhof auftaucht, nachdem man zuvor vier Jahre lang immer wieder die Auffassung vertreten hatte, die Gruppe führe einen Guerillakrieg und habe mit Terrorismus nichts zu tun. Die ebenso falsche wie irrwitzige Gleichsetzung von Baader und Mahler mit den Partisanen- und Guerillatheoretikern Clausewitz, Mao Tse-tung und Guevara, wie sie sich in zahlreichen Publikationen über die RAF im Besonderen und über den Terrorismus in der Bundesrepublik Deutschland im Allgemeinen findet, ist so gesehen die unkritische Weitergabe eines Selbstmissverständnisses oder einer bewusst eingesetzten ideologischen Verkleidung der RAF.

Die Tragfähigkeit der vorgeschlagenen Unterscheidungen zwischen der terroristischen Strategie und anderen revolutionären Strategien läßt sich an der russischen Geschichte des 19. Jahrhunderts überprüfen: Die Dekabristen, deren Aktionen unmittelbar auf den Umsturz zielten, waren keine Terroristen und werden allgemein auch nicht als solche bezeichnet; anders hingegen die Narodniki, die mit Bomben und Attentaten Aufsehen erregen wollten, um so das Volk im Sinne ihrer Ideen aufzurütteln.[56] Ganz im Sinne der vorgeschlagenen Unterscheidung stellt Rolf Schroers in seiner nach wie vor unverzichtbaren Studie über den Partisanen fest, dass ein Attentat, dem nicht unmittelbar die Machtübernahme durch die Attentäter folge, zum Terrorakt werde,[57] und der französische Soziologe Raymond Aron, dessen voluminösem Werk »Frieden und Krieg« mehr über die Eigentümlichkeiten des Terrorismus zu entnehmen ist als vielen Spezialstudien zu diesem Thema, definiert Aktionen als terroristisch, »deren psychologische Wirkungen in keinem Verhältnis zu deren rein physischen Ergebnissen stehen«.[58] Die hieraus resultierende besondere Funktion der Opfer einer terroristischen Strategie ist von Manfred Funke exakt bestimmt worden: »Wenngleich es [das Opfer, H. M.] zumeist ausgesucht wird unter prominenten Repräsentanten der verhaßten Gesellschaftsordnung, geht es dem Terroristen mit seiner Tat zwar auch um die Schwächung des Machtapparates, aber primär geht es ihm um die Reaktion der Öffentlichkeit auf diese Tat.«[59] Demgegenüber zeichnet sich die Guerillastrategie durch das primäre Interesse an der Schwächung des Machtapparates, also die Intendierung der physischen Folgen der Gewaltanwendung, aus. Genau diese Differenz dürfte Guevara im Auge gehabt haben, als er in »Guerra de guerrillas« kategorisch feststellte: »Die Sabotage hat mit Terrorakten nicht das geringste gemein.«[60] Sabotage sucht die *physischen,* nicht die *psychischen* Folgen der Gewaltanwendung.

Das vorwiegende Interesse der terroristischen Strategie an den psychischen Folgen der Gewaltanwendung, wie es von David Fromkin herausgearbeitet worden ist, hat ihre Aktionen in ganz anderem Maße, als dies sonst bei revolutionären Strategien der Fall ist, von der Wirkungsweise der modernen Medien abhängig gemacht. Zu Recht ist darum in der Literatur immer wieder auf die eigentümliche Beziehung zwischen Terrorismus und Medien hingewiesen worden. Massenaufstand und Guerillakrieg vermögen ihre Ziele zu erreichen, ohne dass die Medien über sie berichten, der Terrorismus nicht. Seine Aktionen gewinnen ihre Bedeutung erst durch die Berichterstattung über sie. Mit Recht hat darum Franz Wördemann die Terroristen als »die modernen Entertainer« bezeichnet.[61] Wie sehr die Publizität der Aktionen ihren Stellenwert innerhalb der terroristischen Strategie bestimmt, zeigen die Anweisungen, die Andreas Baader 1974 den noch nicht inhaftierten Mitgliedern seiner Gruppe zukommen ließ. Er forderte darin zu neuen Aktionen auf, die er folgendermaßen umriss: »so auf dem niveau der aktion gegen Buddeberg (und darunter läuft nichts, was raf heißt – oder ist der tante immer noch nicht klar, daß uns aktionen nach dem dilettantischen und unentschlossenen muster witter oder noch besser kirchen vollzuschmieren, wozu provinzzeitungen dann wissen, daß ›die raf sich dafür verantwortlich erklärt hat‹, uns denunzieren, lächerlich machen).«[62] Zu Recht ist die Publizität darum als »der einzige Triumph des Terrors« bezeichnet worden.[63]

Die Definition des Kombattanten

Das primäre Interesse der Terroristen an den psychischen Folgen der Gewaltanwendung führt, wie Fromkin gezeigt hat, zu einer erheblichen Komplizierung der terroristischen Strategie: »Anders als der Soldat, der Partisan oder der Revolutionär befindet sich der Terrorist immer in der paradoxen Situation, Handlungen zu begehen, deren unmittelbare physische Folgen nicht eigentlich von ihm gewollt sind.«[64] Doch in dem Maße, in dem die physischen Folgen terroristischer Gewaltanwendung nicht der intendierte Kern der Strategie sind, haben terroristische Täter auch nur ein bedingtes Interesse an der Begrenzung dieser physischen Folgen ihrer Handlungen auf ganz bestimmte Personen. Die Logik der terroristischen Strategie selbst vermindert die Kontrolle von Zwecken und Mitteln im Hinblick auf die Opfer. Paul Wilkinson hat es darum als eines der herausstechenden Charakteristika des Terrorismus bezeichnet, dass dieser wie keine andere revolutionäre Strategie zur Auflösung der Unterscheidung von Kombattanten und Nonkombattanten tendiert.[65]

Wenn Franz Wördemann jedoch »die bewußte Abschaffung der Kategorie der Nichtbeteiligten« als ein »entscheidendes Merkmal des revolutionären Krieges« insgesamt bezeichnet hat,[66] so ist diese Charakterisierung revolutionärer Strategien im Anschluss an die These Carl Schmitts, das von Lenin geschlossene »Bündnis der Philosophie mit den Partisanen« habe die nach dem Wiener Kongress geschaffene »Hegung des Krieges« niedergerissen,[67] in dieser Form zu undifferenziert und zu grobschlächtig. Vielmehr lässt sich in den Guerillastrategien Mao Tse-tungs und Guevaras eine klare, wenn auch gegenüber den europäischen Definitionen des 19. und beginnenden 20. Jahrhunderts deutlich erweiterte Bestimmung des Kombattanten finden. Galt für die europäische Kriegführung nur der reguläre Soldat als Kombattant, so wurden von den Theoretikern der Guerillastrategie auch beispielsweise Polizei, Gefängnispersonal und staatliche Steuereinnehmer in die Reihe der gegnerischen Kombattanten eingegliedert. Man mag über die Berechtigung dieser Ausweitung des Kombattantenstatus streiten, prinzipiell jedoch bleibt die Unterscheidung zwischen Kombattant und Nonkombattant auch für die Theoretiker des Guerillakrieges bestehen – auch wenn diese nicht mehr durch das Tragen oder Nichttragen einer Uniform markiert ist.[68]

Demgegenüber hat erst der Terrorismus aufgrund der Logik seiner Strategie die Differenz zwischen Kombattanten und Nonkombattanten endgültig eliminiert. Diese prinzipielle Aufhebung der Kombattanten-Nonkombattanten-Unterscheidung in der terroristischen Strategie kommt auch in der Antwort Emile Henrys auf die Frage des Gerichtsvorsitzenden zum Ausdruck, warum er seine Bombe ausgerechnet in das Café »Terminus« geworfen habe; Henry antwortete: weil er möglichst viele Bürger habe töten wollen. Und auf die erneute Vorhaltung des Gerichtsvorsitzenden, er habe diese Menschen doch gar nicht gekannt und es seien doch auch werktätige Menschen darunter gewesen, bestätigte Henry: »Allerdings; diese Menschen sind mir vollkommen gleichgültig.«[69] Die Äußerungen Henrys zeigen den engen Zusammenhang zwischen dem Interesse der terroristischen Strategie an den psychischen Folgen der Gewaltanwendung und der Auflösung der Unterscheidung von Kombattanten und Nonkombattanten. Dieses sekundäre Interesse an dem Schicksal des Opfers, das die terroristische Strategie kennzeichnet, macht den moralischen Abscheu verständlich, der die meisten Darstellungen des Terrorismus in den letzten Jahren gespeist hat.

Die katholischen Pilger aus Puerto Rico, die die meisten der Opfer bei dem von japanischen Terroristen angerichteten Massaker auf dem israelischen Flughafen Lod stellten und von denen sich zuvor wohl keiner für den Staat Israel und gegen die Palästinenser engagiert hatte,[70] sind ein grauenhaftes Beispiel für diesen in der Logik terroristischer Strategie liegenden Verzicht auf die Unterscheidung zwischen Kombattanten und Nonkombattanten infolge des primären Interesses an den psychischen Folgen der Gewaltanwendung. Bassam Abu Sherif, einer der PLO-Strategen, soll später über das Massaker in Lod gesagt haben: »Es war ein recht heftiger Vorstoß in das Bewußtsein der internationalen Öffentlichkeit. Doch für uns war das Wichtigste, daß man uns zur Kenntnis nimmt.«[71] Noch deutlicher ist eine bereits 1970 gemachte Äußerung des PLFP-Chefs George Habbash: »Im Zeitalter der Revolution der vom System des Weltimperialismus unterdrückten Völker kann es keine geographischen, politischen oder moralischen Grenzen für die Operationen des Volkes geben. Daher ist niemand in der Welt von heute unschuldig, niemand ist neutral.«[72] Damit sind jegliche Trennlinien zwischen Kombattanten und Nonkombattanten gefallen.

Dagegen scheint Horst Mahler immerhin mit diesem für den Terrorismus charakteristischen Verzicht auf die Unterscheidung von Kombattanten und Nonkombattanten Schwierigkeiten gehabt zu haben, als er die in Fürstenfeldbruck getöteten israelischen Sportler als Soldaten bezeichnet hat: »Die in Fürstenfeldbruck getöteten israelischen Sportler waren nicht Unbeteiligte, wie fälschlich immer wieder behauptet wird. [...] Sie waren Soldaten eines zionistischen Propagandastoßtrupps. Sie kannten ihr Risiko – deshalb hatten sie von den deutschen Dienststellen auch besondere Schutzmaßnahmen verlangt.«[73] Der Etikettenschwindel wird hier zum letzten Mittel, sich die brutale Logik der selbstpraktizierten Strategie nicht eingestehen zu müssen. Es ist aber bemerkenswert, dass derartige Selbsttäuschungen, die offensichtlich über einen gewissen Zeitraum von zentraler Bedeutung für die innere Stabilität der Gruppe gewesen sind, in den RAF-Monografien wie überhaupt in der Literatur über Terrorismus kaum Beachtung gefunden haben.

Die kritische Distanz der Guerilladoktrin zum Terrorismus

Im Gegensatz zu der Auffassung des Bundeswehr-Generalstabsoffiziers Hans-Jürgen Müller-Borchert, der den Terrorismus die Hauptwaffe der Guerillastrategie genannt hat,[74] haben die Theoretiker des Guerillakrieges die Differenz zum Terrorismus niemals übersehen. So nennt Guevara den Terrorismus »eine wenig wirksame Methode«: er könne »sehr unheilvolle Folgen nach sich ziehen, weil er in vielen Fällen zum Tod völlig unschuldiger [sic!] Menschen führt, darunter Patrioten, die zur revolutionären Bewegung gehören«.[75] Auch für Régis Debray gehört es zu den unbefragten Voraussetzungen seiner Theorie, dass Terrorismus städtisch und Guerillakrieg ländlich sei und dass die Operationen in der Stadt denen auf dem Lande absolut unterzuordnen sind.[76] Debrays Skepsis gegenüber terroristischen Aktionen findet in »Revolution in der Revolution?«, der umfassendsten Darstellung der castristisch-guevaristischen Guerilladoktrin, deutlichen Ausdruck: »Es ist klar, daß der Terrorismus in der Stadt keine entscheidende Rolle spielen kann und daß er einige Gefahren politischer Art nach sich zieht.«[77] Der strategische Wert, den Debray Aktionen in der Stadt dann dennoch zuspricht, bezieht sich jedoch nicht auf terroristische, sondern auf Sabotageaktionen, die durch den von ihnen ausgehenden Zwang zur Bewachung wichtiger Einrichtungen durch das Militär große Teile der gegnerischen Streitkräfte immobilisieren und damit die Stoßkraft der auf dem Lande operierenden Guerillaarmee erhöhen soll.[78] Wenn Debray Aktionen in der Stadt überhaupt einen Wert zuspricht, so wegen ihrer physischen, nicht aufgrund ihrer psychischen Wirkungen.

Weniger skeptisch steht – bezeichnenderweise – Carlos Marighella, der Theoretiker der Stadtguerilla, der terroristischen Strategie gegenüber: In seinem »Mini-Manual do Guerrillheiro Urbano« führt er sie als eine der Aktionsformen des Stadtguerillero auf und stellt dazu fest: »Auf den Terrorismus als Waffe kann der Revolutionär nicht verzichten.«[79] Damit jedoch setzt bei ihm bereits eine Abwendung von der Guerillastrategie und Hinwendung zum Terrorismus ein,[80] die wahrscheinlich entscheidend durch die Niederlage von Guevaras Guerilleros in Bolivien motiviert worden ist – eine Entwicklung, deren Auswirkungen bis nach Europa reichten: Während eine Übertragung der landgestützten Guerillamodelle Mao Tse-tungs, Guevaras und Debrays auf die europäischen Verhältnisse niemals ernstlich in Rede stand, änderte sich dies mit Marighellas Stadtguerillakonzept, das den Terrorismus zu einer der wesentlichen Aktionsformen bei der politischen Veränderung machte. Der Publizist Fritz René Allemann spricht zu Recht von dem deutlich »größeren Imitationseffekt«, der die urbane gegenüber der ländlichen Guerilla auszeichne.[81] Mit dem »Mini-Manual do Guerrillheiro Urbano« als Handlungsanleitung glaubte auch die RAF, in der Bundesrepublik eine Veränderung der politischen und sozialen Verhältnisse erzwingen zu können. Wenn es für die RAF strategische Vorbilder gegeben hat, so waren dies gerade nicht die Schriften Maos und Guevaras – auch dann nicht, wenn sie sich verschiedentlich in den RAF-Texten zitiert finden –, sondern die des Carlos Marighella. Diejenigen Autoren unter den Terrorismus-Analytikern,[82] die die Aktionen der RAF in die Tradition der maoistischen oder castrisch-guevaristischen Landguerilla gestellt haben, sind damit einer von der RAF aufgebauten Chimäre aufgesessen.

Unterstützung durch die Bevölkerung: Voraussetzung oder Ziel?

Die vorgeschlagene Differenzierung von Terrorismus und Guerillakrieg schließt jedoch nicht aus, dass die terroristische Strategie als Vorstufe oder Substitut der Guerillakriegführung fungieren kann, so wie auch Marighella sich dies vorgestellt hat. Wechselte die Führung der *Fatah* nach der militärischen Katastrophe ihrer Guerillakriegführung gegen die israelische Armee im Herbst 1967 zur Strategie des Terrorismus über,[83] ebenso übrigens wie die IRA-Führung, nachdem die von ihren Guerilleros nach dem 20. Januar 1972 »befreiten Gebiete« (»Free Derry«) von der britischen Armee besetzt worden waren,[84] so ging die FLN in Algerien vom Terrorismus zur Guerillastrategie und schließlich sogar, wie dies auch Guevara vorgesehen hatte,[85] zur regulären Kriegführung mit gegliederten Verbänden über.[86] Auch die argentinischen Gruppen *Montoneros* und *Ejército Revolucionario del Pueblo* (ERP) wandten sich 1975 von der Strategie des Terrorismus ab und der des Guerillakrieges zu,[87] worauf sie freilich sehr bald von der argentinischen Armee zerschlagen wurden. David Fromkin hat die Verlagerung der »Sympathien der Bevölkerung auf die Seite der FLN« als die entscheidende Voraussetzung für den Wechsel der Strategien in Algerien bezeichnet.[88] Analog hierzu dürfte das Fehlen massiver Sympathien bei der Bevölkerung in Argentinien für die Niederlage der Guerilleros dort entscheidend gewesen sein. Mehr als die militärische Stärke des Gegners ist der Grad der Unterstützung durch die Bevölkerung dafür entscheidend, ob die Revolutionäre die Strategie des Terrorismus oder die des Guerillakrieges wählen. Eine breite Unterstützung durch die Bevölkerung ist, wie der Sieg der Sandinisten über die Somoza-Diktatur in Nicaragua gezeigt hat, die Conditio sine qua non eines erfolgreichen Guerillakrieges, der in seiner letzten Phase dann in den Massenaufstand mündet. Im Gegensatz zu vielen Anti-Guerilla-Autoren haben die Strategen des Guerillakrieges diese Voraussetzung sehr genau gesehen.

So erklärte Guevara: »Der Partisanenkrieg ist ein Volkskrieg, ist ein Massenkampf. Diese Art von Krieg ohne die Unterstützung der Bevölkerung verwirklichen zu wollen, ist der Auftakt zu einer unvermeidlichen Katastrophe. Die Partisanen [...] werden unterstützt durch die Bauern- und Arbeitermassen des Gebietes und des ganzen betreffenden Territoriums. Ohne diese Voraussetzung läßt sich nicht von Partisanenkrieg reden.«[89] Auch Mao Tse-tung zog in seiner Studie »Strategie des chinesischen revolutionären Krieges« am Ende der Aufzählung der Bedingungen, unter denen aus dem strategischen Rückzug die Gegenoffensive der Partisanen entwickelt werden kann, das Resümee: »Die erste Bedingung, die aktive Unterstützung seitens der Bevölkerung, ist für die Rote Armee am wichtigsten.«[90] Dasselbe gilt auch für die Focustheorie Debrays: »Der Guerillakrieg hat politische Triebfedern und politische Ziele. Er muß sich auf die Massen stützen oder er muß verschwinden.«[91]

Die breite Unterstützung durch die Bevölkerung vermindert u.a. die logistischen Aufgaben der Guerilleros und gewährleistet so eine operative Beweglichkeit, über die ihr Gegner nicht verfügt. Dies ist der eigentliche Kern der von Müller-Borchert eingehend beschriebenen und analysierten Entwicklung, dass die moderne Technik die logistische Abhängigkeit konventioneller Verbände erhöht und dadurch die Angriffspunkte für die Guerilleros vermehrt habe.[92] Würden die Guerilleros desselben logistischen Apparates bedürfen wie konventionelle Truppen, so wären sie ihnen hoffnungslos unterlegen. Die Stärke der Guerilleros liegt darin, dass die mit ihnen sympathisierende Bevölkerung ihre logistischen Aufgaben weitgehend übernimmt. Genau dies meint Mao Tse-tungs vielzitiertes Diktum vom Partisanen, der sich in der Bevölkerung bewegen könne »wie der Fisch im Wasser«.

In seiner kritischen Auseinandersetzung mit der von ihm in den sechziger Jahren vertretenen Focustheorie hat Debray die Vernachlässigung der logistischen Probleme, der »Etappe«, als Ausdruck des politischen Idealismus kritisiert: Die Etappe »steht zur Guerillafront in demselben Verhältnis wie die Ökonomie zur Politik. Eine Guerilla planen oder aufbauen zu wollen, ohne sich um ihr Hinterland zu bekümmern, käme dem Versuch gleich, einen Menschen monatelang auf seinen Füßen marschieren zu lassen, ohne etwas in seinen Magen zu füllen, sie wäre eine Maschine ohne Energiezufuhr, eine Fabrik ohne Rohstoffe [...]. Es spiegelt eben Idealismus wider, wenn man die materiellen Existenz- und Unterhaltsbedingungen einer ›mobilen strategischen Streitkraft‹ nicht hinreichend berücksichtigt.«[93] Die »materiellen Existenz- und Unterhaltsbedingungen« einer Guerilla sind aber letztlich gleichbedeutend mit ihrer Unterstützung durch die Bevölkerung. Guevaras »Bolivianisches Tagebuch« zeigt, dass das Scheitern der von ihm geleiteten Guerilla, der selbst ihre Gegner eine taktisch glänzende Führung bescheinigten, in diesem politischen Idealismus wurzelte: Ohne Unterstützung durch die Bevölkerung wurde sie, mit Nachschubproblemen überlastet und dadurch immobilisiert, von der Armee nach und nach zerrieben.[94]

Dagegen ist die Strategie des Terrorismus zunächst nicht in vergleichbarem Ausmaß auf die Unterstützung durch die Bevölkerung angewiesen. Mit ihrem primären Interesse an den psychischen Folgen der Gewaltanwendung zielt sie gerade darauf ab, diese Unterstützung durch die Bevölkerung erst noch zu gewinnen. Dies erklärt zugleich ihre Attraktivität für politische Idealisten: Ohne sich auf die Widerständigkeit der »objektiven Bedingungen«, was immer darunter konkret zu verstehen ist, einlassen zu müssen, bietet sie die Aussicht auf eine schnelle politische Veränderung – eine Aussicht, die sich in der Mehrzahl der Fälle jedoch sehr bald als Illusion herausgestellt hat. Martha Hutchinson hat die Ursachen der »technischen« Attraktivität terroristischer Strategien für potentielle Insurgenten präzise zusammengefasst: »Summing up, terrorism's attractiveness and significance for revolutionary organisations are due to the combination of economy, facility, and high psychological and political effectiveness.«[95]

Wird die vorhandene oder fehlende Unterstützung durch die Bevölkerung als politische Stärke bzw. Schwäche angesehen, so hat Fromkin Recht, wenn er Terrorismus »die Strategie der Schwachen« nennt.[96] Die Rede von der »Strategie der Schwachen« darf jedoch nicht zu dem Fehlschluss verleiten, bei den Trägern dieser Strategie handele es sich um die ärmsten, schwächsten und unterdrücktesten Mitglieder einer Gesellschaft. Ein Blick auf die soziologische Zusammensetzung terroristischer Gruppen, der Laqueur besondere Aufmerksamkeit gewidmet hat, überzeugt sehr schnell vom Gegenteil.[97]

Eines der wenigen Beispiele für den Erfolg terroristischer Strategie ist die erste Phase des algerischen Aufstandes, der im November 1954 begann: Die Insurrektion wurde zunächst von einigen Hundert schlecht Bewaffneter getragen und konnte sich auch nicht auf ein entwickeltes algerisches Nationalbewusstsein stützen.[98] Stattdessen teilten viele Algerier, vor allem die Intelligenz des Landes, die offizielle französische Auffassung, Algerien sei Teil von Frankreich, und fühlten sich als Franzosen bzw. strebten mehr politische Autonomie Algeriens bei gleichzeitigem Verbleib im französischen Staatsverband an. Erst die durch die Strategie des Terrorismus provozierte Reaktion der Franzosen: die undifferenzierte Verdächtigung aller algerischen Moslems als potentielle Terroristen, die Verlegung europäischer Truppen nach Algerien und der Abzug moslemisch-algerischer Verbände nach Frankreich, stärkte das algerische Nationalbewusstsein und rekrutierte neue Anhänger für die FLN. »Die Trennung von einheimischen Franzosen und algerischen Moslems bestätigte die Auffassung der FLN und dementierte die der etablierten Macht.«[99] Die terroristischen Aktionen hatten den Gegner genau zu der Reaktion provoziert, die der FLN dann ermöglichte, von der Strategie des Terrorismus zu der des Guerillakrieges überzugehen. Fromkin resümiert: »Wenn auch die FLN das Drehbuch geschrieben hatte, so gingen die Franzosen mit selbstzerstörerischer Logik daran, die ihnen zugedachte Rolle zu spielen.«[100] Die Anfänge des algerischen Unabhängigkeitskrieges stellen nach wie vor die beste Möglichkeit dar, den Triumph der terroristischen Strategie und seine Voraussetzungen zu studieren.[101]

In diesem Angewiesensein auf bestimmte Reaktionen der Gegenseite liegt jedoch zugleich die strategische Schwäche des Terrorismus. »Das bedeutet, dass Terrorismus, obwohl er nicht verhindert werden kann, jedoch immer besiegbar ist.«[102] Dieses strategische Manko des Terrorismus eingehend untersucht zu haben, ist vor allem das Verdienst David Fromkins.

Der ideologische Kern des Terrorismus: Primat der Praxis und Handeln für einen Dritten

Wie bereits gezeigt, steht die terroristische Strategie mehr als andere in der Gefahr, dass ihre Aktionen mit gewöhnlicher Kriminalität verwechselt werden oder sich ihr tatsächlich angleichen. Letzteres hat Ze'ev Iviansky am Terrorismus des ausgehenden 19. Jahrhunderts beobachtet: »In France, ›propaganda by the deed‹ degenerated into the waves of robbery and murder carried out by Ravachol and the ›Illegalistes‹ group; in Spain, into the torrent of lawlessness and murder of the ›pistoleros‹; in Russia, into the wave of ›terror without motivation‹ in the course of 1905–1907 revolution; and in the United States into gangsterism.«[103] Nun kann aber Terrorismus den Nachweis seiner nicht kriminellen politischen Motivation im Gegensatz zur Guerillastrategie gerade nicht durch den Hinweis auf die massive Unterstützung durch die Bevölkerung erbringen, wie dies bei Mao Tse-tung, Guevara und Debray der Fall ist. Dennoch gibt es unübersehbare Differenzen zwischen kriminellen und terroristischen Aktionen, die zu kennzeichnen ich den Begriff des »als interessiert unterstellten Dritten« vorschlagen möchte. Er ist, wie noch zu zeigen sein wird, nicht identisch mit dem von Rolf Schroers entwickelten[104] und dann von Carl Schmitt übernommenen[105] Begriff des »interessierten Dritten«, der in der Analyse des Partisanenkrieges von Schroers und Schmitt eine entscheidende Rolle spielt. Gleichwohl gibt es im funktionellen Rahmen Berührungspunkte zwischen beiden Begriffen.[106]

Bei diesem »als interessiert unterstellten Dritten« handelt es sich um eine national, ethnisch oder soziologisch bestimmte Bevölkerungsgruppe, in deren »objektivem Interesse«, wie seitens der Terroristen behauptet wird, die Aktionen durchgeführt werden. Dieser »als interessiert unterstellte Dritte« ist auch der eigentliche Adressat der angestrebten psychischen Folgen der Gewaltanwendung – um sein Bewußtsein geht es letztendlich. Ihm soll, wie es immer wieder heißt, gezeigt werden, dass Widerstand nötig und möglich ist. Ob das von den Terroristen unterstellte Interesse eines – neben Staatsapparat und Terroristen – Dritten an der politischen Veränderung tatsächlich vorhanden ist oder nicht, zeigt sich erst in der Entwicklung des Konflikts: im möglichen Überwechseln vom Terrorismus zur Guerillastrategie aufgrund der Unterstützung der Revolutionäre durch den zuvor als interessiert nur unterstellten Dritten oder in der langfristigen Zerschlagung der Gruppe aufgrund des Ausbleibens dieser Unterstützung.

Damit aber bindet der Terrorismus wie kaum eine andere Strategie politischer Veränderung seine Legitimation an die Effektivität seines Handelns, an Sieg und Niederlage. Dass dies nicht nur eine Rekonstruktion »ex eventu« ist, sondern dass sich die Strategen des Terrorismus von Anfang an bewusst der unerbittlichen Logik von Sieg und Niederlage überantworten, zeigt sich auch in einer der Stellungnahmen der RAF. So heißt es in einer Erklärung Ulrike Meinhofs zur Befreiung von Andreas Baader: »Was wir machen und gleichzeitig zeigen wollen, das ist: daß bewaffnete Auseinandersetzungen durchführbar sind, daß es möglich ist, Aktionen zu machen, wo wir siegen und nicht wo die andere Seite siegt. Und wo natürlich wichtig ist, daß sie uns nicht kriegen, das gehört sozusagen zum Erfolg der Geschichte.«[107] Ganz in diesem Sinne meinte auch ein Mitglied der *Brigate Rosse*, der Terrorist sei »eine Wette mit der Geschichte eingegangen«.[108]

Gemäß der Logik von Sieg und Niederlage, durch die sich der Terrorismus vermittelst des Erfolges nachträglich seine Legitimation zu verschaffen versucht, legitimiert er – in seiner eigenen Logik – in der Niederlage aber auch die politische Ordnung, gegen die er zu siegen nicht vermocht hat: »Die Legalität erwies sich als wirklichkeitsmächtig und damit als legitim.«[109] Diese Eingebettetheit der terroristischen Strategie in die Logik von Sieg und Niederlage zeigt zugleich aber auch, wie sehr Theoriefeindlichkeit und Voluntarismus zum Wesenskern des Terrorismus gehören. So kann es nicht verwundern, dass die deutsche Sozialdemokratie am Ende des 19. und zu Beginn des 20. Jahrhunderts, die von allen Parteien der II. Internationale der Theorie von Marx und Engels am meisten verpflichtet war, den Terrorismus als politisches Instrument am schärfsten abgelehnt hat.[110] Alle Versuche, den westdeutschen Terrorismus als Kind des Marxismus, der kritischen Theorie oder emanzipatorischen Denkens überhaupt zu begreifen,[111] haben diesen theoriefeindlich-voluntaristischen Kern des Terrorismus übersehen und stattdessen vereinzelte, eher akzidentelle ideologische Referenzen zu seinem Zentrum gemacht. Gerade den Theorien, die immer wieder für den Terrorismus verantwortlich gemacht worden sind, hat Ulrike Meinhof selbst in ihrer so genannten 1. RAF-Schrift eine Absage erteilt und die Praxis ihrer Gruppe als den Bruch mit der weiteren Debatte dieser Theorien dargestellt: »Es ist ihnen [den Linken, H. M.] peinlicher, bei einem falschen Marx-Zitat erwischt zu werden als bei einer Lüge, wenn von ihrer Praxis die Rede ist [...]. Sie fürchten sich vor dem Vorwurf der revolutionären Ungeduld mehr als vor ihrer Korrumpierung in bürgerlichen Berufen. Mit Lukács langfristig zu promovieren, ist ihnen wichtig; sich von Blanqui kurzfristig agitieren zu lassen, ist ihnen suspekt.«[112] Wenn auch pointiert formuliert, so findet die Theoriefeindschaft des Terrorismus hier doch ihren klarsten Ausdruck. Das Kapitel, in dem sich dieses Zitat findet, ist überschrieben: »Der Primat der Praxis«.

Ist gewöhnliche Kriminalität dadurch gekennzeichnet, dass die in ihrem Rahmen angewandte Gewalt im unmittelbaren, wenn auch womöglich nur vermeintlichen Interesse des Täters liegt, ohne dass dabei eine prinzipielle Veränderung der bestehenden gesellschaftlichen und politischen Ordnung angestrebt wird, und zeichnet sich die bei Revolten und Revolutionen angewandte Gewalt dadurch aus, dass die Agierenden durch sie eine Veränderung der gesellschaftlichen und politischen Ordnung anstreben, von der sie – womöglich zu Unrecht – annehmen, dass sie unmittelbar in ihrem eigenen Interesse liegt; ist schließlich die in Guerillakriegen stattfindende Gewaltanwendung nur durch Unterstützung derer möglich, deren Interessen mit dieser Strategie durchgefochten werden sollen, so ist die terroristische Strategie u. a. daran zu identifizieren, dass Gewalt angewendet wird im *unterstellten* Interesse von selbst unbeteiligten Dritten, die durch die Gewaltanwendung erst zum Handeln motiviert werden sollen. Dass diese »als interessiert unterstellten Dritten« ihre Interessen nicht selber wahrnehmen, wird von den Theoretikern des Terrorismus mit der physischen Widerstandskraft ihres Gegners oder mit ihren psychischen und kognitiven Barrieren begründet. So heißt es bei Bhagat Singh, einem der Theoretiker des indischen Terrorismus der zwanziger Jahre, mit erstaunlicher Offenheit, die Arbeiter und Bauern seien »noch passiv, dumm und ohne Stimme«, so dass die idealistische Jugend für sie in die Bresche springen müsse.[113] Auch Johann Most war davon überzeugt, dass, nur weil die meisten Menschen nicht genug Mut zur Revolution hätten, kleine Minderheiten für sie handeln müssten.[114]

Terroristische Gewalt ist somit immer – darin gleicht sie der vor- oder nachliberaler Staaten[115] – »vormundschaftliche Gewalt«. Entgegen der Auffassung von Wilkinson, der den Terrorismus von allen Formen organisierter Gewaltanwendung durch seine Amoralität unterschieden wissen will,[116] ist politischer Terrorismus als stellvertretendes Handeln für andere zunächst gerade durch seinen rigiden Moralismus zu klassifizieren. So schrieb Geronimo Casiero, der den französischen Staatspräsidenten Carnot ermordet hat, nach seiner Tat an seine Mutter: »Meine Tat habe ich gerade nur deshalb getan, weil ich überdrüssig war, eine so infame Welt zu sehen.«[117] Casieros Äußerung bestätigt ebenso wie die Biografien von Ulrike Meinhof und Gudrun Ensslin[118] die von Gottschalch geäußerte Vermutung, »daß die Anhänger der terroristischen Gruppen, die heute das politische Klima in der Bundesrepublik beunruhigen, nicht aus Mangel, sondern aus einem Überschuß an Moral Terroristen geworden sind«.[119]

Wenn Wilkinsons Charakterisierung terroristischer Gewaltanwendung als ein in höchstem Maße amoralischer Akt dennoch schwerlich jegliche Plausibilität bestritten werden kann, so bezieht sich diese nicht auf die Motivationsebene der Agierenden, sondern auf die der terroristischen Strategie eigene Aufhebung der Unterscheidung von Kombattanten und Nonkombattanten. Es ist die terroristische Strategie selbst, die den rigiden Moralismus ihrer Träger in die Amoralität ihrer Handlungen verwandelt.

Diesen »kleinbürgerlichen« Moralismus, der die politische Veränderung stellvertretend für ihre eigentlichen Nutznießer durchführen will, hatte bereits Marx in den Diskussionen nach der gescheiterten Revolution von 1848 als bürgerliche »Sentimentalität« scharf kritisiert.[120] Dem Radikaldemokraten Heinzen, der »als erster eine vollständige Doktrin des modernen Terrorismus entwickelte«,[121] hielt er dessen »moralische Entrüstung« als »Selbstgenuß« vor und nannte ihn abschätzig einen »deklamierenden Menschenretter«.[122] Marx hat sich mit dem Konzept des »stellvertretenden Handelns« und der »vormundschaftlichen Gewalt« nicht anfreunden können, da es mit den Grundlagen seines philosophisch-politischen Systems unvereinbar war.

Verschiedene Typen des »als interessiert unterstellten Dritten«

Bei den »als interessiert unterstellten Dritten« der terroristischen Strategie kann es sich um national, ethnisch oder sozialstrukturell bestimmte Zielgruppen handeln. Der »als interessiert unterstellte Dritte« kann also die eigene Nation sein, wie z.B. im Terrorismus von rechts in der Weimarer Republik seit dem Jahre 1919[123] oder wie in der Gründungsphase vieler antikolonialer Befreiungsbewegungen, in der das Bewusstsein der Eigenständigkeit der Autochthonen und das der Überwindbarkeit des als übermächtig erscheinenden Kolonialherren geschaffen werden soll;[124] er kann aber auch eine unterdrückte ethnische Gruppe innerhalb eines Staates sein, der die Terroristen selbst jedoch nicht angehören, wie dies beispielsweise bei der nur aus Weißen bestehenden amerikanischen Terroristengruppe *Weatherman* in den Jahren 1969 und 1970 der Fall war, die als Zielgruppe die schwarze Bevölkerung in den USA vor Augen hatte.[125] Dieser Dritte kann eine unterdrückte ethnische Gruppe innerhalb eines Staates sein, aus der auch die Terroristen selbst stammen, wofür die baskische Untergrundorganisation ETA ein Beispiel sein kann. Schließlich kann der »als interessiert unterstellte Dritte« eine ethnische Gruppe innerhalb eines anderen Staates sein, wie z.B. die Bewohner jener der Donaumonarchie einverleibten Teile des Balkans vor dem Ersten Weltkrieg, deren Angliederung an das serbische Königreich die *Narodna Odbrana* zum Ziel hatte. Einer der Gründe für das Attentat auf Erzherzog Franz Ferdinand, das zum Anlass des Ersten Weltkrieges wurde, war ihre Befürchtung, die vom Erzherzog betriebene liberale Nationalitätenpolitik werde Serben, Bosnier, Kroaten und andere vom Ausbrechen aus dem Verband der k. u. k. Monarchie abhalten.[126] Bei dem »als interessiert unterstellten Dritten« terroristischer Strategie kann es sich aber auch um eine unterdrückte soziale Klasse innerhalb des eigenen Landes handeln, wie dies beispielsweise die russische Bauernschaft für die *Narodnaja Volja* seit dem Jahre 1879 war oder wie es später das Subproletariat oder das Industrieproletariat für einige westeuropäische Gruppen darstellte. Schließlich kann es sich dabei auch um unterdrückte, weder staatlich, ethnisch, national oder sozial klar abgrenzbare Größen handeln, wie dies beispielsweise die Völker der Dritten Welt nach 1968 für viele terroristische Gruppen in den westlichen Industrieländern waren.

Wie das Beispiel der RAF zeigt, kann es innerhalb der terroristischen Gruppen zu Auseinandersetzungen darüber kommen, wer eigentlich der »als interessiert unterstellte Dritte« der terroristischen Aktionen ist. In den offiziellen Verlautbarungen wurden von der RAF sowohl das nationale Industrieproletariat und marginalisierte gesellschaftliche Schichten der Industriestaaten als auch die Völker der Dritten Welt als an den Aktionen der Gruppe interessiert unterstellt.[127] Während jedoch der eine theoretische Kopf der Gruppe, Horst Mahler, den Akzent vor allem auf die Völker der Dritten Welt legte und das Industrieproletariat der Bundesrepublik als »Arbeiteraristokratie« weitgehend abschrieb,[128] orientierte sich Ulrike Meinhof, der andere theoretische Kopf der Gruppe, und mit ihr die Mehrheit der RAF-Angehörigen an den im nationalen Rahmen als interessiert unterstellten Zielgruppen.[129] Diese Divergenzen haben schließlich zu tiefgreifenden Auseinandersetzungen innerhalb der Gruppe geführt.

Die verschiedenen, nach der jeweiligen Zielgruppe der Aktionen zu differenzierenden Formen des Terrorismus lassen sich in zwei großen Gruppen zusammenfassen: einerseits Formen terroristischer Gewaltanwendung, bei denen die Terroristen selbst dem »als interessiert unterstellten Dritten« angehören, und andererseits Formen, bei denen dies nicht der Fall ist. Ersteres findet sich in der Regel bei einem ethnisch oder national, Letzteres eher bei einem sozialstrukturell definierten Dritten. Offensichtlich haben dabei diejenigen Formen der terroristischen Strategie, bei denen ihre Träger und der »als interessiert unterstellte Dritte« ein und derselben Gruppe zugehörig sind, größere Erfolgsaussichten, d. h. größere Möglichkeiten zu einem erfolgversprechenden Überwechseln vom Terrorismus zum Guerillakrieg, als diejenigen, bei denen die Terroristen selbst keine Angehörigen des »als interessiert unterstellten Dritten« sind. Da nun »terroristische Bewegungen [...] sich hauptsächlich aus Mitgliedern der gebildeten Mittelschicht zusammen[setzen]«,[130] entsteht bei einer nationalen oder ethnischen Definition des »als interessiert unterstellten Dritten« seltener diese Kluft zwischen Terroristen und ihrer Zielgruppe,[131] als dies bei einer sozialstrukturellen Definition der Zielgruppe der Fall ist, bei der fast ausschließlich proletarische oder subproletarische Schichten ins Auge gefasst werden. Während terroristische Strategien bei national oder ethnisch definierten Zielgruppen in vielen Fällen erfolgreich i. S. des Überwechselns zur Guerillastrategie und in einigen Fällen sogar i. S. der Erreichung ihrer politischen Endziele (Autonomie etc.) gewesen sind, gibt es hierfür bei sozial bestimmten Zielgruppen keine Beispiele – ein Aspekt übrigens, der in den Terrorismusstudien bislang kaum systematisch untersucht worden ist, für den sich jedoch aus nahezu allen Arbeiten, die die Geschichte des Terrorismus erörtert haben,[132] Material zusammentragen lässt.

Dieser Ansatz zur Analyse terroristischer Erfolgsaussichten relativiert zugleich die auf den ersten Blick richtige Feststellung Laqueurs: »Gegen wirksame Diktaturen und besonders gegen moderne totalitäre Regime ist er [der Terrorismus, H. M.] ohne Erfolg geblieben.«[133] Denn auch in Diktaturen haben die an ethnisch definierten Zielgruppen orientierten terroristischen Gruppen insgesamt größeren Erfolg gehabt als diejenigen, die sich an sozialstrukturell definierten Zielgruppen ausgerichtet haben: Selbst die sicherlich »wirksame« Diktatur Francos konnte die ETA nicht bezwingen, geschweige denn ihre Aktionen verhindern, sondern hat durch ihre Gegenmaßnahmen viel zu der Sympathie beigetragen, die diese Gruppe unter den Basken genoß. Régis Debray hat die Auffassung vertreten, dass diese unterschiedlichen Erfolgsaussichten auch bei der Guerillastrategie vorhanden sind: »Fast sämtliche bisherigen Volkskriege scheinen ihre Energie aus der Verquickung von sozialen mit nationalen Widersprüchen geschöpft zu haben, daraus, daß es gegen Unterdrückung von außen und Ausbeutung des Menschen durch den Menschen ging.« Und: »Man darf also von revolutionären Bürgerkriegen, die auf die Initiative eines avantgardistischen Kerns hin entstanden, nicht dieselben Qualitäten und Ausmaße erwarten wie von patriotischen Widerstandskriegen.«[134] Diese Analyse der Erfolgsaussichten von Aktionen auf der Basis ihrer Differenzierung nach den anvisierten Zielgruppen deckt sich in ihren Ergebnissen mit dem Ansatz von Connor Cruise O'Brian, der auf der Basis der angestrebten Ziele terroristischer Strategien zwei Typen von Terrorismus unterschieden hat. Den einen, der die völlige Überwindung aller Unterdrückung und Not anstrebt und den er als »millenuarian« bezeichnet, und den anderen, der die begrenzte oder vollständige Autonomie bestimmter Regionen zum Ziel hat und den er »secessionist-irredentist« nennt.[135] Aufgrund der bei dem sezessionistisch-irredentistischen Terrorismus – wenn auch eingeschränkt – vorhandenen politischen Kompromissfähigkeit,[136] die dem millenarischen Terrorismus völlig abgeht, spricht er dem Ersteren auch größere Aussichten auf Erreichung seiner Ziele zu als dem Letzteren. Es ist gerade diese politische Kompromissunfähigkeit, die Günter Maschke der castristisch-guevaristischen Guerilladoktrin als ihre entscheidende Bornierung vorgehalten und auf die er ihr Scheitern auf dem lateinamerikanischen Kontinent zurückgeführt hat.[137] Leider sind diese unterschiedlichen Erfolgsaussichten terroristischer Strategien in der Literatur kaum analysiert worden. Allzu oft haben sich stattdessen die Autoren auf die Versicherung ihres moralischen Abscheus beschränkt.

Die Unterstützung von außen

Zweifellos wachsen die Erfolgsaussichten terroristischer Strategien (wie sicherlich auch der Guerillastrategie) in dem Maße, in dem sie sich nicht nur auf einen »als interessiert unterstellten Dritten« berufen, sondern sich auch der Unterstützung eines auswärtigen Staates, von Rolf Schroers und Carl Schmitt unter dem Begriff des »interessierten Dritten« abgehandelt, sicher wissen. Massive Hilfeleistungen eines auswärtigen Staates vermögen kurzfristig einige der Funktionen zu übernehmen, die in der Guerillastrategie der Unterstützung durch die Bevölkerung zukommen. Sie können u.a. den Insurgenten ermöglichen, einen Guerillakrieg zu führen, wiewohl sie dazu aus eigener Kraft eigentlich nicht in der Lage wären. Das Territorium des auswärtigen Staates stellt dann die Landbasis dar, die für Guerilaoperationen unverzichtbar ist[138] und die in dem umkämpften Gebiet zu erobern den Aufständischen und Revolutionären jedoch – noch? – die Unterstützung der Bevölkerung fehlt. Jüngere Beispiele für diese Funktion des »interessierten Dritten« sind die Unterstützungen, die Honduras den Sandinisten in Nicaragua in ihrem Kampf gegen den Diktator Somoza zukommen ließ, die Unterstützung der so genannten afrikanischen Frontstaaten für die verschiedenen Befreiungsbewegungen von Zimbabwe, die gegen das Regime der weißen Siedler kämpften, die Hilfe, die Tansania gegen Idi Amin kämpfenden Exilugandern gewährte, schließlich auch die Unterstützung Pakistans und anderer für die afghanischen Partisanen. So wie die Erfolgsaussichten gewaltsamer Strategien durch das Vorhandensein eines »interessierten Dritten« deutlich steigen, so wird durch die Art seines Eingreifens auch die Guerillastrategie modifiziert: Nur die massive Unterstützung der arabischen Insurgenten durch England ermöglichte Lawrence of Arabia im Gegensatz zu Mao Tse-tung und Guevara auf die Entscheidungsschlacht zu verzichten, denn er wusste, dass diese Entscheidungsschlacht von der englischen Armee in Palästina gegen die Heere des Osmanischen Reichs geschlagen wurde.[139]

Die Unterstützung durch den mächtigen »interessierten Dritten« bringt die Aufständischen freilich in die nicht abzuleugnende Gefahr, zunehmend die eigenen politischen Ziele zugunsten der damit in den seltensten Fällen völlig deckungsgleichen Vorhaben ihres mächtigen Verbündeten zurückstellen zu müssen. Dies belegt vor allem das politische Schicksal der Araber nach dem englischen Sieg über das Osmanische Reich. Dies kann schließlich sogar dazu führen, dass die Insurgenten und Revolutionäre zu einem Instrument zwischenstaatlicher Konfliktaustragung auf der Ebene der »low level violence« werden.[140] Carl Schmitt hat in der Entwicklung aller Guerillakriege nach 1932, dem Beginn des chinesisch-japanischen Krieges, »zwei entgegengesetzte Vorgänge« am Werk gesehen: »einmal ein autochthoner, in seinem Wesen defensiver Widerstand [...] und dann die Unterstützung und Steuerung eines solchen Widerstandes durch interessierte dritte, weltaggressive Mächte«.[141] Schmitt hat dabei jedoch das, was der Möglichkeit nach in der Entwicklung von durch »interessierte Dritte« unterstützten Guerillakriegen angelegt ist, unzulässigerweise zum gesetzmäßigen Kern aller modernen Guerillakriege erhoben. Dass dies in dieser Allgemeinheit eben gerade nicht zutrifft, hat die US-Außenpolitik, die hinter allen autochthonen Aktionen gegen US-Interessen immer nur die Handlungen der Sowjetunion vermutete, in den sechziger und siebziger Jahren immer wieder schmerzlich erfahren.

Findet hingegen die Überformung der eigenen Interessen der Guerilleros durch die des »interessierten Dritten« statt, so ist Schmitts Charakterisierung der dann für die Insurgenten entstandenen Situation zutreffend: »Der Partisan hört dann auf, wesentlich defensiv zu sein. Er wird zu einem manipulierten Werkzeug weltrevolutionärer Aggressivität. Er wird einfach verheizt und um alles das betrogen, wofür er den Kampf aufnahm und worin der tellurische Charakter, die Legitimität seiner partisanischen Irregularität, verwurzelt war.«[142]

Strategische Sackgassen des Terrorismus

Innerhalb der terroristischen Strategie lauern mehrere Sackgassen: ganz allgemein besteht – und das betrifft alle revolutionären Strategien, die ihre Ziele durch die Anwendung von Gewalt zu erreichen versuchen – die Gefahr der Korrumpierung der Zwecke durch die Mittel, bei der durch die Anwendung bestimmter Mittel die Erreichung bestimmter politischer Ziele in immer größere Ferne geschoben wird. Marx hat die moralische Dimension dieses Problems in aller Deutlichkeit gesehen: »Der Zweck heiligt die Mittel. Aber ein Zweck, der unheiliger Mittel bedarf, ist kein heiliger Zweck.«[143] Die politische Dimension dieses Problems ist dort zu suchen, wo die nichtintendierten Folgen der Gewaltanwendung ihre intendierten Folgen überwuchern; diese nichtintendierten Folgen aber schlagen regelmäßig auf die politischen Ziele durch.

Die Strategie des Terrorismus wird in doppelter Weise von der Überwucherung der intendierten durch die nichtintendierten Folgen der Gewaltanwendung bedroht: von ihren kleinbürgerlich-moralischen Handlungsantrieben her, die in ihrer ausschließlich gesinnungsethischen (und nicht verantwortungsethischen im Sinne der Unterscheidung Max Webers[144]) Dimension mögliche Nebenfolgen des Handelns gerade nicht ins Kalkül einbeziehen; zum anderen aber von der spezifischen Logik der terroristischen Strategie selbst her, die primär die psychischen Folgen der Gewaltanwendung intendiert, ohne doch die physischen vermeiden zu können. Dies zeigt sich vor allem in der terroristischen Aktionsform der Geiselnahme, die nicht nicht durch ihre – gerade angestrebte – Publizität ein Gefühl allgemeiner Betroffenheit verbreitet, sondern auch zur Durchsetzung der aufgestellten Forderungen den Adressaten der Forderungen, der mit dem anvisierten Gegner nicht identisch sein muss, in eine Solidaritätsgemeinschaft mit der Geisel zwingt.[145] Kommt diese Solidaritätsgemeinschaft zur Rettung des Lebens der Geisel, die in vielen Fällen gar nicht im Interesse der Geiselnehmer liegen kann, jedoch nicht zustande, so ist die Geisel zur Durchsetzung der aufgestellten Forderungen wertlos geworden. Ihr einziger Wert liegt für die Geiselnehmer nunmehr nur noch darin, dass sie durch ihre Ermordung die Ernsthaftigkeit ihrer Absichten und Drohungen beweisen.[146]

Ähnliches gilt auch für Bombenanschläge und die mit ihnen zumeist verbundene Aufhebung der Unterscheidung von Kombattanten und Nonkombattanten.[147] Diese Anschläge tendieren, wie Fromkin gezeigt hat, dazu, »Terroristen als Feinde des Volkes und nicht lediglich als Feinde der Regierung erscheinen zu lassen«.[148]

Die für die terroristische Strategie typische Sackgasse besteht freilich vor allem darin, dass sich der »als interessiert unterstellte Dritte« als solcher verweigert und Desinteresse oder Ablehnung, darin womöglich durch terroristische Aktionen noch bestärkt, gegenüber den Terrorgruppen bekundet, wie dies die russische Bauernschaft gegenüber den Narodniki Ende des vergangenen Jahrhunderts oder die westeuropäische Arbeiterschaft Anfang der siebziger Jahre gegenüber den verschiedenen terroristischen Gruppen getan hat. Terroristische Strategien stehen in der ständigen Gefahr, dass nach dieser Verweigerung – analog zum Überwuchern der intendierten durch die nichtintendierte Folgen der Gewaltanwendung – den Absichten der terroristischen Strategie völlig fremde Nutznießer auftauchen. Dies können in autoritären Regimen die herrschenden Gruppen selber sein, die die entstandene Abneigung gegen die Terroristen zur Diskreditierung jeglicher Fundamentalopposition gegen ihr Regime nützen, wie dies Bismarck im Jahre 1878 mit den Attentaten auf Kaiser Wilhelm I. tat, die er dazu benutzte, um im Reichstag eine Mehrheit für das Sozialistengesetz zu bekommen. Von den Ergebnissen her, wenn auch nicht der Absicht nach, wurde Bismarck zum »interessierten Dritten« dieser Attentate. Deutlichster Ausdruck dieses gelegentlichen Interesses autoritärer Regime an terroristischen Aktionen ist der Agent provocateur.[149] In ihm ist das *objektive* Interesse an bestimmten Handlungen zum *subjektiven* geworden.

Ebenso können in Militärdiktaturen die Militärs selbst die Nutznießer und tatsächlich Interessierten terroristischer Aktionen sein, aus denen sie die Legitimation für die ihrem Herrschaftssystem eigenen beständigen Verfassungsbrüche beziehen, wie dies beispielsweise in Uruguay der Fall war.[150] In Demokratien parlamentarischen Musters wiederum werden eher die konservativen und reaktionären Parteien zum objektiven Nutznießer terroristischer Aktionen, indem sie diese als Vorwand benutzen, um Liberalisierungs- und Emanzipationsprozesse zu stoppen. Zumindest für den an sozial definierten Zielgruppen orientierten Terrorismus trifft daher Iring Fetschers Feststellung zu, »daß Terrorismus in der Geschichte nie im Dienste von Freiheit und sozialem Fortschritt stand, sondern faktisch noch stets der Reaktion gedient hat«.[151] In den seltensten Fällen ist es der terroristischen Strategie gelungen, den »als interessiert unterstellten Dritten« in einen tatsächlich Interessierten zu verwandeln. Stattdessen ist – begünstigt durch die skizzierten Paradoxien terroristischer Strategien – häufig ein »interessierter Dritter« aufgetaucht, der der anvisierten Zielgruppe diametral entgegengesetzt war.

Eine weitere spezifische Sackgasse terroristischer Strategie liegt in der Inversion von Terroristen und dem »als interessiert unterstellten Dritten«, wie dies gerade bei der RAF nach dem Jahre 1972 der Fall gewesen ist, als die meisten Aktionen der Gruppe nicht mehr den »als interessiert unterstellten Dritten«, sondern nur noch die Stabilisierung der eigenen Gruppe und die Befreiung inhaftierter Mitglieder zum Ziel hatten. Erstmals zeigte sich dies bereits bei der Verteilung der Beute aus den Banküberfällen im Herbst 1970: Zunächst als finanzielle Unterstützung für »inhaftierte Genossen« vorgesehen,[152] wurde das gesamte Geld, über 200 000 DM, für die Logistik der eigenen Gruppe verbraucht. Vor allem wurde dies aber dann in den nach der Schleyer-Entführung gestellten Forderungen deutlich, deren Nutznießer nicht etwa die Befreiungsbewegungen der Dritten Welt oder westdeutsche Arbeitslose etc. waren, sondern allein und ausschließlich inhaftierte Gruppenmitglieder. Diese Angleichung von Terrorist und dem »als interessiert unterstellten Dritten« führt sukzessive zum Verlust der politischen Legitimation, die an diesen Dritten geknüpft war, und zur Identifizierung terroristischer Aktionen mit bloß »kriminellen« Handlungen. Immer mehr wandelte sich im öffentlichen Bewusstsein die »Gruppe« zur »Bande«, nachdem der »als interessiert unterstellte Dritte« kaum noch erkennbar war und eigentlich nur noch im Interesse der eigenen Selbsterhaltung agiert wurde.

Die Angleichung von Terrorist und Drittem, die der Anfang vom Ende der Gruppe ist, resultiert jedoch nicht aus einer beliebig revidierbaren Entscheidung der Terroristen, sondern ist die notwendige Folge der langfristigen logistischen Probleme terroristischer Strategie. Debray hat dies als einer der wenigen Autoren klar erkannt: »Wenn der Kampfapparat dann weniger gegen den Feind als für die eigene Bevorratung mit Geld, Fahrzeugen und Papieren eingesetzt wird, tritt auch die bewaffnete Agitation in den Hintergrund, und die Massen erkennen in den Aktivitäten solcher Gruppen ihre eigenen Interessen nicht wieder.«[153] In der Angleichung von Terrorist und Drittem wird der vorausgeeilte idealistische Avantgardismus der terroristischen Gruppen von dem materiellen Fundament aller Strategien, von der »Etappe«, eingeholt – und zerstört.

1 Nachdruck eines 1981 erstmals veröffentlichten, 1992 erneut erschienenen Aufsatzes in: Herfried Münkler, Gewalt und Ordnung. Das Bild des Krieges im politischen Denken, Frankfurt am Main 1992, S. 142–175. Die Zitierweise wurde angepasst.
2 Frank Kitson, Im Vorfeld des Krieges, Stuttgart 1974, S. 17.
3 Peter Lösche, Terrorismus und Anarchismus. Internationale und historische Aspekte, in: Manfred Funke (Hg.), Extremismus im demokratischen Rechtsstaat, Bonn 1977, S. 82.
4 Walter Laqueur, Terrorismus, Kronberg/Ts. 1977, S. 7.
5 Wolf Middendorff, Der politische Mord. Ein Beitrag zur historischen Kriminologie, Wiesbaden 1968, S. 32f.; Middendorffs historisch interessante Monografie über den politischen Mord von Charlotte Corday bis zur Unabhängigkeit Israels bleibt hinsichtlich der Differenzierung des jeweiligen Status dieser Morde indifferent. Dies gilt auch für die vom selben Autor verfasste Studie: Menschenraub, Flugzeugentführungen, Geiselnahmen, Kidnapping. Historische und moderne Erscheinungsformen, Bielefeld 1972. Auch die ältere Arbeit von Paul Liman (Der politische Mord im Wandel der Geschichte) hat ihren Wert mehr in ihrem Materialreichtum als in der begrifflich-systematischen Durchdringung des dargebotenen Stoffes; das gilt auch für die neueren Arbeiten von Wolfgang Plat, Attentate. Eine Sozialgeschichte des politischen Mordes, Düsseldorf/Wien 1982, und Franklin L. Ford, Der politische Mord. Von der Antike bis zur Gegenwart, Hamburg 1990.
6 John Dugard, International Terrorism: Problems of Definition, in: *International Affairs*, Nr. 1, Jan. 1974, S. 68ff.
7 Alex Meyer, Der Begriff »Terrorismus« im Lichte der Erörterungen auf dem fünften Kongreß der Vereinten Nationen betr. die Verhütung von Verbrechen und die Behandlung von Verbrechern in Genf, 1. bis 12. Sept. 1975, in: *Zeitschrift für Luft- und Weltraumrecht*, Bd. 25, 1976, Heft 3, S. 226.

8   Ebenda.
9   Dugard, International Terrorism, S. 78f.
10 Karl Markus Kreis, »Der internationale Terrorismus«, in: Manfred Funke (Hg.), Terrorismus. Untersuchungen zur Strategie und Struktur revolutionärer Gewaltpolitik, Bonn 1977, S. 159.
11 Werner Hahlweg, Moderner Guerillakrieg und Terrorismus. Probleme und Aspekte ihrer theoretischen Grundlagen als Widerspiegelung der Praxis, in: Manfred Funke, Terrorismus, ebenda, S. 137.
12 Werner Hahlweg, Theoretische Grundlagen der modernen Guerilla und des Terrorismus, in: Rolf Tophoven (Hg.), Politik durch Gewalt, Bonn 1976.
13 André Beaufre, Die Revolutionierung des Kriegsbildes, Stuttgart o.J., S. 56f.
14 Ebenda, S. 108.
15 Gerd Langguth, Guerilla und Terror als linksextremistische Kampfmittel, in: Manfred Funke (Hg.), Extremismus im demokratischen Rechtsstaat, S. 96.
16 Ebenda, S. 94.
17 Franz Wördemann, Terrorismus. Motive, Täter, Strategien. München/Zürich 1977, S. 27.
18 Während sich Wördemann vorwiegend auf die Formen des Terrorismus nach dem Zweiten Weltkrieg beschränkt, greift Laqueur bis auf den Terrorismus der Narodniki zurück.
19 Walter Laqueur, Terrorismus, S. 6.
20 Rolf Tophoven, Der internationale Terrorismus. Herausforderung und Abwehr, in: Manfred Funke (Hg.), Terrorismus. Untersuchungen zur Strategie und Struktur revolutionärer Gewaltpolitik, S. 241.
21 Gaston Bouthoul, Definitions of Terrorism, in: David Carlton/Carlo Schaerf (Hg.), International Terrorism and World Security, London 1975, S. 51.
22 Richard Clutterbuck, Terrorismus ohne Chance. Analyse und Bekämpfung eines internationalen Phänomens, Stuttgart 1975, S. 141.
23 Eric J. Hobsbawm, Die Banditen, Frankfurt am Main 1972, S. 10; vgl. ders., Sozialrebellen. Archaische Sozialbewegungen im 19. und 20. Jahrhundert, Neuwied/West-Berlin 1962, S. 27ff.; dazu auch Alto Loibl, Revolution, Rache, Raub – Zur Abgrenzung von Partisanen, Sozialrebellen und Banditen, in: Herfried Münkler, Der Partisan, Opladen 1990, S. 276–291.
24 Fritz René Allemann, Macht und Ohnmacht der Guerilla, München 1974, S. 21 und 254.
25 Die beste Arbeit zur Entwicklung und Ideologie des italienischen Terrorismus ist das Buch von Alessandro Silj, *Mai pix senza futile,* Florenz 1977; dazu auch Herfried Münkler, Legitimationen politischer Gewalt, S. 223ff.; zu Lateinamerika vgl. jetzt: Alain Hertoghe/Alain Labrousse, Die Koksguerilla. Der Leuchtende Pfad in Peru, Berlin 1990, S. 11ff., 187ff.
26 Mao Tse-tung, Theorie des Guerillakrieges oder Strategie der Dritten Welt, Reinbek 1966, S. 53.
27 Ernesto Che Guevara, Der Partisanenkrieg, (Ost-)Berlin 1962, S. 14.
28 Ernesto Che Guevara, Episoden aus dem Revolutionskrieg, Frankfurt am Main 1979, S. 136, 142, 191.
29 Carlos Marighella, Handbuch des Stadtguerilleros, in: Alves/Detrez/Marighella, Zerschlagt die Wohlstandsinseln der Dritten Welt, Reinbek 1971, S. 41.
30 Ebenda, S. 64.
31 Clutterbuck, Terrorismus ohne Chance, S. 19.
32 Emilio Lussu, Theorie des Aufstandes, Wien 1969, S. 116.

33 Ebenda, S. 115.
34 Paul Wilkinson, Political Terrorism, London 1974, S. 12.
35 Antonio Tellez, Sabat. Stadtguerilla in Spanien nach dem Bürgerkrieg 1945–1960, München 1974, S. 112.
36 Victor Marchetti/John D. Marks, CIA, München 1977, S. 309.
37 J. B. S. Hardman, Terrorism, in: Encyclopaedia of Social Sciences; vol. 13/14, New York 1957 (11. repr.), S. 576.
38 Hier sind vor allem zu nennen: Der Baader-Meinhof-Report. Dokumente – Analysen – Zusammenhänge, Mainz 1972, ein nur als tendenziös zu bezeichnendes Machwerk, das mehr von dem Intellektuellenhass als von der Sorgfalt seiner Herausgeber gekennzeichnet ist; dagegen beschränkt sich der von Reinhard Rauball herausgegebene Band Die Baader-Meinhof-Gruppe, West-Berlin/New York 1973, im Wesentlichen auf dokumentarisches Material. Jillian Beckers Buch: Hitlers Kinder? Der Baader-Meinhof-Terrorismus, Frankfurt am Main 1978, bietet, von der These einer Affinität zwischen Nationalsozialismus und RAF einmal abgesehen, eine interessante und mit großer Sachkenntnis geschriebene Darstellung der Geschichte der RAF; dies gilt auch von der Arbeit von Thomas Meyer, Am Ende der Gewalt? Der deutsche Terrorismus – Protokoll eines Jahrzehnts, Frankfurt am Main/West-Berlin/Wien, in dem neben der RAF auch die *Bewegung 2. Juni* und die *Revolutionären Zellen* kurz dargestellt werden.
39 Horst Mahler, Die revolutionäre Linke ist kriminell, in: Bewaffneter Kampf – Texte der RAF. Auseinandersetzung und Kritik, Utrecht 1973, S. 175.
40 Ulrike Meinhof, Die Massen und der Konsum, hektograf. Broschüre, S. 9.
41 Wohl am weitesten in der Einebnung der Differenzen zwischen kriminell und politisch motivierten Handlungen geht das »Provisorische Kampfprogramm für den Kampf um die politischen Rechte der gefangenen Arbeiter«, das im Herbst 1974 als hektografierte Broschüre verbreitet worden ist.
42 Immanuel Kant, Grundlegung zur Metaphysik der Sitten, in: ders., Werke, Bd. 6, hrsg. von Wilhelm Weischedel, Darmstadt 1964, S. 52f.
43 David Fromkin, Die Strategie des Terrorismus, in: Manfred Funke (Hg.), Terrorismus. Untersuchungen zur Strategie und Struktur revolutionärer Gewaltpolitik, S. 159.
44 T. E. Lawrence, Die sieben Säulen der Weisheit, München 1978, S. 215f.; zu Lawrence jetzt auch Ulrich Habfast, T. E. Lawrence. Guerilla-Kämpfer und Geheimagent, in: Herfried Münkler (Hg.), Der Partisan, S. 341–361.
45 Lawrence nennt drei Prinzipien seiner Kriegführung: »Erstens, daß irreguläre Truppen keine festen Plätze angreifen könnten und daher nicht imstande wären, Entscheidungen zu erzwingen. Zweitens, daß sie, ebenso wie zum Angriff, auch zur Verteidigung von Stellungen oder einzelnen Punkten ungeeignet wären. Drittens, daß der Wert irregulärer Truppen nicht auf der Stoßkraft ihrer Front, sondern auf ihrer weiten Tiefenausdehnung beruhe« (ebenda, S. 258).
46 Mao Tse-tung, Theorie des Guerillakrieges, S. 74, dazu auch Antje Schrupp, Die Partisanentheorie Mao Tse-tungs, in: Herfried Münkler (Hg.), Der Partisan, S. 98–115.
47 Guevara, Der Partisanenkrieg, S. 85; ebenso ders., Partisanenkrieg – eine Methode, München 1968, S. 19f.; dazu Andreas Wolf, Che Guevara. Die Strategie des »foco« und ihr Scheitern in Bolivien, in: Herfried Münkler (Hg.), Der Partisan, S. 116–127.
48 Außer bei Fromkin findet sich diese Definition terroristischer Strategie auch bei Manfred Funke, Terrorismus – Ermittlungsversuch zu einer Herausforderung, in: ders. (Hg.), Terrorismus, S. 15f.
49 Walter Laqueur, Interpretationen des Terrorismus: Fakten, Fiktionen und politische Wissenschaft, in: Manfred Funke (Hg.), Terrorismus, S. 51.
50 Ebenda, S. 80.

51 Max Weber, Wirtschaft und Gesellschaft, Tübingen 1972, S. 11.
52 Chalmers Johnson, Revolutionstheorie, Köln/West-Berlin 1971, S. 22.
53 Fromkin, Die Strategie des Terrorismus, S. 93.
54 Kollektiv RAF (i. e. Horst Mahler), Über den bewaffneten Kampf in Westeuropa, West-Berlin 1971, S. 34.
55 Ulrike Meinhof, Rede im Baader-Befreiungsprozeß 13. 9. 1974, in: texte: der RAF, Lund 1977, S. 72.
56 Dazu Wolf Middendorff, Der politische Mord, S. 38f.
57 Rolf Schroers, Der Partisan. Ein Beitrag zur politischen Anthropologie, Köln/West-Berlin 1961, S. 192. Zweifellos ist der antike und spätmittelalterliche Tyrannenmord, auch wenn ihm nicht die Machtübernahme durch die Attentäter folgte, nicht als Terrorismus zu bezeichnen, da hier das Interesse an der Tötung einer bestimmten Person dominierte (dazu vor allem Wilkinson, Political Terrorism, London 1974, S. 20). Zugleich ist aber die Kluft unübersehbar, die in der römischen Geschichte den ersten vom zweiten Brutus trennt: Begründete das Handeln des ersten die römische Republik, so war die Tat des zweiten, historisch gesehen, nur noch ein heroischer Irrtum. Das Ende der Republik vermochte der Caesar-Mörder Brutus nicht zu verhindern (dazu Liman, Der politische Mord im Wandel der Geschichte, Berlin 1912, S. 145f.).
58 Raymond Aron, Frieden und Krieg. Eine Theorie der Staatenwelt, Frankfurt am Main 1986, S. 205.
59 Manfred Funke, Terrorismus – Ermittlungsversuch zu einer Herausforderung, S. 15.
60 Guevara, Der Partisanenkrieg, S. 104.
61 Wördemann, Terrorismus, S. 15.
62 Andreas Baader, masch.-schriftl. Zellenzirkular, abgedruckt in: Dokumentation über Aktivitäten anarchistischer Gewaltverbrecher (hrsg. vom Bundesministerium des Innern), Bonn 1975; mit »aktion gegen Buddeberg« ist der Sprengstoffanschlag auf den gegen die RAF ermittelnden Bundesrichter Buddeberg am 16. Mai 1972 gemeint, bei dem dessen Frau schwer verletzt wurde; mit »aktionen nach dem dilettantischen und unentschlossenen muster witter« tätliche Angriffe auf den im Rahmen von Prozessen gegen inhaftierte RAF-Angehörige tätigen Psychiater Bernhard Witter.
63 Sepp Binder, Terrorismus, Bonn 1978, S. 56.
64 David Fromkin, Die Strategie des Terrorismus, in: Manfred Funke (Hg.), Terrorismus, S. 94.
65 Wilkinson, Political Terrorism, S. 14.
66 Wördemann, Terrorismus, S. 98.
67 Carl Schmitt, Theorie des Partisanen. Zwischenbemerkung zum Begriff des Politischen, West-Berlin 1963, S. 56f.
68 Wohl erheblich mehr als Theorie und Praxis des Guerillakrieges dürfte die – von Europa ausgehende – Entwicklung der modernen Kriegstechnologie zur Suspendierung der Unterscheidung von Kombattant und Nonkombattant beigetragen haben. Weniger die Guerillatheorie als der Bombenkrieg hat diese Unterscheidung hier obsolet gemacht.
69 Dazu Arthur Holitscher, Ravachol und die Pariser Anarchisten, Frankfurt am Main o.J., S. 61.
70 Dazu Harald Irnberger, Die Terrormultis, München 1976, S. 9ff.; bei Irnbergers Buch handelt es sich um ein journalistisches Protokoll des internationalen Terrorismus in den letzten zehn Jahren; insgesamt ist die Arbeit besser, als der sensationelle Titel befürchten lässt.
71 Zit. n. Wördemann, Terrorismus, S. 140.

72 Zit. n. Tophoven, Die Palästinenser und das Netz des internationalen Terrors, in: Manfred Funke (Hg.), Terrorismus, S. 200.
73 Horst Mahler, Erklärung zum Prozeßbeginn, in: Bewaffneter Kampf – Texte der RAF, S. 194.
74 Hans-Jürgen Müller-Borchert, Guerilla im Industriestaat. Ziele, Ansatzpunkte und Erfolgsaussichten, Hamburg 1973, S. 12.
75 Guevara, Der Partisanenkrieg, S. 27.
76 Clea Silva, Die Irrtümer der Focustheorie, in: Leo Huberman u.a., Focus und Freiraum: Debray, Brasilien, Linke in den Metropolen, West-Berlin 1970, S. 30.
77 Régis Debray, Revolution in der Revolution? Bewaffneter Kampf und politischer Kampf in Lateinamerika, München 1967, S. 78.
78 Ebenda.
79 Marighella, Handbuch des Stadtguerilleros, S. 72.
80 Es sollte freilich nicht unterschlagen werden, dass Marighella den städtischen Terrorismus immer nur als Vorbereitung einer effektiven Landguerilla, also als Initiationsphase, angesehen hat (dazu Márcio M. Alves, Zerschlagt die Wohlstandsinseln der Dritten Welt?, in: Alves/Detrez/Marighella, Zerschlagt die Wohlstandsinseln der Dritten Welt, Reinbek 1971, S. 20).
81 Fritz René Allemann, Macht und Ohnmacht der Guerilla, S. 283.
82 Werner Hahlweg, Moderner Guerillakrieg und Terrorismus. Probleme und Aspekte ihrer theoretischen Grundlagen als Widerspiegelung der Praxis, in: Manfred Funke (Hg.), Terrorismus, S. 118f.; Müller-Borchert, Guerilla im Industriestaat; Bernd Guggenberger, Guerilla in Deutschland? Schwierigkeiten und Gefahren in der Demokratie, in: *Die politische Meinung*, Jg. 21, 1976, Heft 166, S. 58ff.
83 Wördemann, Terrorismus, S. 101f.
84 Irnberger, Die Terrormultis, S. 152.
85 Guevara, Partisanenkrieg – eine Methode, S. 21.
86 Wördemann, Terrorismus, S. 58.
87 Laqueur, Terrorismus, S. 138.
88 Fromkin, Die Strategie des Terrorismus, S. 91.
89 Guevara, Partisanenkrieg – eine Methode, S. 2.
90 Mao Tse-tung, Theorie des Guerillakrieges, S. 67.
91 Debray, Revolution in der Revolution?, S. 48.
92 Müller-Borchert, Guerilla im Industriestaat, S. 23.
93 Régis Debray, Kritik der Waffen. Wohin geht die Revolution in Lateinamerika?, Reinbek 1975, S. 68.
94 Allemann, Macht und Ohnmacht der Guerilla, S. 224ff.
95 Martha C. Hutchinson, The Concept of Revolutionary Terrorism, in: Journal of Conflict Resolution, Bd. XVI, Nr. 3, o. O. 1972, S. 394.
96 Fromkin, Die Strategie des Terrorismus, S. 86.
97 Laqueur, Terrorismus, S. 78.
98 John Dunn, Moderne Revolutionen. Analyse eines politischen Phänomens, Stuttgart 1974, S. 138 und 156.
99 Aron, Frieden und Krieg, S. 205; ebenso Wilkinson, Political Terrorism, S. 97.
100 Fromkin, Die Strategie des Terrorismus, S. 91.
101 Dazu insbes. Dunn, Moderne Revolutionen, S. 138ff.; Aron, Frieden und Krieg, sowie Brian Crozier, Die Rebellen. Anatomie eines Aufstandes, München 1971, S. 10ff.
102 Fromkin, Die Strategie des Terrorismus, S. 98.
103 Ze'ev Iviansky, Individual Terror: Concept und Typology, in: *Journal of Contemporary History*, Bd. XII, 1977, S. 52.

104 Schroers, Der Partisan, S. 272.
105 Schmitt, Theorie des Partisanen, S. 78.
106 Auch in Carl Schmitts »Theorie des Partisanen« fungiert der »interessierte Dritte« als die vor dem Absinken in die Kriminalität bewahrende Instanz, indem sie »die Art politischer Anerkennung verschafft, deren der irregulär kämpfende Partisan bedarf, um nicht wie die Räuber und der Pirat ins Unpolitische, das bedeutet hier: ins Kriminelle ›abzusinken‹« (ebenda, S. 78); vgl. hierzu auch die Beiträge von Hans Grünberger, Marcus Llanque und Joachim-Klaus Ronneberger in Herfried Münkler (Hg.), Der Partisan, S. 42–95.
107 Ulrike Meinhof, »Natürlich kann geschossen werden«, in: *Der Spiegel* vom 16. Juni 1970, 24. Jg., Nr. 25, S. 75.
108 Interview mit den *Brigate Rosse,* in: *L'Espresso,* Rom, Nr. 20, 1974.
109 Schroers, Der Partisan, S. 234.
110 Dazu Helga Grebing, Arbeiterbewegung und Gewalt, in: *Gewerkschaftliche Monatshefte*, Nr. 2, 1978, S. 65 ff.; die scharfe Ablehnung des Terrorismus als Instrument politischer Veränderung findet sich auch in August Bebels Rede vom 2. November 1898, die wieder abgedruckt ist bei Iring Fetscher, Terrorismus und Reaktion, Köln / Frankfurt am Main 1977, S. 123 ff.
111 Als die in ihrer Beweisführung bedenkenlosesten und am wenigsten mit den von der RAF verfassten Texten vertrauten Beiträge sind das Referat von Ernst Topitsch auf dem CDU-Kongress über Terrorismus (Die Masken des Bösen, in: Der Weg in die Gewalt. Geistige und gesellschaftliche Ursachen des Terrorismus und seine Folgen, hrsg. von Heiner Geißler, München/Wien 1978, S. 80 ff.) und das Buch von Martin Rock, Anarchismus und Terror. Ursprünge und Strategien, Trier 1977, zu nennen.
112 Ulrike Meinhof, Das Konzept Stadtguerilla, in: texte: der RAF, S. 251.
113 Zit. n. Laqueur, Terrorismus, S. 45.
114 Ebenda, S. 54.
115 Robert Spaemann, Moral und Gewalt, in: Manfred Riedel (Hg.), Rehabilitierung der praktischen Philosophie, Freiburg 1972, S. 221.
116 Wilkinson, Political Terrorism, S. 16.
117 Zit. n. Middendorff, Der politische Mord, S. 108.
118 Dazu vor allem Becker, Hitlers Kinder?, S. 55 ff. und 93 ff.
119 Wilfried Gottschalch, Antidemokratische Dispositionen in der Gegenwart, in: Brüggemann u. a., Über den Mangel an politischer Kultur in Deutschland, West-Berlin 1978, S. 24; in demselben Sinne auch Iring Fetscher, Probleme des Terrorismus, in: Andreas Boudis (Hg.), Richte unsere Füße auf den Weg des Friedens, Helmut Gollwitzer zum 70. Geburtstag, München 1979, S. 194, sowie Ernest Borneman, Der Staat, die Herrscher und der Terror. Semantische Notizen eines alten Sozialisten, in: *Frankfurter Hefte,* 1975, 30. Jg., Nr. 10, S. 29.
120 Iring Fetscher, Zum Problem der Ethik im Lichte der Marxschen Geschichtstheorie, in: G. G. Grau (Hg.), Probleme der Ethik, Freiburg/München 1972, S. 16.
121 Laqueur, Terrorismus, S. 26f.
122 Zit. n. Fetscher, Problem der Ethik, S. 40f.
123 Dazu die aufschlussreiche Legitimation, die Ernst von Salomon, einer der Rathenau-Attentäter, für sein Handeln gegeben hat: »Denn was die in Berlin taten, so dachten wir, das taten sie nicht unbedingt, es war ihnen Deutschland nicht der zentrale Wert, wie uns, da wir sagten: wir sind Deutschland.« Ernst von Salomon, Die Geächteten, Reinbek 1962, S. 111 f.
124 Frantz Fanon, Die Verdammten dieser Erde, Reinbek 1969, S. 66.
125 Harold Jacobs (Hg.), Weatherman, San Francisco 1970.

126 Middendorff, Der politische Mord, S. 23.
127 Dazu der »brief von andreas an die gefangenen«, in: texte: der RAF, S. 182.
128 Horst Mahler, Erklärung zum Prozeßbeginn, in: Bewaffneter Kampf, S. 184 ff., sowie das vom selben Autor stammende Papier: Erstens existieren Widersprüche ..., masch.schriftl. Zirkular, S. 17 ff.
129 Ulrike Meinhof, Die Masse und der Konsum; hierzu ausführlicher Fetscher/Münkler/Ludwig, Ideologien der Terroristen in der Bundesrepublik Deutschland, in: Fetscher/Rohrmoser, Ideologien und Strategien. Analysen zum Terrorismus, Opladen 1981, S. 71 ff.
130 Laqueur, Terrorismus, S. 78.
131 Es kommt hinzu, dass sich »die nationalistisch-separatistischen terroristischen Gruppen [...] immer aus jungen Leuten mit niedrigerem sozialen Hintergrund zusammengesetzt [haben] als die sozialistisch-revolutionären Gruppen« (ebenda, S. 119).
132 Wördemann, Terrorismus; Irnberger, Die Terrormultis; Clutterbuck, Terrorismus ohne Chance; sowie J. Bowyer Bell, A Time of Terror, New York 1978.
133 Laqueur, Terrorismus, S. 114 f.
134 Debray, Kritik der Waffen, S. 54 f.
135 Zit. n. Iring Fetscher, Flucht aus der Verzweifung. Gesellschaftlich-politische Ursachen, in: Extremismus, Terrorismus, Kriminalität, Bonn 1978, S. 55.
136 Dies ist zugleich eine wichtige Relativierung der Feststellung Ivianskys: »The main goal of ›individual terror‹ is to prevent compromise« (Iviansky: Individual Terror, S. 58). Dass jedoch auch bei einer i. S. von O'Brian irredentistisch-sezessionistischen Gruppe wie der IRA in den Jahren von 1916 bis 1921 massiver Widerstand gegen politische Kompromisse vorhanden war, zeigt die Ermordung ihres Anführers Michael Collins nach dessen Kompromiss mit Großbritannien, der nur einen Teil Irlands in die Autonomie entließ.
137 Günter Maschke, Kritik des Guerillero. Zur Theorie des Volkskrieges, Frankfurt am Main 1973, S. 106.
138 Wördemann, Terrorismus, S. 103; ebenso Iviansky, Individual Terror, S. 56; auch Carl Schmitt nennt als eines der Merkmale des »echten Partisanen« seinen »tellurischen Charakter«, Theorie des Partisanen, S. 26.
139 Dass diese britische Unterstützung ihnen die Entscheidungsschlacht ersparte, mussten die Araber bei den Friedensverhandlungen nach 1918 teuer bezahlen, als sie nicht als selbständiger Faktor auftreten konnten, sondern vom britischen Wohlwollen abhängig waren.
140 Wördemann, Terrorismus, S. 92, sowie Schroers, Der Partisan, S. 272.
141 Schmitt, Der Begriff des Politischen, S. 18.
142 Schmitt, Theorie des Partisanen, S. 77
143 Karl Marx, Rheinische Zeitung 1842, MEW, Bd. 1, Ost-Berlin 1970, S. 60.
144 Max Weber, Politik als Beruf, Berlin 1968.
145 Schroers, Der Partisan, S. 34; diejenigen, die im Jahre 1977 nach der Schleyer-Entführung die Gegengeiselnahme im Umkreis dessen gefordert haben, was sie die »Sympathisanten« nannten, haben übersehen, dass eine Geiselnahme durch den demokratischen Staat dessen Kapitulation gleichgekommen wäre: »Geiselnahme, die an im Tatsinn Unschuldigen aus der zur Revolution aufgerufenen sozialen Klasse vollstreckt würde, enthielte die faktische Kapitulation vor dem revolutionären Ziel. Sie höbe die Verbindlichkeit der Ordnung, die durch die Revolution getroffen werden soll, partiell schon auf. Sie zeigte, daß die herrschende Macht an ihre eigene Legitimation schon nicht mehr glaubt« (ebenda, S. 37).
146 Die Ereignisse nach den Entführungen von Schleyer und Moro sind schreckliche

Beispiele für diese Logik der Geiselnahme. Hierzu die Dokumentation zu den Ereignissen und Entscheidungen im Zusammenhang mit der Entführung von Hanns Martin Schleyer und der Lufthansa-Maschine »Landshut«, hrsg. vom Presse- und Informationsamt der Bundesregierung, Bonn 1977, sowie Leonardo Sciascia, Die Affäre Moro, Königstein/Ts. 1979.
147 Nur die *Narodnaja Volja* versuchte bei ihren Bombenanschlägen diese Unterscheidung aufrechtzuerhalten. Dazu Wördemann, Terrorismus, S. 86, sowie Albert Camus, Der Mensch in der Revolte, Reinbek 1969, S. 138.
148 Fromkin, Die Strategie des Terrorismus, S. 96.
149 Dazu Alexander Bekzadian, Der Agent-Provokateur unter besonderer Berücksichtigung der politischen Provokation in Rußland. Ein Beitrag zum Strafrecht und zur Kriminalpolitik, Zürich 1913, S. 16ff.
150 Laqueur, Terrorismus, S. 113f.
151 Fetscher, Terrorismus und Reaktion, S. 50.
152 Meyer, Am Ende der Gewalt?, S. 14.
153 Debray, Kritik der Waffen, S. 83.

Henner Hess

Die neue Herausforderung

Von der RAF zu *Al-Qaida*

> Flectere si nequeo superos,
> Acheronta movebo.
> (Wenn ich die Götter im Himmel
> nicht erweichen kann,
> so werde ich die Hölle in Bewegung setzen.)
> *Vergil*

Wenn wir heute – die neue Herausforderung des gegenwärtigen Terrorismus vor Augen – auf die Zeit der RAF, der *Roten Brigaden*, der *Weathermen* usw. zurückblicken, liegt es fast nahe, nostalgische Gefühle zu entwickeln. Der damalige Terrorismus war provinziell, auch wenn er sich mit weltpolitischen und weltrevolutionären Floskeln schmückte. Die Ideale der Akteure waren, wenn auch in verschrobener Variation, letztlich noch die Ideale der Aufklärung: Fortschritt, Freiheit, Gleichheit. (Und die Ideale der separatistisch-nationalen Terroristen waren und sind nicht fern von Wilsons Prinzip der nationalen Selbstbestimmung.) Die Akteure versuchten, ihre Ziele mit möglichst geringen Kollateralschäden zu erreichen, weil sie Rücksicht auf die von ihnen zu mobilisierenden »Massen« nehmen mussten. Die Mittel, die ihnen zur Verfügung standen, waren sehr begrenzt. Entsprechend begrenzt waren die tatsächlichen Gefahren, die von ihnen ausgingen. Ihrer Herausforderung konnte begegnet werden, ohne dass man die Errungenschaften des Rechtsstaats aufgeben musste.

Der heutige islamistische Terrorismus ist eine globale Erscheinung, verständlich nur als Reaktion auf die fortschreitende Globalisierung. Seine Ideale sind voraufklärerisch, ein Rückfall in religiösen Fundamentalismus. Diese Ideologie legitimiert Blutbäder und Selbstmordattentate mit Paradiesverheißung. Das potentielle Täterreservoir ist wesentlich größer und wächst weltweit rapide an: die ökonomisch und sexuell frustrierte junge männliche Bevölkerung, die zum Teil im Milieu der »Neuen Kriege«, d.h. mit Kampferfahrung, sozialisiert wurde, zum Teil in den Migranten-Ghettos westlicher Großstädte, d.h. mit Exklusionserfahrung und Bedürfnis nach Sinnstiftung, aufgewachsen ist. Weit größer ist auch das Sympathisanten- und Unterstützerpotential, mobilisiert durch traditionale Kommunikationsmittel wie Moscheen, Koranschulen und Wohlfahrtsorganisationen, aber auch durch ultramoderne wie das Internet und einige arabische Fernsehsender, die sich im »Krieg der Kulturen« wähnen. Ihre Mittel sind durchschlagend. Es ist abzusehen, dass ihnen biologische und atomare Waffen in primitiven und leicht transportablen Formen schon bald zur Verfügung stehen werden. Kriegsähnliche Schäden, die bisher nur organisierte Großgruppen (also Staaten und ihre Streitkräfte) anrichten konnten, können dann auch von Kleingruppen und sogar von Individuen verursacht werden. Ein »Sieg« über diesen neuen Terrorismus ist nicht abzusehen, sondern höchstens die polizeiliche Eindämmung eines auf Dauer angelegten Phänomens. Wegen der kolossalen möglichen Schäden muss die geheimdienstliche, polizeiliche und militärische Bekämpfung ganz auf Prävention abgestellt sein, und zwar auf eine Prävention, die – darüber sollte man sich keinen Illusionen hingeben – kaum ohne einen Abbau bürgerlicher Freiheiten und rechtsstaatlicher Sicherungen auskommen wird.

Was ist Terrorismus?

Was bestimmte Aktionen zu »terroristischen« und bestimmte Akteure zu »Terroristen« macht, ist im politischen Alltag eine Frage der Definition. Terrorismus liegt, wie man's von der Schönheit sagt, im Auge des Betrachters. Wen dieser mit Wohlgefallen ansieht, den sieht er als Freiheitskämpfer, Revolutionär, Stadtguerillero, Kämpfer einer »bewaffneten Partei« (wie sich die italienischen *Roten Brigaden* sahen) oder als Gotteskrieger im Dschihad. Wen er als Feind sieht, den nennt er »Terrorist« und ruft damit einen ganzen Hof von negativen Konnotationen auf, einen fix und fertig bereitliegenden Alltagsmythos.[1] Ein solcher Alltagsmythos bietet einen Komplex von ausgewählten Informationen und Attitüden als Aussage über ein Objekt an, suggeriert, dass dieses Objekt so, wie es in der Aussage erscheint, auch in der Realität existiert als etwas Natürliches, So-Seiendes. Der Mythos unterschlägt, dass seine Aussage und das in ihr enthaltene Objekt etwas sozial Gemachtes sind, und er unterschlägt auch die unterschwellige Funktion gerade dieser sozialen Konstruktion von Wirklichkeit: Terrorismus ist das Böse, dessen Ursachen und Ziele eigentlich keine Diskussion verdienen. Der Terrorist wird, wie einst im 18. Jahrhundert der Pirat, zum *hostis humani generis*, zum Feind des Menschengeschlechts.

Das ist die eine Seite. Können wir nun nur über diesen Mythos sprechen, ihn phänomenologisch und ideologiekritisch analysieren, oder gibt es noch eine andere Seite, lässt sich hinter dem Sprachschleier des Diskurses auch ein Kern von Bezeichnetem ausmachen, ein Phänomen, das von anderen Phänomenen unterschieden ist? Wie immer im Falle der Labeling-Theorie muss man deren Grenzen sehen. Zwar hängt viel von der Definitionsmacht ab, aber auch große Macht kann ein bestimmtes Etikett nicht jedem beliebigen Phänomen aufdrücken. Das Label haftet nur, wenn das *signifié* in seiner deskriptiv zu erfassenden Erscheinung dem *signifiant* entgegenkommt. Neben den askriptiven hat »Terrorismus« also deskriptive Elemente, und diese lassen sich etwa in folgender Definition fassen, die den Kern des Alltagsverständnisses erfasst und doch Wertungen zu vermeiden sucht: Terrorismus ist (1) eine Reihe von vorsätzlichen Akten direkter physischer Gewalt, die (2) punktuell und unvorhersehbar, aber systematisch (3) mit der Absicht psychischer Wirkung auf weit mehr Personen als nur die physisch getroffenen Opfer (4) im Rahmen einer politischen Strategie ausgeführt werden.[2]

Die Definition soll der Verständigung darüber dienen, was wir meinen, wenn wir von Terrorismus reden – sie soll nicht suggerieren, dass es Handlungen gäbe, die unabhängig von unseren Subsumtionen terroristische Handlungen wären, sie soll nur der Willkür der Subsumtion Grenzen setzen (bzw. die tatsächlich vorhandenen Grenzen aufzeigen). Sie soll auch nicht den fruchtbaren Gedanken abweisen, dass in der politischen Praxis Handlungen durch ihre Subsumtion unter den Begriff in ihrem weiteren Schicksal mitbestimmt werden: Was terroristisch genannt und worauf entsprechend reagiert wird, kann sich zu etwas auswachsen, worauf sich unsere Definition dann immer leichter anwenden lässt. Gerade dieser Prozess kann besser analysiert werden, wenn man eine Definition von Terrorismus hat.

Ich will kurz darauf eingehen, was diese Definition von Terrorismus ausschließt. Zunächst einmal die geregelte, berechenbare, von offen gekennzeichneten Erzwingungsstäben ausgeübte staatliche Gewalt; ebenso all das, was Johan Galtung »strukturelle Gewalt« genannt hat, also Zwänge, die nicht mit direkter physischer Gewalt verbunden sind – so brutal und repressiv die staatliche Gewalt oder die nicht direkt physisch gewalttätigen Zwänge auch sein mögen. Betrachten wir revoltierende Gewalt, so wollen wir die einmalige Gewalttat nicht terroristisch nennen, z. B. den klassischen Tyrannenmord. Ebensowenig Staatsstreiche, Volksaufstände, Revolutionen und Guerilla-Aktionen. Wie beim Terrorismus handelt es sich zwar auch bei Guerilla-Aktionen um überraschende und systematische Gewaltanwendung im Rahmen einer politischen Strategie. Aber allen Guerilla-Strategien ist gemeinsam, dass sie ihre politisch-militärischen Ziele durch die Anwendung von Gewalt unmittelbar zu erreichen suchen; es geht ihnen also primär um die physischen Folgen der Gewaltanwendung, z. B. um das Schaffen und Halten »befreiter Zonen«. Dagegen orientiert sich die Strategie des Terrorismus an den durch die Gewaltanwendung provozierten Reaktionen der anvisierten Zielgruppen. Dem Terroristen geht es also primär um die psychischen Folgen der Gewaltanwendung. Die Violenz des Terroristen ist kommunikativ und indirekt, der Terrorist kann sein Ziel nur über Umwege erreichen. Terrorismus hat eine voluntaristische Note, d. h., er ist die Waffe der Schwachen in einer Situation, in der die strukturellen Bedingungen und die objektiven Machtverhältnisse ihnen wenig Hoffnung auf direkten Erfolg lassen. Es ist erstaunlich, wie gering die Mittel der Terroristen, verglichen mit denen ihrer Gegner, für gewöhnlich sind; die Gegner haben in der Regel ein Interesse, den Organisationsgrad und die Machtmittel der Terroristen zu übertreiben. Aber auch mit geringen Mitteln kann man über die Medien, die terroristische Taten in der Regel begierig aufgreifen und verstärken, eine Botschaft kommunizieren, Aufmerksamkeit erregen, die Bevölkerung einschüchtern oder die Öffentlichkeit aufrütteln.[3] Und ebenso kann man mit geringen Mitteln beim Gegner eine Reaktion auslösen, die »ihm die Maske vom Gesicht reißt«, ihn in ein schlechtes Licht rückt, schwächt oder sogar ruiniert.

Die Definition fasst Terrorismus als eine Handlungsweise, als eine Methode,[4] und assoziiert diese Methode keineswegs (wie manche andere Definition das tut) nur mit kleinen, substaatlichen Gruppen. Auch eine Herrschaft kann terroristisch sein, zum Beispiel dann, wenn die Gewaltakte, die sie stabilisieren, nicht mehr berechenbar sind, nicht mehr nach bestimmten Verfahrensregeln durchgeführt werden und in erster Linie der Verunsicherung und Einschüchterung aller im Moment noch nicht vom physischen Gewaltakt Betroffenen dienen. Die terroristische Wirkung kann hier ebenfalls über die Massenmedien erreicht werden, aber wichtiger noch ist ein anderer Multiplikator: das Gerücht. Das Entscheidende an einem terroristischen Herrschaftssystem ist, dass alle um die geheimen Taten der Geheimpolizei wissen.[5]

Spielarten des Terrorismus

Wenn wir, um Terrorismus von anderen Handlungsweisen zu differenzieren, auf die von ihm angestrebte psychische Wirkung abheben, so ist das nur ein formales Kriterium. Der Inhalt, den der Appell des Terroristen hat, die Richtung der psychischen Wirkung, die Botschaft, die von der terroristischen Tat übermittelt wird, all das macht dann die politische Strategie aus. Diese kann sehr verschiedenartig sein und sich an ganz verschiedene Gruppen richten. So können wir vor allem unterscheiden zwischen einerseits einer Strategie, die die Einschüchterung und Lähmung einer unterworfenen Bevölkerung oder Bevölkerungsgruppe verfolgt, und andererseits einer Strategie, die auf den Umsturz einer Herrschaft abzielt. Für eine Typologie terroristischer Akte und Gruppen haben wir damit ein erstes und das wichtigste differenzierende Merkmal. Eine solche Typologie scheint mir recht nützlich für ein etwas fundierteres Verstehen des sozialen Phänomens Terrorismus. Ihre beiden Hauptgruppen sind also Terrorismus als Repression und Terrorismus als Revolte, je nachdem, ob die terroristischen Akte die Verteidigung etablierter Privilegien oder den Angriff auf diese intendieren. Innerhalb dieser Kategorien lässt sich dann weiter differenzieren. So kann die terroristische Repression von den staatlichen Apparaten selbst ausgehen oder von nichtstaatlichen bzw. parastaatlichen Gruppen. Die Revolte kann stärker sozialrevolutionären oder stärker nationalen (bzw. ethnischen, gegebenenfalls dazu noch religiösen) Charakter haben. Im Folgenden will ich zu diesen vier Gruppen einige fragmentarische Anmerkungen machen.[6]

Repressiver Terrorismus staatlicher Apparate

Der Terrorismus, der durch staatliche Apparate ausgeführt wird (bzw. von Gruppen, die sich dieser Apparate bemächtigt haben: Familienclans, Propheten, Jakobiner, Bolschewiki, Nationalsozialisten usw.), ist sowohl quantitativ als auch qualitativ, sowohl in der Geschichte als auch in der Gegenwart ohne jeden Zweifel der bedeutsamste. Herrschaft, die sich nicht auf Legitimität stützen kann und insofern schwach ist, steht vor dem Problem, die ihr Unterworfenen allein mit Zwang niederhalten zu müssen, und da der physische Zwang nicht ständig und nicht gegen alle ausgeübt werden kann, muss die Art seiner Anwendung gegen Einzelne so aussehen, dass die anderen durch psychischen Zwang gelähmt bleiben. Jedes Mal zielen die Gewalttaten in solchen Regimen auch auf die physische Vernichtung der gefährlichsten Gegner, aber das terroristische Element der Einschüchterung der unterworfenen Bevölkerung ist doch entscheidend und lässt sich ablesen an der vor allem damit zu erklärenden Brutalität der Taten, die diejenige aller anderen Formen von Terrorismus bei weitem übertrifft.

In vorbürgerlichen Herrschaftssystemen ist ein terroristisches Element die Regel, moderne Demokratien haben, bei politischer Beteiligung und wohlfahrtsstaatlichen Verteilungsmechanismen, einen höheren Grad von Legitimation, außerdem perfektere Verwaltungs- und Überwachungsapparate; sie haben Gewalt nach innen nur noch in kleinen Dosen nötig. Terroristische Herrschaft erscheint uns u. a. auch deshalb heute so grell und auffallend, weil sie auf der Folie der modernen bürgerlichen Systeme entwicklungsgeschichtlich unmodern geworden ist. Leider heißt das nicht, dass sie deshalb auch selten wäre.[7]

Eine Variante dieser Form von Terrorismus kann man in der Kriegführung finden. Auch die Kriegführung war seit dem Absolutismus in gewisser Weise gezähmt und vielerlei Regeln unterworfen worden, kulminierend in der Haager Landkriegsordnung von 1907 und der Genfer Konvention von 1949. Doch gelten solche Regeln in der Praxis nur zwischen einigermaßen gleich starken und in langer Konflikttradition, in »agonaler Partnerschaft« (Mühlmann), aneinander gewöhnten Gegnern. Kolonialkriege als Aktion gegen aktuelle oder potentielle Untertanen – dazu zählen z.b. auch der Zweite Weltkrieg im Osten oder der Algerienkrieg – bieten dagegen reichhaltiges Material zum Studium des staatlichen Terrorismus.

Der staatliche Terrorismus ist in Bezug auf seine Ziele relativ rational und ohne weiteres verstehbar. Die Auftraggeber bleiben im Hintergrund und von den Tätern distanziert, was ihre psychischen Probleme vermindert. Um die psychische Bereitschaft der Ausführenden zu erklären, ist – neben dem Verweis auf sexuell akzentuierte sadistische Momente einerseits, materielle und laufbahnmäßige Vorteile andererseits – wohl vor allem auf jene Neutralisationstechniken hinzuweisen, die Milgram im Zusammenhang mit seinem berühmten Experiment und Jäger für nationalsozialistische Täter beschrieben haben: das Verschieben der Verantwortung auf die Institution, der Verweis auf den Befehl von oben, das Verdrängen moralischer Fragen hinter ein »Job-Bewusstsein«, hinter die fachmännische Ausführung technischer Aufgaben usw. Dazu kommt die systematische Abwertung der Opfer, denen der Status eines vollwertigen Menschen abgesprochen wird.[8]

Repressiver Terrorismus parastaatlicher und nichtstaatlicher Gruppen

Diese Form von Terrorismus ist vor allem dort zu beobachten, wo es den nichtprivilegierten Schichten einer Gesellschaft gelungen ist, durch einen gewissen Einfluss auf den Staatsapparat und die Gesetzgebung einige Privilegien der herrschenden Schichten legal zu beschneiden – z.B. durch Bodenreformen, Koalitions- und Streikrechte, Ausdehnung des Wahlrechts usw. –, die privilegierten Schichten aber noch stark sind und ihre Privilegien zäh verteidigen. Das ist nun aber nicht mehr oder nicht effektiv genug mit Hilfe des Staatsapparats möglich, wenn die legale Repression verfassungs-, polizei- und prozessrechtlich beschränkt ist. Deshalb greifen die privilegierten Schichten auf private Kampfmittel zurück und/oder nehmen private Gewaltunternehmer in ihre Dienste. Mit gezielten Terrorakten versucht man, die Gegner davon abzuhalten, ihre neuerworbenen Rechte auch auszuüben. Historische und aktuelle Beispiele gibt es zuhauf: die Mafia in Sizilien, der Ku-Klux-Klan in den amerikanischen Südstaaten, die *Jagunços* in Brasilien, die *Goondas* in Indien, Banden im Dienst von Unternehmern wie die französischen *milices patronales*, die lateinamerikanischen Todesschwadronen, die *Grauen Wölfe* in der Türkei usw. Nicht selten haben diese Gruppen Beziehungen zu jenen Fraktionen des Staatsapparats oder auch der Justiz, in denen der Einfluss der traditionell Privilegierten noch weiterwirkt; daher die erstaunliche Schwäche und Wirkungslosigkeit der Strafverfolgung ihnen gegenüber.

Als Täter dieser Kategorie von Terrorismus treten manchmal die Interessierten selber auf. Typischer ist jedoch, dass diese sich als Anstifter und Auftraggeber im Hintergrund halten. Die Ausführenden sind dann oft Angehörige deklassierter oder von der Deklassierung bedrohter Schichten (kleine Landbesitzer, Kleinbürger, Lumpenproletarier), die entweder im Opfer denjenigen zu treffen meinen, der die Schuld an der Gefährdung ihres sozialen Status trägt, oder die durch ihre Taten und die daran geknüpfte Belohnung – sei diese nun materieller Gewinn oder seien es bessere Beziehungen zu den Privilegierten – sozial aufsteigen wollen.

Den Genannten zumindest im Hinblick auf die Funktion ähnlich sind die meisten rechtsterroristischen Gruppen, auch wenn bei diesen oft idealistische Momente und ein revolutionäres Selbstverständnis eine Rolle spielen. Als psychische Wirkung wird bei den Gewalttaten dieser Gruppen nicht nur die Einschüchterung der Gegner, sondern auch der Appell an reaktionäre Kräfte, vor allem an die Armee, anvisiert. Mit den Terrorakten, typischerweise ungezielten Bombenattentaten im öffentlichen Raum, schafft man einen Zustand der Ordnungslosigkeit im Staat, fördert in der Bevölkerung den Wunsch nach einem starken Mann und signalisiert der Armee, dass sie doch mit starker Hand durchgreifen möge. Die *Squadre fasciste* Mussolinis zu Beginn der 1920er Jahre sind wie Hitlers SA etwas später für diese Taktik historisch bedeutsame Beispiele, und auch die neofaschistische Gewalt im Italien der 1960er und 1970er Jahre ist letztlich nur so zu erklären (*Ordine nuovo, Avanguardia nazionale, Giovane Italia, Ordine nero, Nuclei armati rivoluzionari* usw.). Mit der Etablierung einer autoritären Herrschaft ist deshalb das Ziel dieser Gruppen erreicht, und sie verschwinden (so wie *Patria y Libertad* nach Pinochets Staatsstreich in Chile) oder werden brutal entmachtet (wie die SA am 30. Juni 1934).

Revoltierender Terrorismus ethnischer/nationaler/religiöser Art

Vor 2000 Jahren rebellierten die jüdischen Sikarier und Zeloten gegen die noch relativ neue römische Herrschaft und gegen ihre eigene Oberschicht, die mit den Römern paktierte. Zu schwach zur Feldschlacht, praktizierten sie vielleicht als Erste jene Strategie, die Fromkin als für Terroristen typisch beschrieben hat: Sie erstachen Priester auf offenem Markt und metzelten versprengte römische Soldaten nieder, provozierten damit die Römer, die bis dahin eine tolerante und, über den jüdischen König, indirekte Herrschaft ausgeübt hatten, zu blutiger Repression; diese wiederum rief den Unmut des jüdischen Volkes hervor und brachte es zum offenen Aufruhr. Die Terroristen, so Fromkin, versuchen also, die Macht des Gegners zu instrumentalisieren, um mit dessen Reaktion eine Gegenmacht zu mobilisieren und damit Ziele zu erreichen, die sie aus eigener Kraft nie erreichen könnten,[9] die sie allerdings auch mit ihrer Judo-Strategie meist nicht erreichen: Im Jahre 70 brannte Titus den Tempel in Jerusalem nieder, die Zeloten begingen in der Bergfestung Massada Massenselbstmord und die indirekte Herrschaft der Römer wurde zur festeren direkten.

Revoltierender Terrorismus ethnischer/nationaler/religiöser Art geht in der Regel aus vom Konflikt zwischen einerseits einer sozialen Gruppe, die sich als eigenes Volk fühlt, auf einem annähernd geschlossenen Gebiet zusammenlebt, weit zurückreichende historische Gemeinschaftserfahrungen, eine eigene Sprache und meist eine gemeinsame Religion hat, und andererseits einer Macht, die dieses Volk nicht nur politisch und wirtschaftlich, sondern auch kulturell und gegebenenfalls religiös überlagert und entmündigt. Die Opposition beginnt oft als nativistische Bewegung mit der Wiederbelebung der eigenen Sprache und Kultur und/oder Betonung der eigenen Religion.[10] Scharfe Kontrolle durch die überlagernde Macht, d.h. die Blockade aller friedlichen Selbständigkeitsbestrebungen, führt dann regelmäßig zur Radikalisierung, die – bei militärischer Schwäche – in terroristische Aktion münden kann. Damit soll dann nicht nur an das Selbst- und Widerstandsbewusstsein des eigenen Volkes appelliert, sondern vor allem auch das Problem dieses Volkes ins Bewusstsein der Weltöffentlichkeit gehoben werden. Manchmal schwingt auch ein existentialistisch zu interpretierendes Moment mit: Der Gewaltakt gegen den überlegenen, arroganten, oft aber auch bewunderten Gegner befreit vom Gefühl der Minderwertigkeit und Unterwürfigkeit (worauf vor allem Frantz Fanon hingewiesen hat). Diese Gemeinsamkeiten finden sich bei allen sonstigen Unterschieden in den jüdischen Gruppen *Irgun*, *Lehi* oder *Stern* im Palästina von vor 1948 (die ganz bewusst an die zelotische Tradition anknüpften) wie bei den späteren palästinensischen PFLP und *Schwarzer September*, den *Mau Mau* im britischen Kenia, dem

FLN im französischen Algerien, der kroatischen *Ustascha*, den Südtiroler antiitalienischen Bombenlegern der 1950er Jahre oder aktuell der IRA, ETA und *Front de Libération National Corse* in der Europäischen Union. In manchen Fällen ist diese Form des Terrorismus sogar erfolgreich, findet – vor allem auf Grund anfänglicher repressiver Reaktion – breitere Unterstützung im angesprochenen Volk, kann in den Guerillakrieg übergehen und letztlich sogar – wenn z.b. die repressive Reaktion von dritten Mächten gebremst wird – den Sieg davontragen (das war z.b. bei den Iren unter Michael Collins, bei der jüdischen *Irgun* oder beim algerischen *Front de Libération National* der Fall).[11]

Eine Variante besonderer Art sind die zahlreichen islamistischen Gruppen, die sowohl gegen fremde Überlagerung durch Ungläubige als auch gegen verweltlichte und/oder korrupte Regime im eigenen Land agieren und sich alle mehr oder weniger aus den Lehren der ägyptischen Moslembruderschaft speisen, die von Hassan al-Banna 1928 im (damals britisch besetzten!) Königreich am Nil gegründet worden war und mit der er an noch ältere nativistische und fundamentalistische Mahdi-Traditionen anknüpfte.[12] An Menachem Begins Tradition anknüpfen könnte andererseits ein Terrorismus der jüdischen Siedler, von dem wir mit der Ermordung Rabins einen Vorgeschmack bekommen haben. Sowohl Moslems wie Juden können dabei die Gemüter mit einem uralten Schlachtruf mobilisieren, dem Aufruf zum totalen, weil heiligen Krieg: Dschihad einerseits, *milchimet mitzvah* andererseits.[13]

Revoltierender Terrorismus sozialrevolutionärer Art

Strategisches Ziel ist hier die radikale Veränderung eines Gesellschaftssystems, die man sich aber nicht mehr vom Marx'schen historischen Determinismus erwartet, jedenfalls nicht zu Lebzeiten, sondern die man durch voluntaristische Aktion herbeizwingen oder mindestens beschleunigen zu müssen glaubt. Beim klassischen Beispiel, der russischen *Narodnaja Volja*, ging es in der zweiten Hälfte des 19. Jahrhunderts noch um die Abschaffung der Selbstherrschaft des Zaren und die Einführung einer konstitutionellen Monarchie, bei den späteren russischen Sozialrevolutionären schon um den Umsturz der gesamten etablierten Ordnung. Im Westen war es vor allem der Anarchismus, der die Veränderung nicht wie die Marxisten durch Übernahme, sondern vielmehr durch Zerstörung des Staates anvisierte, von dem revolutionäre terroristische Taten inspiriert wurden, vor allem Attentate auf Könige und Präsidenten.[14]

Dieser voluntaristische Geist lebte in den 1960er und 1970er Jahren in verschiedenen Gruppen wieder auf – bei den *Tupamaros* und *Montoneros* in

Südamerika, den *Weathermen* in den USA, GRAPO und FRAP in Spanien, der *Action directe* in Frankreich und vor allem bei den deutschen RAF, *Bewegung 2. Juni, Revolutionäre Zellen* und den italienischen *Brigate Rosse, Prima Linea, Nuclei Armati Proletari* usw.

Alle Erfahrung hat gezeigt, dass der sozialrevolutionäre Terrorismus – bei Abwägung von Zwecken, Mitteln und Nebenfolgen – die am wenigsten rationale und zugleich die am wenigsten im intendierten Sinne effektive Form von Terrorismus überhaupt ist. Zugleich wurden aber etwa die deutschen und italienischen Gruppen im gängigen Diskurs zu einer weit überproportionalen Gefahr für Staat und Gesellschaft aufgewertet. Ihre Mittel waren relativ bescheiden und ihre Schläge selektiv, im Diskurs aber erschienen »wir alle« bedroht. Während die heutige prinzipielle Austauschbarkeit von Führungspersonen im Staat und überhaupt die Komplexität unseres modernen Systems dieses insgesamt weniger verwundbar machen als frühere (zumindest solange man nur mit Waffen kämpft, wie sie der RAF oder den *Roten Brigaden* zur Verfügung standen), folgte der Diskurs dennoch bereitwillig den Illusionen der sozialrevolutionären Akteure, sie könnten – wie die *Roten Brigaden* es formulierten – »il cuore dello Stato«, das Herz des Staates, angreifen und diesen damit zum Einsturz bringen. Zwei Gründe lassen sich für diese Selbstüberschätzung anführen. Erstens war dieser Terrorismus für eine ganze Reihe von Personen, die in Wirtschaft und Staat Führungspositionen innehatten, tatsächlich eine ernsthafte Bedrohung. Er machte sie zu Gefangenen von Schutzmaßnahmen und ruinierte damit ihr Privatleben und das ihrer Familien. In dieser Situation ist es nur zu verstehen, dass sie die Gefahr als allgemein ansahen. Durch ihren Einfluss auf die Medien verbreiteten diese dann dieselbe Interpretation. In gewissem Sinne ist der sozialrevolutionäre Terrorismus das moderne *crimen laesae maiestatis*, und wenn auch heute die *maiestas* nicht mehr an die Person, sondern an das Amt gebunden ist, erzeugt doch die Verletzung einer Person in diesem Amt nach wie vor breite Erregung in der Bevölkerung.[15] Zweitens kann die Überschätzung des Terrorismus einige in mancher Hinsicht und für manche Leute nützliche Funktionen haben. Für die Konservativen: Ablenkung von anderen Problemen, Stärkung eines konservativen Massenkonsenses, Legitimation verschärfter Kontrollmaßnahmen im Rahmen einer antizipierenden Krisenbewältigung; für die radikale Linke: Hochstilisierung pubertären Abenteurertums zum bewaffneten politischen Kampf, mit dem man sich identifizieren und auf den man eigene Bedürfnisse projizieren kann, und Stigmatisierung des reagierenden Staates als faschistisch.

Terrorismus erklären: Karrieren und Diskurse

Hat man ein Phänomen definiert und seine Erscheinungsweisen klassifiziert, kann man zu Erklärungsversuchen übergehen. Repressiver und revoltierender Terrorismus unterscheiden sich trotz vieler Gemeinsamkeiten (deshalb die Subsumtion unter die gleiche Definition) in Bezug auf Akteure, Ziele und Verläufe doch so weit, dass man sie nicht ohne weiteres mit der gleichen Theorie erklären kann (das zeigt sich schon in der skizzierten Typologie). Deshalb hier nur einige Anmerkungen zu einem Modell, das – orientiert an der kriminologischen Karrieretheorie – eine Reihe erklärender Aussagen zum revoltierenden Terrorismus in einen sinnvollen Zusammenhang zu bringen sucht.[16] Das Modell integriert einen soziologischen mit einem psychologischen bzw. handlungstheoretischen Ansatz im Sinne des strukturellen Individualismus, beschreibt – jedem Determinismus abgeneigt – die Evolution des Phänomens als interaktiven Prozess, in dem ständig neue Voraussetzungen für weitere Aktionen und Reaktionen geschaffen werden, und bezieht schließlich die reflexive Verarbeitung des Geschehens in Diskursen sowie deren Rückwirkung auf das Geschehen in die Analyse ein.[17] Im Hinblick auf den letzten Punkt sind nicht nur die Massenmedien interessant, sondern ebenso die informellen Medien wie das Internet, die graue Literatur, Gerüchte usw. Wie die Waffen, so sind auch die Medien heute demokratisierter, unkontrollierter und allgemein verfügbarer denn je.

Das Modell hält an zur Skepsis gegenüber zu weit gespannten Kausalaussagen. Meist ist ein Ereignis aus den Ausgangsbedingungen, die die Genese ursprünglich einmal angestoßen haben, nicht prognostizierbar: der Wirbelsturm nicht aus dem Flügelschlag des Schmetterlings, der Mensch nicht zu Beginn der Evolution, der Kapitalismus nicht auf der Stufe der Jäger und Sammler, der Holocaust nicht im Januar 1933 und die RAF nicht 1968. Überall produzieren die Mechanismen Variation und Selektion wie in der Evolution neue Lagen, d.h. neue Randbedingungen für den weiteren Verlauf. Was uns bleibt, ist, Prognosen von Stufe zu Stufe zu machen: Auf Stufe 2 ist die Chance, dass die Karriere einer Person, einer Bewegung oder irgendeines anderen Phänomens zu Stufe 3 fortschreitet, größer als auf Stufe 1 usw. Der durchgehende, bruchlos fließende Verlauf der Geschehnisse wird nicht geleugnet, die Annahme eines stufenweisen Fortschreitens ist ein methodisches Hilfsmittel wie die Annahme einer Vielzahl von hintereinander gestaffelten geraden Linien bei der Berechnung von Kurven in der Integralrechnung. Schließlich: Als Beispiel einer so genannten genetischen Erklärung ist das Karrieremodell keinesfalls zu verwechseln mit einer simplen Anhäufung möglicher Kausalfaktoren, wie sie für die multifaktoriellen Ansätze charakteristisch ist.

Hier die Grundzüge des Modells:

– Ökonomischer, politischer, demographischer Wandel erzeugt in einer Gesellschaft strukturelle Spannungen und löst bei einem Teil der Bevölkerung Unzufriedenheit und Unruhe aus.

– Politische Gruppen bieten eine nationalistische, ideologische, religiöse Interpretation dieser Probleme und zugleich (meist stark vereinfachende) Lösungsvorschläge an. Diese Gruppen kanalisieren damit die allgemeine Unruhe zur sozialen Bewegung.

– Das Schicksal dieser Bewegungen hängt zunächst von den eigenen Ressourcen ab (Organisations- und Konfliktfähigkeit, finanzielle Mittel usw.). Noch wichtiger für den weiteren Verlauf ist jedoch die Reaktion der Systembewahrer. Eine entschiedene Repression einerseits, ein zumindest teilweises Eingehen auf die Forderungen der sozialen Bewegung andererseits führen beide eher zu einer Deeskalation. Eine meist praktizierte gemischte Reaktion ist zwar in der Lage, einen Teil der Bewegung zu reintegrieren und manchmal auch in legale Parteien zu transformieren und am System partizipieren zu lassen. Daneben entstehen aber in der Regel als Zerfallsprodukte der Bewegung eine Vielzahl der unterschiedlichsten sektiererischen Gruppen, darunter manchmal einige, denen nun die Gewalt als letztes und einzig effizientes Mittel erscheint, zunächst sich Gehör zu verschaffen und dann die ursprünglichen Ziele der Bewegung doch noch durchzusetzen.[18]

– *Legitimationsdiskurs:* Die radikale Opposition konstruiert aus dem Material, das die Geistesgeschichte und die Gesellschaftsanalyse anbieten (Heilslehren, Nationalismus, Marxismus, Anarchismus, Randgruppentheorie, Imperialismustheorie, Globalisierungsdiskussion usw.), eine Revolutionstheorie, die das bestehende System radikal negiert, eine Theorie der nationalen Befreiung, eine Theorie des Kulturkonflikts oder eines »kosmischen Religionskrieges«, die alle voluntaristische Gewaltanwendung rechtfertigen sollen – in den Augen der Handelnden selbst, vor allem aber auch gegenüber den Sympathisanten und potentiellen Unterstützern.[19]

– Anfängliche, noch in der Legalität durchgeführte Aktionen (von der begrenzten Regelverletzung zu Provokationen, die vor allem Aufmerksamkeit erregen sollen) führen zu als Überreaktionen interpretierbaren repressiven Maßnahmen. Die Art dieser Maßnahmen hängt von vielen Faktoren ab, u.a. von der Stabilität des Systems und der mehr oder weniger großen Frustrationstoleranz und politischen Geschicklichkeit seiner Träger. Strafrechtliche Verfolgung kann einige radikale Akteure abschrecken, kann aber auch die radikalen Gruppen in die Klandestinität treiben. Im letzten Fall verlieren sie in der Folge den Zusammenhang mit der ursprünglichen sozialen Bewegung, zumindest mit deren moderateren Schichten.[20]

– Bestimmte Ereignisse, bestimmte Aktionen, die den provozierenden Charakter der begrenzten Regelverletzung dann überschreiten, markieren einen *point of no return* und wirken als auslösender Funke für das Folgegeschehen. Die bei vielen schon vorhandene Bereitschaft bedarf zum Umschlagen in die Tat eines Vorbilds, braucht eine Person oder eine Gruppe, die diese theoretisch anvisierte Möglichkeit nun als konkrete vorexerziert.[21]

– *Etikettierungsdiskurs:* Die Systembewahrer subsumieren die radikalen Akteure und ihre Aktionen unter das Etikett »Terrorismus« und unterwerfen sie damit den mit diesem Etikett verbundenen juristischen und praktischen Konsequenzen. Die Betroffenen weisen zwar diese Etikettierung von sich (und geben sie oft den Etikettierern zurück), die Illegalisierung und Stigmatisierung führt jedoch meist dazu, dass sie sich in Bezug auf ihre Organisations- und Aktionsweisen in Richtung des Stereotyps Terrorismus entwickeln. So erhält das Phänomen, das ja nichts anderes ist als Handlungen von Menschen und Diskurse darüber, in gewissem Sinne auch eine Eigendynamik.[22]

– Neben der Karriere des Phänomens (bzw. der Gelegenheitsstruktur) sind die individuellen Karrieren der Personen zu analysieren, die das Phänomen tragen (bzw. die Gelegenheitsstruktur nutzen und in ihr handeln). Es scheint, dass diese Personen sich durch eine Reihe von Charakterzügen auszeichnen, die den »Kampf« und das Leben in der Klandestinität besonders attraktiv machen: eine gesinnungsethische bis fanatische Moral, eine Neigung zu manichäischer Einteilung der Welt in Gut und Böse, ein Bedürfnis nach Reduktion komplexer Sachverhalte auf einfache Erklärungen, ein Bedürfnis nach Gruppensolidarität, Risikobereitschaft, machistische Abenteuerlust, eine Portion Größenwahn, vielleicht ein Verlangen nach dem kindlichen Allmachtgefühl im Moment des Anschlags[23] usw. usf. Diese Züge sind natürlich in jeder Gesellschaft ziemlich weit verbreitet und können auf die verschiedenste Art und Weise befriedigt werden.[24] In welche Kanäle die Motivation fließt, hängt ganz davon ab, welche Angebote gerade bereitstehen und welche Zufälle die »differentielle Assoziation« (Sutherland) im Einzelfall zustande bringt. Je attraktiver die Kontaktpersonen und je nobler das ideologische Angebot im Legitimationsdiskurs (z.B. Freiheitskampf, Weltrevolution, Dschihad usw.), desto größer die Bereitschaft zur Partizipation. Auch ist wie immer schwer zu sagen, ob die genannten Charakterzüge früh vorhanden waren oder erst im Laufe der Karriere als Reaktion auf äußere Einflüsse entstanden sind oder zumindest sich verschärft haben, ob sie also Ursache oder Wirkung von Entwicklungen im Laufe der Karriere sind. So wäre es beispielsweise leicht erklärbar, wenn die überlaute Reaktion des Staates und der Medien auf erste terroristische Provokationen megalomane Anfälle bei den Tätern hervorbringt oder fördert. Wie mancher gewöhnliche Kriminelle erliegt auch der Terrorist den »seductions of crime« (Katz), der süchtig machenden Versuchung, im selbst ausgelösten großen Ereignis Stimulation, Sinn und Erfüllung zu finden.[25] ·

– Die Klandestinität führt zu Isolation, die Kommunikation wird auf die Gruppe und den engsten Kreis von Sympathisanten beschränkt, der Kontakt mit Fremden wird gemieden. Dadurch werden Gesellschaftsinterpretationen und strategische Gedankengänge, die vorher gewagt, radikal, avantgardistisch waren, konkurrenzlos normal und selbstverständlich. In der gruppendynamischen Enge kann man sich nur durch noch mehr Radikalität auszeichnen, im Argumentieren und in der Tat.[26] In diesem Treibhausmilieu werden aber auch, wie bei religiösen Sekten, schon kleine Meinungsunterschiede bedeutsam und führen zu den üblichen Spaltungen.[27]

– Die Klandestinität verlangt zugleich eine dezentralisierte Organisationsweise, möglichst in einem Netzwerk ohne fassbares Zentrum.

– Neue Mitglieder werden nach traditionellen und partikularistischen Kriterien rekrutiert: persönliche Bekanntschaft aus den Zeiten der Bewegung, gemeinsame Kampfzeit in einem der »Neuen Kriege«, Verwandtschaft, Freundschaft, ethnische Herkunft, Religion usw.[28]

– *Bedrohungsdiskurs:* Der Terrorismus wird von eher konservativen Systembewahrern als außerordentliche Gefahr für die gesamte Gesellschaft dargestellt, als eine Gefahr, die besondere Kontroll- und Abwehrmaßnahmen notwendig macht. Zu Recht ist diesem Diskurs bisher vorgeworfen worden, er dramatisiere. Weder die RAF noch die Roten Brigaden, weder IRA noch ETA waren oder sind eine wirklich ernsthafte Gefahr für das demokratische System der betroffenen Länder, höchstens eine gewisse Herausforderung, wie sie jede Kriminalitätswelle darstellt, die Anlass zu verschärfter Kontrolle wird. Heutzutage sieht die Lage allerdings anders aus: Wer die ganz reale Möglichkeit einer »schmutzigen« Bombe oder einer Virenverseuchung ins Auge fasst, dem kann man, wie stark er die Gefahr auch ausmalt, kaum noch Dramatisierung vorwerfen.

– *Kontrollpanikdiskurs:* In linken und liberalen Kreisen entsteht ein Gegendiskurs über die im Bedrohungsdiskurs angelegte Instrumentalisierung des Terrorismus als Rechtfertigung für einen Abbau bürgerlicher Freiheiten, eine Erhöhung der Kontrollintensität, ja einen Systemwandel in Richtung Autoritarismus.[29] Diese Tendenzen werden als wesentlich gefährlicher denn der Terrorismus selbst angesehen. Obwohl eine latente Funktion aller Formen des revoltierenden Terrorismus (und auch des heutigen islamistischen Terrorismus) durchaus richtig erkannt wird, wird in der Regel auch in diesem Diskurs erheblich dramatisiert. Wo er angesichts der erwähnten Möglichkeit »schmutziger« Bomben, Virenattacken usw. geeignete Abwehrmaßnahmen behindert, zum Beispiel Datenschutzerwägungen gegen Rasterfahndungen ins Feld führt, kann er sogar zu einer Gefahr werden.

– *Verschwörungsdiskurs:* Dieser Diskurs treibt den Kontrollpanikdiskurs ins Extrem und macht aus dem Profiteur eines Anschlags dessen Autor. Träger dieses Diskurses sind die Sympathisanten der terroristischen Gruppen bzw. Beobachter, die zwar nicht unbedingt Sympathisanten der Terroristen, aber jedenfalls Kritiker ihrer Opfer sind (oder einfach Journalisten, die mit Sensationsthesen schnell Geld machen wollen). Die Popularität solcher Thesen in der breiteren Öffentlichkeit gewährt einen guten Blick auf das cui bono und die verbreitete Überzeugung, dass rationales menschliches Handeln der Normalfall ist. Immerhin zeigt der Fall des berüchtigten Asew, der zugleich Agent der zaristischen Geheimpolizei Ochrana und Führer von Narodnaja Volja war, dass Verschwörungstheorien keineswegs immer nur Spinnereien sein müssen. In der italienischen Linken kursierte nach der Ermordung Aldo Moros der Verdacht, dass die Roten Brigaden »nicht Genossen, die irren, sondern Feinde, die nicht irren« seien.[30] Die regelmäßige Infiltration von Geheimdiensten in die terroristischen Gruppen, die simple Kalkulation der Finanzmittel der Brigate Rosse, die zwielichtige Figur des letzten Führers Moretti und dergleichen gaben der These einer Manipulation von außen einige Glaubwürdigkeit. Leichter zu widerlegen waren dagegen die Behauptungen, US-Regierung, CIA oder Mossad hätten hinter den Attentaten vom 11. September 2001 gesteckt. Immerhin haben auch diese Verschwörungstheorien zahlreiche Anhänger, und zwar bei denjenigen, denen der Täter näher steht als das Opfer und die deshalb gern den Täter entlasten und die Schuld auf das Opfer verschieben, oder auch bei jenen, für die immer der Nutznießer auch der Täter ist.[31]

– Mit ihren Anschlägen und den damit verbundenen Medienkampagnen werben die Terroristen um Sympathie und Unterstützung im eigenen politischen Lager und versuchen, gegenüber den übrigen politischen Gruppen in diesem Lager ein Primat zu erringen. Das funktioniert umso besser, je mehr es ihnen gelingt, mit den Anschlägen direkt die Verwundbarkeit der etablierten Macht zu demonstrieren und indirekt, durch die provokative Herausforderung brutaler Gegenschläge, diese Macht zu delegitimieren. All das in der Hoffnung, schließlich zu einer direkten militärischen Konfrontation mit der etablierten Macht übergehen zu können – was in seltenen Fällen, und dann auch nur mit Unterstützung durch dritte Kräfte, gelingen kann (Vertreibung der Engländer aus Palästina und Kenia, der Franzosen aus Algerien; Einfluss auf die spanischen Wahlen 2004).

– Im Regelfall kommt es aber bei immer effektiverer Repression (Rasterfahndung, Kronzeugen) und zunehmender Isolierung von einer breiteren Basis im Bereich des ethnisch-nationalen Terrorismus zu einer Reduktion der Tätigkeit (auch wenn das Phänomen, vor allem wenn es Unterstützung von außen hat, auf kleiner Flamme über Jahrzehnte hin kampflustige junge

Leute anziehen mag) und im Bereich des sozialrevolutionären Terrorismus zu einem weitgehenden Abflauen (obwohl es auch hier vorkommt, dass eine zweite und dritte Generation aus den verschiedensten Gründen, vor allem auch aus Empörung über die Haftbedingungen der gefangenen ersten, die Aktionen eine Weile fortführt). Lebendig bleibt der sozialrevolutionäre Terrorismus dann noch mehr oder weniger langfristig als diskursiv bewahrte Institution, die man auf der Linken halb nostalgisch als Phänomen einer Kampfzeit erinnern und staatlicherseits beschwörend zur Rechtfertigung von Kontrollmaßnahmen nutzen kann.

– *Wissenschaftsdiskurs:* Von ferne spielt der Diskurs, den die Wissenschaft über die Ursachen des Terrorismus führt, bei dem Geschehen auch ein bisschen mit. Zumindest wird bestimmten Erklärungsversuchen von der jeweiligen Gegenseite nicht selten unterstellt, sie seien in stigmatisierender oder legitimierender Absicht vorgebracht worden. So wird psychologisch-psychiatrischen Ansätzen vorgeworfen, sie versuchten, das Geschehen durch Reduktion auf Sozialisationsdefizite oder psychische Störungen der einzelnen Akteure zu entpolitisieren und damit womöglich sogar das Anliegen der ganzen ursprünglichen sozialen Bewegung zu diskreditieren. Rein soziologische Ansätze, die auf die Interaktion zwischen sozialer Bewegung und staatlicher Überreaktion abheben, werden dagegen kritisiert, weil sie die Terroristen letztlich zu verzweifelten Opfern staatlicher Repression stilisierten.[32]

Islamistischer Terrorismus

Sowohl die RAF wie die *Roten Brigaden*, die IRA wie die ETA hatten bzw. haben internationale Beziehungen. Insofern kann man auch in diesen Fällen schon von internationalem Terrorismus sprechen. Teilweise, vor allem bei der RAF, gab es auch schon die Gegnerschaft zur Weltmacht USA und damit eine Nuance, die sie über den traditionellen sozialrevolutionären Terrorismus hinaushob. Aber in gewissem Sinne war das traditionelle sozialrevolutionäre Selbstverständnis noch vorhanden: Man fühlte sich als revolutionäre Avantgarde der Dritten Welt gegen den Imperialismus. Der internationale Kampf war indes noch sehr punktuell, und die Aktionen gegen die USA spielten sich großenteils innerhalb Deutschlands ab. Heute hat nicht nur die Internationalisierung erheblich zugenommen, sie hat auch einen anderen Charakter, ein anderes Selbstverständnis bekommen. Der heutige islamistische Terrorismus unterscheidet sich durch seinen kriegerischen Charakter und seine globale Reichweite bzw. seine in allen Teilen der Welt aktive Gegnerschaft gegen einen Feind mit globaler Reichweite und durch seine religiöse Ideologie von den bisher behandelten Formen.[33] Ich habe andernorts die These vertreten, dass das, was wir heute »internationalen Terrorismus« nennen, wie auch, warum wir es »Terrorismus« nennen, bestimmt wird von der Globalisierung und der globalen Staatsbildung.In diesem Zusammenhang werden Aktionen, die von den Akteuren durchaus noch als Krieg gemeint sind und in der Hoffnung auf Sieg betrieben werden (hier Dschihad, dort War on Terrorism), zunehmend umgedeutet in einerseits Kriminalität, andererseits Polizei- und Justizaktionen, also innerstaatliche Phänomene. Die heftigsten Gegner der imperialen »Weltgewaltordnung« (Karl Otto Hondrich) tragen ironischerweise durch ihre terroristischen Taten viel dazu bei, den Staatsbildungsprozess zu legitimieren und zu beschleunigen.[34]

Die oben erwähnten islamistischen Terrorgruppen – seit langem in einzelnen islamischen Staaten existent, aber zunächst im Grunde schwach und ohne Zukunft angesichts der übermächtigen Staatsapparate – verdanken ihre heutige Virulenz ihrer Instrumentalisierung im globalen Kampf um das Machtmonopol (der bis 1989 als Kalter Krieg ausgetragen wurde). Auf der Suche nach einem nützlichen Feind ihres Feindes hatten die Amerikaner, assistiert von den dort erfahrenen Engländern und Franzosen, im Nahen und Mittleren Osten als erklärte Gegner der Kommunisten und arabischen Sozialisten à la Nasser die fundamentalistischen Bewegungen und Grüppchen ausgemacht und schon seit den frühen 1950er Jahren unterstützt. Ihre große Stunde aber kam erst, als die Sowjetunion 1979 in Afghanistan einmarschierte. Zusammen mit islamischen Wohlfahrtsorganisationen, Koranschulen und einflussreichen Privatleuten (wie etwa Osama Bin Laden) mobilisierten sie von Nordafrika bis zu den Philippinen viele tausend freiwillige antikommunistische Krieger. Jimmy Carters Sicherheitsberater Zbigniew Brzezinski wollte der Sowjetunion ihr eigenes Vietnam bereiten; die CIA plante und organisierte die Finanzierung, Ausbildung, Bewaffnung und den Einsatz der Guerilla-Armee; ausgewählte pakistanische und afghanische Ausbilder wurden bei den *Special Forces* in den USA trainiert; der amerikanische Kongress bewilligte viele Milliarden Dollar, Saudi-Arabien beteiligte sich mit ähnlichen Summen; Anwar al-Sadat lieferte russische Waffen aus den von Nasser angeschafften Beständen, die nun von amerikanischen ersetzt wurden;[35] Israel steuerte erbeutetes russisches Material aus dem Sechs-Tage-Krieg bei (wenn auch sehr diskret); China rührte die Trommel in seiner Westprovinz Sinkiang und schickte moslemische Uighuren, genehmigte außerdem den Amerikanern in Sinkiang den Bau zweier elektronischer Lauschstationen als Ersatz für jene, die die Amerikaner gerade im Iran verloren hatten; Pakistan war der große Pate vor Ort, sein Geheimdienst ISI übernahm, zusammen mit den in Amerika perfektionierten Ausbildern, das Training der Kämpfer, den Waffennachschub, die gesamte Logistik.

Das Ergebnis ist bekannt. Nach zehn Jahren Krieg war nicht nur Afghanistan zerstört, sondern auch der Ruin der Sowjetunion erheblich vorangekommen. Breschnews und Gromykos Entschluss zur Intervention hatte sich dieses Mal als Riesenfehler herausgestellt, Brzezinskis Traum war in Erfüllung gegangen. Die CIA feierte, machte aber ihrerseits die Erfahrung des Zauberlehrlings. Als die mobilisierten Kämpfer für ihre ursprüngliche Aufgabe nicht mehr gebraucht wurden, richteten sie siegestrunken ihr Sendungsbewusstsein und die Fähigkeiten, die sie erworben hatten, gegen die verweltlichten Regime ihrer Herkunftsländer und gegen ihren Ziehvater USA (als Schutzmacht Israels und Besatzer im Land der heiligen Stätten des Islam). Die Uighuren brachten den Aufruhr nach Sinkiang, die Gruppe *Abu Sayyaf* etablierte sich in der separatistischen islamischen Region der Philippinen, die *Hamas* in Palästina, andere »Afghani« gingen nach Kaschmir und nach Indien, wo sie 1993 (parallel zum Angriff auf das World Trade Center) mit einer Bombe in der Börse von Bombay 300 Menschen töteten und 1200 verletzten, nach Tschetschenien, nach Usbekistan, nach Albanien und Bosnien, nach Algerien mit seinem Bürgerkrieg zwischen terroristischem Militär und terroristischen Islamisten mit hunderttausend Toten, in den Sudan, nach Ägypten, wo sie 1997 das Blutbad von Luxor inszenierten und damit die Tourismusindustrie lähmten, nach Jordanien und in den Libanon, wo zur Jahrtausendwende einige geplante Anschläge vereitelt werden konnten. In Afghanistan selbst errichteten die Taliban, unterstützt von Pakistan und zunächst auch von den USA, die sich Durchgangsrechte für Pipelines aus Innerasien erhofften, ihr islamisches Regime mit allen Schönheiten, die eine echte Theokratie zu bieten hat, und stellten das Land weiterhin für die Ausbildung von Gotteskriegern zur Verfügung. Nach 1989 wurde der Dschihad privatisiert, und die großen islamischen Wohlfahrtsorganisationen, die die Spenden der zu Almosen verpflichteten Frommen sammeln, und vermögende Privatleute vor allem aus Saudi-Arabien übernahmen die Finanzierung. Nicht nur Geld, sondern auch Organisation und geistige Führung bot vor allem Osama Bin Laden, der nach einem Zwischenspiel im Sudan seine Fäden von Afghanistan aus zog. Von ihm scheinen auch besonders viele Anschläge auf die USA auszugehen: die Bombe von 1993 im World Trade Center, 1996 die Autobombe in einem Wohnkomplex der US Air Force in Dhahran in Saudi-Arabien, 1998 die Bomben auf die Botschaften in Kenia und Tansania, 2000 der Anschlag auf den Kreuzer U.S.S. Cole, im September 2001 die Anschläge auf das World Trade Center und auf das Pentagon.[36]

Die Wende gegen die USA mobilisiert offenbar die eine Seite einer sehr ambivalenten Attitüde gegenüber Amerika, die in der Dritten Welt und wohl besonders in der islamischen Welt weit verbreitet ist. Einerseits partizipiert man schon an der amerikanischen Medienkultur, beneidet den Westen um seinen Lebensstil und emigriert in Massen in die USA und nach Westeuropa. Andererseits fühlt man sich betrogen, weil die Amerikaner Demokratie predigen, aber repressive Regime wie das marokkanische, saudische, pakistanische usw. unterstützen (in den islamischen Ländern gibt es praktisch nur repressive Regime, aber nicht alle werden von den Amerikanern unterstützt); man fühlt sich verachtet, als zweitklassig betrachtet, man muss sich selbst im Vergleich als zweitklassig sehen, wenn die Kriterien wissenschaftliche, technische, industrielle, künstlerische, sportliche Leistungen sind. Eine solche gespaltene Attitüde macht empfänglich für die befreiende Lösung, wie sie der nativistische Rückzug auf die eigene kulturelle und religiöse Identität, die Abschottung gegen jede differenzierende Diskussion, die Radikalisierung des Ressentiments darstellt.[37] Typischerweise kommen manche Täter aus der Mittelschicht nicht als Terroristen, sondern als Studenten in westliche Länder und werden dort (wie auch viele andere Türken und Araber) re-islamisiert und schließlich zu Terroristen. In dieser sozialen Schicht sind natürlich nicht Elend und Armut die »tieferen Ursachen« des Terrorismus, sondern die dann in einer gruppendynamisch beschränkten Subkultur als Verarbeitung von Demütigungen entstandene Überzeugung von der moralischen Überlegenheit, sektiererischer Hochmut, das Wissen des wahren Gläubigen, im Lichte zu stehen, die Wahrheit zu kennen.[38]

Viele andere junge Männer in den islamischen Ländern, vor allem aus den unteren Schichten, folgen dem Ruf zum Dschihad ganz einfach deshalb, weil es ihnen einen allgemein anerkannten Vorwand bietet, sich aus den Zwängen der Familie zu lösen. Sexuell stark frustriert, sind sie empfänglich für sexuell akzentuierte religiöse Paradiesverheißungen.[39] Zudem sind sie wohl – zumal viele im Chaos der »Neuen Kriege« aufgewachsen sind – einfach fasziniert vom Rausch des machistischen Kämpfers, als der sie sich vor einem Publikum aufspielen dürfen. Ein Blick auf die jetzt im Fernsehen aus dem Irak verbreiteten Fotos dieser Kämpfer mit ihren Kalaschnikows hinter ihren knienden Geiseln genügt, um männliche Angeberei als Hauptmotiv zu diagnostizieren. Auch diese Spezies von Männlichkeit kennen wir aus unserer eigenen Geschichte (von Röhm bis Baader) und Gegenwart (brandenburgische Skinheads) zur Genüge. Ökonomische und sexuelle Frustration der jungen Männer zwischen 16 und 30 schaffen nicht nur in der islamischen Welt ein enormes Gewaltpotential. Aus diesem Potential speisen sich die so genannten Neuen Kriege vor allem in Afrika ebenso wie die Gang-Kriminalität in Mittelamerika und den USA.[40] Aber aus diesem Potential stammten und stammen eben auch die meisten Kämpfer in Afghanistan, in Kaschmir, in Tschetschenien, im Irak und anderswo.[41]

Die Anschläge vom Juli 2005 in London haben endgültig bestätigt, was sich in Frankreich und Holland schon abzeichnete: dass es mittlerweile auch innerhalb der westeuropäischen Länder ein gewisses Reservoir an terroristischen Tätern aus den eingewanderten Unterschichten gibt. Mangelhaft integriert, mit schlechter oder fehlender Schul- und Berufsausbildung, von der Sozialhilfe versorgt, aber mit weiterreichenden Konsumwünschen, zugleich aber auch noch traditionellen kulturellen Vorstellungen verhaftet (so dass z.B. patriarchalische Ansprüche heftig kollidieren mit der unmittelbaren Erfahrung, dass ihre Schwestern in Schul- und Berufswelt besser vorankommen) – Zehntausende junge Männer leben in dieser Situation. Manche finden einen nichtkonventionellen, aber durchaus positiven Ausweg in Sport- oder Musikkarrieren, für viele bietet der Drogenhandel eine ökonomisch einträgliche Lösung, viele andere driften in Gang- und Gewaltkriminalität ab. Die nativistische Bekehrung zu einem fundamentalistischen Islam ist nun in offenbar zunehmendem Maße eine weitere funktionale Alternative. Man kleidet sich traditionell, lässt den Bart wachsen, schwört dem Alkohol ab, zwingt Schwestern und Mütter, den Schleier zu tragen, betet fünfmal am Tag. Imame in Moscheen und Koranschulen predigen die Ideologie, Berichte und Filme über die Leiden der Moslems in Bosnien, Afghanistan, Tschetschenien, Guantanamo geben der (aus vielen, auch Alltagsquellen stammenden) diffusen Wut einen ehrenvollen Namen, und die Taten der (sozial ganz anders verorteten) Kämpfer von Al-Qaida sind das Vorbild dafür, wie man diese Wut (dazu Machismus, Abenteuertum und Ähnliches) im Dschihad ehrenvoll und mit Paradieserwartung ausleben kann.

Die Taten vom 11. September wurden nicht nur, wie später in einem Video zu sehen, von Osama Bin Laden, sondern weithin auf den Straßen der islamischen Welt als Heldentaten gefeiert und, mehr oder weniger bewusst, sicher ganz im von Frantz Fanon anvisierten Sinne als ein Sieg über den überlegenen und arroganten, gehassten und bewunderten Kolonialherren empfunden.

In ihren Folgen sind die Taten vom 11. September aber wahrscheinlich alles andere als das. Die Anschläge auf das World Trade Center und das Pentagon waren zu spektakulär und trafen zu sehr ins Zentrum; die Erschütterung war zu groß und die Reaktion entsprechend konsequent. Die Opfer wurden ihrerseits zu Helden (Feuerwehrleute, Polizisten, die Zivilisten im vierten Flugzeug), eine Welle von Solidarität und Patriotismus erfasste Amerika – und vor allem befreite der Anschlag die amerikanische Militärpolitik innen- und außenpolitisch von lästigen Beschränkungen.[42]

Die Planer und Täter des Anschlags vom 11. September lebten wahrscheinlich in der Vorstellung, dass sie und Allah 1989 die Sowjetunion besiegt hätten und nun in der Lage sein müssten, auch die andere Supermacht zumindest aus der islamischen Welt zu vertreiben,[43] durch direkte Angriffe, aber auch mit der typisch terroristischen Strategie, die USA zu einem Krieg in Afghanistan und gegen den Islam zu provozieren und damit faktisch und ideologisch ähnlich zu schwächen wie einst die Sowjetunion. Die USA begannen diesen Krieg tatsächlich, aber nun gab es keine Supermacht mit Geld und Stinger-Raketen auf der anderen Seite, und die vorbürgerliche Kriegführung der lokalen Warlords (die kämpfen, solange sie dabei verdienen, und vor einer Niederlage die Seiten wechseln) verschaffte den Amerikanern die nötigen Bodentruppen. Die neuartige Strategie einer Kopplung von modernster Waffentechnik aus der Luft mit altertümlich-irregulären indigenen Söldnern (zum Teil auf Pferden) plus hochtrainierten und exzellent ausgerüsteten *Special Forces* am Boden gilt im Pentagon bereits als die exemplarische Strategie für die Feldzüge des 21. Jahrhunderts, die nicht mehr gegen stehende Land-, Luft- und Seestreitkräfte, sondern gegen Terroristen und ihre Beschützer geführt werden müssen, gegen »ethno-nationalistische paramilitärische Banden« bzw. »Terroristen, Kriminelle, Banden, ethnische Extremisten« – letztlich als Polizeieinsatz.[44] Der Anschlag vom 11. September und der *war on terror* haben möglich gemacht, was anders wohl viele Jahre länger gedauert hätte: dass die Supermacht sich (mit einiger Legitimation und breiter Zustimmung) in Innerasien etabliert und (mit etwas weniger offizieller, aber wohl ebenso breiter inoffizieller Zustimmung) sich daranmacht, gefährliche unabhängige Staaten »zu beenden«. Die treibende Kraft in dieser Entwicklung ist neben der privaten Wirtschaft staatlicherseits vor allem das an globaler Sicherung und Risikobeherrschung interessierte Militär. Die Umorientierung des US-Budgets auf Militärausgaben im Februar 2002 (initiiert ausgerechnet von einem Präsidenten, der bei Amtsantritt eher zur konservativen amerikanischen Grundstimmung des Isolationismus neigte) wird die Überlegenheit gegenüber allen anderen Streitkräften und die allseitige Interventionsfähigkeit dieses Militärs in den nächsten Jahren noch wachsen lassen.[45] Diese Überlegenheit zwingt all jene, die ihre Interessen gegen diejenigen der USA oder deren Abhängige und Verbündete mit Gewalt verfolgen wollen, ihren »Krieg« in einer Weise zu führen, der sich leicht als Terrorismus etikettieren lässt.

So ist natürlich auch Bin Laden klar, dass der von ihm verkündete Dschihad als ideologischer Kampf, als Wirtschaftskrieg und vor allem eben als globaler Guerillakrieg geführt werden muss. In seinen zahlreichen Reden und Interviews versteht er die Aktionen Al-Qaidas und der anderen islamistischen Gruppierungen als Verteidigungskampf gegen die weltweite »zionistisch-amerikanische Aggression der Juden und Kreuzfahrer«.[46] Nachdem der Versuch, in einigen islamischen Ländern (Ägypten, Algerien usw.) ein islamisches Regime zu errichten, fehlgeschlagen ist (der schiitische Iran zählt für den Sunniten nicht voll), muss der defensive Dschihad nun gegen den »fernen Feind« geführt werden, der den »nahen Feind« (die säkularen und korrupten Regierungen der islamischen Länder) unterstützt und zu Komplizen macht, auch und sogar vor allem das streng wahhabitische Saudi-

Arabien. Ziel ist zunächst die Säuberung des islamischen Gebietes von allen »Juden und Kreuzfahrern« und von allem westlichen Einfluss. Die Zeitdiagnose Bin Ladens ähnelt damit stark Huntingtons Theorie vom Konflikt der Zivilisationen. Sie entbehrt übrigens auch nicht eines gewissen Realismus, nicht nur in der Wahl der Mittel: Zumindest der fundamentalistische Islam ist ja tatsächlich (und wahrscheinlich unwiderruflich) vom globalen Einfluss der westlichen Moderne bedroht, und die industrielle Welt ist in der Tat auf das Öl des Nahen Ostens angewiesen, das sie zwar gut bezahlt, sich aber notfalls auch mit Gewalt sichert. Auch manche moralische Vorwürfe kann Bin Laden mit einigem Recht zurückweisen: nichtkombattante Opfer gibt es in diesem »Krieg« auf beiden Seiten. Als apokalyptischer Nihilismus lässt sich die Haltung Bin Ladens jedenfalls nicht abtun. Zu bezweifeln ist allerdings, ob sein Dschihad wirklich nur rein defensiv gemeint ist. Schließlich gibt es durch die Migration auch in den westlichen Ländern islamische Zonen, die als islamische zu verteidigen für die westliche Seite natürlich Aggression wäre, und letztliches Ziel ist wohl eine globale Islamisierung.[47] Gerade der Versuch, Bin Laden zu verstehen, zeigt, dass hier ein echter Konflikt besteht, der durch Zugeständnisse nicht zu lösen ist.

1   Vgl. Roland Barthes, Mythen des Alltags, Frankfurt am Main 1964 (Paris 1957), S. 85–151. – Die primäre Funktion, nämlich den Gegner, den man als Terroristen bezeichnet, zu stigmatisieren, kann manchmal ironischerweise seine effektive Bekämpfung behindern. Die Fahndungsplakate, mit denen die britische Mandatsmacht in Palästina den Führer der jüdischen Irgun, Menachem Begin, suchte, zeigten eine klassische anarchistische Fratze, die mit dem Menschen Begin nichts zu tun hatte und ihn vor einer Festnahme eher schützte (vgl. Menachem Begin, The Revolt, New York 1978, S. 153–156). Ein weiteres gutes Beispiel waren die ersten RAF-Fahndungsplakate. Heute hat man aus diesen Erfahrungen gelernt.
2   Vgl. Henner Hess, Terrorismus und Terrorismus-Diskurs, in: Henner Hess u.a., Angriff auf das Herz des Staates. Soziale Entwicklung und Terrorismus, Frankfurt am Main 1988, Bd. 1, S. 59.
3   Die weltweit übertragene »Liveshow« des einstürzenden World Trade Center ist sicherlich das bisher eindringlichste Beispiel für die Verstärkerwirkung der Medien. Aber auch frühere terroristische Akte, wie die Morde an Zar Alexander II. oder an der österreichischen Kaiserin Elisabeth, wie das Attentat von Sarajevo oder die Entführungen von Aldo Moro und Hanns Martin Schleyer, waren zweifellos als Medienereignisse wirksam. Wir neigen dazu, Gegenwärtiges als völlig neu und in seinen Auswirkungen einmalig zu begreifen. Zu Unrecht. Die Auswirkungen des Attentats vom 28. Juni 1914 (Sarajevo) waren z.B. wahrscheinlich bei weitem bedeutsamer als jene des 11. September 2001.
4   Folgerichtig ist man Terrorist, wenn und solange man sich dieser Methode bedient und terroristisch handelt, nicht im Wesen der Person, und kann – wie Menachem Begin – vom meistgesuchten Terroristen des britischen Empire zum Friedensnobelpreisträger werden.

5 Vgl. Thomas Plate/Andrea Darvi, Secret Police. The Inside Story of a Network of Terror, Garden City/New York 1981. – Für eine weit differenziertere Diskussion des Terrorismus-Begriffs vgl. Alex P. Schmid, Political Terrorism. A research guide to concepts, theories, data bases and literature, Amsterdam/New Brunswick 1983, S. 5–158; Sebastian Scheerer, Die Zukunft des Terrorismus. Lüneburg 2002, S. 17–46.
6 Vgl. Henner Hess, Terrorismus und Terrorismus-Diskurs, in: *Tijdschrift voor criminologie*, Jg. 23, 1981, S. 171–188. – Natürlich gibt es zahlreiche andere, mehr oder weniger brauchbare Typologien. Auch lassen sich manche Gruppen in meine vereinfachende Typologie nur schwer einordnen: die religiöse Sekte *Aum Shinrikyo* in Japan mit ihrem Endzeit-Terrorismus oder so genannte *single issue terrorists* wie die Umweltterroristen *Nature First* in den USA, die *Jewish Defense League* ebendort, die *Pro-Life*-Abtreibungsgegner, ebenso auch die amerikanischen rechtsradikalen *militias* (die sich in ihrer Staatsfeindschaft von den rechtsradikalen Europäern stark unterscheiden).
7 Für die beispielhafte Analyse eines frühen terroristischen Staates bei den Zulu vgl. E. V. Walter, Terror and Resistance, New York 1969. Es gibt eine große Menge Literatur über Hitler, Stalin, Mao, Amin, Bokassa, Pol Pot, Duvalier, Somoza, Pinochet, Videla, Papadopoulos, Saddam Hussein und andere sowie ihre Herrschaftssysteme. – Angemerkt sei, dass meine Typologie manchmal zu stark vereinfacht. So wurde der Terror Robespierres zwar mit Hilfe staatlicher Apparate ausgeführt, richtete sich aber gegen etablierte Privilegien, die nicht mehr vom Staat vertreten waren; vgl. Albert Soboul, Histoire de la révolution française, Paris 1972, Bd. 2: De la Montagne à Brumaire, S. 42–46 und 93–98. Ähnlich liegen die Dinge beim stalinistischen Terror, der sich dadurch grundlegend vom faschistischen unterscheidet; vgl. Isaak Deutscher, Stalin, Stuttgart 1962, S. 368–410, sowie Werner Hofmann, Stalinismus und Antikommunismus, Frankfurt am Main 1967, S. 13–20.
8 Vgl. Troy Duster, Bedingungen für Massenmord ohne Schuldgefühl, in: Heinz Steinert (Hg.), Symbolische Interaktion, Stuttgart 1973, S. 76–87; Stanley Milgram, Das Milgram-Experiment, Reinbek 1982; Herbert Jäger, Verbrechen unter totalitärer Herrschaft, Frankfurt am Main 1982, S. 252–325.
9 Vgl. David Fromkin, The Strategy of Terrorism, in: *Foreign Affairs*, 54. Jg., Juli 1975, S. 683–698; Peter Waldmann, Terrorismus. Provokation der Macht, München 2001. Diese Strategie ist allerdings nur für die beiden Formen des revoltierenden Terrorismus typisch.
10 Vgl. Wilhelm Emil Mühlmann, Chiliasmus und Nativismus. Studien zur Psychologie, Soziologie und historischen Kasuistik der Umsturzbewegungen, Berlin 1961.
11 Für den mehrmaligen Wechsel zwischen terroristischer und Guerilla-Strategie im algerischen Unabhängigkeitskampf vgl. Yves Courrière, La guerre d'Algérie, 4 Bde., Paris 1969–1971. Courrières umfangreiche Arbeit ist eine Fundgrube für das Studium verschiedener Formen von Terrorismus (FLN, Rechtsgruppierungen französischer Siedler, Polizei, Fallschirmjäger); für einen der Höhepunkte des revoltierenden Terrorismus nationaler Art während der so genannten Schlacht von Algier, seine Hintergründe, seine Organisation, seine kurz- und langfristigen Folgen vgl. besonders Band 2 (Le temps des léopards, 1969, S. 501–648). Für eine gute Zusammenfassung des regionalen Terrorismus in Europa mit weiteren Literaturhinweisen vgl. R. Wördemann, Terrorismus, München 1977, S. 167–227. Für die These »success breeds repetition« vgl. mit zahlreichen Beispielen zur Geschichte des palästinensischen Terrorismus Alan M. Dershowitz, Why Terrorism Works. Understanding the Threat – Responding to the Challenge, New Haven/London 2002, S. 57–78.

12 Für einen ausgezeichneten historischen und aktuellen Überblick über Theoretiker und Praktiker des militanten Islam vgl. Philippe Migaux, Les racines de l'islamisme radical, in: Gérard Chaliand/Arnaud Blin (Hg.), Histoire du terrorisme. De L'Antiquité à Al Quaida, Paris 2004, S. 281–341.
13 Vgl. Martin van Creveld, Die Zukunft des Krieges, Hamburg 1998, S. 207–211. Zu den verschiedenen Übersetzungen und Interpretationen von *milchimet mitzvah* vgl. www.torahmitzion.org/eng/resources/show.asp?id=231 (8. Mai 2006). Das Christentum kennt die entsprechende Tradition des Kreuzzugs, und es ist kein Zufall, dass die Islamisten Bushs unüberlegte Rede vom Kreuzzug gegen den Terrorismus begierig aufgegriffen und damit den *crusader* als willkommenes Feindbild aufgebaut haben.
14 Der russische sozialrevolutionäre Terrorismus ist in jeder Hinsicht ein besonders interessanter Parallelfall zum europäischen der 1970er Jahre; vgl. dazu als Zeugnisse von auf der einen oder anderen Seite Beteiligten Boris Nikolajewsky, Asew. Die Geschichte eines Verrats, Berlin 1932; Alexander Gerassimoff, Der Kampf gegen die erste russische Revolution. Erinnerungen, Leipzig 1934; Boris Savinkow, Erinnerungen eines Terroristen. Mit einem Vor- und Nachbericht von Hans Magnus Enzensberger, Nördlingen 1985; Wera Finger, Freiheit oder Tod. Nacht über Russland. Lebenserinnerungen, Jossa 1978. Weiterhin als Sekundärliteratur Walter Laqueur, Terrorismus, Kronberg 1977, S. 28–41; Edward Crankshaw, The Shadow of the Winter Palace, Harmondsworth 1978, S. 296–319; Christine Fauré, Terre, Terreur, Liberté, Paris 1979. Zum anarchistisch inspirierten Terrorismus vgl. zusammenfassend James Joll, The Anarchists, London 1979, S. 99–129.
15 Man vergleiche das mit der doch verhältnismäßig geringen Aufregung, die der diffuse Terrorismus xenophobischer Schlägergruppen in den 1980er und 1990er Jahren ausgelöst hat; siehe Henner Hess, Diffuser Terrorismus, in: Jürgen Habermas u.a., »Fremde«, »Andere« und das Toleranzgebot des Grundgesetzes, Frankfurt am Main 1993, S. 18–24.
16 Vgl. Hess, Terrorismus und Terrorismus-Diskurs (1981) und zur Diskussion dieses Vorschlags Schmid, Political Terrorism, S. 231–239, vor allem aber als grundlegende Arbeit in diesem Bereich Sebastian Scheerer, Ein theoretisches Modell zur Erklärung sozialrevolutionärer Gewalt, in: Hess u.a., Angriff auf das Herz des Staates, Bd. 1, S. 75–189, auch mit ausführlichen Nachweisen der Literatur zu sozialen Bewegungen und individuellen Karrieren; und schließlich für ausgeführte Beispiele Sebastian Scheerer, Deutschland: Die ausgebürgerte Linke, in: Hess u.a., ebenda, S. 193–429; Dieter Paas, Frankreich: Der integrierte Linksradikalismus, in: Hess u.a., ebenda, Bd. 2, S. 167–279; Henner Hess, Italien: Die ambivalente Revolte, in: Hess u.a., ebenda, Bd. 2, S. 9–166.
17 Zum strukturellen Individualismus vgl. James Coleman, Foundations of Social Theory, Cambridge/London 1990, S. 1–23; Hartmut Esser, Soziologie. Spezielle Grundlagen, Frankfurt am Main 1999, Bd. 1: Situationslogik und Handeln, S. 1–28; zur Integration von strukturellem Individualismus und Karriereansatz in der kriminologischen Theorie vgl. Henner Hess/Sebastian Scheerer, Was ist Kriminalität? Skizze einer konstruktivistischen Kriminalitätstheorie, in: *Kriminologisches Journal*, 1997, Nr. 29, S. 83–155, und dies., Theorie der Kriminalität, in: *Kölner Zeitschrift für Soziologie und Sozialpsychologie,* 2003, Sonderheft 43 (Soziologie der Kriminalität, hrsg. von Dietrich Oberwittler und Susanne Karstedt), S. 69–92. – Die Erforschung von Karrieren hat leider oft eine deterministische Tendenz, da man immer vom Endstadium (Prostituierte, Einbrecher, Arzt, Terrorist bzw. Faschismus, Revolution, Minirockmode, Terrorismus usw.) ausgeht. Deshalb muss man immer betonen, dass die Karrieren von Individuen oder sozialen Phänomenen keineswegs zwangsläufig einem

Schema bis zum Ende folgen müssen. In unserem Fall wäre es besonders interessant, Entwicklungen zu untersuchen, die nicht oder noch nicht bis zum Endstadium Terrorismus gediehen sind. Als aktuelles Beispiel käme dafür z.b. die Antiglobalisierungsbewegung in Frage, für zwei historische Beispiele vgl. Martin Moerings, Niederlande: Der subventionierte Protest, in: Hess u.a., Angriff auf das Herz des Staates, Bd. 2, S. 281–342, und Paas, Frankreich, in: ebenda, S. 167–279.

18 »Strukturelles Problem« und »soziale Bewegung« möchte ich im weitesten Sinne verstehen: »Strukturelles Problem« kann z.b. auch die massenhafte Immigration in ein Land sein, das eigentlich kein Einwanderungsland ist, »soziale Bewegung« der Versuch, in diesem Land dennoch als Einwanderer Fuß zu fassen und Erfolg zu haben. Die meisten westeuropäischen Länder weisen heute diese Einwanderungsproblematik und ihre Folgeprobleme auf, die die ursprünglichen großen Einwanderungsländer USA, Kanada, Australien, Argentinien weit weniger gekannt haben (vor allem, weil sie einerseits leere Räume, andererseits keine Verpflichtungen zur Versorgung der Immigranten hatten). Besonders in Spanien, England, Holland und Frankreich greifen junge Männer der zweiten und dritten Immigrantengeneration das Angebot einer islamistischen Interpretation ihrer Lage und entsprechend radikale Lösungsvorschläge auf.

19 Für diesen Diskurs der RAF vgl. texte: der RAF, Malmö 1977, zur kritischen Interpretation Konrad Hobe, Zur ideologischen Begründung des Terrorismus, Bonn 1979, und Iring Fetscher/Herfried Münkler/Hannelore Ludwig, Ideologien der Terroristen in der Bundesrepublik Deutschland, in: Iring Fetscher/Günther Rohrmoser, Ideologien und Strategien (Analysen zum Terrorismus, hrsg. vom Bundesministerium des Innern, Bd. 1), Opladen 1981, S. 15–271. Für eine Analyse der Schriften des Ägypters Zawahiri vgl. Montasser Al-Zayyat, The Road to Al-Qaeda. The Story of Bin Laden's Right-Hand Man, London 2004, S. 60–72, und Gilles Kepel, Fitna. Guerre au cœur de l'islam, Paris 2004, S. 99–138; für das Weltbild in Bin Ladens Reden und Interviews siehe Thomas Scheffler, Zeitenwende und Befreiungskampf: Zur Gegenwartsdiagnose Bin Ladens, in: Hans G. Kippenberg/Tilmann Seidensticker (Hg.), Terror im Dienste Gottes. Die »geistliche Anleitung« der Attentäter des 11. September 2001, Frankfurt am Main 2004. Im Duktus sind sich diese Äußerungen erstaunlich ähnlich: Die Autoren sind überzeugt, von der wahren Lehre (hie Marxismus, dort Koran) erleuchtet zu sein, Skepsis und Selbstkritik fehlen völlig, die Feinde scheinen zwar von vornherein (durch die Weltgeschichte bzw. durch den Willen Allahs) zum Untergang verurteilt, dieser Entwicklung muss aber durch die Aktionen einer Avantgarde nachgeholfen werden, der großmäulige Ton dieser Avantgarde ist der gewaltigen Menge der Adressaten angemessen (hier »die Massen und das Volk«, dort »die Massen der Umma«). Natürlich darf der ideologische Diskurs nicht ohne weiteres und meist wahrscheinlich ganz und gar nicht als eigentlicher Handlungsantrieb interpretiert werden. So fassen Fetscher/Münkler/Ludwig zusammen: »Noch eindeutiger als im Fall des Faschismusvorwurfs dienen Bestandteile von Imperialismustheorien im Grunde nur der Legitimation von Verhaltensweisen, deren Ursachen eher im sozialpsychologischen Bereich liegen dürften« (S. 229). Herbert Jäger und Lorenz Böllinger schreiben in einer der ganz wenigen, vielleicht der einzigen seriösen Untersuchung der individuellen psychosozialen Entwicklung von RAF-Mitgliedern: »Auch wenn welt- und innenpolitische Ereignisse, vor allem der Vietnam-Krieg, in der Begründung aktuellen terroristischen Handelns eine zentrale Rolle spielen, kommt ihnen in der individuellen Entwicklung doch weniger eine auslösende und motivierende als eine bestätigende und legitimierende Bedeutung zu.« Dort heißt es auch, »daß bestimmte Phasen des individuellen Ausstiegs meistens bereits abgeschlossen waren, bevor politische Orientierungen im Sinne der später ver-

folgten Gruppenziele die individuelle Entwicklung zu beeinflussen begannen«. Studien zur Sozialisation von Terroristen, in: Herbert Jäger/Gerhard Schmidtchen/Lieselotte Süllwold: Lebenslaufanalysen, Opladen 1981, S. 177–243. Vgl. auch Georg Elwert, Charismatische Mobilisierung und Gewaltmärkte. Die Basis der Attentäter vom 11. September, in: Wolfgang Schluchter (Hg.), Fundamentalismus Terrorismus Krieg, Weilerswist 2003, S. 111–134, und Jan Philipp Reemtsma, Terroristische Gewalt: Was klärt die Frage nach den Motiven?, in: Michael Beuthner u.a. (Hg.), Bilder des Terrors – Terror der Bilder? Krisenberichterstattung am und nach dem 11. September, Köln 2003, S. 330–349. Bezeichnenderweise ist der Diskurs auch häufig genug austauschbar: Man denke nur an Horst Mahler, der zum Rechtsradikalen wurde, oder an den Marxisten-Leninisten Carlos, der zum Islam und zum Jünger des »Scheich Osama« konvertierte. Der Diskurs ist aber dennoch nicht unwichtig. Er hat seine Bedeutung als Rationalisierung des eigenen Handelns sowie als Legitimation den Sympathisanten und den »Massen« gegenüber.

20 Diese eskalierende Interaktion zwischen Oppositionellen und Systembewahrern ist im Zusammenhang mit dem westeuropäischen linksradikalen Terrorismus vielfach beschrieben worden; vgl. etwa Hess, Italien, Die ambivalente Revolte, und Scheerer, Deutschland, Die ausgebürgerte Linke. Und die These von der Eskalation hat viele Anhänger vor allem im linksliberalen Spektrum, sicherlich zum Teil auch deshalb, weil sie »dem Staat« auch ein gerüttelt Maß an Schuld, womöglich den größten Teil, zuschreibt. Ob sie einer Überprüfung an anderen Beispielen standhalten kann, ist nicht erwiesen. Eine ausgesprochene Multi-Kulti-Toleranz wie in England und den Niederlanden hat die Entwicklung zu islamistischem Terrorismus womöglich eher beschleunigt. Vgl. etwa Melanie Phillips, Londonistan, New York 2006. Eine Rolle spielt das Verhalten der Systembewahrer sicherlich, es fehlen aber gesicherte Hypothesen.

21 Im Falle der RAF war das die Baader-Befreiung, im Falle des italienischen Linksterrorismus waren es die Aktionen Feltrinellis; vgl. Hess, Italien: Die ambivalente Revolte, S. 65–68. – Übrigens nannte Lenin die Zeitschrift der Bolschewiki »Iskra« (Der Funke) und gab der Zeitschrift das Motto »Aus dem Funken wird die Flamme schlagen«.

22 Die kriminologische Labeling-Theorie hat diese Vorgänge ausführlich thematisiert; vgl. Edwin Schur, Labeling Deviant Behavior. Its Sociological Implications, New York 1971.

23 Zum letzten Punkt vgl. ausführlich Reemtsma, Terroristische Gewalt. Ernst von Salomon charakterisiert sich selbst und die anderen Rathenau-Attentäter als »großmäulig und anmaßend« (Ernst von Salomon, Der Fragebogen, Hamburg 1951, S. 111); dieses Maß an Reflexivität haben weder die RAF noch die heutigen Islamisten erreicht, in der Großmäuligkeit haben sie aber die Rathenau-Attentäter weit übertroffen; vgl. z.B. texte: der RAF. Die Nähe zum faschistischen Heldentum wäre eine detaillierte Untersuchung wert. Wahrscheinlich wäre nicht nur Baaders Lebensgefühl recht adäquat mit einem Mussolini-Zitat erfasst: »Besser einen Tag leben wie ein Löwe als hundert Jahre wie ein Schaf.«

24 »[…] gemessen an idealtypischer Sozialisation ist eine defizitäre Identitätsbildung gesamtgesellschaftlich betrachtet im Spektrum der Normalität anzusiedeln.« (Jäger/Böllinger, Studien zur Sozialisation, S. 233)

25 Vgl. Jack Katz, Seductions of Crime. Moral and Sensual Attractions in Doing Evil, New York 1988. Ganz ähnlich thematisiert die Psychoanalyse die Lockungen der Allmachtserfahrung. Vgl. außerdem zur »Suche nach einer terroristischen Persönlichkeit« Waldmann, Terrorismus, S. 138–162. Ganz so irrelevant, wie Waldmann sie einschätzt, scheinen mir aber Persönlichkeitsfaktoren nicht zu sein; in dieser Hinsicht überzeugt eher Reemtsma, Terroristische Gewalt.

26 Sehr schön charakterisiert Georg Elwert dieses wichtige Moment: »Solche kommunikativen Isolate mit selektiver Informationsaufnahme und zweipoligen Weltbildern sind häufiger, als wir meinen [...] Das überlegene Lächeln und die Unfähigkeit, zuhören zu können, verraten die Bewohner dieser Inseln. Das Isolat ihrer religiös firmierenden Politsekte konnten die Männer der Al-Qaida auch am Rande der Studentenmilieus einer deutschen Hochschule aufrechterhalten. Unter reduzierter Kommunikation kann eine Traumwelt entstehen. In solchen Fantasien lebte z.B. die RAF. Sie glaubte, die Unterdrückten warteten nur auf das Signal, dass die Spitze der Gegenseite getötet werden könne.« Elwert, Charismatische Mobilisierung und Gewaltmärkte, S. 118f. Genau in diesem Sinne interpretiert übrigens Kepel, Fitna, die theoretischen Schriften Zawahiris: Die Umma soll durch die spektakulären Taten der Avantgarde aufgerüttelt und mobilisiert werden. Wie es dabei zur Verselbständigung der Gewalt gegenüber den damit verfolgten politischen Zielen und zur zunehmenden Konzentration der Terroristen auf die Erhaltung der eigenen Gruppe kommt, beschreibt Waldmann, Terrorismus, S. 163–182. Solche Phänomene gibt es natürlich auch in anderen Zusammenhängen. So sagte Richard Clarke, ehemals Antiterrorismus-Koordinator im Weißen Haus, über die Clique Bush, Cheney, Rumsfeld, Wolfowitz und ihre Fixierung auf den Irak: »Es gab ein Gruppenphänomen, eine gemeinsame Obsession. Sie haben sich gegenseitig in der Vorstellung verstärkt, dass sie Recht hatten. Wenn andere Experten eine andere Meinung vorbrachten, haben sie sie abgelehnt. Das ist die Arroganz.« (Cécile Chambraud, Les erreurs énormes de George Bush. Entretien avec Richard Clarke, *Le Monde. Dossiers et Documents*, Juli–August 2004, Nr. 333, S. 1) Und welcher Wissenschaftler kennt sie nicht oder hat sie nicht selbst erlebt – die Scheuklappen wissenschaftlicher Subkulturen.
27 Diese Spaltungen könnte man mit Freuds These vom »Narzissmus der kleinen Differenzen« erklären: Gerade die kleine Abweichung eigentlich Gleichgesinnter wird als deshalb womöglich ernstzunehmende Kritik und Aufforderung zur Änderung empfunden und deshalb umso schärfer zurückgewiesen; vgl. Sigmund Freud, Massenpsychologie und Ich-Analyse, in: Gesammelte Werke, Bd. XIII, Frankfurt am Main 1972, S. 71–161, bes. S. 111, und ders., Das Tabu der Virginität, in: Gesammelte Werke, Bd. XII, Frankfurt am Main 1972, S. 161–180, bes. S. 169.
28 Dezentrale Organisationsweise wie Rekrutierung nach partikularistischen Kriterien – das gilt für Terrorismus genauso wie für die sogenannte Organisierte Kriminalität; vgl. Henner Hess, Mafia. Zentrale Herrschaft und lokale Gegenmacht, Tübingen 1970 (4. Auflage 1993), weiterhin Peter Reuter, Disorganized Crime. The Economics of the Visible Hand, Cambridge, Mass. 1983 sowie Henner Hess, Die ambivalente Revolte, S. 77–79.
29 Beispiele dafür gibt es genug und keineswegs nur aus der neueren Zeit: Die Attentate von 1878 auf Kaiser Wilhelm I. dienten der Legitimierung der Sozialistengesetze, der Mord an Rathenau führte zur Etablierung des »Staatsgerichtshofs zum Schutze der Republik« mit einer Mehrheit von politischen Richtern, dessen Praxis sich später vor allem gegen Kommunisten richtete.
30 Vgl. Gianfranco Sanguinetti, Del terrorismo e dello stato: la teoria e la practica del terrorismo per la prima volta divulgate, Milano 1979, S. 29–76, und mit weiterer Literatur Hess, Italien: Die ambivalente Revolte, S. 119–127.
31 Vgl. als Verschwörungstheorien Mathias Bröckers, Verschwörungen, Verschwörungstheorien und die Geheimnisse des 11. 9., Frankfurt am Main 2002, und Thierry Meyssan, 11 Septembre 2001: L'effroyable imposture, Paris 2002, über Verschwörungstheorien Robin Ramsay, Conspiracy Theories, Harpenden/Herts 2000. Viele

Verschwörungstheorien sind offensichtliche Albernheiten. Sie haben deshalb einen schlechten Ruf, und eine Aussage als Verschwörungstheorie zu bezeichnen, disqualifiziert diese Aussage in der Wissenschaft wie im Alltag. Andererseits ist nicht zu bestreiten, dass es trotz allem auch genügend wirkliche Verschwörungen gibt – und dass vielleicht der schlechte Ruf des disqualifizierenden Etiketts »Verschwörungstheorie« eine Verschwörung gegen ihre Aufdeckung ist.

32 Beide Erklärungsansätze finden sich auch in der wissenschaftlichen Aufarbeitung des islamistischen Terrorismus; vgl. etwa einerseits Scheerer, Die Zukunft des Terrorismus, andererseits Reemtsma, Terroristische Gewalt.

33 Oft wird zudem als besonderes Merkmal die Suizidbereitschaft angeführt, und es scheint so, dass vor allem der Opfertod die diesseitigen (für die Familie) und jenseitigen erhofften Vorteile des Märtyrertums bringt (vgl. für die Problematik von Selbstmord vs. Märtyrertod im Islam Tilman Seidensticker, Der religiöse und historische Hintergrund des Selbstmordattentats im Islam, in: Kippenberg/Seidensticker, Terror im Dienste Gottes, S. 107–116). Allerdings haben auch frühere Terroristen immer mit dem Tod rechnen müssen, und es ist nicht ausgeschlossen, dass einige, vielleicht viele ihn auch gesucht haben. So analysiert Cesare Lombroso in seinem Buch über die Anarchisten in dem Kapitel »Politische Attentate als indirekte Selbstmorde«: »Ich muss hier noch jene merkwürdigen Mordthaten erwähnen, die einen Ersatz des Selbstmordes darstellen; es sind dies Morde, oder vielmehr sehr ungeschickt ausgeführte Selbstmorde, in Form von Attentaten gegen regierende Häupter, durch die der Verbrecher ein Leben enden will, das ihm zur Last ist, während ihm der Muth zum direkten Selbstmorde fehlt.« (Cesare Lombroso, Die Anarchisten. Eine kriminalpsychologische und sociologische Studie, Hamburg 1895, S. 55)

34 Henner Hess, Terrorismus und globale Staatsbildung, in: *Kritische Justiz*, Jg. 35, 2002, S. 450–467; ders., Like Zealots and Romans: Terrorism and Empire in the 21st Century, in: *Crime, Law and Social Change*, Jg. 39, 2003, S. 339–357; ders., Terrorismus: Quo vadis? Kurzfristige Prognosen und mittelfristige Orientierungen, in: Uwe E. Kemmesies (Hg.), Terrorismus und Extremismus – der Zukunft auf der Spur, München 2006, S. 105–150.

35 Dass Sadat 1981 dennoch von Islamisten ermordet wurde, zeigt die Ambivalenz der Allianzen: Neben den Kommunisten und sonstigen Ungläubigen blieb immer vor allem Israel der Hauptfeind der Fundamentalisten, die weder Sadat seinen Friedensschluss mit dem Amerikanern ihre Unterstützung Israels jemals vergeben haben.

36 Für eine Chronologie der Al-Qaida-Anschläge, Verhaftungen und Verurteilungen von 1979 bis 2001 siehe Yonah Alexander/Michael S. Swetnam, Usama bin Laden's al-Qaida: Profile of a Terrorist Network, New York 2001, S. 37–52. Um den gesamten Hintergrund des 11. September zu verstehen, ist unerlässlich John K. Cooley, Unholy Wars. Afghanistan, America and International Terrorism, London/Sterling 2000; weiterhin Ahmed Rashid, Taliban: Militant Islam, Oil and Fundamentalism in Central Asia, New Haven 2001, vor allem auch zur Frage der Pipeline-Interessen. Zur Organisationsstruktur von Al-Qaida vgl. Alexander/Swetnam, Usama bin Laden's al-Qaida, und Edward Rothstein, A Lethal Web With No Spider, *New York Times* vom 20. Oktober 2001.

37 Für die Analyse der Mikro-Ebene, die hier leider zu kurz kommen muss, auf der sich aber typische Karrieren rekonstruieren ließen, vgl. Simon Reeve, The New Jackals, Ramzi Yousef, Osama bin Laden and the Future of Terrorism, Boston 1999, über Ramzi Yousef (u.a. WTC-Bombenleger von 1993) und Bin Laden; Yossef Bodanksy, Bin Laden: The Man Who Declared War on America, New York 2001, über Bin Laden; Jim Yardley, A Portrait of the Terrorist: From Shy Child to Single-Minded Killer,

New York Times vom 10. Oktober 2001, über Mohamed Atta; Bertrand-Henri Lévy, Qui a tué Daniel Pearl, Paris 2003, über Omar Sheikh; Al-Zayyat, The Road to Al-Qaeda, über Ayman al-Zawahiri. Auf eindrucksvolle Weise ist der soziale und psychische Hintergrund algerischer Islamisten geschildert in den Romanen von Yasmina Khadra, einem ehemaligen algerischen Armeeoffizier, der unter weiblichem Pseudonym (!) publiziert, z.B. Yasmina Khadra, Les agneaux du Seigneur, Paris 1998, und Wovon die Wölfe träumen, Berlin 2002. Für die Situation pakistanischer Einwanderer in Großbritannien und mögliche Entwicklungen einzelner zum Terrorismus sehr aufschlussreich ist Monica Ali, Bride Lane, London 2003. Interessant sind auch die Ergebnisse der Interviews, die Jessica Stern mit religiös motivierten Terroristen geführt hat: Nicht die Armut, sondern die Entfremdung und Demütigung spielen dabei eine große Rolle als den Taten zugrunde liegende »Kränkungen, die zum Heiligen Krieg führen« (vgl. Jessica Stern, Terror in the Name of God. Why Religions Militants Kill, New York 2003, S. 9–62).

38 Vgl. auch Eric Hoffer, Der Fanatiker und andere Schriften, Frankfurt am Main 1999. »Das ›fundamentalste Problem der Politik [...] ist nicht die Kontrolle des Bösen sondern die Beschränkung der Selbstgerechtigkeit‹.Die Nazis, die Jakobiner, die Ayatollahs und die anderen, die Revolutionen gemacht haben, waren alle selbstgerecht. Kissinger behauptet, dass nichts gefährlicher ist als Menschen, die von ihrer eigenen moralischen Überlegenheit überzeugt sind, weil sie ihren politischen Gegnern diese Eigenschaft absprechen. Tyrannei, eine Form der Unordnung, die sich als Ordnung ausgibt, ist das Ergebnis.« (Robert D. Kaplan, Kissinger, Metternich, and Realism, in: ders., Soldiers of God: With Islamic warriors in Afghanistan and Pakistan, New York 2001, S. 127–155, Zitat S. 135)

39 Die Rolle der Religion, die – wie schon bei so vielen Verbrechen in der Geschichte – sich auch hier glänzend als legitimierende Ideologie eignet, kann man selbst an jenem Text studieren, der in Attas Gepäck gefunden wurde. Ich zitiere daraus nur ein kleines Beispiel brauchbarer religiöser Ethik: »Und beim Nahkampf muss man stark zuschlagen wie Helden, die nicht mehr in diese Welt zurückkehren wollen, und du musst laut ausrufen *Allahu akbar*, weil das Ausrufen von *Allahu akbar* in den Herzen der Ungläubigen Angst hervorruft. Und es sagte der Erhabene: ›Haut ihnen auf den Nacken und schlagt es zu auf jeden Finger von ihnen!‹ [...] Und wisst, dass sich die Paradiese für euch bereits mit ihrem schönsten Schmuck geschmückt haben und die Paradiesjungfrauen nach euch rufen: ›Oh komm herbei, du Freund Gottes!‹ Dabei tragen sie ihre schönste Kleidung.« (Text der »Geistlichen Anleitung« der Attentäter des 11. September, in: Kippenberg/Seidensticker, Terror im Dienste Gottes, S. 17–27, Zitat S. 24) Dem eher nüchtern-rationalen modernen Menschen fällt es schwer, dergleichen nachzuvollziehen: »Jeder durchschnittliche Wahnsinnige ist uns in seiner Gefühlswelt verständlicher als jemand, der glaubt, dass er, nachdem er einige Menschen dadurch ermordet hat, dass er sich mit Dynamit in die Luft gesprengt hat, sich inmitten von willigen Jungfrauen wiederfindet [...] einer, der die Verheißungen des Korans so wörtlich nähme, wie er innerweltliche Verheißungen nimmt, wäre, wenn es ihn denn gäbe, nicht das Explanans, sondern das Explanandum.« (Reemtsma, Terroristische Gewalt, S. 332f.) Das Explanans für dieses Explanandum muss man wahrscheinlich jenseits der Religion doch wieder im ganz Irdischen suchen oder zumindest in der Verquickung von religiöser mit sexueller Verheißung. Die Bereitschaft, gerade Verheißungen sexueller Art wider alle Vernunft zu glauben, lässt sich wohl erklären mit der extremen sexuellen Frustration, der die jungen Leute in vielen traditionellen Ländern ausgesetzt sind. Neben dem ökonomischen der verbreiteten Arbeitslosigkeit wird dieser Faktor meist unterschätzt. (Und man erinnere sich: Auch die Revolte in

Nanterre, der Beginn des Pariser Mai, war zunächst der Protest gegen das Verbot, sich gegengeschlechtlich in den Studentenheimen zu besuchen.)

40 Ginger Thompson, Shuttling Between Nations, Latino Gangs Confound the Law, *The New York Times* vom 26. September 2004: »Die Behörden schätzen, dass es in ganz Zentralamerika und Mexiko zwischen 70000 und 100000 Bandenmitglieder gibt. Im Verlauf des letzten Jahrzehnts haben Banden Tausende von Menschen getötet und neue Angst erzeugt in einer Region, die noch damit kämpft, die erst vor einem Jahrzehnt beendeten Bürgerkriege zu überwinden. Die Präsidenten von Honduras und El Salvador haben die Banden als eine Bedrohung der nationalen Sicherheit bezeichnet, die für sie mindestens so groß ist wie die Bedrohung der Vereinigten Staaten durch den Terrorismus. [...] Der Großraum Los Angeles, mit einer Bevölkerung, beinahe so groß wie die von Honduras, ist weiterhin die internationale Hauptstadt der Straßenbanden, mit einer geschätzten Zahl von 700 verschiedenen Cliquen und mehr als 110000 Bandenmitgliedern. Beamte der Stadt- und Kreispolizei von Los Angeles sagen, mehr als die Hälfte aller Morde dort hingen mit den Banden zusammen. William J. Bratton, Polizeipräsident der Stadt Los Angeles, hat die Bandenmitglieder als ›inländische Terroristen‹ beschrieben.«

41 In einem faszinierenden Artikel widmen sich Valerie Hudson und Andrea Den Boer der feministisch inspirierten unkonventionellen Forschungsfrage nach den Folgen der geschlechtsspezifischen Abtreibungen und Kindstötungen in Asien und kommen dabei zu recht pessimistischen Prognosen: »[...] ausgeprägte Ungleichheit der Geschlechter ist eine potentiell ernstzunehmende Quelle des Mangels und der Unsicherheit [...]. Gesellschaften mit einem hohen Geschlechterüberhang in einem Kontext von ungleicher Ressourcenverteilung und allgemeiner Ressourcenknappheit sind Brutstätten chronischer Gewalt und der andauernden sozialen Unordnung und Korruption. [...] Wir stehen an der Schwelle zu einer Zeit, in der diese überschüssigen jungen Männer eine wachsende Rolle in den Überlegungen der asiatischen Regierungen spielen werden. Nicht nur die Nationen Asiens, sondern die Nationen der ganzen Welt werden die Auswirkungen der schwindelerregend steigenden Geschlechterquotienten in Asien ebenso aufmerksam verfolgen müssen, wie die politischen Entscheidungen, die die asiatischen Regierungen auf Grund dessen gezwungen sein werden zu treffen. Was für eine Ironie wäre es, wenn die Belange von Frauen, nachdem sie so lange in der Forschung zu Sicherheitsfragen als schlicht irrelevant ignoriert wurden, zu einem Hauptfokus der Sicherheitsforscher im 21. Jahrhundert werden würden.« (Valery M. Hudson/Andrea Den Boer, A Surplus of Men, A Deficit of Peace. Security and Sex Ratios in Asia's Largest States, in: *International Security*, Frühjahr 2002, Bd. 26, Nr. 4, S. 5–38)

42 Die Gerüchte, die CIA oder Mossad zu Tätern machten, enthüllen, wie so oft beim Terrorismus, die latenten Funktionen desselben.

43 »Russland war der Führer des kommunistischen Blocks. Mit dessen Auseinanderfallen verkümmerte der Kommunismus in Osteuropa. Wenn auf ähnliche Weise die Vereinigten Staaten geköpft werden, werden die arabischen Königreiche verkümmern. Wenn Russland vernichtet werden kann, können die Vereinigten Staaten auch geköpft werden. Sie sind wie kleine Mäuse.« So Bin Laden 1997 in einem Interview mit Hamid Mir, zit. n. Simon Reeve, The New Jackals, S. 262.

44 Vgl. Steven Lee Myers/James Dao, The Marine's 21st Century Beachhead Is Far Inland, *The New York Times* vom 22. Dezember 2001; siehe auch schon John Arquilla/David Ronfeldt/United States Department of Defense, Swarming and the Future of Conflict, Washington 2000, und John Arquilla/David Ronfeldt, Networks and Netwars: The Future of Terror, Crime and Militancy, Washington 2001.

45 Vgl. James Dao, Warm Reaction to Bigger Pentagon Budget, *The New York Times* vom 13. Februar 2002.
46 »Die Länder der Muslime werden von Ungläubigen angegriffen, besetzt und ausgeplündert; ihre Einwohner, Frauen und Kinder in großer Zahl getötet. Die Gebiete, die dabei namentlich erwähnt werden, ändern sich je nach Kontext der jeweiligen Verlautbarung. Bin Ladins ›Kriegserklärung‹ von 1996 zählt Bosnien, Burma, Tschetschenien, Eritrea, Äthiopien (Ogaden), Indien (Assam), den Irak, Kaschmir, Libanon, Palästina, die Philippinen, Saudi-Arabien, Somalia, Tadschikistan und Thailand (Pattani) auf. Spätere Erklärungen nennen auch Afghanistan, Ost-Timor, Ägypten und den Sudan. Auffällig ist jedoch, dass in keiner von ihnen Hinweise auf arabische Länder fehlen. Nahezu obligatorisch sind Hinweise auf Palästina und den Irak.« (Vgl. für die Zeitdiagnose Bin Ladens Scheffler, Zeitenwende und Befreiungskampf, Zitat S. 90f.)
47 Das ist übrigens auch die Interpretation Schefflers, vgl. ebenda, S. 100f.; vgl. auch das Kapitel »La bataille d'Europe« in Kepel, Fitna, S. 286–334.

Martin Jander

»Zieht den Trennungsstrich, jede Minute«[1]

Die erste Generation der Roten Armee Fraktion (RAF)

Die Entstehung terroristischer Organisationen im Gefolge des soziokulturellen Umbruchs der späten 1960er Jahre ist ein Phänomen vieler Industriegesellschaften im 20. Jahrhundert. Die Rote Armee Fraktion (RAF) in der Bundesrepublik Deutschland steht hier keineswegs alleine. Die *Weathermen*[2] in den USA, die *Roten Brigaden*[3] in Italien, die *Japanische Rote Armee*[4] und viele andere zeigen, dass der moderne Terrorismus keineswegs ein Phänomen unterentwickelter Gesellschaften ist.

Besonders aggressive terroristische Gruppen existierten, wie bereits der Zivilisationsforscher Norbert Elias[5] feststellte, in den Nachfolgegesellschaften der ehemaligen Achsenmächte Japan, Italien und Deutschland. In diesen Gesellschaften haben offenbar die Nachwirkungen der Gewaltexzesse der Regime vor 1945 das staatliche Gewaltmonopol ganz besonders krisenanfällig gemacht. Jedoch ist auch in diesen drei Ländern die Geschichte des Terrors nicht so ohne weiteres auf einen Nenner zu bringen.[6]

Die Geschichte der deutschen RAF und insbesondere ihrer ersten Generation ist in ihren Umrissen gut aufbereitet. Trotzdem sind zahlreiche Details noch immer nicht geklärt.[7] Erst kürzlich hat ein Dokumentarfilm von Stefan Aust und Helmar Büchel neue Informationen zum Mord an Hanns Martin Schleyer und zu Abhörmaßnahmen in den Zellen der RAF-Häftlinge Andreas Baader und anderer zutage gefördert.[8] Der Journalist Michael Sontheimer schrieb: »Dass es für die Bundesanwaltschaft offenbar wichtiger war, alle ergriffenen RAF-Mitglieder irgendwie zu verurteilen, als deren Tatbeiträge und individuelle Schuld festzustellen, ist ein andauernder politischer Skandal.«[9] Der Skandal liegt freilich zu gleichen Teilen auf der Seite der noch lebenden RAF-Täter, die bis heute meist über ihre Tatbeteiligungen schweigen.

Darüber hinaus schält sich ein fast paradoxes Phänomen heraus. Je genauer die Geschichte der RAF beschrieben ist, umso fragwürdiger erscheint sie. Die RAF entsprach weder dem, was man unter einer Stadtguerillagruppe, noch dem, was man landläufig unter einer Terroristengruppe versteht.[10] Eine Guerillagruppe sucht ihr Gegenüber militärisch anzugreifen, sie ist an den physischen Folgen ihrer Aktion interessiert. Es geht ihr darum, den Feind zu schädigen. Eine Guerilla kann sich auf größere Gruppen der Gesellschaft beziehen, die ihr folgen und die sich nach und nach dem Kampf anschließen, bis am Ende die Guerilla und ihre Mitstreiter in einer Entscheidungsschlacht den Gegner niederringen. Nach diesem Muster ließe sich in etwa die Strategie Mao Tse-tungs beschreiben. Als die RAF gegründet wurde, orientierten sich ihre Führungsfiguren an den Klassikern des Guerillakampfes, insbesondere an dem Buch von Carlos Marighella.[11] Die RAF wollte das Konzept einer Guerilla auf die Bundesrepublik übertragen.

Eine Terroristengruppe hingegen sucht ihr Gegenüber anzugreifen, um sich Unterstützung in der Gesellschaft überhaupt erst aufzubauen. Sie ist vornehmlich an den psychischen Folgen der Gewalt interessiert. Sie möchte Angst und Schrecken verbreiten, um Bündnispartner zu gewinnen, den Gegner einzuschüchtern und andere Menschen als Mitkämpfer zu mobilisieren. Terror, so könnte man sagen, ist unter anderem auch »Theater«. Es geht den Terroristen um einen entscheidenden »Dritten«, der erst noch gewonnen werden muss. Nach diesem Muster ließen sich etwa die Aktionen von PLO und PFLP beschreiben, deren Aktionen darauf gerichtet waren, Israel zu Reaktionen zu veranlassen, durch die es sich in den Augen der internationalen Öffentlichkeit diskreditieren sollte. Es geht den Terroristen um die Reaktion auf den Terror; erst sie kann ihrer Strategie zum Durchbruch verhelfen.

Eine Guerilla ist wirksam, ohne dass über sie berichtet wird. Ihre militärischen Schläge treffen ihren Feind und schwächen ihn physisch, zehren ihn aus. Terrorismus hingegen ist abhängig davon, wie seine Aktionen in der Öffentlichkeit wahrgenommen werden und wie die Gesellschaft auf ihn reagiert. Daher ist der Terrorismus in weit größerem Maße als die Guerilla von medialer Berichterstattung abhängig.

Setzt man dies voraus, ist zu fragen: Wen suchte die RAF zu beeindrucken? Welche Gruppe oder Nation wollte sie zum Aufstand bewegen? Auf welche Bündnispartner setzte sie? Im Unterschied zu den Äußerungen der RAF-Mitglieder selbst, die nicht müde wurden zu betonen, man führe den bewaffneten Kampf, um den unterdrückten Massen deutlich zu machen, dass bewaffneter Kampf und Aufstand möglich seien, drehte sich die große Mehrheit der bewaffneten Handlungen um den Aufbau und das Überleben der Gruppe selbst.

Ziemlich rasch landete die RAF in einer strategischen Sackgasse. Régis Debray,[12] Guerilla-Theoretiker aus Frankreich, formulierte das so: »Wenn der Kampfapparat dann weniger gegen den Feind als für die eigene Bevorratung mit Geld, Fahrzeugen und Papieren eingesetzt wird, tritt auch die bewaffnete Agitation in den Hintergrund, und die Massen erkennen in den Aktivitäten solcher Gruppen ihre eigenen Interessen nicht wieder.«[13]

Die RAF schoss und bombte, so scheint es, von Anfang an hauptsächlich, um ihre Logistik aufzubauen bzw. um ihre Kader zu befreien. Immer öfter wird deshalb die Frage aufgeworfen, zum Beispiel von Jan Philipp Reemtsma, ob überhaupt von einem »politischen« Charakter der RAF und ihrer Anschläge gesprochen werden könne und ob es nicht sinnvoller sei, vom Terror als »Lebensform«[14] zu sprechen? Bombten die deutschen Terroristen um des Bombens willen?

Andreas Baader und Ulrike Meinhof erklärten 1976 offen, dass der Terror der RAF um des Terrors willen ausgeübt wurde. Sie hofften, der Staat werde überreagieren und sich damit in den Augen der Bevölkerung delegitimieren. Sie sagten:»das ist – kurz – die strategie, die wir aus unserer erfahrung und dem, was wir hier so gelernt haben, im auge haben: die linie, auf der das kapital und sein staat gezwungen ist, auf den angriff kleiner revolutionärer gruppen überdeterminiert zu reagieren und ihn zu multiplizieren.«[15]

Gerhard Müller,[16] vom »Sozialistischen Patientenkollektiv« (SPK) zur RAF gestoßen, später einer der Kronzeugen der Bundesanwaltschaft, formulierte bereits 1975 in einer Vernehmung: »Mir ist klar geworden, dass Baader nie eine politische Arbeit vorhatte, noch vorhat. Er gibt wider besseren Wissens vor, politische Arbeit machen zu wollen und zu machen, um idealistische junge Menschen zu täuschen. So kann er junge Menschen zu einer Mitwirkung an seinen Aktivitäten begeistern. Tatsächlich ist Baader in meinen Augen nur ein Terrorist.«[17]

Wurden Gudrun Ensslin, Ulrike Meinhof und ihre Gesinnungsgenossen noch vor einiger Zeit häufig als hochmoralische Gesinnungstäter mit antikapitalistischen und antiimperialistischen Zielsetzungen angesehen, die sich – vor dem Hintergrund des deutschen Nationalsozialismus – in den Terror nur verirrt hätten, so schält sich inzwischen immer deutlicher heraus, welch problematisches Gemisch aus nationalistischer, antiamerikanischer bis hin zu antizionistischer und antisemitischer Propaganda sie zur Rechtfertigung ihres Terrors anführten.[18] Die Auseinandersetzung um den Charakter und die Wirkungen der RAF und ihrer ersten Generation ist noch nicht abgeschlossen.

Baader, Ensslin, Mahler, Meinhof

Andreas Baader,[19] 1963 von München nach Berlin gekommen, hatte verschiedenste Ausbildungen begonnen, jedoch immer wieder abgebrochen. Sein Vater war früh gestorben. Baader hatte vor allem in der Kunst reüssiert, sich sein Leben bei anderen zu erschnorren. Im studentenbewegten West-Berlin hatte er sich in einen Wettstreit mit anderen Förderern bewaffneter

Aktionen begeben. Mit der Brandstiftung in zwei Kaufhäusern in Frankfurt am Main am 2. April 1968 gingen er und seine Geliebte Gudrun Ensslin dann weiter als alle anderen militanten Gruppen der deutschen Szene zuvor. Während der sich anschließenden Haft wurden sie deshalb auch zu »Prominenten« der 68er-Bewegung.

Gudrun Ensslin,[20] Pfarrerstochter aus Stuttgart, war 1964/65 mit ihrem damaligen Lebensgefährten Bernward Vesper nach Berlin gekommen. Beide kannten sich schon länger. Bis zu ihrem Umzug waren sie eher literarisch interessiert und arbeiteten an der Herausgabe des Nachlasses von Will Vesper, des nationalsozialistischen Dichters und Vaters von Bernward Vesper. In Berlin gab Vesper dann eine – für die sich radikalisierende Studentenbewegung damals sehr wesentliche – Schriftenreihe (Voltaire Flugschriften) heraus. Ensslin war an deren Produktion beteiligt; sie hatte unter anderem Texte übersetzt, die das Konzept der gewaltfreien Bürgerrechtsbewegung Martin Luther Kings in Bausch und Bogen verurteilten und stattdessen den bewaffneten Kampf als einzige Lösung propagierten.[21]

Mit Andreas Baader war sie nach dem Tod von Benno Ohnesorg am 2. Juni 1967 zusammengekommen, hatte Vesper und den gemeinsamen Sohn Felix verlassen und zusammen mit ihrem neuen Geliebten sowie Thorwald Proll und Horst Söhnlein die Kaufhäuser in Frankfurt angezündet. Ensslin wurde in dem sich anschließenden Prozess die zentrale Figur für Richter und Medien. Ihre Rechtfertigung der Brandstiftung als »Protest gegen die bewusste Gleichgültigkeit der Bevölkerung gegenüber dem Krieg in Vietnam«[22] wirkte glaubwürdig; sie galt als Gewissenstäterin. Die Urteile des Gerichts, jeweils drei Jahre Zuchthaus wegen versuchter menschengefährdender Brandstiftung, hielt ein Teil der Öffentlichkeit deshalb auch für unangemessen hoch.

Horst Mahler[23] hatte im Prozess gegen die Kaufhausbrandstifter die Verteidigung Andreas Baaders übernommen und während der Verhandlung besonders die Motive der Angeklagten hervorgehoben. Die Kaufhausbrandstiftung sei nicht nur als Protest gegen den Vietnamkrieg anzusehen, sondern auch als Rebellion gegen eine Generation, die in der NS-Zeit millionenfache Verbrechen geduldet und sich dadurch mitschuldig gemacht habe.[24] Mahler hatte nach dem Studium zunächst als Wirtschaftsanwalt Karriere gemacht, sich jedoch seit dem Tod von Benno Ohnesorg als Verteidiger von prominenten 68ern hervorgetan. Zusammen mit Otto Schily, Klaus Eschen und Christian Ströbele gründete er das »Sozialistische Anwaltskollektiv«. Seit dem Ende der 1960er Jahre bedurfte er häufig selbst juristischen Beistands: Nachdem er als einer der Rädelsführer bei den Anti-Springer-Protesten nach dem Attentat auf Rudi Dutschke für den hohen Sachschaden, der dem Verlag entstanden war, haftbar gemacht wurde, musste er einer Schadenersatzklage des Springer-Verlages über 75 000 D-Mark nachkommen.

Ulrike Meinhof[25] hatte sich am Rande des Prozesses gegen die Kaufhausbrandstifter, über den sie für die Zeitschrift *konkret* schrieb, mit Gudrun Ensslin angefreundet. Ein Interview, das sie mit ihr geführt hatte, wollte sie nicht publizieren, da, wie sie gegenüber ihrer Redaktion erklärte, »die sonst nie aus dem Gefängnis« kämen. Stattdessen formulierte sie einen Kommentar, der die Sache der Angeklagten verteidigte. Er endete mit den Worten: »Das progressive Moment einer Warenhausbrandstiftung liegt nicht in der Vernichtung der Waren, es liegt in der Kriminalität, im Gesetzesbruch.«[26]

Ulrike Meinhof hatte ihre Eltern früh verloren und war bei ihrer Stiefmutter Renate Riemeck aufgewachsen, einer Mitbegründerin der Deutschen Friedensunion (DFU). 1959 war sie der verbotenen KPD beigetreten und hatte 1961 den Herausgeber der linken Studentenzeitschrift *konkret* Klaus Rainer Röhl geheiratet. Bereits 1960 war sie die Chefredakteurin seiner Zeitschrift geworden. Das Blatt wurde von der SED in Ostberlin mitfinanziert; Ulrike Meinhof war seine angesehenste Kolumnistin.

Die Gründung der RAF

Die entscheidende Initiative zur Gründung der RAF ging von Horst Mahler aus, dem letzten heute noch lebenden Mitglied des Gründungsquartetts der Gruppe. Er positionierte sich damals im politischen Spektrum noch weit links außen.

Mahler besuchte Rudi Dutschke in London, wo dieser nach dem Attentat 1968 zunächst lebte, stieß aber bei ihm mit seinem Vorschlag, eine Guerilla-Gruppe zu gründen, auf Ablehnung. Dutschke, der noch 1968 auf dem Internationalen Vietnam-Kongress in Berlin unmissverständlich den Aufbau einer militanten europäischen Unterstützung für die vietnamesische Revolution gefordert hatte,[27] riet ab, »weil«, wie Mahler sich erinnert, »die Voraussetzungen nicht gegeben wären«.[28] Daher reiste Mahler im Dezember 1969 nach Rom und traf sich dort mit Andreas Baader, Gudrun Ensslin und Astrid Proll.[29]

Nach einer Haftaussetzung waren Baader und Ensslin über Frankreich nach Italien geflohen, um sich der Verbüßung der Reststrafe zu entziehen, nachdem sie mit einer Revision ihres Urteils zur Kaufhausbrandstiftung gescheitert waren. In Rom schlug Horst Mahler, der bereits in Berlin begonnen hatte, neben seiner Tätigkeit als Anwalt eine militante Gruppe aufzubauen, den dreien vor, sich diesem Vorhaben anzuschließen.

Der Anwalt war in einer nationalsozialistisch geprägten Familie aufgewachsen und gehörte am Anfang seines Studiums zunächst einer schlagenden

Burschenschaft an. Später wandte er sich jedoch linken bis linksradikalen Zusammenschlüssen in West-Berlin zu. Mahler verstand sich selbst als Leninist. Die Idee der Zerschlagung der bürgerlichen Gesellschaft und ihrer Institutionen lässt sich in seinen Thesenpapieren bis in das Jahr 1962, also lange vor die Gründung der RAF zurückverfolgen. Neben politischen Motiven für den Einstieg in die RAF beschrieb Horst Mahler in der Rückschau aber auch seine Faszination für den unbeschwert kriminell handelnden Andreas Baader. Der habe, so Mahler in einem Interview, »einen antiintellektuellen Impuls auf einem hohen intellektuellen Niveau vermittelt. [...] Dass man ein Auto knacken kann und dabei keine Schuldgefühle hat und diese ganzen Geschichten.«[30]

Auf Betreiben Mahlers kehrten Baader und Ensslin im Frühjahr 1970 nach Berlin zurück, wo sie zunächst bei Ulrike Meinhof und ihren beiden Töchtern wohnten. Ein Gnadengesuch für die Brandstifter wurde im Februar abgelehnt, und Baader und Ensslin beschlossen, der Aufforderung, ihre Strafe anzutreten, nicht nachzukommen. Ulrike Meinhof hatte inzwischen die Redaktion von *konkret* verlassen, nachdem sie im Mai 1969 mit dem Versuch gescheitert war, den Einfluss ihres Ehemannes auf die Zeitschrift durch einen »Putsch« in der Redaktion auszuschalten. Aus Wut hatte sie daraufhin die Verwüstung seiner Wohnung initiiert und war nach Berlin gezogen. Hintergrund dieses Konflikts waren unter anderem unterschiedliche Auffassungen über das Konzept der Zeitung. Meinhof behauptete, Röhl habe sich im Widerspruch zwischen der Zeitung als Anzeigenträger oder als Forum linker Agitation für den Profit entschieden.[31]

Als Journalistin arbeitete Meinhof in Berlin vor allem über Fürsorgezöglinge, Heiminsassen, Frauen am Fließband oder berufstätige Mütter. Zunehmend wurde ihr zum Problem, dass sie als Journalistin in Distanz zu der Lebenssituation der Menschen blieb, über die sie berichtete. Der Meinhof-Biograf Mario Krebs schrieb: »Und so werden die Zweifel an ihrem Beruf größer, Zweifel, was Journalisten überhaupt erreichen können, selbst wenn sie Partei nehmen.«[32]

Die Vorbereitungen für den Gang der Gruppe in den Untergrund schloss auch den Kauf von Waffen ein; in diesem Zusammenhang geriet sie an den Mitarbeiter des Verfassungsschutzes in Berlin Peter Urbach. Auf dem Weg zu einem Waffenversteck lockte Urbach Andreas Baader in eine Falle, der aber, kaum inhaftiert, bereits am 14. Mai 1971 von Ulrike Meinhof, Gudrun Ensslin, Irene Goergens,[33] Ingrid Schubert[34] und einem bis heute unbekannt gebliebenen gedungenen Kriminellen befreit wurde. Mit diesem Tag begann die Geschichte der RAF.

Es spricht vieles dafür, dass ein wesentliches Motiv des RAF-Gründungsquartetts nichts anderes war als der aus verschiedenen Beweggründen formulierte Wunsch, »etwas zu tun«. Schon Gudrun Ensslin hatte in einem Interview dieses Motiv für die Kaufhausbrandstiftung angegeben: »Ich habe den Richtern gesagt, ich weiß, warum sie sagen, man kann nichts tun, weil sie nichts tun können wollen. Aber ich will etwas getan haben dagegen.«[35] Andreas Baader, der schon seit seiner Jugendzeit immer wieder mit kleinen kriminellen Delikten aufgefallen war und sich am Rande der Studentenbewegung Berlins vor allem dadurch hervortat, dass er beständig »Aktionen« forderte, wurde offenbar zu einer Projektionsfläche für Ensslin, Meinhof und Mahler. Er konnte etwas, was sie nicht konnten und deshalb an ihm bewunderten. Er brach ohne Skrupel alle Gesetze und Regeln der von allen gemeinsam als veränderungswürdig angesehenen Gesellschaft. Nicht umsonst beginnt die Geschichte der RAF mit seiner Befreiung aus der Haft.

Primat der Praxis

Von Beginn an stellte die RAF ihre Entscheidung, die Demokratie mit Waffengewalt zu bekämpfen, als einzig mögliche in der politischen Auseinandersetzung dar. Wer dies nicht nachvollzog, war in den Augen der RAF kein Revolutionär. Allein durch den bewaffneten Kampf seien politische Veränderungen zu bewirken.[36]

Politische Theorie und Analyse galten der RAF nur als Rechtfertigung des bewaffneten Kampfes. Mit dem in vielen Erklärungen immer wieder betonten »Primat der Praxis« konstruierte die Gruppe eine »Theorie des Theoriedefizits«.[37] Auf eine differenzierte Analyse der gesellschaftlichen Verhältnisse ließ sich die RAF nicht ein. Bereits in der Erklärung zur Baader-Befreiung, wahrscheinlich von Ensslin und Meinhof verfasst,[38] hieß es: »Die Baader-Befreiungs-Aktion haben wir nicht den intellektuellen Schwätzern, den Hosenscheißern, den Alles-besser-Wissern zu erklären, sondern den potentiell revolutionären Teilen des Volkes. Das heißt denen, die die Tat sofort begreifen können, weil sie selbst Gefangene sind. Die auf das Geschwätz der ›Linken‹ nichts geben können, weil es ohne Folgen und Taten geblieben ist. Die es satt haben.«[39]

Die Anschläge selbst sollten die Botschaft sein, und die Propaganda der Anschläge wiederum hatte unmittelbare Auswirkungen auf die Aktionen und das politische Selbstverständnis der Gruppe. So schrieb z.B. Gerhard Müller, Kronzeuge der Bundesanwaltschaft im Stammheim-Prozess, in einem Leserbrief, in der RAF habe es »nie eine agitation, propaganda, schulung oder ein studium« gegeben. »Als zur RAF gestoßene SPK-mitglieder in der RAF hegel-arbeitskreise einrichten wollten, wurde dies rigoros gestoppt:

auto checken und knacken ist sache!«[40] RAF-Mitglieder wurden lediglich in technischen Fähigkeiten wie Waffennutzung, Autodiebstahl und Ähnlichem geschult.

Da der bewaffnete Kampf als das Mittel politischer Auseinandersetzung fetischisiert wurde, verwundert es nicht, dass der Konstituierung der Gruppe nach der Befreiung Baaders ein gemeinsames Waffentraining in einem Lager der *El Fatah* in Jordanien folgte. Unter den rund 20 Teilnehmern dieses Trainings[41] befanden sich Astrid Proll, Hans Jürgen Bäcker,[42] Manfred Grashof,[43] Petra Schelm,[44] Horst Mahler, Andreas Baader, Gudrun Ensslin, Ulrike Meinhof und Peter Homann.[45]

Jedoch lernte die Gruppe in dem Ausbildungslager nicht nur den Umgang mit Waffen, sondern erhielt auch gleich einen Vorgeschmack darauf, wie eine bewaffnete Gruppe in der Illegalität ihre inneren Beziehungen regelt. Andreas Baader und Gudrun Ensslin setzten zunächst ihren Führungsanspruch gegenüber Horst Mahler durch. Dieser hatte sich bereits als Anführer der Guerilla-Gruppe gesehen. Ensslin und Baader lasteten ihm jedoch verschiedene Pannen auf der Reise an. Er wurde noch am Tag der Ankunft Baaders im Lager – Baader und Ensslin reisten später an – »degradiert«.[46] Aber nicht nur Mahler sollte sich dem Führungsanspruch von Ensslin und Baader unterordnen. Nachdem Peter Homann Baader Sadismus und Gewaltfetischismus vorgeworfen hatte, kam es zwischen ihnen zu einer Prügelei, worauf Homann seine Trennung von der Gruppe erklärte. Daraufhin regten Baader und Ensslin an, Homann umzubringen.[47] Baader schlug vor, Homann kollektiv zu töten, damit sich hinterher niemand davon freisprechen könne. Astrid Proll soll Homann das Urteil der Gruppe überbracht haben.[48]

Horst Mahler bestreitet zwar, dass er den Vorsitz eines ad hoc einberufenen »Volksgerichtshofs« eingenommen habe, gesteht jedoch ein, dass er dem Vorschlag, Homann umzubringen, lediglich taktisch entgegengetreten sei. Er habe vor allem auf negative Folgen für den Gruppenzusammenhalt hingewiesen, der Entscheidung jedoch insofern zugestimmt, als er die Gruppe damals nicht verlassen habe. Die Entscheidung, Homann umzubringen, konnte nur deshalb nicht ausgeführt werden, weil die jordanischen Ausbilder der Gruppe die Waffen abnahmen.[49]

Terror-Logistik und Terror-Kollektiv

Als die Gruppe aus dem Nahen Osten zurückgekehrt war, wollte sie sich zunächst eine materielle Basis schaffen. Man orientierte sich am »Handbuch des Stadtguerillero« von Carlos Marighella.[50] Die Logistik-Formel lautet dort:

»M (Motorisierung), G (Geld), W (Waffen), M (Munition und S (Sprengkörper und Sprengstoff)«. Banküberfälle gelten als »eine Art von Vorexamen, in dem die Technik des revolutionären Krieges erlernt werden kann«.[51]

So verwundert es nicht, dass die RAF mit einem groß angelegten Banküberfall in Berlin ihre Existenz im Untergrund startete. Ursprünglich sollten vier Banken gleichzeitig überfallen werden. Da jedoch in einer der Banken gerade Bauarbeiten im Gang waren, wurden es nur drei. Die Überfälle am 29. September 1970 wurden, wie auch alle späteren Aktionen der RAF, von Kommandos ausgeführt, die ihre Logistik selbst kontrollierten.[52]

Bei den Banküberfällen wurden mehr als 200 000 D-Mark erbeutet, womit der Lebensunterhalt der Mitglieder und die Mieten der Wohnungen bezahlt wurden, die die Gruppe inzwischen unterhielt. Ob es das nun reichlich vorhandene Geld war oder eher der Fahndungsdruck, jedenfalls fing die Gruppe an sich von Berlin aus ins Bundesgebiet auszudehnen. Abgerechnet wurde jeweils mit Gudrun Ensslin, die die Kasse verwaltete und damit eine der wichtigsten organisierenden Funktionen in der RAF der ersten Jahre innehatte. Die zentrale Rolle Ensslins für die gesamte Logistik zeigte sich zunächst mit der Verhaftung Mahlers, nur wenige Tage nach den Banküberfällen: In der Wohnung, in der Mahler festgenommen wurde, fanden sich Abrechnungen und Kostenaufstellungen Ensslins.[53] In ihrem ganzen Ausmaß wurde die Rolle Ensslins jedoch erst im Sommer 1972 deutlich, als Ulrike Meinhof verhaftet wurde. Bei ihr fand man einen Kassiber Ensslins, die erst wenige Tage vorher festgenommen worden war. Er enthielt viele wesentliche Details zur Logistik der RAF.[54]

Die ersten Morde beging die RAF im Zusammenhang mit versuchten Verhaftungen oder bei Banküberfällen. Ihre Opfer waren der Zivilfahnder Norbert Schmid,[55] der Polizeibeamte Herbert Schoner[56] und der Kommissar Hans Eckhardt, der bei der Verhaftung Manfred Grashofs am 2. März 1972 getötet wurde.

Häufig entgingen Führungsmitglieder der RAF nur knapp einer Verhaftung. Nachdem der Polizei durch die Festnahme Mahlers und anderer Gruppenmitglieder im Oktober 1970 der erste große Einbruch in ihre Struktur gelungen war, wurden weitere RAF-Mitglieder verhaftet, darunter Astrid Proll, Werner Hoppe,[57] Manfred Grashof und Wolfgang Grundmann.[58] Andere wurden bei versuchten Verhaftungen erschossen, darunter Petra Schelm. Nach der Zählweise der Bundesanwaltschaft waren im Frühjahr 1972 bereits 23 von 39 Mitgliedern der RAF in Gefangenschaft.

Jedoch schlossen sich der RAF immer wieder neue Mitglieder an. Die größte Gruppe entstammte dem »Sozialistischen Patientenkollektiv« in Heidelberg. Andreas Baader und Gudrun Ensslin versuchten die 1972 gebildete Terrorgruppe *Bewegung 2. Juni* aus West-Berlin in die RAF zu integrieren,[59] was jedoch erst nach dem Ende der ersten RAF-Generation und der Auflösung der *Bewegung 2. Juni* im Jahr 1980 gelang. Die RAF-Mitglieder beschrieben sich selbst als quasi basisdemokratisches Kollektiv, das alle Fragen gemeinschaftlich ausdiskutierte.[60] Für Gerhard Müller hingegen war die Struktur der Gruppe die eines Terror-Kollektivs.[61] Er äußerte sich in seinen Vernehmungen zum Beispiel zum Schießbefehl: »Zum Schießbefehl allgemein ist zu sagen, dass BAADER in seinem Bestreben, alle RAF-Angehörige zu kriminalisieren, um sie dadurch stärker an die Organisation zu binden, die Weisung ausgegeben hatte, immer Schusswaffen zu tragen. [...] Bei eigenen Aktionen der RAF bestand die Anweisung, nur in Notfällen von der Waffe Gebrauch zu machen. Unter Notfällen waren auch hier Zusammenstöße mit der Polizei bzw. der Konfrontation mit sich wehrenden Zivilisten gemeint.«[62] In derselben Vernehmung heißt es, es habe in der RAF von der Kommandoebene ausgehend ein »regelrechter Erziehungsprozess« stattgefunden, bei dem Polizeibeamte als »Henkersknechte usw.« dargestellt und Schusswaffen und deren Gebrauch »idealisiert« worden seien.[63] Ebenfalls von ihm stammt eine Information, die bis heute weder belegt noch dementiert werden konnte. Müller behauptete, Andreas Baader habe ein Mitglied der Gruppe, Ingeborg Barz, getötet, weil diese sich von der Gruppe habe trennen wollen.[64] Ingeborg Barz arbeitete 1970 als Sekretärin in Berlin. Sie schloss sich gemeinsam mit ihrem Freund Wolfgang Grundmann der RAF an. Barz war an den ersten Banküberfällen, dem sogenannten »Dreierschlag«, beteiligt. Bis 1972 lebte sie mit Grundmann im Untergrund. Am 21. Februar 1972 kündigte sie ihren Eltern telefonisch ihr Kommen an und sagte, sie wolle die RAF verlassen. Jedoch ist sie dort nie angekommen. Gerhard Müller behauptet, sie sei von Baader hingerichtet worden, weil er befürchtete, sie könne die Gruppe verraten. Er selbst, Müller, habe den Hinrichtungsplatz ausgekundschaftet, und Holger Meins habe ihm von der Hinrichtung berichtet, an der er beteiligt gewesen sein soll. Meins habe ihn nie angelogen. Untersuchungen des von Müller angegebenen Hinrichtungsortes, einem Waldstück in der Nähe von Germersheim, blieben jedoch ergebnislos.[65]

Gerhard Müller beschrieb den inneren Mechanismus der Gruppe bei der Planung von Aktionen so: »Ein Kernmitglied trat mit einer Idee für eine Gewaltaktion an Baader heran. Die Angelegenheit wurde dann innerhalb eines kleinen Kreises debattiert. Zu diesem Kreis gehörten die Obengenannten,[66] Ulrike Meinhof allerdings nur zum Teil. Wenn Baader dieser Plan genehm war, gab er zum Teil selbst die Anweisungen zur Durchführung, zum Teil beauftragte er aber auch einzelne Mitglieder mit der Ausführung.«[67]

Neben der Führungs- und Kommandoebene, der Andreas Baader, Gudrun Ensslin, Holger Meins[68] und Jan Carl Raspe[69] angehörten und dessen unbestrittene Anführer Baader und Ensslin waren, gab es ein Umfeld von Personen, die den Anführern Folge zu leisten hatten oder aber außerhalb der Gruppe angesiedelt waren und nur für spezielle Aufträge, das Anmieten konspirativer Wohnungen oder die Beschaffung von Ausweispapieren etc. herangezogen wurden.[70] Mitunter erpresste der Führungskreis schlicht ehemalige Freunde, um bei ihnen Unterschlupf zu finden oder Geld zu deponieren. Ulrike Meinhof galt als »die Stimme« der RAF. Sie war für die Öffentlichkeitsarbeit der Gruppe zuständig, musste jedoch alle Texte von den anderen Mitgliedern der Führungsebene bestätigen oder korrigieren lassen.

Die anfänglich aus dem Handbuch von Carlos Marighella übernommene Zellenstruktur, in der, zum Zweck der inneren Konspiration, jedes Kommando für seine Logistik selbst verantwortlich war, wurde später von Ensslin verworfen. Sie ordnete in dem oben bereits erwähnten, kurz nach ihrer Verhaftung aus dem Gefängnis geschmuggelten Kassiber an, jeder müsse »sich von allen alles Wissen (Kontakte etc.) aneignen«.[71]

Kenntnisse über die inneren Verhältnisse der Gruppe der ersten Generation der RAF können bislang nur vermittels Aussagen der wenigen Aussteiger gewonnen werden. Herfried Münkler, der Zeugnisse von Aussteigern wie Müller und anderen ausgewertet hat, kommt zu dem Ergebnis, dass der politische Kampf, den die RAF aufgebrochen war zu initiieren, rasch zu einem »Duell zwischen Terroristen und Staatsapparat« geworden sei: »Nachdem die Waffe zum Inbegriff revolutionären Bewusstseins geworden war, wurde schließlich die Skrupellosigkeit, mit der sie gehandhabt wurde, zum Ausdruck revolutionärer Entschlossenheit. Doch in der Inversion von Waffe und Bewusstsein, Feuerstoß und politischem Handeln verschwand immer mehr die Dimension des zunächst politisch Intendierten und wurde aufgezehrt von der des rein Militärischen.«[72]

Bomben

Seit ihrer Gründung im Mai 1970 konzentrierte sich die RAF vorrangig auf den Aufbau von Strukturen und Logistik. Sie ging in dieser Zeit von einem gewissen Rückhalt in der Bevölkerung aus. In einem Brief Meinhofs an die kommunistische Führung Nordkoreas hieß es: »Bei der Meinungsumfrage eines demoskopischen Instituts, das hauptsächlich für die CDU/CSU Umfragen durchführt, erklärten 10 Prozent der Bevölkerung in den norddeutschen Küstenländern, sie würden Mitgliedern der Roten Armee Fraktion Unterschlupf gewähren.«[73] Die Mehrheit der Bevölkerung sah in der RAF jedoch eher einen »Staatsfeind«, und der Schriftsteller Heinrich Böll sprach in einem Artikel des *Spiegel* am 17. Januar 1972 angesichts der Banküberfälle und Polizistenmorde der RAF von einem »Krieg von 6 gegen 60 000 000«.[74] Im April 1972 veröffentlichte die Gruppe die Propagandaschrift »Dem Volke dienen – Stadtguerilla und Klassenkampf«,[75] in der sie ihre Aktionen rechtfertigte: »Manche sagen: Bankraub ist nicht politisch. Aber seit wann ist die Frage der Finanzierung einer politischen Organisation keine politische Frage. Die Stadtguerillas in Lateinamerika nennen Bankraub ›Enteignungsaktionen‹. Niemand behauptet, dass der Bankraub für sich an der Ausbeuterordnung etwas ändert.«[76] Die Gruppe musste sich offenbar dem Vorwurf stellen, bislang nur eine »Finanziert-die-Guerilla-Guerilla« zu sein. Sie fürchtete auch in ihrem eigenen Milieu Unterstützung zu verlieren. So ist nicht ganz auszuschließen, dass die Bombenoffensive der RAF im Mai 1972 nicht etwa begann, weil die USA am 11. Mai 1972 eine Seeblockade gegen Nordvietnam und die Verminung seiner Häfen befahlen, sondern schlicht, weil die RAF auf ihre Existenz als bewaffnete politische Gruppe aufmerksam machen wollte.

Am 11. Mai 1972 detonierten drei Bomben im Hauptquartier des V. US-Korps in Frankfurt. Ein amerikanischer Oberstleutnant war sofort tot, 13 Menschen wurden schwer verletzt. Der Sachschaden belief sich auf ca. 3 Millionen DM. Bereits am folgenden Tag explodierten in der Polizeidirektion in Augsburg weitere drei Bomben. Sechs Polizisten wurden verletzt, jedoch niemand getötet. Am selben Tag verletzte eine Bombe auf dem Parkplatz des Landeskriminalamtes in München zehn Menschen. Am 15. Mai 1972 detonierte eine Bombe unter dem Wagen des Bundesrichters Wolfgang Buddenberg, der für Baader-Meinhof-Verfahren zuständig war. Da der Richter – anders als gewöhnlich – nicht in das Auto gestiegen war, blieb er unverletzt, während seine Frau schwere Verwundungen erlitt. Wenige Tage später, am 19. Mai 1972, explodierten mehrere Bomben im Gebäude des Axel-Springer Verlages in Hamburg. Einige der im Haus versteckten Bomben zündeten nicht. Insgesamt wurden 38 Menschen verletzt, einige davon sehr schwer. Ulrike Meinhof hatte einige der Bomben persönlich in das Verlagshaus gebracht. Vermutlich um Kritiker aus dem linken Milieu zu beschwichtigen, die die Bombenanschläge für überflüssige Vergeltungsaktionen hielten, beschloss die Gruppe, auch noch einen Anschlag gegen eine amerikanische Einrichtung zu verüben: Am 24. Mai 1972 explodierten mehrere Bomben im europäischen Hauptquartier der US-Streitkräfte in Heidelberg. Anders als bei dem Anschlag im Springer-Verlag wurde hier keine telefonische Warnung gegeben. Drei Armeeangehörige starben sofort.

Gerhard Müller beschrieb diese Bombenoffensive, an deren Vorbereitung er beteiligt war, später nicht als Demonstration »antiimperialistischer Solidarität« mit Nordvietnam, sondern als Eskalationsstrategie Baaders in einer militärischen Auseinandersetzung mit der Staatsmacht. In »provisorischen notizen«, die er während seiner Haft niederschrieb, hieß es: »für baader war die bombenoffensive nur operatives/taktisches moment um a) tätigkeit/praxis der RAF auf ein höheres niveau zu heben (geiselnahme/entführung) b) um für geplante entführungen hinter forderungen den nötigen druck zu setzen. also taktisches moment in der strategie baaders der ›militärischen‹ zerstörung dieses systems (siehe baader-brief an FR, frühjahr 72). ›antiimperialistischer kampf‹ nur blanke heuchelei um a) die anschläge gegen deutsche behörden, etc 1. innerhalb der gruppe 2. innerhalb der linken zu verkaufen.«[77]

Die Öffentlichkeit der Bundesrepublik reagierte schockiert auf die Bombenanschläge, die linke Teilöffentlichkeit begann ihre stillschweigende Unterstützung der Gruppe aufzukündigen. Der Soziologe und bekannte Linksintellektuelle Oskar Negt bemerkte am 3. Juni 1972 auf einem Kongress: »Jeder politisch ernst zu nehmende Sozialist muss heute begreifen, dass es ohne aktive Unterstützung der Arbeiterklasse keine wirkliche Veränderung in diesem Lande gibt; wir müssen uns mit aller Kraft dagegen wehren, uns die fatale Alternative von Bombenlegern und Anpassung aufzwingen zu lassen.«[78] Negt charakterisierte die Politik der RAF mit den Worten: »Wenn überhaupt von zusammenhängenden Vorstellungen einzelner dieser Gruppen gesprochen werden kann, so handelt es sich um ein Gemisch von Illegalitätsromantik, falscher Einschätzung der gesellschaftlichen Situation als offener Faschismus und illegitimer Übertragung von Stadtguerilla-Praktiken auf Verhältnisse, die nur aus einer Verzweiflungssituation heraus mit Lateinamerika verwechselt werden können.«[79]

Im Gefolge der Bombenanschläge vom Mai 1972 waren viele Bürger nicht mehr bereit, wegzusehen, alle RAF-Mitglieder, die sich bislang noch in Freiheit befunden hatten, konnten verhaftet werden. Andreas Baader, Holger Meins und Jan Carl Raspe wurden am 1. Juni 1972 in Frankfurt gefasst, Gudrun Ensslin am 7. Juni in Hamburg; am 9. Juni 1972 wurden Brigitte Mohnhaupt[80] und Bernhard Braun[81] in Berlin verhaftet, am 15. Juni Ulrike Meinhof und Gerhard Müller in Hannover, am 9. Juli schließlich Klaus Jünschke[82] und Irmgard Möller[83] in Offenbach.

Internationale Terrorverbindungen

Terroristische Gruppen, die in ihrem Herkunftsland keinen interessierten »Dritten« finden, den sie durch ihre Anschläge als Bündnispartner und Mitstreiter ihrer Sache gewinnen können, suchen häufig Unterstützer außerhalb ihres Landes. Sie wenden sich an andere Staaten oder Terrororganisationen.[84]

Die RAF verstand sich ausdrücklich als eine international operierende Gruppe, jedoch war ihre erste Generation im Unterschied zu den beiden folgenden in dieser Hinsicht nicht wirklich erfolgreich.[85]

Beziehungen zur DDR waren wichtig, weil das Ministerium für Staatssicherheit (MfS) bei der Durchreise bundesdeutscher Terroristen in Staaten Osteuropas und in den Nahen Osten ein Auge zudrücken musste.[86] Um die DDR zu einer umfassenderen Unterstützung zu veranlassen, reiste Ulrike Meinhof am 17. August 1970 nach Ostberlin. Vermutlich sollte geklärt werden, ob und wie die RAF bewaffnete Anschläge und Entführungen vom Gebiet der DDR aus organisieren könne. Die DDR lehnte die Unterstützung solcher Aktionen jedoch ab.[87] Erst nach dem Ende der ersten Generation der RAF, ab 1978, als das MfS selbst auf Inge Viett[88] zuging, kam eine weitergehende Kooperation zumindest zwischen RAF und dem MfS zustande, die sowohl die Aufnahme von RAF-»Pensionisten« in die DDR als auch das Training noch aktiver RAF-Kader umfasste.[89]

An welche Art von Unterstützung Meinhof bei ihrem Besuch in der DDR gedacht hatte, wird in ihrem bereits zitierten Brief vom Dezember 1971 an die Kommunistische Partei Nordkoreas deutlich. Dort heißt es: »Wir möchten mit diesem Brief die Partei der Arbeit um Unterstützung bitten. Was wir am nötigsten brauchen, ist eine militärische Ausbildung. Wir brauchen auch Waffen. Aber während wir uns Waffen, Wohnungen, Geld und Fahrzeuge noch am ehesten selbst beschaffen können, ist es für uns extrem schwer, uns selbst militärisch – vor allem im Pistolen- und Maschinenpistolenschießen auszubilden.«[90] Eine Antwort aus Nordkorea ist nicht bekannt.

Im Gegensatz dazu war die Kooperation mit verschiedenen Fraktionen palästinensischer Organisationen recht intensiv. So fand, wie erwähnt, bereits das erste Waffentraining in einem Lager der *El Fatah* in Jordanien statt. Ob oder in welcher Form die Kontakte der RAF zur *Fatah* später aufrechterhalten wurden, ist nicht bekannt. Ulrike Meinhof kaufte allerdings im Dezember 1970 von zwei Mitgliedern der Organisation Pistolen vom Typ »Firebird«.[91]

Während der Olympischen Sommerspiele in München tötete die Gruppe des *Schwarzen September* am 5. September 1972 bei einer Geiselnahme zunächst zwei Mitglieder der Olympiamannschaft Israels und nahm neun weitere Athleten als Geiseln. Ihre Forderung war neben der Freilassung von 234 Gefangenen aus israelischen Gefängnissen auch die Haftentlassung von Andreas Baader und Ulrike Meinhof.[92] Im November 1972 veröffentlichte die RAF eine sogenannte Analyse dieses Überfalls, in der die Aktion unterstützt und gerechtfertigt wurde.[93] Es ist die wohl antisemitischste Schrift der RAF. »Israel«, heißt es da, »vergießt Krokodilstränen. Es hat seine Sportler verheizt wie die Nazis die Juden – Brennmaterial für die imperialistische Ausrottungspolitik.«[94]

Im Sommer 1973 reiste Margrit Schiller – die nach dem Ende ihrer ersten Haftzeit (1971 bis 1973) erneut in den Untergrund gegangen war und eine später so genannte *Gruppe 4.2.*[95] mit aufgebaut hatte, die Baader, Meinhof, Ensslin und andere freipressen wollte – nach Rotterdam. Dort traf sie sich mit einer Gruppe von »Palästinensern aus der El-Fatah-Zentrale im Libanon« und bereitete sich darauf vor, mit ihnen ein israelisches Flugzeug zu entführen, um die RAF-Führungskader freizupressen.[96] Sie warteten lange, aber vergeblich auf einen Einsatzbefehl zum Losschlagen.

Eine neue Dimension der Kooperation der RAF mit palästinensischen Terrororganisationen wurde erstmals am 24. April 1975 sichtbar, als ein Kommando[97] der zweiten Generation der RAF die Botschaft der Bundesrepublik in Stockholm besetzte, zwölf Geiseln nahm und von der Bundesregierung die Freilassung von 26 Gesinnungsgenossen forderte. Als die Bundesregierung Verhandlungen verweigerte, erschoss das Kommando die Botschaftsangehörigen Andreas von Mirbach und Heinz Hillegaart. Das RAF-Kommando hatte das Gebäude vermint. Eine unbeabsichtigt ausgelöste Bombenexplosion beendete den Überfall vorzeitig. Neu war, dass das RAF-Kommando offenbar Garantien eingeholt hatte, die Gefangenen, die es freipressen wollte, in Drittländer auszufliegen. Der Überfall war mit dem Terroristen *Carlos*, der im Auftrag der *Volksfront für die Befreiung Palästinas* (PFLP)[98] arbeitete, besprochen und geplant worden.[99]

Weiter intensiviert wurde die Kooperation der RAF mit palästinensischen Terrororganisationen schließlich nach der Entführung des Arbeitgeberpräsidenten Hanns Martin Schleyer am 5. September 1977. Terroristen der zweiten RAF-Generation hatten ihn verschleppt, um die Freilassung von elf Inhaftierten der ersten Generation zu erreichen. Da die Bundesregierung jedoch nicht bereit war, mit den Entführern zu verhandeln, bot die PFLP an, den Druck durch eine Flugzeugentführung zu erhöhen. Am 13. Oktober 1977 zwang ein Kommando der PFLP die Lufthansa-Maschine »Landshut« zum Flug nach Somalia.[100]

Solch intensive Kooperation mit international operierenden Terrororganisationen war in der ersten RAF-Generation umstritten. Man fürchtete, sie könne schnell dazu führen, dass die RAF sich anderen Gruppen unterordnen müsse. Horst Mahler hatte in verschiedenen Erklärungen im Gefängnis eine stärkere Orientierung der RAF an Befreiungsbewegungen und Terrororganisationen der »Dritten Welt« gefordert. Die »Massen« in den Industrieländern sollten beginnen, sich mit den Unterdrückten in der »Dritten Welt« zu identifizieren. Ulrike Meinhof und die Mehrheit der ersten Generation hatten dem widersprochen.[101] Während Mahler die Auffassung vertrat, die »Arbeiteraristokratie« der Industrieländer lasse sich nicht für eine Revolution begeistern, glaubten Ulrike Meinhof und die anderen RAF-Mitglieder,

Mahler schreibe mit seiner Strategie die Unterdrückten in den Metropolen des Kapitalismus ab. Der Konflikt innerhalb der RAF führte schließlich zum Ausschluss Mahlers aus der RAF.[102]

Die internationalen Verbindungen ermöglichten der ersten Generation der RAF einen erweiterten Handlungsspielraum. Jedoch bedeutete dies – soweit erkennbar – kaum größere Unterstützung in der Bundesrepublik Deutschland.[103]

Das Info-System

Trotz der Inhaftierung der ersten Generation der RAF im Jahr 1972 gelang es ihren Mitgliedern, Handlungsstrukturen zu reorganisieren. Darüber hinaus hielten sie Verbindungen zu RAF-Kadern außerhalb aufrecht und konnten deren Aktionen teilweise sogar initiieren und kontrollieren. Außerdem verstanden sie es, transportiert über den Begriff der »Isolationsfolter«, in Teilen der Öffentlichkeit Mitleidsgefühle zu mobilisieren. Die verschiedenen Hungerstreiks gegen die Einzelhaft der RAF-Gefangenen und gegen die zahlreichen Einschränkungen von Verteidiger- und Häftlingsrechten[104] ließen die Terroristen als Opfer einer gnadenlosen Justiz erscheinen.

Die Bundesanwaltschaft stabilisierte in gewisser Weise die Verfolgungs- und Vernichtungsfantasien der RAF-Gefangenen. Sie erklärte deren Forderungen nach Zusammenlegung für undiskutabel. Erst nach dem Tod von Holger Meins während des dritten kollektiven Hungerstreiks der RAF-Gefangenen änderte sie ihre Haltung. In der Folge erhielten Andreas Baader, Ulrike Meinhof, Gudrun Ensslin und Jan Carl Raspe die Möglichkeit, sich jeden Tag acht Stunden gemeinsam auf dem Flur ihrer Zellen in der Haftanstalt Stuttgart-Stammheim aufzuhalten.

Durch die Haft selbst waren die Bedingungen für die Artikulation der ersten RAF-Generation stark eingeschränkt. Allerdings behob die Führungsgruppe diesen Mangel durch die Einrichtung eines Info-Systems: Einige Verteidiger der RAF-Häftlinge transportierten Briefe der Häftlinge untereinander; manchmal übermittelten sie Nachrichten auch mündlich. Wie die Verbindungen zwischen den Häftlingen der RAF, einigen ihrer Verteidiger, dem Info-System und der zweiten bzw. dritten Generation der RAF im Detail funktionierten, konnte bislang nicht präzise beschrieben werden.

Gerhard Müller beschrieb das Info-System und seine Bedeutung für die Reorganisation der Gruppe im Gefängnis wie auch für die Fortführung des bewaffneten Kampfes während einer Vernehmung in der Untersuchungshaftanstalt Hamburg wie folgt: »In dem Kommunikationsbedürfnis der RAF-

Gefangenen, das u. a. ein gewisses Zusammengehörigkeitsgefühl ausdrückte, sah Baader eine Möglichkeit, seine Ziele weiter zu verfolgen. Vorrangig war er bemüht, die unorganisierte Kommunikation in eine organisierte umzuwandeln. Um diese zu erreichen, bediente er sich der RAe, die als RAF-Verteidiger tätig waren. Dieses war eine grundsätzliche Bedingung, um sein Ziel, den Zusammenhalt der Gruppe aufrechtzuerhalten und um seine sowie anderer RAF-Gefangener Befreiung zu erreichen, sowie die Fortsetzung terroristischer Aktivitäten in der BRD.«[105]

Das Info-System umfasste mehrere hierarchisch gestaffelte Ebenen. Nur die RAF-Führungsgruppe erhielt alle Informationen. Neben der internen RAF-Kommunikation gab es auch Informationen für Sympathisierende sowie für lediglich »anpolitisierte Strafgefangene«.[106] Zum Info-System gehörte auch eine von allen RAF-Gefangenen betriebene Schulungstätigkeit. Über das Info-System wurde darüber hinaus die gemeinsame Verteidigung vorbereitet.

Verschiedene Gerichte haben später die Rechtsanwälte Kurt Groenewold, Klaus Croissant und Hans Christian Ströbele für ihre Mitwirkung am Info-System verurteilt. Groenewold erhielt zwei Jahre Gefängnis auf Bewährung, Klaus Croissant zweieinhalb Jahre auf Bewährung und ein Berufsverbot von vier Jahren. Hans Christian Ströbele wurde 1980 zu einer Freiheitsstrafe von zunächst 18 Monaten auf Bewährung verurteilt. Dieses Urteil wurde 1982 auf zehn Monate reduziert.[107]

Einige der RAF-Anwälte unterstützten die Fortführung des bewaffneten Kampfes auch direkt, wie zum Beispiel Siegfried Haag,[108] der Anwalt Baaders und Sozius von Klaus Croissant in Stuttgart. Er hatte von der Führungsebene der RAF den Auftrag erhalten, die Gruppe im Untergrund neu zu strukturieren. Ob er an der Vorbereitung der Besetzung der deutschen Botschaft in Stockholm im April 1975 beteiligt war, konnte bislang nicht zweifelsfrei geklärt werden, es ist jedoch wahrscheinlich.[109] Bei seiner Verhaftung im November 1976 wurden Konzeptionspapiere der zweiten RAF-Generation gefunden, die die Strafverfolgungsbehörden jedoch damals nicht entschlüsseln konnten.[110]

Zur entscheidenden Figur der Organisation der zweiten RAF-Generation im Untergrund wurde Brigitte Mohnhaupt, die bereits zum erweiterten Kern der ersten RAF-Generation gehört hatte. Sie wurde im Januar 1977 aus der Haftanstalt Stuttgart-Stammheim entlassen und hatte dort in ihren letzten Wochen noch ausreichend Gelegenheit gehabt, mit Baader und Ensslin über die Fortführung des bewaffneten Kampfes zu sprechen. Nach ihrer Entlassung reorganisierte sie die Kontakte zwischen den RAF-Gefangenen und den Mitgliedern im Untergrund über Angestellte der Rechtsanwaltskanzlei Croissant und ging dann erneut selbst in den Untergrund. Sie spielte eine wesentliche Rolle bei den folgenden Anschlägen der zweiten RAF-Generation, unter anderem bei der Entführung und Ermordung Hanns Martin Schleyers.

»kampf bis zum tod«

Im Gefängnis wurde Gudrun Ensslin, die einstige Cheflogistikerin im Untergrund, zur treibenden Kraft für die Reorganisation der RAF-Strukturen. Bei der Analyse der Schriftstücke aus ihrer Zelle erkannten Mitarbeiter des Bundeskriminalamtes nicht nur einen dialektisch geschulten scharfen Intellekt, »sondern auch eine spezifische organisatorische und konspirative Begabung«.[111] Ohne »ihre unermüdliche Initiative, ihre ordnende und lenkende Hand sowie ihr strategisches Geschick gäbe es weder ein funktionierendes Kommunikationssystem der Gefangenen noch ein Schulungsprogramm, geschweige denn eine Öffentlichkeitsarbeit diesen Ausmaßes«.[112]

Das Bundeskriminalamt fand bei einer Zellendurchsuchung im Sommer 1973 auch eindeutige Belege für eine zentrale Rolle Ensslins bei der Kampagne gegen die Isolierung der RAF-Häftlinge in den Gefängnissen. Dabei ging es ihr keineswegs allein um Erleichterungen für die RAF-Häftlinge, wie ein Zellenzirkular Ensslins vom 13. Juni 1973 deutlich macht, das offenbar in der Kanzlei des Rechtsanwalts Klaus Groenewold abgeschrieben und vervielfältigt wurde. Ensslin diskutierte hier über eine Arbeitsteilung in der Kampagnenführung. Sie definierte die Aufgabe der Öffentlichkeitskampagne außerhalb des Gefängnisses: »die konkreten jobs im folgenden sollen ... die vermittlung bringen. davon, dass die mobilisierung/kampagne nat. nicht nur ›schutz‹ ist für den antiimperialistischen (bewaffneten) kampf, sondern nat. selbst antiimperialistischer kampf ist, ... eben weil antiimperialismus = antifaschismus = internationalismus ist.«[113] In einem aus der Jahreswende 1972/1973 stammenden Zellenzirkular hatte sie nicht ganz so offene Worte verwendet. Nachdem Ensslin die Aufgabe der »bürgerlichen Anwälte« definiert hatte, schrieb sie: »Das Leben bewaffnen – gegen den Tod im Topf, einige 1000 in jeder großen Stadt, die nichts zu verlieren haben, als den Dreck aus Profit/Macht/Gewalt ... Wie der Sozialdemokrat Posser über uns sagt: ›Wir bezwecken eine Aufputschung‹, so ist es.«[114]

Insbesondere nach Beginn der kollektiven Hungerstreiks 1973 wurde sichtbar, wie Gudrun Ensslin und andere RAF-Häftlinge sich selbst und die anderen Mitglieder als Waffen ansahen. Sie begriffen ihre Körper als Mittel im Krieg gegen den Imperialismus, der – so ihre Behauptung – ihre »Vernichtung« planmäßig vorbereite und befördere. Nachdem die zwei ersten kollektiven Hungerstreiks nicht die erhofften Ergebnisse erbracht hatten, begannen die Häftlinge am 13. September 1974 einen dritten Hungerstreik, der 145 Tage dauern sollte. Nach zwei Wochen wurden die Hungernden zwangsernährt. Häftlinge, die den Hungerstreik abbrechen wollten, wurden von Baader, Ensslin und Meinhof massiv unter Druck gesetzt. Baader selbst hatte vor dem Hungerstreik erklärt, dieses Mal würden Häftlinge sterben. Vieles spricht dafür, dass er Tote einkalkulierte, um die Öffentlichkeit zu mobilisieren.[115] Gudrun Ensslin schrieb zum Beispiel an Irene Goergens: »das ist'n irrtum – von wegen ›dem teufel vom messer gesprungen‹, dem lieben gott, dem doktor, der bourgeoisie an den hals. das ist die wahrheit.«[116] Dem vollkommen geschwächten Holger Meins, er wog nach zwei Monaten Hungerstreik nur noch 40 Kilo, schrieb sie zwei Tage vor seinem Tod: »das ziel, du bestimmst, wann du stirbst, freiheit oder tod.«[117] Holger Meins selbst hatte Manfred Grashof, der den Hungerstreik für eine Zeit unterbrochen hatte, geschrieben: »entweder mensch oder schwein/entweder überleben um jeden preis oder/kampf bis zum tod/entweder problem oder lösung/dazwischen gibt es nichts.«[118]

Horst Mahler beschrieb nach seinem Ausschluss aus der RAF präzise die Strategie der Hungerstreiks. In einem Brief an Birgitta Wolf[119] kritisierte er insbesondere den »Teufelskreis« der Gewalt: »Die RAF ist zu einer ›befreit-die-guerilla-guerilla‹ geworden, um es mit einem treffenden Ausdruck von P.P.Z.[120] zu sagen. Sie produziert immer mehr Tote und gefangene Terroristen unter immer schlechteren Haftbedingungen, dadurch immer mehr Terroristen und einen immer größeren Handlungsdruck für die bewaffneten Kerne, ihre Genossen aus dem Gefängnis zu befreien.«[121] Mahler schildert in dem Brief die Anfänge der Kampagne gegen die Isolationsfolter: »Die Verhaftung von Andreas Baader und Gudrun Ensslin im Juni 1972 schien das ›Aus‹ für die RAF zu bedeuten. Niemand von uns Inhaftierten konnte sich vorstellen, daß die Reste der RAF ohne die Energie, die Entschlossenheit und das erfinderische Genie dieser beiden den ›Kampf‹ fortsetzen und erfolgreiche Befreiungsaktionen durchführen könnten. Alles schien uns davon abzuhängen, daß der Führungskern im Gefängnis wenigstens seine organisatorische und politische Handlungsfähigkeit wiedererlangte und die verbleibenden Aktionsgruppen strategisch anleiten könnte.«[122] Er beschrieb auch sehr präzise die militärisch-technische Seite des Problems: »Zur Vorbereitung mußte zweierlei geleistet werden: erstens mußte durch psychologische Kriegsführung eine moralische Rechtfertigung gehäkelt werden für die möglicherweise blutig verlaufenden ›harten‹ Befreiungsaktionen, und es galt – zweitens – eine genügend große Anzahl von Helfern der RAF zum Absprung in den Untergrund zu motivieren und an ihrer Stelle neue Helfer aus dem politischen Umfeld der Guerilla in größerer Zahl zu rekrutieren.

Beide Aufgaben wurden durch ein und dasselbe Manöver – durchaus erfolgreich – gelöst.«[123] Die Justiz habe, so Mahler weiter, unfreiwillig Hilfsdienste geleistet, weil sie Ulrike Meinhof und Astrid Proll in Köln-Ossendorf unter Bedingungen der sozialen, akustischen und visuellen Isolation einsperrte, die »Menschen wahrscheinlich nicht lange überleben«.[124] Damit sei das für Antifaschisten wichtige Reizwort der Folter in die Debatte geworfen worden. »Selbstverständlich« – schreibt Mahler weiter – »war es die Pflicht eines jeden, alle möglichen Anstrengungen zu unternehmen, die beiden aus dem Toten Trakt herauszuholen; aber die RAF hat diesen Kampf von Anfang an zum Instrument für die Verwirklichung ihrer weitergehenden Ziele gemacht. Mit der jetzt anhebenden Antifolter-Kampagne hatte der Terrorismus in der Bundesrepublik einen neuen Nährboden gefunden: er wäre sonst vielleicht – wie in den USA – mit dem Ende des Krieges in Vietnam ausgetrocknet.«[125]

Stuttgart-Stammheim

Den Prozess in Stammheim versuchten die RAF-Angeklagten in eine Bühne für ihr Anliegen, den Kampf gegen den »Imperialismus«, zu verwandeln. Ganz ähnlich wie bereits im Prozess gegen die Kaufhausbrandstifter im Jahr 1968 versuchten sie den Nachweis zu führen, dass sie aus »guten Gründen«, nämlich wegen der Unterstützung der Bundesrepublik für die USA gegen Nordvietnam, zu den Waffen gegriffen, daher in Notwehr gehandelt und von einem legitimen Widerstandsrecht Gebrauch gemacht hätten.

Dass sich die RAF-Häftlinge ohne Mühe über weite Strecken als Opfer einer manipulierten Justiz darstellen konnten, hing auch damit zusammen, dass für das Verfahren in Stuttgart-Stammheim bis dahin gültige Rechtsgrundlagen außer Kraft gesetzt wurden. Am 18. Dezember 1974 beschloss der Bundestag ein erstes großes »Anti-Terror-Paket«, das unter anderem die Möglichkeit beinhaltete, Verteidiger dann vom Verfahren ausschließen zu können, wenn sie verdächtigt wurden, mit den Häftlingen gemeinsame Sache zu machen, oder wenn sie die Sicherheit des Strafvollzugs in Frage stellten.[126] Außerdem durfte ab sofort jeder Anwalt nur noch einen Angeklagten verteidigen. Darüber hinaus enthielt das Paket die Regelung, dass auch ohne die Angeklagten verhandelt werden könne, wenn sie sich vorsätzlich und schuldhaft in einen Zustand der Verhandlungsunfähigkeit versetzt hatten.[127]

Am 18. August 1976 verabschiedete der Bundestag ein zweites großes »Anti-Terror-Paket«, das unter anderem den Straftatbestand der »Bildung einer terroristischen Vereinigung« enthielt. Fortan war auch Werbung für den Terror strafbar, zum Beispiel an Häuserwände gesprühte Parolen wie »RAF – wir werden siegen.« Außerdem wurden Regelungen eingeführt, die die Anzeigepflicht bei der Kenntnis der Vorbereitung von Verbrechen verschärften. Die Anzeigepflicht galt auch für Ärzte und Verteidiger. Untersuchungshaft konnte nun auch dann angeordnet werden, wenn jemand der Zugehörigkeit zu einer terroristischen Vereinigung »dringend verdächtigt« wurde, selbst dann, wenn keine Flucht- oder Verdunkelungsgefahr bestand. Auch die Post von Angeklagten, die der Bildung einer terroristischen Vereinigung verdächtigt wurden, durfte nun von einem »Leserichter« überprüft werden. Sobald dieser Anzeichen für die »Förderung einer terroristischen Vereinigung« erkannte, konnte er die Beförderung der Post ablehnen.[128]

Um ihre Sicht der Dinge in das Verfahren einzubringen, entschlossen sich die RAF-Häftlinge, zur Erläuterung ihrer Positionen eine »Erklärung zur Sache« abzugeben.[129] An der Ausarbeitung dieser Erklärung waren nahezu alle RAF-Häftlinge beteiligt. Sie behandelten die Idee der Metropolenguerilla (1), das Verhältnis der Bundesrepublik zur »Dritten Welt« (2), das Verhältnis der SPD zu Europa (3), eine Auseinandersetzung mit der Politik der SPD, der Sowjetunion und Chinas (4), den Kampf zwischen der RAF und der »Konterrevolution« (5) und die Bedeutung des bewaffneten Kampfes in den Metropolen (6 und 7).[130] Im Januar 1976 trugen sie zwei Tage lang abwechselnd ihr mehrere hundert Seiten umfassendes Kollektivwerk vor, das die komplette RAF-Kampfideologie beschreibt.[131] Nach dem Vortrag beantragten ihre Rechtsanwälte die sofortige Freilassung der RAF-Häftlinge.

In der »Erklärung zur Sache« lassen sich alle Stereotype eines linken Nationalismus sowie eines linken sogenannten »sekundären« Antisemitismus erkennen.[132] Die Vernichtung der europäischen Juden durch den deutschen Nationalsozialismus wird mit keinem Wort erwähnt. Die Bundesrepublik Deutschland erscheint als Vasall der Vereinigten Staaten von Amerika. Die USA und Israel werden durchgängig gleichgesetzt mit einem neuen Faschismus, gegen den Widerstand zur Pflicht werde. So heißt es zum Beispiel: »Indem die Besatzungsmacht [gemeint sind die USA, M. J.] die Ursachen des Faschismus nicht nur in der Person seiner Führer, sondern mit der rassistischen Behauptung der ›Kollektivschuld‹ in den Charakter des ganzen Volkes verlagerte [...] tabuisierte [sie] [...] die tatsächliche Ursache des Faschismus [...]. Die Besatzungsmacht trat der deutschen Bevölkerung in den Reeducation-Kampagnen nicht anders gegenüber als kolonialistische Eroberer der autochthonen Bevölkerung eines besetzten Landes in der Dritten Welt [um mit] ihrer psychologischen Herrschaftstechnik ›die Deutschen zur Demokratie zu erziehen‹ – d.h. die Kultur, das Geschichtsverständnis, das Bewusstsein der historischen Existenz und Identität nicht nur zu verändern, sondern vor allem und zuerst zu brechen.«[133]

Gerd Koenen hat, ohne die Erklärung der RAF selbst zu zitieren, deren zentrale Perspektive treffend zusammengefasst und charakterisiert. »Die deutschen Volksmassen verwandeln sich im Diskurs der RAF [...] zunehmend in ›Kolonisierte‹, denen unter der alliierten Okkupation seit 1945 durch ›Gehirnwäsche‹ und eine ›Politik des Hungers‹ ihre ›Identität‹ geraubt worden war, nicht anders als den Menschen in Südkorea oder Südvietnam. Eben deshalb stand der Befreiungskampf des deutschen Volkes gegen die US-Besatzung und den internationalen Kapitalismus unmittelbar an der Seite des Befreiungskampfes aller unterdrückten Völker.«[134]

Während des Prozesses wurde Ulrike Meinhof am 9. Mai 1976 tot in ihrer Zelle aufgefunden. Die »Stimme der RAF« hatte es nicht mehr ertragen, dass ihre Texte von den anderen zunehmend als »Scheiß« und Ähnliches qualifiziert wurden. Außerdem nagte die Verantwortung für den Anschlag auf das Springer-Gebäude vom 19. Mai 1972 an ihr, bei dem 38 Menschen zum Teil schwer verletzt worden waren. Als der Anschlag im Prozess zur Sprache kam, erklärten Baader, Ensslin und Raspe, sie seien »sicher auch verantwortlich für Aktionen und Kommandos – zum Beispiel gegen das Springer-Hochhaus, von denen wir nichts wussten, deren Konzeption wir nicht zustimmen und die wir in ihrem Ablauf abgelehnt haben.«[135] Als ihnen die Nachricht von Meinhofs Tod überbracht wurde, zeigten sie keine Trauer, erinnert sich ein Amtsinspektor.

Die übrig gebliebenen RAF-Angeklagten setzten nicht auf Erklärungen und auch nicht auf ihre juristische Verteidigung oder gar auf Humanität. Sie setzten auf die Propaganda der bewaffneten Tat. Die Proteste gegen die Haftbedingungen, die Hungerstreiks und die Hungerstreikerklärungen sollten den bewaffneten Kampf fördern und legitimieren, eine Nachfolgegeneration von Terroristen aktivieren. Folgende Anschläge wurden in diesem Zusammenhang von der zweiten Generation der RAF-Terroristen begangen: Im April 1977 ermordete ein RAF-Kommando in Karlsruhe den Generalbundesanwalt Siegfried Buback und zwei seiner Begleiter. Im Juli 1977 erschoss ein RAF-Kommando den Sprecher der Dresdner Bank, Jürgen Ponto. Im August 1977 scheiterte der Raketenwerfer-Anschlag eines RAF-Kommandos auf das Gebäude der Bundesanwaltschaft nur knapp. Im September 1977 entführte ein Kommando den Arbeitgeberpräsidenten Hanns Martin Schleyer und forderte die Freilassung der RAF-Gefangenen. Ein Chauffeur und zwei Leibwächter Schleyers wurden getötet.

Als auch dieser Terror nichts mehr nützte, setzte die übrig gebliebene Führung der RAF, Baader, Ensslin, Raspe und Möller, ihre letzte Waffe ein, ihre Körper. Sie begingen kollektiv Selbstmord, den sie als Mord inszenierten, um die Bundesrepublik als das faschistische Monster zu entlarven, das sie in den RAF-Erklärungen schon immer gewesen war. Nur Irmgard Möller überlebte den Suizid, sie behauptet bis heute, ihre Kampfgefährten seien umgebracht worden. Über ihren Tod hinaus verlängerte die erste Generation der RAF mit dieser Inszenierung den Terrorismus in der Bundesrepublik. Erst 21 Jahre nach diesem Kollektivselbstmord löste die RAF sich auf.

Hitlers Kinder?

Die RAF-Mitglieder selbst haben ihre Teilnahme am bewaffneten Kampf meist mit dem Verweis auf die Schuld der Nazi-Generation begründet. Noch in der Auflösungserklärung der Gruppe von 1998 heißt es: »Die RAF nahm den Kampf gegen einen Staat auf, der nach der Befreiung vom Nazi-Faschismus mit seiner nationalsozialistischen Vergangenheit nicht gebrochen hatte. Der bewaffnete Kampf war die Rebellion gegen eine autoritäre Gesellschaftsform, gegen Vereinzelung und Konkurrenz.«[136]

Diese politische Selbstverortung haben RAF-Mitglieder und ihre Interpreten immer auch in biografische Deutungen übersetzt. So begründete zum Beispiel Ruth Ensslin, eine jüngere Schwester Gudrun Ensslins, den Weg ihrer Schwester in den Terror damit, »dass in der Familie häufig darüber gestritten wurde, was die Eltern und die Familie in den Jahren des Dritten Reiches ›getan‹ oder eben ›nicht getan‹ hatten. [Es ging um] passives moralisches Versagen – und dies in der Konfrontation mit den hohen Postulaten der protestantischen Gesinnungsethik.«[137]

Auch Angehörige der zweiten und dritten RAF-Generation haben dieses Motiv für sich in Anspruch genommen. Peter-Jürgen Boock formulierte etwa im Rückblick: »Die Geschichte der RAF [...] ist ohne die Nazi-Zeit und die ›Schuld der Väter‹ weder zu verstehen noch zu interpretieren. Das Paradoxe daran ist, dass sich aus dem moralisch motivierten Schluß, so etwas nie wieder stillschweigend zu dulden, der Terrorismus in der BRD entwickelt hat.«[138]

Dieser Selbsterklärung der deutschen Terroristen folgen auch Sozialwissenschaftler. So hat beispielsweise der Psychoanalytiker Hans Jürgen Wirth den »bewaffneten Kampf« als Ausdruck des Bedürfnisses gedeutet, fortsetzen und nachholen zu wollen, was die Eltern nur zum Teil geleistet hatten: aktiven Widerstand gegen des Faschismus.[139]

Allerdings wandten sich zum Beispiel Iring Fetscher, Herfried Münkler und Hannelore Ludwig schon sehr früh gegen dieses Deutungsmuster und machten auf Kommandoerklärungen der RAF aufmerksam, die eine eigentümliche historische Selbstverortung der RAF erkennen lassen.[140] Die RAF erklärte am 25. Mai 1972 zu ihrem Bombenanschlag auf das Hauptquartier der US-Armee in Heidelberg: »Die Menschen in der Bundesrepublik unterstützen die Sicherheitskräfte bei der Fahndung nach den Bombenattentätern nicht, weil sie mit den Verbrechen des amerikanischen Imperialismus und ihrer Billigung durch die herrschende Klasse hier nichts zu tun haben wollen. Weil sie Auschwitz, Dresden und Hamburg nicht vergessen haben, weil sie wissen, daß gegen die Massenmörder von Vietnam Bombenanschläge gerechtfertigt sind.«[141]

Solche und andere massenhaft vorfindbare Erklärungen der RAF, in denen Auschwitz und Dresden auf eine Ebene gehoben und gleichgesetzt werden, hat Dorothea Hauser veranlasst, die Ideologie der RAF als »nationalrevolutionär« zu kennzeichnen[142] und das darunterliegende Motiv als verletzte nationale Würde.

Schon der Zivilisationsforscher Norbert Elias, auf den sich Dorothea Hauser in ihrer Analyse beruft, war in seiner Schrift über den Terrorismus in der Bundesrepublik zu ähnlichen Auffassungen gelangt.[143] Er verglich die Motive der bundesdeutschen Terroristen aber auch breiterer Kreise der Außerparlamentarischen Opposition mit denen der jungen und konservativen Oppostionsgruppen der 1920er Jahre. Anders als die nationalistischen Gegner des Weimarer Systems, betont Elias, hätten sich die Aktivisten der Außerparlamentarischen Opposition der Bundesrepublik nicht positiv auf die nationalen Ideale ihrer Väter und Vorväter berufen können. Der extensive Einsatz von Gewalt für politische Zwecke weise jedoch eine deutliche Verbindung zur Gewaltexplosion im Nationalsozialismus und im Faschismus auf. Daher, so Elias, sei es auch wenig verwunderlich, dass in diesen Ländern der ehemaligen »Achse« die Terrgruppen der Nachkriegsperiode besonders gewalttätig und aggressiv agiert hätten.[144]

Die Journalistin Jillian Becker hat sich schon am Ende der 1970er Jahre, in einer der ersten umfassenden Analysen des RAF-Terrors, damit beschäftigt, wie man die oftmals recht merkwürdigen politischen Selbstverortungen der deutschen Terroristen interpretieren könne. Sie erkennt in den Aktionen der RAF Handlungen einer Generation, die von »Leidensneid« getrieben sei. »In ihrer beharrlichen Unterstellung, jegliche Obrigkeit sei ›faschistisch‹ oder ›tendiere zum Faschismus‹, schwang das Verlangen mit, sich – eine Generation zu spät – zum Kampfe zu stellen (während gleichzeitig Kritiker darauf verwiesen, daß sie tatsächlich die Freiheit, die ihnen die Demokratie und deren liberale Institutionen boten, dazu mißbrauchten, Demokratie und Freiheit zu schmähen). Es war ihr jugendlicher Ehrgeiz, die Helden zu spielen – jene Helden, die ihre Väter nicht gewesen waren. Hinzu kommt noch das Bedürfnis, sich mit den Opfern zu identifizieren, und in den späten 60er Jahren konnte man oft von Studenten hören: ›Wir sind die Juden von heute‹. Die Opfer von damals waren nun zu Helden und Märtyrern geworden; und die Kinder derjenigen, die sie zu Märtyrern gemacht hatten, beneideten sie nun um ihr Leid. Dieser ›Leidensneid‹ war nicht die Annahme der Schuld, sondern deren Zurückweisung.«[145]

Die Auseinandersetzung um den Charakter und die Wirkungen der RAF in der bundesdeutschen Gesellschaft ist noch nicht abgeschlossen, was gerade auch die Diskussionen zum 30. Jahrestag des »Deutschen Herbstes« erneut belegt hat, und noch immer sind nicht alle Verbrechen aufgeklärt. Die Inhumanität des Terrors stellt darüber hinaus noch heute eine andauernde Herausforderung für das linke politische Spektrum der Bundesrepublik dar, in dem die RAF ihre Wurzeln hatte. Die häufig nationalistisch und auch antisemitisch durchtränkte Ideologie der RAF stellt außerdem das Selbstbild des Terrorismus als nachholendem und antifaschistischem Widerstand in Frage.

1 Das Zitat haben die Geschwister von Gudrun Ensslin als Titel für die Herausgabe einer Sammlung der Briefe ihrer Schwester verwendet. Es stammt aus einer Schrift Mao Tse-tungs, das sich die RAF in ihrer ersten größeren Publikation (Das Konzept Stadtguerilla) zum Motto gemacht hatte und das von Gudrun Ensslin häufig verwendet wurde.
2 Vgl. Ingo Juchler, Die Weathermen, in: Wolfgang Kraushaar (Hg.), Die RAF und der linke Terrorismus, Bd. 2, Hamburg 2006, S. 768–781.
3 Vgl. Michaela Wunderle, Die Roten Brigaden, in: Kraushaar (Hg.), Die RAF und der linke Terrorismus, Bd. 2, S. 782–808.
4 Vgl. Claudia Derichs, Die Japanische Rote Armee, in: Kraushaar (Hg.), Die RAF und der linke Terrorismus, Bd. 2, S. 809–827.
5 Norbert Elias, Der bundesdeutsche Terrorismus – Ausdruck eines sozialen Generationenkonflikts, in: Norbert Elias, Studien über die Deutschen. Machtkämpfe und Habitusentwicklung im 19. und 20. Jahrhundert, hrsg. von Michael Schröter, Frankfurt am Main 1990, S. 300–389.
6 Vgl. Dorothea Hauser, Deutschland, Italien und Japan, in: Kraushaar (Hg.), Die RAF und der linke Terrorismus, Bd. 2, S. 1272–1298.
7 Die wichtigsten Bücher dazu sind: Jillian Becker, Hitlers Kinder? Der Baader-Meinhof-Terrorismus, Frankfurt am Main 1978; Bundesminister des Innern (Hg.), Analysen zum Terrorismus, 4 Bde., Opladen 1981 ff.; Heinrich Hannover u. a. (Hg.), Terroristen und Richter, 3 Bde., Hamburg 1991; Butz Peters, Tödlicher Irrtum, Berlin 2004; Stefan Aust, Der Baader Meinhof Komplex, Hamburg 2005; Wolfgang Kraushaar, Die RAF und der linke Terrorismus, 2 Bde., Hamburg 2006; Klaus Pflieger, Die Rote Armee Fraktion, Baden-Baden 2007; Willi Winkler, Die Geschichte der RAF, Berlin 2007.
8 Die Namen der Mörder (miha), *Frankfurter Allgemeine Zeitung*, 10. September 2007, S. 46.
9 Michael Sontheimer, Eine Geschichte des Selbstbetrugs, *Spiegel-Online*, 10. September 2007, http://www.spiegel.de/panorama/justiz/0,1518,504741,00.html (September 2007).
10 Herfried Münkler, Guerillakrieg und Terrorismus, in: Kraushaar (Hg.), Die RAF und der linke Terrorismus, Bd. 1, S. 78–102.

11 Carlos Marighella, Handbuch des Stadtguerillero, in: Márcio M. Alves/Conrad Detrez/Carlos Marighela u. a., Zerschlagt die Wohlstandsinseln in der Dritten Welt. Mit dem Handbuch des Guerilleros von São Paulo, hrsg. von Conrad Dentz, Reinbek 1971.
12 Régis Debray, 1940 geboren, schloss sich in den 1960er Jahren Che Guevara an. Er wurde in Bolivien verhaftet und zu einer hohen Gefängnisstrafe verurteilt, jedoch 1971 auf Intervention der französischen Regierung freigelassen. Debray zählte später zum Freundes- und Beraterkreis von Salvador Allende (Chile).
13 Régis Debray, Kritik der Waffen, Reinbek 1975, S. 83.
14 Jan Philipp Reemtsma, Was heißt »die Geschichte der RAF verstehen«?, in: Kraushaar (Hg.), Die RAF und der linke Terrorismus, Bd. 2, S. 1358.
15 konzept a./u. zu einem anderen prozess, ende april 76, in: texte: der RAF, Malmö 1977, hrsg. von RAF/BRD, c/o Internationales Komitee zur Verteidigung politischer Gefangener in Westeuropa – Sektion BRD, Stuttgart, Lund 1977, S. 29.
16 Gerhard Müller, geboren 1948, wuchs in Sachsen und ab 1955 in Westdeutschland auf. Eine Lehre als Fernmeldetechniker brach er ab und lebte von Gelegenheitsarbeiten. Dabei kam er mit der Studentenbewegung in Kontakt und schloss sich dem Sozialistischen Patientenkollektiv (SPK) in Heidelberg an; später fand er den Weg zur RAF. Er war an einer großen Zahl terroristischer Aktionen beteiligt. Am 15. Juni 1972 wurde er zusammen mit Ulrike Meinhof festgenommen. Im Gefängnis begann er sich von der RAF zu distanzieren und war im Stammheim-Prozess der wichtigste Kronzeuge der Bundesanwaltschaft gegen die RAF. Müller wurde zu zehn Jahren Haft verurteilt, aber nach sechseinhalb Jahren vorzeitig entlassen. Seither lebt er mit einer neuen Identität.
17 Vernehmungsprotokoll Gerhard Müller 22. April 1975, S. 2, Kopie im Archiv des Hamburger Instituts für Sozialforschung (HIS-Archiv), So 01/012,002.
18 Vgl. auch Hauser, Deutschland, Italien und Japan.
19 Vgl. auch Klaus Stern/Jörg Herrmann, Andreas Baader – Das Leben eines Staatsfeindes, München 2007; Karin Wieland, Andreas Baader, in: Kraushaar (Hg.), Die RAF und der linke Terrorismus, Bd. 1, S. 332–349.
20 Gerd Koenen, Vesper, Ensslin, Baader, Frankfurt am Main 2003; Susanne Bressan/Martin Jander, Gudrun Ensslin, in: Kraushaar (Hg.), Die RAF und der linke Terrorismus, Bd. 1, S. 398–429.
21 Bernward Vesper (Hg.), Voltaire Flugschrift 14, Black Power, Ursachen des Guerilla-Kampfes in den Vereinigten Staaten, West-Berlin 1967.
22 Zitiert nach Peters, Tödlicher Irrtum, S. 108.
23 Vgl. auch Martin Jander, Horst Mahler, in: Kraushaar (Hg.), Die RAF und der linke Terrorismus, Bd. 1, S. 372–397.
24 Aust, Der Baader Meinhof Komplex, S. 71.
25 Bettina Röhl, So macht Kommunismus Spaß, Hamburg 2006.
26 Ulrike Meinhof, Die Würde des Menschen ist antastbar, Berlin 2004, S. 154.
27 Rudi Dutschke, Die geschichtlichen Bedingungen für den internationalen Emanzipationskampf, in: SDS Westberlin und Internationales Nachrichten und Informationsinstitut (Hg.), Der Kampf des vietnamesischen Volkes, o. O., o.J. (Berlin 1968).
28 Horst Mahler/Franz Schönhuber, Schluß mit dem deutschen Selbsthaß. Plädoyers für ein anderes Deutschland, Berg 2000, S. 105.
29 Die 1947 in Kassel geborene Astrid Proll, Schwester von Thorwald Proll, der zusammen mit Ensslin und Baader die Kaufhausbrandstiftung verübt hatte, schloss sich im Oktober 1967 Baader und Ensslin an. 1971 wurde sie verhaftet. Ihr Prozess musste wegen gesundheitlicher Probleme, hervorgerufen durch die Einzelhaft, abgebrochen

werden. 1974 wurde sie entlassen, floh nach England und wurde dort 1978 erneut verhaftet. Nach längeren Verhandlungen wurde sie ausgeliefert und wegen Raubüberfalls und Urkundenfälschung zu fünf Jahren und sechs Monaten Haft verurteilt, von denen sie vier Jahre verbüßte.

30 Horst Mahler im Interview mit Ralf Graumann vom 30. Dezember 2002, im Anhang zu dessen Diplomarbeit »Gang durch die Extreme«, Berlin 2004, S. 6.
31 Mario Krebs, Ulrike Meinhof, Reinbek 1988, S. 172 ff.
32 Ebenda, S. 185.
33 Irene Goergens wuchs in einem Kinderheim auf. Sie begegnete Ulrike Meinhof bei Dreharbeiten zu deren Film »Bambule« und betreute als Kindermädchen deren beide Töchter. 1970 schloss sie sich der RAF an und war mit nur 18 Jahren maßgeblich an der Baader-Befreiung beteiligt, nahm dann an dem Waffentraining der RAF in Jordanien teil und überfiel eine Bank in Berlin. Mit Horst Mahler und anderen wurde sie am 8. Oktober 1970 verhaftet und wegen der Beteiligung an der Baader-Befreiung zu sechseinhalb Jahren Haft verurteilt. Nach ihrer Entlassung war sie nicht mehr für die RAF aktiv.
34 Ingrid Schubert, 1944 geboren, schloss ein Medizinstudium in Berlin mit der Note »gut« ab. Sie war maßgeblich an der Haftentziehung Andreas Baaders und an dem sich anschließenden Waffentraining in Jordanien beteiligt. Nach ihrer Rückkehr nach Berlin war sie Mittäterin bei verschiedenen Banküberfällen und wurde am 8. Oktober 1970 zusammen mit Horst Mahler und anderen in Berlin verhaftet. Sie wurde zu insgesamt 13 Jahren Haft verurteilt und war mit Baader, Ensslin, Meinhof, Raspe, Möller und Mohnhaupt im Hochsicherheitstrakt der Justizvollzugsanstalt Stuttgart-Stammheim inhaftiert. Schubert nahm an mehreren Hungerstreiks teil und erhängte sich, kurz nachdem ihre Gesinnungsgenossen in Stammheim Selbstmord begangen hatten, in einem Münchner Gefängnis.
35 Gerhard Bott u. a., Panorama. Berichte, Analysen, Meinungen, Reinbek 1970, S. 112.
36 Iring Fetscher u. a., Ideologien der Terroristen in der Bundesrepublik Deutschland, in: Bundesministerium des Inneren (Hg.), Analysen zum Terrorismus, Bd 1: Ideologien und Strategien, Opladen 1981, S. 16 ff.
37 Ebenda, S. 179.
38 Gemeinhin wird die Gründungserklärung »Die Rote Armee aufbauen« Gudrun Ensslin zugeschrieben. Gerd Koenen hat jedoch darauf hingewiesen, dass Ausdrücke wie »Schweinkram« und »Torfköppe« auf eine Koautorenschaft der lange in Hamburg lebenden Ulrike Meinhof hindeuten (Koenen, Vesper, Ensslin, Baader, S. 360).
39 Die Rote Armee aufbauen, nachgedruckt in: ID-Verlag (Hg.), Rote Armee Fraktion. Texte und Materialien zur Geschichte der RAF, Berlin 1997, S. 24.
40 Gerhard Müller, Leserbrief an die *Kommunistische Volkszeitung*, 27. Mai 1975, S. 4, Kopie im HIS-Archiv, So 01/012,006.
41 Aust, Der Baader Meinhof Komplex, S. 121 ff.
42 Hans-Jürgen Bäcker, 1939 geboren, war gelernter Grubenelektriker und studierte in Berlin. Er gehörte zum Umkreis Horst Mahlers und war seit Gründung Mitglied der RAF. Er war an dem Banküberfall der RAF in Berlin beteiligt und nahm am Waffentraining in Jordanien teil. Im Frühjahr 1971 wurde er verhaftet und 1974 zu neun Jahren Haft verurteilt.
43 Manfred Grashof, 1944 geboren, aufgewachsen in München, desertierte 1969 von der Bundeswehr und zog in Berlin in die *Kommune I* ein. Zusammen mit seiner Freundin Petra Schelm nahm er am Waffentraining in Jordanien teil. Er beteiligte sich nach der Rückkehr der Gruppe bis 1972 am Aufbau der RAF-Logistik und an mehreren Banküberfällen. Bei seiner Verhaftung am 2. März 1972 erschoss er den Poli-

zisten Hans Eckhardt und wurde zu lebenslänglicher Haft verurteilt. Nach 16 Jahren wurde Grashof begnadigt.
44 Petra Schelm, 1950 geboren, hatte eine Ausbildung zur Friseurin absolviert. Sie lernte bei Aktionen der Außerparlamentarischen Opposition in Berlin ihren Freund Manfred Grashof kennen. Mit Meinhof und Mahler soll sie sich der »Resozialisierung sozialer Randgruppen« im Berliner Märkischen Viertel gewidmet haben. Bei einer bundesweiten Fahndung nach Mitgliedern der RAF durchbrach Schelm in Begleitung von Werner Hoppe (ebenfalls RAF) am 15. Juli 1971 mit ihrem Wagen eine Straßensperre. Sie wurde wenig später gestellt. Hoppe und Schelm sprangen aus dem Fahrzeug und feuerten mehrmals auf die Polizisten. Schelm wurde von der Kugel eines Polizisten tödlich getroffen.
45 Peter Homann, 1936 geboren, ist Journalist und war, nachdem Ulrike Meinhof sich von Klaus Rainer Röhl getrennt hatte, mit ihr befreundet. Er sagte sich bereits 1970 von der RAF los und machte vor Gericht umfangreiche Aussagen. Nach seiner Rückkehr aus Jordanien nahm Homann Kontakt zu Stefan Aust auf, holte mit ihm zusammen die beiden Töchter Ulrike Meinhofs aus einem Versteck auf Sizilien ab und brachte sie zu ihrem Vater nach Hamburg.
46 Aust, Der Baader Meinhof Komplex, S. 124.
47 Ebenda, S. 130.
48 Peters, Tödlicher Irrtum, S. 203.
49 Zur Kontroverse zu diesem Zwischenfall vgl. Peter Homann im *Spiegel* vom 19. Mai 1997, 51. Jg., Nr. 21, S. 52–57, und den offenen Brief Mahlers dazu: *Die Zeit* vom 30. Mai 1997, 52. Jg., Nr. 23, S. 45.
50 Marighella, Handbuch des Stadtguerillero.
51 Ebenda, S. 63.
52 Ralf Reinders, Mitglied der *Bewegung 2. Juni*, hat später behauptet, dass einer der drei Banküberfälle von Mitgliedern der *Tupamaros West-Berlin* – von denen sich einige 1972 zur *Bewegung 2. Juni* zusammenschlossen – durchgeführt wurde. Seine Detailkenntnis über die Banküberfälle ließ erkennen, dass er Interna von Planung und Ablauf des »Dreierschlags« sehr gut kannte; vgl. hierzu Margot Overath, Drachenzähne, Hamburg 1991, S. 150; Koenen, Vesper, Ensslin, Baader, S. 300.
53 Vgl. Aust, Der Baader Meinhof Komplex, S. 127.
54 Eine Kopie dieses sogenannten »Ensslin-Kassibers« findet sich in der RAF-Sammlung des HIS-Archivs, En, G/007,003.
55 Norbert Schmid wurde bei einer versuchten Festnahme von Mitgliedern der RAF am 22. Oktober 1971 in Hamburg erschossen. Schmid und ein Kollege versuchten eine Verdächtige, Margrit Schiller, zu überprüfen. In der Nähe hielten sich Gerhard Müller und Irmgard Möller auf. Es kam zu einem Schusswechsel, bei dem Schmid tödlich getroffen wurde. Viele Indizien deuten auf Müller als Todesschützen.
56 Herbert Schoner stellte sich bei einem Banküberfall am 22. Dezember 1971 in Kaiserslautern den Tätern entgegen und wurde erschossen. Die RAF unternahm hier einen Überfall auf die Bayerische Hypotheken- und Wechselbank und erbeutete 134000 DM. Nur Klaus Jünschke konnte die Beteiligung nachgewiesen werden.
57 Werner Hoppe, 1949 geboren, nahm als Mitglied der studentischen Organisation »Lumpenproletariat« erste Kontakte zur RAF auf. 1970 stahl Hoppe mindestens sieben Fahrzeuge, insgesamt waren es etwa 45. Außerdem war er mindestens an einem Banküberfall und einem Dokumentendiebstahl beteiligt. Am 15. Juli 1971 wurde Hoppe in Hamburg verhaftet. An diesem Tag war er mit Petra Schelm unterwegs, die sich ihrer Verhaftung widersetzte, auf die Polizisten schoss und bei dem Schusswechsel selbst tödlich getroffen wurde. Hoppe wurde 1972 wegen versuchten Totschlags

zu zehn Jahren Gefängnis verurteilt, weil auch er bei seiner Festnahme auf die Polizisten geschossen hatte. 1979 wurde er aufgrund einer schweren Erkrankung vorzeitig entlassen. Nach den Selbstmorden von Baader, Ensslin, Raspe und Meinhof sagte er sich von der RAF und vom Terrorismus los.

58 Wolfgang Grundmann, 1948 geboren, stieß im Herbst 1970, zusammen mit seiner Freundin Ingeborg Barz, zur RAF. Er wurde am 2. März 1972 zusammen mit Manfred Grashof in Hamburg beim Betreten einer konspirativen Fälscherwerkstatt verhaftet. Bei dieser Verhaftung kam es zu einem Schusswechsel mit der Polizei, bei dem der Polizist Heinz Eckhardt (50) so schwer verletzt wurde, dass er später starb. Grundmann wurde nur wegen Mitgliedschaft in einer terroristischen Vereinigung verurteilt und 1976, nachdem er schwer erkrankt war, aus dem Gefängnis entlassen. Danach war er nicht mehr terroristisch aktiv. Er lebt heute unter anderem Namen.

59 Gerhard Müller berichtete darüber ausführlich in seinen Vernehmungen, vgl. Vernehmung am 28. 7. 1976, Blatt 243ff., Kopie im Archiv des Hamburger Instituts für Sozialforschung (HIS-Archiv), So 01/011,012; vgl. hierzu auch Aust, Der Baader Meinhof Komplex, S. 188ff.

60 Siehe z.B. »fragment über struktur« (von Ulrike Meinhof), in: texte: der RAF, S. 23–26.

61 Müllers Aussagen vor dem Gericht in Stuttgart-Stammheim, aber auch bei seinen Vernehmungen zuvor, sind von den anderen Häftlingen der RAF und von ihren Anwälten meist angezweifelt worden. Seine Aussagen, so die anderen RAF-Mitglieder und ihre Anwälte, seien nur im Rahmen eines Tauschgeschäfts zwischen Bundesanwaltschaft und Müller zu verstehen – die Mordanklage gegen Müller, der im Oktober 1971 den Polizisten Norbert Schmid erschossen haben soll, wurde fallengelassen; bislang konnte dieser Zusammenhang nicht nachgewiesen werden.

62 Vernehmung von Gerhard Müller am 26. 5. 1976, Blatt 207, Kopie im HIS-Archiv, Signatur So 01/011,008.

63 Ebenda.

64 Vernehmungen von Gerhard Müller am 22. 4. 1975, Blatt 2ff., Kopie im HIS-Archiv, So 01/012,002.

65 Allerdings wurde im Juli 1973 in dem Waldstück eine vergrabene Leiche gefunden. Aufgrund der verstrichenen Zeit war es damals nicht möglich, zu klären, ob es sich um die Leiche von Barz handelte. Andere Mitglieder der RAF behaupteten nach der Aussage Müllers, sie hätten Barz noch im Frühjahr 1975 in einem Lokal in Hamburg getroffen. Es ist durchaus möglich, dass RAF-Mitglieder dieses angeblich späte Treffen mit Ingeborg Barz erfunden haben. Fahnder des BKA vermuten, so Butz Peters in seiner Geschichte der RAF, sie habe sich in den Irak abgesetzt; vgl. Peters, Tödlicher Irrtum, S. 299.

66 Zuvor erläuterte Müller, dass Meinhof, Ensslin, Raspe, Meins und Grashof im Auftrag Baaders Führungsfunktionen wahrzunehmen hatten.

67 Vernehmung Gerhard Müller am 25. 5. 1976, Blatt 205, Kopie der Abschrift im HIS-Archiv, So 01/011,008.

68 Holger Klaus Meins, geboren am 26. Oktober 1941, machte 1962 in Hamburg Abitur. Er studierte zunächst in Hamburg an der Hochschule für bildende Künste, danach in Berlin an der Deutschen Film- und Fernsehakademie (DFFB). In Berlin wurde er wegen der Beteiligung an der Besetzung des Rektorats vom Studium ausgeschlossen. 1969 zog er in die *Kommune I* ein. Seit 1970 war er Mitglied der RAF und wurde am 1. Juni 1972 zusammen mit Baader und Raspe verhaftet. Während eines Hungerstreiks der RAF im November 1974 hungerte er sich zu Tode. Er starb am 9. November 1974.

69 Jan-Carl Raspe, geboren am 24. Juli 1944 in Ost-Berlin, blieb nach dem Mauerbau am 13. August 1961 bei Verwandten in West-Berlin. 1967 wurde er Mitbegründer der *Kommune II* und studierte Soziologie. Von 1970 war er an den Aktionen der RAF beteiligt und wurde am 1. Juni 1972 zusammen mit Andreas Baader und Holger Meins in Frankfurt am Main festgenommen. Am 18. Oktober 1977 brachte er sich – wie Andreas Baader und Gudrun Ensslin – in seiner Zelle in Stuttgart-Stammheim um.
70 Vgl. hierzu Peters, Tödlicher Irrtum, S. 280 ff.
71 Gudrun Ensslin im sogenannten »Ensslin-Kassiber« von 1972, Kopie im HIS-Archiv, En, G/004,001, hier zitiert nach Peters, Tödlicher Irrtum, S. 211.
72 Herfried Münkler, Sehnsucht nach dem Ausnahmezustand, in: Kraushaar (Hg.), Die RAF und der linke Terrorismus, Bd. 2, S. 1222.
73 Brief Ulrike Meinhofs vom 10. Dezember 1971, in: *Mittelweg 36*, 15. Jg., Juni/Juli 2006, Heft 3, S. 87–94, hier S. 90.
74 Heinrich Böll, Will Ulrike Gnade oder freies Geleit?, in: *Der Spiegel* vom 10. Januar 1972, 26. Jg., Nr. 3, S. 54–57.
75 Dem Volke dienen – Stadtguerilla und Klassenkampf, nachgedruckt in: ID-Verlag (Hg.), Rote Armee Fraktion, S. 141.
76 Ebenda.
77 Gerhard Müller, provisorische notizen, 13. Mai 1975, Blatt 2, Kopie im HIS-Archiv, So 01/012,006.
78 Oskar Negt, Sozialistische Politik und Terrorismus, in: *links*, 4. Jg., 1972, Heft 35, S. 15–17.
79 Ebenda.
80 Brigitte Mohnhaupt, geboren am 24. Juni 1949, bestand 1967 ihr Abitur in Bruchsal und immatrikulierte sich an der Philosophischen Fakultät in München. 1971 schloss sie sich der RAF an und war maßgeblich am Aufbau der RAF-Logistik beteiligt. Am 9. Juni 1972 wurde sie in Berlin verhaftet und unter anderem wegen Mitgliedschaft in einer terroristischen Vereinigung zu vier Jahren und sechs Monaten Haft verurteilt. Am 8. Februar 1977 wurde sie aus der Haft entlassen. Sie ging erneut in den Untergrund und galt als Chefin der zweiten RAF-Generation. 1978 wurde sie zusammen mit Sieglinde Hofmann und Rolf Clemens Wagner in Jugoslawien verhaftet. Das Belgrader Kreisgericht lehnte 1978 einen Auslieferungsantrag ab und gestattete es ihnen, in ein Land ihrer Wahl auszureisen. Sie flogen nach Aden. Am 11. November 1982 wurde Brigitte Mohnhaupt erneut verhaftet und zu fünfmal lebenslänglicher Haft verurteilt. Am 25. März 2007 kam sie auf Bewährung frei.
81 Bernhard Braun, geboren am 25. Februar 1946 in Berlin, wurde bereits 1969/70 wegen Mittäterschaft im Zusammenhang mit verschiedenen von den *Tupamaros West-Berlin* begangenen Bombenanschlägen von der Polizei gesucht.
82 Klaus Jünschke, geboren am 6. September 1947, studierte Psychologie in Heidelberg und stieß 1970 zum Sozialistischen Patientenkollektiv (SPK). Nach Auflösung des SPK schloss er sich mit anderen Mitgliedern der RAF an. 1971 beteiligte er sich an einem Banküberfall auf die Bayerische Hypotheken- und Wechselbank in Kaiserslautern, in dessen Verlauf der Polizist Herbert Schoner erschossen wurde. Jünschke wurde am 9. Juli 1972 zusammen mit Irmgard Möller in Offenbach festgenommen. Am 2. Juni 1977 wurde er zu einer lebenslangen Haftstrafe verurteilt. Während der Haft absolvierte er ein Fernstudium und wurde 1988 begnadigt. Er ist derzeit unter anderem als Journalist und für soziale Projekte tätig.
83 Irmgard Möller, geboren am 13. Mai 1947, studierte Germanistik in München. 1971 schloss sie sich der RAF an. Im Juli 1972 wurde sie verhaftet und 1976 zunächst we-

gen Mitgliedschaft in einer terroristischen Vereinigung verurteilt, im Mai 1979 dann wegen dreifachen Mordes zu einer lebenslangen Freiheitsstrafe. Als Einzige der RAF-Gefangenen in Stammheim überlebte sie ihren Selbstmordversuch in der sogenannten Todesnacht von Stammheim. Sie wurde 1995 aus der Justizvollzugsanstalt Lübeck entlassen.

84 Vgl. hierzu: Thomas Skelton-Robinson, Im Netz verheddert. Die Beziehungen des bundesdeutschen Linksterrorismus zur *Volksfront für die Befreiung Palästinas* (1969 – 1989), und Christopher Daase, Die RAF und der internationale Terrorismus. Zur internationalen Kooperation klandestiner Organisationen, beide Aufsätze in: Kraushaar (Hg.), Die RAF und der linke Terrorismus, Bd. 2, S. 828–904 und 905–929.
85 Die Kooperationsbeziehungen anderer Gruppen wie z.B. der *Bewegung 2. Juni, Revolutionäre Zellen* und anderer bleiben hier unberücksichtigt.
86 Vgl. Tobias Wunschik, Baader Meinhofs Kinder. Die zweite Generation der RAF, Opladen 1997; Michael Müller/Andreas Kanonenberg, Die RAF-Stasi-Connection, Berlin 1992.
87 Vgl. Tobias Wunschik, »Abwehr« und Unterstützung des internationalen Terrorismus. Die Hauptabteilung XXII, in: Hubertus Knabe (Hg.), Westarbeit des MfS. Das Zusammenspiel von »Aufklärung« und »Abwehr«, Berlin 1999, S. 267.
88 Inge Viett, geboren am 12. Januar 1944 in Hamburg, wuchs im Heim und bei Pflegeeltern auf. Sie brach ihre Ausbildung als Sportlehrerin ab, arbeitete als Stripteasetänzerin und in Berlin in der Gefangenenunterstützung der Schwarzen und Roten Hilfe. 1972 schloss sie sich der *Bewegung 2. Juni* an. Sie wurde mehrfach verhaftet und floh wiederholt aus der Haft. 1978 nahm das MfS Kontakt zu ihr auf. Gemeinsam mit anderen Mitgliedern der *Bewegung 2. Juni* wechselte sie in die RAF und vermittelte für einige RAF-Aussteiger den Rückzug in die DDR. Später ging sie selbst in die DDR, wurde 1990 verhaftet und 1992 wegen eines Polizistenmordes in Paris verurteilt. 1997 kam sie frei.
89 Vgl. Martin Jander, Differenzen im antiimperialistischen Kampf. Zu dem Verbindungen des Ministeriums für Staatssicherheit mit der RAF und dem bundesdeutschen Linksterrorismus, in: Kraushaar (Hg.), Die RAF und der linke Terrorismus, Bd. 1, S. 696–713.
90 Brief Ulrike Meinhofs vom 10. Dezember 1971, in: *Mittelweg 36*, 15. Jg., Juni/Juli 2006, Heft 3, S. 87–94, hier S. 90.
91 Vgl. Skelton-Robinson, Im Netz verheddert, S. 857.
92 Vgl. Serge Groussard, La Medaille de Sang, Paris 1977, S. 75ff., nach: Skelton-Robinson, Im Netz verheddert, S. 859, Fn. 133.
93 Zur Strategie des antiimperialistischen Kampfes (November 1972), nachgedruckt in: ID-Verlag (Hg.), Rote Armee Fraktion, S. 151ff.
94 Ebenda, S. 173.
95 Die Gruppe wurde am 4. Februar 1974 verhaftet und hieß deshalb intern *Gruppe 4.2*. Zu ihr gehörten: Christa Eckes, Helmut Pohl, Ilse Stachowiak, Eberhard Becker, Wolfgang Beer und Margrit Schiller.
96 Vgl. Skelton-Robinson, Im Netz verheddert, S. 861.
97 Die Mitglieder des RAF-Kommandos »Holger Meins« waren: Karl-Heinz Dellwo, Bernhard Maria Rössner, Lutz Taufer, Siegfried Hausner und Ulrich Wessel.
98 Die PFLP, ursprünglich ein Teil der PLO, hatte sich nach dem Sechstagekrieg gegründet. Anders als Jassir Arafat, der in den 1970er Jahren begann, eine Zwei-Staaten-Lösung ins Auge zu fassen, entschied sich die PFLP, dieser Politik der Anerkennung Israels nicht zu folgen. Sie wollte weiterhin den Staat Israel vernichten und setzte deshalb ihre Terroranschläge fort.

99 Skelton-Robinson, Im Netz verheddert, S. 870 ff.
100 Ebenda, S. 884 ff.
101 Eine ausführliche Beschreibung dieser inneren Differenzen der ersten Generation der RAF findet sich bei: Iring Fetscher u. a., Ideologien der Terroristen in der Bundesrepublik Deutschland, S. 71 ff.
102 Vgl. Erklärung der Gefangenen aus der RAF zum Ausschluß von Horst Mahler aus der RAF – Monika Berberich für die Gefangenen der RAF im Prozeß Baader Befreiung am 27. September 1974, in: Der Kampf gegen die Vernichtungshaft, herausgegeben von den »Komitees gegen Folter an politischen Gefangenen in der BRD«, Druck im Eigenverlag, o. O., o. J.
103 Vgl. Skelton-Robinson, Im Netz verheddert, S. 903.
104 Eine Darstellung der wesentlichen Einschränkungen der Verteidiger- und Häftlingsrechte im Zusammenhang mit der Verfolgung der RAF findet sich bei: Uwe Wesel, Strafverfahren, Menschenwürde und Rechtsstaatsprinzip. Versuch einer Bilanz der RAF-Prozesse, in: Kraushaar (Hg.), Die RAF und der linke Terrorismus, Bd. 2, S. 1048–1057.
105 Vernehmung Gerhard Müller am 4. Juni 1975 in Hamburg, HIS-Archiv, So 01/012,007 S. 7.
106 Zu Geschichte und Struktur des RAF-Info-Systems siehe die Aussagen Gerhard Müllers in den Vernehmungen vom 4. Juni 1975 ff., HIS-Archiv, So 01/01,007, So 01/01,008 und So 01/01,009.
107 Vgl. hierzu Peters, Tödlicher Irrtum, S. 767 f., Anm. 97.
108 Siegfried Haag, 1944 geboren, Rechtsanwalt aus Heidelberg, übernahm 1972 als einer von 15 Wahlverteidigern das Mandat für Baader. Er verteidigte auch kurzzeitig Holger Meins. Ursprünglich hatte er eine Kanzlei zusammen mit Rechtsanwalt Eberhard Becker, der sich selbst der RAF anschloss und am 4. Februar 1974 verhaftet wurde. Haag war während der Hungerstreiks als Kurier zwischen den Gefangenen der RAF eingesetzt. Viele der RAF-Angehörigen berichteten, dass er sie unter Druck setzte. Haag rekrutierte bis 1974 außer Volker Speitel die RAF-Mitglieder, die 1975 die deutsche Botschaft in Stockholm besetzten. 1975 wurde er verhaftet, kam aber wieder auf freien Fuß. Danach tauchte er in die Illegalität ab. Bis 1977 baute die Gruppe eine Logistik aus konspirativen Wohnungen, Waffen, Geld und Fahrzeugen auf und plante die Anschläge und Entführungen des Jahres 1977. Haag wurde jedoch zuvor gefasst, und Brigitte Mohnhaupt übernahm die Führung der Gruppe. Siegfried Haag wurde 1979 wegen Beihilfe zum Mord und anderer Delikte vom Oberlandesgericht Stuttgart zu 15 Jahren Gefängnis verurteilt. In der Haft löste Haag sich von der RAF, und im Februar 1987 wurde der Rest seiner Strafe zur Bewährung ausgesetzt, weil er schwer erkrankt war.
109 Vgl. hierzu Aust, Der Baader Meinhof Komplex, S. 333; siehe zu Siegfried Haag auch Peters, Tödlicher Irrtum, S. 371 ff.
110 Siehe hierzu Peters, Tödlicher Irrtum, S. 372 ff.
111 Bundeskriminalamt St 31, Bericht über die Auswertung des am 16.7. bzw. 18. 7. 1973 in den Zellen von 8 RAF-Gefangenen gefundenen Beweismaterials, April 1974, Kopie im HIS-Archiv, KOK 02/002, S. 157.
112 Ebenda, S. 156.
113 Gudrun Ensslin in einem Zellenzirkular, zitiert nach: Bundeskriminalamt St. 31, Bericht über die Auswertung des am 16.7. bzw. 18. 7. 1973 in den Zellen von 8 RAF-Gefangenen gefundenen Beweismaterials, April 1974, S. 113; als Kopie im HIS-Archiv, KOK 02/002.
114 Ebenda, S. 23.

115 Vgl. Peters, Tödlicher Irrtum, S. 319 ff.
116 Zitiert nach ebenda, S. 318.
117 Zitiert nach Koenen, Vesper, Ensslin, Baader, S. 331.
118 Zitiert nach Pieter Bakker Schut, das info – briefe von gefangenen aus der raf, Hamburg 1987, S. 184.
119 Birgitta Wolf, geboren 1913, ist Publizistin und Essayistin. Sie betreute seit 1954 ehrenamtlich Strafgefangene und gründete 1969 die »Nothilfe Birgitta Wolf e. V.«. 1971 erhielt sie für ihre Verdienste von der Humanistischen Union den Fritz-Bauer-Preis.
120 Gemeint ist der Schriftsteller Peter Paul Zahl.
121 Brief von Horst Mahler an Birgitta Wolf (ohne Datum), nachgedruckt in: Peter Paul Zahl, Das Stille und das Grelle, Frankfurt am Main 1981, S. 155.
122 Ebenda, S. 156.
123 Ebenda.
124 Ebenda, S. 157.
125 Ebenda, S. 158.
126 Vgl. Peters, Tödlicher Irrtum, S. 333.
127 Ebenda, S. 333 f.
128 Ebenda, S. 334 f.
129 Vgl. Auszüge aus der »Erklärung zur Sache«, in: Rote Armee Fraktion, Texte und Materialien zur Geschichte der RAF, Berlin 1997, S. 198 ff.
130 Von diesen Teilen ist in dem Band der Texte der RAF (Rote Armee Fraktion, Texte und Materialien zur Geschichte der RAF, S. 198 ff.) nur das Kapitel über das Verhältnis der der BRD zur »Dritten Welt« enthalten.
131 Die »Erklärung zur Sache« ist in den Gerichtsprotokollen nicht enthalten, denn die Angeklagten lehnten einen Tonbandmitschnitt des Gerichts ab. Es gibt jedoch offenbar einen Tonbandmitschnitt von Mitarbeitern aus einer Rechtsanwaltskanzlei, der Pieter Bakker Schut für sein Buch »Stammheim« zur Verfügung stand (vgl. Bakker Schut, Stammheim, Text der Anmerkung 372, S. 618 f.). Auszüge aus einem Tonbandmitschnitt verwendete auch Margot Overath für ihr Radiofeature: Margot Overath, Wer war Gudrun Ensslin? Ein Portrait (Produktion der Feature-Abteilung des Rundfunk Berlin Brandenburg mit dem Westdeutschen und dem Norddeutschen Rundfunk, 2005, Sendung: WDR 3, 1. Februar 2005, 22–23 Uhr), S. 22.
132 Dorothea Hauser hat die »Erklärung zur Sache« der RAF entsprechend kommentiert. Vgl. Dorothea Hauser, Rechte Leute von links? Die RAF und das deutsche Volk, in: Klaus Biesenbach (Hg.), Zur Vorstellung des Terrors: Die RAF, Band 2, Göttingen 2005, S. 135 ff.
133 Auszüge aus der »Erklärung zur Sache«, 13. 1. 1976, nachgedruckt in: ID-Verlag (Hg.), Rote Armee Fraktion, S. 211.
134 Koenen, Vesper, Ensslin, Baader, S. 334.
135 Peters, Tödlicher Irrtum, S. 347.
136 RAF-Auflösungserklärung vom März 1998, http://www.rafinfo.de/archiv/raf/raf-20-4-98.php (September 2007).
137 Koenen, Vesper, Ensslin, Baader, S. 313.
138 Peter Jürgen Boock, Peter Schneider, Ratte – tot … Ein Briefwechsel, Darmstadt 1985, S. 102.
139 Hans Jürgen Wirth, Narzissmus und Macht. Zur Psychoanalyse seelischer Störungen in der Politik, Gießen 2002, S. 272 ff.
140 Iring Fetscher u. a., Ideologien der Terroristen in der Bundesrepublik Deutschland, S. 214.

141 Bombenanschlag auf das Hauptquartier der US-Army in Europa in Heidelberg. Erklärung vom 25. Mai 1972, in: ID-Verlag (Hg.), Rote Armee Fraktion, S. 148.
142 Vgl. Dorothea Hauser, Deutschland, Italien und Japan, S. 1288 ff.
143 Norbert Elias, Der bundesdeutsche Terrorismus, S. 300–389.
144 Ebenda, S. 371 ff.
145 Jillian Becker, Hitlers Kinder? Der Baader-Meinhof-Terrorismus, Frankfurt am Main 1978, S. 49 f.

Tobias Wunschik

Aufstieg und Zerfall

Die zweite Generation der RAF

Den Gründern der Roten Armee Fraktion (RAF) folgte in der zweiten Hälfte der 1970er Jahre eine neue Gruppe von Linksterroristen, die gemeinhin als »zweite Generation« bezeichnet wird. Obwohl die Täter seinerzeit unerkannt bleiben wollten, sind die Anschläge und deren Hintergründe drei Jahrzehnte später vergleichsweise gut erforscht.[1] So sind die Tatbeteiligungen der RAF-Angehörigen fast lückenlos aufgeklärt, und auch die Ursachen sowie die Akzeleratoren politisch motivierter Gewalt sind vielfach beschrieben worden. Die »weißen Flecken« in der Geschichte des bundesdeutschen Terrorismus betreffen eher die Rolle der Palästinenser in der Frühphase der RAF, den Anteil von Horst Mahler an der Gründung der linksterroristischen Organisation oder die Urheberschaft für die Anschläge der dritten Generation.[2] Trotz aller Verschleierungsbemühungen der Täter und ungeachtet der Bedrohungsszenarien durch Dritte steht heute fest, dass die RAF im Herbst 1977 über genau zwanzig Mitglieder verfügte – mehr als die linksterroristische Gruppe zu jedem anderen Zeitpunkt ihrer Existenz besaß.[3] Diese Hand voll wild entschlossener Untergrundkämpfer sorgte für die bislang schwerste Bedrohung der inneren Sicherheit in der Bundesrepublik Deutschland. Sie verübten Anschläge mit besonderem Kalkül und in sehr schneller Folge: Sie ermordeten binnen weniger Monate den Vorstandssprecher der Dresdner Bank Jürgen Ponto sowie den Generalbundesanwalt Siegfried Buback und versuchten dessen Dienstsitz mit einem Raketenwerfer zu attackieren. Sie entführten den Arbeitgeberpräsidenten Hanns Martin Schleyer (und ermordeten hinterrücks dessen Begleiter), zwangen so die Bundesregierung zu langwierigen Verhandlungen mit ihrem erbittertsten Gegner[4] und hielten die Öffentlichkeit über Wochen in Atem. Wäre die Entführung des Passagierflugzeuges »Landshut« durch palästinensische Verbündete nicht mit der Geiselbefreiung durch die GSG 9 in Mogadischu glücklich beendet worden, hätte sogar Bundeskanzler Helmut Schmidt seinen Rücktritt verkündet.[5]

Die zweite RAF-Generation führte einen »Angriff auf das Herz des Staates«[6] – und dieser reagierte im Herbst 1977 mit polizeilichen Großfahndungen, Einrichtung politischer Krisenstäbe sowie rascher Verabschiedung des

Kontaktsperregesetzes, das die Inhaftierten isolieren bzw. ihre Verbindungen zu den Untergrundkämpfern unterbrechen sollte. Den Linksterroristen Einhalt zu gebieten gelang jedoch nicht. Trotz mehrerer Beinahe-Erfolge konnte die Polizei das Versteck des entführten Hanns Martin Schleyer nicht aufspüren, weil der richtige Tipp in der Flut von Hinweisen aus der Bevölkerung unterging und die Kompetenzen im Fahndungsapparat nicht klar verteilt waren.[7] Die Möglichkeiten und Grenzen einer rein polizeilichen Verfolgungsstrategie wurden nicht ausreichend erörtert. Entgegen dem Kalkül der Ermittler ließen sich die Geiselnehmer durch den permanenten Fahndungsdruck kaum verunsichern und reisten mit gefälschten Papieren durch halb Europa. Dem »Spiel auf Zeit« der Bonner Krisenstäbe begegneten sie, indem sie ihre Geisel verlegten, zum Teil über Staatsgrenzen hinweg. Der im Herbst 1977 besonders hohe Verfolgungsdruck hat die zweite Generation der RAF nicht gelähmt, sondern eher zusammengeschweißt.

Gerade für die Entwicklung der RAF war charakteristisch, dass eine zweite Generation entstand, als die Mitglieder der ersten Generation bereits inhaftiert waren. Die Anführer der RAF verstanden es, aus dem Hochsicherheitsgefängnis heraus ihre Haftbedingungen politisch zu instrumentalisieren, Solidarität einzufordern und letztlich als Kristallisationskern einer terroristischen Nachfolgegeneration zu fungieren. Besonders Andreas Baader setzte sich bei seinen Auftritten im Gerichtssaal als jugendlicher Rebell und angeblich politisch Verfolgter in Szene, während er hinter den Kulissen gegen die so genannten Zwangsvorführungen vor den Strafsenat kaum protestierte.[8] Lange Hungerstreiks (»es werden typen dabei kaputtgehen«, so Baader[9]) sollten Gleichgesinnte zum Schulterschluss bewegen, die Öffentlichkeit wachrütteln und Abweichler disziplinieren – ohne Rücksicht auf die eigene Gesundheit. Die Haftbedingungen der Linksterroristen waren nach der Verhaftung von Ulrike Meinhof anfänglich »hart und ungünstiger als für andere Menschen in Untersuchungsgefängnissen«,[10] später indes wesentlich besser, insbesondere in Stammheim.[11] In den Fehlperzeptionen der linksextremen Szene handelte es sich aber schlichtweg um »Vernichtungshaft«. In den öffentlichen Gerichtsverfahren stilisierten sich Ulrike Meinhof und ihre Mitstreiter zu Opfern einer »Klassenjustiz« und setzten auf Mitleidseffekte unter Gleichgesinnten. Im Ergebnis identifizierten sich viele Mitglieder der RAF-nahen Szene mit den Inhaftierten und ließen sich in die propagandistische Tätigkeit der 1973 gegründeten Komitees gegen Folter an den politischen Gefangenen in der BRD einspannen. Verteidiger der RAF wie Klaus Croissant oder Kurt Groenewold erfüllten ihre anwaltlichen Pflichten über Gebühr und ließen sich von ihren Mandanten vereinnahmen.[12] Aus dem Umfeld der Rechtsanwaltskanzleien entstand so Mitte der 1970er Jahre eine neue Generation von Linksterroristen. Außerdem wechselten ehemalige

Mitglieder des Sozialistischen Patientenkollektivs (SPK) aus Heidelberg (wie Sieglinde Hofmann, Ralf Baptist Friedrich und Elisabeth von Dyck) zur RAF.

Obwohl sie sich für das Schicksal der Inhaftierten aufopferten, blieb das Engagement der Unterstützer letztlich vergebens. Denn die Haftbedingungen änderten sich aus ihrer Sicht kaum, die Ermittlungen gegen Andreas Baader, Ulrike Meinhof und Gudrun Ensslin nahmen ihren Lauf und die Urteile im Stammheimer Prozess wurden gefällt.[13] Besonders betroffen zeigten sich die Unterstützer davon, dass sie den Tod von Holger Meins im Hungerstreik am 9. November 1974 nicht verhindern konnten: »Wo vorher zwei Dutzend Rekruten waren, drängten sich jetzt (potentiell) Hunderte, vorwiegend aus dem Kreis der ›Folterkomitees‹.«[14] Auch die vermeintliche Ermordung von Ulrike Meinhof im Mai 1976 machte die Freilassung der »politischen Gefangenen« in den Augen der Unterstützer unabdingbar. Ließ sich die angebliche »Vernichtungshaft« nicht auf dem Rechtsweg oder durch flammende Appelle an die öffentliche Meinung abwenden, schien ihnen die Anwendung von Gewalt legitim zu sein. »Die drinnen waren, hatten für uns alle alles eingesetzt. Es dabei zu belassen, ist die Haltung armer Schweine«, wie die Unterstützer der Gruppe es empfanden.[15]

Die späteren Angehörigen der zweiten RAF-Generation fixierten sich zunehmend auf die Stammheimer Inhaftierten, bemühten sich um deren Anerkennung, konkurrierten insofern untereinander und versuchten sich gegenseitig durch noch mehr Engagement zu übertrumpfen. Eine Vorbildfunktion hatten zugleich diejenigen, die als Erste ihre »Ohnmacht abschüttelten«, selbst »abtauchten« und als Kommandoangehörige der RAF beispielsweise im April 1975 die deutsche Botschaft in Stockholm besetzten. Den »politischen Gefangenen« auf diese Weise, unter Einsatz ihres Lebens, beizustehen, versprach innerhalb der RAF-nahen Szene das höchste Prestige.[16] So waren in der Folgezeit immer wieder Unterstützer bereit, selbst in die Illegalität zu wechseln.

Die Stammheimer Inhaftierten hatten nicht nur eine Vorbildfunktion, sondern fungierten im Jahre 1977 gar als Initiatoren einer neuen Welle terroristischer Gewalt. Sie forderten von ihren Gesinnungsgenossen im Untergrund vehement, »endlich« in die Offensive zu gehen und sie aus der »Vernichtungshaft« durch eine spektakuläre Entführungsaktion freizupressen. Andreas Baader und Gudrun Ensslin drohten den Illegalen sogar, ihnen bei anhaltender Tatenlosigkeit das »Markenzeichen« RAF abzuerkennen und ihr Schicksal »in die eigene Hand [zu] nehmen«:[17] eine kaum verhohlene Drohung mit Suizid. Die Illegalen wollten daraufhin ihre »Angriffe so schnell wie möglich umsetzen«, weil sie ernsthaft glaubten, der Staat sei im Begriff, »die Gefangenen lebendig zu begraben«.[18] Besonders Brigitte Mohnhaupt, die im Februar 1977 eine erste Freiheitsstrafe regulär verbüßt hatte[19] und aus dem siebten Stock entlassen worden war, trat mit der Autorität der Stammheimer Inhaftierten auf und führte die »Offensive 77« an. Die Zeitabstände zwischen den Anschlägen auf Buback, die Bundesanwaltschaft, Ponto und Schleyer wurden so immer kürzer, »ganz einfach um die Wirkung zu potenzieren, weil es uns überhaupt um einen Durchbruch ging.«[20] Das Schlagwort der »Zellensteuerung«, als Argument gegen die Zusammenlegung von RAF-Gefangenen in den 1980er Jahren häufig angeführt, besaß in diesem Fall realen Gehalt.

Die Entführer sollten sich im Herbst 1977 in der Unnachgiebigkeit der Bundesregierung jedoch bitter täuschen. In ihrer ideologischen Verblendung und ihrem Zweckoptimismus waren sie zu einer realistischen Einschätzung der Lage nicht fähig. Denn aus dem Scheitern der Besetzung der deutschen Botschaft in Stockholm im April 1975 hatten die Illegalen lediglich taktische Schlussfolgerungen gezogen: Um dem Staat durch eine »präzisere Aktion«[21] keine Chance mehr zur Gegenwehr zu lassen, verschleppten sie im Herbst 1977 die Geisel an einen unbekannten Ort. Der taktische Winkelzug blieb aber wirkungslos, weil sich das politische Klima in der Bundesrepublik durch die andauernde terroristische Bedrohung gewandelt hatte. Denn einige Terroristen der Bewegung 2. Juni, durch die Entführung von Peter Lorenz im Februar 1975 erfolgreich freigepresst, hatten erneut die Waffe in die Hand genommen,[22] so dass die Bundesregierung im Herbst 1977 weder die Absicht noch den Spielraum besaß, sich entgegenkommend zu zeigen.

Ein weiterer taktischer Fehler lag darin, dass die RAF zustimmte, als die verbündete Volksfront für die Befreiung Palästinas-Spezialkommando (PFLP-SC) unter der Führung von Wadi Haddad ein Verkehrsflugzeug entführen wollte, um den gemeinsamen Anliegen zum Durchbruch zu verhelfen. Zwar erhöhte sich dadurch der Druck auf die Gegenseite enorm (und hätte die Bundesregierung zum Einlenken zwingen können), doch wurden zugleich Gegenmaßnahmen möglich. Nach einer Intervention der Regierung Schmidt in Somalia glückte der GSG 9 tatsächlich die gewaltsame Befreiung der Passagiere aus der Lufthansa-Maschine »Landshut« in Mogadischu. Andreas Baader, Jan-Carl Raspe und Gudrun Ensslin sahen ihre Hoffnungen auf Freipressung zerstört und begingen im siebten Stock Selbstmord; nur Irmgard Möller überlebte schwer verletzt. Die verwendeten Schusswaffen sowie mehrere Stangen Sprengstoff hatten ihnen die Illegalen mit Hilfe zweier Rechtsanwälte zukommen lassen; aufgrund frappierender Sorglosigkeit war das brisante Material bei den Zellenkontrollen nie entdeckt worden.

Der Herbst 1977 brachte den endgültigen Beweis – soweit es dessen noch bedurfte –, dass der bewaffnete Kampf in Deutschland zum Scheitern verurteilt war. »Das Ergebnis dieser Offensive: ein Sieg des militärischen Staatsapparates und ein verlorenes Kommando in Mogadischu, in Stammheim die Toten, die Machtfrage an den Gefangenen gescheitert und die Guerilla selber moralisch und politisch isoliert.«[23] Ihr vorrangiges Ziel, die Stammheimer Inhaftierten zu befreien, erreichte die zweite RAF-Generation nicht – obwohl sie mit der Entführung der »Landshut« politische Glaubenssätze preisgab und jene Bürger als Geiseln nehmen ließ, für die sie zu kämpfen behauptete. Nun waren nicht länger Angehörige der »herrschenden Klasse« oder deren Helfershelfer Opfer des Terrors, sondern gewöhnliche Bürger. »In den Urlaubern macht sich die Guerilla das Volk zum Angriffsziel.«[24] Die Rückwirkungen waren verheerend: Die RAF demontierte ihren eigenen politischen Anspruch und Teile selbst der extremen Linken wurden vor den Kopf gestoßen. So ließ der Mitgliederzufluss in der Folgezeit spürbar nach, und mittelfristig sollten sogar mehrere RAF-Angehörige der Gewalt abschwören und den Untergrund verlassen. Nicht umsonst gilt der Herbst 1977 manchem Beobachter als das »eigentliche Ende der RAF«.[25]

Kontinuität der Ideologie und Wandel der Strategie

Die inhaftierte Kerngruppe der RAF stieß nicht nur die »Offensive 77« an, sondern bereitete den nachfolgenden Generationen auch weltanschaulich den Boden. Die Grundsatzerklärungen von Ulrike Meinhof und Horst Mahler waren auch für die RAF-Terroristen der zweiten Generation von herausragender Bedeutung. [26] Die Schriften rechtfertigten insbesondere die »revolutionäre Ungeduld«, die auch ihre Nachfolger an den Tag legten. Während die Weltsicht der Linksterroristen von der ersten zur zweiten Generation kaum changierte und ihre Fernziele insgesamt eher diffus blieben, kam es nach 1972 zu einer wichtigen taktischen Veränderung. Denn die Befreiung von Gesinnungsgenossen aus den Gefängnissen war ursprünglich kein zentraler Baustein des Konzepts »Stadtguerilla« gewesen. Der Preis für die Fixierung auf die inhaftierten Anführer war jedoch, dass der selbsternannten deutschen Stadtguerilla darüber der »als interessiert unterstellte Dritte« weitgehend aus dem Blick geriet. Ursprünglich hatte Horst Mahler nämlich die Arbeiterklasse und andere »deklassierte« Schichten sowie Jugend und Studenten als »revolutionäres Subjekt« auserkoren. Doch in den dramatischen Wochen der Schleyer-Entführung war die Öffentlichkeit nur noch als Resonanzboden von taktischem Nutzen, um den Forderungen der Entführer mehr Gewicht zu verleihen. Wie gering die RAF nunmehr jene Bevölkerungsgruppen schätzte, in deren Interesse sie zu handeln vorgab, zeigte die

Zustimmung zur Geiselnahme von Mallorca-Touristen bei der Flugzeugentführung durch Palästinenser.

Im Nachhinein hielt sich die RAF zwar zugute, im Herbst 1977 zumindest die innere Auseinandersetzung in der Bundesrepublik erheblich verschärft, die »repressiven Strukturen« des politischen Systems entlarvt bzw. den »Faschismus herausgekitzelt« zu haben.[27] Doch dieses »Verdienst« maßte sich die zweite Generation der RAF ganz zu Unrecht an; in Wirklichkeit hatten die Entführer das Gegenteil bezweckt. Denn die Terroristen forderten seinerzeit wiederholt, die polizeiliche Fahndung einzustellen – um unentdeckt zu bleiben und die prioritäre Gefangenenfreipressung abzusichern. Hätte die Bundesregierung dem Folge geleistet, wären im Herbst 1977 »repressive Strukturen« schwerlich zu entdecken gewesen. Entgegen einer weiteren Schutzbehauptung der RAF war Hanns Martin Schleyer auch nicht wegen seiner SS-Vergangenheit als Opfer einer Entführungsaktion ausgewählt worden, sondern weil seine Prominenz die Freilassung der Gefangenen zu garantieren schien. Deswegen spähte die RAF seinerzeit auch die Minister der Europäischen Gemeinschaft aus, deren Geiselnahme keinesfalls mit historischer Schuld hätte legitimiert werden können.[28]

Formell hielt die zweite Generation der RAF sogar nach dem Herbst 1977 am Ziel der Gefangenenfreipressung fest, weswegen jetzt auch Hans-Dietrich Genscher und Alexander Haig als Geiseln genommen werden sollten. Zwar waren die wichtigsten Inhaftierten gar nicht mehr am Leben, doch zu einer strategischen Neubesinnung war die zweite Generation der RAF noch nicht in der Lage. In der Praxis war die Gruppe jetzt ohnehin mit der Bewältigung der Drogensucht ihres Mitgliedes Peter-Jürgen Boock ausgelastet, der dann im Mai 1978 zusammen mit Brigitte Mohnhaupt, Rolf Clemens Wagner und Sieglinde Hofmann in Jugoslawien zeitweilig inhaftiert wurde.[29] Erst Ende 1978 konnten die Illegalen wieder »richtige politische Aktionen« planen.[30] Ergebnis dieser taktischen Überlegungen war die Abkehr von Entführungsaktionen und die Rückkehr zu Tötungsanschlägen. Dabei war die RAF nunmehr bereit, auch Repräsentanten von Staat und Wirtschaft aus der »zweiten Reihe« zu attackieren.[31] Dies entsprach nicht zuletzt der verminderten Stärke der Gruppe, die zu komplexen und logistisch aufwendigen Geiselnahmen kaum mehr in der Lage gewesen wäre.

Blieb die Theoriebildung der RAF insgesamt auf »kläglichem Niveau«,[32] gilt dies für die zweite Generation ganz besonders. Abgesehen von einem längeren Aufenthalt im Südjemen 1978/79 gab es auch intern »so gut wie null theoretische Diskussion«, wie das ehemalige RAF-Mitglied Peter-Jürgen Boock bekannte.[33] Erst im Jahr 1982 formulierte die zweite RAF-Generation wieder eine Grundsatzerklärung, die entsprechend dem Zeitraum ihrer Veröffentlichung als »Maipapier« bezeichnet wurde.[34] Darin begründete sie ihren Wunsch nach Anlehnung an Verbündete – eine logische Konsequenz aus dem seinerzeit desolaten Zustand der Gruppe. Deswegen wurden verschiedene Unruheherde weltweit in einen Kontext gestellt und die Existenz einer vermeintlich kohärenten »antiimperialistischen Front« postuliert.[35] Fiele in dieser weltweiten Auseinandersetzung die »Front« auch nur an einer Stelle, so die Annahme, könnte dies einen Sieg auf der ganzen Linie nach sich ziehen. In ihrer Blindheit gegenüber der Realität und ihrem Zweckoptimismus stand die zweite Generation der RAF ihren Vorgängern nicht nach.

Der Weg in den Untergrund

Biografische Einflüsse haben zweifellos die terroristischen Karrieren befördert, denn die Akteure sind »in unseren Familien, Schulen und auch Hochschulen erzogen, [und] von den Verhältnissen in unserem Land geprägt worden«.[36] Was die Jugendzeit der späteren politischen Gewalttäter betrifft, stellte Gerhard Schmidtchen fest, dass in einem Alter von 14 Jahren jeder vierte deutsche Linksterrorist nicht mehr in einem vollständigen Elternhaus lebte.[37] Dies gilt in besonderem Maße für die zweite Generation der RAF. Peter-Jürgen Boock beispielsweise war vormals lange Zeit in Jugendheimen untergebracht, die alleinstehende Mutter der Brüder Wolfgang und Henning Beer litt an Alkoholsucht, und auch bei Inge Viett, Silke Maier-Witt, Brigitte Mohnhaupt, Volker Speitel und Stefan Wisniewski fehlten Elternteile. Die mangelnde bzw. verloren gegangene familiäre Geborgenheit suchten sie möglicherweise später in einer (terroristischen) Gruppe zu kompensieren. Die anderen RAF-Angehörigen sprachen abschätzig von dieser »Heimkindmotivation«, weil nach ihrer Überzeugung allein politische Ziele und nicht individualpsychologische Beweggründe hinter der Bereitschaft zum »bewaffneten Kampf« standen.

Auch prägten überdurchschnittlich starke Spannungen die Elternhäuser, was die Linksterroristen später möglicherweise in besonderem Maße den Zusammenhalt der Unterstützergruppen bzw. die Komplizenschaft in der Illegalität suchen ließ.[38] Allerdings fanden sie dann im Untergrund ebenfalls konfliktreiche Strukturen vor, denn hier herrschten verletzende Rituale von Kritik und Selbstkritik, wie noch zu zeigen sein wird. Ebenso folgenreich konnte sein, dass Linksterroristen in überdurchschnittlich ehrgeizigen Elternhäusern aufwuchsen. Den oftmals hohen Sozialstatus der Eltern sowie deren Bildungsanstrengungen empfanden die Jugendlichen als an sie selbst gerichtete Leistungserwartung. Sie internalisierten diese Ansprüche, doch reichten die eigenen Fähigkeiten oftmals nicht aus, um eine klassische erfolgreiche Karriere zu starten. »Bieten die regulären Institutionen keine Möglichkeiten zur Realisierung dieser Ansprüche, so werden alternative Optionen attraktiv.«[39] »Leistung« versuchten sie dann im terroristischen Milieu zu erbringen. Sich einer politischen Gruppierung anzuschließen versprach Erfolgserlebnisse anderer Art, erlaubte zugleich Auflehnung gegen die Elterngeneration und erschien ihnen attraktiver als der Abschluss des Studiums.[40]

Die späteren Terroristen engagierten sich in der Phase der Adoleszenz überdurchschnittlich häufig für gesellschaftliche Randgruppen. Silke Maier-Witt beispielsweise betreute psychisch Kranke, Sieglinde Hofmann arbeitete in der Drogenberatung, Stefan Wisniewski kümmerte sich um Obdachlose, Sigrid Sternebeck war in einem Kinderladen aktiv und Susanne Albrecht sorgte sich um milieugeschädigte Jugendliche. Letztere allerdings demolierten eines Tages voller Aggression ihre eigene soziale Begegnungsstätte. Solch selbstloses, doch scheinbar vergebliches Engagement bestimmte teilweise auch die Tätigkeit der Unterstützer in den Komitees gegen Folter an den politischen Gefangenen in der BRD und den Rechtsanwaltskanzleien. Zudem wurden Rückschläge und Frustrationen der geschilderten Art mit dem ideologischen Deutungsmuster erklärt, demzufolge die allgegenwärtige politische Repression für die sozialen Problemlagen verantwortlich sei, was die angehenden Linksterroristen in ihrer Ablehnung der bestehenden gesellschaftlichen Verhältnisse noch bestärkte.

Bei Hausbesetzungen kamen etliche spätere RAF-Terroristen frühzeitig mit der Polizei in Kontakt und mit dem Gesetz in Konflikt. Wegen eines vermeintlich berechtigten Anliegens »repressiven« Maßnahmen unterworfen zu sein, steigerte ihre Bereitschaft zur Beteiligung an Folgeaktionen und ließ sie Gewalt eher befürworten.[41] In Wohngemeinschaften oder Hausbesetzergruppen knüpften die späteren Terroristen frühzeitig freundschaftliche Kontakte untereinander (wie beispielsweise Susanne Albrecht, Sigrid Sternebeck und Silke Maier-Witt in Hamburg), andere Bekannte stießen entweder hinzu, oder die Verbindung zu ihnen brach ab. Durch diese Verengung der politischen Gesprächszirkel konnte der »grundlegende gesellschaftskritische Impuls, ganz gleich welcher Couleur, [...] von den wichtigsten Gesprächspartnern nicht mehr in Frage gestellt werden«.[42] So ging auch völlig an ihnen vorbei, dass ihr Protestverhalten in der Öffentlichkeit kriminalisiert wurde.[43] Die weltanschauliche Übereinstimmung und die persönlichen Kontakte verstärkten sich gegenseitig; so gelangte etwa Peter-Jürgen Boock zusammen mit seiner Frau Waltraud in die Illegalität und übte später auf Angelika Speitel eine nachhaltige Wirkung aus.[44] Henning Beer folgte seinem Bruder Wolfgang in den Untergrund, Rolf Heißler und Brigitte Mohnhaupt hatten vor ihrem Einstieg eine Beziehung geführt und Monika Helbing galt als Freundin Günter Sonnenbergs.

Individuelle Motive und gruppendynamische Kräfte in der Unterstützerszene wurden wirksam, weil die politischen Rahmenbedingungen seinerzeit teilweise gesellschaftliche Unzufriedenheit hervorriefen und einigen wenigen Anlass zur Auflehnung gaben. So war nach wie vor der Krieg virulent, den die Vereinigten Staaten zuletzt in Vietnam geführt hatten. Seine Brutalität war durch intensive Fernsehberichterstattung auch hierzulande spürbar gewesen und hatte das Gerechtigkeitsempfinden besonders der nachwachsenden Generation tief verletzt. In ihrem jugendlichen Idealismus bot ihnen zudem die wirtschaftliche Wiederaufbauleistung der Nachkriegsgeneration keine hinreichende Identifikationsgrundlage. Dass sie sich an der wohlgefälligen materiellen Zufriedenheit vieler Älterer störten, trug zum paradoxen Resultat des »Terrors im Schlaraffenland« maßgeblich bei.[45]

Auch die ungenügende Aufarbeitung der nationalsozialistischen Vergangenheit und die unterstellte schuldhafte Verstrickung der eigenen Eltern in die Verbrechen des »Dritten Reiches« führten zu Nachfragen. Oftmals halbherzige Abwehrreaktionen der älteren Generation konnten den moralischen Rigorismus der Jüngeren nicht befriedigen und provozierten deren Widerspruch. Weil mancher Nationalsozialist es in der Bundesrepublik zu Amt und Würden brachte und bestimmte Herrschaftsmechanismen als »faschistisch« diskreditiert werden konnten, sahen sich viele veranlasst, aktiv gegen die politische Entwicklung zu kämpfen und notfalls auch Gewalt anzuwenden. Dies hatten einige Protagonisten der Studentenbewegung zwar schon lange theoretisch postuliert, doch noch nicht systematisch umgesetzt. Die Aktionsbereitschaft wurde auch dadurch gefördert, dass sich viele an »Verhaltensformen der Befreiungsbewegungen der Dritten Welt« orientierten und diese »auf hoch industrialisierte, parlamentarisch-demokratische Systeme [übertrugen], ohne deren Strukturmerkmale wirklich zu begreifen«.[46] All dies bestärkte sie in dem Irrglauben, auch in der Bundesrepublik einen »bewaffneten Kampf« führen zu können bzw. zu müssen.

Die Realitätsblindheit und die Gewaltbereitschaft der Akteure lassen vermuten, dass die RAF-Terroristen der zweiten Generation zudem eine bestimmte psychologische Disposition auszeichnete, die im Wechselspiel mit ihrer ideologischen Grundhaltung, politisch-gesellschaftlichen Ursachen und biografischen Prägungen ihr Verhalten maßgeblich beeinflusste.[47] Die Vielschichtigkeit der menschlichen Persönlichkeit verbietet es zwar, ein einheitliches Charakterbild des Terroristen schlechthin zu entwerfen.[48] Doch sind Persönlichkeitsmerkmale wie ein hohes gesinnungsethisches Engagement, der Drang zum nicht Alltäglichen oder die extrem niedrige Toleranzschwelle, den Widerspruch von Andersdenkenden zu ertragen, vielen politisch motivierten Gewalttätern zu Eigen.[49] Die meisten RAF-Angehörigen zeigten auch einen starken Geltungsdrang; Bescheidenheit war nicht ihre Stärke.[50] Viele Terroristen halten zudem mit großer Hartnäckigkeit am eingeschlagenen Weg fest, selbst wenn sich dieser als sinnlos und wenig aussichtsreich erweist, weil sie ihre Unbeirrbarkeit als heroische Leistung betrachten können.[51] Hinzu kommen auch positive Eigenschaften wie Intelligenz, Beobachtungsgabe, Sensibilität, Kommunikationsfähigkeit, technische Begabung und organisatorische Fähigkeiten.[52]

Ob dabei eher eigensüchtige und hedonistische oder selbstlose und idealistische Motive handlungsleitend sind, wird kontrovers diskutiert. Fraglos sind die Akteure »zu Bankräubern nicht in der Absicht geworden, sich einen feinen Tag zu machen«.[53] Doch »Idealismus und Interessen können koinzidieren«, denn mit ihrer terroristischen Gewalt können die RAF-Mitglieder zugleich ihre eigene, revolutionäre Ungeduld befriedigen.[54] Den lähmenden Ohnmachtsgefühlen im politischen wie unpolitischen Kontext und der fragwürdigen Sinnhaftigkeit menschlicher Existenz bot die Illegalität wohl eine verheißungsvolle Alternative: »Macht, Allmacht. Nicht länger mehr nur Objekt, sondern endlich einmal Subjekt der Ereignisse zu sein – die Illegalität, und allein die Illegalität, scheint dies zu verbürgen. [...] Was kein ›Marsch durch die Institutionen‹ des säkularisierten, gewaltenteilig verfaßten Staates je hätte versprechen können, verhieß der Untergrund: einmal ›Richter, Diktator und Gott in einer Person‹ zu sein.«[55] Mit der terroristischen Aktion vermag der Attentäter sich gewissermaßen Komplexen der eigenen Minderwertigkeit zu entledigen und Schlagkraft, Vitalität und Potenz zu beweisen.[56] Gewalt anzuwenden bedeutete für die Mitglieder der RAF vielleicht immer auch »triumphale Machtausübung« – sei es als Ergebnis von Ohnmachtserfahrungen, sei es aus Drang nach Geltung und Exklusivität.[57]

Die Strukturen der Illegalität

Eine besonders starke Abschottung war charakteristisch für die zweite Generation der RAF. Ihre Mitglieder konnten sich, auch aufgrund von Distanzierungsprozessen der linksextremen Szene (besonders nach der Entführung der »Landshut«), weit weniger als ihre Vorgänger in dieser aufgehoben fühlen. Die erste Generation der RAF entstammte selbst noch der jugendlichen Protestbewegung und profitierte, auch nach ihrem Abtauchen, von Sympathien und Hilfeleistungen früherer Mitstreiter. Der Prozess ihrer Radikalisierung vollzog sich fast in aller Öffentlichkeit, wohingegen die Angehörigen der zweiten RAF-Generation viel heimlicher in den Untergrund gingen. Die

Mitglieder stammten teilweise aus den Rechtsanwaltskanzleien und Komitees, wo sie die Regeln der Verschwiegenheit bereits internalisiert hatten. Ihre konspirative Abgrenzung reichte auch deswegen besonders weit, weil der polizeiliche Fahndungsdruck in der zweiten Hälfte der 1970er Jahre außergewöhnlich hoch war.[58]

Die Isolation der zweiten Generation der RAF war nicht nur das Ergebnis von Distanzierungsprozessen vormals Gleichgesinnter, sondern zum Gutteil selbstgewählt bzw. den Erfordernissen des bewaffneten Kampfes geschuldet. Geheim gehalten wurden, selbst gegenüber dem sympathisierenden Umfeld, insbesondere die Quartiere der Gruppe, ihre Reisebewegungen sowie die Vorbereitungen terroristischer Anschläge. »Wir hatten keine Connection zu einem Legalen, der über die Aktion was wußte«, bekundete das ehemalige RAF-Mitglied Hanna Krabbe.[59] Damit sich keine Spitzel der Staatsschutzbehörden ein schlichen, erhielten selbst Unterstützer oder Mitglieder anderer linksterroristischer Organisationen keine Kenntnis von den Anschlagsplänen. Denn als Untergrundorganisation war die RAF »existenziell verletzbar gegenüber Verrat«.[60]

Dies führte zu einem hohen Maß auch an interner Konspiration. »Der Großteil der Gruppe ist von bestimmten Überlegungen einfach ausgeschlossen, kriegt bestimmte Informationen überhaupt nicht oder erst danach«, wie eines der vormals führenden Gruppenmitglieder eingestand.[61] So zeigten sich etwa im Herbst 1977 mehrere RAF-Mitglieder völlig überrascht von der Flugzeugentführung, weil sie an der Planung nicht beteiligt worden waren.[62] Die Geheimniskrämerei führte in einigen Fällen gar zur Ausgrenzung: »Man hat mich damals aus dem Zimmer, in welchem die Gespräche stattfanden, hinausgeschickt. Ich sollte nicht mitbekommen, über was gesprochen würde«, berichtete Monika Helbing.[63] Solche Maßnahmen wurden damit begründet, dass einzelne Gruppenmitglieder im Fall einer Verhaftung möglichst wenig sollten verraten können, damit die illegale Gruppe dadurch unberührt bliebe. Verheimlicht wurden jedoch auch Informationen, die den Polizeifahndern gar nicht hätten nützen können.[64] So ermöglichte die allgemeine Verschwiegenheit letzten Endes den langjährigen, tonangebenden RAF-Mitgliedern, ihren Vorsprung an Wissen und Einfluss aufrechtzuerhalten. Für subalterne Gruppenmitglieder hingegen hatte die innere Konspiration eine »disziplinierende Funktion«,[65] denn die implizite Drohung, ihnen Informationen vorzuenthalten, wirkte als Druckmittel.

Widerspruch des Einzelnen gegen die Entscheidungen und Vorgaben der Gruppe wurde nicht gern gesehen. »In dem Augenblick, in dem der Einzelne eine Aktion [inhaltlich oder politisch. T. W.] in Frage stellte, stellte er die ganze Gruppe in Frage«, lautete deswegen die völlig überzogene Maxime der RAF.[66] Auch eine Analyse »grundsätzlicher Dinge«, wie etwa der »Erfolgsbilanz« der Linksterroristen, erfolgte nicht. Sobald dies hätte zur Sprache kommen können, wurde jegliche Unterhaltung unverzüglich abgebrochen, und die Gruppe flüchtete sich wieder in Aktivitäten.[67] Konnte Widerspruch gegen anstehende Aktionen überhaupt einmal angemeldet werden, galt es diesen ideologisch zu begründen. Wer indes moralisch argumentierte oder Selbstzweifel eingestand, galt als unzuverlässig – und verzichtete deswegen zumeist darauf, seine eigene Meinung kundzutun. Die Methode terroristischer Gruppen, durch den Ausschluss von Zweiflern auch alle Zweifel loszuwerden,[68] wurde von der RAF insofern perfektioniert: In Antizipation der Reaktion der Kampfgefährten und vor dem Hintergrund des gemeinsamen Interesses am bewaffneten Kampf wurden Vorbehalte und Kritik gar nicht erst geäußert. »Die Zweifler mussten natürlich akzeptieren, was von den anderen in Diskussionen festgelegt wurde. Wenn es anders wäre, so würde ja gar nichts laufen und es gäbe zwar Leute in der Illegalität, aber keine RAF.«[69] Auf diese Weise herrschte innerhalb der Gruppe vermeintlich größeres Einvernehmen, als es in Wirklichkeit der Fall war.[70]

Um keinesfalls als unzuverlässig zu gelten, bemühten sich die Gruppenmitglieder, in Worten und Taten besonders fanatisch zu erscheinen – und überzeichneten somit ihre Militanz.[71] Denn alle RAF-Angehörigen wollten zum Erfolg des bewaffneten Kampfes beitragen – und standen insofern unter einem gehörigen Erfolgsdruck, der ja auch programmatisch fundiert war. So wurde von allen Gruppenmitgliedern erwartet, dass sie Vorschläge für Attentate und Überfälle unterbreiteten.[72] Da einigen RAF-Mitgliedern aber der notwendige Fanatismus fehlte, sie Selbstzweifel oder gar moralische Skrupel hegten, empfanden sie die Erwartungen ihrer Kampfgefährten als Zwang. »Es gab natürlich auch einen gewissen Gruppendruck. Dies war allerdings nicht so, daß man von Gruppenmitgliedern unter Druck gesetzt worden wäre. Es ergab sich vielmehr so aus der Natur der Sache«, wie Henning Beer in der Rückschau erklärte.[73] Die führenden Mitglieder stellten (zumindest nach außen hin) großen Fanatismus zur Schau und beschworen durch ihr »Vorbild« Versagensängste der anderen herauf.[74] Doch Engagement wurde auch explizit eingefordert. »Es war sicher so, daß bei derartigen Diskussionen auf manche der Gruppenmitglieder Druck ausgeübt wurde«, gestand das vormals führende RAF-Mitglied Werner Lotze ein. »Dabei war klar, daß es nur eine hundertprozentige Einstellung und nichts Halbherziges in bezug auf die Gruppe geben durfte.«[75]

Jeder Fehler des Einzelnen, besonders Unachtsamkeit, Nachlässigkeit oder Vergesslichkeit, zogen harsche Kritik der Kampfgefährten nach sich. Sofern der Betreffende sein Missgeschick oder seinen Missgriff nicht vertuschen konnte, wurde er umgehend »mit gnadenloser Härte« kritisiert.[76] »Wer nicht einer Meinung mit den anderen war, wurde diffamiert. So fiel häufig das

Wort ›Schwein‹«, erinnert sich Susanne Albrecht. »Man wurde in diesen Diskussionen eigentlich menschlich zur Null gemacht. Da blieb nichts mehr übrig von einem und das ganze innere Selbstwertgefühl, jetzt mal egal, mit welchen Inhalten es verbunden war, wurde eigentlich in solchen Diskussionen zerstört.«[77] »Auf sehr erniedrigende Art«, so empfand es auch Werner Lotze, seien solche Diskussionen geführt worden;[78] und »wer ein bis zwei Mal in den kollektiven Würgegriff genommen wurde, der hat auch nicht mehr aufgemuckt«, wie Peter-Jürgen Boock meinte.[79] In Ausnahmesituationen von besonderer Verunsicherung wurden einzelne Gruppenmitglieder von ihren Kampfgefährten sogar tätlich angegriffen.[80]

Fehlleistungen jeglicher Art wurden maßlos überbewertet und auf ungenügende politische Überzeugung zurückgeführt. Denn wäre die Einstellung des Betreffenden zum bewaffneten Kampf makellos, so die Argumentation, würden auch kleinere Fehler nicht passieren.[81] Die Angehörigen der zweiten Generation der RAF waren nicht in der Lage, auf individuelle Probleme einfühlsam zu reagieren oder über begangene Fehler auch einmal hinwegzusehen. Schutzbehauptungen vorzuschieben war in solchen Fällen unmöglich, denn es wurde vehemente Selbstkritik erwartet. Durch das ritualisierte Eingeständnis von Versäumnissen und eigener Unzulänglichkeit wurde der Einzelne völlig von der und für die Gruppe vereinnahmt.[82]

Zu den Eigenheiten der RAF zählte auch eine informelle, mehrstufige Hierarchie. Zwar behaupteten ihre linientreuen Mitglieder bis zuletzt, ihren bewaffneten Kampf gemeinsam und gleichberechtigt zu führen.[83] Hinter dem »vielzitierten Anspruch« der Kollektivität, so Sigrid Sternebeck, habe in der Praxis »nicht viel gesteckt«. Mehrheitsentscheidungen oder Abstimmungen fanden nicht statt – »das war undenkbar«.[84] Vielmehr kam es zur Bildung von Zirkeln innerhalb der terroristischen Gruppe, was einer kollektiven Struktur zuwiderlief. »Es gab zwar ein theoretisches Konzept des bewaffneten Kampfes der RAF, das alle befürworteten. In der Praxis sah das jedoch so aus, daß Teilgruppen der RAF Aktionen planten und durchführten, von denen wiederum andere Teilgruppen nichts wußten bzw. erst im nachhinein davon erfuhren«, bekundete Sigrid Sternebeck.[85] Denn schon aus Gründen der »Arbeitsteilung« kommt es »innerhalb terroristischer Gruppen zu Personenverbindungen mit komplementärer Charakter- und Sozialisationsstruktur […], in denen der eine die Fähigkeit zur Aktion, der andere eher die Kompetenz zu ihrer Planung und theoretischen Legitimierung« mitbringt.[86] Auch persönliche Affinitäten und Disharmonien trugen zur Bildung bestimmter Zirkel bei.[87]

Einfluss und Reputation der RAF-Angehörigen waren derart ungleich verteilt, dass eine Führungsequipe tonangebender Gruppenmitglieder (wie Brigitte Mohnhaupt, Sieglinde Hofmann, Christian Klar, Adelheid Schulz,

Werner Lotze und Rolf Clemens Wagner) von einem Zirkel untergeordneter Mitglieder zu unterscheiden ist. Zu diesem »Fußvolk«[88] zählten etwa Susanne Albrecht, Silke Maier-Witt und Sigrid Sternebeck, die entsprechend ihrem früheren Wohnort und ihrer mäßigen Reputation auch »Hamburger Tanten« genannt wurden. Nicht wesentlich mehr Prestige besaßen Ralf Baptist Friedrich, der die Kontakte zu Teilen der französischen Linken hielt, Ekkehard von Seckendorff-Gudent, der die Illegalen medizinisch betreute, sowie Volker Speitel und Gisela Pohl, die teilweise noch in der Legalität agierten und vorwiegend als Kuriere tätig waren.

Deswegen war mitunter von einer »gespaltenen Gruppe« die Rede,[89] in der sich ein Teil der RAF-Mitglieder aktiv, der andere Teil jedoch passiv verhielt.[90] Denn die Linksterroristen sahen sich in sehr unterschiedlichem Maße in der Lage, dem ideologisch begründeten Leistungsdruck zu genügen – und erfuhren dadurch mehr oder weniger Anerkennung durch ihre Mitstreiter. So wurden ihnen unterschiedlich schwierige oder gefährliche Tätigkeiten zugetraut; deren Nutzen war wiederum ausschlaggebend für das Ansehen in der Gruppe. An der Vorbereitung und Durchführung von Anschlägen wollten sich zwar prinzipiell alle RAF-Mitglieder beteiligen, was der gemeinsamen Überzeugung von der Notwendigkeit des bewaffneten Kampfes entsprach. Doch die Partizipationschancen waren in der Praxis für das »Fußvolk« gering, denn wer als unzuverlässig galt, kam für die Durchführung wichtiger »Aktionen« gar nicht erst in Betracht. Eine Tatbeteiligung hätte jedoch das eigene Prestige mehren und, angesichts der so dokumentierten makellosen Gesinnung, fortan gegen etwaige Kritik der Gesinnungsgenossen partiell schützen können.[91]

Die Statusposition des Einzelnen hing des Weiteren von der Zuverlässigkeit und Kaltschnäuzigkeit ab, die er oder sie in Augenblicken der Bewährung (wie etwa bei Polizeikontrollen) an den Tag legte. Auch das zur Schau gestellte Engagement, die Dauer der Gruppenmitgliedschaft, das dabei erworbene konspirative Wissen und das souveräne Beherrschen des RAF-Jargons bzw. die Wahrnehmung dieser Faktoren durch die Mitstreiter waren ausschlaggebend für die Reputation. Dass ein Aufstieg (oder auch ein Abstieg) in der Gruppenhierarchie prinzipiell möglich war, bewirkte eine hohe Motivation und Leistungsbereitschaft der RAF-Angehörigen. »Wer Draufgängertum und Initiative zeigte und schon mal was gemacht hatte, der bestimmte natürlich auch, wie es dann [bei der Vorbereitung des nächsten Anschlags, T. W.] gemacht wurde.«[92] Auf diese Weise kam es zu einer »Prämierung von Militanz«,[93] und die zweite Generation der RAF bezog nicht zuletzt hieraus ihre Stärke.

Das Ende der zweiten Generation

Charakteristisch für die zweite RAF-Generation war nicht zuletzt, dass besonders viele Mitglieder aus freien Stücken der politisch motivierten Gewalt entsagten. Allein 1979 stieg ein Drittel derer aus, die an der »Offensive 77« teilgenommen hatten. Ziel dieser überwiegend subalternen RAF-Angehörigen war es vor allem gewesen, die Stammheimer Gefangenen aus der vermeintlichen Isolationshaft zu befreien. Deren Selbstmord machte dieses Anliegen hinfällig, weswegen die Motivation sank. Ihr Scheitern mochten sich die Illegalen aber zunächst nicht eingestehen, spekulierten auf weitere Freipressungsaktionen und wurden im Übrigen durch die beschriebenen gruppendynamischen Mechanismen zu weiterer Aktion angetrieben. Jedoch empfanden sie das Leben im Untergrund auf Dauer als unerträglich – nicht zuletzt wegen der beschriebenen Rituale von Kritik und Selbstkritik. Zwar waren alle Umkehrer von der Notwendigkeit des bewaffneten Kampfes unverändert überzeugt, doch mangelte es ihnen zuletzt an der nötigen Entschlossenheit und Furchtlosigkeit, um sich persönlich vorbehaltlos dafür zu engagieren. So sah sich etwa Ralf Baptist Friedrich »einfach nicht mehr in der Lage, diese Art lebensgefährlichen politischen Kampf zu führen. Ich hatte zuviel Angst, um irgend etwas zu machen. Und ich wollte auch nicht so weiterleben. Ich wollte nicht mehr illegal sein, ich wollte raus.«[94] Weil sie den selbstgestellten Erwartungen nicht genügte, empfand auch Silke Maier-Witt ihren Ausstieg als »eine persönliche Niederlage, da ich mir vorwarf, nicht fähig zu sein, Gruppenmitglied zu sein«.[95]

Zugleich wurde den Aussteigern nach und nach bewusst, wie zwecklos ihre terroristische Gewalt stets geblieben war. So gestand sich etwa Monika Helbing zuletzt ein, »daß es m. E. sinnlos ist, daß eine kleine Gruppe wie die RAF gegen den Imperialismus kämpft – also mit wenigen bewaffneten Leuten Angriffe macht – und dadurch immer wieder Tote in den eigenen Reihen verursacht«.[96] Ähnlich dachte Henning Beer, der zwei Jahre später ebenfalls seinen Kampfgefährten den Rücken kehrte: »Ich spürte, daß wir völlig isoliert waren und unsere Aktionen auch nichts damit zu tun hatten, etwas verändern zu wollen oder zu können.«[97] Einige der Aussteiger (wie etwa Werner Lotze) plagten zudem erste Gewissensbisse, da sie sich bei ihren Anschlägen und Überfällen mit den Folgen ihrer Gewaltanwendung für unbeteiligte Bürger konfrontiert sahen.[98] Andere Umkehrwillige hingegen zeigten zunächst wenig Skrupel.[99]

Wollten Einzelne dem bewaffneten Kampf abschwören, mussten sie mit erheblichem Widerstand ihrer Mitstreiter rechnen. Denn zu der mörderischen Politik der RAF gehörte, dass diese, neben den Repräsentanten von

Staat und Gesellschaft, auch Aussteiger, Verräter und vermeintliche Spitzel in den eigenen Reihen mit dem Tode bedrohte.[100] Dies musste, nach seiner eigenen Schilderung, beispielsweise Peter-Jürgen Boock erfahren, der sich nur unter dramatischen Umständen von der Gruppe lösen konnte; bis zu seiner Festnahme im Jahr 1981 lebte er dann unerkannt in Hamburg.

Die meisten umkehrwilligen Untergrundkämpfer der zweiten RAF-Generation suchten indes gleichzeitig den Ausstieg – und waren deswegen nicht von Sanktionen der Gruppe betroffen.[101] Denn weil sich die »unsicheren Kantonisten« gegenseitig in ihren Absichten bestärkten, wollten im Herbst 1979 zugleich Silke Maier-Witt, Susanne Albrecht, Monika Helbing, Ekkehard von Seckendorff-Gudent, Werner Lotze, Christine Dümlein, Sigrid Sternebeck und Baptist Ralf Friedrich umkehren; dem hatten die anderen Illegalen wenig entgegenzusetzen. Diesen Aussteigern folgten, ebenfalls gegen geringe Widerstände, im Jahr 1982 Henning Beer und Inge Viett. Eine Art »Asyl« fanden sie in der DDR, denn der Staatssicherheitsdienst bot ihnen an, sie aufzunehmen. Unter strikter Kontrolle der ostdeutschen Geheimpolizei konnten sie sich dort, streng voneinander getrennt oder bestenfalls paarweise, eine neue Existenz aufbauen. Diese spezifische Form von Resozialisation[102] lag im eigenen Interesse der Staatssicherheit, die sich durch die Aufnahme der Aussteiger Aufschluss über die aktuellen Absichten der linksterroristischen Szene versprach.[103] Ihr sozialistisch genanntes – doch in Wirklichkeit kleinbürgerliches – Leben gab den Ex-Terroristen Zeit und Gelegenheit zur Reflexion ihrer Taten und förderte maßgeblich die Einsicht in deren Verwerflichkeit. Von ihrer Vergangenheit distanzierten sich die Ex-Terroristen wohl auch deswegen, weil sie nun gewöhnlicher Erwerbstätigkeit nachgehen mussten, wenngleich die ihnen zugewiesenen Berufe teils weit hinter ihrer Qualifikation und ihren Ansprüchen zurückblieben. Diese Erfahrungen setzten einen vielschichtigen Prozess der Neuorientierung in Gang, in dessen Verlauf die Ex-Terroristen auch moralisch mit sich ins Gericht gingen und sich schließlich aus der Solidarität mit den linientreuen RAF-Mitgliedern lösten.[104] Als sie im Juni 1990 in der noch existierenden DDR festgenommen wurden, gestanden sie in den polizeilichen Vernehmungen ihre Taten, halfen die Verbrechen der RAF in den 1970er Jahren aufzuklären und belasteten ihre Mittäter schwer. Ihre Geständigkeit brachte ihnen selbst als so genannte Kronzeugen »Strafrabatt« ein, bedeutete jedoch vor allem einen Offenbarungseid für die zweite Generation der RAF. Denn die Aussagen gewährten einen tiefen Einblick in den Mikrokosmos einer terroristischen Vereinigung und schoben der Legendenbildung einen Riegel vor. Die glaubwürdigen Angaben der Aussteiger entlarvten beispielsweise die Behauptung der RAF, es herrschten in der Illegalität kollektive Binnenstrukturen, als Zwecklüge. Endgültig ad absurdum geführt wurde auch die Unterstellung, in der »Nacht von Stammheim« seien Andreas Baader, Gudrun Ensslin und Jan-Carl Raspe ermordet worden.[105] Trotz einer Vielzahl gegenteiliger Indizien und Argumente war dieses Gerücht nie verstummt und gar zur Gretchenfrage in der Einstellung der politischen Linken gegenüber dem bundesdeutschen Staat mutiert. Zur Entmystifizierung des Phänomens RAF haben somit die ehemaligen Mitglieder der zweiten Generation nolens volens in besonderem Maße beigetragen.

Eine beachtliche Zahl von RAF-Angehörigen hat dem bewaffneten Kampf jedoch nicht aus freien Stücken abgeschworen, vielmehr setzte die polizeiliche Festnahme ihrer Illegalität ein Ende. So konnten am 11. November 1982 an einem Erddepot in der Nähe von Frankfurt Brigitte Mohnhaupt und Adelheid Schulz verhaftet werden, fünf Tage später wurde nahe Hamburg auch Christian Klar gestellt. Ihre politischen Grundüberzeugungen warfen diese RAF-Mitglieder zunächst nicht über Bord, zumal ihre Inhaftierung ihrer erbitterten Feindschaft gegenüber dem bundesdeutschen Staat zusätzlich Nahrung gab. In den folgenden Jahren überdachten sie jedoch ihre Positionen und gelangten teilweise zu einer gemäßigteren Haltung als die illegalen Mitglieder der dritten RAF-Generation, besonders nach der skrupellosen Ermordung des US-Soldaten Edward Pimental im August 1985. Zu ihrem langsamen Bewusstseinswandel trug vermutlich bei, dass Bedenken und Kritik des RAF-Umfeldes die Inhaftierten eher erreichten als die weitgehend isolierten Untergrundkämpfer. Die offen Briefe der Brüder des ermordeten Gerold von Braunmühl (1986),[106] die Dialoginitiativen der Grünen (1987), die wirkungslos gebliebenen Hungerstreiks (1988) und das Versöhnungsangebot des damaligen Bundesjustizministers Klaus Kinkel (1992) erschwerten ihnen offensichtlich das Festhalten an alten Feindbildern. Die inhaftierten RAF-Kader der zweiten Generation vertraten nun unterschiedlich militante Positionen, was im Jahr 1993 zum Zerfall und im Jahr 1998 zur förmlichen Auflösung der RAF führte. Zu ihrer Neuorientierung dürfte auch beigetragen haben, dass, je glaubwürdiger sie der Gewalt abschworen, desto eher ihre Haftentlassung winkte. So waren 2004 von den Angehörigen der zweiten RAF-Generation nur noch Christian Klar und Brigitte Mohnhaupt inhaftiert.[107]

Wege und Irrwege der Terrorismusbekämpfung

Nach der Niederlage der RAF im Herbst 1977 und dem nachfolgenden Rückgang terroristischer Anschläge ist häufig die Auffassung vertreten worden, ein hartes und unnachgiebiges Auftreten des Staates könne die Stadtguerilla in die Knie zwingen.[108] In Wirklichkeit trug jedoch der harte Kurs der Bundesregierung nur vorübergehend Früchte. Denn die Agonie der RAF in dieser Zeit resultierte hauptsächlich aus internen Problemen, insbesondere der erwähnten Drogensucht von Peter-Jürgen Boock.[109] Durch Nachgiebigkeit wurden neue Entführungsaktionen unter bestimmten Bedingungen wohl herausgefordert (wie im Fall Lorenz), doch auch eine harte Linie vermochte den Terroristen nicht wirklich Einhalt zu gebieten. Die zweite Generation der RAF hielt sogar vorerst am Konzept der Gefangenenbefreiung fest, obwohl sich dies im Herbst 1977 als aussichtslos erwiesen hatte.

Es gehört zu den Besonderheiten der zweiten RAF-Generation, dass sie eine Verstärkung durch Dritte ausdrücklich suchte. So fungierte die Gruppe zunächst ihrerseits als Schmelztiegel der linksterroristischen Szene, denn der Übertritt von Ex-Mitgliedern des SPK sowie der Bewegung 2. Juni bedeutete eine hochwillkommene Auffrischung.[110] Weit mächtigere Bundesgenossen gewährten sogar logistische Hilfe, denn alle drei RAF-Generationen haben von Kontakten zu palästinensischen Kräften im Nahen Osten profitiert. Darüber hinaus suchte die zweite Generation der RAF ihre desolate Lage nach 1977 auch mittels Protektion durch die DDR zu kompensieren. Denn die »umstands- und bedingungslose Aufnahme der ausgestiegenen Mitglieder weckte das politische und materielle Interesse der RAF«.[111] Dies führte gar zu einem Waffentraining von aktiven RAF-Mitgliedern im Zusammenhang mit dem Attentat auf Frederik Kroesen im Jahre 1981. Jedoch war die Staatssicherheit keine steuernde Kraft des bundesdeutschen Linksterrorismus, weil die RAF auf ihrer »Autonomie im bewaffneten Kampf« beharrte. Eben weil die Gruppe die Steuerungsversuche des Mielke-Apparates durchschaute, reduzierte sie ab 1984 wieder das Maß an Kooperation.[112] Mit dem Aufbrechen der sozialistischen Staatenwelt und der Einbindung vieler Befreiungsbewegungen der Dritten Welt in einen Friedensprozess fehlten der linksterroristischen Gruppierung bald wichtige Bundesgenossen.

Die RAF als »radikalisiertes Zerfallsprodukt« der Außerparlamentarischen Opposition zu erklären, mag für die erste Generation teilweise gelten. Anders liegen die Verhältnisse bei der zweiten Generation: Sie entwickelte sich nicht in der Ausnahmesituation gesellschaftlicher Konfrontation Ende der 1960er Jahre, sondern suchte in den politisch stabileren 1970er Jahren den bewaffneten Kampf. Dabei gestalteten sich die Rahmenbedingungen sehr schwierig: Die Gruppe erreichte keine nennenswerte Verankerung in der Bevölkerung, geriet zunehmend in die Isolation, stand unter hohem Fahndungsdruck und musste die Verhaftung oder den Ausstieg zahlloser Mitglieder hinnehmen. Doch die RAF ignorierte »das Nicht-Vorhandensein ihrer Existenzbedingungen souverän« – und hatte damit »Erfolg«.[113] Denn während die anderen linksextremen Überbleibsel der Außerparlamentarischen Opposition zusehends zersplitterten und an Bedeutung verloren, wuchsen der terroristischen Hydra über mehr als zwanzig Jahre hinweg immer wieder neue Köpfe nach.[114]

Die Mitglieder der zweiten Generation der RAF kamen »fast alle aus Gruppen, die gegen die Isolation und die Haftbedingungen der ersten Gefangenen protestiert haben. Wie einfach wäre es gewesen«, so die Grünen-Politikerin Antje Vollmer, »diese Lebensbrüche zu verhindern, wenn die ersten Mitglieder der RAF rechtsstaatlich korrekt, mit Großzügigkeit und Toleranz, sozusagen wie die rohen Eier behandelt worden wären?«[115] Ähnliche Solidarisierungsprozesse prägten schließlich die dritte Generation, deren Mitglieder ebenfalls durch Inhaftierung, Verurteilung und Suizid aktiver RAF-Kader motiviert wurden.[116] Auch sie hatten den Kontakt zu den Gefangenen gesucht (wie etwa Birgit Hogefeld zu Rolf Heissler) und auf falsch verstandene Solidarität gesetzt. Viele bewegten sich in ähnlichen Zirkeln wie die Mitglieder der zweiten Generation, tauchten jedoch erst später in den Untergrund ab, als sie eine Verhaftung befürchteten (wie etwa Wolfgang Grams).[117]

Solidarisierungs- und Radikalisierungsprozesse von Gleichgesinnten lassen sich indes nur schwer auf Dauer unterbinden. Angesichts der aufgeheizten Stimmung (besonders im Zuge der Verhaftung und Verurteilung der RAF) und der weltanschaulichen Prädisposition der Unterstützerszene wären die Haftbedingungen wohl in jedem Fall skandalisiert worden. Neben den Solidarisierungseffekten bestehen in dem komplexen Ursachengeflecht terroristischer Gewalt weitere begünstigende Faktoren fort – wie biografische Belastungen, individuelle Anfälligkeit für politisch motivierte Gewalt und gruppenpsychologische Impulse. Daher werden moderne Rechtsstaaten letztlich wohl damit leben müssen, dass sich eine kleine Minderheit dazu berufen fühlt, sogar mit Gewalt gegen ihr unerträglich erscheinende Zustände zu kämpfen.

Solche Solidarisierungsprozesse im RAF-nahen Umfeld zu unterbinden, war in den 1990er Jahren Sinn und Zweck verschiedener Initiativen. So sollten die Kronzeugenregelung, das so genannte Aussteigerprogramm des Verfassungsschutzes und die Kinkel-Initiative der linksterroristischen Gewalt auf unterschiedliche Weise das Wasser abgraben. Die im Jahr 1999 ausgelaufene Kronzeugenregelung versprach terroristischen Gewalttätern Strafrabatt, wenn sie ihre Verbrechen gestehen und die Tatbeiträge anderer offen legen. Doch die weltanschauliche Verblendung der Akteure steht dem entgegen – und die Gesinnungsgenossen drohen mit Bestrafung bei »Verrat«. Auch die geschilderte Umkehr zahlreicher Mitglieder der zweiten Generation geschah keineswegs in Antizipation von Strafrabatt. Vielmehr versuchten diese, mit der eigenen Vergangenheit ins Reine zu kommen. Eher ist wohl das Aussteigerprogramm des Verfassungsschutzes geeignet, jene zur Aufgabe zu bewegen, die sich bereits aus eigener Inititative von der illegalen Gruppe gelöst haben. Dies belegt auch der Fall des RAF-Mitglieds Christoph Seidler, der im November 1996 freiwillig aus dem Libanon in die Bundesrepublik zurückkehrte. Die Initiative des damaligen Bundesjustizministers Klaus Kinkel im Januar 1992 schließlich beinhaltete eine Versöhnung zwischen RAF und Staat, verbunden mit dem Angebot der Freilassung von langjährig Inhaftierten. Die RAF reagierte wenige Wochen später mit der Erklärung, den bewaffneten Kampf vorläufig einzustellen, drohte aber mit dessen Wiederaufnahme, falls der Staat die Inhaftierten nicht freilasse. In den folgenden Monaten kam es zu heftigen Diskussionen zwischen Hardlinern und moderaten Kräften, was letztlich zum Zerfall der RAF führte. Somit hat die Kinkel-Initiative »wohl mit zur Auflösung der RAF beigetragen«[118] – was insofern paradox ist, als diese Wirkung eher der Kronzeugenregelung hatte zukommen sollen. Jedoch ist jede Amnestierungsstrategie, gleich ob als Kronzeugenregelung, als Aussteigerprogramm oder als Versöhnungsangebot konzipiert, »hinsichtlich ihrer Wirkungen ambivalent. Sie erleichtert nicht nur den Ausstieg aus eskalierenden Konflikten. Sie wirkt auch einladend zur Teilnahme, insofern sie durch annoncierten Sanktionsverzicht die Risikolosigkeit des eigenen Handelns verspricht. Es dürfte schwer sein, den einen Effekt ohne den anderen auszulösen.«[119] Wie schwer terroristische Gewalt zu bekämpfen ist, wenn sie erst einmal Platz gegriffen hat, und wie sie sich selbst zu reproduzieren versteht, zeigt gerade der Fall der zweiten Generation der RAF.

1   Vgl. u.a. Butz Peters, Tödlicher Irrtum. Die Geschichte der RAF, Berlin 2004; Tobias Wunschik, Baader-Meinhofs Kinder. Die zweite Generation der RAF, Opladen 1997; Klaus Pflieger, Die Aktion »Spindy«. Die Entführung des Arbeitgeberpräsidenten Dr. Hanns Martin Schleyer, Baden-Baden 1997; Andreas Müller/Michael Kanonenberg, Die RAF-Stasi-Connection, Berlin 1992; Peter-Jürgen Boock, Die Entführung und Ermordung des Hanns Martin Schleyer. Eine dokumentarische Fiktion, Frankfurt am Main 2002.
2   Wolfgang Kraushaar, Zwischen Popkultur, Politik und Zeitgeschichte. Von der Schwierigkeit, die RAF zu historisieren, in: *Zeitschrift für zeithistorische Forschung/Studies in Contemporary History,* Heft 2, 2004, S. 262–270, S. 266–269.
3   Dabei handelte es sich um Susanne Albrecht, Peter-Jürgen Boock, Elisabeth von Dyck, Knut Detlef Folkerts, Rolf Heißler, Monika Helbing, Sieglinde Hofmann, Christian Klar, Friederike Krabbe, Christine Kuby, Silke Maier-Witt, Brigitte Mohnhaupt, Gert Schneider, Adelheid Schulz, Angelika Speitel, Sigrid Sternebeck, Willy-Peter Stoll, Christof Wackernagel, Rolf Clemens Wagner und Stefan Wisniewski. Von den zwanzig RAF-Angehörigen wurden zehn wegen des Schleyer-Mordes und sieben weitere wegen anderer RAF-Taten verurteilt, Stoll und von Dyck starben in Schusswechseln mit der Polizei, Krabbe tauchte im Irak unter. Das Bundeskriminal-

amt ging Ende 1976, seinerzeit zutreffend, von elf RAF-Angehörigen aus. Vgl. Bericht [der Abteilung] TE 13 [des Bundeskriminalamtes] vom 12. Dezember 1976, Archiv des Hamburger Instituts für Sozialforschung (HIS-Archiv), KOK 05/02.
4 Die Bonner Krisenstäbe kommunizierten, unter Vermittlung des Genfer Anwalts Denis Payot, nicht nur mit den Entführern, sondern über hochrangige Beamte aus dem Bundeskanzleramt auch mit den Stammheimer Inhaftierten.
5 Im Fall einer »unverhältnismäßig hohen Zahl von Toten«, so der Altbundeskanzler, hätte er die Verantwortung übernommen und seinen Rücktritt erklärt. Interview mit Helmut Schmidt, *Die Zeit* vom 4. Juli 1997, Nr. 28, S. 8.
6 Vgl. Henner Hess (Hg.), Angriff auf das Herz des Staates, Bd. 1, Frankfurt am Main 1988.
7 Vgl. Untersuchung des ehemaligen Bundesinnenministers Rechtsanwalt Hermann Höcherl, aus welchen Gründen dem Hinweis auf die Wohnung in Erftstadt-Liblar, Zum Renngraben 8, nicht rechtzeitig bzw. nicht ausreichend nachgegangen wurde (zugl. Drucksache des Deutschen Bundestages Nr. 8/1881 vom 7. Juni 1978); *Der Spiegel* vom 15. September 1997, 51. Jg., Nr. 38, S. 42–71.
8 Vgl. Kurt Oesterle, Stammheim. Die Geschichte des Vollzugsbeamten Horst Bubeck, Tübingen 2003, S. 78.
9 Zit. n. Peters, Tödlicher Irrtum, S. 317.
10 Hellmut Brunn/Thomas Kirn, Rechtsanwälte, Linksanwälte, Frankfurt am Main 2004, S. 218.
11 Vgl. Oesterle, Stammheim.
12 Vgl. u.a. Stefan Reinecke, Otto Schily. Vom RAF-Anwalt zum Innenminister, Hamburg 2003, S. 157.
13 Vgl. u.a. Pieter Bakker Schut, Stammheim. Der Prozeß gegen die Rote Armee Fraktion, Kiel 1986.
14 Gerd Koenen, Vesper, Ensslin, Baader. Urszenen des deutschen Terrorismus, Köln 2003, S. 331–332.
15 Karl-Heinz Dellwo, Mitten im Nebel, in: *Arranca*, Nr. 3, 1993, S. 18–23, S. 20.
16 Vgl. Volker Speitel, »Wir wollten alles und gleichzeitig nichts«, *Der Spiegel* vom 28. Juli 1980, Jg. 34, Nr. 31, S. 36–49, S. 41.
17 Aussage von Peter-Jürgen Boock im Prozess gegen Ralf Baptist Friedrich am 21. Mai 1992 in Stuttgart-Stammheim (Mitschrift des Autors).
18 Adelheid Schulz im Prozess gegen Brigitte Mohnhaupt und Christian Klar, zit. n. Oberlandesgericht Stuttgart, 5. Strafsenat, Urteil gegen Brigitte Mohnhaupt und Christian Klar vom 2. April 1985 (5–1 StE 1/83), S. 189).
19 Vgl. Urteil des Landgerichts Berlin gegen Brigitte Mohnhaupt vom 30. August 1974; HIS-Archiv, Mo, B/001, 002.
20 Knut Detlef Folkerts im Prozess gegen Brigitte Mohnhaupt und Christian Klar, zit. n. Oberlandesgericht Stuttgart, 5. Strafsenat, Urteil gegen Brigitte Mohnhaupt und Christian Klar vom 2. April 1985 (5–1 StE 1/83), S. 185.
21 Stefan Wisniewski, »Wir waren so unheimlich konsequent«, *die tageszeitung* vom 11./12. Oktober 1997, S. I–V.
22 Vgl. Klaus Pflieger, Die Rote Armee Fraktion – RAF –. 14. 5. 1970–20. 4. 1998, Baden-Baden 2004, S. 55 f.
23 Dellwo, Mitten im Nebel, S. 21.
24 Ebenda.
25 Wolfgang Kraushaar, Die Aura der Gewalt. Die »Rote Armee Fraktion« als Entmischungsprodukt der Studentenbewegung, Interview von Jörg Herrmann, in: ders., Fischer in Frankfurt. Karriere eines Außenseiters, Hamburg 2001, S. 249.

26 Vgl. Iring Fetscher/Herfried Münkler/Hannelore Ludwig, Ideologien der Terroristen in der Bundesrepublik Deutschland, in: Iring Fetscher/Günter Rohrmoser, Ideologien und Strategien (= Analysen zum Terrorismus, Bd. 1, hrsg. vom Bundesministerium des Innern), Opladen 1981, S. 16–271, S. 29.
27 S. a.: Wisniewski, »Wir waren so unheimlich konsequent«.
28 So spionierte die RAF unter dem Decknamen »Bodo« vor dem Herbst 1977 das Ministerratsgebäude der Europäischen Gemeinschaft (EG) in Brüssel sowie eine Außenministertagung in Gebäuden der EG in Luxemburg aus. Vgl. Protokoll der Beschuldigtenvernehmung Sigrid Sternebecks am 9. Oktober 1990; Protokoll der Beschuldigtenvernehmung Silke Maier-Witts am 5. September 1990; Protokoll der Vernehmung Peter-Jürgen Boocks vom 18. April 1991; Aussage von Hans-Joachim Dellwo laut Wortprotokoll der Hauptverhandlung gegen Armin Neverla und Arndt Müller am 17. November 1978; HIS-Archiv, TE 007,002.
29 S. a.: HIS-Archiv, Mo, B/003, 001.
30 Ralf Baptist Friedrich, zit. n. Oberlandesgericht Stuttgart, 5. Strafsenat, Urteil gegen Sigrid Friedrich, geb. Sternebeck und Ralf Baptist Friedrich vom 22. Juni 1992 (5–2 StE 6/91), S. 87.
31 Vgl. Peters, Irrtum, S. 518.
32 Jan Philipp Reemtsma, »Es gibt zu viel Kitsch beim Reden über die RAF«, in: *die tageszeitung* vom 16./17. Oktober 2004, S. I–III, I.
33 Vgl. Gespräch des Autors mit Peter-Jürgen Boock am 8. November 1993 in Hamburg-Fuhlsbüttel (Verlaufsprotokoll).
34 Rote Armee Fraktion, Guerilla, Widerstand und antiimperialistische Front (»Maipapier«), o. O. 1982.
35 Vgl. Rote Armee Fraktion, »Maipapier«, S. 16.
36 Sepp Binder, Terrorismus. Herausforderung und Antwort, Bonn 1978, S. 61.
37 Vgl. Gerhard Schmidtchen, Terroristische Karrieren. Soziologische Analyse anhand von Fahndungsunterlagen und Prozeßakten, in: Herbert Jäger/Gerhard Schmidtchen/Lieselotte Süllwold, Lebenslaufanalysen (Analysen zum Terrorismus, Bd. 2, hrsg. vom Bundesministerium des Innern), Opladen 1981, S. 14–77, S. 29.
38 Vgl. Uwe Backes, »Wir wollten alles und gleichzeitig nichts«, in: Peter Waldmann (Hg.), Beruf: Terrorist. Lebensläufe im Untergrund, München 1993, S. 143–179, S. 153.
39 Schmidtchen, Terroristische Karrieren, S. 26.
40 Vgl. Lieselotte Süllwold, Stationen in der Entwicklung von Terroristen. Psychologische Aspekte biographischer Daten, in: Jäger/Schmidtchen/Süllwold, Lebenslaufanalysen, S. 80–116, S. 91.
41 Vgl. Susanne Karstedt-Henke, Theorien zur Erklärung terroristischer Bewegungen, in: Erhard Blankenburg (Hg.), Politik der inneren Sicherheit, Frankfurt am Main 1980, S. 169–234, S. 206–207; Wolf-Dieter Narr, Demonstranten, Politiker (Polizei) und Journalisten. Zwölf Thesen zur Gewalt, in: Reiner Steinweg (Red.), Faszination der Gewalt. Politische Strategie und Alltagserfahrung, Frankfurt am Main 1983, S. 30–59, S. 50–59.
42 Schmidtchen, Terroristische Karrieren, S. 45.
43 Vgl. Karstedt-Henke, Theorien zur Erklärung, S. 207.
44 Vgl. Protokoll der Vernehmung Peter-Jürgen Boocks vom 24. März 1992.
45 Uwe Backes, Terror im Schlaraffenland. Die biographische Perspektive, in: Konrad Löw (Hg.), Terror und Extremismus in Deutschland. Ursachen, Erscheinungsformen, Wege zur Überwindung, Berlin 1994, S. 129–140, in Anlehnung an Matthias Horx, Aufstand im Schlaraffenland. Selbstkenntnisse einer rebellischen Generation, München 1989.

46 Hans-Ulrich Thamer, Sozialismus als Gegenmodell. Theoretische Radikalisierung und Ritualisierung einer Oppositionsbewegung, in: Matthias Frese/Julia Paulus/Karl Teppe (Hg.), Demokratisierung und gesellschaftlicher Aufbruch. Die sechziger Jahre als Wendezeit der Bundesrepublik, Paderborn 2003, S. 741–758, S. 757.
47 Während einige Autoren (besonders in den 1970er Jahren) einen psychologischen Erklärungsansatz für naheliegend hielten (vgl. u.a. Peter Graf Kielmansegg, Politikwissenschaft und Gewaltproblematik, in: Heiner Geißler [Hg.], Der Weg in die Gewalt. Geistige und gesellschaftliche Ursachen des Terrorismus und seine Folgen, München 1978, S. 69–79, S. 72), lehnen andere ihn grundsätzlich ab (vgl. u.a. Friedhelm Neidhardt, Soziale Bedingungen terroristischen Handelns. Das Beispiel der »Baader-Meinhof-Gruppe« [RAF], in: Wanda von Baeyer-Katte u.a. [Hg.], Gruppenprozesse [Analysen zum Terrorismus, Bd. 3, hrsg. vom Bundesministerium des Innern], Opladen 1982, S. 318–391, S. 319; Hans Josef Horchem, Die verlorene Revolution. Terrorismus in Deutschland, Herford 1988, S. 38 f.).
48 Vgl. Manfred Funke, Terrorismus – Ermittlungsversuch zu einer Herausforderung, in: ders., Terrorismus. Untersuchungen zur Strategie und Struktur revolutionärer Gewaltpolitik (Schriftenreihe der Bundeszentrale für politische Bildung, Bd. 123), Bonn 1978, S. 9–36, S. 30.
49 Vgl. Binder, Terrorismus, S. 66.
50 Peter Waldmann, Wann schlagen politische Protestbewegungen in Terrorismus um? Lehren aus der Erfahrung der 70er Jahre, in: Albrecht Randelzhofer/Werner Süß (Hg.), Konsens und Konflikt. 35 Jahre Grundgesetz, Berlin 1986, S. 399–428, S. 422; Elisabeth Müller-Luckmann, Terrorismus. Psychologische Deskription, Motivation, Prophylaxe aus psychologischer Sicht, in: Hans-Dieter Schwind (Hg.), Ursachen des Terrorismus in der Bundesrepublik Deutschland, Berlin 1978, S. 59–68, S. 64–65.
51 Vgl. Neidhardt, Soziale Bedingungen, S. 382.
52 Vgl. Gerhard Schmidtchen, Bewaffnete Heilslehren, in: Geißler (Hg.), Der Weg in die Gewalt, S. 39–51, S. 46.
53 Hermann Lübbe, Endstation Terror. Rückblick auf lange Märsche, in: Geißler (Hg.), Der Weg in die Gewalt, S. 96–108, S. 97.
54 Walter Laqueur, Interpretationen des Terrorismus. Fakten, Fiktionen und politische Wissenschaft, in: Funke (Hg.), Terrorismus. Untersuchungen zur Strategie und Struktur, Bonn 1978, S. 37–82, S. 37.
55 Herfried Münkler, Sehnsucht nach dem Ausnahmezustand. Die Faszination des Untergrunds und ihre Demontage durch die Strategie des Terrors, in: Steinweg (Red.), Faszination der Gewalt, S. 60–88, S. 60 f.
56 Vgl. Friedrich Hacker, Terror. Mythos, Realität, Analyse, Wien 1973, S. 284.
57 Jan Philipp Reemtsma, Was heißt »die Geschichte der RAF verstehen«?, in: Wolfgang Kraushaar/Jan Philipp Reemtsma/Karin Wieland, Rudi Dutschke Andreas Baader und die RAF, Hamburg 2005, S. 100–142, S. 113, 127.
58 Auch das Erscheinungsbild der dritten Generation der RAF weicht davon ab, denn ihre Angehörigen waren zwar politisch, nicht jedoch sozial völlig isoliert, hielten sie doch im Untergrund lockere familiäre Kontakte aufrecht. S. a. Alexander Straßner, Die dritte Generation der »Roten Armee Fraktion«. Entstehung, Struktur, Funktionslogik und Zerfall einer terroristischen Generation, Wiesbaden 2003, 283–291.
59 Hanna Krabbe, o.T. (»Wenn ich mich zurückerinnere an die Struktur der Gruppe, wie sie 74/75 war, wie sie entstand […]« [Erklärung von Krabbe vor Gericht]), Stuttgart, 13. November 1979.
60 Neidhardt, Soziale Bedingungen, S. 362.

61 Peter-Jürgen Boock, »Im Schützengraben für die falsche Sache«, *Der Spiegel* vom 23. Februar 1981, Jg. 35, Nr. 9, S. 110–125, S. 114.
62 Vgl. Boock, Entführung und Ermordung, S. 150, 164; Protokoll der Beschuldigtenvernehmung Silke Maier-Witts vom 11. September 1990.
63 Protokoll der Beschuldigtenvernehmung Monika Helbings vom 12. Oktober 1990. HIS-Archiv, SO 01/016, 06.
64 So erfuhr Henning Beer beispielsweise noch nicht einmal, dass seine Kampfgefährten kurz zuvor eine Reise in den Südjemen unternommen hatten. Vgl. Aussage von Henning Beer im Prozess gegen Maier-Witt am 11. September 1991 in Stuttgart-Stammheim (Mitschrift des Autors).
65 Aussage von Monika Helbing im Prozess gegen Silke Maier-Witt am 26. September 1991 in Stuttgart-Stammheim (Mitschrift des Autors).
66 Aussage von Werner Lotze im Prozess gegen Maier-Witt am 11. September 1991 in Stuttgart-Stammheim (Mitschrift des Autors).
67 Vgl. Werner Lotze im Gespräch mit dem Autor am 5. September 1992 in Berlin-Plötzensee.
68 Vgl. Jerrold M. Post, Terrorist psychologic. Terrorist behavior as a product of psychological forces, in: Walter Reich (Hg.), Origins of terrorism. Psychologies, ideologies, theologies, states of mind, Cambridge 1990, S. 25–40, S. 33.
69 Protokoll der Beschuldigtenvernehmung Susanne Albrechts vom 23. Juli 1990, HIS-Archiv, SO 01/016, 06.
70 Vgl. Irving L. Janis, Groupthink. Psychological studies of policy decisions and fiascoes, Boston 1983, S. 174–175.
71 Vgl. Herbert Jäger, Die individuelle Dimension terroristischen Handelns. Annäherungen an Einzelfälle, in: ders./Schmidtchen/Süllwold, Lebenslaufanalysen, S. 120–174, S. 161.
72 Vgl. Protokoll der Beschuldigtenvernehmung Sigrid Sternebecks vom 6. November 1990, HIS-Archiv, SO 01/016, 10.
73 Protokoll der Befragung Henning Beers vom 19. Juni 1990, HIS-Archiv, SO 01/019, 01.
74 Vgl. Protokoll der Beschuldigtenvernehmung Susanne Albrechts vom 23. Juli 1990, HIS-Archiv, SO 01/016, 09.
75 Protokoll der Beschuldigtenvernehmung Werner Lotzes vom 19. Juli 1990, HIS-Archiv, SO 01/017, 03.
76 Vgl. Gespräch des Autors mit Peter-Jürgen Boock am 8. November 1993 in Hamburg-Fuhlsbüttel (Verlaufsprotokoll).
77 Protokoll der Beschuldigtenvernehmung Susanne Albrechts vom 16. Juli 1990, HIS-Archiv, SO 01/016, 08.
78 Werner Lotze im Gespräch mit dem Autor am 21. März 1993 in Berlin-Plötzensee. S. a. Tobias Wunschik, Biographisches Porträt: Werner Lotze, in: Uwe Backes/Eckhard Jesse (Hg.), Jahrbuch Extremismus & Demokratie, Bd. 5, Bonn 1993, S. 177–189.
79 Peter-Jürgen Boock im Gespräch mit dem Autor am 5. November 1993 in Hamburg-Fuhlsbüttel.
80 Vgl. Oberlandesgericht Stuttgart, 5. Strafsenat, Urteil gegen Susanne Becker, geb. Albrecht vom 3. Juni 1991 (5–2 StE 4/90).
81 Vgl. Peter-Jürgen Boock, Schlußwort im Prozeß zu Stammheim, in: Komitee für Grundrechte und Demokratie (Hg.), Der Prozeß. Justiz in der Bundesrepublik Deutschland am Beispiel Peter-Jürgen Boock 1983/1984 zu Stuttgart-Stammheim, Sensbachtal 1985, S. 277–290, S. 281.
82 Vgl. Neidhardt, Soziale Bedingungen, S. 370.

83 Vgl. Heinrich Hannover, Terroristenprozesse. Erfahrungen und Erkenntnisse eines Strafverteidigers (Terroristen und Richter, Bd. 1), Hamburg 1991, S. 222.
84 Zeugenaussage von Sigrid Sternebeck im Prozess gegen Silke Maier-Witt am 4. September 1991 in Stuttgart-Stammheim (eigene Mitschrift).
85 Protokoll der Beschuldigtenvernehmung Sigrid Sternebecks vom 6. November 1990, HIS-Archiv, SO 01/016, 10.
86 Jäger, Die individuelle Dimension, S. 168.
87 Vgl. Protokoll der Vernehmung Peter-Jürgen Boocks vom 3. April 1992, HIS-Archiv, BO P/005, 04.
88 Protokoll der Beschuldigtenvernehmung Werner Lotzes vom 20. Juli 1990, HIS-Archiv, SO 01/017, 03.
89 Protokoll der Beschuldigtenvernehmung Susanne Albrechts vom 23. Juli 1990, HIS-Archiv, SO 01/016, 09.
90 Vgl. Zeugenaussage von Henning Beer im Prozess gegen Silke Maier-Witt am 11. September 1991 in Stuttgart-Stammheim (eigene Mitschrift).
91 So war beispielsweise Werner Lotze nach seiner Beteiligung am Haig-Attentat für die anderen Gruppenmitglieder fast unangreifbar (vgl. Gespräch des Autors mit Werner Lotze am 5. September 1992 in Berlin-Plötzensee [Verlaufsprotokoll]).
92 Aussage von Silke Maier-Witt in ihrem Prozess am 28. August 1991 in Stuttgart-Stammheim (Mitschrift des Autors).
93 Friedhelm Neidhardt, Aufschaukelungsprozesse im Vorfeld des Terrorismus, in: o. A., Im Vorfeld des Terrorismus: Gruppen und Masse (Kriminalistische Studien, Bd. 3, Teil 1), Bremen 1986, S. 53–63, S. 62.
94 Baptist Ralf Friedrich, »Ich bitte um Vergebung«, *Der Spiegel* vom 20. August 1990, Jg. 44, Nr. 34, S. 52–62, S. 57.
95 Protokoll der Beschuldigtenvernehmung Silke Maier-Witts vom 8. August 1990.
96 Protokoll der Vernehmung Monika Helbings am 18. Oktober 1990.
97 Protokoll der Beschuldigtenvernehmung Henning Beers vom 8. August 1990.
98 Vgl. Tobias Wunschik, Werner Lotze: Biographisches Porträt, in: Uwe Backes/ Eckhard Jesse (Hg.), Jahrbuch Extremismus & Demokratie, 5. Jg., Bonn 1993, S. 177–189.
99 Vgl. Protokoll der Vernehmung von Monika Helbing am 11. Oktober 1990.
100 Vgl. für die erste Generation zuletzt: Koenen, Urszenen, S. 285; für die zweite Generation: Wunschik, Baader-Meinhofs Kinder, S. 337.
101 Vgl. Zeugenaussage von Werner Lotze im Prozess gegen Silke Maier-Witt am 11. September 1991 in Stuttgart-Stammheim (eigene Mitschrift). S. a. Karen de Ahna, Wege zum Ausstieg. Fördernde und hemmende Bedingungen, in: von Baeyer-Katte u.a. (Hg.), Gruppenprozesse, S. 478–525, S. 519.
102 Wäre er bereits 1978/79 festgenommen worden, so erklärte etwa Werner Lotze glaubhaft, wäre er »zu einem ganz normalen RAF-Gefangenen geworden, würde [heute] zu den Betonköpfen zählen«. Gespräch des Autors mit Werner Lotze am 5. September 1992 in Berlin-Plötzensee (Verlaufsprotokoll).
103 Vgl. Tobias Wunschik, »Abwehr« und Unterstützung des internationalen Terrorismus. Die Hauptabteilung XXII, in: Hubertus Knabe (Hg.), West-Arbeit des MfS. Das Zusammenspiel von »Aufklärung« und »Abwehr«, Berlin 1999, S. 263–273.
104 Vgl. Tobias Wunschik, Magdeburg statt Mosambique, Köthen statt Kap Verden. Die RAF-Aussteiger in der DDR, in: Klaus Biesenbach (Hg.), Zur Vorstellung des Terrors: Die RAF-Ausstellung, Bd. 2, S. 236–240.
105 Anders als in den Erklärungen verlautet (vgl. u.a. die Erklärung von Wolfgang Beer, Helmut Pohl und Werner Hoppe zum Selbstmord von Andreas Baader, Gudrun

Ensslin und Jan-Carl Raspe von November 1977) vertraten die Illegalen wie auch ein Teil ihres engeren Umfeldes schon seinerzeit die Auffassung, dass die Stammheimer »bis zuletzt über ihren freien Willen verfügt haben«. Andres Veiel, Black Box BRD. Alfred Herrhausen, die Deutsche Bank, die RAF und Wolfgang Grams, Stuttgart 2002, S. 132.
106 Vgl. »Ihr habt unseren Bruder ermordet«. Die Antwort der Brüder des Gerold von Braunmühl an die RAF. Eine Dokumentation, Reinbek 1987. S. a. Carlchristian von Braunmühl, »Niemand wird als Terrorist geboren«, *Die Zeit* vom 29. August 1997, 52. Jg., Nr. 36, S. 4.
107 Hinzu kommen noch Eva Haule und Birgit Hogefeld, die der dritten Generation zuzuordnen sind. Peter-Jürgen Boock wurde im März 1998 entlassen (nach 17 Jahren Haft), Adelheid Schulz erhielt im Herbst 1998 Haftunterbrechung (16) und Rolf Clemens Wagner wurde im Dezember 2003 entlassen (24).
108 Vgl. Horchem, Die verlorene Revolution, S. 217; Uwe Backes, Geistige Wurzeln des Linksterrorismus in Deutschland, in: *Aus Politik und Zeitgeschichte,* 1992, Nr. B 3–4, S. 40–46, S. 40.
109 Vgl. Wunschik, Baader-Meinhofs Kinder, S. 293–295.
110 Vgl. Bewegung 2. Juni, o.T. (»Nach 10 Jahren bewaffnetem Kampf wollen wir unsere Geschichte […]« [»Letzte Erklärung der Bewegung 2. Juni«]), 2. 6. 1980, abgedruckt in: *die tageszeitung* vom 11. Juni 1980, S. 5; Bewegung 2. Juni, Der Blues. Gesammelte Texte der Bewegung 2. Juni (2 Bde.), o. O., o.J., S. 810–813; Gabriele Rollnik/Daniel Dubbe, Keine Angst vor niemand. Über die Siebziger, die Bewegung 2. Juni und die RAF, Hamburg 2003, S. 69.
111 Inge Viett, Wahr bleibt …, *konkret*, 1992, Nr. 3, S. 28–29, S. 29.
112 Vgl. Helmut Pohl, »Für uns hatte es den Zweck, Fragen zur Spreng- und Schießtechnik zu klären«, *Frankfurter Rundschau* vom 2. Juli 1991.
113 Sebastian Scheerer, Deutschland. Die ausgebürgerte Linke, in: Hess (Hg.), Angriff auf das Herz des Staates, Bd. 1, S. 193–429, S. 353.
114 Vgl. Friedhelm Neidhardt, Über Zufall, Eigendynamik und Institutionalisierbarkeit absurder Prozesse. Notizen am Beispiel einer terroristischen Gruppe, in: Heine von Alemann/Hans Peter Thurn (Hg.), Soziologie in weltbürgerlicher Absicht (Festschrift für René König), Opladen 1981, S. 243–257, S. 252.
115 Antje Vollmer, Wir sind verstrickt, auch schuldhaft, *Die Zeit* vom 22. Oktober 1987, Nr. 43, abgedruckt in: Die Grünen im Bundestag, Die Bundesgeschäftsstelle, Arbeitskreis Recht und Gesellschaft (Hg.), Ende der bleiernen Zeit? Versuch eines Dialogs zwischen Gesellschaft und RAF, Bonn 1989, S. 17–19.
116 Vgl. u. a. Ulrike Thimme, Eine Bombe für die RAF. Das Leben und Sterben des Johannes Thimme von seiner Mutter erzählt, München 2004, S. 89; Birgit Hogefeld, Zur Geschichte der RAF, in: Hans-Jürgen Wirth (Hg.), Hitlers Enkel – oder Kinder der Demokratie? Die 68er-Generation, die RAF und die Fischer-Debatte, Gießen 2004, S. 93–131, S. 105–107.
117 Vgl. Veiel, Black Box, S. 139.
118 Heribert Prantl, Das RAF-Tabu, *Süddeutsche Zeitung* vom 28. Juli 2003.
119 Neidhardt, Aufschaukelungsprozesse, S. 59.

Alexander Straßner

Die dritte Generation der RAF

Terrorismus und Öffentlichkeit

Terrorismus ist unter anderem von Grad und Dauer seiner öffentlichen Wahrnehmung abhängig. Je mehr mediale Aufmerksamkeit den Personen und Aktionen terroristischer Gruppierungen zuteil wird, desto eher ist es wahrscheinlich, dass der beschriebene Terrorismus zu einem dauerhaften Begleitphänomen moderner Gesellschaften wird. Vor diesem Hintergrund hat sich ein nachgerade symbiotisches Verhältnis zwischen Terrorismus und Medien herausgebildet.[1]

Wie kaum eine andere westeuropäische terroristische Organisation hat die *Rote Armee Fraktion* (RAF) von dieser wechselseitigen Austauschlogik profitiert. Auch Jahre nach ihrer Auflösung wird deutlich, dass Motive, Aktionen und Funktionslogik der Organisation noch immer auf ein erhebliches öffentliches Interesse stoßen.[2] Es ist kaum überraschend, dass darin Lebenszeugnisse ehemaliger und meist auch nachrangiger Aktivisten breiten Raum einnehmen,[3] populärwissenschaftliche Darstellungen[4] sind dem gegenüber bereits weit in der Minderzahl, während tatsächlich wissenschaftliche Untersuchungen sehr selten geworden sind.[5]

Dabei scheint dieses Interesse vor allen Dingen die Gründergeneration der RAF zu betreffen. Besonders um die charismatischen Gründerfiguren Ulrike Meinhof, Andreas Baader und Gudrun Ensslin herum hat sich geradezu ein eigenständiger Bestandteil der Popkultur etabliert.[6] Nach der Verhaftung der RAF-Galionsfiguren ab 1972 wandte sich das gesellschaftliche Interesse von den Akteuren ab und vermehrt den Aktionen der RAF zu. Ausschlaggebend dafür war die fortschreitende Professionalisierung der RAF und die daraus resultierende Befähigung zur Durchführung größerer und spektakulärerer Attentate.[7] Mit der Ermordung des Generalbundesanwalts Siegfried Buback, des Vorstandsmitglieds der Dresdner Bank Jürgen Ponto und nicht zuletzt der traumatischen Erfahrung der mehrwöchigen Entführung und anschließenden Hinrichtung Hanns Martin Schleyers war im öffentlichen Resonanzboden der Grundstein für diesen Paradigmenwechsel gelegt.[8]

Die dritte Generation hat aus nur teilweise nachzuvollziehenden Gründen stets im Schatten der Vorgängergenerationen gestanden, was die mediale und gesellschaftliche Aufmerksamkeit betrifft. Trotz spektakulärer Attentate mit insgesamt neun Todesopfern und der Tatsache, dass die Vielzahl ihrer Anschläge ab 1984 nicht geklärt werden konnte, versank die RAF ab Mitte der 1980er Jahre in der Bedeutungslosigkeit und vermochte nur kurzfristig mit ihren Aktionen öffentlich Aufmerksamkeit zu erregen. Die Gründe dafür sind vielfältiger Natur. Zum einen krankte der Aktionismus der RAF nach 1984 daran, sich zur Rechenschaft gegenüber ihren Unterstützern nicht mehr verpflichtet zu fühlen. Mehr und mehr kapselte sich die Führungsebene (»Kommandoebene«) von den Unterstützerschichten ab und handelte zunehmend brutalisiert und losgelöst von ideologischen Prämissen, doch stets mit dem Selbstverständnis einer aus höherer Einsicht unfehlbaren Kleingruppe. Damit einhergehend gestaltete sich die Vorgehensweise im Gegensatz zu ihren Vorgängern mehr und mehr nach dem Prinzip der Klandestinität. So erklärt sich auch die Tatsache, dass noch heute lediglich die Mitgliedschaft zweier Personen in der Kommandoebene der dritten Generation als gesichert gilt – Birgit Hogefeld[9] und Wolfgang Grams.[10] Zum anderen gesellten sich aber auch für die Terroristen negative geopolitische Rahmenbedingungen hinzu. So verlor sich die Berichterstattung über das spektakuläre Bombenattentat auf den Vorstandsvorsitzenden der Deutschen Bank, Alfred Herrhausen, am 30. November 1989 in den sich überschlagenden Ereignissen nach dem Fall der Mauer.[11] Vor diesem Hintergrund musste die dritte Generation ein »Phantom« bleiben, wenngleich die absurde These, dass die RAF nach 1982 nicht mehr existiert habe und lediglich eine von westlichen Geheimdiensten aufrechterhaltene Chimäre sei, um sich unliebsamer Industrieller zu entledigen, nicht ernsthaft in Erwägung gezogen werden kann und auch durch die Fakten widerlegt wurde.[12]

In diesem Beitrag soll daher nicht nur die historische Entwicklung der RAF von ihrer »Wiederbelebung« Mitte der 1980er Jahre bis hin zu ihrer Auflösung geschildert werden. Vielmehr wird ein Charakterporträt der dritten Generation[13] gezeichnet, das zeigen wird, aus welchen Gründen die RAF nach ihrer Niederlage des Jahres 1977 überhaupt wieder zu alter Schlagkraft fand. Darüber hinaus werden die entscheidenden Unterschiede zu den vorhergehenden Aktivisten der RAF herausgearbeitet. Die deskriptiv-historische Darstellung erfolgt dabei parallel zur analytischen Charakterisierung.

Die RAF nach der Auflösungserklärung

Auch Jahre nach der Auflösungserklärung der RAF vom 20. April 1998 findet die Berichterstattung über die terroristische Organisation kein Ende. In bestechender Regelmäßigkeit erscheinen in Printmedien ebenso wie in Film und Fernsehen bedeutsamere Nachrichten[14] ebenso wie nebensächliche Meldungen[15] zum Terrorismus der RAF. Was wissenschaftliche Literatur betrifft, so sind fundierte Analysen über das Jahr der Konfrontation der RAF mit dem Staat 1977 hinaus jedoch selten.[16] Angesichts der äußerst prekären Datenlage und des geringen kriminologischen Erkenntnisstandes zur dritten Generation ist dieser Mangel in der Wissenschaft verständlich: Selbst bei den Behörden scheinen jenseits von Verdachtsmomenten kaum konkrete Hinweise, weder auf die Anschläge noch auf die personelle Zusammensetzung der dritten Generation der RAF, vorzuliegen.[17]

An dieser Situation sind die ermittelnden Instanzen der Bundesrepublik selbst nicht ganz unbeteiligt. Noch im Jahr 1977, dem Jahr der Niederlage des RAF-Terrorismus infolge der gescheiterten Freipressungsversuche durch die Entführung von Hanns Martin Schleyer und der Lufthansa-Maschine »Landshut«, kannte der Optimismus der ermittelnden Behörden keine Grenzen: Der Generalbundesanwalt, das Bundeskriminalamt und der ehemalige Präsident des Bundesamtes für Verfassungsschutz Heribert Hellenbroich gingen davon aus, dass die RAF ihren Zenit bereits überschritten habe und nicht mehr handlungsfähig sei. Unterstützung fand der behördliche Überschwang durch die Festnahme von Rolf Heißler und Rolf Clemens Wagner 1979 sowie fünf der Mitgliedschaft in der RAF verdächtigter Frauen in Paris, darunter Sieglinde Hofmann. Daneben war die interne Struktur der RAF durch weitere Ereignisse erschüttert worden: Zum einen wurden mehrere Erddepots mit Waffen und Geld entdeckt, zum anderen waren im Juli 1980 Juliane Plambeck und Wolfgang Beer durch einen Verkehrsunfall nahe Bietigheim in Baden-Württemberg ums Leben gekommen. Der entscheidende Schlag schien im November 1982 gekommen: Mit der Verhaftung der führenden Kader der zweiten Generation, Adelheid Schulz, Brigitte Mohnhaupt und Christian Klar, schien der RAF endgültig der Zahn gezogen, die Bundesrepublik glaubte man gar am »Ende der Gewalt«.[18]

Diese Hoffnungen blieben unerfüllt, denn gegenläufige Tendenzen zeichneten sich ab: Auf dem Nährboden der zweiten Generation erwuchs den ermittelnden Behörden in der dritten Generation ein Gegenspieler, der sich im Vergleich zu den vorhergehenden Aktivisten dem Zugriff der Ermittler zu entziehen vermochte. Sie stützte sich auf die noch vorhandene Logistik der zweiten Generation und füllte ihre Kader auch personell – etwa durch das Aufgehen der *Bewegung 2. Juni* in der RAF im Jahr 1980 – rasch auf. Der Optimismus der Ermittler wich einem Skeptizismus, der durch den Terrorismus der dritten Generation Bestätigung fand. Als es zwischen 1984 und 1986 weitere Todesopfer gegeben hatte, konstatierte Horst Herold, bis 1980 Präsident des BKA, ernüchtert: »Die Position der RAF hat sich verbessert.«[19]

Bestätigung erfuhr die Ohnmacht der Behörden durch eine Erklärung der RAF aus dem Jahr 1996: »Sie wissen nicht viel über uns, sie haben noch nie wirklich durchgeblickt, wie unsere Strukturen aussehen oder wer in der RAF organisiert ist.«[20] Noch heute erweist sich die Materiallage zur dritten RAF-Generation als völlig unzureichend, zum einen, da sich die ermittelnden Behörden über Details nicht im Klaren sind, zum anderen, weil viele Hinweise noch immer der Geheimhaltung unterliegen und für die Wissenschaft nicht zugänglich sind. Die relevante Frage hier aber ist, wie die RAF es nach den Phasen der Niederlagen überhaupt bewerkstelligen konnte, wieder zu einer schlagkräftigen Organisation zu werden.

Generationswechsel und ideologische Neuausrichtung: das Mai-Papier von 1982

In den Jahren nach 1977 veränderte sich die RAF grundlegend. Zahlreiche Protagonisten des bewaffneten Kampfes flüchteten auf Umwegen und mit Hilfe des Mitglieds der Kommandoebene Inge Viett in die DDR,[21] eine Vielzahl von Sympathisanten und Unterstützern aus der Szene der Militanten zog sich desillusioniert zurück, um mit dem militanten Protest abzuschließen. Nur wenige fanden sich nach wie vor bereit, in der Bundesrepublik den bewaffneten Kampf weiterzuführen. Diese allerdings unternahmen nach Jahren der Rekonvaleszenz mit den Anschlägen auf die NATO-Generäle Alexander Haig und Frederik Kroesen in den Jahren 1979 bzw. 1981 wieder erste terroristische Gehversuche. Eine dauerhafte Phase der Offensive aber vermochte man noch nicht einzuläuten, zumal das Jahr 1982 für die RAF mit der Verhaftung ihrer noch übrigen führenden Mitglieder erneut einen entscheidenden Rückschlag brachte. Bedeutsam wurde dabei folgende Tatsache: Noch vor der Verhaftungswelle veröffentlichte die RAF erstmals seit zehn Jahren wieder eine umfangreiche Programmschrift mit dem Titel »Guerilla, Widerstand und antiimperialistische Front«. Diejenigen, welche diese Schrift noch im DDR-Exil in Briesen verfasst hatten, waren nun jedoch inhaftiert.[22] Es oblag somit deren Nachfolgern und den verbliebenen Resten der kämpfenden Revolutionäre, das Programm mit Leben zu erfüllen.[23]

Die Grundzüge der neuen terroristischen Strategie waren in einem »Frontkonzept« gebündelt, um den Anschlägen der RAF ihren punktuellen Widerstandscharakter von vornherein zu nehmen: »Wir sagen, daß es jetzt möglich und notwendig ist, einen neuen Abschnitt in der revolutionären Strategie im imperialistischen Zentrum zu entfalten.«[24] Man beabsichtigte, die »imperialistischen« Staaten und ihre militärische Verbundstruktur, die NATO, von Westeuropa aus anzugreifen. Das ausgewählte Ziel war der »militärisch-industrielle Komplex«, wobei die NATO ein Hauptangriffsziel bleiben sollte. Dabei beinhaltete der Frontbegriff der RAF zwei verschiedene Dimensionen. Zum einen verstanden die Aktivisten darunter die inländische Front, einen Zusammenschluss von linken und fortschrittlichen Kräften. Auf diese Weise versuchte die RAF nicht nur den Schulterschluss mit den *Revolutionären Zellen* (RZ), sondern auch mit den diffusen und nicht selten der Militanz zuneigenden Widerstandsbewegungen gegen den NATO-Doppelbeschluss und der Friedensbewegung.[25] Ziel der Aktivisten war es daher, »was insgesamt als Möglichkeit quer durch alle Gegenden und Szenen schon lebt, [...] auf neuer Stufe Kampf werden zu lassen«.[26]

Grundlage der strategischen Neuerung war ein bestehender Innovationszwang. Offensichtlich hatte die RAF einen Reifeprozess durchlaufen, welcher der Kommandoebene verdeutlicht hatte, dass nicht zuletzt das elitäre Avantgardedenken der Führungsebene für die bisherige Erfolglosigkeit revolutionärer bewaffneter Politik verantwortlich zeichnete. Wie sich jedoch zeigen sollte, konnte man sich von den anachronistischen Denkmustern einer kämpfenden Avantgarde nicht unvermittelt trennen. Der absolute Führungsanspruch der RAF sollte gewahrt, unter ihrer präponderanten Stellung eine revolutionäre Front aus allen linken und fortschrittlichen Teilen der Gesellschaft geformt werden, um einen neuen Abschnitt des revolutionären Kampfes einzuläuten und den gesamtgesellschaftlichen Widerstand auf ein breiteres Fundament zu stellen. Die RAF beanspruchte innerhalb der propagierten »Front« noch immer die Stellung eines Primus inter Pares.

Neben dem nationalen Gesichtspunkt hatte die »Front« aber auch internationalistischen Charakter. Die RAF propagierte die Verbindung aller europäischen terroristischen Organisationen im Zeitalter der »Krise des Imperialismus«, die sich ihrer Ansicht nach durch die zunehmenden Aufstandsbewegungen im »Trikont«[27] manifestierte. Fortan suchte sie daher die logistische und ideelle Zusammenarbeit mit anderen terroristischen Organisationen in Europa und der Welt zu intensivieren. Die internationale Front gegen den Imperialismus in Westeuropa sei »so dringend notwendig wie schwach entwickelt« und müsse deshalb nun durch die RAF angegangen werden. Fortan benannten sich die Kommandos der RAF nach verstorbenen Aktivisten anderer europäischer Organisationen, um der Solidarität mit ihnen auch symbolisch Leben einzuhauchen. Gleichzeitig hinterließen die Terroristen eine unmissverständliche Kampfansage, die eine unversöhnliche Haltung gegenüber dem Staat der Bundesrepublik offenbarte: »Da ist nichts mehr von Systemveränderung und alternativen Modellen im Staat. [...] Da ist einfach Schluß – und erst hinter dem Ende des Systems wird eine Lebensperspektive vorstellbar.«[28] Die Fundamentalopposition der dritten Generation, die sich in einem brutalisierten bewaffneten Kampf entfalten sollte, hatte damit eine Begründung erhalten. Eine weitere Lehre aus der Serie von Niederlagen für die RAF ab 1977 war dabei die Erkenntnis, dass der Krieg gegen den Imperialismus nicht nur mit einer radikalen Innovation der Strategie, sondern auch einer modifizierten Struktur angegangen werden müsse.

Organisatorische Neustrukturierung

Die RAF der ersten Generation hatte eine einfach zu überblickende Struktur: Unterhalb der Führungsebene, bestehend aus den Protagonisten des bewaffneten Kampfes Meinhof, Ensslin, Baader, Raspe, Meins, Proll, entfaltete sich eine große Anzahl von Sympathisanten, die sich nach eigenem Bekunden durchaus vorstellen konnten, den genannten Personen Räumlichkeiten zur Verfügung zu stellen und andere (noch) nicht kriminalisierte Unterstützungsarbeit zu leisten. Spätestens mit der dritten RAF-Generation kam es nun zu einer erheblichen strukturellen Differenzierung. Aus dem diffusen, dem Anarchismus verwandten Grad der Nichtorganisation der ersten Generationen wurde eine viergliedrige, straff durchorganisierte Hierarchie, welche eine Effektivierung der RAF-Praxis und eine zunehmende Anonymisierung der beteiligten Personen gewährleisten sollte.[29]

An der Spitze der RAF stand die so genannte Kommandoebene. Sie setzte sich aus den Mitgliedern zusammen, die mit gefälschten Pässen und unter falschen Namen im Untergrund lebten. Sie verübte Attentate auf führende Personen aus Militär, Wirtschaft und Politik, die sie »militärische Angriffe« nannte. In ihrer Selbstbezeichnung als »Guerilla« wurde ihre avantgardistische Konzeption bereits in Ansätzen deutlich: Sie betrachtete sich als den kämpfenden Arm des gesamten Widerstandes. Über die Anzahl der Personen in der Kommandoebene der dritten Generation ist wenig bekannt. Die Angaben der Behörden schwankten zwischen 15 und 30 Personen. Vielen der mutmaßlichen Aktivisten, die in den 1980er und 1990er Jahren auf den Fahndungslisten standen und der Kommandoebene zugerechnet wurden, konnte eine tatsächliche Mitgliedschaft in der RAF nicht nachgewiesen werden, wie etwa Barbara Meyer, Christoph Seidler, Sabine Elke Callsen und auch Andrea Martina Klump.[30] Die behördlichen »Erkenntnisse« über die dritte RAF-Generation haben mitunter nicht einmal den Charakter von Verdachtsmomenten: »Vor den Anschlägen der dritten Generation wurde von Zeugen wiederholt die Anwesenheit eines ›Leuchtturms‹ beschrieben. Da auf die bekannten männlichen Mitglieder der Kommandoebene die Beschreibung eines hoch gewachsenen, hageren Mannes nicht zutrifft, müssen wir davon ausgehen, dass es Personen der Kommandoebene gab, die uns bis heute nicht bekannt sind.«[31]

In enger Kooperation mit den Kommandos befand sich eine Gruppe von 20 bis 50 Personen, die als »Kämpfende Einheiten« oder »Illegale Militante« bezeichnet wurde. Die Illegalen Militanten hatten ihre Konstituierungsphase zu Anfang der 1980er Jahre. Sie führten Anschläge auf Objekte aus, ohne dass dabei Personen zu Schaden kamen. Die ideologische Affinität zu den Kommandos war so hoch, dass die Kämpfenden Einheiten jederzeit bereit waren, in den Untergrund zu gehen, falls die Kommandos dies verlangten oder aber durch Verhaftungswellen dauerhaft geschwächt und auf ihr Rekrutierungsreservoir angewiesen waren. Auf diese Weise regenerierte sich die RAF Anfang der 1980er Jahre ebenso rasch wie unerwartet. Die Anschläge der Illegalen Militanten waren als Unterstützung für die themenbezogenen Attentate der Kommandoebene konzipiert. So wurden etwa nach dem Mord an Siemens-Manager Karl-Heinz Beckurts 1986 Anschläge zum gleichen »Thema« gegen das Fraunhofer-Institut in Aachen und die Firma Dornier in Immenstaad verübt.[32] Dabei erfuhren die Aktionen der zweiten Ebene Mitte der 1980er Jahre einen bedeutenden Qualitätswandel. Wegen ihrer fortschreitenden Brutalisierung, die auch vor der Tötung von Personen nicht mehr Halt zu machen schien, wurden die Illegalen Militanten seitens der Behörden als ebenso gefährlich eingestuft wie die Kommandos selbst. Darüber hinaus war eine enge Kooperation zwischen den Kommandos und den nachrangigen Kämpfern festzustellen: Eva Haule, die als Bindeglied zwischen den einzelnen Ebenen der RAF zu fungieren schien, wurde 1986 zusammen mit zwei Mitgliedern der Kämpfenden Einheiten verhaftet. Darüber hinaus wurde durch Folgeerkenntnisse aus der Verhaftung deutlich, dass Logistik und Sprengstoff ebenso gemeinsam genutzt wurden.[33]

Den Kämpfenden Einheiten wiederum vorgelagert war eine Gruppe von ca. 200 Personen, die sich selbst die »Militanten« nannten, von den Behörden auch als das »engere Umfeld« bezeichnet wurden. Sie verübten kleinere Anschläge auf Objekte, wobei ihre Aktionen meist wenig risikobehaftet waren. Einen gewichtigen Anteil an der Gesamtstrategie der RAF gewannen die Militanten jedoch durch das Ausspähen von potentiellen Angriffszielen der Kommandos.[34] Die Militanten operierten im Gegensatz zu den beiden ihr vorgelagerten Ebenen nicht ausschließlich aus illegalen Zusammenhängen heraus: Viele gingen tagsüber einer geregelten Tätigkeit nach, um als »Feierabendterroristen« kleinere Anschläge zu verüben. Darüber hinaus mieteten sie konspirative Wohnungen für die Kommandos an, versteckten Geld, Waffen und Ausweise, stellten Informationsmaterial bereit und knüpften Kontakte zu ausländischen terroristischen Organisationen. Auch wenn sie in engem Kontakt mit den Illegalen standen, wollten sie dennoch als eigenständige Kraft gesehen werden.[35] Die ideologische Übereinstimmung mit den Kommandos bestätigten sie in ihrer Funktion als Herausgeber der Untergrundzeitung *Zusammen kämpfen*, die bis in das Jahr 1990 regelmäßig erschien.

Als vierte Ebene der RAF wurde das weitere Umfeld, der legale Arm der RAF gesehen, dem annähernd 2000 Personen zugerechnet wurden. Seine Mitglieder warben für die Ziele der Aktivisten in der Öffentlichkeit, führten Solidarisierungsaktionen durch und betreuten Gefangene. Besonders zu den Inhaftierten aus der RAF ist festzuhalten: Es war die Aufgabe des Umfelds, die Kommunikationsstruktur zwischen Gefangenen und Kommandos aufrechtzuerhalten. Ihre fundamentale Bedeutung erhielten die Sympathisanten mit ihrer Funktion als Rekrutierungsmasse für die höheren Weihen des Terrorismus. Besonders aber in den 1990er Jahren sollte es die Aufgabe des Umfelds sein, Verbindungen zu autonomen und anderen linksextremistischen Gruppierungen zu knüpfen, um eine »soziale Gegenmacht von unten« aufzubauen.[36]

Hinter der viergliedrigen Struktur traten die Inhaftierten in Erscheinung. Sie waren es, die aus dem Gefängnis heraus offensichtlich die Aktionslinien der aktiven Terroristen zumindest mitzubestimmen vermochten, auch wenn sie selbst in zahlreichen Schreiben die vermeintliche »Zellensteuerung« der in Freiheit lebenden Aktivisten als »Staatsschutzkampagne« denunzierten. Die Gefangenen aus der RAF sahen sich als »Kriegsgefangene« und verlangten dementsprechend eine Behandlung gemäß der Genfer Flüchtlingskonvention. In diesem Sinne schürten sie Kampagnen gegen die an ihnen angeblich exerzierte Isolationsfolter[37] und konnten mit Hungerstreiks und ihrer Forderung nach Zusammenlegung in »interaktionsfähige Gruppen« die öffentliche Meinung zumindest im linken Spektrum bis weit in die 1990er Jahre hinein mobilisieren. Noch Mitte der 1980er Jahre galt es, die eigenen strukturellen Modifikationen ebenso wie die strategischen Neuerungen in die Tat umzusetzen.

Chronologie: Die RAF von 1984 bis 1993

Während die Fundamentalopposition sich bereits in ersten Sachanschlägen durch die Militanten manifestierte, versammelten sich Umfeld und Sympathisanten sowohl der RAF wie anderer europäischer Organisationen in Frankfurt am Main zu einem »Antiimperialistischen und antikapitalistischen Kongreß« im Gebäude der dortigen Fachhochschule. Obwohl zeitweise bis zu 1000 Aktivisten und Unterstützer daran teilnahmen, wurde bereits dort ein frühes Hemmnis deutlich: Sowohl im In- als auch im Ausland existierten unüberwindliche ideologische Gräben zwischen den einzelnen Organisationen. Die fehlende Bereitschaft von inländischen Gruppen wie den *Revolutionären Zellen* (RZ) oder den *Autonomen*, den Avantgardeanspruch der RAF anzuerkennen, bei gleichzeitigem Unvermögen der dritten Generation, von diesem abzusehen, standen der effektiven Errichtung der nationalen Front seit ihrer Propagierung im Wege. Ungeachtet der fundamentalen Differenzen im linksterroristischen Milieu begann die dritte Generation der RAF im Rahmen ihrer »Offensive '85/'86« mit ihren menschenverachtenden Aktionen gegen führende Vertreter aus Wirtschaft und Militär:

Nach einem missglückten Anschlag auf eine NATO-Schule in Oberammergau 1984 forderte ein Attentat des »Kommandos Patrick O'Hara« das erste Todesopfer der dritten Generation: Der MTU-Manager Ernst Zimmermann wurde 1985 in Gauting bei München als Vertreter des »multinationalen Kapitals« erschossen. Die Fortsetzung des eigenen Anspruchs, für eine »bessere Welt« zu kämpfen, folgte mit dem Anschlag auf die Rhein-Main-Airbase 1985 in Frankfurt und dessen Vorbereitung. Um einen Wagen mit Sprengstoff auf dem militärischen Gelände in Position bringen zu können, brauchten die Aktivisten den Ausweis eines Soldaten. Zu diesem Zweck wurde der Marinesoldat Edward Pimental von einem weiblichen Mitglied der Kommandoebene in einen Hinterhalt gelockt und mit einem Genickschuss getötet. In der Aktion zeigte sich, dass nicht nur jeglicher theoretische Bezug zur »revolutionären Ideologie« verloren gegangen war, sondern auch auf die politische Vermittelbarkeit der Anschläge gegenüber dem eigenen Umfeld kein Wert mehr gelegt wurde. Die Inhaftierten aus der ersten RAF-Generation waren über das Vorgehen der eigenen »Enkel« befremdet und vermuteten hinter dem Bekennerschreiben des »Kommandos George Jackson« zunächst eine Fälschung: »Wir haben uns im Lübecker Knast aus dem Fenster zugerufen: ›Das ist eine Counter-Aktion.‹ Und als sich dann herausstellte, daß es keine Geheimdienstaktion war, konnten wir das erst gar nicht fassen.«[38]

Bei dem nachfolgenden Anschlag auf den Luftwaffenstützpunkt kamen zwei Menschen ums Leben. Zwar schob die RAF nach einer rechtfertigenden Erklärung sehr wohl ein Bekenntnis über einen »begangenen Fehler« nach, ungeachtet der sich fortsetzenden Kritik aus dem eigenen Umfeld setzte sie jedoch ihre »Offensive« fort. Das Jahr 1986 erinnerte dabei in Intensität und Logistik an das Jahr 1977: Mit einem Bombenanschlag wurde der Siemens-Manager Karl-Heinz Beckurts getötet, nur wenige Monate später der Diplomat Gerold von Braunmühl auf offener Straße u. a. mit jener Waffe erschossen, mit welcher bereits Hanns Martin Schleyers »klägliche und korrupte Existenz«[39] beendet worden war. Mit dem Mord an von Braunmühl hatte die RAF darüber hinaus ihre auf den »militärisch-industriellen Komplex« beschränkte Zielauswahl auf Personen aus der Politik ausgeweitet. Ein behördlicher Schutz wurde damit völlig unmöglich, konnte doch für die Unzahl der gefährdeten Personen nun nicht mehr ausreichend Personal abgestellt werden. Zwar wurden besonders exponierte Vertreter aus Wirtschaft, Politik und Militär nunmehr einem besonderen Schutzprogramm des Verfassungsschutzes unterzogen. Wie man am Beispiel des Vorstands der Deutschen Bank, Alfred Herrhausen, aber leidvoll erfahren musste, hielt auch dies die dritte Generation nicht davon ab, ihren Charakter einer »Mörderbande«[40] vollends öffentlich zu bestätigen. 1989 wurde gerade jener Spitzenvertreter der deutschen Wirtschaft, der sich besonders für eine Entschuldung der Länder der Dritten Welt eingesetzt hatte, mittels einer raffiniert gezündeten Sprengladung von denen hingerichtet, welche bar jedes Realitätsgefühls für diese Länder zu kämpfen vorgaben. Die RAF-Erklärung zu diesem Anschlag bot ein in ihrer argumentativen Stringenz lesenswertes Paradebeispiel ideologischer Immunisierung: »Herrhausens Pläne gegen die Länder im Trikont, die selbst in linksintellektuellen Kreisen als humanitäre Fortschrittskonzepte gepriesen werden, sind nichts anderes als der Versuch, die bestehenden Herrschafts- und Ausplünderungsverhältnisse längerfristig zu sichern; sie verlängern und verschärfen noch weiter die Leiden der Völker.«[41]

Das letzte Todesopfer der dritten Generation war der Vorsitzende der Deutschen Treuhandanstalt, Detlev Karsten Rohwedder. Zwei Jahre nach Herrhausen wurde er in seinem Haus in Düsseldorf durch zwei präzise Schüsse in den Rücken getötet, da er »einer jener Schreibtischtäter« gewesen sei, »die im Interesse von Macht und Profit Elend und Not von Millionen Menschen planen«.[42] Dem Attentat auf Rohwedder[43] war ein traumatisches Ereignis für die gesamte Linke in der Bundesrepublik vorausgegangen: der Zusammenbruch des real existierenden Sozialismus in Osteuropa. Für die RAF beinhaltete diese geostrategische Wende eine doppelte Tragik. Nicht nur wurde das eigene, vermeintlich marxistische Weltbild zerstört, es wurden in der ehemaligen DDR zudem zehn ehemalige Mitglieder der Kommandoebene der zweiten RAF-Generation festgenommen, die eine erhebliche Aussagebereitschaft gegenüber den Behörden an den Tag legten. So räumten die vormals in der DDR Exilierten unter anderem auch mit dem »Stammheim-Mythos« auf, dem zufolge die Mitglieder der ersten Generation durch den Staat »hingerichtet« worden seien, und erklärten, es habe in der RAF der zweiten Generation durchaus einen Plan mit Namen »Suicide Action« gegeben.[44]

Für die Mitglieder der dritten Generation mussten diese Aussagen fatale Konsequenzen haben, hatten doch viele durch ihren Protest gegen die »Stammheimer Mordnacht« einen wesentlichen Antrieb zum Eintauchen in terroristische Strukturen erhalten. Um auf diese neue Lage angemessen zu reagieren, versuchten sie zunächst einen Strategiewechsel – hin zum Kampf gegen das »faschistische Vierte Reich Bundesrepublik«, gegen das »imperialistische Großdeutschland«, das sich in einer staatsstreichartigen und gleichzeitig kolonialistischen Aktion die DDR einverleibt habe.[45]

Den kämpferischen Parolen folgten jedoch auch andere Erklärungen, die von Resignation und Larmoyanz geprägt waren. Vom militanten Frontkonzept der 1980er Jahre war nichts mehr geblieben, vielmehr versuchte man seitens der Aktivisten die eigene Isolation mittels der Anrufung einer »sozialen Gegenmacht von unten« aufzuheben. Dieses Sammelbecken für politisch Unzufriedene wie linke und fortschrittliche Kräfte in der Bundesrepublik sollte die neue Grundlage für die Umwälzung der Verhältnisse schaffen. So wurde nach dem Eingeständnis der Erfolglosigkeit des eigenen Avantgardekonzeptes die Bewegung gegen den Golfkrieg ebenso wie die Frauenbewegung angesprochen und zu nutzen versucht. Der entscheidende Unterschied zum Frontkonzept lag darin, dass sich die RAF vordergründig nicht mehr der Führerschaft verpflichtet fühlte. Die letzte Aktion der Kommandoebene gegen eine Institution des »Systems« stand daher nachgerade exemplarisch für die Anbiederung an Konzeptionen, die man einstmals arrogant von sich gewiesen hatte. Der Anschlag auf den Gefängnisneubau in Weiterstadt 1993 hatte einen so dezidiert antipersonalen Charakter – das »Kommando Katharina Hammerschmidt« warnte vor der Sprengung alle sich in dem noch nicht betriebsbereiten Gefängnis befindlichen Personen –, dass er absolut konform ging mit der sich auf Objekte konzentrierenden Strategie der *Revolutionären Zellen*.[46]

Den sich bereits seit 1989 abzeichnenden Verfall[47] vermochten die Aktivisten mit diesen Volten jedoch nicht aufzuhalten. Die Drohung der RAF am Ende der Gewaltverzichtserklärung[48] vom April 1992, in welcher sie den bewaffneten Kampf vorläufig zurückgenommen, ihr zukünftiges Verhalten aber von der Abkehr des Staates vom »Ausmerzverhältnis« gegenüber der RAF, insbesondere gegenüber den Gefangenen, abhängig gemacht hatte, konnten oder wollten sie nicht erfüllen. Auch nachdem im Juni 1993 in Bad Kleinen Birgit Hogefeld durch ein Kommando der GSG 9 festgenommen worden war und sich ihr Lebensgefährte Wolfgang Grams nach einem kurzen Feuergefecht mit den Beamten selbst getötet hatte,[49] nahmen sie entgegen ihrer Bekundung den bewaffneten Kampf nicht wieder auf. Stattdessen lieferten sich die inhaftierten »Hardliner« um Eva Haule, Brigitte Mohnhaupt, Rolf Heißler, Christian Klar und Helmut Pohl eine öffentlich ausgetragene verbale Schlammschlacht mit den in Celle inhaftierten »Freunden der Vernunft« um Karl-Heinz Dellwo, Knut Folkerts und Lutz Taufer, der in Frankfurt-Preungesheim inhaftierten Birgit Hogefeld und der Kommandoebene.[50]

Grund für die Auseinandersetzung war der Vorwurf der Hardliner an die Celle-Fraktion, sie erkauften sich in einem »Deal mit dem Staat« ihre Freiheit, während die auf der militärischen Option beharrende »Beton-Fraktion« auf unbestimmte Zeit in den Haftanstalten verbleiben müsse. Die in Celle Inhaftierten hatten eine »Gesamtlösung« für den RAF-Widerstand angestrebt und über den Rechtsanwalt Hans-Christian Ströbele Kontakt zu Mittelspersonen aus Wirtschaft und Politik (Ignatz Bubis und Edzard Reuter) aufgenommen, um über diese mit der Bundesregierung zu verhandeln. Als sich im Laufe des Jahres der damalige Bundesjustizminister Klaus Kinkel mit einer Versöhnungsinitiative nach vorn wagte und die Freilassung von ehemaligen Terroristen in Aussicht stellte, um den Aktivisten eine wesentliche Begründung für ihren gewaltsamen Protest zu nehmen, eskalierte der Streit unter den Gefangenen. Die »Hardliner« widersetzten sich der Verknüpfung von Gewaltverzicht und Gefangenenfrage und warfen den »Freunden der Vernunft« in Celle vor, dem Staat die Initiative zu überlassen und Verrat an der revolutionären Sache zu üben. Im Laufe der Auseinandersetzung sprachen sich die Parteien wechselseitig die »revolutionäre Identität« ab und bezichtigten sich des »Reformismus« ebenso wie der »Entpolitisierung«, was im linksextremistischen Spektrum für gewöhnlich große Animositäten hervorzurufen pflegte. Die Spaltung unter den Inhaftierten setzte sich bis in das Umfeld fort und konnte trotz des Versuches von Birgit Hogefeld, zu einer Klärung zu kommen, nicht mehr überbrückt werden. Der Streit zwischen den Inhaftierten untereinander und den Kommandos in Freiheit legte Zeugnis ab von der bestehenden Orientierungslosigkeit und bitterer Erkenntnis eines Teils der RAF, wie isoliert der »Kampf für eine bessere Welt«[51] geworden war. Von einer einheitlichen RAF war spätestens zu diesem Zeitpunkt nicht mehr auszugehen, in der Folge stellte sie ihre Aktionen endgültig ein. In den Jahren darauf veröffentlichte sie lediglich einige wenige langatmige Erklärungen. Am 20. April 1998 löste sich die RAF offiziell mit einer der Nachrichtenagentur Reuters zugesandten Erklärung auf.[52]

War die dritte Generation noch RAF? – Ein Generationenvergleich

Der historische Ablauf machte deutlich, dass in vielerlei Hinsicht seit den Gründerjahren signifikante Veränderungen sowohl in der Struktur als auch in der Vorgehensweise der RAF eingetreten waren. Und in der Tat unterschied sich die dritte Generation erheblich von ihren Vorgängern. Dies betraf die ideologische Ausrichtung ebenso wie ihre Strategie, aber auch den Versuch, eine »westeuropäische Front« gegen Imperialismus und Militarismus zu errichten. In der Folge werden diese Unterschiede unter den Rubriken Entideologisierung, Isolierung, Professionalisierung und Internationalisierung subsumiert.

Entideologisierung

Die ersten beiden Generationen hatten sich in ihren Bekennerschreiben stets auf ihre ideologischen Grundlagen berufen, auch wenn es sich bei dem Gedankengebäude der RAF stets um eklektizistisch rezipierte Versatzstücke unterschiedlicher Ideologien handelte und diverse Denker für sich in Anspruch nahm. Neben den »Klassikern« Marx und Engels zählten dazu auch Theoretiker aus der Dritten Welt wie der Brasilianer Carlos Marighella, Mao Tsetung oder der französische Schriftsteller Régis Debray sowie anarchistische Literatur.

Bei der dritten Generation entfielen nun alle ideologischen Vorgaben und Motive und ordneten sich einem pragmatischen, ja utilitaristischen Verständnis des bewaffneten Kampfes unter. Ihr Selbstverständnis bekundete sie in der ersten Kampfschrift seit zehn Jahren, dem so genannten »Mai-Papier« (»Guerilla, Widerstand und antiimperialistische Front«) aus dem Jahr 1984. In ihm propagierte sie den Aufbau der westeuropäischen »Front«, stellte die »totale Konfrontation mit dem System« in Aussicht und konstatierte die Loslösung von bis dahin bedeutsamen ideologischen Bezugsgrößen: »Wir können mit den Scheingefechten um den Fetisch militante Aktion oder um die Beschwörung der ›Verbindung mit den Massen‹ nichts anfangen.«[53] Stattdessen rückte nun die militärische Aktion in den Vordergrund. Die kurzfristig nicht zu erreichende Revolution wurde auf einen unbestimmten Zeitpunkt verschoben.

Auf diese Weise erreichte die RAF ein Höchstmaß an Immunisierung – nicht nur mit Blick auf gesellschaftliche Kritik, sondern auch gegenüber dem eigenen militanten Umfeld: Wer ein potentielles und in der terroristischen

Strategie sinnvolles Opfer der dritten Generation war (im Jargon des Mai-Papiers: ein Repräsentant des »militärisch-industriellen Komplexes«), lag nun im alleinigen Ermessen der im eigentlichen Wortsinne exekutierenden Kommandoebene. Insofern legte sie auf die Vermittelbarkeit der Anschläge als Bestandteil revolutionärer Strategie keinen Wert mehr. Gerade in dieser strikt avantgardistischen Haltung aber lag der Keim des Zerfalls begründet. Die starre hierarchische Ordnung der terroristischen Organisation geriet von der Kommandoebene bis zum sympathisierenden Umfeld in Auflösung. Der Gefahr eines schieren Utilitarismus war Tür und Tor geöffnet, und letztlich fand die pragmatische Orientierung der terroristischen Strategie in den Attentatsopfern der RAF seinen Niederschlag. Dass der Terrorismus der RAF sich in seiner schieren Zweck-Mittel-Relation auch kontrafaktisch gegen die langfristige revolutionäre Strategie wenden konnte, zeigte der Mord an dem US-Marinesoldaten Pimental. Ein einfacher Soldat konnte trotz zahlreicher sprachlicher Verrenkungen dem Umfeld schwerlich als plausibles Zielobjekt vermittelt werden. Vom Standpunkt der Ideologie aus hätte Pimental aus seiner Verbindung mit dem Kapitalismus herausgelöst und befreit werden müssen. Außerdem verstieß die RAF damit gegen ihre unausgesprochene Devise, mit ihren Aktionen niemals Menschen in Mitleidenschaft zu ziehen, die nichts mit den Verbrechen des Imperialismus zu tun hatten. An die Stelle der ideologischen Motivation war mit der Ermordung Pimentals allein wegen seiner Identifikationskarte ein menschenverachtender Machiavellismus getreten.[54]

Die Lossagung von ideologischen Prämissen schlug sich auch in den Bekennerschreiben nieder. Sie waren fortan leichter verständlich als die von »Politchinesisch« geprägten Ergüsse der ersten beiden Generationen: »Wir mußten zu jedem Text, jedem Bekennerschreiben der ersten Generation mehrere Mann starke Arbeitsstäbe einrichten, um sie analysieren zu können. Dagegen waren die Schriftstücke der dritten Generation die reinste Bettlektüre.«[55]

Die Entideologisierung fand aber auch in einer Entmythisierung ihren Ausdruck: Bis 1993 fanden Vertreter der These Gehör, die dritte Generation sei ein von den Behörden erfundenes Phantom, um sich unliebsamer Industrieller zu entledigen. Auch zum zehnten Jahrestag des tödlichen Attentats auf Alfred Herrhausen fand die Horrorgeschichte von der »faschistischen Bestie« Bundesrepublik Niederschlag in manchen Film- und Fernsehproduktionen.[56] Mit dem Jahr 1993, der Verhaftung von Birgit Hogefeld und der Selbsttötung von Wolfgang Grams auf dem Bahnhof von Bad Kleinen, wurde jedoch offensichtlich, dass eine dritte Generation existiert hatte.[57] Daneben zeigten sich die in der DDR untergetauchten und nach der Wende festgenommenen ehemaligen Terroristen der zweiten Generation auskunftsfreudig. Schonungslos zerstörten sie den Mythos von Stammheim, Baader, Meinhof, Raspe und Ensslin seien durch den Staat hingerichtet worden. Um die Lücke aufzufüllen, wurde in linksextremistischen Kreisen an einem neuen Mythos gestrickt: Grams sei von den Beamten der GSG 9 in Bad Kleinen hingerichtet worden. Der Abschlussbericht der Bundesregierung sowie mehrere in Auftrag gegebene wissenschaftliche Gutachten zu den Vorfällen in der mecklenburgischen Stadt vermochten jedoch auch diese Chimäre weitgehend zu zerstören.[58]

Den völligen Verlust an ideologischen Vorgaben dokumentierte die RAF mit ihrem Auflösungsschreiben. Die Erklärung wurde am 20. April, dem Geburtstag Adolf Hitlers, des Jahres 1998 den Behörden über die Nachrichtenagentur Reuters übermittelt. Horst Herold konstatierte: »An einem solchen Tag löst sich eine RAF, wie ich sie kenne, nicht auf.«[59] Für die Aktivisten spielte dieses Datum jedoch schon längst keine Rolle mehr. In der Tat war die RAF der dritten Generation nicht mehr die RAF der 1970er Jahre, und das nicht nur in ideologischer Hinsicht.

Isolierung

Dem Mord an Pimental schloss sich eine hitzige Diskussion zwischen Umfeld und Kommandoebene an. Ein grundlegendes Novum in der Geschichte der RAF war dies nicht, neu allerdings war die Schärfe der in der Öffentlichkeit ausgetragenen Meinungsverschiedenheiten. Wie schwer es dem Umfeld der RAF fiel, den Mord als »ihre« Aktion zu erfassen, zeigte die sogleich geäußerte Vermutung, der Mord an Pimental sei eine von den Behörden durchgeführte Aktion gewesen, um die Kommandos in ihrem Umfeld zu diskreditieren. Alsbald aber meldete sich die Kommandoebene selbst zu Wort: »Wir haben Edward Pimental erschossen, den Spezialisten für Flugabwehr [...], der seinen früheren Job an den Nagel gehängt hat, weil er schneller und lockerer Kohle machen wollte, weil wir seine id-Card gebraucht haben, um auf die Air-Base zu fahren.«[60] Die Sympathisantenszene reagierte auf das Bekenntnis der Kommandoebene in ungewohnter Schärfe. Der ehemalige Bundesvorsitzende des *Sozialistischen Deutschen Studentenbundes*, Karl Dietrich Wolff, machte keinen Hehl aus seiner Verachtung für den Mord an dem Soldaten: »Ich will nicht den [...] Verlust von aktuellem politischen Bezug nachzeichnen. Aber wie ihr [...] phantasiert, ist unerhört. [...] Alles wäre besser [...] als so weiterzumorden.«[61]

Offensichtlich war der Kommandoebene bewusst, dass eine für sie unheilvolle Entwicklung eingetreten war. Die zunehmende Brutalisierung beförderte ihre Anliegen nicht, sondern rückte sie allmählich ins gesellschaftliche

Abseits, und nicht nur das: Auch das eigene Umfeld begann systematische und fundierte Kritik zu üben. In einem nachgereichten Schreiben versuchten die Kommandos daher noch einmal, die Notwendigkeit der Ermordung plausibel zu machen. Der darin forcierte Zusammenhang zwischen Anschlag und »notwendigem« Opfer gibt Zeugnis von ihrer defensiven Position in dieser Diskussion – sie fielen zurück in die verquaste Sprache der ersten beiden Generationen: »Revolutionäre Strategie [...] als Eskalation des politisch-militärischen Angriffs gegen [...] alle, die in diesen Krieg verwickelt sind. [...] An der Air-Base wird das [...] sehr klar: die Soldaten dort halten Computer, Waffen für Interventionen einsatzfähig, fliegen zum Teil selbst in den [...] Nahen und Mittleren Osten.«[62]

Trotz dieses Legitimationsversuchs blieb die Spaltung zwischen der Kommandoebene und ihrem Umfeld jedoch fundamental, und das »zufällige Tod-Austeilen« (Wolff) im Falle Pimentals bildete den Präzedenzfall für die wechselseitige Entfremdung. In der Szenezeitschrift *Hau Ruck* meldeten sich noch einmal Mitglieder der Sympathisantenszene zu Wort: »es ist erbärmlich, daß die raf versucht, dem 19jährigen noch den rang eines spezialisten der flugabwehr zuzuordnen, wohl um den mord begreifbarer zu machen. warum verdammt noch mal wurde er nicht für die dauer der aktion gefangengehalten oder betäubt? denn es gibt nichts begreifbar zu machen an diesem eiskalten mord.«[63]

In der Rückschau bleibt der Mord an Pimental der Sündenfall der dritten Generation. Eine Einschätzung, die auch Birgit Hogefeld in der Distanz zu den Geschehnissen teilt: »Wenn ich heute versuche, mir eine solche Situation bildlich vorzustellen, wenn ich mir vorstelle, daß Menschen [...] einen jungen Mann erschießen, weil er Soldat der US-Armee ist, dann empfinde ich das als grauenhaft und zutiefst unmenschlich. [...] Schon allein daran wird für mich deutlich, daß vieles in unserer Geschichte als Irrweg anzusehen ist.«[64]

Einer zunehmenden Vertiefung der Spaltung zwischen der Kommandoebene und dem sympathisierenden Umfeld wurde jedoch auch durch andere Verbrechen Vorschub geleistet. So war es nicht nur die Wahl der Opfer, sondern auch die Tatausführung, welche zu vermehrter Kritik führte. Das Umfeld und die so genannten »Autonomen« verabschiedeten sich von der vor »peinlichen Avantgardearroganz« und »Selbstüberschätzung«[65] strotzenden Kommandoebene. Neben dem Pimental-Mord war es auch der Anschlag auf den Diplomaten Gerold von Braunmühl am 10. Oktober 1986, der Kritik hervorrief. Er war nicht das Opfer des zur Schau gestellten funktionalen Verständnisses von revolutionärer Strategie, sondern wurde von dem RAF-Kommando »Ingrid Schubert« völlig willkürlich ausgewählt. Er gehörte nicht zu den führenden Repräsentanten aus Wirtschaft, Politik oder Militär, sondern war eine Person aus der »zweiten Reihe«, auf welche der behördliche Schutz nicht mehr auszuweiten war. Bekenntnisse aus dem BKA bestätigen diese Annahme: »Der Name von Braunmühl war mir bei der Nachricht von seinem Tode kein Begriff.«[66] Es steht zu vermuten, dass die RAF mit diesem Anschlag durch die fortwährende Kritik aus dem Umfeld in einen hektischen Aktionismus verfallen war, um die verstimmten Sympathisanten wieder auf eine einheitliche Linie einzuschwören. Dieser Aktionismus hatte im Anschlag auf Karl-Heinz Beckurts am 9. Juli des Jahres bereits seinen Niederschlag gefunden. Die RAF hingegen begründete ihren tödlichen Anschlag mit von Braunmühls Rolle als »zentraler Figur in der Formierung westeuropäischer Politik im imperialistischen Gesamtsystem«.[67] Das Attentat auf Detlev Karsten Rohwedder liegt ebenso in einer logischen Reihe mit den besprochenen Anschlägen, was ihre spalterischen Tendenzen für das Gesamtgefüge RAF betrifft. Neben revolutionären Gesichtspunkten schienen dabei auch persönliche Animositäten ausschlaggebend gewesen zu sein. Das Attentat auf den Vorsitzenden der Treuhand wurde vom Kommando »Ulrich Wessel« ausgeführt und begründet als die Liquidierung eines »brutalen Sanierers«, der für die imperialistischen Pläne der Regierung »mit seiner Brutalität und Arroganz auch der Richtige« gewesen sein soll.[68]

Der Anschlag auf einen der »Architekten Großdeutschlands« war Ausdruck eines offenkundig stattgefundenen Strategiewechsels. Nun war nicht mehr der militärisch-industrielle Komplex allein im Fokus der Linksterroristen, sondern – und wohl auch, um das Umfeld wieder neu an sich zu binden – das vermeintliche »faschistische Vierte Reich Bundesrepublik« nach der Wiedervereinigung. Deutlich erkennbar war das händeringende Suchen nach einem neuen Bezugspunkt im Anschluss an den Zusammenbruch des Sozialismus in Osteuropa.[69] Die Tatausführung machte diese Avancen der Kommandos jedoch wieder zunichte. Zwar war der Anschlag gegen einen Spitzenrepräsentanten des Systems gerichtet, seine Ausführung durch Schüsse in den Rücken hatte jedoch mehr von einem mafiösen Femordmord denn von einer revolutionären Tat. Insofern konnte er die bereits bestehende Spaltung nicht heilen, sondern vertiefte sie vielmehr. Auch die gesamtgesellschaftliche Isolation schritt voran. Eine Entwicklung, die von wenigen Terroristen in der Retrospektive geteilt wird: »Ist es nicht [...] so, daß die Bestimmung der Schärfe unserer Angriffe [...] zwangsläufig in die gesellschaftliche Isolierung führen mußte, weil die unmittelbare Verbindung zur Lebensrealität der Menschen hier dadurch abgeschnitten war und unsere Aktionen [...] eine nicht nachvollziehbare Eskalation darstellten?«[70]

Die öffentlich ausgetragenen Debatten bewirkten einen Autoritätsverlust der Kommandos, der zu Zeiten eines Andreas Baader nicht möglich gewesen wäre. Durch die zunehmende Kritik aus dem Umfeld und die fortschreitende Immunisierung der Kommandos gegen jedwede kritische Haltung wurde der Zusammenhang zwischen Widerstand und Guerilla völlig aufgelöst. Zwischen der Kommandoebene auf der einen Seite und den Ebenen der illegalen bzw. der legalen Militanten und des sympathisierenden Umfeldes auf der anderen Seite war ein tiefer Graben aufgerissen, der nicht mehr zu überwinden war und letztlich in die Spaltung des RAF-Gefangenenkollektivs 1993 und in die Auflösung der Gesamtorganisation 1998 mündete.

Professionalisierung

Zusätzlich zu den spalterischen Tendenzen der Entideologisierung und der Isolierung trat noch ein weiteres Spezifikum der dritten RAF-Generation hinzu, das von den Aktivisten eigentlich als Schutzmechanismus gedacht war: ihre fortschreitende Professionalisierung, welche die Arbeit der ermittelnden Behörden bis heute erschwert.

Die erste und zweite Generation hatte stets Spuren hinterlassen. Gerade bei den Gründern der RAF war dies wohl auf den Fatalismus Baaders zurückzuführen: »Für ihn war es egal, ob er Spuren hinterließ. Wenn er geschnappt werden würde, war es gut, wenn nicht, dann auch. Für ihn gab es nur zwei Alternativen: Tod oder Sieg.«[71] Dieser offensive Defätismus hatte sich auf die zweite Generation übertragen. Stets konnten die Behörden damit rechnen, entweder einen Fingerabdruck etwa von Toilettensitzen oder aus dem Inneren von Kühlschränken entnehmen zu können, die Christian Klar dort ganz bewusst als »persönliches Markenzeichen« zu hinterlassen pflegte.[72]

Mit der dritten Generation endeten diese Fährten für die Beweisaufnahme: Wohl durch Zuhilfenahme von auf die Fingerkuppen aufgetragenem Flüssigpflaster vermieden die Terroristen bei ihren Anschlägen das Hinterlassen von brauchbaren Fingerabdrücken. Daneben bevorzugte die dritte Generation nun die Methode der Konspiration, sie verhielt sich in allen ihren Aktionen klandestin und versuchte, ihre jeweiligen Vorhaben unter allen Umständen unauffällig auszuführen. Im Gegensatz etwa zu Baader, der Scheicher zufolge »am liebsten mit einem auberginefarbigen Porsche entgegen einer Einbahnstraße fuhr und dabei die Knarre neben sich auf dem Sitz liegen hatte«,[73] um möglichst viel Aufmerksamkeit zu erregen, bevorzugten die Aktivisten der 1980er und 1990er Jahre Wagen der Mittelklasse und angemietete Wohnungen in einfachen Wohngegenden mit unauffälligen Legenden. Für die RAF war nun die eigene Sicherheit zum obersten Gebot geworden. Offensichtlich erstellte sie Risikoanalysen vor ihren Anschlägen, um das Ausmaß der eigenen Gefährdung zu eruieren und die Gefahr einer dauerhaften Schwächung durch Verhaftung oder Tod von Mitgliedern nahezu auszuschließen. Die genaue Kenntnis der behördlichen Rasterfahndung ermöglichte der RAF zusätzlich eine Vorgehensweise, die dieses Risiko minimierte.[74]

Hinzu kam die Perfektionierung der terroristischen Praxis bei der Vorbereitung wie bei der Durchführung terroristischer Anschläge. Bei den Attentaten auf Beckurts 1986 wie auf den damaligen Staatssekretär im Finanzministerium, Hans Tietmeyer, zwei Jahre darauf tarnten sich die Täter als Landvermesser, um den Ausführungsort möglichst unbemerkt auszukundschaften und eine etwaige langfristige Vorbereitungszeit ungestört hinter sich zu bringen. Beim Tatablauf trat das fortgeschrittene Maß an Professionalisierung deutlich zutage, vor allem bei dem Attentat auf Alfred Herrhausen. In einem logistisch wie technisch hochkomplexen Tatverlauf war der RAF der Mord an dem Vorsitzenden der Deutschen Bank gelungen, ohne dass bis heute erwiesen wäre, wer dafür verantwortlich war. Das Bombenpaket für den Anschlag war auf einem Kinderfahrrad neben der Fahrbahn deponiert und durch einen Reflektorspiegel mittels einer Lichtschranke mit der gegenüberliegenden Straßenseite verbunden worden. Art und Ausführung der Tat lassen vermuten, dass es zumindest einen Sprengstoffexperten bei der dritten Generation gegeben haben muss.[75] Die technische Perfektionierung stellte die ermittelnden Behörden vor unlösbare Aufgaben, da sich für die Spurensicherung keine verwertbaren Hinweise finden ließen.

In jedem Fall war der RAF ihre seitens der Behörden nicht angreifbare Stellung bewusst. Ihre Selbstsicherheit demonstrierte sie dadurch, dass das tödliche Attentat auf von Braunmühl und der versuchte Anschlag auf den Staatssekretär im Innenministerium Alfred Neusel am 29. Juli 1990 in unmittelbarer Nähe staatlicher Institutionen stattfanden, gleichsam um die Machtlosigkeit der Ermittler vorzuführen. Gleichwohl gab es eine Beschränkung der Wirkungsbreite der dritten Generation. So kamen etwa langwierige Entführungen wie die Hanns Martin Schleyers 1977 nicht mehr in Frage: »Für Entführungen war ein großes Maß an Manpower wie auch eine ausgefeilte Logistik vonnöten. Um Bombenattentate auszuführen, bedurfte es zwar auch einer Logistik, doch die Anzahl der beteiligten Personen konnte weitaus geringer gehalten werden.«[76]

Offensichtlich verfügte die Kommandoebene der dritten Generation weder über eine ausreichende logistische Basis noch über eine genügend große Anzahl an Mitgliedern, so dass an Stelle der Entführungen nun punktuelle Attentate mit Sprengsätzen oder durch Handfeuerwaffen traten, die die Anschläge der Vorgänger an Brutalität übertrafen. Maßnahmen dieser Art konnten sich jedoch im Bewusstsein der Öffentlichkeit nicht verankern, wie dies etwa durch die langwierige Entführung von Schleyer möglich gewesen war. Somit verkehrte sich die Wirkabsicht der vorgenommenen Professionalisierung in ihr Gegenteil, und die dritte Generation leistete damit letztlich selbst einen aktiven Beitrag zu ihrem Versinken in der Bedeutungslosigkeit.

Internationalisierung

Dieser Bedeutungslosigkeit galt es durch die Suche nach neuen Bundesgenossen im Ausland vorzubeugen, nachdem sich das Scheitern der nationalen Front frühzeitig abgezeichnet hatte. Bereits die erste Generation hatte sich in palästinensischen Lagern in Guerillataktik ausbilden lassen, zu einer dauerhaften schlagkräftigen Verbindung war es jedoch nicht gekommen.[77] Die dritte Generation versuchte hingegen eine in ihrem Mai-Papier propagierte »westeuropäische Front« aufzubauen.[78] Deutlich zutage tritt diese Tendenz an den Bekennerschreiben der dritten Generation: Jedes Kommando trug den Namen eines getöteten – meist ausländischen – Terroristen, um dem Gedanken des Internationalismus neues Gewicht zu verleihen: »Für den antiimperialistischen Kampf heißt das, dass gegen diese Einheit der imperialistischen Kräfte die Kämpfe an allen Linien parallel geführt werden müssen.«[79]

Um diesen Kampf wirkungsvoll bestreiten zu können, unterhielt sie zum Teil engen Kontakt etwa mit der *Action Directe* (AD) in Frankreich, den *Cellules Communistes Combattantes* (CCC) in Belgien wie den *Brigate Rosse* (BR) in Italien. Die ersten Gehversuche der internationalen Front waren von erschreckender Schlagkraft: Im Januar 1985 gab die RAF ein gemeinsam mit der AD verfasstes Kommuniqué mit dem Titel »Die Einheit der Revolutionäre in Westeuropa« heraus. Kurz darauf verübte die dritte Generation ihr erstes tödliches Attentat auf Ernst Zimmermann in einer zeitlich so abgestimmten Aktion mit dem Mord der AD an dem französischen General René Audran, dass von einer konzertierten Aktion ausgegangen werden musste, was sich durch das Bekennerschreiben bewahrheitete.[80] Die beiden Gruppierungen begriffen ihren Anschlag als Fanal für ihre Bereitschaft, den antiimperialistischen Kampf gemeinsam zu führen. Die Zusammenarbeit schien sich zu vertiefen, als auch der Anschlag auf die Rhein-Main-Airbase 1985 gemeinsam durchgeführt wurde. Ebenso wurde bei verschiedenen Sprengstoffanschlägen Material für Sprengsätze aus einem Überfall auf ein Munitionslager in Eccausines (Belgien) verwendet. Zu einer weiterführenden Zusammenarbeit kam es allerdings nicht, was die RAF auch bestätigte: »In vielen Flugblättern reden Genossen vom ›Zusammenschluss RAF – Action directe‹. Das vermittelt so was wie ›organisatorisch-logistisch‹ – was es nicht gibt.«[81] Am 21. Februar 1987 wurden die vier führenden Mitglieder der AD in Orléans verhaftet, und es ergab sich nach der Verhaftung durch den Fund zahlreicher Dokumente ein klares Bild vom tatsächlichen Ausmaß der Zusammenarbeit. Da sich die AD allerdings nicht mehr erholen sollte, war die Kooperation endgültig beendet.[82]

Die dritte Generation begab sich nun auf die Suche nach einem neuen Bündnispartner und versuchte, die *Roten Brigaden (Brigate Rosse)* Italiens für eine Zusammenarbeit zu gewinnen.[83] Zu mehr als einer verbal bekundeten Verbindung kam es jedoch nicht. Zwar wurde nach dem missglückten Anschlag auf Hans Tietmeyer 1988 ein gemeinsames Kommuniqué in deutscher wie italienischer Sprache hinterlegt und es kam zu Sympathiekundgebungen italienischer Terroristen für die RAF bei Gerichtsverhandlungen. Langsam aber zerrüttete die unterschiedliche Ausrichtung die beiden Organisationen so weit, dass beide letztlich zu »feindlichen Konkurrenten« wurden.[84] Die Rotbrigadisten etwa betrachteten ihren Kampf als Revolution im Konflikt am Arbeitsplatz, der einen weitaus pragmatischeren Ansatz beinhaltete als dies der abstrakt anmutende Terrorismus der RAF tat. So betrachteten die *Roten Brigaden* die deutschen Vorkämpfer als Organisation, welche ihren revolutionären ideologischen Charakter bereits lange verloren hatte. Die bestehenden Gegensätze waren jedoch nicht nur ideologischer Natur: Eigentümlicherweise vertrat die RAF gegenüber ihren italienischen Gesinnungsgenossen einen unberechtigten Führungsanspruch. Dieser Gedanke der Präponderanz war schon deshalb unangebracht, da die *Brigate Rosse* weitaus potenter und effektiver in ihren Aktionen waren. Zur vollendeten Loslösung von der RAF kam es durch deren Gewaltverzichtserklärung aus dem Jahr 1992. Die *Roten Brigaden* warfen der RAF die damit vollzogene Aufgabe revolutionärer Ziele, antiimperialistischer Gegenstrategie sowie der Bildung einer revolutionären Gegenmacht vor.[85]

Weitere Internationalisierungstendenzen schlugen fehl: So versuchten die Aktivisten der dritten Generation eine Annäherung an die spanische GRAPO ebenso wie an die griechische Bewegung *17. November*, die in ihrer strikt antiamerikanischen Ausrichtung den Interessen der RAF noch am nächsten kam. Die Zusammenarbeit mit den belgischen *Cellules Communistes Combattantes* (CCC) bewegte sich lediglich im Bereich der Logistik, beide Organisationen verwendeten partiell Sprengstoff gleicher Provenienz. Auch die CCC übten intensive Kritik an dem Gewaltverzicht der RAF 1992. Die westeuropäische Front zerschellte jedoch nicht zuletzt daran, dass die schlagkräftigsten terroristischen Organisationen sich der Anbiederung durch die RAF verwehrten. Sowohl die spanische ETA als auch die nordirische IRA lehnten das Konzept der deutschen Terroristen ab, kämpften beide doch für national-separatistische Ziele, während die bundesdeutschen Terroristen ob ihrer verschrobenen Legitimation einhellig abgelehnt wurden. Als die dritte Generation den Mord an Zimmermann durch ein »Kommando

Patrick O'Hara« ausführte, verbat sich die IRA sogar die »Schändung des Namens«.[86] Darüber hinaus versuchte die dritte Generation traditionell den Schulterschluss mit palästinensischen Befreiungsorganisationen. Unbekannt ist, wie weit diese Kontakte gingen, die Tatsache, dass mehrere untergetauchte Aktivisten der dritten Generation unter anderem im Libanon Unterschlupf fanden, lässt jedoch zumindest eine Zusammenarbeit auf der logistischen Ebene vermuten.[87]

In den 1990er Jahren versuchten die nach dem Spaltungsprozess 1993 zersplitterten Reste des Umfelds als *Antiimperialistischer Widerstand* eine Vertiefung der Kontakte zu türkischen Genossen aus der Arbeiterpartei PKK ebenso wie zur Befreiungsorganisation *Devrimci Sol*.[88] Die Verbindungen zum kurdischen Befreiungskampf wurden besonders deutlich, als Presseberichten zufolge das ehemalige Mitglied aus dem RAF-Umfeld Andrea Wolf bei der Unterstützung ihrer türkischen Genossen ums Leben kam.[89] Auch die seit jeher bestehenden Verbindungen zu den *Tupamaros* nach Südamerika sollten intensiviert werden, eine schlagkräftige Verbindung wurde damit jedoch nicht erreicht. Die Internationalisierungstendenzen nach 1990 hatten kaum mehr aufzuweisen als den Charakter der Pflege althergebrachter und gutnachbarschaftlicher Beziehungen.

Die grundlegende internationalistische Ausrichtung des Kampfes, der bereits seit der Gründung der RAF Bestand hatte, behielt die dritte Generation zumindest pro forma bei. In einer Pervertierung des Wortes war der Befreiungskampf der RAF altruistisch. Das dialektische Verhältnis von Kampf und Befreiung war für sie weiterhin gültig, die Befreiung in der Dritten Welt war von derjenigen in Europa nicht zu trennen. Insofern fand der bewaffnete Kampf der dritten Generation für die Länder im »Trikont« statt, darüber hinaus verstand sich die dritte Generation als eigenständige Guerilla im »imperialistischen Zentrum Europa«.

Fazit

Wie bereits mehrfach betont, ist die Situation heute ernüchternd, für die Behörden wie auch für die Wissenschaft. Von den Attentaten der Kommandoebene der dritten Generation mit ihren neun Todesopfern konnte nur ein einziges aufgeklärt werden: der Anschlag auf die Rhein-Main-Airbase, für welchen Eva Haule und Birgit Hogefeld verurteilt wurden. Bis 1993 konnte nur eine Verhaftung eines Mitglieds der Kommandoebene vermeldet werden; in Bad Kleinen kam der mutmaßliche Terrorist Wolfgang Grams zu Tode; Birgit Hogefeld wurde in der Unterführung des Bahnhofs der Kleinstadt Bad Kleinen festgenommen.[90] Während die behördlichen Untersuchungen ergaben, dass sich Grams durch einen Kopfschuss selbst tötete, hielten sich langwierig Gerüchte über seine tatsächlichen Todesumstände. Eine Zivilklage der Eltern vor dem Landgericht Bonn führte – trotz einer Ablehnung der Klage – zu dem Schluss, dass weder für einen Suizid noch für eine »standrechtliche Exekution« durch die GSG 9 hinreichende Beweise vorliegen. Angesichts der zahlreichen behördlichen Versäumnisse, der raschen medialen Verbreitung der Fremdtötungshypothese und der verbalen Injurien aus dem Umfeld kann der Problemkomplex Bad Kleinen wohl nicht mehr widerspruchsfrei und abschließend rekonstruiert werden.[91]

Seit der Auflösungserklärung der RAF haben sich die Ereignisse zum Teil überschlagen, ohne fundamentale neue Erkenntnisse zutage zu fördern. Nachdem sich im Jahr 1996 mit Christoph Seidler bereits ein ehemaliger vermeintlicher Aktivist gestellt hat, ohne dass ihm eine Mitgliedschaft in der RAF nachgewiesen werden konnte, lieferte sich Barbara Meyer am 10. Mai 1999 nach einer Odyssee über Nordeuropa und den Nahen Osten selbst an die Behörden aus. Das Verfahren gegen sie wurde im Dezember 2000 eingestellt, da ihre mutmaßliche Mitgliedschaft in einer terroristischen Vereinigung bereits verjährt war. Die vermutete Mittäterschaft im Zusammenhang mit dem Attentat auf Zimmermann konnte ihr nicht nachgewiesen werden. Im September 1999 schließlich kam es zu einem dramatischen Zwischenfall in der österreichischen Landeshauptstadt. Nach Hinweisen von Passanten wurde Horst Ludwig Meyer, der Ex-Ehemann von Barbara Meyer, bei einer Überprüfung infolge eines Hinweises aus der Bevölkerung erschossen, seine Begleiterin Andrea Martina Klump wurde verhaftet. Beide hatten sich bereits seit 1996 in Wien aufgehalten, wo sie eine Fälscherwerkstatt betrieben hatten, und befanden sich offensichtlich mitten in einer Tatvorbereitung. Klump bestritt, jemals in der RAF gewesen zu sein, und tatsächlich konnte ihr die Mitgliedschaft während des Gerichtsverfahrens nicht nachgewiesen werden. Meyer wie Klump waren im Besitz gefälschter Reisepässe, die auf italienische Namen ausgestellt waren. Für die Behörden ergab sich unter anderem daraus eine potentielle Verbindung zu den versprengten Resten der *Roten Brigaden* Italiens, die sich ihrerseits am 21. Mai 1999 mit einem tödlichen Attentat auf den Regierungsberater Massimo d'Antona zurückgemeldet hatten. Nicht nur die italienischen Behörden rechneten nach dem Herbst 1999 mit einer Wiederauferstehung des bewaffneten Kampfes, auch in der Bundesrepublik befürchteten Behörden und Politik die Vorboten einer neuen terroristischen Offensive: Noch im September 1999 führte ein »Kommando Horst Ludwig Meyer« einen Brandanschlag auf die österreichische Botschaft in Kopenhagen aus, wo es ein Selbstbezichtigungsschreiben hinterließ, welches mit »raf vierte generation« unterzeichnet war.[92] Die Behörden vermeldeten Ambivalentes: Zum einen wurde das RAF-Signet, der fünfzackige Stern mit der Heckler & Koch-Maschinenpistole, als authentisch bestätigt, den Hinweis auf eine Nachahmungstäterschaft beispielsweise durch sympathisierende Gruppen lieferte jedoch die Tatsache, dass die RAF sich selbst nie expressis verbis in Generationen unterteilt hatte.[93]

Bereits im Juli des Jahres 1999 hatten die Behörden eine neue Spur entdeckt: Nach einem Überfall auf einen Geldtransporter im hessischen Kassel wurde die Vermutung geäußert, der noch gesuchte mutmaßliche Aktivist der dritten Generation Ernst Volker Staub könnte für den Übergriff verantwortlich sein. Nach der Selbstgestellung von Sabine Elke Callsen[94] ist Staub neben Daniela Klette einer der drei bekannten Aktivisten der dritten RAF-Generation, die noch immer gesucht werden. Beunruhigend für das Bundeskriminalamt war die Vermutung, der Überfall auf den Geldtransporter sei kein einfaches Abgleiten der ehemaligen Protagonisten in die Schwerstkriminalität, sondern eine RAF-typische Geldbeschaffungsaktion zur Vorbereitung weiterer terroristischer Straftaten sowie zur neuerlichen logistischen Bildung einer schlagkräftigen terroristischen Organisation. Auch wenn die Behörden eigenen Angaben zufolge vorerst bezüglich eines Überfalls auf einen Geldtransport ermittelten, da über die Intentionen der Täter keine Erkenntnisse vorlägen, sprachen die Ereignisse des Jahres 2001 eine gänzlich andere Sprache. Nachdem durch das neuartige Ermittlungsverfahren der DNS-Analyse bereits eine Verbindung zwischen dem in Bad Kleinen getöteten Grams und dem Mordanschlag auf Rohwedder hergestellt werden konnte,[95] befürchtete die Bundesanwaltschaft aufgrund eines Fundes von Speichel- und Abriebspuren die Bildung einer neuerlichen terroristischen Organisation durch Staub und Klette. Angesichts der beschriebenen Isolation der dritten Generation wäre eine schiere Neubelebung des RAF-Aktivismus aber wenig mehr denn eine Totgeburt gewesen, da es dafür an Rückhalt in der linksextremistischen Szene fehlte. Eine Neuauflage wäre wohl nur dann denkbar, wenn Staub, Klette und die beiden weiteren an dem Überfall beteiligten Männer ein integratives Konzept vorzuweisen hätten, welchem die Einbindung von linksextremistischen Zirkeln wie den *Autonomen* sowie dem seit 1993 gespaltenen (ehemaligen) RAF-Umfeld gelänge.[96] Angesichts der beschriebenen Entfremdungsprozesse dürfte dies den Versuch der Quadratur des Kreises darstellen. Doch ist überhaupt unklar, ob Staub und Klette durch diesen Überfall nicht doch ihr Leben in der Illegalität finanzieren wollten und somit tatsächlich gewöhnliche Schwerstkriminelle geworden sind. Dass diese Haltung mit dem hohen Anspruch von Revolutionären unvereinbar sei, kann als Argument kaum überzeugen: Die dritte Generation hatte durch den völligen Verzicht auf ideologische Grundlagen ihrer »Politik« den Status von Revolutionären längst aufgegeben, funktionale und pragmatische Aspekte hätten mit dem Kasseler Überfall nicht zum ersten Mal in der Geschichte der RAF die transzendenten Motive selbsternannter Avantgardisten substituiert. Und auch die ersten Einschätzungen der Behörden sind nur vorsichtig zu beurteilen: Dass ein Haar Grams' am Tatort des Rohwedder-Attentats gefunden wurde, sagt nichts über dessen vermeintliche Täterschaft aus. Vielmehr ist die Tatsache bemerkenswert, dass damit erstmals ein Verbrechen der dritten Generation konkret einer steckbrieflich gesuchten Person zugeordnet werden konnte. Ohne die zusätzliche Aussagebereitschaft inhaftierter Aktivisten oder aber die Gefangennahme noch gesuchter Personen werden die Verbrechen der RAF aus den 1980er und 1990er Jahren auch weiterhin auf ihre Aufklärung warten.

Doch ist grundsätzlich die Frage zu stellen, ob mit der Auflösungserklärung der RAF auch das definitive Ende des Linksterrorismus in der BRD Einzug gehalten hat. Dass der bewaffnete Kampf der RAF nicht zu Ende sein könnte, wird auch durch die Verfasser der Auflösungserklärung bestätigt: »Die RAF ist die Antwort für die Befreiung noch nicht gewesen – vielleicht ein Aspekt von ihr. [...] Das Befreiungskonzept der Zukunft kennt viele Subjekte und eine Vielfalt von Aspekten und Inhalten [...].«[97]

In der Tat muss es als möglich angesehen werden, dass zumindest die linksterroristische Praxis durch andere Gruppen der linksextremistischen Szene weitergeführt werden könnte. Im Zentrum der Beobachtung stehen in diesem Zusammenhang die so genannten Autonomen. Obwohl sie in den 1980er Jahren zeitgleich zur RAF operiert hatten und sich zumeist in schroffer Ablehnung ihr gegenüber einig waren, versuchten Teile der autonomen Szene, im RAF-Konzept der »sozialen Gegenmacht von unten« eine neue Heimat zu finden. Heute treten die Autonomen meist in Kleingruppen auf und zeigen dann eine erhebliche Gewaltbereitschaft, besonders in der Auseinandersetzung mit der Neonazi-Szene. In ihrer Taktik, ihre Anschläge streng konspirativ aus der Legalität heraus zu planen und auszuführen, setzen sie die klandestine Strategie der dritten RAF-Generation fort. Die Annahme einer Fortsetzung des Linksterrorismus in der Bundesrepublik findet auch innerhalb des BKA Bestätigung: »Die Beweggründe für den RAF-Terrorismus sind seit der Auflösungserklärung nicht verschwunden. Der ›Imperialismus‹, wie die RAF ihn verstand, besteht weiterhin. Dazu kommen [...] Entwicklungen in der Bundesrepublik [...]: Die ›Mauer in den Köpfen‹ und Verelendungstheorien in Bezug auf die ostdeutsche Bevölkerung zum Beispiel. Ansatzpunkte gibt es genug.«[98]

In der Schlusserklärung zu ihrem Prozess untermauerte Birgit Hogefeld diese Annahme: »Reaktionen aus linksradikalen Kreisen waren häufig mit dem Vorwurf verbunden, ich würde [...] unberücksichtigt lassen, daß es die

Verhältnisse sind, die den bewaffneten Kampf notwendig gemacht haben und daß sie sich bis heute eher verschärft als verbessert hätten.«[99]

Diese Verschärfung der Verhältnisse wird etwa von den Autonomen als Vorwand genommen, den Kampf durch Anschläge auf Institutionen weiterzuführen. Dabei gelten Themenfelder mit den Reizwörtern »Atomenergie«, »Faschismus« und auch »neue Technologien« als bevorzugte Ziele der Autonomen. Besonders die Expo 2000 wurde als »Schau des Kapitalismus« zum Angriffsziel auserkoren. Nach Angaben aus dem BKA gibt es in linksextremistischen Kreisen bereits erneut militante Zirkel, welche den bewaffneten Kampf propagieren und im Gegensatz zur RAF die Basis von Anfang an einbinden wollen.[100]

Die ehemaligen Protagonisten des bewaffneten Kampfes beurteilen ihre Bedeutung heute höchst unterschiedlich. Während sich unter einigen wenigen Mitgliedern der zweiten Generation wie Christian Klar und Irmgard Möller die jahrelang praktizierte Immunisierung gegenüber dem kritischen Hinterfragen der eigenen Geschichte durchgesetzt hat, zeigen andere Beispiele wie Birgit Hogefeld, dass eine distanzierte Haltung zur eigenen terroristischen Vita durchaus möglich ist. Möller ist noch heute der Ansicht, der Kampf der RAF habe »sicher zum Sieg des vietnamesischen Volkes« gegen den US-Imperialismus beigetragen. Für die Opfer ihres Terrorismus zeigt sie wenig Verständnis: »Die wußten genau, dass sie Teil einer Militärmaschinerie waren, die Krieg führte.«[101]

Im Gegensatz zu Möller ist das Urteil Hogefelds abgewogen, nachdenklich und von kritischer Distanz gekennzeichnet. Zumindest in der Retrospektive scheint ihr die Kritik- und Sinnlosigkeit des bewaffneten Kampfes bewusst zu werden: »Wie konnte es dazu kommen, daß Menschen, die aufgestanden waren, um für eine gerechte und menschliche Welt zu kämpfen, sich so weit von ihren ursprünglichen Idealen entfernten [...]?«[102]

Tatsächlich pervertierte die dritte Generation den Anspruch ihrer Vorgänger, für eine bessere Welt zu kämpfen. Dass aus der dritten Generation eine »dritte Garnitur«[103] wurde, ist dabei aber eine ebenso unzulässige Feststellung wie verharmlosende Entkriminalisierung der ersten Generationen. Die RAF der 1980er und 1990er Jahre tauschte ihren vermeintlichen Befreiungskampf gegen die pure Bereitschaft zum Töten. Dabei übersah sie, wie sehr sie dem von ihr selbst konstruierten Feindbild entsprach: »Wir waren denen, die wir bekämpfen wollten, sehr ähnlich und sind ihnen immer ähnlicher geworden.«[104]

So entschied sich die dritte Generation zu einer allein militärischen Strategie und legte mit ihren brutalisierten Exzessen selbst den Grundstein für den Zerfall der Gesamtorganisation. Der Keim für den Niedergang der RAF aber lag in ihrer Gründung: Kein noch so nobles Argument konnte als

Legitimation für den zur Schau gestellten Aktionismus fungieren. Für die dritte Generation aber spielten nicht einmal mehr die vermeintlich hehren Motive ihrer Vorgänger eine Rolle, sondern dienten nur noch als vorgeschobenes Motiv, um den eigenen Aktionismus so lange als möglich fortsetzen zu können.

1 Siehe dazu besonders Peter Waldmann, Terrorismus. Provokation der Macht, München 1998, S. 28–39. Vgl. zum 11. September Herfried Münkler, Terrorismus als Kommunikationsstrategie. Die Botschaft des 11. September, in: *Internationale Politik*, 2001, 56. Jg., Nr. 12, S. 11–18.
2 Es scheint gleichgültig, ob es sich dabei um konkrete Fahndungsergebnisse oder nebensächliche Informationen handelt. So sorgte die Unterstützung einer Ausstellung zur Geschichte der RAF aus Steuermitteln 2004 für Aufsehen. Die Ausstellung startete im Januar 2005 in Berlin jedoch ohne größere Schwierigkeiten. Siehe dazu: Engel der Geschichte, *Süddeutsche Zeitung* vom 11./12. Dezember 2004, S. 15; Bildermaschine des Terrors, *Der Spiegel* vom 28. Juni 2003, 57. Jg., Nr. 31, S. 38.
3 Aus der Sicht von Angehörigen siehe dazu Ulrike Thimme, Eine Bombe für die RAF. Das Leben und Sterben des Johannes Thimme – von seiner Mutter erzählt, München 2004. Von der Warte ehemaliger Aktivisten vgl. Thorwald Proll/Daniel Dubbe, Wir kamen vom anderen Stern. Über 1968, Andreas Baader und ein Kaufhaus, Hamburg 2003, und Gabriele Rollnik/Daniel Dubbe, Keine Angst vor niemand. Über die Siebziger, die Bewegung 2. Juni und die RAF, Hamburg 2004. Es gibt auch Versuche, das Leben einzelner Aktivisten romanhaft zu beschreiben. Vgl. dazu Ulrike Edschmid, Frau mit Waffe. Zwei Geschichten aus terroristischen Zeiten, Frankfurt am Main 2001, Gerd Conradt, Starbuck Holger Meins. Ein Porträt als Zeitbild, Berlin 2001, und Wolfgang Brenner, Die Exekution, Frankfurt am Main 2000. Lesenswert zur Entstehung der RAF Gerd Koenen, Das rote Jahrzehnt. Unsere kleine deutsche Kulturrevolution 1967–1977, Köln 2001.
4 Hier wird die Zäsur der Auflösungserklärung genutzt, um abschließende Gesamtdarstellungen herauszubringen. Siehe dazu Klaus Pflieger, Die Rote Armee Fraktion. 14. 5. 1970 bis 20. 4. 1998, Baden-Baden 2004. Darüber hinaus aus juristischer Sicht und detailliert quellenbasiert Butz Peters, Tödlicher Irrtum. Die Geschichte der RAF, Berlin 2004. Daneben sind als weitere, wenig verlässliche Darstellungen zu nennen: Oliver Tolmein, Vom Deutschen Herbst zum 11. September. Die RAF, der Terrorismus und der Staat, Hamburg 2002; außerdem Emile Marenssin, Stadtguerilla und soziale Revolution. Über den bewaffneten Kampf und die Rote Armee Fraktion, Freiburg im Breisgau 1998.
5 Alexander Straßner, Die dritte Generation der »Roten Armee Fraktion«. Entstehung, Struktur, Funktionslogik und Zerfall einer terroristischen Organisation, Wiesbaden 2005.
6 Auf Kleidungsstücken ist mittlerweile das Konterfei des in seiner Blutlache liegenden Andreas Baader in Stammheim zu sehen. Siehe dazu: Reinhard Mohr, Die Prada-Meinhof-Bande, *Der Spiegel* vom 25. Februar 2002, 56. Jg., Nr. 9, S. 202–204.
7 In der Literatur wird diese Entwicklung als allgemeine, beobachtbare Entwicklung in zahlreichen terroristischen Organisationen beschrieben. Siehe dazu Alexander Straßner, Terrorismus und Generalisierung. Gibt es einen Lebenslauf terroristischer Gruppierungen?, in: *Zeitschrift für Politik*, 2004, Nr. 4, S. 359–382.

8 Zur Geschichte der zweiten Generation siehe Tobias Wunschik, Baader-Meinhofs Kinder. Die zweite Generation der RAF, Wiesbaden 1997.
9 Vgl. dazu Alexander Straßner, Biographisches Portrait: Birgit Hogefeld, in: Uwe Backes/Eckhard Jesse (Hg.), Jahrbuch Extremismus & Demokratie 2003, Baden-Baden 2003, S. 209–222.
10 Vgl. dazu die parallele Aufarbeitung der Lebensläufe von Grams und Alfred Herrhausen in: Andres Veiel, Black Box BRD. Alfred Herrhausen, die Deutsche Bank, die RAF und Wolfgang Grams, München/Stuttgart 2002, und Straßner, Die dritte Generation der RAF, S. 99–100.
11 Straßner, Die dritte Generation der RAF, S. 159–163. Besonders die Figur Herrhausen wird stets wieder in den Medien thematisiert. Siehe dazu die Aufarbeitung einer Brieffreundschaft zwischen Herrhausen und der Studentin Tanja Langer: Der Bankier und die Schülerin, *Süddeutsche Zeitung* vom 6. Dezember 2004.
12 Gerhard Wisnewski/Wolfgang Landgraeber/Ekkehard Sieker, Das RAF-Phantom. Wozu Staat und Wirtschaft Terroristen brauchen, München 1992. Dass Verschwörungstheorien sich im Verbund mit terroristischen Organisationen und Attentaten stets gern halten, dürfte nicht zuletzt an ihren Vermarktungsmöglichkeiten liegen. Die Klandestinität, in welcher terroristische Organisationen operieren, leistet dieser Tendenz noch zusätzlich Vorschub. Nicht von ungefähr trat das Autorentrio auch im Anschluss an die Ereignisse von Bad Kleinen 1993 daher wieder auf den Plan: Wolfgang Landgraeber/Ekkehard Sieker/Gerhard Wisnewski, Operation RAF. Was geschah wirklich in Bad Kleinen?, München 1994. Auch nach dem 11. September 2001 trat ein Teil des Autorentrios erneut als Redner auf und beschrieb die Anschläge als von der CIA mitorganisiert. Vgl. dazu: Die Verschwörung um den 11. September, *Das Parlament* vom 7. Juli 2003, 53. Jg., Nr. 28, S. 16.
13 In der Literatur zur RAF ist ab Anfang der 1990er Jahre mitunter die Existenz einer »vierten Generation« beschrieben worden. Siehe dazu Wunschik, Baader-Meinhofs Kinder, S. 404–408. Dies würde jedoch eine personell völlig neu zusammengesetzte Kommandoebene implizieren. Vielmehr ist festzuhalten, dass die RAF in den 1990er Jahren nur noch aus den versprengten Resten der dritten Generation bestand.
14 So 2001 die vorschnelle Vermutung, untergetauchte Aktivisten der dritten Generation hätten den bewaffneten Kampf wieder aufgenommen. Siehe dazu: Fragliche Wiedergeburt, *Süddeutsche Zeitung* vom 21. Mai 2001.
15 Als Beispiel mag das Engagement des nachrangigen Mitglieds der zweiten Generation, Silke Maier-Witt, im Kosovo gelten. Siehe dazu: Verhinderte Friedenstaube, *Der Spiegel* vom 27. September 1999, 53. Jg., Nr. 39, S. 48–49. Vergleichbar auch die alte und neue Diskussion über die organischen Ursachen für terroristische Individuen, exemplarisch wieder aufgelegt anhand der Untersuchung des Gehirns von Ulrike Meinhof in: Das kranke Hirn der RAF, *Süddeutsche Zeitung* vom 12. November 2002.
16 Allen bis dato erschienenen Monografien ist ihre »verfrühte« Publikation gemeinsam, da die Auflösung der RAF ja erst 1998 stattfand. Das Standardwerk zur RAF, Stefan Aust, Der Baader Meinhof Komplex, Hamburg 1997, reicht nicht über das Jahr der Schleyer-Entführung hinaus. Die in den 1990er Jahren erschienene Analyse von Butz Peters, RAF – Terrorismus in Deutschland, Stuttgart 1991, kann ebenso wenig konkretes Datenmaterial über die zweite RAF-Generation hinaus liefern. Peters liefert hier eine sachlich bereits fundierte Darstellung der Ereignisse nach 1977, auch wenn ihm ungerechtfertigterweise die Verfassung eines »überlangen Polizeiberichts« (so *Der Spiegel* vom 26. August 1991, 45. Jg., Nr. 35, S. 56) attestiert wurde. Die wissenschaftlich vergleichende Analyse von Peter Rabert, Links- und Rechtsterrorismus in

der Bundesrepublik Deutschland von 1970 bis heute, Bonn 1995, eröffnet einen kurzen und treffenden Einblick in die dritte Generation, hinsichtlich des Untersuchungsgegenstandes und -zeitraumes bleibt seine Bearbeitung aber auf Kernaspekte beschränkt. Die bereits erwähnte Dissertation von Wunschik beschränkt sich weitgehend auf die zweite Generation. Erst in der jüngeren Vergangenheit wurden synoptische Darstellungen publiziert. siehe dazu vor allem Peters, Tödlicher Irrtum, und Pflieger, Die Rote Armee Fraktion.
17 Vgl. dazu Straßner, Die dritte Generation der RAF, S. 14.
18 Thomas Meyer, Am Ende der Gewalt? Der deutsche Terrorismus – Protokoll eines Jahrzehnts, Frankfurt am Main 1980.
19 »Die Position der RAF hat sich verbessert«, *Der Spiegel* vom 8. September 1986, 40. Jg., Nr. 37, S. 38–61.
20 Erklärung vom 29. November 1996, in: ID-Verlag (Hg.), Rote Armee Fraktion. Texte und Materialien zur Geschichte der RAF, Berlin 1997, S. 502.
21 Siehe dazu die autobiografischen Schilderungen von Inge Viett, Nie war ich furchtloser, Hamburg 1999.
22 Siehe dazu Michael Müller/Andreas Kanonenberg, Die RAF-Stasi-Connection, Berlin 1992.
23 An dieser Stelle muss auf die generelle Problematik des Generationsbegriffs hingewiesen werden. Er impliziert eine folgelogische Stabübergabe der verhafteten oder inhaftierten RAF-Mitglieder ebenso wie eine klar zu verortende Zäsur zwischen den Generationen. Davon kann jedoch gerade bei der dritten Generation keine Rede sein. Tatsächlich waren nach der Verhaftung von Baader und Ensslin im Höchstfall noch Brigitte Mohnhaupt, Adelheid Schulz und Christian Klar mandatiert, den Terrorismus der Gründer weiterzutragen. Für die dritte Generation aber ist davon nicht mehr auszugehen. Siehe dazu Straßner, Die dritte Generation der RAF, S. 78–82.
24 Guerilla, Widerstand und antiimperialistische Front, in: ID-Verlag (Hg.), Rote Armee Fraktion, S. 291.
25 Siehe dazu Straßner, Die dritte Generation der RAF, S. 121–128.
26 Guerilla, Widerstand und antiimperialistische Front, in: ID-Verlag (Hg.), Rote Armee Fraktion, S. 302.
27 Der Begriff ist eine Verschmelzung aus »Triade und Kontinent« und bezeichnet die Kontinente Asien, Afrika und Lateinamerika, für welche die RAF in einem pervertiert altruistischen Gestus zu kämpfen vorgab.
28 Guerilla, Widerstand und antiimperialistische Front, in: ID-Verlag (Hg.), Rote Armee Fraktion, S. 296.
29 Zur Struktur der RAF nach 1982 siehe Hans-Ludwig Zachert, Aktuelle Probleme des Terrorismus in der Bundesrepublik, in: Terrorismus-Informationsdienst, 1991, Nr. 1, S. 1–8.
30 Klump wurde 2001 wegen des versuchten Anschlages auf den NATO-Stützpunkt im spanischen Rota zu neun Jahren Haft verurteilt. In einem Brief teilte sie dem Verfasser mit, sie sei »entgegen allen Anschuldigungen der Behörden niemals Mitglied in der RAF gewesen«. Tatsächlich konnte ihr die Mitgliedschaft im Laufe ihres Verfahrens nicht nachgewiesen werden. Verurteilt wurde sie allerdings im Jahr 2004 noch einmal, als ihr die Mittäterschaft an einem Anschlag gegen einen Bus mit jüdischen Insassen in Moskau nachgewiesen werden konnte. Siehe dazu: Plötzliche Scham, *Süddeutsche Zeitung* vom 13. August 2004, S. 6.
31 So der ehemalige Abteilungsleiter Terrorismus des BKA Meckenheim und Präsident des hessischen Landesamtes für Verfassungsschutz, Günther Scheicher, im Interview. In der Folge zitiert als: Scheicher, Interview im BKA Meckenheim am 11. Oktober 1999.

32 Bundesverfassungsschutzbericht 1986, S. 131.
33 Straßner, Die dritte Generation der RAF, S. 101f.
34 Verfassungsschutzbericht Rheinland-Pfalz 1988, S. 59.
35 Siehe dazu Egon Bauer, Hungerstreik und Mordanschlag auf Alfred Herrhausen – die RAF im Jahre 1989, in: Uwe Backes/Eckhard Jesse (Hg.), Jahrbuch Extremismus und Demokratie 1990, Bonn 1990, S. 211.
36 Verfassungsschutzbericht Baden-Württemberg 1992, S. 72.
37 Siehe dazu exemplarisch ID-Archiv (Hg.), Birgit Hogefeld. Ein ganz normales Verfahren ... Prozeßerklärungen, Briefe und Texte zur Geschichte der RAF, Berlin/Amsterdam 1996, S. 70–79.
38 So die 1994 entlassene, am längsten inhaftierte Frau in der Geschichte der Bundesrepublik, Irmgard Möller, in Oliver Tolmein, »RAF – das war für uns Befreiung«. Ein Gespräch mit Irmgard Möller über bewaffneten Kampf, Knast und die Linke, Hamburg 1999, S. 179.
39 So die RAF der zweiten Generation in ihrer Erklärung zur Ermordung von Hanns Martin Schleyer, in: ID-Verlag (Hg.), Rote Armee Fraktion, S. 273.
40 So Manfred Klink, Hat die RAF die Republik verändert? 30 Jahre Terrorismus und Terrorismusbekämpfung in Deutschland, in: BKA (Hg.), Festschrift für Horst Herold zum 75. Geburtstag, Wiesbaden 1998, S. 73.
41 Anschlag auf Alfred Herrhausen. Erklärung vom 2. Dezember 1989, in: ID-Verlag (Hg.), Rote Armee Fraktion, S. 392.
42 Anschlag auf Detlev Karsten Rohwedder. Erklärung vom 4. April 1991, in: ID-Verlag (Hg.), Rote Armee Fraktion, S. 405.
43 Die Aufklärung des Rohwedder-Mordes schien greifbar, als durch neuartige Methoden in der Kriminalistik (DNA-Analyse von telogenen, d.h. lange ausgefallenen Haaren) die Anwesenheit von Wolfgang Grams am Tatort festgestellt werden konnte. Siehe dazu: Das Geheimnis des blauen Handtuchs, *Süddeutsche Zeitung* vom 17. Mai 2001, S. 2. Faktisch aber wurde dadurch nur nachträglich seine physische Präsenz, nicht aber der Mord nachgewiesen. Siehe dazu Straßner, Die dritte Generation der RAF, S. 397.
44 Wunschik, Baader-Meinhofs Kinder, S. 320–333.
45 Zit. n. Landesverfassungsschutzbericht Hessen 1990, S. 53.
46 Zwischen RZ, der *Bewegung 2. Juni* und der RAF gab es erhebliche Differenzen über das Ausmaß und die Zweckdienlichkeit des bewaffneten Kampfes. Die ätzende Kritik der beiden anderen Organisationen an der RAF und ihren »antiquierten Vorstellungen« vom revolutionären Kampf kam daher nicht von ungefähr. Siehe dazu die Memoiren des Mitglieds der *Bewegung 2. Juni*, Till Meyer, Staatsfeind. Erinnerungen. Hamburg 1997.
47 In diesem Jahr traten Inhaftierte der RAF erstmals in einen Hungerstreik, der zur zentralen Forderung nicht mehr die Zusammenlegung in interaktionsfähige Gruppen hatte, sondern sich um diskursiven Kontakt zur Öffentlichkeit bemühte. Hier zeichneten sich erstmals öffentlich ausgetragene Divergenzen ab, die im Verlauf des Spaltungsprozesses an Konturen gewannen. Siehe dazu Straßner, Die dritte Generation der RAF, S. 172–175.
48 Im Original ist die Erklärung betitelt mit »An alle, die auf der Suche nach Wegen sind, wie menschenwürdiges Leben hier und weltweit an ganz konkreten Fragen durchgesetzt werden kann«. Abgedruckt in: ID-Verlag (Hg.), Rote Armee Fraktion, S. 410–414.
49 Um die vermeintliche Hinrichtung von Wolfgang Grams durch zwei GSG 9-Beamte rankten sich monatelange Diskussionen und abermals Verschwörungstheorien. Wäh-

rend Behörden und Politik die systematische Aufarbeitung von Fehlern vor Ort in einem Abschlussbericht zusammenfassten und sowohl organisatorisch wie strukturell weitreichende Konsequenzen trafen, igelten sich Unterstützerszene und Angehörige in Immunisierungsautomatismen ein und prangerten die Tötung von Grams durch den »faschistischen Killerstaat« an. Siehe dazu exemplarisch ID-Archiv (Hg.), Bad Kleinen und die Erschießung von Wolfgang Grams, Amsterdam/Berlin 1994. Auch wenn in einer gerichtlichen Untersuchung festgehalten wurde, dass sich die Todesumstände von Grams wohl nie mehr eindeutig rekonstruieren lassen werden, so ist die Selbstmordhypothese mittlerweile gefahrlos und ohne gerichtliche Konsequenzen konstatierbar. Siehe dazu: Schatten über Bad Kleinen, *Das Parlament*, 2003, Nr. 28, S. 24.

50 Die meist von der Presse zugeschriebenen Begriffe sind jedoch in ihrer Dichotomisierung irreführend. Dokumentiert ist die Selbstzerfleischung der (ehemaligen) Aktivisten in Edition ID-Archiv (Hg.), »wir haben mehr fragen als antworten ...«. RAF-Diskussionen 1992–1994, Berlin/Amsterdam 1995.
51 Die Formulierung findet sich häufig, nicht zuletzt in Darstellungen, welche sich der Problematik auf der Akteursebene nähern. Siehe dazu Horst Eberhard Richter, 20 Jahre mit der RAF. Anmerkungen zu einer »Prozeßerklärung« Birgit Hogefelds vor dem Frankfurter Oberlandesgericht, in: edition psychosozial (Hg.), Versuche, die Geschichte der RAF zu verstehen: das Beispiel Birgit Hogefeld, Gießen 1997, S. 59.
52 Eine kritische Diskussion der Auflösungserklärung findet sich in Straßner, Die dritte Generation der RAF, S. 256–265.
53 Nachzulesen in: ID-Verlag (Hg.), Rote Armee Fraktion, S. 297.
54 An den Pimental-Mord schloss sich eine langwierige Diskussion unter Unterstützern und Inhaftierten über die Rechtmäßigkeit seiner Tötung an. Siehe dazu stellvertretend Karl Dietrich Wolff, Alles wäre besser, als so weiterzumorden, *die tageszeitung* vom 13. September 1985.
55 Scheicher, Interview im BKA Meckenheim am 11. Oktober 1999.
56 Siehe zur medialen Inszenierung der Phantomthese Straßner, Die dritte Generation der RAF, S. 400.
57 Bemerkenswert ist außerdem, dass sich die RAF in einer ihrer Kommandoerklärungen dagegen verwahrt, als nicht existent dargestellt zu werden. Die Verfasser des Briefes deklarieren die Urheber der Hypothese als »mit Falschinformationen gefütterte« Journalisten. Siehe dazu: Erklärung vom 29. November 1996, in: ID-Verlag (Hg.), Rote Armee Fraktion, S. 503.
58 Siehe dazu zusammenfassend Straßner, Die dritte Generation der RAF, S. 204–234.
59 Zit. n. Abgang ins Ungewisse, *Der Spiegel* vom 27. April 1998, 52. Jg., Nr. 18, S. 32.
60 Zur Aktion gegen die Rhein-Main-Airbase und die Erschießung von Edward Pimental. Erklärung vom 25. August 1985, in: ID-Verlag (Hg.), Rote Armee Fraktion, S. 344.
61 Karl Dietrich Wolff, An die RAF, in: Verlag Neue Kritik (Hg.), Der blinde Fleck: die Linke, die RAF und der Staat, Frankfurt am Main 1987, S. 182–185.
62 Interview mit der RAF, September 1985, in: ID-Verlag (Hg.), Rote Armee Fraktion, S. 346.
63 Zit. n.Verfassungsschutzbericht Hessen 1985, S. 36–37.
64 So die 1993 in Bad Kleinen festgenommene Birgit Hogefeld, Vieles in unserer Geschichte ist als Irrweg anzusehen. Das Schlusswort der Angeklagten, in: edition psychosozial (Hg.), Versuche, die Geschichte der RAF zu verstehen, S. 137.
65 Die Vorwürfe des Umfelds sind entnommen aus dem Bundesverfassungsschutzbericht 1982, S. 101.

66 Scheicher, Interview im BKA Meckenheim am 11. Oktober 1999.
67 Anschlag auf Gerold von Braunmühl. Erklärung vom 10. Oktober 1986, in: ID-Verlag (Hg.), Rote Armee Fraktion, S. 376.
68 Anschlag auf Detlev Karsten Rohwedder. Erklärung vom 4. April 1991, ebenda, S. 405.
69 Siehe zur Wirkmächtigkeit der geopolitischen Ereignisse und deren Auswirkungen auf die RAF Straßner, Die dritte Generation der RAF, S. 176–180.
70 So Birgit Hogefeld, Zur Geschichte der RAF, in: edition psychosozial (Hg.), Versuche, die Geschichte der RAF zu verstehen, S. 51.
71 Scheicher, Interview am 11. Oktober 1999 in Meckenheim.
72 Siehe dazu Bruce Hoffman, Terrorismus. Der unerklärte Krieg. Neue Gefahren politischer Gewalt, Frankfurt am Main 1999, S. 240.
73 Scheicher, Interview am 8. Februar 2001 in Bonn/Bad Godesberg.
74 Straßner, Die dritte Generation der RAF, S. 291–298.
75 Dies ist ein weiterer Hinweis auf den defizitären Kenntnisstand der Behörden. Lange Zeit galt Horst Ludwig Meyer als »Sprengmeister der RAF«. Nach seiner Erschießung durch die österreichische Gendarmerie nach einem Feuergefecht 1999 in Wien stellte sich aber heraus, dass er genau wie seine Begleiterin Andrea Martina Klump nicht zur Kommandoebene der dritten Generation gehört hatte. Siehe dazu Straßner, Die dritte Generation der RAF, S. 104–105 und 326–328.
76 Interview mit dem ehemaligen Direktor des BKA Meckenheim, Dr. Manfred Klink, in der Folge zitiert als Klink, Interview am 11. Oktober 1999 in Meckenheim.
77 Siehe dazu die Schilderungen von Peter-Jürgen Boock, einem führenden Aktivisten der zweiten RAF-Generation, in: »Notfalls erschießen«, *Der Spiegel* vom 15. September 2001, 55. Jg., Nr. 38, S. 144–145.
78 Zur fortschreitenden Internationalisierung der dritten RAF-Generation siehe Hans-Josef Horchem, Der Verfall der Roten Armee Fraktion, in: *Aus Politik und Zeitgeschichte* vom 9. November 1990, B46/47, S. 52–61. In der angelsächsischen Literatur vgl. dazu Yonah Alexander/Dennis A. Pluchinsky, Europe's red terrorists. The fighting communist organizations, Portland 1992.
79 Guerilla, Widerstand und antiimperialistische Front, in: ID-Verlag (Hg.), Rote Armee Fraktion, S. 295.
80 Erschießung von Ernst Zimmermann. Erklärung vom 1. Februar 1985, in: ebenda, S. 330–331.
81 Interview mit der RAF. Aus der Flugschrift »Zusammen kämpfen«, September 1985, in: ebenda, S. 348.
82 Zur Geschichte der *Action Directe* siehe Michael York Dartnell, Action Directe. Ultra-Left Terrorism in France 1979–1987, London 1995, S. 182. Zur Zusammenarbeit zwischen RAF und AD siehe auch Edwy Plenel, Ist »Action Directe« in deutscher Hand? Ursprünge und Verbindungen des Terrorismus in Frankreich, in: *Dokumente. Zeitschrift für den deutsch-französischen Dialog und internationale Zusammenarbeit*, 1985, Nr. 2, S. 143–152.
83 Erste Versuche der Kontaktaufnahme fanden laut den Memoiren einiger *Brigate Rosse*-Mitglieder bereits Anfang der 1970er Jahre statt, gingen jedoch zu diesem Zeitpunkt nicht zuletzt aufgrund der sprachlichen Schwierigkeiten niemals über den Austausch von Waffen und Passfälschungsdokumenten hinaus. Siehe dazu Alberto Franceschini, Das Herz des Staates treffen, Mailand 1988, S. 29.
84 So der italienische Terrorist und Entführer von Aldo Moro, Valerio Morucci. Siehe dazu: »Die RAF und wir – feindliche Konkurrenten«, *Der Spiegel* vom 28. Juli 1986, 40. Jg., Nr. 31, S. 106 ff.

85 Vgl. dazu Straßner, Die dritte Generation der RAF, S. 309–315.
86 Zit. n. Terror: »Da waren Superprofis am Werk«, *Der Spiegel* vom 14. Juli 1986, 40. Jg., Nr. 29, S. 28.
87 Siehe Straßner, Die dritte Generation der RAF, S. 109–110.
88 Siehe dazu exemplarisch den Bundesverfassungsschutzbericht 1998, S. 108 ff.
89 Siehe dazu: Besonders mutige Kämpfer, *Der Spiegel* vom 9. November 1998, 52. Jg., Nr. 46, S. 94–96.
90 In zahlreichen Veröffentlichungen sprechen Inhaftierte aus der RAF ebenso wie das Umfeld von einer Ermordung Grams' durch eine exekutionsähnliche Handlung zweier GSG 9-Beamter. Der Abschlussbericht der Bundesregierung sowie zahlreiche Gutachten unabhängiger rechtsmedizinischer Institute vermochten dies glaubhaft zu widerlegen. Siehe dazu auch Holger Lösch, Bad Kleinen. Ein Medienskandal und seine Folgen, Frankfurt am Main 1994.
91 Siehe dazu die Darstellung von Butz Peters, Wer erschoß Wolfgang Grams? Das Desaster von Bad Kleinen. Der letzte Mythos der RAF, Berlin 2006.
92 Urenkel der RAF?, *Der Spiegel* vom 25. Oktober 1999, 53. Jg., Nr. 43, S. 19.
93 Straßner, Die dritte Generation der RAF, S. 328.
94 Callsen stellte sich den Behörden im März 2003, sie wurde sofort auf freien Fuß gesetzt. Siehe dazu: Angebliche RAF-Terroristin Callsen stellt sich, *Süddeutsche Zeitung* vom 8./9. März 2003.
95 Siehe dazu: Heiße Spur im Fall Rohwedder, *Süddeutsche Zeitung* vom 17. Mai 2001.
96 Siehe zur Diskussion um die Zukunftsfähigkeit der RAF Straßner, Die dritte Generation der RAF, S. 328.
97 Die Auflösungserklärung der RAF ist abgedruckt in: IG Rote Fabrik (Hg.), Zwischenberichte. Zur Diskussion über die Politik der bewaffneten und militanten Linken in der BRD, Italien und der Schweiz, Berlin 1998, S. 217–238; hier S. 233.
98 Klink, Interview am 11. Oktober 1999 in Meckenheim.
99 Birgit Hogefeld, Das Schlusswort der Angeklagten, in: edition psychosozial (Hg.), Versuche, die Geschichte der RAF zu verstehen, S. 139.
100 Klink, Interview am 11. Oktober 1999 in Meckenheim.
101 Siehe dazu das Interview mit Irmgard Möller, »Es gibt nichts zu bereuen«, *Der Spiegel* vom 21. April 1997, 51. Jg., Nr. 17, S. 74.
102 Hogefeld, Zur Geschichte der RAF, in: edition psychosozial (Hg.), Versuche, die Geschichte der RAF zu verstehen, S. 23.
103 So Wolf Biermann, Es geht nicht, wie ihr wollt, in: Die Grünen im Bundestag (Hg.), Ende der bleiernen Zeit? Versuch eines Dialogs, Bonn 1989, S. 9–16.
104 Birgit Hogefeld, Schlußwort im Prozeß, in: ID-Archiv (Hg.), Birgit Hogefeld. Ein ganz normales Verfahren, S. 161.

Christopher Daase

Die RAF und der internationale Terrorismus

Zur transnationalen Kooperation klandestiner Organisationen

Wenn man bedenkt, dass die durchschnittliche Lebensdauer linksradikaler Terrorgruppen in Europa zwei Jahre beträgt,[1] dann ist die Existenz der *Roten Armee Fraktion* (RAF) über fast drei Jahrzehnte eine Besonderheit, die erklärt werden muss. Erklärt werden muss aber auch, warum die RAF in dieser Zeit ihre Ziele nicht erreichte, sich stattdessen von ihrer politischen Programmatik entfernte und schließlich, als ihr die Zwangsläufigkeit dieser Entwicklung klar wurde, den bewaffneten Kampf aufgab. Um Antworten auf diese Fragen zu erhalten, muss der Blick über die nationalen Bedingungen des deutschen Terrorismus hinaus auf die internationalen Beziehungen gerichtet werden. Denn hier sind sowohl Erklärungen für die relative Langlebigkeit der RAF als auch Aufschlüsse über ihre relative strategische Erfolglosigkeit zu suchen.

Allerdings müssen dabei zwei gängige Vereinfachungen vermieden werden. Die erste besagt, dass die RAF eine unzeitgemäße Form des Terrorismus gewesen sei. Aufgrund ihrer hierarchischen Struktur sei es ihr nicht gelungen, transnationale Kooperationsstrukturen aufzubauen, die erfolgreiche Gruppen des »neuen Terrorismus« wie *Al-Qaida* auszeichnen.[2] Die zweite betrachtet die RAF nur als ein Epiphänomen des Kalten Krieges. Weil die Sowjetunion und ihre Verbündeten die treibende Kraft auch des deutschen Terrorismus gewesen seien, sei die RAF nach Ende des Ost-West-Konflikts obsolet geworden. Auch wenn diese Behauptungen eine gewisse Plausibilität haben, müssen die Zusammenhänge differenzierter betrachtet werden. Es lohnt sich deshalb, ihre theoretischen Grundannahmen zu hinterfragen.

Terrorgruppen verbreiten Angst und Schrecken nicht nur durch politisch motivierte Gewalttaten gegen Zivilisten,[3] sondern auch dadurch, dass sie ihre Gegner im Ungewissen über ihre Größe und Macht lassen und darüber, zu welchen Anschlägen sie in der Zukunft fähig sein werden. Der Schrecken palästinensischer Selbstmordattentäter liegt deshalb nicht allein in den aktuellen Taten, sondern auch in der Unberechenbarkeit zukünftiger Anschläge; und die Angst vor *Al-Qaida* geht über die Furcht vor konkreten Attentaten hinaus und richtet sich auf die Frage, wann sie in der Lage sein wird, Massenvernichtungswaffen einzusetzen. Terrorgruppen handeln klandestin und beziehen einen Teil ihrer Macht aus der Schattenhaftigkeit ihres Daseins.

Das Wirken im Verborgenen bietet Terrororganisationen aber nicht nur Vorteile, sondern auch spezifische Nachteile. Einerseits können militärisch weit unterlegene Akteure im Verborgenen Anschläge vorbereiten, die überraschend und mit unverhältnismäßigen Effekten den Gegner verwunden.[4] Andererseits schränkt diese Heimlichkeit die Aktionsfähigkeit von Terrorgruppen stark ein. Denn die Gefahr, entdeckt zu werden, erfordert eine drastische Reduzierung sozialer Kontakte, die strenge Durchsetzung von Gruppendisziplin und die Investition eines Großteils von Ressourcen und Energie in die Tarnung. Terrorgruppen haben die organisatorischen Probleme ihrer klandestinen Existenz auf unterschiedliche Weise und mit wechselndem Erfolg gelöst. Einige haben eine eher hierarchische Organisation entwickelt, um die zentrale Kontrolle zu stärken und die riskanten Kontakte zur Außenwelt zu minimieren. Zu diesen Gruppen gehört auch die RAF. Andere, wie die *Revolutionären Zellen* (RZ), haben eine eher dezentrale Organisationsform gewählt, um die Aktionsfähigkeit auch dann zu gewährleisten, wenn Teile ihres Netzwerkes enttarnt werden.

Die Dichotomie zwischen hierarchischer Organisation und dezentralem Netzwerk ist in den letzten Jahren zum Unterscheidungskriterium des »alten« und des »neuen« Terrorismus gemacht worden. Während der alte Terrorismus sozialrevolutionärer und ethnisch-nationaler Provenienz auf eine straffe Organisation, klare Kommandostrukturen und politische Disziplin bedacht sei, käme der neue islamisch-fundamentalistische Terrorismus ohne zentrale Führungsstruktur aus, sei nur schwach organisiert und ideologisch integrationsfähig.[5] Die nationale Zielsetzung des alten Terrorismus setze der internationalen Kooperation mit anderen Gruppen enge Grenzen. Die Zusammenarbeit beschränke sich deshalb in der Regel auf den logistischen Bereich. »Die gemeinsame Planung und Durchführung von Anschlägen bleibt hingegen eine Ausnahme. Es handelt sich eher um punktuelle, taktische Zweckbündnisse und weniger um strategische Allianzen.«[6] Nationaler und internationaler Terrorismus werden dabei als historische Vorstufen des heutigen transnationalen Terrorismus gedeutet, der aufgrund seiner grenzüberschreitenden Netzwerkstruktur eine völlig neue Qualität der Bedrohung darstelle.

Bei genauerer Betrachtung stellt man allerdings fest, dass die Dichotomie zwischen Organisation und Netzwerk nicht strikt und folglich die Unterscheidung zwischen altem und neuem Terrorismus nur graduell ist. Denn ebenso wie es im »neuen« Terrorismus der *Al-Qaida* Formen der Hierarchie gibt, gab und gibt es im »alten« Terrorismus Ansätze für eine Netzwerkstruktur, etwa bei der *Irish Republican Army* (IRA) oder den *Tamil Tigers* (LTTE) auf Sri Lanka.[7] Es ist deshalb argumentiert worden, dass gerade die organisatorische *Kombination* zentraler Kontrolle mit einer lockeren Netzwerkstruktur das Spezifikum terroristischer Gruppen sei: »Der spezielle Modus loser Kopplung schützt die Organisation davor, entdeckt zu werden, und vor den zerstörenden Auswirkungen des Verlusts einer einzelnen Einheit oder eines Führers. Der spezielle Modus der zentralen Kontrolle schützt sie vor ihrer Desintegration und vor Ineffektivität trotz beträchtlicher Autonomie ihrer Teile.«[8] Das erklärt allerdings nicht die institutionellen Unterschiede, die zwischen Terrgruppen herrschen, und es hilft auch nicht zu verstehen, wie in jüngster Zeit Terrgruppen durch die Vermeidung institutioneller Komplexität ihre Effektivität steigern können.[9] Fruchtbarer als Terrgruppen in das Spektrum zwischen Organisation und Netzwerk einzuordnen oder sie als national, international oder transnational zu typologisieren, ist deshalb, den Wandel ihrer Praktiken zu untersuchen und die damit zusammenhängenden Veränderungen ihrer Organisationsstruktur zu analysieren. Entscheidend ist dabei die Frage, wie Programmatik, Strategie und Organisation zusammenhängen und wie die Veränderung einer dieser Faktoren sich auf die anderen auswirkt.

Die zweite Vereinfachung, der es zu widerstehen gilt, ist die Auffassung, Terrorismus sei im Wesentlichen ein Phänomen, das auf staatliche Unterstützung zurückzuführen ist. Diese »Verschwörungstheorie des Terrorismus«[10] hat eine lange Tradition und spielt bis heute in der amerikanischen Terrorismusbekämpfung eine zentrale Rolle. Noch der jüngste Krieg gegen den Irak wurde 2003 mit dem – unbewiesenen[11] – Argument gerechtfertigt, Saddam Hussein unterhalte Beziehungen zu Terrgruppen und könnte Massenvernichtungswaffen an das Terrornetzwerk *Al-Qaida* weitergeben. Während des Kalten Krieges war es vor allem die Reagan-Administration, die den internationalen Terrorismus auf die staatliche Unterstützung durch die Länder des Ostblocks zurückführte. Durch die Unterstützung von Guerillabewegungen und Terrgruppen würden die Sowjetunion und ihre Verbündeten beabsichtigen, die »Freie Welt« zu destabilisieren.[12] Eindeutige Belege für diese Behauptungen blieben die Vertreter dieser Position allerdings schuldig. Als William Casey, CIA-Direktor von 1981 bis 1987, den endgültigen Nachweis erbringen wollte, dass die Sowjetunion hinter dem internationalen Terrorismus stecke, stützte er sich auf ein Buch der Journalistin Claire Sterling.[13] Erst später erfuhr er, dass dessen Inhalt weitgehend auf Informationen einer Desinformationskampagne des CIA Directorate of Operations beruhte.[14]

Der Einfluss, den Sterlings Buch auf die Wahrnehmung des internationalen Terrorismus in den 1980er Jahren und die Entwicklung der amerikanischen Antiterrorismuspolitik hatte, war groß. Denn Sterling gelang es, das diffuse internationale Terrgeschehen der 1970er Jahre und die verzweigten

Verbindungen zwischen den unterschiedlichsten Terrorgruppen auf eine einfache Formel zu reduzieren, nämlich die sowjetische Verschwörung: »Es ist kaum notwendig, diesen Punkt auszuführen. Jedes neue Beweisstück, das [...] zum Vorschein kommt, bestärkt die Anschuldigungen gegen die Sowjetunion. Das 1968 gegründete Dreieck [zwischen Kuba, den Palästinensern und der Sowjetunion, C. D.] ermöglichte es ihr [...], mit der rechten Hand eine Entspannungsdiplomatie zu praktizieren und dabei Unwissenheit vorzutäuschen, was die linke Hand tat. Schritt für Schritt verschmolz der kubanische Anziehungspunkt mit dem der Arabischen Fedayin. Der palästinensische Widerstand wurde benutzt – wissentlich oder anders – von Beirut und Damaskus bis Bagdad, Tripolis und Algier. Die Russen lieferten Waffen, Know-how, diplomatischen Schutz und strategischen Grundbesitz an die Palästinenser; die Palästinenser reichten all diese Zuwendungen weiter an den internationalen terroristischen Untergrund, der eifrig die westliche Gesellschaft an Dutzenden Stellen überall auf der Welt demontierte.«[15]

Sterling weist in ihrem Buch allerdings alle empirische Beweislast von sich und betont, dass »es niemals Teil des sowjetischen Plans war, einheimische Terrorbewegungen zu gründen und zu überwachen, und noch weniger zu versuchen, ihre täglichen Aktivitäten zu steuern. [...] Der ganze Kern des Plans war es, die anderen machen zu lassen, zum kontinentalen Terror durch Stellvertreter beizutragen.«[16]

Das Problem von Verschwörungstheorien ist nicht, dass es keine Verschwörungen gibt, sondern dass sie keine Widerlegung dulden und noch Gegenargumente als Bestätigung ihrer Richtigkeit werten. In diesem Sinne ist Sterlings Buch eine Verschwörungstheorie des internationalen Terrorismus, weil ihre politisierte Argumentation die methodische und empirische Kritik neutralisiert.[17] Das beweist allerdings nicht, dass es Beziehungen zwischen der Sowjetunion und palästinensischen Terrororganisationen und von diesen zu europäischen – linken ebenso wie rechten – Terrorgruppen *nicht* gegeben hätte. Nur muss im Detail untersucht werden, zwischen wem solche Beziehungen bestanden, welcher Art diese Beziehungen waren und wie sie sich über die Zeit veränderten. Diese Forschung steht noch ganz am Anfang.

Zur Erhellung dieser Zusammenhänge bietet sich die RAF aus mehreren Gründen an. Erstens kann man sie als eine weitgehend abgeschlossene Episode in der Geschichte der Bundesrepublik ansehen, die relativ gut dokumentiert und wissenschaftlich aufgearbeitet ist. Zweitens lässt sich die RAF, bei allen Vorbehalten,[18] in drei Generationen unterscheiden. Das erhöht die Zahl der Fälle und erlaubt einen methodisch kontrollierten Vergleich, und es gewährt Einblicke in den Wandel ihrer internationalistischen Bestrebungen. Drittens hat die RAF eine Vielzahl unterschiedlicher internationaler Kontakte unterhalten, die durchweg schwierig und nicht besonders erfolgreich waren. Die landläufige These, dass internationale Verbindungen einer Terrorgruppe stets große Vorteile bringen, muss deshalb kritisch hinterfragt werden.[19] Für die RAF scheint vielmehr zuzutreffen, dass sie zwar durch ihre internationalen Kontakte ihre Existenz relativ lange erhalten konnte, sich aber gleichzeitig spezifische Kooperationsprobleme einhandelte, die zu ihrem politischen Scheitern beitrugen.

Um diese Argumentation zu stützen, sollen drei Fragenkomplexe behandelt werden: Warum und mit wem ist die RAF Kooperationsbeziehungen eingegangen? Welcher Art waren diese Beziehungen und welche Auswirkungen hatten sie auf Strategie und Programmatik? Welche Faktoren waren für den Erfolg oder Misserfolg der Kooperationsbeziehungen verantwortlich? Mit der Beantwortung dieser Fragen erhalten wir Hinweise auf die spezifischen Kooperationsprobleme klandestiner Organisationen und gewinnen Erkenntnisse über die Internationalisierungsdynamiken in terroristischen Gruppen. Zuvor aber sollen die verschiedenen Formen internationaler Kooperation zwischen Terrororganisationen systematisch dargestellt werden.

Formen internationaler und transnationaler Kooperation von Terrororganisationen

Um die internationalen Beziehungen der RAF genau beschreiben zu können, müssen drei Unterscheidungen eingeführt werden. Die erste bezieht sich auf den *Gegenstand* der Zusammenarbeit. Sie kann die Programmatik, die Strategie oder die Organisation betreffen. Die zweite Unterscheidung bezieht sich auf die *Form* der Zusammenarbeit. Sie kann symbolisch, latent oder manifest sein. Die dritte Unterscheidung betrifft den *Akteurstyp*, mit dem eine Zusammenarbeit eingegangen wird. Hier sollen Staaten, Befreiungsbewegungen und europäische Terrorgruppen unterschieden werden.

Gegenstandsbereiche der Kooperation

Die Internationalität und Transnationalität von Terrorgruppen lässt sich zunächst anhand der drei Gegenstandsbereiche Programmatik, Strategie und Organisation differenzieren. Um die programmatische Kooperation zwischen einer Terrorgruppe und anderen Akteuren zu erfassen, müssen Schlüsseltexte und Selbstzeugnisse sowie Interviews von Gruppenmitgliedern untersucht werden. Sie geben Aufschluss darüber, in wie starkem Maße sich eine Gruppe als Teil einer internationalen Bewegung versteht und auf welche

Weise das Selbstverständnis der Gruppenmitglieder geprägt wird. Die RAF hat sich von Anfang an als Teil eines weltweiten antiimperialistischen Kampfes gesehen und diesen Anspruch in Strategiepapieren, Selbstbezichtigungsschreiben, Interviews und Aussagen vor Gericht bekräftigt. Allerdings unterlag dieser programmatische Internationalismus starken Schwankungen, die wiederum Auswirkungen auf die Strategie der RAF hatten. So blieb die ideologische Kooperation mit dem palästinensischen Widerstand in den 1970er Jahren gering und die strategische Kooperation sporadisch, während die Zusammenarbeit zwischen RAF und *Action Directe* (AD) in den 1980er Jahren auf der Ebene der Programmatik begann und in gemeinsame Aktionen mündete.

Internationalität und Transnationalität einer Terrorgruppe lassen sich also auch anhand ihrer Aktionen einschätzen. Aus der Analyse konkreter Anschläge auf ausländische Ziele im Inland (z.B. auf amerikanische Botschaften oder Firmenniederlassungen) oder auf nationale und internationale Ziele im Ausland kann sowohl auf die Strategie einer Terrorgruppe geschlossen werden als auch darauf, wie stark sie einem gemeinsamen Kampf verpflichtet ist. Bei der RAF lässt sich in dieser Hinsicht ein mehrfacher Strategiewechsel feststellen, wobei ihre Anschläge mal mehr bundesdeutschen Politikern und Wirtschaftsfunktionären, mal mehr Vertretern des amerikanischen Militärs in Deutschland galten und sich gelegentlich auch gegen Ziele im Ausland richteten. Der internationalistische Anspruch ihrer Anschläge nahm dabei in dem Maße ab, in dem der politische Zweck der Gefangenenbefreiung in den Vordergrund trat.

Schließlich kann Internationalität und Transnationalität einer Terrorgruppe auch anhand ihrer internationalen Kontakte eingeschätzt werden. Die Beziehungen zu anderen Gruppen oder Staaten geben Aufschluss über die institutionelle Verflechtung und die Organisationsstruktur einer Terrorgruppe. Auch in dieser Hinsicht lässt sich ein Wandel der RAF feststellen. In den 1970er Jahren war die Zusammenarbeit mit anderen Akteuren zunächst nur gering institutionalisiert, wurde dann intensiver und fand einen Höhepunkt in der Zusammenarbeit mit der französischen *Action Directe* und der Idee, die »Einheit der Revolutionäre in Westeuropa« herzustellen.

Formen der Kooperation

In allen drei Gegenstandsbereichen kann die Form der Kooperation unterschiedlich ausgeprägt sein: symbolisch, latent oder manifest. *Symbolisch* ist eine Kooperation, die im Wesentlichen einseitig und auf Selbstdarstellung, Selbstvergewisserung oder darauf gerichtet ist, eine imaginäre Gemeinschaft mit gleichgesinnten Gruppen zu bilden oder zu erhalten. Symbolische Kooperation ist häufig deklaratorisch, insofern sie eher in sprachlichen als in physischen Handlungen besteht. Ein Beispiel dafür sind die Solidaritätsbekundungen der RAF für die Guerillabewegungen in der Dritten Welt, in denen der internationale proletarische Klassenkampf beschworen wird. Einen Schritt weiter geht die ideologische Rechtfertigung terroristischer Gewalttaten anderer Gruppen, wie z. B. die RAF-Erklärung zu den Anschlägen des *Schwarzen September* auf israelische Sportler während der Münchner Olympiade 1972.[20] Eine weitere Form, Solidarität auszudrücken, besteht darin, im Namen anderer Gruppen zu handeln oder die eigenen Aktivitäten einem getöteten Mitglied einer anderen Gruppe zu widmen. So benannte die RAF das Kommando »Patsy O'Hara«, das 1985 den Industriellen Ernst Zimmermann ermordete, nach einem getöteten IRA-Aktivisten.[21] Der häufige Gebrauch von Namen getöteter palästinensischer Kämpfer lässt auf eine symbolische Kommunikation schließen, die zur Stärkung der internationalen Solidarität beitragen sollte. Das Entscheidende ist, dass symbolische Kooperation ohne direkte Absprachen auskommt und die imaginäre Gemeinschaft der Kämpfenden und ihre prinzipielle Kooperationsbereitschaft bereits voraussetzt.

Symbolische Kooperation geht in *latente* Kooperation über, wenn durch Koordination des Verhaltens grenzüberschreitende Zusammenarbeit entsteht. Diese Koordination kann – muss aber nicht – durch direkte Absprachen entstehen. Es ist schwer zu entscheiden, ob die Hungerstreiks der Gefangenen, die in den 1980er Jahren zunehmend europaweit koordiniert stattfanden, auf Absprachen oder stillschweigende Kooperation zurückgehen. In jedem Fall bilden sie eine latente Form der Kooperation zwischen den in Europa inhaftierten Terroristen. Latente Kooperation ist in der Regel begrenzt und findet aus pragmatischen Gründen statt, ohne weitergehende integrative Absichten zu verfolgen. Eine latente Kooperation besteht, wenn Terrorgruppen bei ihren Forderungen nach Freilassung inhaftierter Kämpfer auch Kämpfer anderer Gruppen freizupressen versuchen oder wenn über gleichgesinnte Gruppen ein Waffengeschäft abgewickelt wird. Selbst die Nutzung des Trainingslagers einer anderen Gruppe ist eine latente Kooperation, sofern keine gemeinsame Programm- und Strategieentwicklung stattfindet.

Die Grenzen zur *manifesten* Kooperation sind allerdings fließend. Dort, wo über Symbolik und pragmatische Zusammenarbeit hinausgegangen und am Aufbau einer gemeinsamen Logistik gearbeitet wird, wo Programmatik und Strategie abgestimmt und gemeinsame Aktionen und Organisationsstrukturen entwickelt werden, entsteht manifeste Kooperation. Bei der Entwicklung der Programmatik kann eine latente Kooperation schon in der wechselseitigen Übernahme von Textpassagen oder bestimmter Phrasen bestehen. Manifeste Kooperation besteht, wenn – wie zwischen RAF und *Action Directe* im Januar 1985 – gemeinsame Ziele bestimmt und Erklärungen verfasst werden. Bei der Beschaffung von Geld, Waffen und Unterkünften können einseitig die Dienste Dritter in Anspruch genommen und damit latent kooperiert, oder gemeinsame Lager angelegt und Wohnungen genutzt werden, wie es die RAF in den 1980er Jahren mit den belgischen *Kommunistischen Zellen* und der *Action Directe* tat. Schließlich können Aktionen gemeinsam geplant, aber getrennt ausgeführt werden, wie die »Landshut«-Entführung von 1977, oder von Anfang bis Ende eine gemeinsame Aktion sein, wie der Anschlag auf die Rhein-Main-Airbase 1985.

Akteure der Kooperation

Als Partner für die internationale Zusammenarbeit mit einer Terrorgruppe kommen drei unterschiedliche Akteurstypen in Frage: Staaten, nationale Befreiungsbewegungen und andere Terrorgruppen. Staaten haben den Vorteil, über vergleichsweise große Ressourcen zu verfügen und einer Terrorgruppe effektiven Schutz vor Verfolgung bieten zu können. Sie besitzen zudem ein weites Netz von Verbindungen und Unterschlüpfen in anderen Staaten, die Terroristen, die von ihnen unterstützt werden, nutzen können. Der Nachteil staatlicher Unterstützung ist, dass sich Terrorgruppen in Abhängigkeit begeben und einen Teil ihrer operativen Freiheit verlieren. Zudem ist die Kooperation nicht zuverlässig, denn Staaten können durch internationalen Druck gezwungen werden, die Unterstützung zu beenden und die zuvor Protegierten auszuliefern.

Für die RAF kamen zunächst insbesondere Staaten der Dritten Welt für eine Kooperation in Frage, die sich selbst in einem Befreiungskampf behauptet hatten, also Kuba, Vietnam und Nordkorea, aber auch arabische Staaten wie Jordanien, der Irak, Libyen, Syrien und Südjemen. Daneben spielten aus naheliegenden ideologischen Gründen auch die Sowjetunion und ihre osteuropäischen Verbündeten eine Rolle. Die entscheidende Frage dabei ist, in wie starkem Maße die RAF von Staatssponsoren finanziert oder gar gesteuert worden ist. Die Behauptung, dass der europäische Linksterrorismus im Wesentlichen von der Sowjetunion und ihren Satelliten dirigiert worden sei, ist, wie bereits erwähnt, vor allem in den USA erhoben worden.[22] In Westdeutschland war man mit dieser Behauptung – nicht zuletzt aus politischen Gründen – vorsichtiger. Hans Josef Horchem, der ehemalige Leiter des Hamburger Landesamtes für Verfassungsschutz, stellte 1988 fest: »Die Sowjetunion hat die deutschen Terrorgruppen, RAF, Bewegung 2. Juni und RZ niemals finanziert, organisatorisch betreut oder unmittelbar mit Waffen beliefert.«[23] Allerdings weist er auf eine Reihe von Indizien hin, die für eine *indirekte* Unterstützung sprechen. Ähnliches scheint für arabische Staaten wie den Irak, Südjemen, Syrien und Jordanien zu gelten, die es zuließen, dass auf ihrem Territorium Trainingslager der Palästinenser existierten, in denen auch europäische Terroristen Zuflucht fanden und militärisch ausgebildet wurden.

Die zweite Akteursgruppe, mit der die RAF Kooperationsbeziehungen einging, sind die ethnisch-nationalistischen Guerillagruppen in der Dritten Welt und in Europa. Vor allem dort, wo diese Gruppen einen marxistisch geprägten Befreiungskrieg führten, wurden sie zur Inspirationsquelle und zum politischen Bezugspunkt der RAF. Dazu gehören insbesondere die PLO und ihre Untergruppierungen, zunächst die *El Fatah*, später die PFLP von Georges Habasch, bzw. die PFLP-SC von Wadi Haddad. Denn diese Gruppen waren es, die Ende der 1960er Jahre den entscheidenden Schritt zur Internationalisierung des bewaffneten Kampfes taten, indem sie erstmals am 22. Juli 1968 ein israelisches Verkehrsflugzeug auf dem Weg von Rom nach Tel Aviv entführten. Ihre Absicht war, die Passagiere als Geiseln zu nehmen und gegen palästinensische Kämpfer, die in israelischen Gefängnissen saßen, auszutauschen. Diese und ähnliche Aktionen waren aus Sicht der Palästinenser insofern »erfolgreich«, als sie in kürzester Zeit das politische Anliegen ihres Kampfes gegen Israel in das Bewusstsein der Weltöffentlichkeit rückten. In der Folge wurde der palästinensische Terrorismus zu einem Modell für andere ethnisch-nationalistische Befreiungsbewegungen und zum Ideengeber und Unterstützer des sozialrevolutionären Terrorismus in Europa. Die Frage ist freilich, wie sehr die RAF in ihren unterschiedlichen Phasen von dieser Zusammenarbeit profitierte und wie hoch die Kosten im Sinne von politischer Abhängigkeit und strategischer Fremdbestimmung waren.

Die dritte Akteursgruppe, mit der die RAF eine internationale Kooperation anvisierte, waren linksextremistische Terrorgruppen, die in den europäischen Nachbarländern agierten, also vor allem die *Brigate Rosse* (BR) in Italien, die *Cellules Communistes Combattantes* (CCC) in Belgien und die *Action Directe* (AD) in Frankreich. Doch so sehr die politischen Anliegen dieser Gruppen sich auf den ersten Blick ähnelten, so schwierig gestaltete sich die konkrete Zusammenarbeit.[24] Erst in den 1980er Jahren kam eine engere Kooperation zwischen RAF und AD zustande, nicht unwesentlich angetrieben durch die programmatische Neuorientierung im so genannten Frontpapier der RAF vom Mai 1982, in dem die koordinierte Entwicklung einer antiimperialistischen »Front im Zentrum« verkündet wurde.[25] Die gemeinsame Erklärung von RAF und AD »Für die Einheit der Revolutionäre«[26] vom Januar 1985 war der programmatische Höhepunkt dieser Zusammenarbeit. Es fragt sich allerdings, wie weit die Kooperation mit dem europäischen Linksterrorismus in den Bereichen Programmatik, Strategie und Organisation wirklich reichte – und woran sie letztlich gescheitert ist.

Der Grad der internationalen bzw. transnationalen Kooperation scheint dabei einerseits von der ideologischen Programmatik, andererseits von den strategischen Erfordernissen abzuhängen. Die relativ geringe internationale Verflechtung der ersten RAF-Generation lässt sich auf eine gewisse ideologische Selbstgenügsamkeit und nur geringe strategische Erfordernisse zurückführen. Verstärkte Versuche der zweiten Generation, internationale Kooperationen einzugehen, können – bei eher schwindendem internationalistischen Bewusstsein – mit der strategischen Notwendigkeit erklärt werden, den politischen Druck durch die Internationalisierung des Terrors zu erhöhen. Mit der dritten Generation erleben die Anstrengungen zur Internationalisierung der RAF ihren Höhepunkt, weil sowohl programmatisch wie strategisch die Erfordernisse für eine stärkere internationale Kooperation erkannt wurden. Jedoch scheitern sie an den Kooperationsproblemen einer klandestinen Organisation, die den Widerspruch zwischen vertikaler Organisation und horizontaler Vernetzung nicht verkraftete.

Drei Phasen der Internationalisierung der RAF

Die Einteilung der Geschichte der RAF in drei Generationen ermöglicht es, die Beziehung der RAF zum internationalen Terrorismus anhand ihrer Programmatik, Strategie und Organisation zu analysieren. Dabei wird deutlich, dass die RAF zwar von Anfang an ein internationalistisches Selbstverständnis hatte, diese Programmatik jedoch in der zweiten Generation in den Hintergrund trat, bevor sie mit der dritten Generation, allerdings in abgeschwächter Form, wieder an Bedeutung zunahm. Demgegenüber war der strategische Aktionsradius der ersten Generation auf Deutschland beschränkt, die zweite Generation erweiterte das Aktionsfeld dramatisch, während die dritte Generation den Radius wieder enger zog und sich auf Deutschland und die angrenzenden Nachbarländer beschränkte. Auch im Hinblick auf die internationale Vernetzung sind deutliche Unterschiede erkennbar. Während die erste Generation zwar die Hilfe palästinensischer Gruppen in Anspruch nahm, blieb sie bezüglich einer engeren Zusammenarbeit skeptisch. Hingegen ließ sich die zweite Generation auf eine so weit reichende Kooperation ein, dass sie kaum noch Einfluss auf die eigenen Geschicke hatte. Die dritte Generation wiederum reduzierte die Kooperation mit palästinensischen Kräften und forcierte stattdessen die institutionelle Zusammenarbeit mit linken Terrorgruppen in Europa. Freilich konnte diese Umorientierung den Zerfallsprozess der RAF nicht aufhalten.

Die erste Generation der RAF

Als erste Generation der RAF bezeichnet man gemeinhin die Gruppe von deutschen Terroristen, die sich seit Anfang 1970 um die zentralen Figuren Andreas Baader, Gudrun Ensslin und Ulrike Meinhof bildete und bis Ende 1974 nicht nur zahlreiche Banküberfälle, sondern auch Bombenanschläge auf amerikanische Militäreinrichtungen, deutsche Sicherheitsbehörden und ihre Vertreter sowie Medienunternehmen mit einer Gesamtbilanz von vier Toten und 41 Verletzten verübten. Der Beginn der *Roten Armee Fraktion* – der Begriff erscheint erstmals 1971 in dem von Ulrike Meinhof verfassten Text »Das Konzept Stadtguerilla«[27] – wird entweder auf die gewaltsame Befreiung Andreas Baaders am 14. Mai 1970 während eines vorgeschützten Bibliotheksbesuchs oder auch die Rückkehr der Gruppe aus Jordanien im August des gleichen Jahres datiert, wohin sich Baader und seine Befreier abgesetzt hatten, um dem Fahndungsdruck in Deutschland zu entgehen und sich einer militärischen Ausbildung zu unterziehen. Baader war im April 1970 in Berlin verhaftet worden, nachdem er mit Gudrun Ensslin aus Paris zurückgekehrt war, wo sich beide zwischenzeitlich versteckt gehalten hatten, um einer Gefängnisstrafe wegen der Brandstiftung in zwei Frankfurter Kaufhäusern im April 1968 zu entgehen.[28] Nach ihrer Rückkehr aus Jordanien überfiel die Gruppe zunächst mehrere Banken und brach in ein Rathaus ein, um sich Geld und Blankopapiere zu beschaffen. Im Mai 1972 begann die so genannte Mai-Offensive mit einem Bombenanschlag auf das Hauptquartier der US-Armee in Frankfurt am Main (11. Mai 1972), bei dem ein Soldat getötet und 13 Personen zum Teil schwer verletzt wurden. Es folgten in kurzen Abständen Bombenanschläge auf die Polizeidirektion Augsburg und das Landeskriminalamt München (12. Mai 1972), den Wagen eines Bundesrichters (15. Mai 1972), das Axel-Springer-Gebäude in Hamburg (19. Mai 1972) und das Hauptquartier der US-Streitkräfte in Europa in Heidelberg (24. Mai 1972). Die daraufhin ausgelöste Großfahndung führte innerhalb eines Monats zur Festnahme des größten Teils der RAF.[29] Vom Gefängnis aus setzten die Inhaftierten ihren Kampf fort, agitierten gegen den Staat und protestierten mit Hungerstreiks gegen die Haftbedingungen, die sie als »Isolationsfolter« bezeichneten. Während des dritten Hungerstreiks (27. September 1974 bis 2. Februar 1975) starb am 9. November 1974 Holger Meins. Einen Tag später wurde Berlins oberster Richter Günter von Drenkmann erschossen – wenn auch nicht von Angehörigen der RAF, sondern der *Bewegung 2. Juni.*

Mit der Verhaftung des harten Kerns der RAF im Juni 1972 und einer zweiten Verhaftungswelle im Februar 1974[30] verschob sich die Programmatik der Gruppe zugunsten des Zieles, die Haftbedingungen der Gefangenen zu verbessern bzw. ihre Freilassung zu erzwingen. Dadurch änderte sich auch die Strategie der RAF. Trotz einiger personeller Kontinuitäten kann man deshalb ab Anfang 1975 von einer zweiten Generation sprechen.

Programmatik: Stadtguerilla zwischen Fraktion und Avantgarde

Die erste Generation der RAF besaß eine ausgeprägte internationalistische Programmatik, die sie jedoch radikal relokalisierte. Sie verstand sich zugleich als *Fraktion*, d.h. als Teil eines weltweiten Aufstandes gegen Imperialismus und Kapitalismus, und als *Avantgarde*, nämlich eine Gruppe, die durch entschlossenes Handeln an einem konkreten Ort eine Revolution zu entfachen vermochte. In der Schrift »Über den bewaffneten Kampf in Westeuropa« vom Mai 1971 hieß es programmatisch: »Avantgarde ist danach nicht die Gruppe, die sich so nennt oder sich selbst so interpretiert, sondern diejenige, an deren Verhalten und Aktionen sich die revolutionären Massen orientieren. Die Führung im revolutionären Prozeß durch eine Avantgarde ist ein wesentliches revolutionäres Moment.«[31] Mit dieser Idee stellt sich die RAF in die Tradition lateinamerikanischer Guerillabewegungen: »Das Konzept Stadtguerilla stammt aus Lateinamerika. Es ist dort, was es auch hier nur sein kann: die revolutionäre Interventionsmethode von insgesamt schwachen revolutionären Kräften.«[32]

An diesen Formulierungen wird deutlich, dass die RAF im Grunde selbst das Produkt eines Internationalisierungsprozesses ist, nämlich der Verbreitung der Idee revolutionärer Kriegführung, die mit den Namen Fidel Castro, Che Guevara, Régis Debray und Carlos Marighella verbunden war.[33] Um den Reiz dieser spezifischen Ideologie für die späteren Mitglieder der *Rote Armee Fraktion* verständlich zu machen, muss kurz auf die komplexe Vorgeschichte der RAF eingegangen werden. Den Hintergrund für die Entstehung der RAF bildeten die Studentenbewegung und Debatten innerhalb des *Sozialistischen Deutschen Studentenbundes* (SDS). Der SDS war bis 1961 die Jugendorganisation der SPD. Als sich die Sozialdemokraten im Rahmen ihres Godesberger Programms politisch neu ausrichteten und die Mitgliedschaft in SPD und SDS als unvereinbar erklärten, wurde der SDS zum Sammelbecken der linken Außerparlamentarischen Opposition (APO).[34] Dabei war es vor allem der Vietnamkrieg, der zu einer Radikalisierung der Studentenschaft und zu zunehmend gewalttätigen Demonstrationen führte, wie z.B. gegen den US-amerikanischen Vizepräsidenten Hubert H. Humphrey, der im April 1967 West-Berlin besuchte. Gleichzeitig fand eine breite Solidarisierung mit den Freiheitsbewegungen in der Dritten Welt statt. Aufmerksam wurden die Debatten auf der Konferenz der Trikontinentale in Havanna 1966 registriert, auf der die kommunistischen Regime der Welt sich auf eine Strategie zur Unterstützung marxistischer Freiheitsbewegungen zu einigen versuchten. Noch im gleichen Jahr übersetzten Rudi Dutschke und Gaston Salvatore die Botschaft von Ernesto Che Guevara an die Trikontinentale, die in der Aufforderung gipfelte, »zwei, drei, viele Vietnam« zu schaffen.[35] In ihrer Einführung zogen Dutschke und Salvatore die Konsequenzen, die sich ihrer Meinung nach aus diesem Aufruf für die deutsche Studentenbewegung ergab: »Der Beitrag der Revolutionäre aus den Metropolen [...] ist doppelter Natur: und zwar die Mitarbeit an der Herstellung der ›Globalisierung der revolutionären Opposition‹ (H. Marcuse) durch direkte Teilnahme am aktuellen Kampf in der dritten Welt, durch Herstellung der internationalen Vermittlung, die nicht den Parteibürokraten überlassen werden darf, und durch die Entwicklung spezifischer Kampfformen, die dem in den Metropolen erreichten Stand der geschichtlichen Entwicklung entsprechen.«[36] Welche Form des Kampfes der geschichtlichen Entwicklung in Deutschland genau entsprach, ließen die Autoren freilich offen. Auf dem Internationalen Vietnam-Kongreß, den der SDS im Februar 1968 in West-Berlin organisierte, wurde die »Gewaltfrage« kontrovers diskutiert und in der Schlusserklärung folgendermaßen resümiert: »In dieser Situation muß die Oppositionsbewegung in den kapitalistischen Ländern ihren Kampf auf eine neue Stufe heben, ihre Aktionen ausweiten, verschärfen und konkretisieren. Die Oppositionsbewegung steht vor dem Übergang vom Protest zum politischen Widerstand.«[37] Die durch diese Debatte verschärfte Krise des SDS erreichte ihren Höhepunkt, als am 11. April 1968 Rudi Dutschke auf offener Straße angeschossen und lebensgefährlich verletzt wurde. Die danach einsetzende Desintegration des SDS und die Zersplitterung der Studentenbewegung erzeugten eine Vielzahl linker und linksextremer Gruppen, die ihre Ziele auf die unterschiedlichsten Weisen verfolgten.[38] Die Gruppe, die die Aufforderung, den Befreiungskampf in der Dritten Welt mit »spezifischen Kampfformen [...] in den Metropolen« zu unterstützen, am radikalsten umsetzte, war die RAF.

Allerdings konnte dabei nicht einfach die Guerillatheorie von Che Guevara übernommen, sondern musste den Bedingungen der »Metropole« angepasst werden. Die Focustheorie, von der Guevara irrtümlich behauptete, sie fasse die Erfahrungen des kubanischen Freiheitskampfes zusammen,[39] besagte nämlich Folgendes: »1. Die Kräfte eines Volkes können einen Krieg gegen eine reguläre Armee gewinnen. 2. Nicht immer muß man warten, bis alle Bedingungen für eine Revolution gegeben sind, der aufständische Fokus kann solche Bedingungen selbst schaffen. 3. Im unterentwickelten Amerika müssen Schauplatz des bewaffneten Kampfes grundsätzlich die ländlichen Gebiete sein.«[40] Als Focus bezeichnete Guevara eine kleine Gruppe professioneller Revolutionäre, die durch bewaffnete Aktionen den revolutionären Funken auf die Bauernschaft überspringen lässt. Diese Theorie wurde von Guevara selbst in der so genannten »Zweiten Havanna-Deklaration« 1962 und später von Régis Debray,[41] einem französischen Intellektuellen und engen Vertrauten Fidel Castros, 1965 überarbeitet. Dabei wurde die Focustheorie allerdings eher den strategischen Interessen Kubas als den Erfahrungen lateinamerikanischer Freiheitsbewegungen angepasst. Interessant ist nämlich, dass die Sowjetunion sich immer wieder kritisch gegenüber der Theorie des *guerrillismo* geäußert hatte und stattdessen den Aufbau kommunistischer Parteistrukturen in den lateinamerikanischen Staaten befürwortete. Che Guevaras Focustheorie hielt Moskau für revolutionäres Abenteurertum. Doch Guevara und Debray hielten – mit Unterstützung Castros – an der Idee eines aktiven Revolutionsexports nach Lateinamerika fest und lehnten den Aufbau traditioneller Parteikader ab.[42] Auf der bereits erwähnten Konferenz der Trikontinentale 1966 akzentuierte Fidel Castro den politischen Gegensatz zwischen Kuba und der Sowjetunion, indem er zur ideologischen Begründung Mao Tse-tung zitierte und sich zumindest verbal auf die Seite der Volksrepublik China stellte.[43] Erst als Che Guevara mit seinem Plan scheiterte, in Bolivien einen revolutionären Brückenkopf zu errichten, und 1968 umgebracht wurde, musste die Focustheorie auf den Prüfstand.[44] Dabei wurde allerdings nicht die Idee in Frage gestellt, dass eine bewaffnete Avantgarde das revolutionäre Bewusstsein der Massen wecken könne. Lediglich die Betonung des ländlichen Raumes wurde revidiert und durch die Forderung ersetzt, die revolutionären Aktionen in die städtischen Zentren zu tragen. Während Carlos Marighella dieses Konzept in Brasilien theoretisch ausarbeitete,[45] setzten es die *Tupamaros* in Uruguay praktisch um.

Strategie: Revolutionäre Praxis in der Metropole
Mit dem »Konzept Stadtguerilla« stellte sich die RAF in die Tradition des lateinamerikanischen *guerrillismo* und zog für sich die Konsequenzen aus dem Scheitern der Studentenbewegung: »Die Studentenbewegung zerfiel, als ihre spezifisch studentischkleinbürgerliche Organisationsform, das ›Antiautoritäre Lager‹ sich als ungeeignet erwies, eine ihren Zielen angemessene Praxis zu entwickeln […]. Die Rote Armee Fraktion leugnet im Unterschied zu den proletarischen Organisationen der Neuen Linken ihre Vorgeschichte als Geschichte der Studentenbewegung nicht, die den Marxismus-Leninismus als Waffe im Klassenkampf rekonstruiert und den internationalen Kontext für den revolutionären Kampf in den Metropolen hergestellt hat.«[46] Trotz der Betonung des Marxismus-Leninismus ist die Nähe zum Castrismus und Maoismus unverkennbar. Das »Konzept Stadtguerilla« ist mit Mao-Zitaten gespickt; Che Guevara und Régis Debray werden zustimmend zitiert. Damit

übernimmt die erste Generation der RAF die Kritik am orthodoxen Kommunismus sowjetischen Stils. Für sie bestand die Welt zwar aus zwei Blöcken, aber nicht aus Ost und West, sondern aus Imperialismus und Dritter Welt. In den frühen Verlautbarungen der RAF kommt deswegen die Sowjetunion kaum vor. Im »Konzept Stadtguerilla« findet sich sogar eine vage Kritik am »Ausgleich und Bündnis zwischen US-Imperialismus und Sowjetunion«.[47] Später, 1976 aus dem Gefängnis, äußern sich Baader, Ensslin, Meinhof und Raspe dezidiert kritisch über den »Rückzug [der Sowjetunion, C. D.] von der Führung des internationalen Klassenkampfes und ihre Ersetzung durch die Außenpolitik der ›friedlichen Koexistenz‹ und die Instrumentalisierung der kommunistischen Parteien für diese Politik«.[48]

Für die erste Generation der RAF waren also nicht die Sowjetunion und der orthodoxe Kommunismus, sondern Kuba und der Castrismus die ideologischen Bezugspunkte. Damit wurde der eigene Kampf in den Zusammenhang weltweiter Befreiungskämpfe gestellt. In der bereits zitierten »Erklärung zur Sache« stellen die Gefangenen von Stammheim 1976 rückblickend den Zusammenhang zwischen ihren Anschlägen in Deutschland und den nationalen Befreiungskämpfen in der Dritten Welt explizit her: »Dazu kommt die unmittelbar logische Funktion der BRD – es waren die US-Stützpunkte, die als Schaltstelle für Truppentransporte nach und von Vietnam und für Waffenlieferungen fungierten, aus deren Arsenalen im Oktober '73 Israel mit Waffen versorgt wurde und weiter versorgt wird. Es sind die US-Depots und die der Bundeswehr, mit denen die Konterrevolution gegen die arabischen und afrikanischen Völker ausgerüstet wird, und es sind die elektronischen Kommandozentralen hier, von denen aus die Kriegsmaschinerie im südlichen Afrika und im Mittleren Osten gesteuert wird. Aus der logischen Bedeutung der Waffen- und Ausrüstungsarsenale in den Metropolen zur Sicherung kontinuierlichen Nachschubs und vor allem aus der strategischen Bedeutung, die ungehinderten Kommunikationsfluß zwischen den Regelungs- und Steuerungszentralen und den Einsatzorten für die imperialistische Kriegsmaschinerie zukommt, ist eine militärtaktische Funktion der Guerilla in der Metropole für den Befreiungskampf der Völker der Dritten Welt bestimmt: die Notwendigkeit des Angriffs.«[49]

Man mag dies als Rhetorik abtun oder als Selbstbeschreibung ernst nehmen. Tatsache ist, dass der deklaratorische Internationalismus für das, was die RAF »revolutionäre Praxis« nennt, radikal relokalisiert wird. Folglich stellte die RAF ihre frühen Anschläge konsequent in den Zusammenhang eines globalen Guerilakampfes; so heißt es in der Erklärung zum Anschlag auf das Hauptquartier der US-Armee in Frankfurt, die USA müssten nun »wissen, daß ihre Verbrechen am vietnamesischen Volk ihnen neue erbitterte Feinde geschaffen haben, [und] daß es für sie keinen Platz mehr geben wird in der

Welt, an dem sie vor den Angriffen revolutionärer Guerilla-Einheiten sicher sein können«.[50] Dass allerdings auch die Anschläge von Augsburg und München, das Attentat auf den BGH-Richter Buddenberg und der Sprengstoffanschlag auf das Springer-Hochhaus Guerilla-Aktionen waren, ließ sich schon weniger leicht vermitteln. Ob allerdings der Anschlag auf das amerikanische Militär in Heidelberg danach nur aus pragmatischen Gründen verübt wurde, nämlich um die Sympathisanten, die die Anschläge auf nationale Ziele verurteilt hatten, zu beschwichtigen,[51] ist eher spekulativ. Dennoch zeigt sich schon in dieser frühen Phase der RAF, dass es ein Problem war, die internationalistische Programmatik strategisch konsequent umzusetzen.

Ein ähnliches Problem bei der Einhaltung eigener Standards stellte sich hinsichtlich der Frage, ob Gewalt gegen die Bevölkerung ein legitimes Mittel der Stadtguerilla sein könne. In der Schrift »Über den bewaffneten Kampf in Westeuropa« nimmt die RAF 1971 zum Aspekt des Terrors deutlich Stellung: »Dieser richtet sich selbstverständlich nicht gegen das Volk, gegen die Massen, auch nicht gegen solche Schichten, die nach ihren Lebensbedingungen und ihrer Klassenlage dem Proletariat zwar nahe stehen, sich aber nicht zur Teilnahme an der revolutionären Bewegung entschließen können. Der revolutionäre Terror richtet sich ausschließlich gegen Exponenten des Ausbeutungssystems und gegen Funktionäre des Unterdrückungsapparates, gegen die zivilen und militärischen Führer und Hauptleute der Konterrevolution.«[52] Dies entspricht der landläufigen Unterscheidung zwischen Guerilla, die sich gegen militärische Ziele richtet, und Terrorismus, die die Zivilbevölkerung angreift.[53] Folglich versuchte die erste Generation der RAF zu argumentieren, dass die Ziele ihrer Anschläge staatliche Institutionen oder internationale Organisationen seien und Zivilisten nur als Funktionsträger angegriffen oder aber unbeabsichtigt zu Schaden kämen. Allerdings ist die stark personalisierte Erklärung zum Anschlag auf den Richter Buddenberg ein Hinweis darauf, dass in dem Maße, in dem es um die Unterstützung inhaftierter Mitkämpfer ging, auch die Anschläge personenbezogener wurden und die Illusion, eine kriegsrechtskonforme Guerillastrategie umsetzen zu können, nicht lange würde aufrechterhalten werden können.

Die Anschläge der Palästinenserorganisation *Schwarzer September* auf israelische Sportler während der Münchner Olympiade 1972 waren deshalb eine doppelte Herausforderung für die erste Generation der RAF. Sie musste sich zu einem direkten Angriff auf Zivilisten äußern, die zwar Vertreter, keineswegs aber Funktionsträger ihres Staates waren, und sie musste ihr Verhältnis zu einer Gruppe klären, die eindeutig eine Strategie verfolgte, die die RAF bisher abgelehnt hatte. Die inzwischen in Stammheim einsitzenden Mitglieder taten dies in einem umfangreichen Papier »Zur Strategie des antiimperialistischen Kampfes« im November 1972, in dem sie durch eine gewundene Argumentation die Anschläge als »antiimperialistisch« und »antifaschistisch« rechtfertigten: »Die Strategie des ›Schwarzen September‹ ist die revolutionäre Strategie des antiimperialistischen Kampfes in der Dritten Welt und in den Metropolen unter den Bedingungen des entfalteten Imperialismus der multinationalen Konzerne.«[54] Vor allem rechnete aber die RAF in diesem Papier mit den linken Kritikern ihrer eigenen Aktionen in Deutschland ab und rechtfertigte den »antiimperialistischen Krieg«, der »sich der Waffen des Systems im Kampf gegen das System« bediene.[55] Dies ist auch die Verbindung zu den Ereignissen von München, insofern den Palästinensern zugute gehalten wird, dass sie nur Gleiches mit Gleichem vergalten: »An der Aktion des Schwarzen September in München gibt es nichts mißzuverstehen. Sie haben Geiseln genommen von einem Volk, das ihnen gegenüber Ausrottungspolitik betreibt. Sie haben ihr Leben eingesetzt, um ihre Genossen zu befreien. Sie wollten nicht töten.«[56] Wie stark die RAF hier bereits ihre eigene Strategie revidierte oder nur im Sinne symbolischer Kooperation die Strategie der Palästinenser rechtfertigte, ist schwer zu sagen.[57] Jedenfalls wurde der Wille deutlich, zumindest deklaratorisch die Reihen des »antiimperialistischen Kampfes« zu schließen.

Organisation: Autonomie und die Suche nach Partnern
Dass die RAF – neben einer Sympathie für die Sache der Palästinenser – auch eine *Verpflichtung* verspürte, die Anschläge des *Schwarzen September* zu rechtfertigen, liegt auf der Hand. In den frühen 1970er Jahren, selbst von Palästinenserorganisationen unterstützt, war sie eine, wenn auch lockere, Kooperationsbeziehung mit Teilen der PLO, insbesondere der *El Fatah*, eingegangen. Als diese sich ab 1973 unter dem Einfluss Jasir Arafats vom Terrorismus abwandte, um eine Verhandlungslösung mit Israel anzustreben, wandte sich die RAF stärker den radikaleren Fraktionen des palästinensischen Widerstands in der so genannten »Ablehnungsfront« zu, zunächst der *Popular Front for the Liberation of Palestine* (PFLP) von Georges Habasch, später der *Popular Front for the Liberation of Palestine – Special Command* (PFLP-SC)[58] von Wadi Haddad. Die Gruppe *Schwarzer September* war 1970 von der *Fatah* gegründet worden, um den Forderungen militanter Mitglieder entgegenzukommen und die Vertreibung der PLO aus Jordanien – von den Palästinensern als »Schwarzer September« bezeichnet – zu rächen.[59] Bis zu ihrer Auflösung 1973 war die Gruppe *Schwarzer September* offenbar ein Kooperationsbündnis zwischen *Fatah* und PFLP, um – entgegen ihrer eigenen Guerillatradition der *Fedayin* – Terroranschläge zu verüben. Die genauen institutionellen Beziehungen zwischen *Fatah*, PFLP und *Schwarzer September* sind bis heute allerdings ebenso umstritten wie die Frage, ob die PFLP-SC eine eigene Fraktion war oder nur eine Unterabteilung der PFLP.[60]

Die ersten nachweisbaren Kontakte der RAF zur PLO, der Dachorganisation palästinensischer Widerstandsgruppen, der die *Fatah* ebenso angehörte wie die PFLP,[61] fallen in das Jahr 1970.[62] Nach der Befreiung Baaders am 14. Mai 1970 durch Ensslin, Meinhof und andere reiste die Gruppe im Juni nach Jordanien, um der Fahndung zu entgehen und in einem Trainingslager der *Fatah* eine militärische Ausbildung zu erhalten. Die Pläne für diese Reise waren offenbar schon früher geschmiedet worden. Die Verbindung zur PLO wurde möglicherweise über die französische Journalistin Michèle Ray hergestellt, durch deren Vermittlung Baader und Ensslin im November und Dezember 1969 in der Wohnung von Régis Debray in Paris wohnten, nachdem sie ihren Haftantrittstermin in Deutschland hatten verstreichen lassen. In Paris gab es zu dieser Zeit viele Möglichkeiten, mit Repräsentanten des palästinensischen Widerstands zusammenzukommen, denn sowohl die *Fatah* als auch die PFLP hatten dort Verbindungsbüros. Michèle Ray selbst hatte gute Kontakte nach Kuba und in den Nahen Osten und traf sich wenige Tage vor der Jordanienreise der Deutschen am 4. Juni 1970 mit Baader, Ensslin und Meinhof in Berlin – offiziell, um ein Interview zu führen, das später im *Spiegel* abgedruckt werden sollte.[63] Für die unmittelbaren Reisevorbereitungen und direkten Kontakte in Jordanien war aber offenbar Said Dudin, ein an der Freien Universität Berlin eingeschriebener Student und Verbindungsmann zur *Fatah*, zuständig, der die deutsche Reisegruppe auch begleitete. Am 8. Juni flog eine erste Gruppe[64] mit einem DDR-Interflug von Berlin-Schöneberg nach Beirut. Wenig später folgten Baader, Ensslin und Meinhof und trafen Ende Juni in einem Trainingslager in der Nähe von Amman ein.[65]

Das Lagerleben mit seinen kulturellen und politischen Divergenzen zwischen Deutschen und Arabern einerseits und den Führungsstreitigkeiten innerhalb der deutschen Gruppe andererseits ist vielfach beschrieben worden.[66] Tatsache ist, dass die strategisch-ideologische Ausrichtung beider Gruppen unter dem dünnen Firnis der Befreiungsrhetorik unterschiedlicher kaum hätte sein können. Während die *Fatah* sich auf eine militärische Auseinandersetzung mit den jordanischen Streitkräften vorbereitete, in deren Land sie einen Staat im Staate bildete und das Königreich mehr und mehr zu destabilisieren begann, entwarf die RAF eine Strategie für den unkonventionellen Kampf in den Metropolen Westeuropas. Während die PLO ihr Training streng nach militärischen Gesichtspunkten organisierte, war die RAF militärischer Disziplin abgeneigt und mehr an technischen Fertigkeiten als kämpferischer Tauglichkeit interessiert. Bevor die Situation eskalierte, wurden die Deutschen im August gebeten, das Lager zu verlassen und abzureisen. Immerhin hatten sie bis dahin eine Grundausbildung in der Guerillakriegführung erhalten und Schießübungen an unterschiedlichen Waffensystemen absolviert. Darüber hinaus hatten sie zu verschiedenen palästinensischen Organisationen Kontakt aufnehmen können und vor allem Ali Hassan Salameh (Abu Hassan) kennen gelernt, der später eine wichtige Rolle in der Gruppe *Schwarzer September* spielen sollte. Von ihm wurde der RAF auch Hilfe bei der militärischen Ausrüstung in Aussicht gestellt, und tatsächlich konnte Ulrike Meinhof in den nächsten Monaten Handfeuerwaffen von der *Fatah* kaufen.

Abgesehen von dieser logistischen Hilfeleistung sind für die erste Generation der RAF keine kollektiven Aktionen mit der PLO oder die Arbeit an einem gemeinsamen politischen Programm im Sinne manifester Kooperation nachweisbar. Weder ist belegt, dass sich Mitglieder der RAF an militärischen Aktionen der PLO beteiligten, noch dass die PLO auf die Aktionen der RAF Einfluss nahm. Selbst die deklaratorische Kooperation wirkte formelhaft, wenn etwa im Zusammenhang mit dem Angriff auf das Springer-Hochhaus in Hamburg gefordert wurde, die »propagandistische und materielle Unterstützung für den Zionismus – die imperialistische Politik der herrschenden Klasse Israels« einzustellen,[67] oder wenn die Rechtfertigung des *Schwarzen September* zu einer Apologie des eigenen Tuns genutzt wurde. Aus strategischer Sicht war der Nahe Osten für die RAF zweitrangig. »Die RAF identifizierte sich nie so stark mit den palästinensischen Freiheitsbewegungen wie mit dem Vietkong oder den Vietnamesen allgemein.«[68] Umgekehrt gilt Ähnliches. Die PLO war an den Zielen des linken Extremismus in Deutschland wenig interessiert, was sich nicht zuletzt daran ablesen lässt, dass sie gute Kontakte auch zu rechtsradikalen deutschen Gruppen wie den *Bund Heimattreuer Jugend* und die *Wehrsportgruppe Hoffmann* unterhielt.[69] Selbst für die Forderung des *Schwarzen September*, neben palästinensischen Geiseln aus israelischer Haft auch deutsche Terroristen aus Stammheim freizulassen,[70] gilt aller Wahrscheinlichkeit nach, dass es sich um eine symbolische Kooperation handelte, die den Internationalismus des Kampfes unterstrich, nicht aber auf strategische Absprachen zurückging.

Diese aus Sicht der RAF relativ unergiebige Zusammenarbeit mit den Palästinensern veranlasste sie, nach der Rückkehr in die Bundesrepublik nach alternativen Kooperationspartnern zu suchen. Nur einem Zufall ist es zu verdanken, dass ein Brief an die Führung Nordkoreas erhalten blieb, den vermutlich Ulrike Meinhof im November 1971 schrieb. Darin heißt es: »Wir möchten mit diesem Brief die Partei der Arbeit um Unterstützung bitten. Was wir am nötigsten brauchen, ist eine militärische Ausbildung. Wir brauchen auch Waffen. Aber während wir uns Waffen, Wohnungen, Geld und Fahrzeuge noch am ehesten selbst beschaffen können, ist es für uns extrem schwer, uns selbst militärisch – vor allem im Pistolen- und Maschinenpistolenschießen auszubilden. Es gibt in der Bundesrepublik keine größeren unbewohnten Gebiete, wo man schießen könnte, ohne von der Polizei bemerkt zu werden.«[71]

Zwar ist von einer Antwort aus Pjöngjang nichts bekannt, aber der Brief verdeutlicht zweierlei: Erstens herrschte in der RAF auch nach dem Aufenthalt in Jordanien ein akutes Bewusstsein militärischer Schwäche. Zweitens war die RAF an staatlicher Unterstützung interessiert, um sich neue Sanktuarien und Ressourcen zu erschließen. Die Wahl Nordkoreas war damals naheliegender, als es heute scheint. Im März 1970 hatten nämlich Kämpfer der *Japanischen Kommunistischen Liga – Rote Armee Fraktion* ein japanisches Verkehrsflugzeug auf einem Inlandsflug nach Nordkorea entführt, wo die Entführer politisches Asyl erhielten. Von dieser Gruppe spaltete sich im Februar 1971 die *Japanische Rote Armee* (JRA) unter der Führung von Fusako Shigenobu ab, deren Ziel es war, im Libanon eine enge Zusammenarbeit mit der PFLP einzugehen.[72] Das Ergebnis waren so spektakuläre Aktionen wie das Massaker auf dem Flughafen Lod von Tel Aviv am 30. Mai 1972, von dem man mit Recht behaupten kann, es habe die japanische Tradition des Opfertodes in den Nahen Osten getragen, weil zwei der japanischen Attentäter, unter ihnen der Ehemann von Shigenobu, Takeshi Okudaira, sich mit Handgranaten in den Tod sprengten.[73] Ähnlich effektvoll war die Entführung eines japanischen Flugzeugs über Holland, bei der japanische Terroristen Mitglieder der PFLP anführten und bewiesen, dass die internationale Kooperation zwischen Terrorgruppen eine Realität war.[74] Nordkorea diente dabei offenbar nicht nur als »sicherer Hafen« für japanische Terroristen,[75] sondern war selbst aktiv an der Unterstützung palästinensischer Aktionen und japanischer Terroristen im Nahen Osten beteiligt. Vom stellvertretenden nordkoreanischen Stabschef wird berichtet, dass er bereits im September 1970 Trainingslager der *Fatah* im Libanon besuchte und seine Unterstützung der palästinensischen Befreiungsbewegungen anbot.[76] Es verwundert deshalb nicht, dass auch die Mitglieder der RAF, die sich zur gleichen Zeit in Jordanien aufhielten und vermutlich durch Georges Habasch und Ali Hassan Salameh über die Beziehungen zwischen PFLP, JRA und Nordkorea unterrichtet waren, sich berechtigte Hoffnungen machten, von der »Pjöngjang Connection« zu profitieren.

Dass sich diese Hoffnungen zerschlugen, mag mit dafür verantwortlich sein, dass nach der so genannten »Mai-Offensive« der harte Kern der RAF binnen weniger Wochen gefasst werden konnte. Zu gering waren die Ausweichmöglichkeiten, als dass die RAF den neuen Fahndungsmethoden des Bundeskriminalamtes (BKA) unter Horst Herold hätte entgehen können. Bei alldem ist schwer vorstellbar, dass nicht auch die Staaten des Ostblocks als potentielle Kooperationspartner in Betracht gezogen wurden. Aber Vorbehalte gab es von beiden Seiten. Sosehr die Sowjetunion seit der Konferenz der Trikontinentale 1966 in Kuba nationale Befreiungsbewegungen unterstützte und die Ausbildung von Guerillakämpfern in Kuba, der Tschechoslowakei, Bulgarien, Ungarn, der DDR und auf ihrem eigenen Territorium förderte, so sehr vermied sie es, als direkter Sponsor des internationalen Terrorismus oder gar als Urheber konkreter Anschläge identifiziert werden zu können. Ähnliches gilt auch für die DDR. Zwar waren dem Ministerium für Staatssicherheit (MfS) nicht nur die Namen und Decknamen, sondern auch Reiserouten und operative Details der RAF bekannt, aber es scheint keine direkte Unterstützung der ersten Generation durch die DDR gegeben zu haben. Immerhin konnte die RAF aber ungehindert über ostdeutsche Flughäfen aus- und einreisen und ihre Beziehungen in den Nahen Osten aufrechterhalten. Insofern kann man von einer latenten Kooperation zwischen der DDR und der ersten Generation der RAF sprechen.

So stark der programmatische Internationalismus der ersten Generation der RAF war, so rudimentär blieb die internationale Zusammenarbeit mit staatlichen und nichtstaatlichen Akteuren im Hinblick auf ihre Strategie und Organisationsform. Man kann dies einerseits auf das Selbstbewusstsein der Avantgarde zurückführen und die Annahme, durch revolutionäre »foci« das Bewusstsein der Bevölkerung und den Aufstand der Massen befördern zu können. Andererseits sind ideologische Differenzen (insbesondere zwischen RAF und den Ostblockstaaten) und Unterschiede im Operationsstil (insbesondere zwischen RAF und PLO) zu nennen, die eine weitergehende Kooperation verhinderten.[77] Durch ihre internationalen Kontakte gelang es der RAF jedoch, zu einer militärisch schlagkräftigen Gruppe zu werden. Gleichzeitig versäumte sie es aber, sich langfristig die Rückzugsräume zu sichern, die schon Mao für unentbehrlich gehalten hatte.[78] Kurz: Durch internationale Kooperation hatte die RAF die taktische Offensive optimiert, dabei aber die strategische Defensive vernachlässigt.

Die zweite Generation

Bereits ab Mitte 1973 hatte sich um Helmut Pohl und Margrit Schiller eine neue RAF-Gruppe gebildet, die allerdings schon am 4. Februar 1974 zerschlagen wurde[79] – und seither als *Gruppe 4.2.* bezeichnet wird. Interessant ist, dass die *Gruppe 4.2.* offenbar in Rotterdam mit Palästinensern der *Fatah* die Entführung eines israelischen Flugzeugs geplant hatte, um inhaftierte Genossen freizupressen.[80] Aufgrund des Oktober-Krieges im Nahen Osten wurde die Aktion jedoch abgesagt. Die Pläne zeigen, dass schon kurz nach der Verhaftungswelle 1972 eine stärkere operative Zusammenarbeit zwischen RAF und palästinensischen Gruppen vereinbart und eine strategische Umorientierung auf das Ziel der Gefangenenbefreiung vorgenommen wurde. Man könnte die *Gruppe 4.2.* deshalb bereits zur zweiten Generation der RAF zählen, die den Kampf gegen den Staat dramatisch verschärfte.[81]

Mit der Besetzung der deutschen Botschaft in Stockholm im April 1975 begann eine neue Qualität des Terrorismus in Deutschland, insofern rücksichtsloser, brutaler und internationaler vorgegangen wurde als je zuvor. Gleichzeitig verübte die RAF gezielte Mordanschläge gegen führende Persönlichkeiten in Staat und Wirtschaft, so gegen Generalbundesanwalt Siegfried Buback (7. April 1977) und den Vorstandsvorsitzenden der Dresdner Bank Jürgen Ponto (30. Juli 1977). Als am 5. September 1977 Arbeitgeberpräsident Hanns Martin Schleyer mit dem Ziel entführt wurde, die Inhaftierten in Stammheim freizupressen und am 13. Oktober palästinensische Terroristen zur Unterstützung die Lufthansa-Maschine »Landshut« entführten, eskalierte die Situation. Der Verlauf der Ereignisse ist vielfach geschildert worden: Odyssee des entführten Flugzeugs von Rom über Larnaka/Zypern, Dubai/Bahrain, Aden/Jemen nach Mogadischu/Somalia; Ermordung des Flugkapitäns Schumann; Befreiung der Geiseln durch die GSG 9; Tod dreier Entführer; die Selbstmorde von Baader, Raspe und Ensslin in Stammheim; die Ermordung Hanns Martin Schleyers. Die Ereignisse des Deutschen Herbst kosteten die RAF einen Großteil noch vorhandener Sympathien in der linken Unterstützerszene. Für die RAF folgte eine längere Zeit, um die Folgen dieser Niederlage zu verkraften und einen strategischen Neuanfang zu beginnen. Banküberfälle im Frühjahr 1979 deuteten neue Aktivitäten an, die am 25. Juni 1979 in einen Anschlag auf den NATO-Oberbefehlshaber Alexander Haig mündeten, der dem Attentat nur knapp entkam. Am 31. August 1981 folgte ein Bombenanschlag auf den Stützpunkt der amerikanischen Luftstreitkräfte in Ramstein und am 15. September ein Raketenanschlag auf US-General Frederick Kroesen, der sein Ziel nur knapp verfehlte.

Programmatik: Haftbedingungen und Gefangenenbefreiung
Bei der zweiten Generation der RAF fällt zunächst auf, dass sie die Programmatik der RAF nicht weiterentwickelte. Solange die intellektuellen Wortführer der Bewegung, Baader, Ensslin und Meinhof, am Leben waren, bestimmten sie den Kurs der RAF und beteiligten sich aus dem Gefängnis heraus an der politischen Diskussion. Die wichtigsten Papiere der RAF waren in dieser Zeit die »Erklärung zur Sache« der Stammheimer Gefangenen vom 13. Januar 1976 und ihre diversen Erklärungen zu ihren Hungerstreiks. Der RAF gelang dadurch zwar die Mobilisierung einer breiten Öffentlichkeit, die sich zunehmend gegen die scharfen Haftbedingungen wandte, vernachlässigte darüber aber die internationalen Belange, für die sie ursprünglich angetreten war. Auch nach den Selbstmorden von Stammheim verfasste die zweite Generation keine eigenen Strategiepapiere, sondern begnügte sich mit relativ kurzen Bekennerschreiben, in denen sie ihre Anschläge mit dürrer Phraseologie in den weltgeschichtlichen Zusammenhang stellte. Zum

Anschlag auf General Kroesen in Heidelberg hieß es zum Beispiel: »Der Kampf in der Metropole jetzt sind die realen Schritte der Revolution im Zentrum selbst, die hier nur eine permanente Umwälzung im Prozeß der Entwicklung des revolutionären Widerstands sein kann.«[82]

In dem Maße, in dem sich das Ziel von der Herstellung revolutionärer Verhältnisse zur Befreiung der inhaftierten Genossen verschob, verlor die RAF das internationalistische Selbstbewusstsein der ersten Generation, Teil eines weltweiten Klassenkampfes zu sein. Die RAF wurde zunehmend selbstreferentiell. Erst nach dem Scheitern der »big Raushole« und dem Tod der Insassen von Stammheim kehrte die RAF langsam zu einer internationalistischen Programmatik zurück.

Strategie: Personalisierung und Internationalisierung

Baader selbst hatte die Devise ausgegeben, dass die Gefangenenbefreiung oberstes Ziel der RAF sei. In einem heimlichen Brief aus dem Gefängnis forderte er, dass »alle Kräfte auf diesen Job zu konzentrieren« seien.[83] Zu diesem Zweck musste der Druck auf die deutschen Behörden drastisch erhöht und der Konflikt eskaliert werden. Die RAF wählte dafür eine doppelte Strategie: einerseits die Personalisierung ihrer Angriffe, andererseits die Internationalisierung. Die Mordanschläge auf Buback und Ponto folgten einem Kalkül, das sich schon beim Anschlag auf den BGH-Richter Buddenberg im Mai 1972 angedeutet hatte, nämlich durch gezielte Morde von Funktionsträgern des deutschen Staates, politische Zugeständnisse zu erzwingen. Dabei mischten sich allerdings auch Rachegedanken in die Aktionen, wenn es z.B. in der Erklärung vom 7. April 1977 heißt: »Am 7. 4. 77 hat das Kommando Ulrike Meinhof Generalbundesanwalt Siegfried Buback hingerichtet. Buback war direkt verantwortlich für die Ermordung von Holger Meins, Siegfried Hausner und Ulrike Meinhof.«[84]

Die zweite Eskalationsstrategie bestand in der Internationalisierung der Anschläge. Am 2. Februar 1975 forderte die RAF die Gefangenen der RAF auf, ihren dritten Hungerstreik abzubrechen: »Versteht das als Befehl. [...] Wir nehmen Euch diese Waffe, weil der Kampf um die Gefangenen – aus dem Kräfteverhältnis, das an ihm begriffen worden ist – jetzt nur unsere Sache sein kann, mit unseren Waffen entschieden wird.«[85] Knapp drei Monate später wurde die deutsche Botschaft in Stockholm besetzt und die Freilassung von 26 Gefangenen aus deutschen Gefängnissen gefordert. Die Gruppe um Siegfried Hausner hatte zuvor auch die bundesdeutschen Botschaften in Bern, Wien und Den Haag ausgespäht. Mit der Wahl eines deutschen Ziels im Ausland wollte sie den strengen Polizeikontrollen in Deutschland entgehen und eine so große Publizität erreichen, dass – ähnlich wie bei der Entführung des Berliner CDU-Vorsitzenden Peter Lorenz durch die

Bewegung 2. Juni – die Bundesregierung zur Freilassung der Gefangenen gezwungen sein würde. Dass die Aktion schließlich scheiterte und neben den beiden kaltblütig erschossenen Geiseln auch zwei RAF-Mitglieder den Tod fanden, ließ die RAF zunächst auf weitere internationale Aktionen verzichten. Stattdessen fasste sie während eines Trainingsaufenthalts im Südjemen 1976 den strategischen Doppelbeschluss, die internationale Zusammenarbeit mit Befreiungsbewegungen zu intensivieren und gleichzeitig Kommandos zur Befreiung der Gefangenen in Deutschland zu bilden.

Die Unvereinbarkeit dieser Strategien wurde bei der nächsten Aktion, der Entführung von Arbeitgeberpräsident Hanns Martin Schleyer, deutlich. Schon bald nach der Entführung wurde klar, dass die Bundesregierung beabsichtigte, Zeit zu gewinnen, um das Versteck der Entführer ausfindig zu machen. Die RAF war dadurch gezwungen, mit ihrem Opfer in das europäische Ausland auszuweichen. Schleyer wurde von der RAF zunächst in Den Haag, später in Brüssel festgehalten, bevor er ermordet und von der Polizei am 19. Oktober 1977 in Mülhausen/Frankreich gefunden wurde. Parallel dazu reiste ein Teil der RAF nach Bagdad, um die Möglichkeiten eines politischen Asyls für die RAF-Mitglieder zu sondieren, die freigepresst werden sollten.

Bei dieser Reise konnte sich die RAF auf Kontakte beziehen, die sie bereits im August und September 1976 mit der PFLP-SC im Südjemen geknüpft hatte. Schon damals hatte Wadi Haddad die gemeinsame Planung von Aktionen und eine weitgehende Integration der RAF in die PFLP-SC vorgeschlagen. Vielleicht schwebte ihm eine ähnlich intensive Kooperation wie zwischen PFLP und der JRA vor. Aber die RAF hatte auf ihrer Autonomie bestanden und das Ziel der Gefangenenbefreiung in Deutschland betont. Nun kehrte die RAF zur PFLP zurück und musste die kritische Situation, in der sie sich durch die Hinhaltetaktik der Bundesregierung befand, eingestehen. In dieser Situation der Schwäche machte Haddad der RAF den Vorschlag, durch eine eigene Aktion die Schleyer-Entführung zu unterstützen. Eine Besetzung der deutschen Botschaft in Kuwait lehnte die RAF nach ihren schlechten Erfahrungen von Stockholm ab. Aber der Idee einer Flugzeugentführung stimmte sie zu. Wieder zielte die RAF darauf, durch die Eskalation der Gewalt und die räumliche Entgrenzung des Terrorismus den Druck auf die politischen Entscheidungsträger zu erhöhen, um die Befreiung der Gefangenen von Stammheim doch noch zu erzwingen. Die Flugzeugentführung wurde von RAF und PFLP-SC gemeinsam geplant, jedoch von vier jungen Palästinensern, zwei Frauen und zwei Männern, allein durchgeführt.

Das Scheitern dieser Aktion symbolisiert zugleich das Scheitern der Kooperation zwischen der RAF und dem palästinensischen Widerstand. Die

Eskalation der Gewalt, die die RAF betrieb, um die Gefangenen von Stammheim zu befreien, hatte sie zu einer Internationalisierung des Terrorismus gezwungen, die bis zur Selbstaufgabe reichte. Mit dem Einverständnis zur Entführung der »Landshut« gab die RAF die letzten Einflussmöglichkeiten auf die Geschehnisse aus der Hand. Dabei brach sie – und das ist eine interessante Pointe – den Konsens über die Anwendung von Gewalt der ersten RAF-Generation. Zwar zeigten sich die Häftlinge von Stammheim bereit, sich befreien und ausfliegen zu lassen, doch stellte Andreas Baader in einem Gespräch mit Alfred Klaus vom BKA klar, dass die Flugzeugentführung nicht von den Gefangenen ausging und die RAF *diese* Form des Terrorismus stets abgelehnt habe. Dies deckt sich mit einer Erklärung zu einem Bombenanschlag im Hamburger Hauptbahnhof, von dem sich die RAF im September 1975 mit folgenden Worten distanziert hatte: »Die Sprache dieser Explosion ist die Sprache der Reaktion. [...] Die politisch-militärische Aktion der Stadtguerilla richtet sich nie gegen das Volk. [...] In der Offensive gegen den Staat kann Terrorismus keine Waffe der Stadtguerilla sein.«[86] Die zweite Generation hatte diesen Konsens der ersten im Grunde aber schon mit der Botschaftsbesetzung von Stockholm verlassen. Die Idee der Stadtguerilla war endgültig der Logik des Terrorismus gewichen.

Organisation: Allianzen und der Verlust von Autonomie
Es wird häufig betont, dass die RAF zwar mit anderen Organisationen zusammengearbeitet, dabei aber nie ihre Unabhängigkeit aufgegeben habe.[87] In Bezug auf den palästinensischen Widerstand trifft das insofern zu, als die RAF keine formellen Allianzen eingegangen ist und keine Anschläge für oder im Namen von palästinensischen Organisationen ausgeführt hat. Die manifeste Kooperation mit der PFLP-SC im Herbst 1977 zeigt jedoch, dass die operative Zusammenarbeit während der zweiten Generation so weit ging, dass die RAF vorübergehend ihre Handlungsautonomie verlor. Zwar konnte dadurch kurzfristig der Druck auf den Staat erhöht werden, aber langfristig war die Niederlage umso einschneidender. Das Argument ist wohlgemerkt nicht, dass ohne die PFLP-SC die Schleyer-Entführung zu einer erfolgreichen Befreiung der Gefangenen geführt hätte, sondern dass die »Landshut«-Entführung das Scheitern der RAF im Deutschen Herbst potenzierte.

Dass auch informelle Allianzen mit hohen Kosten und der Gefahr verbunden sind, sich in kritischen Situationen dem Partner ausgeliefert zu sehen, ist bekannt.[88] Das gilt insbesondere für stark asymmetrische Allianzen, die schwächere Partner dann eingehen, wenn sie sich großen Bedrohungen gegenübersehen. Mitte der 1970er Jahre war die RAF strategisch in der Defensive und hatte sich mit der Gefangenenbefreiung ein Ziel gesetzt, das selbst *mit* internationaler Unterstützung kaum realisierbar schien. Ihre Zusammenarbeit mit der PFLP-SC unterlag deshalb der Fehleinschätzung, mit palästinensischer Hilfe die Ressourcen zur Verfügung gestellt zu bekommen, die für die Erreichung eigener Ziele notwendig waren, ohne dabei die Autonomie zu verlieren, die ihrem Anspruch politischer Avantgarde entsprach. Konsequenterweise lockerte die RAF nach 1977 die Beziehung zum palästinensischen Widerstand deutlich, insbesondere nachdem Wadi Haddad im Frühjahr 1978 gestorben und die PFLP-SC führungslos war.[89] Im so genannten Mai-Papier von 1982, in dem die RAF-Führung die Ansätze einer neuen Programmatik formulierte, wurde zwar der Nahe Osten als wichtiger Schauplatz des Kampfes zwischen revolutionärer Front und imperialistischen Mächten genannt; die Palästinenser finden dabei aber keine besondere Erwähnung mehr.[90]

In dem Maße, in dem die palästinensischen Gruppen als Kooperationspartner an Attraktivität und der Nahe Osten als Rückzugsgebiet an Nutzen verloren, wurde eine Reorganisation in Europa notwendig. Neben Bagdad war Paris der strategische Rückzugsraum der zweiten Generation. Hier waren mit Hilfe von Unterstützern eine Reihe von Wohnungen gemietet und eine neue Operationsbasis aufgebaut worden. Hierher kehrten auch die RAF-Mitglieder aus dem Südjemen zurück, um über die Jahreswende 1978/79 die in Aden besprochene Neuorientierung der RAF vorzunehmen. Auf einer Zusammenkunft in Ostende wurden einerseits stärkere Kooperationsbemühungen mit europäischen Terrorgruppen, andererseits neue Anschläge auf internationale militärische Ziele vereinbart: konkret auf den NATO-Oberbefehlshaber Alexander Haig. Der Anschlag auf den General scheiterte ebenso wie die Gespräche, die mit der *Brigate Rosse* aufgenommen wurden. Die institutionellen Voraussetzungen und ideologischen Positionen zwischen RAF und BR waren zu unterschiedlich. Während die BR eher orthodox-leninistische Positionen vertrat und von der RAF den Aufbau von Parteistrukturen verlangte, bestand die RAF auf ihrer Avantgarde-Ideologie und lehnte institutionelle Reformen ab. So kam es trotz mehrfacher Gespräche zunächst nicht zu der stets propagierten Allianz zwischen den beiden Gruppierungen.[91]

Eine eher Erfolg versprechende Kooperation deutete sich durch die am 2. Juni 1980 förmlich vollzogene Fusion der RAF mit der *Bewegung 2. Juni* an. Letztere brachte nämlich nicht nur eine Menge Geld mit in die Ehe, sondern über Inge Viett beste Kontakte zum Ministerium für Staatssicherheit der DDR. Zunächst konnte diese Beziehung zur Lösung des schwierigen Problems der RAF-Aussteiger genutzt werden. Nach dem Scheitern der »Offensive 77« hatten etliche RAF-Aktivisten im bewaffneten Kampf keine Perspektive mehr gesehen und ihren Wunsch ausgedrückt, auszusteigen.

Nach längeren Verhandlungen erklärte sich die DDR bereit, die Aussteiger aufzunehmen und ihnen neue Identitäten zu verschaffen. Damit half die DDR der RAF, ein heikles organisatorisches Problem zu lösen und ihre Funktionsfähigkeit aufrechtzuerhalten. Die Zusammenarbeit ging aber über diese – wohlwollend als »latent« zu bezeichnende – Kooperation hinaus. Denn auch aktive RAF-Kader traten alsbald in Kooperationsbeziehungen zur DDR und wurden, nach anfänglichem Zögern, im Umgang mit Waffen, unter anderem mit Panzerfäusten, ausgebildet.[92] Das Interesse der DDR war dabei allerdings weniger, den bewaffneten Kampf gegen die Bundesrepublik zu unterstützen, als Informationen über den internationalen Terrorismus zu sammeln. Nach Tobias Wunschik sprachen die »politischen Interessen der DDR [...] keineswegs eindeutig für eine vorbehaltlose Unterstützung der RAF, zumal das SED-Regime und die westdeutsche Stadtguerilla [...] sich in ihrem strategischen Ansatz fremd waren«.[93] Dennoch muss die Kooperation zwischen RAF und MfS insbesondere dann als manifest bezeichnet werden, wenn man bedenkt, dass der nur knapp fehlgeschlagene Anschlag auf US-General Frederick Kroesen im September 1981 mit einer Panzerfaust ausgeführt wurde, deren Handhabung die RAF in der DDR trainiert hatte.

Allerdings empfanden beide Seiten die Kooperation zunehmend als problematisch. Die DDR befürchtete, durch eine Entdeckung international als Unterstützerin des Terrorismus gebrandmarkt zu werden, während die RAF-Aktivisten zunehmend am Nutzen des Trainings und dem Wert der politischen Diskussionen zweifelten. Ab 1984, begünstigt durch die Verhaftungswelle im November 1982, scheint die Zusammenarbeit deswegen zum Erliegen gekommen zu sein. Ob die DDR selber dabei ihre Finger im Spiel hatte, indem sie den bundesdeutschen Behörden einen Tipp zur Ergreifung der RAF-Führungsriege gab, ist Spekulation.[94] Allerdings ist in dieser unglaublichen Geschichte nichts undenkbar.

Die dritte Generation

Es gibt unterschiedliche Meinungen darüber, ab wann man von einer dritten Generation der RAF sprechen kann. Für die hier entwickelte Argumentation ist die programmatische Neuausrichtung der RAF Anfang der 1980er Jahre entscheidend, die im so genannten Mai-Papier von 1982 »Guerilla, Widerstand und antiimperialistische Front« deutlich wird. Ausgehend von der Kritik der Ereignisse des Jahres 1977 wurde ein Strategiewechsel der RAF angekündigt: »Das Problem, das sich während der Schleyerentführung gegen uns ausgewirkt hat, war, daß wir – auf unser konkretes Ziel, die Gefangenen rauszuholen, konzentriert – die Entwicklung des politischen Ziels in der ganzen Offensive, die Vertiefung der Widersprüche in der Krise, nicht angepackt haben.«[95] Das Ziel war nun, die Kräfte auf den Kampf in den Metropolen in einer Front zu konzentrieren und dabei sowohl auf nationaler wie auf internationaler Ebene vorzugehen.

Bei der Umsetzung dieser Strategie scheiterte die RAF zunächst im Dezember 1984 mit einem Anschlag auf die NATO-Schule in Oberammergau. Im Januar und Februar 1985 wurden in abgestimmten Aktionen mit der *Action Directe* der französische General René Audran und der Industrielle Ernst Zimmermann ermordet. Wenig später übernahm die RAF gemeinsam mit der AD die Verantwortung für den Anschlag auf die US-Airbase in Frankfurt im August 1985, bei dem zwei Menschen getötet und 23 verletzt wurden. Bis 1990 fanden fünf weitere gezielte Morde statt, im Juli 1986 an Siemens-Vorstandsmitglied Karl Heinz Beckurts und seinem Fahrer Eckhard Groppler, im Oktober 1986 an Gerold von Braunmühl, Abteilungsleiter im Auswärtigen Amt, im November 1989 am Vorstandssprecher der Deutschen Bank Alfred Herrhausen. Dagegen scheiterten Anschläge 1988 auf den Finanzstaatssekretär Hans Tietmeyer und 1990 auf den Staatssekretär im Bundesinnenministerium Hans Neusel. Am 1. April 1991 schließlich wurde der Vorsitzende der Treuhandanstalt Detlev Karsten Rohwedder das letzte Opfer eines Mordanschlags der RAF.

Zu Beginn des Jahres 1992 erklärte der damalige Bundesjustizminister Kinkel die Bereitschaft des Staates, das Verhältnis zur RAF zu überdenken. Der Staat müsse dort, wo es angebracht sei, zur Versöhnung bereit sein. In der Folge kam es im April 1992 zu einer Erklärung der RAF, in der sie die »Eskalation zurücknimmt«[96] und im so genannten August-Papier des gleichen Jahres zum Eingeständnis, dass die Idee des Front-Gedankens nicht verwirklicht werden konnte. Im März 1998 verfasst die RAF ihre Auflösungserklärung und stellt fest, dass die »Stadtguerilla in Form der RAF […] nun Geschichte« ist.

Programmatik: Internationalismus und Front

Die Grundidee des Mai-Papiers 1982 war, aus den Fehlern der Vergangenheit zu lernen und eine neue Programmatik zu entwickeln: »Wir sagen, daß es jetzt möglich und notwendig ist, einen neuen Abschnitt in der revolutionären Strategie im imperialistischen Zentrum zu entfalten.«[97] Was 1982 nur angedeutet wurde, wurde in der Erklärung von 1986 »Die revolutionäre Front aufbauen« präzisiert: »Wir, die revolutionäre Metropolenfront, haben die Macht, die von hier aus durchstartende Aggression der Imperialisten in Schach zu halten. Auf diese Möglichkeit der revolutionären Bewegung in Westeuropa innerhalb der gesamten internationalen Klassenkonfrontation zwischen Weltproletariat und imperialistischer Bourgeoisie sind wir aus.«[98]

Im Gegensatz zu den ersten beiden Generationen beschränkte sich der Internationalismus der dritten also nicht nur auf vage Solidaritätsbekundungen, sondern zielte auf die *Herstellung* des Internationalismus.
Begründet wird diese Absicht auf doppelte Weise. Zum einen sei sie eine Rückbesinnung auf den klassenkämpferischen Auftrag, die Metropolen zu erschüttern. Zum anderen sei sie eine Antwort auf die politischen Rahmenbedingungen der europäischen Einigung, die eine europäische Kooperation auch linksterroristischer Kräfte erforderlich mache. Die Internationalisierung der dritten RAF-Generation wurde also sowohl ideologisch als auch pragmatisch begründet. Am besten kam das in der gemeinsamen Erklärung von RAF und AD vom Januar 1985 »Für die Einheit der Revolutionäre in Westeuropa« zum Ausdruck: »Wir sagen, es ist notwendig und möglich, eine neue Phase für die Entwicklung revolutionärer Strategie in den imperialistischen Zentren zu eröffnen und als eine Bedingung für diesen qualitativen Sprung die internationale Organisation des proletarischen Kampfes in den Metropolen, ihren politisch-militärischen Kern: westeuropäische Guerilla, zu schaffen.«[99]

Strategie: Europäisierung
Obwohl der Internationalismus seit Beginn der 1970er Jahre zur Programmatik der RAF gehört, setzte erst die dritte Generation diesen Anspruch – zumindest ansatzweise – in eine praktische Strategie um. Beweise dafür sind die gemeinsamen Erklärungen und Aktionen der RAF mit französischen und italienischen Terrorgruppen.

Ihre Anschläge richteten sich dabei zunächst vorrangig gegen Ziele der NATO, weil sie in den Augen der RAF den »Kern imperialistischer Macht« darstellte: »Zentrales Projekt in der aktuellen Phase imperialistischer Strategie ist der Versuch, die westeuropäischen Staaten zur homogenen Struktur zusammenzuschweißen, zum harten Block, der vollkommen in den Kern imperialistischer Macht – NATO, als der fortgeschrittensten imperialistischen Herrschaftsstruktur, integriert ist.«[100]

Anfang der 1980er Jahre fanden verstärkte Versuche der RAF statt, mit europäischen Terrorgruppen (wieder) ins Gespräch zu kommen und Kooperationsverbindungen einzugehen. Am einfachsten gestaltete sich die Zusammenarbeit mit der *Action Directe*, insbesondere mit ihrem internationalistischen Flügel, der sich vom nationalistischen 1982 abgespalten hatte. So fielen in die frühen 1980er Jahre eine Reihe gemeinsamer Aktionen, so die Anschläge auf eine Firma in Düsseldorf und die Bundeswehrschule in Bad Ems, für die in Paris handschriftliche Bekennerschreiben auf Deutsch und Französisch gefunden wurden. Auch bei den Mordanschlägen auf General René Audran im Januar 1985 und Ernst Zimmermann einen Monat später arbeiteten RAF und AD eng zusammen. Den Höhepunkt der Kooperation bildete jedoch der Sprengstoffanschlag auf die Rhein-Main-Airbase, der gemeinsam geplant und durchgeführt wurde. Dabei starben drei Menschen, 26 wurden zum Teil schwer verletzt.

Die Kooperation zwischen RAF und AD ging damit über die bislang praktizierte, überwiegend latente Kooperation mit anderen Gruppen deutlich hinaus. Sie erstreckte sich auf die gemeinsame Nutzung von Waffen, Sprengstoff und anderen Ressourcen; die gemeinsame Planung und Durchführung von Aktionen und die Entwicklung einer gemeinsamen Programmatik. Allerdings sah die RAF die Zusammenarbeit auch kritisch. In einem Interview vom September 1985 in der Flugschrift »Zusammen kämpfen« wurde sie zitiert: »In vielen Flugblättern reden Genossen vom ›Zusammenschluss RAF – Action Directe‹. Das vermittelt so was wie ›organisatorisch-logistisch‹ – was es nicht gibt. Genausowenig wie es ein europäisch-draufgesetztes Zentralkommando gibt, das irgendwelche Direktiven und Aktionslinien beschließt.«[101] Offenbar war die RAF bemüht, bei aller Beschwörung einer »westeuropäischen Front« ihre Autonomie nicht zu gefährden. Hier deuteten sich durchaus vergleichbare Kooperationsprobleme zwischen den europäischen Terrororganisationen an, wie sie auch in der offiziellen europäischen Integrationspolitik anzutreffen waren, die man exemplarisch an den Schwierigkeiten verdeutlichen könnte, die europäische Terrorismusbekämpfung zu vergemeinschaften.[102]

Die Ursachen für das Stocken der deutsch-französischen Terrorismuskooperation ist vermutlich in Führungsstreitigkeiten zu suchen.[103] Das Gleiche gilt für die versuchte Wiederannäherung zwischen RAF und BR. Schon in den 1970er Jahre waren Kontakte aufgenommen, bald aber wieder abgebrochen worden, nachdem die ideologischen und strategischen Unterschiede deutlich geworden waren. Mit dem Front-Konzept konnten die Italiener wenig anfangen, und so scheiterte eine engere Zusammenarbeit an »unüberbrückbaren ideologischen Differenzen«.[104] In einem *Spiegel*-Interview ging der BR-Aktivist Valerio Morucci sogar so weit, die *Brigate Rosse* und die RAF als »feindliche Konkurrenten« zu bezeichnen.[105]

Eine ähnliche Einstellung setzte sich schließlich auch bei den belgischen *Kommunistischen Zellen* durch, nachdem es Mitte der 1980er Jahre eine sporadische Kooperation gegeben hatte. Zum endgültigen Bruch kam es, wie bei den anderen auch, aber erst mit der Gewaltverzichtserklärung der RAF im Januar 1992. Aus den belgischen Gefängnissen meldete sich das Gefangenenkollektiv der CCC mit den Worten: »In einer bestimmten Weise hat uns dieser Schluß nicht überrascht. Seit langer Zeit verstehen wir nicht mehr, aus welchen historischen, politischen und strategischen Anschauungen und Analysen die RAF ihre kämpfende Vitalität schöpfen konnte.«[106] Im Grunde, so folgerte die CCC, sei die 30-jährige Geschichte der RAF die Geschichte einer politischen Abweichung.

Fazit

Die internationalen Beziehungen und transnationalen Kontakte haben der RAF eine überdurchschnittlich lange Existenz und eine unverhältnismäßig hohe Schlagkraft verliehen. Gleichzeitig hat die Kooperation mit internationalen Akteuren aber auch die Widersprüche der RAF verschärft und damit langfristig zu ihrem Niedergang beigetragen.

Ohne die symbolische Kooperation mit Staaten wie Kuba oder Vietnam, Befreiungsbewegungen wie der PLO oder dem *Vietcong* und europäischen Terrorgruppen wie der *Action Directe* oder den *Brigate Rosse* hätte die RAF nie das internationalistische Bewusstsein entwickeln können, das für ihre organisatorische Stabilität die ideologische Begründung lieferte. Die Gewissheit, *Fraktion*, Teil eines weltweiten Klassenkampfes zu sein, diente gleichzeitig als Rechtfertigung revolutionärer Gewalt »in den Metropolen« und als Verpflichtung, auch nach Niederlagen den bewaffneten Kampf nicht aufzugeben. Insofern förderten die internationalen Solidaritätsbekundungen, die Rechtfertigungen der Handlungen anderer Terrorgruppen und das Handeln im Namen einer internationalistischen Bewegung die Gruppenkohäsion der RAF.

Andererseits hat die symbolische Kooperation aber auch Erwartungen geschürt, die von der RAF nicht eingelöst werden konnten. Die Verpflichtung zu internationaler Solidarität hat etwa die RAF dazu verleitet, die Aktionen des *Schwarzen September* zu rechtfertigen, die ihrem eigenen Konzept der Stadtguerilla eigentlich widersprachen. Zudem entfernte sich die zweite Generation von ihren internationalistischen Ambitionen, indem sie sich auf das Ziel der Gefangenenbefreiung konzentrierte, und akzentuierte damit den Widerspruch zwischen Anspruch und Realität des revolutionären Kampfes.

Ohne die latente Kooperation mit staatlichen und nichtstaatlichen Akteuren wäre die RAF nie zu einer schlagkräftigen Terrorgruppe geworden und hätte sich nicht nach ihren großen Niederlagen regenerieren können. Insbesondere die strategischen Rückzugsräume in den arabischen Staaten waren entscheidend für die Entstehung und Erhaltung der RAF. Die erste Generation hat sich erst im Lager der *Fatah* als terroristische Gruppe konstituiert, und die zweite Generation hätte die Niederlage der »Offensive 77« in Europa kaum überstanden. Auch die DDR war als Rückzugsraum wichtig, weil das Aussteigerproblem leicht die ganze Organisation hätte sprengen können. Das militärische Training durch unterschiedliche Fraktionen des palästinensischen Widerstands und die Lieferung von Waffen waren ursächlich dafür, dass aus der RAF eine der gefährlichsten europäischen Terrorgruppen wurde.

Andererseits hat die internationale Kooperation die RAF dazu verleitet, weit über ihre wirklichen Verhältnisse zu handeln. So stark z.B. die erste Generation in der taktischen Offensive war, so schwach war sie in der strategischen Defensive. Sosehr die zweite Generation den Druck mit Hilfe der »Landshut«-Entführung steigern konnte, so machtlos war sie beim Scheitern der Aktion. So gefährlich zunächst die Kooperation westeuropäischer Terrororganisationen aussah, so schnell stellte sich die antiimperialistische Front der dritten Generation als »Papiertiger« heraus. Die internationale Kooperation machte die RAF stark, aber auch verwundbar.

Das Argument dieses Beitrags ist wohlgemerkt nicht, dass die RAF *ohne* internationale Kooperation erfolgreicher gewesen wäre. Im Gegenteil, vielleicht wäre sie schneller gescheitert. Aber ihre internationalen Beziehungen haben nicht nur ihr letztendliches Scheitern hinausgezögert, sondern auch ihre Niederlagen immer spektakulärer gemacht. Insofern hat die Internationalisierung des Terrors durch die RAF dazu beigetragen, dass der Terrorismus in Deutschland umso gründlicher gescheitert ist.

---

1 David C. Rapoport, The Four Waves of Rebel Terror and September 11, in: *Anthropoetics*, 8. Jg., 2002, Nr. 1, S. 1–19, S. 2. Siehe auch David C. Rapoport, The Four Waves of Terrorism, in: Audrey Cronin/James Ludes (Hg.), Attacking Terrorism: Elements of a Grand Strategy, Washington, D. C., 2004, S. 46–73.
2 Herfried Münkler, Ältere und jüngere Formen des Terrorismus. Strategie und Organisationsstruktur, in: Werner Weidenfeld (Hg.), Herausforderung Terrorismus. Die Zukunft der Sicherheit, Wiesbaden 2004, S. 29–43.
3 Zur generellen Definition von Terrorismus vgl. Jonathan R. White, Terrorism. An Introduction, Belmont 1998; Bruce Hoffman, Terrorismus. Der unerklärte Krieg, Frankfurt am Main 1999; Christopher Daase, Terrorismus – Begriffe, Theorien und Gegenstrategien, in: *Friedens-Warte*, 76. Jg., 2001, Nr. 1, S. 55–79; Herfried Münkler, Asymmetrische Gewalt. Terrorismus als politisch-militärische Strategie, in: *Merkur*, 56. Jg., 2002, Nr. 1, S. 1–12.
4 Vgl. z.B. Richard K. Betts, The Soft Underbelly of American Primacy. Tatical Advantages of Terror, in: *Political Science Quarterly*, 117. Jg., 2002, Nr. 1, S. 1–20.
5 Vgl. z.B. Ian Lesser u.a., Countering the New Terrorism, Santa Monica, CA 1999; Mark Juergensmeyer, Understanding the New Terrorism, in: *Current History*, 4, 2000, S. 158–163; Matthew J. Morgan, The Origins of the New Terrorism, in: *Parameters*, 34. Jg., 2004, Nr. 1, S. 29–43; Herfried Münkler, Ältere und jüngere Formen des Terrorismus. Strategie und Organisationsstruktur, in: Weidenfeld (Hg.), Herausforderung Terrorismus, S. 29–43; Ulrich Schneckener, Transnationaler Terrorismus, Frankfurt am Main 2006.
6 Schneckener, Transnationaler Terrorismus, S. 41.
7 Vgl. zu *Al-Qaida* Rohan Gunaratna, Inside Al Qaeda. Global Network of Terror, New York 2002; zur IRA John Horga/Max Taylor, The Provisional Irish Republican Army: Command and Functional Structure, in: *Terrorism and Political Violence*, 9. Jg., 1997, Nr. 3, S. 1–32; zur LTTE Rohan Gunaratna, International and Regional Implications of the Sri Lankan Tamil Insurgency, Tel Aviv 1998.

8 Renate Mayntz, Organizational Forms of Terrorism. Hierarchy, Network, or a Type sui generis?, in: Max-Planck-Institut für Gesellschaftsforschung, Discussion Paper 04: 4, S. 1–20, S. 10; vgl. auch Schneckener, Transnational Terrorismus, S. 72–100.
9 Vgl. dazu Karin Knorr Cetina, Complex Global Microstructures. The New Terrorist Societies, in: *Theory, Culture and Society,* 22. Jg., 2005, Nr. 5, S. 213–234.
10 Vgl. Alex Schmid/Albert J. Jongman, Political Terrorism. A New Guide to Actors, Authors, Concepts, Data Bases, Theories and Literature, Amsterdam 1988, S. 101–108.
11 Vgl. Final Report of the National Commission on Terrorist Attacks Upon the United States, Official Government Edition, Washington, D. C., 2004 (www.gpoaccess.gov/911/index.html). *Washington Post* vom 17. Juni 2004, »Al Qaeda-Hussein Link Is Dismissed«.
12 Vgl. Walter Laqueur, Terrorism, London 1977; Neil C. Livingstone/Arnold E. Terrell (Hg.), Fighting Back, Lexington 1986; Benjamin Netanyahu (Hg.), Terrorism: How the West Can Win, New York 1986.
13 Claire Sterling, The Terror Network: The Secret War of International Terrorism, New York 1980.
14 Vgl. Michael I. Handel/Thomas G. Mahnken, Paradoxes of Strategic Intelligence: Essays in Honor of Michael I. Handel, London 2003, S. 78; Bob Woodward, Veil: The Secret Wars of the CIA 1981–1987, New York 1987, S. 124–129.
15 Sterling, The Terror Network, S. 285.
16 Ebenda, S. 292.
17 Vgl. zusammenfassend Schmid/Jongman, Political Terrorism, S. 105–107.
18 Zur Problematik des Generationenbegriffs vgl. Alexander Straßner, Die Dritte Generation der »Roten Armee Fraktion«. Entstehung, Struktur, Funktionslogik und Zerfall einer terroristischen Organisation, Wiesbaden 2003, S. 78–82.
19 Vgl. Karl Markus Kreis, Der internationale Terrorismus, in: Manfred Funke (Hg.), Terrorismus. Untersuchungen zur Strategie und Struktur revolutionärer Gewaltpolitik, Bonn 1977, S. 158–172, S. 162; Eli Karmon, Deutsche Terroristen – haben sie sich mit den palästinensischen Terrororganisationen verbündet?, in: *Politische Studien,* 50. Jg., 1999, Nr. 368, S. 71–94, S. 72; Rapoport, The Four Waves of Rebel Terror, S. 13.
20 Die Aktion des Schwarzen September in München. Zur Strategie des antiimperialistischen Kampfes, November 1972, in: ID-Verlag (Hg.), Rote Armee Fraktion, Texte und Materialien zur Geschichte der RAF, Berlin 1997, S. 151–177.
21 Allerdings verbat sich die IRA diese Inanspruchnahme ihrer Helden (zumal es sich um Patrick, nicht Patsy O'Hara gehandelt hatte) und ging, vermutlich aus Angst um die Sympathie ihrer Geldgeber in den USA, deutlich auf Distanz zur RAF.
22 Bereits John F. Kennedy hatte die Solidaritätsbekundungen Chruschtschows für die Dekolonisierungskriege in der Dritten Welt als Kriegserklärung an den Westen aufgefasst und – unter dem Begriff »Counterinsurgency« – eine Globalstrategie gegen jede Form revolutionären Auf- und Widerstands eingeführt. Man muss sich dabei klar machen, dass zu dieser Zeit die Begriffe »Guerilla« und »Terrorismus« noch nicht so deutlich unterschieden waren wie heute. Während heute dem Guerillakrieg eine gewisse politische Legitimität zugesprochen wird – nicht zuletzt unterstützt von den Regelungen des Kriegsvölkerrechts –, steht Terrorismus eindeutig auf der illegitimen Seite politischer Gewalt. In den 1960er und 1970er Jahren dagegen wurden »Guerilla« und »Terrorismus« noch weitgehend synonym verwandt und allenfalls geografisch differenziert, indem der Terrorismus als ein in die Stadt getragener Kleinkrieg angesehen wurde: Stadtguerilla. Von manchen wurde diese Form politischer Gewalt sogar als die humanere, weil selektivere Form der Kriegführung angesehen, sofern es

um die gezielte Ermordung von militärischen und politischen Entscheidungsträgern ging. Vgl. Robert Taber, The War of the Flea, London 1969; Robert Moss, Urban Guerrillas, London 1972.
23 Hans Josef Horchem, Die verlorene Revolution. Terrorismus in Deutschland, Herford 1988, S. 128; ähnlich Gerd Langguth, Ursprung und Ziele des Terrorismus in Europa, in: *Außenpolitik*, 37. Jg., 1986, Nr. 2, S. 162–174, S. 173.
24 Für einen detaillierten Vergleich von italienischem und deutschem Terrorismus vgl. Donatella Della Porta, Social Movements, Political Violence, and the State. A Comparative Analysis of Italy and Germany, Cambridge 1995.
25 Guerilla, Widerstand und antiimperialistische Front, Mai 1982, in: Texte und Materialien zur Geschichte der RAF, S. 291–306, S. 294.
26 Für die Einheit der Revolutionäre in Westeuropa. Gemeinsame Erklärung von RAF und Action Directe, Januar 1985, in: Texte und Materialien zur Geschichte der RAF, S. 328–330.
27 Das Konzept Stadtguerilla, April 1971, in: Texte und Materialien zur Geschichte der RAF, S. 27–48, S. 36.
28 Zu den Details vgl. Stefan Aust, Der Baader Meinhof Komplex, München 1997; Jillian Becker, Hitlers Kinder? Der Baader-Meinhof-Terrorismus, Frankfurt am Main 1978; Klaus Pflieger, Die Rote Armee Fraktion – RAF – 14. 5. 1970 bis 20. 4. 1998, Baden-Baden 2004; Butz Peters, RAF. Terrorismus in Deutschland, Stuttgart 1991.
29 Gefangennahme von Andreas Baader, Holger Meins und Jan-Carl Raspe am 1. Juni 1972, Gudrun Ensslin am 7. Juni 1972, Brigitte Mohnhaupt und Bernhard Braun am 9. Juni 1972, Ulrike Meinhof und Gerhard Müller am 15. Juni 1972, Klaus Jünschke und Irmgard Möller am 7. Juli 1972.
30 Gefangennahme am 4. Februar 1974 von Helmut Pohl, Margrit Schiller, Wolfgang Beer, Christian Eckes, Ilse Stachowiak und Eberhard Becker.
31 Über den bewaffneten Kampf in Westeuropa, Mai 1971, in: Texte und Materialien zur Geschichte der RAF, S. 49–111, S. 69.
32 Das Konzept Stadtguerilla, April 1971, in: Texte und Materialien zur Geschichte der RAF, S. 27–48, S. 41.
33 Vgl. Grant Wardlaw, Political Terrorism. Theory, Tactics, and Counter-Measures, Cambridge 1989, S. 46–49.
34 Vgl. Jürgen Briem, Der SDS. Die Geschichte des bedeutendsten Studentenverbandes der BRD seit 1945, Frankfurt am Main 1976; Tilman Fichter, SDS und SPD, Parteilichkeit jenseits der Partei, Opladen 1988; Willy Albrecht, Der Sozialistische Deutsche Studentenbund (SDS). Vom parteikonformen Studentenverband zum Repräsentanten der Neuen Linken, Bonn 1994.
35 Che Guevara, Schaffen wir zwei, drei, viele Vietnam, West-Berlin 1967.
36 Gaston Salvatore/Rudi Dutschke, Einleitung zu Che Guevara, Schaffen wir zwei, drei, viele Vietnam.
37 Die Schlußerklärung des Kongresses, in: Sibylle Plogstedt (Red.), Der Kampf des vietnamesischen Volkes und die Globalstrategie des Imperialismus. Internationaler Vietnam-Kongreß 17./18. Februar 1968 West-Berlin, West-Berlin 1968.
38 Vgl. dazu Hans Manfred Bock, Geschichte des »linken Radikalismus« in Deutschland. Ein Versuch, Frankfurt am Main 1976, S. 264–276.
39 Vgl. Robert F. Lamberg, Die Guerilla in Lateinamerika. Theorie und Praxis eines revolutionären Modells, München 1972, S. 11–25.
40 Che Guevara, Der Guerillakrieg, in: ders., Guerilla. Theorie und Methode. Sämtliche Schriften zur Guerillamethode, zur revolutionären Strategie und zur Figur des Guerilleros, hrsg. von Horst Kurnitzky, West-Berlin 1968, S. 23.

41 Régis Debray, Revolution in der Revolution, München 1967.
42 Vgl. Christopher Andrew/Wassili Mitrochin, Das Schwarzbuch des KGB 2. Moskaus Geheimoperationen im Kalten Krieg, Berlin 2006, S. 89–97.
43 Einen interessanten Einblick in diese Zusammenhänge – aus amerikanischer Sicht – bietet: The Tricontinental Conference of African, Asian and Latin American Peoples, Staff Study prepared for the Subcommittee to investigate the Administration of the Internal Security Act and other international Security Laws of the Committee on the Judiciary, United States Senate, Washington, D. C., 1966.
44 Vgl. Fritz R. Allemann, Terrorismus in Lateinamerika – Motive und Erscheinungsformen, in: Funke (Hg.), Terrorismus, S. 173–197.
45 Carlos Marighella, Das Minihandbuch der Stadtguerilleros, Hamburg 1972.
46 Das Konzept Stadtguerilla, S. 36.
47 Ebenda, S. 32.
48 Erklärung zur Sache (Auszüge), in: Texte und Materialien zur Geschichte der RAF, S. 198–265, S. 203.
49 Erklärung zur Sache, S. 260.
50 Anschlag auf das Hauptquartier der US-Army in Frankfurt/Main, Erklärung vom 14. Mai 1972, in: Texte und Materialien zur Geschichte der RAF, S. 145.
51 Vgl. Butz Peters, Tödlicher Irrtum. Die Geschichte der RAF, Berlin 2004, S. 291.
52 Über den bewaffneten Kampf in Westeuropa, S. 83.
53 Vgl. etwa Martha Crenshaw, Terrorism, Legitimacy, and Power, Middletown 1983.
54 Zur Strategie des antiimperialistischen Kampfes, November 1972, in: Texte und Materialien zur Geschichte der RAF, S. 151–177, S. 152.
55 Zur Strategie des antiimperialistischen Kampfes, S. 177.
56 Ebenda.
57 Gegen eine grundsätzliche Revision der Haltung zum Terrorismus spricht die Erklärung zum Bombenanschlag im Hamburger Bahnhof, 23. September 1975, in: Texte und Materialien zur Geschichte der RAF, S. 196–198. Hier wird der alte Standpunkt wiederholt: »Die politisch-militärische Aktion der Stadtguerilla richtet sich nie gegen das Volk.« (S. 196)
58 Gelegentlich auch PFLP-EO für *External Operations* oder PFLP-SO für *Special Operations*.
59 Vgl. Benny Morris, Righteous Victims: A History of the Zionist-Arab Conflict, 1881–2001, New York 2001, S. 379.
60 Vgl. den Beitrag von Thomas Skelton-Robinson, Im Netz verheddert. Die Beziehungen des bundesdeutschen Linksterrorismus (1969–1980) zur *Volksfront für die Befreiung Palästinas*, S. 828–904.
61 Die PFLP verließ das Exekutivkomitee der PLO 1974, um sich der Ablehnungsfront gegen Arafat anzuschließen, kehrte jedoch 1981 in die Organisation zurück.
62 Allerdings hatte es schon vorher Beziehungen zwischen Vertretern der deutschen Linken und der PLO gegeben. Eine Gruppe um Dieter Kunzelmann und Fritz Teufel war im Herbst 1969 zunächst nach Italien, dann über Jugoslawien, Bulgarien, die Türkei, den Libanon und Syrien nach Jordanien gereist. »Dort erhielt sie von Funktionären der Al Fatah eine Ausbildung in der Handhabung von Sprengstoffen und Zeitzündern.« Horchem, Die verlorene Revolution, S. 122.
63 Peters, Tödlicher Irrtum, S. 195–197; Stefan Aust, Der Baader Meinhof Komplex, S. 29–31.
64 U. a. Hans-Jürgen Bäcker, Brigitte Asdonk, Manfred Grashof, Petra Schelm, Heinrich Jansen.

65 Horchem, Die verlorene Revolution, S. 123.
66 Vgl. insbesondere Aust, Der Baader Meinhof Komplex, S. 121–134; Peters, Tödlicher Irrtum, S. 198–204.
67 Sprengstoffanschlag auf das Springer-Hochhaus in Hamburg, Erklärung vom 20. Mai 1972, in: Texte und Materialien zur Geschichte der RAF, S. 147.
68 Karmon, Deutsche Terroristen, S. 85.
69 Vgl. Horchem, Die verlorene Revolution, S. 118.
70 Diese Forderung wurde sowohl während der Münchner Geiselnahme 1972 als auch während der Besetzung des Hauses des saudiarabischen Botschafters in Khartum im März 1973 erhoben. Vgl. Karmon, Deutsche Terroristen, S. 78.
71 Aus der Protest-Chronik: 10. Dezember 1971, in: *Mittelweg 36*, 15. Jg., Juni/Juli 2006, Heft 3, S. 87–94, 90.
72 Diese Zusammenarbeit war so intensiv, dass nach unbestätigten Berichten die Führer beider Organisationen, Fusako Shigenobu und Georges Habasch, ein gemeinsames Kind hatten. May Shigenobu gibt bis heute die Identität ihres Vaters nicht bekannt. Vgl. *The Japan Times* vom 7. Mai 2006, A Life Less Ordinary.
73 Vgl. Joseph Croitoru, Der Märtyrer als Waffe. Die historischen Wurzeln des Selbstmordattentats, München 2003, S. 73–84.
74 Zu den Details vgl. William Farrell, Blood and Rage. The Story of the Japanese Red Army, Lexington/Toronto 1990.
75 Dabei ging die nordkoreanische »Betreuung« der japanischen Gäste so weit, dass junge Japanerinnen entführt wurden, damit die Kämpfer im Exil Ehefrauen aus ihrer Heimat haben konnten. Vgl. *Frankfurter Allgemeine Zeitung* vom 26. März 2002, Aus der Schule ins Terroristenlager. Die Entführung einer Japanerin.
76 Vgl. Joseph S. Bermudez, Terrorism: The North Korean Connection, New York 1990, S. 102f.
77 Vgl. auch Horchem, Die verlorene Revolution, S. 125.
78 »Der Feind greift an – wir weichen zurück; der Feind ist zum Stehen gekommen – wir lassen ihm keine Ruhe; der Feind ist ermüdet, wir greifen an; der Feind zieht sich zurück – wir verfolgen ihn.« Mao Tse-tung, Ein Funken kann die ganze Steppe in Brand setzen, in: Mao Tse-Tung, Ausgewählte Schriften, Bd. 1, Berlin 1958, S. 135–148, S. 144.
79 Verhaftung von Christa Eckes, Helmut Pohl, Ilse Stachowiak, Eberhard Becker, Wolfgang Beer und Margrit Schiller am 4. Februar 1974.
80 Margrit Schiller, »Es gab ein harter Kampf um meine Erinnerung«: Ein Lebensbericht aus der RAF, Hamburg 1999, S. 121–124.
81 So etwa Pflieger, Die Rote Armee Fraktion, S. 46–48. Gemeinhin wird die zweite Generation aber als diejenige Gruppe bezeichnet, »die in den Jahren 1977 bis einschließlich 1979 aktiv gewesen ist« (vgl. Wunschik, Baader-Meinhofs Kinder, S. 13). Wenn man allerdings weniger Gewicht auf Biografie und Personenanalyse legt und eine »Generation« nicht mit »einer komplett neu zusammengesetzten Kommandoebene« identifiziert (so Straßner, Die Dritte Generation der »Roten Armee Fraktion«, S. 80), sondern eher mit programmatischen, strategischen und organisatorischen Kontinuitäten und Diskontinuitäten, dann lassen sich Ansätze einer zweiten Generation schon 1973 erkennen. Die erste Aktion ist dann die Besetzung der deutschen Botschaft in Stockholm 1975.
82 Anschlag auf den Oberkommandierenden der US-Armee General Kroesen in Heidelberg, Erklärung vom 15. September 1981, in: Texte und Materialien zur Geschichte der RAF, S. 289–290, S. 290.
83 Peters, Tödlicher Irrtum, S. 309.

84 Erschießung des Generalbundesanwalts Buback, Erklärung vom 7. April 1977, in: Texte und Materialien zur Geschichte der RAF, S. 267–268, S. 267.
85 Brief der RAF an die Gefangenen der RAF, in: Texte und Materialien zur Geschichte der RAF, S. 193.
86 Erklärung zum Bombenanschlag im Hamburger Hauptbahnhof, in: Texte und Materialien zur Geschichte der RAF, S. 196.
87 So etwa Hans Josef Horchem, Auch Spione werden pensioniert, Herford 1993, S. 100; ähnlich Karmon, Deutsche Terroristen, S. 80.
88 Vgl. u.a. Kenneth Waltz, Theory of International Politics. New York 1979, S. 161–193; Stephen Walt, The Origins of Alliances, Ithaca 1987; James Morrow, Alliances and Asymmetry: An Alternative to the Capability Aggregation Model of Alliances, in: *American Journal of Political Science*, 35. Jg., 1991, Nr. 4, S. 904–933.
89 Allerdings stellte sich die Beziehung zur PFLP noch einmal als nützlich heraus, als nur durch palästinensische Intervention Brigitte Mohnhaupt, Peter-Jürgen Boock, Sieglinde Hofmann und Rolf Klemens Wagner im November 1978 aus jugoslawischer Haft entlassen werden und in den Südjemen ausreisen durften.
90 Guerilla, Widerstand und antiimperialistische Front, Mai 1982, in: Texte und Materialien zur Geschichte der RAF, S. 291–306.
91 Vgl. Wunschik, Baader-Meinhofs Kinder, S. 387–389.
92 Vgl. ebenda, S. 389–403; ausführlich: Michael Müller/Andreas Kanonenberg, Die RAF-Stasi-Connection, Berlin 1992.
93 Wunschik, Baader-Meinhofs Kinder, S. 401.
94 Vgl. Müller/Kanonenberg, Die RAF-Stasi-Connection, S. 195–208.
95 Guerilla, Widerstand und antiimperialistische Front, in: Texte und Materialien zur Geschichte der RAF, S. 303.
96 An alle, die auf der Suche nach Wegen sind, wie menschenwürdiges Leben hier und weltweit an ganz konkreten Fragen organisiert und durchgesetzt werden kann, April 1992, in: Texte und Materialien der RAF, S. 410–414, S. 412.
97 Ebenda, S. 291.
98 Die revolutionäre Front aufbauen, in: Texte und Materialien zur Geschichte der RAF, S. 363.
99 Für die Einheit der Revolutionäre in Westeuropa. Gemeinsame Erklärung von RAF und Action Directe, Januar 1985, in: Texte und Materialien zur Geschichte der RAF, S. 328.
100 Ebenda.
101 Zit. n. Straßner, Die Dritte Generation der »Roten Armee Fraktion«, S. 348.
102 Vgl. dazu z.B. Paul Wilkinson, International Terrorism. The Changing Threat and the EU's Response, Chaillot Papers, Nr. 84, Oktober 2005.
103 Straßner, Die Dritte Generation der »Roten Armee Fraktion«, S. 304.
104 Ebenda, S. 312.
105 »Die RAF und wir – feindliche Konkurrenten«, *Der Spiegel* vom 28. Juli 1986, 40. Jg., Nr. 31, S. 106–107.
106 Zit. n. Straßner, Die Dritte Generation der »Roten Armee Fraktion«, S. 309.

Andreas Elter

Die RAF und die Medien

Ein Fallbeispiel für terroristische Kommunikation

Terrorismus ist primär eine Kommunikationsstrategie«, überschreibt der Soziologe Peter Waldmann sein Buch »Terrorismus. Provokation der Macht«.[1] Waldmanns These sind einige Einwände entgegenzuhalten. Naheliegend ist, dass Terrorismus primär von der Ausübung physischer und psychischer Gewalt gekennzeichnet ist. Der Kommunikations- und vor allem Inszenierungsaspekt spielt dabei zwar eine sehr große Rolle – man erinnere sich nur an die spektakulären Anschläge auf das World Trade Center und das Pentagon im Jahre 2001 oder die bereits 1972 massenmedial aufbereitete Geiselnahme im Olympiadorf von München –, das primäre Merkmal für Terrorismus bleibt aber die physische Gewalt. Das beste Beispiel dafür sind ebenfalls die Anschläge vom 11. September 2001. Denn obwohl sie der bislang eindeutigste Fall für die bewusste Inszenierung einer terroristischen Tat sind, war der Symbol- oder PR-Effekt nicht ihr primäres Ziel – in diesem Fall hätten die Terroristen auch die Freiheitsstatue im Hafen von New York angreifen können. In erster Linie ging es stattdessen um die Vernichtung einer möglichst großen Zahl von Menschenleben auf einen Schlag. Daher möchte ich Waldmanns These, die sich in abgewandelter Form auch bei anderen Autoren finden lässt,[2] relativieren und wie folgt formulieren: »Terrorismus kann auch eine Kommunikationsstrategie sein.«

Was aber ist Terrorismus überhaupt?[3] Zwischen der Organisation, den politischen und ideologischen Zielen sowie letztlich den Anschlägen und Attentaten der ETA und der RAF, um nur zwei Beispiele herauszugreifen, bestehen erhebliche Unterschiede. Im angelsächsischen Raum hat sich der Begriff »insurgent terrorism« (aufständischer Terrorismus) verbreitet, mit dem eine Klassifizierung und Abgrenzung zum so genannten »Staatsterrorismus« gefunden werden soll.[4] In der deutschsprachigen Literatur findet sich die Unterscheidung in »Terror« und »Terrorismus«.[5] Von »Terrorregimen«, »Terrorherrschaft« oder »Terrordiktaturen« spricht man in der Regel dann, wenn der Schrecken und die psychische Gewalt von einer Diktatur, Machtclique oder wie auch immer beschaffenen Elite ausgehen.

»Terrorismus« hingegen bezeichnet zumeist die Gewalt von im Untergrund lebenden, nicht staatlich organisierten Gruppen oder Organisationen. Dieser Unterschied ist gerade im Hinblick auf den Kommunikationsaspekt wichtig. Das wird bereits an einem simplen Beispiel deutlich: Kann es z.B. aus Sicht eines diktatorischen Terrorregimes opportun erscheinen, sämtliche Medien zu kontrollieren, zu zensieren und gleichzuschalten, so stellen für eine Untergrundgruppe freie und unzensierte Medien eine Möglichkeit dar, ihre Botschaften möglichst flächendeckend zu verbreiten.

Neben der relativen Unschärfe des Begriffs »Terrorismus« existiert auch für den Begriff »Medien« weiterer Erklärungsbedarf. Häufig werden darunter Zeitungen, Fernsehen und Hörfunk subsumiert. Dann böte sich aber eher die Definition »Massenmedien« an. Weiterhin gilt es im Hinblick auf den Untersuchungsgegenstand die politische Ausrichtung, die Eigentums- und Organisationsverhältnisse und den Verbreitungsgrad der unterschiedlichen Medien zu berücksichtigen. Zwischen dem *Stern* und der *konkret* z.B. gibt es in dieser Hinsicht nicht unerhebliche Varianz. Des Weiteren zählen auch Flugblätter, Verlautbarungen, Erklärungen, Plakate oder Bücher zu den Medien. Auch und gerade sie dienen der terroristischen Kommunikation. Darüber hinaus war für die RAF das so genannte »info« ein entscheidendes Medium der internen Kommunikation. Ebenso ist zu klären, ob nur deutsche oder auch ausländische Medien gemeint sind. Dies sind nur einige Fragen, die sich aus dem Untersuchungsgegenstand »Die RAF und die Medien« ergeben.

Die Menge an Berichten, die allein in der Zeit der ersten Generation der RAF zum Phänomen RAF sowie zu ihren einzelnen Aktionen in bundesdeutschen Zeitungen erschienen sind, übersteigt bereits eine Zahl, die innerhalb eines einzigen Artikels auch nur ansatzweise zu behandeln wäre. Insofern wird hier nicht der Versuch unternommen, eine Übersicht über die Berichterstattung in Massenmedien zur RAF zu geben, sondern stattdessen ein anderer Ansatz gewählt, der sich aus dem bisherigen Forschungsstand ergibt.

Forschungsstand und Fragestellungen

Der großen Menge an Quellenmaterial steht nämlich bislang nur eine geringe Zahl an einschlägigen wissenschaftlichen Arbeiten entgegen. Die Medienprodukte (zumeist Zeitungsartikel, seltener Hörfunk- oder Fernsehberichte) tauchen zwar als Quellenlieferant für Untersuchungen über die RAF und den Terrorismus auf,[6] und auch das Verhältnis zwischen einzelnen Akteuren der RAF und den Medien wird zum Teil in Biografien gestreift.[7] Aber methodisch fundierte Arbeiten zum kommunikativen Wechselspiel zwischen RAF und Medien bzw. zur Mediennutzung oder zur Kommunikationsstrategie der RAF sind so selten, dass man von einer Terra incognita sprechen kann. Die meisten Studien, die den Aspekt der terroristischen Kommunikation überhaupt beleuchten, befassen sich nicht explizit mit der RAF, so auch Waldmanns Arbeiten. Der Großteil von ihnen stammt zudem aus dem angelsächsischen Raum und beschäftigt sich mit dem so genannten »internationalen Terrorismus« oder einem historischen Überblick über verschiedene Formen des Terrorismus. Dort sind der RAF allenfalls ein paar Zeilen oder Absätze gewidmet.[8] Auch die erst jüngst in deutscher Fassung erschienene Arbeit von Charles Townshend macht dabei keine Ausnahme.[9] Insofern erscheint es sinnvoll, den Schwerpunkt auf den Kommunikations- und Strategieaspekt zu legen.

Die Fragen, die sich aus den oben genannten Überlegungen und dem bisherigen Forschungsstand ergeben, lauten: Woraus bestehen terroristische Kommunikation und eine terroristische Kommunikationsstrategie? Und: Inwieweit lässt sich diese im Falle der RAF konkretisieren? Diesen Ausgangsfragen trägt die Gliederung dieses Beitrags Rechnung: In einem ersten Teil werden anhand der Sekundärliteratur unterschiedliche Terrorismusdefinitionen vorgestellt. Im zweiten Teil steht die Analyse der historischen Genese von terroristischer Kommunikation im Vordergrund. Und in einem dritten Teil werden die gewonnenen theoretischen Erkenntnisse mit dem Fallbeispiel RAF abgeglichen.

Terrorismusdefinitionen

Wie schon in der Einleitung angesprochen, geht es hier nicht um Staatsterror oder staatlich unterstützten Terror, sondern um den Terrorismus »von unten«, der von einer Gruppe ausgeübt wird, die keine Regierungsgewalt besitzt. Dazu gibt es eine Flut von Definitionen nebst Ergänzungen und Variationen. Laqueur bemerkte schon 1977: »In letzter Zeit wird der Begriff Terrorismus [...] in so vielen verschiedenen Bedeutungen benutzt, daß er fast völlig seinen Sinn verloren hat.«[10] Und 26 Jahre später beobachtete derselbe Autor:

»Es gibt keine philosophische Einführung in die Grundlagen des Terrorismus, keinen Clausewitz, noch nicht einmal einen Jomini, und vielleicht wird sich dies auch nie ändern – einfach deshalb, weil es *den* Terrorismus nicht gibt, sondern eine Vielzahl von Terrorismen, und was für die eine Spielart gilt, muss nicht notwendigerweise für alle gültig sein. Dem Verständnis des Terrorismus stehen erhebliche Hindernisse entgegen, die nicht zuletzt darin begründet sind, dass kein anderes Thema unserer Zeit derartige Emotionen hervorruft. Das mag zwar nur allzu natürlich sein, trägt zum besseren Verständnis aber nicht bei.«[11]

Der amerikanische Terrorismusforscher Brian Jenkins fügt einen anderen Aspekt hinzu: »Der Gebrauch des Begriffes impliziert ein moralisches Urteil; und wenn es einer Gruppierung/Partei gelingt, ihren Gegnern das Label ›Terrorist‹ anzuheften, dann hat sie es indirekt geschafft, andere von ihrem moralischen Standpunkt zu überzeugen. Terrorismus ist das, was die bösen Jungs machen.«[12] Wenig hilfreich ist es, den Terrorismus allein an moralischen Kriterien zu messen oder ihn auf eine individualpsychologische Ebene zu reduzieren. Dazu erläutert Jenkins: »Terrorismus wird oftmals als kopflose Gewalt, als sinnlose Gewalt oder als irrationale Gewalt bezeichnet. Wenn wir einmal die Aktionen der geringen Zahl von wirklich Wahnsinnigen außer Acht lassen, ist Terrorismus selten kopflos oder irrational. [...] Mit anderen Worten, Terrorismus hat klare Ziele, auch wenn diejenigen, die Terrorismus ausüben, manchmal so sehr ihren gewaltsamen Aktionen verfallen sind, dass sie den eigentlichen Punkt aus den Augen verlieren.«[13]

Seit Ende der 1970er Jahre sind zahlreiche neue Gruppierungen und Organisationen entstanden – *Al-Qaida* ist nur eine davon. Sie alle haben zu unterschiedliche Ziele, politische oder religiöse Motive, als dass sie von ihrem ideologischen Selbstverständnis her in einem Raster zusammenzufassen wären. Der von Laqueur vorgeschlagenen Einteilung in verschiedene Terrorismen entsprechen die meisten Autoren. So unterscheidet Waldmann z. B. zwischen nationalistischem, sozialrevolutionärem oder religiösem Terrorismus.[14] In anderen Schriften findet sich eine Unterteilung in nationalistischen und separatistischen Terrorismus oder die Abgrenzung zwischen »linkem«, »rechtem« und »anarchistischem« Terrorismus.[15] Wiederum andere Autoren folgen einer geografischen Ordnung und differenzieren zwischen verschiedenen Terrorismen in unterschiedlichen Weltregionen oder einzelnen Ländern der Erde.[16] Und nicht zuletzt ist es nicht unüblich, zwischen den Terrorismen einzelner Gruppen oder Organisationen zu unterscheiden, ohne diese in eine übergeordnete Klassifizierungsstruktur einzubetten.[17]

Einen Mangel an Ausdifferenzierungen und Abgrenzungen gibt es also nicht. Es sei hier noch eine letzte hinzugefügt: Vor allem in den Ländern der so genannten Dritten Welt bezeichneten und bezeichnen sich aufständische Gruppierungen häufig selbst als »Guerilla«, obwohl diese Beschreibung objektiv nicht immer zutreffend ist. Auch die RAF benutzte in ihrer Selbstdarstellung – vor allem in ihren Anfängen – den Begriff »Stadtguerilla«. Whitaker merkt zum Unterschied zwischen Terrorismus und Guerilla an: »Terrorismus wird oftmals mit Guerillakampf verglichen, vermischt oder sogar gleichgesetzt. Das ist nicht sonderlich verwunderlich, weil sich Guerillas häufig derselben Taktiken (Mordanschläge, Geiselnahmen, Bombenattentate [...] etc.) zu denselben Zwecken bedienen. [...] Jedoch [...] gibt es fundamentale Unterschiede zwischen den beiden. ›Guerilla‹ z. B. bedeutet in einem weithin akzeptierten Sprachgebrauch, eine zahlenmäßig größere Gruppe bewaffneter Individuen, die als militärische Einheit operiert, feindliche militärische Kräfte angreift und die Gebiete erobern und halten will [...], während sie gleichzeitig eine gewisse Form der Souveränität oder Kontrolle über ein definiertes geografisches Areal und seine Bevölkerung ausübt. Terroristen hingegen fungieren nicht offen als bewaffnete Kampfeinheiten, versuchen nicht Gebiete zu erobern oder zu halten, achten sorgsam darauf, sich nicht mit feindlichen militärischen Truppen in eine offene Feldschlacht zu verstricken und üben auch nur selten direkte Kontrolle oder Souveränität über ein Territorium oder seine Bevölkerung aus.«[18] Bereits in den 1970er Jahren brachte Franz Wördemann dies auf die griffige Formel: »Der Guerillero will den Raum, der Terrorist will dagegen das Denken besetzen.«[19]

Neben den bereits zitierten Autoren haben sich unzählige weitere Wissenschaftler und Publizisten mit den bestehenden Terrorismusdefinitionen auseinander gesetzt oder eigene Ansätze formuliert. Dazu zählen Bruce Hoffmann, Robert G. Picard, Martha Crenshaw, James Adams, David Rapoport, Jochen Hippler, Christopher Daase, Iring Fetscher, Günter Rohrmoser, David Fromkin oder Herfried Münkler, um nur einige wenige zu nennen. Trotz aller begründeten Unterschiede und verschiedener Schwerpunkte in den Definitionen gibt es in der Forschung inzwischen aber auch einen gewissen Konsens darüber, was unter Terrorismus zu verstehen ist.[20] Aus den angebotenen Definitionen kristallisieren sich übereinstimmende Punkte heraus, die hier mit eigenen Beobachtungen verknüpft werden.

Eine terroristische Gruppe
– ist nicht staatlich legitimiert oder im Besitz der Macht;
– ist politisch, ideologisch oder religiös motiviert und hat – wie auch immer definierte – längerfristige Ziele;
– operiert in der Illegalität als klandestine Organisation oder Zusammenschluss loser Zellen;
– ist oftmals, aber nicht zwangsläufig, hierarchisch geordnet, fast immer jedoch gibt es funktionale Gliederungen für spezifische Aufgaben, wie z. B. die Vorbereitung von Anschlägen;
– wendet als primäres Mittel physische Gewalt an, auch wenn psychische Wirkungen intendiert sind;
– will Angst und Schrecken verbreiten, auf gesellschaftliche Verhältnisse aufmerksam machen, Meinungen und Handlungen beeinflussen oder zu Umstürzen und Volksaufständen beitragen, aber niemals längerfristig ein großes Territorium im militärischen Sinne mit eigenen Leuten besetzen;

- hat immer einen von ihr selbst definierten Feind;
- zielt bei ihren Aktionen nicht nur auf den Feind, sondern der Tod Unbeteiligter wird geplant oder billigend in Kauf genommen;
- bedient sich sowohl der »Propaganda der Tat« als auch der »Propaganda des Worts« und bekennt sich zu ihren gewaltsamen Aktionen (Geiselnahmen, Bombendrohungen Attentaten, Flugzeugentführungen, Morden);
- plant spektakuläre Aktionen, sie sollen eine massenmediale Wirkung erzielen, die breite Öffentlichkeit erreichen und einen langfristigen psychologischen Effekt herbeiführen;
- verfügt über eine Logistik sowie Finanzierungsquellen;
- hat in der Regel eine Unterstützer- und/oder Sympathisantenszene.

Von diesen zwölf Kriterien treffen elf ohne Einschränkungen und eines mit geringen Abweichungen (Akzeptanz des Todes Unbeteiligter) auf die RAF zu. Sie war also eindeutig eine terroristische Gruppe und nicht etwa eine Guerilla oder soziale Protestbewegung.

Terrorismus und Kommunikation

In fast allen größeren Unternehmen oder Organisationen gibt es eine interne und eine externe Kommunikationsabteilung. Auch bei terroristischen Gruppen ist eine ähnliche Aufteilung zu finden. Nicht immer hat dies zwangsläufig eine funktionale Untergliederung in einzelne Abteilungen zur Folge, und es gibt häufig personelle Überschneidungen. Das Prinzip der Aufteilung in eine interne und eine externe Kommunikation ist aber fast immer erkennbar. Es liegt in der Natur einer terroristischen Organisation, dass sie im Untergrund tätig ist. Schon allein deshalb muss sie intern im Geheimen kommunizieren. Anschläge, Fluchtwege, Logistik – all das muss geplant werden, und dafür sind sichere und damit verborgene Kommunikationswege unverzichtbar.

Mindestens genauso relevant ist aber die externe Kommunikation einer Terrororganisation. Denn während ihre Struktur, Anschlagspläne oder Nachschubwege verborgen bleiben müssen, sollen ihre *Taten*, ihre Aktionen, publik werden. Wenn man so will, liegt darin ein systemimmanenter Widerspruch: eine klandestine Gruppe, die große Öffentlichkeit braucht. Bei ihrer externen Kommunikation bedienen sich Terroristen daher des Umwegs über die Tat. Fetscher und Rohrmoser bemerken dazu: »Dagegen soll Terrorismus die Strategie genannt werden, die ihre Ziele über die *Reaktionen auf ihre Aktionen* ansteuert [...].«[21] Wird jedoch die Aktion, die Tat nicht bekannt, kann es keine Reaktionen auf sie geben. Oder in den Worten von Sepp Binder:

»Kommunikation ist unerläßlicher Bestandteil der terroristischen Gewalttat: Der Terrorist bewirkt für sich allein nichts, die Publizität hingegen alles.«[22] Die externe Kommunikation stellt also die Schnittstelle zu den Medien dar, deswegen liegt hier der Schwerpunkt der Untersuchung.

Damit sie auf jeden Fall rezipiert wird und die externe Kommunikation nicht ins Leere läuft, muss die Tat so spektakulär, grausam oder ungewöhnlich sein, dass die Öffentlichkeit sie nicht ignorieren *kann*. Diesen Gedankengang gibt es schon seit den Frühzeiten der revolutionären Aktion, in der der »aufständische« Terrorismus seine historischen Wurzeln hat. Er kann bis ins 19. Jahrhundert zurückverfolgt werden: »Eine exemplarische Tat ist nötig, um den Massen, die nicht in der Lage sind zu lesen oder zu schreiben, den Sozialismus in der Praxis deutlich zu machen, ihn sichtbar, fühlbar und konkret zu machen.«[23]

Doch neben der Überlegung, dass eine hohe Analphabetenrate eine »Propaganda des Wortes« verhindert, gab es auch schon damals andere Gründe für die »Propaganda der Tat« – ein maßgeblich von den russischen Anarchisten Bakunin und Kropotkin geprägter Begriff. Kropotkin schreibt: »Die neue Idee [der Propaganda der Tat, A. E.] zielt direkt auf die Köpfe der Menschen und gewinnt Konvertiten. [Dies ist hier nicht im religiösen Sinne zu verstehen, sondern im politischen; meint also neue Anhänger. A. E.] Nur eine dieser Taten erzielt in nur wenigen Tagen einen wesentlich höheren Propagandaeffekt als Tausende Pamphlete.«[24]

Die »Propaganda der Tat« – oder um diesen Begriff zu konkretisieren: politischer Mord und Bombenattentate, wurde auch schon damals unter Effizienzgesichtspunkten im Hinblick auf die Öffentlichkeitswirksamkeit geplant und durchgeführt, wie der radikale Revolutionär und Terrorismus-Theoretiker Johannes Most bereits 1884 konstatierte: »Jedermann weiß nun: Je höher derjenige steht, der erschossen oder in die Luft gejagt werden soll und je perfekter dieser Versuch ausgeführt wird, umso größer wird der Propagandaeffekt sein. [...] Wenn eine solche Aktion abgeschlossen ist, ist die wichtigste Sache, dass die Welt davon durch die Augen der Revolutionäre erfährt, so dass jedermann weiß, was ihre Position, ihre Meinung dazu ist. [...] Um den gewünschten Erfolg mit höchster Perfektion zu erzielen, sollten, sobald die Aktion ausgeführt wurde – speziell in der Stadt, in der sie stattfand – Poster aufgehängt werden, auf denen die Gründe für die Aktion [das Attentat, A. E.] erläutert werden, damit aus der Aktion der größte mögliche Nutzen gezogen werden kann.«[25]

Obwohl diese Bemerkungen vor mehr als 100 Jahren geschrieben wurden, haben sie nichts von ihrer Gültigkeit verloren. Sie weisen auf drei Punkte hin, die nach wie vor für die Kommunikation einer terroristischen Gruppe entscheidend sind:

– Die Tat als solche stellt schon eine Form der Kommunikation dar; mit ihr wird die Aufmerksamkeit größerer Zielgruppen erreicht.
– Die terroristische Gruppe muss sich zu der Tat in irgendeiner Weise bekennen oder anderweitig deutlich machen, dass sie sie verübt hat.
– Die Gruppe macht in einem Bekennerschreiben oder auf anderem Kommunikationswege (z. B. durch Pamphlete oder in heutiger Zeit durch Internet-Videobotschaften) deutlich, was sie mit der Tat beabsichtigt hat.

Insbesondere der letzte Punkt, den man auch als »Tatbegründung« einordnen kann, ist bei terroristischen Organisationen heikel. Da das Gewaltmonopol in einer demokratischen Gesellschaft, um die es im Zusammenhang mit der RAF geht, beim Staat liegt, werden Anschläge und Attentate von einer breiten Bevölkerungsschicht a priori als illegitimer Akt der politischen Auseinandersetzung und als Tat von Kriminellen verstanden. Die Akzeptanz dafür tendiert gegen null. Insofern zielt die terroristische Aktion ganz bewusst auch auf eine harte Reaktion des Staates. Sie will provozieren und damit die Verfolgungsbehörden und die Politik reizen, zu drakonischen Mitteln zu greifen und selbst die Grenzen des Rechtsstaates zu überschreiten. Wenn das geschieht, zeigt der Staat aus Sicht der Terroristen sein wahres Gesicht oder seine »Fratze«, so das Kalkül. Dadurch wiederum hofft die terroristische Organisation Unterstützer, Sympathisanten oder spätere Mitglieder zu werben.[26] Dies gilt auch für die RAF. Über die unterschiedlichen Facetten dieses Provokationsmechanismus und die Überreaktion der Sicherheitsorgane ist in Bezug auf die RAF schon viel geschrieben worden, es soll daher hier nicht noch einmal aufgerollt werden. An dieser Stelle sei stattdessen darauf verwiesen, dass dieser von den Terroristen intendierte Provokationsmechanismus eine essentielle Bedeutung für ihre externe Kommunikation hat.

Je plausibler also die Tatbegründung, desto höher der psychologische Wirkungsgrad in der Öffentlichkeit. Der »interessierte Dritte« spielt dabei eine wesentliche Rolle. Dieser Begriff wurde erstmals von Rolf Schroers Anfang der 1960er Jahre benutzt, hatte damals aber eine etwas andere Konnotation.[27] Hier ist damit ein der terroristischen Aktion neutral bis wohlwollend gegenüberstehender Betrachter gemeint, der aus Sicht der Terroristen als potentieller Sympathisant oder sogar Unterstützer gewonnen werden könnte. Um dies an einem Beispiel aus der RAF-Geschichte zu erläutern: Während der Anschlag auf das Springer-Hochhaus in Hamburg von konservativen Kreisen und höchstwahrscheinlich auch von den meisten Liberalen kategorisch abgelehnt und entweder – je nach Standpunkt des Betrachters – als blindwütige Gewalt einer kriminellen Bande oder als Grenzüberschreitung ideologisch verblendeter junger Leute interpretiert wurde, hätte er doch aufgrund seines Symbolwerts in der linken Sympathisantenszene Genugtuung hervorrufen können.

Andererseits, und dies ist auch im Hinblick auf den »interessierten Dritten« das Problem, wurden bei dem Anschlag 17 Unbeteiligte verletzt. Die RAF rechtfertigte sich damit, sie habe vor dem Anschlag in mehreren Telefonanrufen gewarnt: »Springer geht lieber das Risiko ein, daß seine Arbeiter und Angestellten durch Bomben verletzt werden, als das Risiko, ein paar Stunden Arbeitszeit, also Profit, durch Fehlalarm zu verlieren. Für die Kapitalisten ist der Profit alles, sind die Menschen, die ihn schaffen, ein Dreck. Wir bedauern, daß Arbeiter und Angestellte verletzt worden sind. [...] Wir verlangen, daß die Springerpresse diese Erklärung abdruckt.«[28]

Der Ex-Terrorist Michael »Bommi« Baumann – der in der *Bewegung 2. Juni* aktiv war, die sich bis zu ihrer Selbstauflösung als Alternative zur RAF sah – bemerkt zum Anschlag auf das Springer-Hochhaus: »Dabei sind ihnen natürlich große Fehler unterlaufen, daß sie die Arbeiter bei Springer in die Luft gejagt haben. Dann ist natürlich der richtige Abfall gekommen [...] daß die Leute sie nicht mehr unterstützt haben. [...] Die RAF hat gesagt, diese Revolution wird nicht über die politische Arbeit aufgebaut, sondern durch Schlagzeilen, durch ihr Auftreten in der Presse, [...] auf der anderen Seite rechtfertigten sie sich nur noch über die Medien, sie vermittelten sich nur noch auf diese Weise.«[29]

Auch wenn Baumann natürlich aus der Perspektive einer mit der RAF konkurrierenden Bewegung spricht und daher weder als neutraler Beobachter noch als RAF-Insider, ist seine Beobachtung in Bezug auf die Wirkung des Springer-Anschlags richtig. Auch seine Schlussfolgerung, dass eine terroristische Gruppe sich nicht nur ausschließlich über die Medien vermitteln kann, wenn sie die Unterstützung ihrer ursprünglichen Basis nicht verlieren will, ist ein berechtigter Einwand.

Denn neben der Auswahl des Anschlagszieles und der potentiellen Opfer ist die Vermittlung der Tat beim spezifischen Adressaten der »Terrorbotschaft« und beim »interessierten Dritten« essentiell. Wird nicht sofort deutlich, wem der Anschlag galt, oder kommen »Unschuldige« ums Leben, verpufft die Wirkung der Tat nicht nur, sondern es entwickeln sich sogar kontraproduktive Tendenzen. Der »interessierte Dritte« ist also eine sehr wichtige Zielgruppe der externen terroristischen Kommunikation – aber nicht die einzige. Weitere sind:

– der Feind (also im Fall der RAF die amtierende Regierung der BRD und die Repräsentanten der Staatsmacht), dem seine Verwundbarkeit durch die Macht des Terrorismus gezeigt werden soll;

– die Regierungen des Auslands bei internationalen oder Unterstützungsaktionen;

– die breite Öffentlichkeit, der Angst und Schrecken eingejagt und der klar gemacht werden soll, dass die Staatsorgane ihr keinen Schutz bieten können;

- die eigenen Mitglieder, die neben der internen Kommunikation auch durch die externe Kommunikation erreicht werden und denen die Aktionen als Bestätigung ihrer Haltung und ihres Handelns dienen sollen;
- die Unterstützerszene, der ebenfalls ein »Erfolgsgefühl« vermittelt werden soll;
- und die Sympathisantenszene, aus der sich eventuell neue Mitglieder oder Unterstützer rekrutieren lassen.

Um sämtliche Zielgruppen gleichermaßen zu erreichen, bedarf es einer Kommunikation, die über Untergrundzeitschriften, Pamphlete, Flugschriften oder Memos hinausgeht. Während Bakunin, Kropotkin und andere noch auf die Wirkung der Tat als solcher abhoben, erweiterte in den 1960er und frühen 1970er Jahren der Brasilianer Carlos Marighella die terroristische Kommunikationsstrategie. Er betonte nicht nur die Bedeutung der Tat, sondern vor allem die Bedeutung ihrer Vermittlung. Dabei spielten für ihn die Massenmedien eine entscheidende Rolle:

»Moderne Massenmedien sind wichtige Mittel der Propaganda, allein durch die simple Tatsache, dass sie darüber berichten, was die Revolutionäre tun. [...] Der Nervenkrieg – oder die psychologische Kriegsführung – ist eine Kampftechnik, die auf der direkten oder indirekten Nutzung der Massenmedien basiert. [...] Jede einzelne und die Gesamtheit der bewaffneten Aktionen der Stadtguerilla sind Propaganda. Und im Massenkommunikationssystem wird die Berichterstattung über die mit genau festgelegten Zielen durchgeführten Aktionen unweigerlich zur Propaganda.«[30]

Marighella erkannte also schon früh, dass die modernen Massenmedien von Untergrund- und Terrororganisationen genutzt und sogar manipuliert werden können. Aber warum ist dies so? Um diese Frage zu klären, hilft ein Blick auf das Feld der Medien- und Kommunikationswissenschaften und dort insbesondere auf die Bereiche Agenda-Setting, Nachrichtenwerttheorien und Medienwirkungsforschung. Hier seien exemplarisch die amerikanischen Medienwissenschaftlerteams Galtung und Ruge sowie Katz und Dayan genannt. Galtung und Ruge haben fest definierte Auswahlkriterien ermittelt, nach denen die Massenmedien (also auch die großen Nachrichtenagenturen, über deren Informationssysteme viele große Zeitungen und Sender überhaupt erst mit Material beliefert werden) entscheiden, ob über einen Sachverhalt berichtet wird und er somit zu einer »Story« werden kann.[31] Diese Kriterien sind unter anderen:
- Timing: Kommt das Ereignis noch vor Redaktionsschluss?
- Aktualität: Ist das Ereignis frisch und nicht schon mehrere Monate alt?
- Emotionalität: Verursacht das Ereignis eine starke Gefühlsregung?
- Kuriosität: Ist das Ereignis außergewöhnlich?
- Personalisierung: Ist das Ereignis an Menschen festzumachen?

- Elitenbezug: Haben diese Menschen eine wichtige Funktion?
- Prominenz: Sind diese Menschen sehr bekannt?
- Relevanz: Hat das Ereignis eine ausreichende Tragweite?
- Negativeffekt: Ist das Ereignis gewaltsam?
- Nähe: Betrifft das Ereignis in irgendeiner Weise den Zuschauer?
- Kontinuität: Kann das Ereignis in der Berichterstattung fortgeschrieben werden?
- Eindeutigkeit: Ist das Ereignis sofort verständlich?

Wenn die Mehrzahl dieser Fragen mit »Ja« beantwortet werden kann, wird über den Sachverhalt oder das Ereignis berichtet und damit auch für eine massenmediale Verbreitung gesorgt.

Betrachtet man nun die Art vieler terroristischer Aktionen (Attentate, Anschläge, politische Morde, Brandstiftungen, Sabotageakte, Geiselnahmen oder Flugzeugentführungen), so kommt man ohne Zweifel zu dem Ergebnis, dass auf die meisten von ihnen die von Galtung und Ruge ermittelten professionellen Nachrichtenfaktoren zutreffen. Die Wahrscheinlichkeit, dass über sie berichtet wird, liegt damit sehr hoch. Dies legt den Schluss nahe, dass terroristische Gruppen ihre Aktionen auch im Hinblick auf die Medienwirksamkeit planen. Mit Dayan und Katz sei hier noch ergänzt, dass gerade ein fortlaufendes Ereignis, das sich über mehrere Tage hinzieht und live übertragen werden kann, nicht nur zu einer normalen Nachricht, sondern zu einem großen Medien-Event werden kann.[32] Für die externe terroristische Kommunikation sind demnach spektakuläre Anschläge bei Großereignissen oder Flugzeugentführungen ein besonders probates Mittel, um eine möglichst große Medienöffentlichkeit zu erzielen. Wenn eine Aktion ganz bewusst im Hinblick auf ihre mediale Verwertbarkeit geplant und durchgeführt wurde, sie also teleologisch ausgerichtet war oder ist, kann man von einer terroristischen Kommunikationsstrategie sprechen.

Terroristen haben durch die Auswahl des Anschlagsziels großen Einfluss darauf, *ob* über ihre Taten berichtet wird. *Wie* aber ihre Aktionen in den Medien bewertet werden, können sie nur sehr indirekt steuern. Das ist bei der RAF ein entscheidendes Thema gewesen. Denn sie betrachtete die etablierten Medien auch als Teil des »Schweinesystems« und sah sich oftmals in der Berichterstattung diffamiert. Zur externen Kommunikationsstrategie kann es daher auch gehören, Medienhäuser zu besetzen oder einzelne Journalisten zu entführen, um den Abdruck oder die Ausstrahlung einer eigenen Erklärung im genauen Wortlaut und ohne Änderungen in der Zeitung, im Radio oder im Fernsehen zu erpressen.

Nachdem nun die Rahmenbedingungen für terroristische Kommunikationsstrategien abgesteckt wurden, wird im Folgenden der Frage nachgegangen, inwiefern die RAF diese nutzte.

Die RAF und die Medien als Fallbeispiel

Das Thema »Die RAF und die Medien« hat unzählige Facetten: So lassen sich z.B. die Erklärungen, Verlautbarungen und theoretischen Texte der RAF als Teil ihrer Medienpolitik verstehen, die entweder auf die breite Öffentlichkeit zielte oder (bei anderen Texten) auf die Sympathisantenszene als spezifische Zielgruppe fokussierte.[33] Des Weiteren gibt es bei einzelnen Akteuren einen eindeutigen biografischen Medienhintergrund: Ulrike Meinhof war Journalistin und Publizistin. Sie engagierte sich bereits in der Anti-Atomtod-Bewegung, wurde Mitglied der illegalen KPD, solidarisierte sich mit den sozialen Protestbewegungen der 1960er Jahre und war Aktivistin der APO, bevor sie in den Untergrund ging.[34] Holger Meins, um nur *ein* weiteres RAF-Mitglied exemplarisch herauszugreifen, hatte, bevor er in den Untergrund ging, Design und Film studiert. Darüber hinaus gab es zahlreiche direkte Kontakte von RAF-Terroristen zu Medienschaffenden, Journalisten, Künstlern, Verlegern oder Designern. Nach einer unbelegten Anekdote ist so auch das RAF-Logo entstanden bzw. von dem professionellen Werbegrafiker Holm von Czettritz »geprüft« worden, mit dem Andreas Baader kurzfristig befreundet war. Das berichtete von Czettritz zumindest selbst in einem Interview mit der *tageszeitung:* »In Klaus Sterns TV-Dokumentation ›Andreas Baader, der Staatsfeind‹ kommen Sie als früher Weggefährte zu Wort. Darin erwähnen Sie eine ganz unglaubliche Geschichte: dass Baader zu Ihnen kam und das Logo der RAF von Ihnen als Grafikdesigner überarbeiten lassen wollte.

Holm von Czettritz *(lachend):* Richtig. Heute würde man Relaunch dazu sagen. Weil ich dazu aber keine Lust hatte und ich das irgendwie so naiv fand, hab ich ihm damals gesagt: In seiner Rustikalität hat das eine Originalität, die würde ich nicht verändern. Das muss diesen rauen Ursprungscharakter behalten. Das sag ich dir als Markenartikler. *(lacht)* Weil er diesen Beruf ja als kapitalistischen Beruf verachtete. Lässt sich aber von einem beraten.

Hatte er denn konkrete Vorstellungen?

Die Elemente sollten wohl bleiben. Das war ja wie ein Kartoffeldruck. Aber das wollten sie irgendwie gefälliger.«[35]

Von der Unterstützung, die die RAF aus der Sympathisantenszene und zum Teil von namhaften Literaten direkt oder indirekt erfuhr, wird hier noch in anderem Zusammenhang die Rede sein. Um sich aber nicht in den biografisch-anekdotischen Aspekten zu verlieren, soll hier weiter nach den Kommunikationsstrategien der RAF geforscht werden. Diese Suche führt unwillkürlich wieder zurück zu Ulrike Meinhof. Mit dem Problem des illegalen Widerstands setzte sie sich schon früh auseinander. In ihrem Artikel zum Frankfurter Prozess gegen die Warenhausbrandstifter schreibt sie: »Das progressive Moment einer Warenhausbrandstiftung liegt nicht in der Vernichtung der Waren, es liegt in der Kriminalität der Tat, im Gesetzesbruch. [...] Hat also eine Warenhausbrandstiftung dies progressive Moment, daß verbrechensschützende Gesetze dabei gebrochen werden, so bleibt zu fragen, ob es *vermittelt* [Hervorhebung A. E.) werden kann, in Aufklärung umgesetzt werden kann. Was können – so bleibt zu fragen – die Leute mit einem Warenhausbrand anfangen?«[36]

In der Retrospektive wurde dieser Artikel von vielen Beobachtern als Ausgangspunkt für die Radikalisierung von Ulrike Meinhof gewertet, weil sie sich vermeintlich mit den Brandstiftern dadurch solidarisierte, dass sie Fritz Teufel mit den Worten »Es ist immer noch besser, ein Warenhaus anzuzünden, als ein Warenhaus zu betreiben« zitierte. Liest man den Artikel aufmerksam, kann man auch zu einem anderen Schluss kommen – die Solidaritätsbekundungen mit den Brandstiftern sind keineswegs so eindeutig. Aber dies ist in unserem Zusammenhang nicht der Punkt.

Vielmehr zeigt sich an dem Zitat, dass Meinhof bereits zu einem sehr frühen Zeitpunkt (1968) über den Aspekt der Vermittlung einer gewaltsamen Tat, also deren potentieller propagandistischer Wirkung nachdachte. Das Ergebnis des Gedankengangs war in diesem Fall: »So bleibt, daß das, worum in Frankfurt prozessiert wird, eine Sache ist, für die Nachahmung [...] nicht empfohlen werden kann.«[37] Ulrike Meinhof hatte andere, größere Ziele im Sinn.

Wenn man die zahlreichen Artikel, die sie für *konkret* und später für die RAF verfasst hat – z.B. ihr Grundlagenpapier »Das Konzept Stadtguerilla«[38] –, nimmt und die Literatur, die sie sich von Rechtsanwalt Klaus Croissant später in ihre Zelle hat liefern lassen, dazuaddiert, so lässt sich daraus zweierlei ableiten: Zum einen legte Ulrike Meinhof bei ihren Veröffentlichungen einen Schwerpunkt auf die Auseinandersetzung mit programmatischen Schriften der revolutionären Linken (z.B. Mao, Lenin, Bakunin); zum anderen beschäftigte sie sich aber auch mit dem Mediensystem der BRD:

»An die Karl Marx Buchhandlung Frankfurt/Main Jordanstraße 11; 15. 11. 1974
    Sehr geehrte Herren! Bitte, senden Sie an:
    Frau Ulrike Meinhof
    1000 Berlin 21
    Alt Moabit 12 a Justizvollzugsanstalt
    Folgende Bücher
    1. Sante Notarnicola: Die Bankräuber aus der Bacciera (Trikont Verlag)

2. Hans Jürgen Koschwitz: Publizistik und politisches System (Piper Verlag)
[...]
5. Jürgen Alberts u.a.: Mit IBM in die Zukunft – Rotbuch
6. Klaus Berpohl: Die Massenmedien – Nymphenburger
[...]
Rechnung erbitten wir an uns. Mit freundlichen Grüßen Rechtsanwalt Dr. Croissant«.[39]

Von einer kritischen Auseinandersetzung mit dem Mediensystem und seinen »kapitalistischen Strukturen« kann also zumindest bei einzelnen Mitgliedern der RAF mit Fug und Recht gesprochen werden.[40] Darüber hinaus fehlte es nicht an Schulungs- und Aufklärungsmaterial für die anderen.[41] Darin fanden sich auch viele Artikel und Literaturverweise zu den Medien, ihrer Wirkung und ihrer Rolle im gesellschaftlichen System.

Auch wenn es – wie Laqueur bemerkt – den einen großen Theoretiker des Terrorismus wohl nicht gibt, so gibt es doch unzählige verschiedene Theoretiker und Praktiker des Anarchismus (z.B. Bakunin und Kropotkin), der revolutionären Bewegung (z.B. Mao oder Che Guevara) oder des Stadtguerillakampfes (z.B. Marighella oder die *Tupamaros* in Uruguay).

Diese Theoretiker und Praktiker der »Propaganda der Tat« waren den Mitgliedern der RAF nicht nur bekannt – in vielen Punkten orientierten sie sich an ihnen: Sie waren gewissermaßen die geistigen Väter.

Es dürfte daher kein Zufall gewesen sein, dass Andreas Baader ausgerechnet bei einem Schreiben »An die Nachrichtenredakteure der westdeutschen Presse«, welches er bei der Deutschen Presse-Agentur in den Briefkasten warf, Carlos Marighella zitierte: »Die Bullen werden solange im Finstern tappen, bis sie sich gezwungen sehen, die politische in eine militärische Situation umzuwandeln.«[42] Baaders Schreiben sollte als Beleg dafür dienen, dass er nach einem Schusswechsel mit der Polizei und seiner anschließenden Flucht noch lebte. Deswegen unterzeichnete er es auch mit seinem Daumenabdruck, um die Authentizität zu »beurkunden«. Ein weiterer Zweck des Schreibens war, einen Frontalangriff gegen die etablierten Medien zu fahren, »weil die westdeutsche Presse die Erklärung der Stadtguerilla-Kommandos nahezu vollständig unterschlagen hat. Stattdessen hat die Frankfurter Rundschau einen aus Buchstaben zusammengesetzten Brief verbreitet, dessen Charakter als Fälschung bei einem Vergleich mit authentischen Veröffentlichungen der RAF offensichtlich ist, um den Eindruck zu vermitteln, die Bombenattentäter seien Wirrköpfe, die chaotisch handeln, was die Bevölkerung in der Tat beunruhigen müsste. [...] Springer hat unter der Drohung weiterer Bombenanschläge die an ihn gerichteten Forderungen, wenn auch verstümmelt, publiziert. Die übrige Presse muß wissen, daß sie selbst Aktionen gegen den

Springerkonzern provoziert, wenn sie sich aufgrund des ökonomischen Drucks, der von Springer ausgeht, freiwillig und opportunistisch seiner Zensurpraxis unterwirft. Wir fordern sie deshalb auf, die Bevölkerung nicht länger über den politischen Inhalt der Bombenanschläge zu täuschen […].«[43]

Die Massenmedien als Manipulator der öffentlichen Meinung spielten in den verschiedenen Erklärungen der RAF immer wieder eine Rolle. Als ein weiteres Beispiel sei hier die »Erklärung zum Bombenanschlag im Hamburger Hauptbahnhof« zitiert. In diesem Aufruf »gegen den Versuch der staatlichen Propaganda, den Anschlag im Hamburger Hauptbahnhof in die Nähe der RAF zu rücken« geht es der Gruppe zunächst darum, deutlich zu machen, dass nicht sie für den Anschlag verantwortlich war. Es folgt ein Abschnitt, der sich explizit mit der Funktion der Medien und sogar einzelner Journalisten beschäftigt: »tatsache ist, daß der staatsschutz sein innerhalb der reaktionären struktur der durch medienkonzerne und öffentliche anstalten [ARD und ZDF, A. E.] institutionalisierten öffentlichkeit operierendes netz von staatsschutz-journalisten benutzt, um die rezeption des anschlags gezielt gegen die stadtguerilla zu steuern. profilierte figuren in diesem netz, das an die pressestelle des bka und die pressekonferenz angeschlossen ist, sind krumm in der fr, busche in der faz, leicht und kühnert in der sz und rieber und zimmermann, die in mehreren überregionalen zeitungen publizieren. der artikel von zimmermann, der einen zusammenhang zwischen dem anschlag, der raf, der bewegung 2. juni und siegfried haag behauptet, ist außer in der springerpresse parallel in acht überregionalen tageszeitungen erschienen.«[44]

Diese Erklärung ist gleich in doppelter Hinsicht für das Verhältnis Medien–RAF höchst interessant. Zum einen zeigt sie, dass die Gruppe offensichtlich so etwas wie einen Pressespiegel erstellt hatte, um festzustellen, wer was über sie berichtete. Wie hätte sie sonst wissen können, dass der Zimmermann-Artikel »außer in der springer-presse parallel in acht überregionalen tageszeitungen« erschienen war. Pressespiegel, Sammlungen von Zeitungsartikeln und ihre Systematisierung sind ein klassisches Instrument jeder Presse- und Öffentlichkeitsabteilung und ein Hilfsmittel für die externe Kommunikation. Die Erklärung ist zum anderen aber deswegen besonders aufschlussreich, weil sie die Ambivalenz der RAF in Bezug auf die Massenmedien zeigt. Denn während einerseits die etablierten Zeitungen und explizit die *Frankfurter Rundschau* (FR) als Instrument des Staatsschutzes kritisiert werden, wird in derselben Erklärung nur einige Zeilen zuvor die FR von den Terroristen zitiert, um eine Verschwörungsthese zu belegen: »Inzwischen hat ein Bericht in der fr bestätigt, daß die Counterprojekte des Staatsschutzes seit '72 – […] nach dem Konzept der CIA-Zentrale entwickelt sind.«[45]

Die RAF brauchte die traditionellen Medien aber nicht in erster Linie als Quellenfundus für ihre Agitation – in diesem Bereich waren vor allem die

Untergrundzeitschriften aktiv –, sondern als massenmedialen Vermittler ihrer Botschaften. Der Ansatz, durch Anschläge und Entführungen Presseveröffentlichungen zu erzwingen, ist fester Bestandteil der Forderungen von Terroristen und ihrer Kommunikationsstrategie. Für die RAF war der bekannteste Fall dieser Strategie die Schleyer-Entführung. Sie ist eng mit den wohl ersten Videobotschaften einer Terrororganisation überhaupt verbunden. Das Bild des entführten Arbeitgeberpräsidenten vor dem Hintergrund des RAF-Logos steht wie kaum ein anderes für die Geschichte der RAF. Bereits das erste Ultimatum der Entführer enthielt zwei publizistische Forderungen:

– »[U]m 10 Uhr vormittags wird einer der Gefangenen das Kommando in Direktübertragung durch das Deutsche Fernsehen über den korrekten Ablauf ihres Abflugs informieren.«

– »[D]ie Erklärung wird [...] heute abend um 20 Uhr in der Tagesschau veröffentlicht.«

In der dritten Nachricht der Schleyer-Entführer wurde gefordert, »daß die Video-Aufnahme, in der Schleyer seinen beiliegenden Brief vorliest, heute ab 18 Uhr in allen Nachrichtensendungen des Fernsehens abgespielt wird«. Kopien von Videobändern und Polaroidfotos, von Ultimaten und Erklärungen gingen stets an die in- und ausländische Presse.[46]

Obwohl selbst der damalige Regierungssprecher Klaus Bölling betonte, die Medien hätten bei der Schleyer-Entführung außerordentlich verantwortungsbewusst gehandelt, wurden Teile des Schleyer-Videos ausgestrahlt. Die RAF hatte also eine viel größere Medienöffentlichkeit bekommen, als sie sie durch eigene Publikationen oder Artikel in Untergrundzeitschriften, wie der *Agit 883*, jemals erreicht hätte. Insofern war ihre Erpressungs-Kommunikationsstrategie aufgegangen. Es gab kaum ein Bekennerschreiben zu einer spektakulären Aktion der RAF, das keine Forderung nach einer Presseveröffentlichung enthielt.[47] So auch bei der Besetzung und Geiselnahme in der deutschen Botschaft in Stockholm. Im Bekennerschreiben heißt es unter anderem: »2. Diese Erklärung von uns, Erklärungen von den Gefangenen [in Stammheim, A. E.] oder ihren Anwälten werden sofort an die internationalen Nachrichtenagenturen weitergegeben und in der BRD über Rundfunk und Fernsehen ungekürzt verbreitet. Während des gesamten Ablaufs der Aktion muß die Regierung ihre Entscheidungen über die Massenmedien öffentlich machen. Der Abflug der Genossen wird vom BRD-Fernsehen und vom schwedischen Fernsehen direkt übertragen.«[48]

Natürlich – mag man inzwischen schon fast sagen – gingen sofort nach der Entführung weitere Meldungen der Terroristen an die Nachrichtenagentur dpa heraus. Nachrichtenagenturen waren für die RAF besonders wichtig, da durch sie ein wesentlich größerer Multiplikationseffekt erzielt werden konnte, als mit einer Meldung in einer einzelnen Zeitung oder einem Sender. Die dpa belieferte damals über Fernschreiber fast alle bundesdeutschen Zeitungen und Sender mit Nachrichten.

Die Nutzung der Medien durch Terroristen hat aber auch noch einen anderen Aspekt.

»*Wie haben Polizei und Krisenstab mit euch kommuniziert?*

Über die Medien. Manchmal haben sie auch angekündigt, heute abend kommt was in der Abendschau. Am Samstag dem 1. 3. um 0.05 Uhr wurde über die Sender SFB und RIAS folgende Erklärung der Polizei ausgestrahlt: [...]

Woher wußtet ihr, daß das um 0.05 Uhr über den Sender geht?

Meinst du, wir hätten in der Zeit das Radio auch nur fünf Minuten ausgeschaltet? Meistens wurde das ja lange vorher angekündigt und dann auch noch wiederholt. Sie haben die Mitteilungen auch zur Fahndung benutzt, in dem sie diese immer später in der Nacht ausstrahlten. Und in der vierten Nacht waren sie soweit, daß sie die ganzen Postpeilwagen unterwegs hatten, weil sie gehofft haben, daß um 4.00 Uhr in Berlin nicht mehr so viele Fernseher an sind. Aber, die ganze Stadt hat am Fernseher gehangen.«[49]

An diesem Beispiel zeigt sich, dass die Terroristen mit den Medien sozusagen »über Bande spielten«, sie also nicht nur zur Veröffentlichung ihrer Erklärungen bewegten und Botschaften *aussandten*, sondern über die Medien auch Botschaften *empfingen*. So wie bei der Lorenz-Entführung der *Bewegung 2. Juni* dienten vor allem Rundfunk und Fernsehen auch den RAF-Terroristen als Träger ihrer Zwei-Wege-Kommunikation mit der Polizei und den Krisenstäben.

Die Terroristen haben aber nicht nur die Medien benutzt; umgekehrt haben auch die Medien die Terroristen benutzt, um Auflage zu machen. Neben der »normalen« Berichterstattung *über* die RAF waren Interviews *mit* und Fotos *von* den Terroristen besonders begehrt. Dies zeigte sich vor allem bei den Gefangenen in Stammheim. Denn erstens war nur mit ihnen ein persönliches Gespräch überhaupt möglich, da sie bereits inhaftiert waren und sich nicht mehr verstecken mussten. Und zweitens besaßen sie aus Sicht der Medien eine gewisse Prominenz. Für große Publikumsmagazine – die möglichst viele Leser erreichen wollen, wie etwa der *Stern* – war das ein wichtiger Punkt. Denn unabhängig davon, was die Leser von den Terroristen hielten, waren Interviews und erst recht Exklusivfotos von ihnen damals für die Medien eine »heiße Story«, die jeder gern vor der Konkurrenz gehabt hätte. Das geht unter anderem aus einem Gespräch zwischen Vertretern des *Stern* und den Rechtsanwälten hervor. Die Anwälte vermittelten die Interviews mit den Gefangenen in Stammheim und waren ihr Sprachrohr nach außen. Croissant, der sich auch in anderem Zusammenhang sehr um die Me-

dienöffentlichkeit der RAF bemühte,[50] legte über seine Gespräche mit den Medienvertretern Aktennotizen an:
»unger vom stern kam mit einem weiteren kollegen – alsen – gegen 20h30 ins büro.
zuerst nochmals die klage von unger wegen konkret – es war dasselbe wie in hh [...] er sagte eben, obwohl konkret nur 100 000 Auflage habe und der leserkreis ein anderer, könne der stern eben nicht mehr sagen, zum ersten mal – exklusiv – veröffentliche er fotos der gefangenen aus dem knast.«[51]

Die RAF und vor allem ihre prominenten Vertreter waren den Medien fast immer eine Geschichte wert. Und obwohl die RAF die etablierten Medien als Feind auserkoren hatte, ging sie – durchaus gewollt – das eine oder andere Mal eine Symbiose mit ihnen ein, von der beide Seiten profitierten.

Der Mythos Stammheim und ein vorläufiges Fazit

Die Medienöffentlichkeit spielte vor allem im Zusammenhang mit dem Hungerstreik der Gefangenen in Stammheim eine entscheidende Rolle. Auch in diesem Fall kann von einer Kommunikationsstrategie der RAF und ihrer Anwälte, namentlich dem bereits erwähnten Klaus Croissant, gesprochen werden. Die Haftbedingungen sollten aus Sicht der RAF nicht nur deswegen thematisiert werden, um – wie sie stets betonte – den Gefangenen Schutz vor einer möglichen Ermordung durch die Sicherheitsbehörden zu bieten. Die Berichterstattung über »Hungerstreik« und »Isolationshaft als Folter« war aus Sicht der RAF vor allem ein Mittel, um der Öffentlichkeit die »Fratze« des Staates zu offenbaren und die Sympathisantenszene zu mobilisieren.

Ob es *allein* der Kommunikationsstrategie der RAF zu verdanken ist, dass ein »Mythos Stammheim« entstand und die Diskussionen über den Tod der Gefangenen bis heute andauern, ist nicht eindeutig zu belegen. Dabei spielten noch zahlreiche andere Faktoren eine Rolle. Die Klärung der tatsächlichen Haftbedingungen bleibt bis heute ein Thema.[52]

Dass es die RAF aber darauf anlegte, die Diskussion um die Haftbedingungen propagandistisch auszuschlachten und einen »Mitleidseffekt« zu erzielen, lässt sich kaum bestreiten. Dabei spielte die ideelle Unterstützung von Intellektuellen – wenn auch nicht für die Mittel, so doch für die Gesellschaftskritik der RAF – eine enorme Rolle. Denn dies war die Zielgruppe, in der die RAF-Kommunikation am ehesten positive Wirkung erzielte, und nicht etwa die Arbeiterschaft.

Die breit definierte Zielgruppe der linksliberalen Intellektuellen[53] konnte am besten dadurch erreicht werden, dass sich Personen, mit denen sich diese

Zielgruppe identifizierte oder deren Meinungen sie schätzte, für die RAF und ihren Kampf gegen die »Isolationsfolter« einsetzten. Und so war der Besuch des französischen Philosophen und Literaten Jean-Paul Sartre in Stammheim für die externe Kommunikation der RAF ein gelungener Coup. Bereits in ihrer Bitte an Sartre, sie zu besuchen und ein Interview mit Andreas Baader zu führen, machten die RAF-Gefangenen keinen Hehl daraus, dass sie diesen Besuch nach außen kommunizieren und ihn auch für politische und nicht nur für humanitäre Zwecke nutzen wollten: »um das interview mit andreas zu machen ist es nicht notwendig, daß du uns in allem zustimmst. was wir von dir wollen, ist, daß du uns den schutz deines namens gibst und deine fähigkeit als marxist, philosoph, journalist, moralist für das interview einsetzt, um uns die möglichkeit zu geben, dadurch bestimmte politische inhalte für die praxis des antiimperialistischen, bewaffneten kampfes zu transportieren.«[54]

Es lassen sich noch weitere Belege dafür finden, dass die RAF Kommunikationsstrategien verfolgte.[55] So hatten – wie das ehemalige RAF-Mitglied Gerhard Müller 1976 in einem seiner Verhöre zu berichten wusste – die meisten der inhaftierten RAF-Mitglieder die Aufgabe, systematisch Zeitungen und Zeitschriften auszuwählen. Dies geschah in einer zuvor verabredeten und zum Teil vom »info«-Büro koordinierten, arbeitsteiligen Form. So soll etwa Irmgard Möller für die Auswertung der französischen Tageszeitung *Libération* zuständig gewesen sein, Gudrun Ensslin für *Le Monde*, Brigitte Mohnhaupt für britische Zeitungen, Werner Hoppe und Carmen Roll für amerikanische sowie Manfred Grashof für deutsche Militärzeitschriften.[56] Ob dies auch in anderer Hinsicht koordiniert geschah, darf allein schon wegen der inneren Struktur der RAF bezweifelt werden. Da sie nicht zu jedem Zeitpunkt streng hierarchisch geordnet war, dürfte eine völlig einheitliche Außenkommunikation nur schwer zu praktizieren gewesen sein. Ebenso wenig ist anzunehmen, dass es ein eigenes »Pressezentrum« oder eine spezielle Abteilung nur für Öffentlichkeitsarbeit oder für Agitation und Propaganda gab. Das Grundproblem bei der Klärung dieser Frage wird auch in Zukunft sein, glaubwürdige interne Informationen zu bekommen und diese quellenkritisch überprüfen zu können.

Bereits bei dieser kursorischen Untersuchung ist aber deutlich geworden, dass es einzelne RAF-Mitglieder gab, die über ein hohes Medienwissen verfügten, die in Kommunikationsstrategien dachten und diese auch in die Praxis umsetzten. Diesen »Spuren« unter den hier etablierten methodischen Fragestellungen weiter nachzugehen, ist die Voraussetzung dafür, allgemein gültigere Erkenntnisse über das Wechselspiel zwischen der RAF und den Massenmedien zu erzielen.

1 Peter Waldmann, Terrorismus. Provokation der Macht, München 1998.
2 Vgl. Alex P. Schmid/Janny de Graf, Violence as Communication, London 1982, oder Gabriel Weimann/Conrad Winn, The Theater of Terror. Mass Media and International Terrorism, White Plains 1994. Der Ansatz, Terrorismus auch als Kommunikationsstrategie zu begreifen, lässt sich schon früher finden. Vgl. Walter Laqueur, Terrorismus, Kronberg/Ts. 1977.
3 Vgl. Rudolf Walther, Terror und Terrorismus. Eine begriffs- und sozialgeschichtliche Skizze, in diesem Band, S. 50–70.
4 Vgl. u.a. James A. Miller, Political Terrorism, and Insurgency: An Interrogative Approach, in: Yonah Alexander/Seymour Maxwell Finger (Hg.), Terrorism: Interdisciplinary Perspectives, New York 1977, S. 65–92.
5 Vgl. u.a. Waldmann, Terrorismus, S. 15–17, und Friedrich Hacker, Fragen des internationalen Terrorismus, Hamburg 1997.
6 Vgl. Torsten Beermann, Der Begriff »Terrorismus« in deutschen Printmedien, Münster 2004.
7 So z.B. bei Klaus Rainer Röhl, Fünf Finger sind keine Faust, München 1998 (Köln 1974). Vgl. dort die Kapitel über Ulrike Meinhofs Werdegang als Journalistin und Publizistin, z.B. »Las Benno Ohnesorg Ulrike Meinhofs Persienartikel?«, S. 195ff.
8 Dazu zählen u.a. David L. Paletz/Alex P. Schmid, Terrorism and the Media, Newbury Park 1992; Abraham H. Miller, Terrorism and the Media. Observations from the American and British Experiences, in: Patrick J. Montana/George S. Roukis (Hg.), Managing Terrorism. Strategies for the Corporate Executive, Westport 1984; Yonah Alexander/Richard Latter, Terrorism and the Media. Dilemmas for Government, Journalists and the Public, McLean 1990.
9 Charles Townshend, Terrorismus. Eine kurze Einführung, Stuttgart 2005.
10 Laqueur, Terrorismus, S. 7.
11 Walter Laqueur, Krieg dem Westen. Terrorismus im 21. Jahrhundert, München 2003, S. 8 (Hervorhebung im Original).
12 Brian Jenkins, International Terrorism. A New Mode of Conflict, Santa Monica 1975, S. 2 (Übers. A. E.).
13 Ebenda, S. 3 (Übers. A. E.).
14 Vgl. Waldmann, Terrorismus, S. 75–120.
15 Vgl. dazu beispielsweise Stefan M. Aubrey, The New Dimension of International Terrorism, Zürich 2004, S. 43–47.
16 Vgl. hier u.a. Yonah Alexander (Hg.), International Terrorism. National, Regional and Global Perspectives, New York 1976, und David. J. Whittaker (Hg.), The Terrorism Reader, London/New York 2001.
17 Siehe David C. Rapoport, Inside Terrorist Organizations, London 1988.
18 Whittaker, Terrorism Reader, S. 8 (Übers. A. E.).
19 Zit. n. Waldmann, Terrorismus, S. 17.
20 Vgl. Weimann/Winn, The Theater of Terror, S. 21f.
21 Iring Fetscher/Günter Rohrmoser, Ideologien und Strategien. Analysen zum Terrorismus, Bd. 1., hrsg. vom Bundesministerium des Innern, Opladen 1981, S. 98 (Hervorhebung A. E.).
22 Sepp Binder, Terrorismus. Herausforderung und Antwort, Bonn (Friedrich-Ebert-Stiftung) 1978, S. 55.
23 Brousse, zit. n. James Guillaume (Hg.), L'Internationale. Documents et Souvenirs 1864–1887, Bd. 2, Paris 1910, S. 225 (Übers. A. E.).
24 Peter Kropotkin, The Spirit of Revolt, zit. n. Ze'ev Iviansky, Individual Terror. Concept and Typology, in: *Journal of Contemporary History*, Bd. 2, 1977, S. 48 (Übers. A. E.).

25 Johannes Most, in: *Freiheit* vom 13. September 1884 und 25. Juli 1885, Nachdruck, zit. n. Walter Laqueur: The Terrorism Reader, New York 1978, S. 100 und S. 105 (Übers. A. E.).
26 Johannes Most entwickelte zu diesem Provokationsmechanismus bereits in den 1880er Jahren eine Theorie, die auf einem Stufenmodell aufbaute: »1. Extreme Gewalt wird von der Fantasie der Öffentlichkeit Besitz ergreifen. 2. So kann die Öffentlichkeit für politische Fragen sensibilisiert werden. 3. Gewalt verleiht von sich aus Stärke und wirkt als ›reinigende Kraft‹ […] 4. Systematische Gewalt kann den Staat bedrohen und ihn zu unrechtmäßigen Reaktionen verleiten. 5. Gewalt kann die soziale Ordnung destabilisieren […] 6. Schließlich werden sich die Menschen gegen die Regierung auflehnen und zu den Terroristen übergehen.« Zit n. Townshend, Terrorismus, S. 25. Auch wenn dieser »Stufenplan« eher bei einer Guerillabewegung, die über eine breitere Basis im Volk verfügt, erfolgversprechend erscheint, kann davon ausgegangen werden, dass auch terroristische Organisationen dieses Kalkül teilen.
27 Vgl. Rolf Schroers, Der Partisan. Ein Beitrag zur politischen Anthropologie, Köln 1961, S. 249–270.
28 Sprengstoffanschlag auf das Springer-Hochhaus in Hamburg. Erklärung vom 20. Mai 1972, in: ID-Verlag (Hg.), Rote Armee Fraktion, Texte und Materialien zur Geschichte der RAF, Berlin 1997, S. 147.
29 Michael Baumann, Wie alles anfing, München 1977, S. 129.
30 Carlos Marighella, Minimanual of the Urban Guerrilla, Havanna 1970, S. 103 (Übers. A. E.).
31 Vgl. Johan Galtung/Marie Holmboe Ruge: The Structure of Foreign News, in: *Journal of Peace Research*, 1965, 3. Jg., Nr. 1, S. 64–80.
32 Vgl. Daniel Dayan/Elihu Katz, Media Events, Cambridge (Mass.) 1992, S. 72ff.
33 Ein Großteil der programmatischen Texte findet sich in der bereits zitierten Quellenedition: Rote Armee Fraktion. Texte und Materialien zur Geschichte der RAF.
34 Einige ihrer Texte und Essays sind vor zwei Jahren in einem Sammelband beim Wagenbach-Verlag wieder aufgelegt worden, und zwar unter dem Titel eines ihrer bekanntesten programmatischen Aufsätze. Vgl. Ulrike Meinhof, Die Würde des Menschen ist antastbar, Berlin 2004.
35 Nike Breyer, Verbindlich war verdächtig, *die tageszeitung* vom 12. April 2003.
36 Ulrike Meinhof, Warenhausbrandstiftung, *konkret*, 4. November 1968, Nr. 14, S. 5.
37 Ebenda.
38 Dort schreibt sie z.B.: »Unsere Praxis ist kein Jahr alt. […] Die große Öffentlichkeit, die uns die Herren Genscher, Zimmermann und Co verschafft haben, läßt es uns aber *propagandistisch* [Hervorhebung A. E.] opportun erscheinen, schon jetzt einiges zu bedenken zu geben.« Zit. n. Das Konzept Stadtguerilla, in: Rote Armee Fraktion, Texte, S. 31. Der Aufsatz war in einigen Teilen auch eine Reaktion auf die aktuelle Berichterstattung zur RAF und damit ein Ersatz für eine medienpolitische Programmschrift.
39 RAF-Sammlung (1. Generation), Handakte Croissant zu Ulrike Meinhof mit Strategiepapier zum antiimperialistischen Kampf in der BRD und West-Berlin 1974–1975, Archiv des Hamburger Instituts für Sozialforschung (HIS-Archiv), U/015,009.
40 Vgl. dazu unter anderem: Text von EKKE zum Pressewesen vom 29. 4. 1976, in: HIS-Archiv, ME U/017, 002. Hinter dem Pseudonym EKKE verbergen sich vermutlich entweder Christa Eckes oder Ekkehard Blenk – wahrscheinlich aber eher Letzterer, da in dem Text Ich-Bezüge vorhanden sind, die auf einen Mann hindeuten. In dem Text beschäftigt sich der Autor mit dem Einfluss der USA auf das deutsche Pressewesen nach 1945. Es ist anzunehmen, dass der Text als internes Schulungsmaterial gedacht war.

41 Vgl. dazu u.a. die Handakten des ehemaligen RAF-Mitglieds Klaus Jünschke, in: HIS-Archiv, Signaturen Jü K/008,002–004, Jü K/008, 008–09; Jü K 008, 012 und 016; Jü K/009, 001–003 und vor allem Jü K/012,026.
42 Carlos Marighella, zit. n. Andreas Baader, An die Nachrichtenredakteure der westdeutschen Presse, soweit sie nicht Springerpresse ist, und der Rundfunk- und Fernsehanstalten, in: HIS-Archiv, Signatur RA/017,014, undatiert.
43 Ebenda.
44 Rote Armee Fraktion, Texte, S. 197, und Handakten Klaus Jünschke, HIS-Archiv, Jü K/008,002.
45 Ebenda.
46 Binder, Terrorismus, S. 57.
47 Vgl. ebenda, S. 55ff.
48 Rote Armee Fraktion, Texte, S. 195.
49 Ralf Reinders/Ronald Fritzsch, Die Bewegung 2. Juni. Gespräche über Haschrebellen, Lorenzentführung, Knast, Berlin 1995, S. 83f.
50 Vgl. u.a. ein Interview von Croissant mit dem ZDF vom 19. Mai 1976, HIS-Archiv, RA 02/044, 014 oder: interview mit den anwälten der raf in zusammenarbeit mit den gefangenen vom 10. 6. 1976, HIS-Archiv, BA A/025,009. Dieses Interview diente später als Vorlage für Zitate in den Medien. Es ist wahrscheinlich, dass es ausschließlich zu diesem Zweck geführt wurde. Ein weiterer Beleg für Croissants Medienaktivität sind die Pressemitteilungen, die er z.B. an die dpa sandte: »Croissant an DPA 27. 10. 1974: Pressemitteilung: Der Bischof der evangelischen Landeskirche in Berlin Brandenburg, Kurt Scharf, besuchte am Mittwoch, den 23. 10. 1974, in der Vollzugsanstalt Moabit die politischen Gefangenen Verena Becker und Ulrike Meinhof, die sich seit 13. September 1974 mit 40 anderen politischen Gefangenen in Hungerstreik befinden. Er erklärte sich mit ihnen solidarisch und versicherte, er werde alles in seinen Kräften stehende tun, um die Abschaffung der menschenvernichtenden Isolierhaft an den politischen Gefangenen durchzusetzen. Berlin/Stuttgart 27. 10. 1974, Handschriftlich hinzugefügt: an D. P. A. Stp telefonisch am 28. 10. rausgegangen/C«, HIS-Archiv, ME, U/015,009.
51 Aktennotiz Croissant vom 11. März 1977, HIS-Archiv, RA 02/017,014.
52 Vgl. Martin Jander, Isolation. Zu den Haftbedingungen der RAF-Gefangenen, in: Wolfgang Kraushaar (Hg.), Die RAF und der linke Terrorismus, Hamburg 2006, S. 973–993.
53 Der Autor ist sich bewusst, dass diese Definition terminologische Unzulässigkeiten birgt. Ebenso ist bekannt, dass der Begriff »linksliberale Intellektuelle« als politischer Kampfbegriff zu Zwecken der Diffamierung missbraucht wurde. Hier soll er indes zum Zwecke der Kategorisierung politischer Meinungen verstanden werden, ohne damit eine Wertung dieser Meinungen zu implizieren.
54 Brief der Gefangenen der RAF im Hungerstreik, 21. 10. 74, HIS-Archiv, Me, U/015,001.
55 So z.B. eine Broschüre des »Marxistisch Scholings Kolletief«, die sich in den Akten des ehemaligen RAF-Mitglieds Klaus Jünschke findet. In diesem Papier werden zwar vor allem die Methoden der »Counterinsurgency« und der ihr unterstellten falschen Analyse subversiver Gruppen kritisiert; die Broschüre enthält aber auch auf mehreren Seiten gezielte Handlungsanweisungen für den Umgang mit den Medien und für die zielgruppenorientierte Pressearbeit. HIS-Archiv, Jü, K/008,008.
56 Vernehmung des Zeugen Gerhard Müller zum Ermittlungsverfahren der Bundesanwaltschaft, 21. April 1976, HIS-Archiv, So 01/011,006, S. 103.

Wolfgang Kraushaar

Kleinkrieg gegen einen Großverleger

Von der Anti-Springer-Kampagne der APO
zu den Brand- und Bombenanschlägen der RAF

Der Bombenanschlag auf das Springer-Hochhaus in Hamburg

Es hätte nicht viel gefehlt und der Freitagnachmittag des 19. Mai 1972 wäre als Tag des blutigsten Anschlags der RAF in die bundesdeutsche Geschichte eingegangen. Nur der Tatsache, dass von fünf deponierten, vier Kilogramm schweren Rohrbomben drei versagt haben, ist es vermutlich zu verdanken, dass es lediglich zu Verletzten und nicht zu zahlreichen Todesopfern gekommen ist. Schauplatz ist das zwölfstöckige Springer-Hochhaus in der Hamburger Kaiser-Wilhelm-Straße, in dem zu dieser Zeit noch rund 3000 Beschäftigte ihrer Arbeit nachgehen.[1]

Es beginnt damit, dass »gegen 15.35 Uhr« in der Telefonzentrale ein anonymer Anruf eingeht, in dem ein junger Mann mit einer auffällig hellen Stimme warnt: »In 15 Minuten geht bei Ihnen eine Bombe hoch.«[2] Doch offenbar nimmt die Telefonistin den Anruf nicht richtig ernst. Später heißt es, dass derartige Drohanrufe keine Seltenheit gewesen seien. Keine zwei Minuten später erfolgt der nächste anonyme Anruf. Diesmal – »gegen 15.37 Uhr« – wird das Gespräch von einer anderen Telefonistin entgegengenommen. Nun wird die Dringlichkeit der Warnung noch durch Beschimpfungen unterstrichen: »In 15 Minuten geht eine Bombe hoch! Räumt sofort das Haus. Ihr Schweine!«[3] Doch auch die zweite Telefonistin, die später meint, dass der etwa 25- bis 30-jährige Mann mit einem süddeutschen Dialekt gesprochen habe, reagiert abwehrend. Sie fühlt sich offenbar beleidigt und fährt den Unbekannten mit den Worten an: »Halt deine Schnauze!«[4] Auch sie unternimmt nichts. Die erste Telefonistin ist inzwischen jedoch nachdenklicher geworden. Sie wendet sich an den Sicherheitsbeauftragten der Innenverwaltung und unterrichtet diesen von der anonymen Bombendrohung. Als der Alarm auslösen will, ist es jedoch bereits zu spät. Um 15.41 Uhr wird das Gebäude von einer heftigen Explosion erschüttert. Unmittelbar neben dem in der dritten Etage gelegenen Raum der Korrektoren, an der zur Fuhlentwiete gelegenen Seite ist ein Sprengkörper detoniert. Die Wucht der Rohrbombe, die entweder auf der Klimaanlage oder auf einer durch den Flur führenden Frischluftanlage versteckt gewesen sein muss, ist so heftig, dass Wände umgeworfen werden und zur Straße hin ein großes Loch ins Gemäuer gerissen wird. Im Umkreis von 100 Metern gehen in den benachbarten Gebäuden die Fensterscheiben zu Bruch. Nur eine Minute später, die Staubwolken haben sich noch nicht verflüchtigt, trifft ein erneuter anonymer Anruf ein, diesmal meldet sich eine weibliche Stimme und fragt: »Ist bei Ihnen eine Bombe hochgegangen?« Als das die zweite Telefonistin bejaht, ist die Reaktion zu hören: »Vielen Dank, das wollte ich nur wissen.«[5] Zur selben Zeit befreien Werkstattangehörige mehrere Mitarbeiter des Verlags, die in steckengebliebenen Fahrstühlen festsitzen. Um 15.45 Uhr wird das Verlagsgebäude erneut von einer schweren Explosion erschüttert. Diesmal hat es auf derselben Seite nur einige Stockwerke darüber die sechste Etage getroffen. Die zweite Bombe ist auf der Damentoilette explodiert.

Kurz darauf fahren die ersten Polizei-, Feuerwehr- und Rettungswagen vor. Als sie eintreffen, strömen ihnen viele Mitarbeiter, darunter einige leichter Verletzte, entgegen, die gerade fluchtartig das Gebäude verlassen. Die Kriminal- und Schutzpolizei übernimmt – wie es in einer hausinternen Verlagszeitung heißt – »die Befehlsgewalt«.[6] Nachdem sich eine Ärztin zusammen mit einer Krankenschwester um die Verletzten gekümmert hat, werden die meisten von ihnen in das Hafenkrankenhaus und in die Universitätsklinik Eppendorf transportiert. Unter den zunächst gezählten 23 Verletzten sind Korrektoren (8) und Setzer (4) in der Überzahl. Die Geschäftsleitung beschließt, nachdem die dringlichsten Rettungsmaßnahmen eingeleitet worden sind, die Bildung eines Krisenstabes, die Räumung des Haupthauses, des *Welt*-Gebäudes und einiger Nebengebäude sowie die Fortsetzung der Redaktions- und Verlagsarbeiten in Ausweichquartieren und die Einberufung einer Mitarbeiterversammlung.

Um 18.15 Uhr beginnen dann Kriminalbeamte die einzelnen Stockwerke des Hochhauses systematisch nach weiteren Sprengkörpern abzusuchen. Nach 20 Minuten findet einer der Beamten in einer im zweiten Stockwerk vor dem Maschinenraum der Rotation abgestellten Mülltonne, unter Putzlappen in einem Karton mit der Aufschrift »Scharlachberg« versteckt, eine weitere Rohrbombe. Nach der sofort eingeleiteten Räumung des Gebäudes von den letzten darin befindlichen Personen kann die Bombe nach 20 Uhr von einem eilends herbeigerufenen Sprengstoffexperten des Bundeskriminalamtes entschärft werden. Um 23.30 Uhr gibt die Kriminalpolizei Entwarnung. Die Mitarbeiter können – soweit möglich – wieder an ihre Arbeitsplätze gehen. Eine Viertelstunde später läuft in der Setzerei die Produktion wieder an. Und am darauf folgenden Tag können trotz der durch die Bombenanschläge verursachten Zerstörungen, den Ausfall von rund zwei Dutzend Mitarbeitern und einer im Fotoarchiv angestellten Mitarbeiterin, trotz des Schocks für die gesamte Belegschaft, der zahlreich in Gang gesetzten Sicherheitsvorkehrungen und der in der Folge eingetretenen Turbulenzen alle Zeitungen des Axel-Springer-Verlags erscheinen, die meisten von ihnen jedoch nur in einem begrenzten Umfang.

Am Morgen des 20. Mai erleben Geschäftsleitung und Belegschaft eine weitere unangenehme Überraschung. Es zeigt sich, dass die Durchsuchung offenbar nicht in der gebotenen Gründlichkeit erfolgt ist. Um 8.05 Uhr entdeckt eine Reinemachefrau einen weiteren Sprengkörper, diesmal hinter einem Sessel vor dem Zimmer 1240 im 12. Stockwerk, in dem sich neben den Büroräumen der Geschäftsleitung in unmittelbarer Nähe auch das Zimmer des Verlegers Axel Springer befindet. Sofort werden alle Etagen vom 7. Stockwerk an geräumt. Auch diese Bombe, die zur Tarnung in ein grünes Filztuch eingewickelt und an den Rändern mit einem Kunststoffband verklebt ist,[7] kann entschärft werden. Doch das ist immer noch nicht alles. Bei einer weiteren Durchsuchung des Hauptgebäudes wird um 13.50 Uhr auf der Herrentoilette des 12. Stockwerks in einem für Feuerlöscher vorgesehenen Wandschrank eine fünfte Rohrbombe entdeckt.

Am Nachmittag »gegen 17.30 Uhr« meldet sich der anonyme Anrufer vom Vortag erneut und ruft ebenso aufgeregt wie vorwurfsvoll: »Es sind noch mehr Bomben im Haus, die hochgehen. Die Polizisten sind alle Trottel, die suchen an der verkehrten Stelle!«[8] Und zwei Stunden später meldet sich eine anonyme Frau und erklärt, wie es seitens der Telefonistin heißt, »mit tiefer Stimme und in monotoner Sprechweise«: »Ihr Haus wird gesprengt! Räumen Sie das Haus!«[9] Die letzte Bombe kann schließlich erst um 23.10 Uhr entschärft werden. Damit ist klar, dass die im Haus befindlichen Personen noch einen weiteren halben Tag lang einer unnötigen Gefahr ausgesetzt gewesen sind. Insgesamt sind – wie sich schließlich herausstellt – 36 Personen verletzt worden, zwei davon schwer. Der Sachschaden beläuft sich auf 336 000 DM.

Ein erstes, »an die Nachrichtenredaktion des NDR« gerichtetes, auf einer Schreibmaschine getipptes Bekennerschreiben der RAF ist in der Nacht vom 19. zum 20. Mai beim Pförtner des NDR in der Rothenbaumchaussee abgegeben worden. Am 22. Mai wird dann ein zweites, umfangreicheres Bekennerschreiben an die beiden Presseagenturen dpa und UPI sowie die *Süddeutsche Zeitung* und die *Bild*-Zeitung in Hamburg aufgegeben. Es lautet: »Gestern, am Freitag, den 19. Mai um 15 Uhr 55 sind zwei Bomben im Springerhochhaus in Hamburg explodiert. Weil trotz rechtzeitiger und eindringlicher Warnungen das Haus nicht geräumt worden ist, sind dabei 17 Menschen verletzt worden. Um 15 Uhr 29 ist unter der Nummer 3471 die erste Warnung durchgegeben worden mit der Aufforderung, das Haus wegen Bombenalarm binnen 15 Minuten zu räumen. Die Antwort war: Hören Sie auf mit dem Blödsinn. Es wurde aufgelegt. Zweiter Anruf um 15 Uhr 31: Wenn Sie nicht sofort räumen, passiert etwas Fürchterliches. Aber die Telefonistinnen hatten offenbar Anweisung, solche Anrufe nicht zu beachten. Der dritte Anruf um 15 Uhr 36 ging an die Bullen: Sorgen Sie, verdammt nochmal, dafür, daß endlich geräumt wird. Weil der Springerkonzern die Tatsache, daß er gewarnt worden ist, nicht unterschlagen kann, verdreht er die Nachricht: Es sei nur ein Anruf gewesen, und der sei zu spät gekommen. Zwei Telefonistinnen und die Bullen können bestätigen, daß die Springerpresse einmal mehr lügt.

Springer ging lieber das Risiko ein, dass seine Arbeiter und Angestellten durch Bomben verletzt werden, als das Risiko, ein paar Stunden Arbeitszeit, also Profit, durch Fehlalarm zu verlieren. Für die Kapitalisten ist der Profit alles, sind die Menschen, die ihn schaffen, ein Dreck. Wir bedauern, daß Arbeiter und Angestellte verletzt worden sind.

Wir fordern von Springer:

daß seine Zeitungen die antikommunistische Hetze gegen die Neue Linke, gegen solidarische Aktionen der Arbeiterklasse wie Streiks, gegen die kommunistischen Parteien hier und in anderen Ländern einstellen;

daß der Springerkonzern die Hetze gegen die Befreiungsbewegungen in der Dritten Welt einstellt, besonders gegen die arabischen Völker, die für die Befreiung Palästinas kämpfen;

daß er seine propagandistische und materielle Unterstützung für den Zionismus – die imperialistische Politik der herrschenden Klasse Israels einstellt;

daß die Springerpresse aufhört, über die ausländischen Arbeiter hier rassistische Lügenberichte zu verbreiten.

Wir verlangen, daß die Springerpresse diese Erklärung abdruckt. –

Wir verlangen nichts Unmögliches.

Wir werden unsere Aktionen gegen die Feinde des Volkes erst einstellen, wenn unsere Forderungen erfüllt sind.

Enteignet Springer!

Enteignet die Feinde des Volkes! Kommando 2. Juni«[10]

Der Angriff auf die Hamburger Konzernzentrale des Springer-Verlags hätte Ausdruck einer Offensive der RAF werden sollen. Die Erklärung jedoch ist ein unfreiwilliges Dokument des Scheiterns. Sie bringt vor allem eines zum Ausdruck – die Rechtfertigung eines in der Logik der RAF im Kern missglückten Anschlags. Weil drei der fünf Bomben versagt haben, es unbeabsichtigt Arbeiter und Angestellte und damit – so muss geschlussfolgert werden – keinen der Angehörigen aus der Geschäftsleitung, womöglich

Springer selbst, getroffen hat, versucht das Kommando in erster Linie etwas von seiner Schuld abzuwälzen. Die Hauptanstrengung gilt dabei dem Nachweis, dass es der »Springerkonzern« sei, der Leben und Gesundheit seiner Beschäftigten gefährde. Das eigentliche Ziel des Anschlags – durch Bombenterror die vom Verlag angeblich gegen die unterschiedlichsten Kräfte und Strömungen der Linken verbreitete »Hetze« und die Produktion von »Lügenberichten« zu unterbinden – tritt dagegen in den Hintergrund. Ihm sind nur wenige Zeilen gewidmet. Die RAF-Erklärung vom 20. Mai 1972 muss in den Augen der sie unterstützenden oder mit ihr sympathisierenden Kräfte ein Armutszeugnis darstellen.

Die Geschäftsleitung des Axel-Springer-Verlags lässt es sich nicht nehmen, die gegen die Telefonistinnen und die Verlagsleitung erhobenen Vorwürfe zurückzuweisen. In *Springer aktuell* heißt es dazu: »1. Alle hier aufgestellten Behauptungen sind blanke Lüge und nackter Zynismus nach dem Motto ›Der Ermordete ist schuld‹. 2. [...] Zwischen dem ersten anonymen Anruf in unserem Haus um 15.36 Uhr und der ersten Explosion um 15.41 Uhr lagen genau nur fünf Minuten. Daran gibt es nichts zu deuteln. 3. Daß in so kurzer Zeit über 3000 Arbeiter und Angestellte nicht evakuiert werden konnten, muß jedem einleuchten. Es ist also mehr als Hohn, wenn das ›Kommando 2. Juni‹ jetzt scheinheilig Opfer beklagt. 4. Der erwähnte Anruf von 16.30 Uhr ›an die Bullen‹ ist überhaupt nicht erfolgt. 5. Auch die jüngsten Bombenanschläge von Heidelberg, die ohne Vorwarnung erfolgten, zeigen, daß für diese Terroristen Menschenleben nicht zählen und Mord eiskalt einkalkuliert ist. 6. Mit solchen Pamphleten soll die Bevölkerung neben dem Bombenterror noch weiter verunsichert werden.«[11] Da sich die Bombenleger in den einzelnen Etagen des Springer-Hochhauses gut ausgekannt haben müssen, um derartig geschickte Verstecke auswählen zu können, kommt sogar der Verdacht auf, dass es Unterstützung für das RAF-Kommando auch aus der Springer-Belegschaft gegeben haben könnte.[12]

Der Anschlag auf das Springer-Hochhaus in Hamburg ist der vierte in der als »Mai-Offensive« der RAF bezeichneten Bombenserie, die am 11. Mai mit einem Anschlag auf das US-Hauptquartier in Frankfurt begonnen hat und am 24. Mai mit einem fünften auf das US-Hauptquartier in Heidelberg endet. Dabei kommen insgesamt vier US-Soldaten ums Leben. Die Belohnung für Informationen zur Ergreifung der Attentäter erhöht der Axel-Springer-Verlag am 31. Mai 1972 um eine Viertelmillion auf 440 000 DM. Dieser Schritt jedoch erweist sich als überflüssig. Denn bereits einen Tag darauf werden mit Andreas Baader, Holger Meins und Jan-Carl Raspe drei der als Hauptverdächtige Gesuchten in Frankfurt gefasst. Und mit den Verhaftungen von Gudrun Ensslin am 7. Juni in Hamburg und von Ulrike Meinhof am 15. Juni in der Nähe von Hannover folgen zwei weitere. Unter ihnen befindet sich, wie sich später herausstellen wird, auch die mutmaßliche Urheberin des Anschlags auf das Springer-Hochhaus.

Der Konflikt um den Axel-Springer-Verlag

Die Anschläge der RAF auf das Hamburger Springer-Hochhaus finden nicht im luftleeren Raum statt. Sie stellen allerdings mehr als nur die Speerspitze einer sich Mitte der 1960er Jahre in der Bundesrepublik immer stärker herauskristallisierenden Kritik an den Monopolisierungstendenzen des Verlages dar, der – als habe er damit eine Frontposition im Kampf gegen den Kommunismus und zugleich für die deutsche Einigung einnehmen wollen – 1966 demonstrativ seine Geschäftszentrale in der Kochstraße, einem direkt an der Berliner Mauer gebauten Hochhaus bezogen hat. Die Bombenanschläge sind dazu geeignet, eine ebenso plausible wie legitime Kritik an der Pressepolitik des Hauses Springer im Nachhinein gleich mit zu diskreditieren.

Den seitens der RAF gegen den Axel-Springer-Verlag und dessen Begründer und Namensgeber über Jahre geführten Kleinkrieg thematisieren zu wollen, verlangt daher möglichst genau zwischen mehreren Ebenen zu unterscheiden:

– der von Wissenschaftlern und Intellektuellen geäußerten Kritik an den Monopolisierungstendenzen,

– der von Abgeordneten der im Bundestag vertretenen Parteien erhobenen Forderung nach Entflechtung des Axel-Springer-Verlags,

– dem Auslieferungsboykott seiner Presseprodukte durch Angehörige der APO,

– dem Boykott durch prominente Autoren und Autorinnen, die sich weigern, für irgendeines der Presseorgane aus dem Hause Springer zu schreiben,

– der radikal-sozialistischen und kommunistischen Forderung nach Enteignung des Verlegers Axel Springer,

– der anarchistischen Forderung nach Zerschlagung des Verlags, seiner einzelnen Organe und seines Vertriebssystems,

– der Propagierung der Zerstörung des Verlags und Liquidierung seines Besitzers sowie einiger seiner führenden Mitarbeiter durch die RAF und andere terroristische Gruppierungen.

Der Krieg, den die RAF in den 1970er Jahren gegen den Axel-Springer-Verlag, dessen Presseorgane und nicht zuletzt gegen dessen Verleger selbst geführt hat, stellt nur einen Ausschnitt aus einem mehrschichtigen Konflikt dar. Dieser Konflikt hat sich nach Jahrzehnten zwar abgekühlt, jedoch zeigen seine schubweise aufbrechenden Aktualisierungen, dass er noch keineswegs als ausgeräumt gelten kann. Nicht ohne Grund hat deshalb der *Spiegel* erst im Sommer 2006 Teile eines von Manfred Bissinger moderierten Streitgesprächs zwischen dem Literaturnobelpreisträger Günter Grass und Mathias Döpfner, dem Vorstandsvorsitzenden der Springer AG, abgedruckt, in dem die Verlaufslinien dieses Streits nicht nur nachzuzeichnen, sondern auch die gegenwärtigen Konsens- und Kompromissmöglichkeiten auszuloten versucht worden sind.[13]

Der politische Konflikt um die Massenmedien und das Pressemonopol

Eine funktionierende Öffentlichkeit wird in den 1960er Jahren nicht nur, aber insbesondere von der linken Intelligenz als Instanz demokratischer Kontrolle gegenüber der politischen Herrschaft einzuklagen versucht. Politische Eingriffe in die Pressefreiheit, so die Überzeugung, rührten zugleich auch an den Nerv der Demokratie. Als exemplarischer Fall für einen solchen Vorstoß gilt in der bundesdeutschen Geschichte die *Spiegel*-Affäre.[14]

Es ist insofern alles andere als Zufall, dass gerade der politische Konflikt um das Nachrichtenmagazin *Der Spiegel* im Herbst 1962 eine kleinere Welle studentischer Proteste auslöst, die von vielen als Auftakt zur späteren Studentenrevolte angesehen wird.[15] Die Verhaftung des Verlegers Rudolf Augstein und des stellvertretenden Chefredakteurs Conrad Ahlers wegen des dringenden Verdachts, mit der Veröffentlichung des Artikels »Bedingt abwehrbereit«, der sich mit den Ergebnissen des NATO-Herbstmanövers »Fallex 62« befasste, Militärgeheimnisse verraten und deshalb Landesverrat begangen zu haben, löst eine monatelange Affäre aus, die schließlich zum Rücktritt des Bundesverteidigungsministers Franz Josef Strauß, des eigentlichen Drahtziehers der Strafverfolgungsaktion, führt.

Eine Aufnahme von einer harmlosen Protestaktion ist inzwischen hundertfach reproduziert worden und in die meisten illustrierten Darstellungen zur Geschichte der Bundesrepublik eingegangen. Es zeigt, wie Ende Oktober 1962 Studenten an der Frankfurter Hauptwache gegen die Verhaftung der beiden *Spiegel*-Journalisten protestieren. Die Studenten ziehen demonstrativ mit *Spiegel*-Heften, auf deren Titelbild Bundesverteidigungsminister Franz Josef Strauß abgebildet ist, durch die Innenstadt. Sie wollen die Zeitschrift so lange in der Hand tragen, erklären sie Journalisten gegenüber, bis Augstein und Ahlers wieder freigelassen seien. Die Studenten betonen dabei, dass sie keiner Organisation angehörten. Einen Tag später ist die Gruppe der Protestierenden weiter angewachsen. Die rund 100 Teilnehmer führen Pappschilder mit Aufschriften wie »1962 – Das Ende der Demokratie?« und »Befiehlt Strauß der Justiz?« mit sich. In Sprechchören fordern sie den sofortigen Rücktritt des Bundesverteidigungsministers. Die zugespitzteste Parole lautet: »Strauß rein – Augstein raus!« An der Protestaktion beteiligt sich auch der Schriftsteller Alfred Andersch, einer der Mitbegründer der *Gruppe 47*.

In den Tagen und Wochen darauf zeigt sich, dass keineswegs nur Studenten von den Vorgängen in Bonn und Hamburg alarmiert sind. Auch eine große Zahl Heidelberger Professoren schließt sich den Protesten an. So wird in der *Spiegel*-Ausgabe vom 12. Dezember 1962 eine an Bundestagspräsident Eugen Gerstenmaier gerichtete Petition abgedruckt, mit der 285 Wissenschaftler, darunter der Soziologe Jürgen Habermas und der Psychologe Alexander Mitscherlich, gegen das Verhalten von Bundestag, Bundesregierung und Bundesbehörden in der *Spiegel*-Affäre protestieren. »Gleich welche Stellung man zum ›Spiegel‹ und seinen Publikationen einnimmt«, heißt es darin, »so ist es doch offensichtlich, daß bei dem Vorgehen der Bundesbehörden Regeln der parlamentarischen Demokratie und rechtsstaatliche Grundsätze mißachtet wurden. Das Fehlen demokratischer Kontinuität in Deutschland, die Erinnerung an den Niedergang der Weimarer Republik und die darauffolgende Unterbrechung unserer rechtsstaatlichen Tradition in der Hitlerzeit verpflichten uns alle, darüber zu wachen, daß die verfassungsmäßige Ordnung und die Regeln des politischen Anstandes beachtet werden.«[16] In den Augen der Wissenschaftler, die in ihrer überwältigenden Mehrheit als liberal-konservativ gelten, ist der Rechtsstaat in Gefahr. Sie rufen nicht zu irgendeiner Form von Widerstand auf. Sie begreifen sich jedoch in gewisser Weise als Wächter der Verfassung und fühlen sich deshalb dazu berufen, in der Affäre öffentlich das Wort zugunsten der Inhaftierten zu ergreifen.

Die These von der Manipulation durch Presse- und andere Medienorgane

Fünf Jahre später wird die Öffentlichkeit abermals von einem heftigen Streit über einen Verleger und seine Publikationsorgane erschüttert. Diesmal steht die Kontroverse unter völlig anderen, zum Teil entgegengesetzten Vorzeichen. Linke Studenten greifen mit Axel Springer den Marktführer auf dem Sektor der Tages- und Wochenzeitungen an.[17] Sie werfen ihm vor, dass er seine Pressemacht dazu benutze, Minderheiten zu diskriminieren, politische Kampagnen zu initiieren und das Bewusstsein der Leser gezielt zu manipulieren.[18] Im Zentrum der meisten Angriffe steht ein Begriff, der der Manipulation.[19]

Die Annahme, dass Presseorgane ihre politische Unabhängigkeit einbüßen und sich dabei manipulativer Eingriffe bedienen könnten, rührt nicht zuletzt von den Begründern der Kritischen Theorie her. Ein autoritärer Staat – so lautet etwa die Überzeugung des Direktors des Frankfurter Instituts für Sozialforschung Max Horkheimer während seiner amerikanischen Exilzeit – könne dann auf den Einsatz von Repression zur Herstellung von Massenloyalität weitgehend verzichten, wenn es ihm gelänge, das Bewusstsein der Bevölkerung dauerhaft zu manipulieren.[20] Dieser 1940 entwickelte Gedanke war von ihm zusammen mit Theodor W. Adorno in ihrer vier Jahre später fertiggestellten »Dialektik der Aufklärung« weiter systematisiert worden. Der Untertitel des für diesen Zusammenhang zentralen Kapitels »Kulturindustrie« lautet wie eine weitere Variante der Manipulationsthese »Aufklärung als Massenbetrug«.[21]

In einem weiteren Sinne darf auch der Schriftsteller Hans Magnus Enzensberger als ein Schüler der Kritischen Theorie gelten. Die Einflüsse des Denkens Theodor W. Adornos auf manche seiner Essays etwa sind unübersehbar.[22] Dennoch hat Enzensberger stets darauf geachtet, Distanz und Selbständigkeit zu bewahren. Dies hat auch seine Haltung bestimmt, als er in kritischer Abgrenzung zum Begriff der Kulturindustrie den der »Bewußtseins-Industrie« entwickelt.[23] Sie sei ein Kind des 19. Jahrhunderts, noch unbegriffen und fast unbegreiflich, und drauf und dran, zur »Schlüsselindustrie des zwanzigsten Jahrhunderts« zu werden. Während Funk, Film, Fernsehen, Schallplatten-Industrie, Reklame usw. als ihre neueren technischen Instrumente auf große Aufmerksamkeit stießen, werde die Entwicklung des als traditionell geltenden Journalismus zu Unrecht kaum verfolgt. Es komme der »Bewußtseins-Industrie« nie aufs Produktive, sondern »immer nur auf dessen Vermittlung« an. Ihr gesellschaftlicher Auftrag bestehe darin, »die existierenden Herrschaftsverhältnisse zu verewigen«, Bewusstsein nur deshalb zu induzieren, um es ausbeuten zu können.

Für ihre Existenz gebe es vier Bedingungen: Aufklärung sei im weitesten Sinne die philosophische Voraussetzung jeglicher »Bewußtseins-Industrie«; ihre politische Voraussetzung sei nach dem Modell der Französischen Revolution die Proklamation der Menschenrechte, der Gleichheit und der Freiheit; da sie unter frühkapitalistischen Bedingungen nicht möglich sei, setze sie die primäre Akkumulation voraus; der ökonomische Prozess der Industrialisierung schaffe zugleich ihre technologischen Voraussetzungen. Die globale Durchsetzung der »Bewußtseins-Industrie« sei ein irreversibler Prozess. Deshalb müsse jede Kritik an ihr, die auf ihre Abschaffung setze, scheitern. Industrialisierung lasse sich nicht mehr im Nachhinein liquidieren. Die Konsequenz, die Enzensberger aus dieser Analyse zieht, besteht darin, die Intellektuellen dazu aufzufordern, sich nicht aus der »Bewußtseins-Industrie« zurückzuziehen, sondern sich in ihren Betrieb einzumischen und »sich auf ihr gefährliches Spiel einzulassen«. Da Kulturkritik immer schon ein Teil dessen sei, was sie kritisiere, bleibe den Intellektuellen nichts anderes übrig, als die Ambivalenz von Partnerschaft und Feindschaft auszuhalten.

Die ersten Resultate seiner Haltung legt Enzensberger im selben Aufsatzband vor, in dem auch seine Überlegungen zur »Bewußtseins-Industrie« erscheinen. Die Konkretionen seiner kulturkritischen Arbeit stellen eine vergleichende Untersuchung der *Frankfurter Allgemeinen Zeitung*,[24] der Sprache des *Spiegels*,[25] die Anatomie einer Wochenschau,[26] die Analyse einer Taschenbuch-Produktion[27] und die »Rezension« eines Warenhauskatalogs dar.[28] Mit diesem Spektrum an Analysen demonstriert Enzensberger auf exemplarische Weise, was er unter einer zeitgenössischen Medienkritik versteht.[29]

Beinahe zur selben Zeit erscheint im Juni 1962 unter dem Titel »Strukturwandel der Öffentlichkeit – Untersuchungen zu einer Kategorie der bürgerlichen Gesellschaft« die Habilitationsschrift von Jürgen Habermas, dem bedeutendsten der jüngeren Vertreter der Kritischen Theorie. Darin wird der für den bürgerlichen Verfassungsstaat zentrale Begriff der Öffentlichkeit in seiner historischen Entfaltung zu einer Instanz demokratischer Kontrolle gegenüber der politischen Herrschaft nachgezeichnet. Da das Öffentlichkeitsprinzip, das bis in die Parlamente und in die Gerichte vordringe, so die Argumentation, nicht auch auf die Verwaltung ausgedehnt werden könne, sei eine für das staatliche Handeln entscheidende Sphäre der Kritik entzogen. Die Exekutive könne unter dem Vorwand eines für sie reservierten Sachverstandes ihre Entscheidungen abschotten und gegen die politisch artikulierten Interessen der Bevölkerung durchsetzen. Aus dieser Strukturschwäche heraus würden die entscheidenden Defizite der Öffentlichkeit in der modernen Gesellschaft entwickelt, die auch durch Presseorgane nicht mehr kompensiert werden könnten. Hinzu käme außerdem, dass auch Zeitungen und Zeitschriften, die über das Anzeigengeschäft mehr und mehr in Abhängigkeit von wirtschaftlichen Interessen geraten seien, ihre kritische Funktion immer weniger wahrnehmen würden. Die Studie macht insbesondere auf die im SDS politisch aktiven Studenten einen so nachhaltigen Eindruck, dass sie ihren Autor einladen, auf der im Herbst folgenden Delegiertenkonferenz im Frankfurter Studentenhaus das Hauptreferat zu halten.[30]

Die Anti-Springer-Kampagne

Die These von der Manipulation der Öffentlichkeit spielt Mitte der 1960er Jahre eine Schlüsselrolle in der Kritik an der Massenpresse. Hinter ihr steht häufig ein Gedanke, der den Theoretikern der Frankfurter Schule schon allein in Anbetracht der nationalsozialistischen Vergangenheit völlig fremd ist – die Vorstellung, dass es im Volk ein genuines politisches Interesse gäbe, das es nur von Beeinflussungen fremder Kräfte freizumachen gelte.

Die Manipulationsthese dient ganz maßgeblich dazu, die Anti-Springer-Kampagne zu begründen, mit der vom SDS der Versuch unternommen wird, ein vermeintliches Pressemonopol zu beseitigen.[31] Eine der seit dem Beginn der Studentenrevolte am häufigsten zu hörenden Parolen lautet: »Enteignet Springer!« Der Betroffene fühlt sich davon angesprochen und hält am 26. Oktober 1967 im noblen Hotel Atlantic vor 900 Angehörigen des Hamburger Übersee-Clubs einen Vortrag zum Thema »Viel Lärm um ein Zeitungshaus« – offenbar um deutlich zu machen, was es mit der sich ausbreitenden Aufgeregtheit um das Haus Springer in Wirklichkeit auf sich hat. Vor dem Haupteingang demonstrieren rund 40 SDS-Mitglieder gegen den Auftritt des Pressezaren, der sich nur äußerst selten in der Öffentlichkeit äußert. Die Sprüche, die sie skandieren, sind manchmal vorwurfsvoll, manchmal aber auch eher kurios. In Anspielung auf den von der Polizei erschossenen Anti-Schah-Demonstranten Ohnesorg heißt es: »Springers Schreiberhorden halfen Benno morden!« Und, sich auf Hamburgs Stürmerstar Seeler beziehend: »Uwe kämpft: welch' Ballbezwinger ... Uwe meint: enteignet Springer!« Als Springer in seiner Rede ostentativ erklärt, dass die Parole von der Enteignung »von drüben« stamme,[32] dürfte mancher der anwesenden Journalisten, der nicht für eines seiner Organe schreibt, wohl eher daran gedacht haben, dass dieser Verdacht lediglich Ausdruck der antikommunistischen Gesinnung des Verlegers sei. Springer dürfte mit seiner Behauptung zwar nicht ins Schwarze getroffen, aber auch nicht ganz Unrecht gehabt haben.

Bereits im Juli hat sein Verlag unter dem Titel »Die These von der ›Enteignung des Springer-Verlages‹ – Ihr Ursprung und ihre Verbreitung« eine 14 Seiten umfassende Dokumentation herausgebracht, in der der Nachweis zu erbringen versucht wird, dass diese aus Ost-Berlin stamme und ein Produkt der SED-Propaganda sei. In einem Resümee heißt es: »Im gleichen Atemzug mit der Forderung nach Enteignung des Springer-Verlages wird die Säuberung des Staatsapparates, der Justiz, der Bundeswehr und die Veränderung der Machtverhältnisse in der Industrie Westdeutschlands verlangt. Die Forderung nach Enteignung des Springer-Verlages wird von radikalisierten politischen Gruppierungen in der Bundesrepublik übernommen: von linksradikalen Studentengruppen, von bestimmten Presseorganen, von Kriegsdienstverweigerern und Ostermarschierern. Das Verlagshaus Axel Springer ist in den taktischen Überlegungen dieser Gruppen das Angriffsziel Nr. 1 geworden. Erfolg oder Mißerfolg dieser Kampagne wird davon abhängen, ob diese Gruppen in der Lage sind, die Angleichung der gesellschaftlichen Verhältnisse in der Bundesrepublik an die der SBZ voranzutreiben, um damit im Sinne der Politik Ulbrichts und der SED wirksam zu werden.«[33]

Die SED hat Springer in der Tat bereits seit längerem aufs Korn genommen. Mit welcher Gründlichkeit die Angriffe auf das Verlagsimperium vorbereitet worden sind, verrät ein 1963 im Ostberliner Verlag Rütten & Loening erschienener Band, in dem unter dem Titel »Jeder vierte zahlt an Axel Cäsar – Das Abenteuer des Hauses Springer« eine populärwissenschaftliche Analyse samt einer Aufstellung von »Umfang und Struktur des Springer-Trusts« vorgelegt worden ist.[34] Darin wird nicht nur die Geschichte des Verlagshauses skizziert, sondern auch eine »wissenschaftliche Analyse des Inhalts und der Verdummungspraktiken der ›Bild‹-Zeitung« zitiert, die die Grundzüge der später in der APO-Zeit weitverbreiteten Dokumentationen vorwegnimmt.

Über eine bereits 1960 von Klaus Wilczynski an der Universität Leipzig angefertigte Untersuchung[35] heißt es: »Zugeschnitten auf das sehr zahlreiche Kleinbürgertum und die kleinbürgerlich denkenden Teile der Arbeiterklasse, knüpft die Zeitung an solche kleinbürgerlichen Eigenschaften an wie Individualismus, Unentschlossenheit, Prinzipienlosigkeit, Anbetung der Stärke, mangelnden eignen Kampfgeist, Gefühlsduselei. Mit Hilfe von Foto und Text verzerrt sie systematisch das Bild der den Leser umgebenden Wirklichkeit.«[36] Die *Bild*-Zeitung gilt als Prototyp des »5-B-Journalismus«,[37] bei dem der Leser nur noch lesen, jedoch nicht mehr denken müsse. Dabei sei es unwesentlich, wie Knipping betont, dass die *Bild*-Zeitung unpolitisch sei bzw. sich parteipolitisch neutral verhalte. Von entscheidender Bedeutung sei ganz allein, dass die Gründung des Blattes zum »Politikum« geworden sei, das »haargenau auf die Bedürfnisse der westdeutschen Monopolbourgeoisie zugeschnitten« sei: »Allein die fortwährende Ablenkung und Abstumpfung, die anhaltende Illusionierung und Gefühlsaufwallung macht den Leser schließlich auch für übelste politische Hetze und Verleumdung empfänglich. Es bedarf nur weniger Jahre der Gewöhnung, und sein bewußtes, der eigenen Kraft vertrauendes Denken ist erstickt, ersetzt durch ein in Klischees gepreßtes, aus Schlagworten und Phrasen bestehendes Konglomerat von politischer Unwissenheit und Halbbildung. Mit alledem aber hilft die Zeitung einen Menschentyp formen, wie er den Absichten der Militaristen und Revanchekrieger genau entspricht – einen Menschentyp, der sich nach Belieben ausbeuten und knechten, unterdrücken und gängeln, in die Kaserne und, gegebenenfalls, in den Krieg schicken läßt.«[38] Springers Groschenblatt hätte, heißt es weiter, nicht nur »das Wohlwollen und die Unterstützung der herrschenden Millionärsclique« gefunden, sondern auch die Zustimmung der »wahren Herrscher des Bonner Staates«.

Welche politischen Schlussfolgerungen sich mit dieser Analyse verknüpfen lassen, zeigt sich drei Jahre später bei einer Ansprache des mächtigsten

Mannes der DDR. Am 21. April 1966 hält der SED-Parteichef und Staatsratsvorsitzende Walter Ulbricht in der Ostberliner Dynamo-Sporthalle eine Festrede zum 20. Gründungstag der Staatspartei. Darin propagiert er zum wiederholten Male für beide deutschen Staaten ein Konföderationsmodell als Übergang zur Wiedervereinigung Deutschlands. Dann weist er darauf hin, dass in einer solchen Phase »jede Hetze des kalten Krieges und jede Kriegspropaganda« unterbleiben sollte: »Die Freiheit der Meinung und der Weltanschauung ist nur dann gesichert, wenn das Volk sich selbst vom Druck kriegslüsterner Kräfte befreit. Deshalb ist es notwendig, die Macht der Herren solcher Meinungsmonopole, wie des Springer-Konzerns, zu beseitigen. Solange der Springer-Konzern und ähnliche Meinungsfabriken herrschen, kann von Freiheit der Meinungsbildung keine Rede sein.«[39] Hier wird erstmals öffentlich die Forderung erhoben, die Macht des Pressekonzerns zu beseitigen – vor Tausenden von Zuhörern vom mächtigsten Mann des anderen deutschen Staates.[40]

Beim Zentralkomitee der SED wird dann am 25. Oktober 1967 eine »Arbeitsgruppe zur Unterstützung der Anti-Springer-Kampagne in Westdeutschland und West-Berlin« eingerichtet. Sie erhält von einer als zuverlässig eingestuften Quelle die Information, dass von Vertretern des AStA der Freien Universität, des SDS und der Gruppe um Rudi Dutschke bei einer geheimen Unterredung eine Anti-Springer-Kundgebung, ein Anti-Springer-Tribunal und für den Dezember 1967 Aktionen gegen das Gebäude des Axel-Springer-Verlages geplant worden seien.[41]

Dass Dutschke als Protagonist einer derartigen Kampagne hervortritt, kann kaum überraschen. Schließlich ist er seit Monaten die Zielscheibe fortwährender Angriffe durch *Bild*, *Berliner Zeitung* (BZ) und *Berliner Morgenpost*. Einer der ersten stilbildenden Artikel erscheint unter dem reißerischen Titel »Dutschke dreht an einem dollen Ding …« im Dezember 1966 in der BZ. Die Beschreibung des charismatischen Redners erinnert in einigen Zügen an die eines Diktators: »Schwarze Strähnen in der Stirn. Stechende Augen unter buschigen Brauen. Lederjacke und Pullover – Rudi Dutschke vom Sozialistischen Deutschen Studentenbund sieht aus wie der leibhaftige Bürgerschreck. Wo er auftaucht, da riecht es nach Rabatz.«[42] Wie wirksam dieses Muster ist, lässt sich auch daran erkennen, dass es keineswegs auf Organe des Axel-Springer-Verlags beschränkt ist. Zur Illustration einer *Spiegel*-Titelgeschichte zum Thema »Revolutionär Dutschke« wird ein Porträtbild verwendet, das ganz so aussieht, als sei der NS-Führer wieder auferstanden. Mit weit aufgesperrtem Mund und hervorquellenden Augäpfeln scheint der unrasierte Redner den Leser geradezu wie ein kaum zu bändigender Fanatiker anspringen zu wollen.[43]

Am 19. April 1967 tritt der deutsch-amerikanische Schriftsteller Reinhard Lettau an der Freien Universität auf einer Veranstaltung gegen den Vietnamkrieg auf und stellt eine Analyse der Berliner Presse vor. Am Ende erklärt er: »Festzuhalten [...] ist der Verdacht, daß wir es bei den Artikelschreibern mit unreflektierten Antidemokraten zu tun haben, mit Menschen, die eine historisch nachweisbare deutsche Neigung in die heutige Zeit hinübergerettet oder von vornherein vorgefunden haben: die Neigung, Schwächere zu hassen, weil sie schwächer sind, Minoritäten zu verabscheuen, ob sie nun, wie früher, Zigeuner oder Juden, oder wie heute, Fremdarbeiter, Kommunisten, Vorbestrafte, Gammler oder Studenten sind. Es ist unter diesen Umständen verständlich, daß der SDS zu seinen Pressekonferenzen Springerlinge nicht mehr einlädt.«[44] Er beendet sein Referat damit, dass er einige der analysierten Zeitungen öffentlich zerreißt.

Im September 1967 erläutert Ulrike Meinhof in ihrer monatlichen Kolumne in der Zeitschrift *konkret*, warum es an der Zeit sei, Springer zu enteignen: »Weil jeder Versuch der Redemokratisierung dieses Landes, der Wiederherstellung von Volksherrschaft, der Bildung urteilsfähiger Bürger jetzt, wo Springer so groß und stark ist, wie er ist, an Springer scheitert, scheitern muß.«[45] Die Enteignungsforderung, führt sie weiter aus, bedeute konkret, die Auflagenhöhe aller im Springer-Verlag erscheinenden Zeitungen auf eine halbe Million zu beschränken und seine ausgegliederten Teile zur Gründung neuer Zeitungen zu verwenden. Auf der XXII. Delegiertenkonferenz des SDS wenige Tage später in Frankfurt wird eine Resolution verabschiedet, mit der zum »Kampf gegen die Manipulation und für die Demokratisierung der Öffentlichkeit« aufgerufen wird.[46]

Im Oktober 1967 demonstrieren dann auf der Frankfurter Buchmesse mehrere hundert Studenten vor dem Stand des zum Hause Springer gehörenden Ullstein-Verlags. Die Menge zieht mit Sprüchen wie »Haut dem Springer auf die Finger!« durch die Gänge. Dabei werden Flugblätter verteilt und Exemplare der *Welt* in die Luft geworfen, zum Teil auch zerrissen. Aufforderungen, den Stand direkt zu attackieren, werden allerdings mit Pfiffen und Pfuirufen quittiert. Zwar fliegen Verlagsprospekte durch die Luft, die ausgestellten Bücher jedoch werden verschont. Zwei Tage später erhebt der zweite SDS-Bundesvorsitzende Frank Wolff vor dem Stand der »Welt der Literatur« schwere Vorwürfe gegen die angeblichen Monopolisierungsbestrebungen des Verlegers Axel Springer. Aus einer Menge von 500 Demonstranten warnt der 22-Jährige mit einem Megafon vor den antidemokratischen Folgen der Pressekonzentration und wiederholt die Forderung nach Enteignung des Springer-Verlags. Noch bevor er seine Ansprache beenden kann, wird er festgenommen. Nach der Feststellung seiner Personalien wird er kurze Zeit später wieder auf freien Fuß gesetzt.

Im Anschluss an die turbulenten Ereignisse während der Frankfurter Buchmesse befürchtet die Leitung des Axel-Springer-Verlags in der Berliner

Kochstraße offenbar auch Angriffe auf das dortige Hochhaus. Der *Spiegel* meldet nicht ganz ohne einen süffisanten Unterton, dass der Verlag für den möglicherweise bei studentischen Demonstrationen auftretenden Notfall vorgesorgt habe: »Ein Alarmplan sieht die Abriegelung aller Gebäudezugänge beim Anmarsch der Protestanten und den Einsatz der Feuerlöscheinrichtungen gegen Eindringlinge vor. Das Haus wurde mit Not-Telephonen ausgerüstet, die rund hundert Fahrzeuge des Vertriebsfuhrparks erhielten Taxi-Alarmgeräte.«[47] Sicherheitshalber habe der Vertrieb in der Stadt mehrere Auslieferungsdepots angelegt, um im Ernstfall zumindest eine Teilauslieferung der Zeitungen garantieren zu können.

Eine Art Ouvertüre der Anti-Springer-Kampagne spielt sich bereits seit einiger Zeit unter den Studierenden der gerade ins Leben gerufenen Deutschen Film- und Fernsehakademie Berlin (DFFB) ab.[48] Zu ihrem ersten Jahrgang zählen Hartmut Bitomsky, Harun Farocki, Thomas Giefer, Wolf Gremm, Holger Meins, Rüdiger Minow, Wolfgang Petersen, Helke Sander, Hans Günther Straschek und Christian Ziewer. Die jungen Filmemacher, die mit einer 16-mm-Aufziehkamera bereits mehrere Demonstrationen begleitet sowie bestimmte Szenen dabei aufgezeichnet haben und in die dramatischen Ereignisse, die während des Schah-Besuchs zum Tod von Benno Ohnesorg geführt haben, verwickelt gewesen sind,[49] wollen ihr Medium in die zunehmend eskalierende politische Auseinandersetzung als Faktor der Dokumentation und Gegeninformation mit einbringen. Dabei entwickeln einige von ihnen provokativ anmutende Schnitttechniken, in denen mit Motiven der Gewalt nicht nur gespielt wird. Und mehr und mehr kristallisiert sich dabei Axel Springer mit seinem Verlag und seinen Presseerzeugnissen als negative Lieblingsfigur heraus.

So ist etwa in dem 1967 von Harun Farocki gedrehten Kurzfilm »Ihre Zeitungen« zu sehen, wie eine als »kämpfendes Kollektiv« bezeichnete Gruppe Pflastersteine in Springer-Zeitungen einwickelt. Danach ist das Klirren von Fensterscheiben zu hören. Und in dem daran anknüpfenden, von Ulrich Knaudt produzierten Kurzfilm »Unsere Steine« ist zunächst eine junge Frau zu sehen, die in einer Springer-Zeitung herumblättert und dann ebenfalls einen Pflasterstein darin verpackt. Am Schluss ist das Springer-Hochhaus in der Kochstraße zu sehen, aus dem Qualm aufsteigt. Absichtlich werden keine Gewalttakte gezeigt. Die Montagetechnik ist jedoch über jeden Zweifel erhaben. Der Betrachter wird implizit aufgefordert, die filmischen Lücken in seiner Phantasie mit den entsprechenden Aktionen zu füllen.

Zu einem Zwischenfall kommt es dann im Januar 1968, als sich Farocki, Sander und ihr Kameramann Skip Norman in Smokings und Abendroben festlich gekleidet auf den Berliner Presseball begeben, um das Geschehen zu filmen. Helke Sander stellt sich hinter den Tisch, an dem Verlagschef Axel

Springer, *Bild*-Chefredakteur Peter Boenisch und der Springer-Vorstandsvorsitzende Peter Tamm Platz genommen haben, und zieht plötzlich ein Transparent aus ihrer Bluse, auf dem die bedrohlich-provozierende Zeile zu lesen ist: »Axel, das ist Dein Schlußball«. Nach einem kurzen Tumult erscheint mit dem Berliner Innensenator Kurt Neubauer der als Law-and-Order-Mann geltende Politiker persönlich und drängt die drei Filmemacher hinaus. Sie werden von Bereitschaftspolizisten festgenommen und müssen die Nacht in Gefängniszellen verbringen.

Im Monat darauf spitzt sich die Kampagne in West-Berlin weiter zu. Und wiederum spielt dabei der Film eines DFFB-Studenten eine wichtige Rolle. Am Abend des 1. Februar 1968 beteiligen sich im Auditorium maximum der Technischen Universität rund 1500 Studenten an einer Vorbereitungsveranstaltung zu einem seit längerem geplanten Tribunal gegen den Springer-Verlag. In einer von den Teilnehmern verabschiedeten Resolution wird die Enteignung Axel Springers und die Besetzung der Redaktionen der Tageszeitungen *Bild* und BZ durch gewählte Vertreter der Studentenschaft gefordert. Falls dieser »Kontrolle der Redaktionsarbeit« nicht innerhalb von zwei Wochen nachgegeben werde, heißt es, würden »direkte Aktionen« gegen den Pressekonzern durchgeführt.[50] Im Rahmen der Veranstaltung wird dann ein von Holger Meins produzierter Lehrfilm zur Herstellung von Molotow-Cocktails gezeigt.[51] In dessen Schlusssequenz ist eine Aufnahme des an der Mauer gelegenen Springer-Verlagshauses zu sehen. Im Laufe der darauf folgenden Nacht werden – als hätten einiger der Teilnehmer die Botschaften verstanden und in die Tat umgesetzt – in fünf verschiedenen Bezirken die Fenster- und Türscheiben von Filialen der zum Springer-Verlag gehörenden *Berliner Morgenpost* mit Pflastersteinen eingeworfen. Einige sind in Flugblätter mit der Aufschrift »Enteignet Springer« eingewickelt gewesen. Von einem Sprecher des Presse-Arbeitskreises im *Republikanischen Club*, der das Hearing über den Springer-Konzern vorbereitet hat, ist noch wenige Stunden zuvor vor derartigen Aktionen gewarnt worden. Das Einschlagen von Fensterscheiben, hat Bernhard Blanke in der Technischen Universität erklärt, könne der Anti-Springer-Kampagne nur schaden.

Das ursprünglich für drei Tage angesetzte »Springer-Hearing« dauert, nachdem die meisten der eingeladenen Professoren und Journalisten im Vorfeld abgesagt haben, nur einen Abend. Erst nachdem der veranstaltende *Republikanische Club* dem Rektor der Technischen Universität, Professor Kurt Weichselberger, auf dessen Verlangen schriftlich zugesichert hat, dass während des Hearings zu keinen ungesetzlichen Aktionen aufgerufen würde, können sich 1800 Studierende im Ernst-Reuter-Saal versammeln. Nach der Eröffnung durch Klaus Meschkat (SDS) geben der Darmstädter Politikwissenschaftler Eugen Kogon und der Münchner Publizist Erich Kuby sowie

Peter Schneider und Jörg Huffschmid kurze Statements zur »Manipulation der öffentlichen Meinung in Berlin« ab. Ein Beitrag, in dem sich der Wiener Zivilisations- und Medienkritiker Günther Anders dem »aufdringlichen Pro-Semitismus« der Springer-Presse widmet, muss verlesen werden, da der Philosoph kurzfristig abgesagt hat. Während die Diskussion läuft, zünden Studenten vor dem Saal zahlreiche Exemplare eines vom Springer-Verlag herausgegebenen und kurz zuvor verteilten Extra-Blattes an, in dem vor Gewaltaktionen der APO gewarnt wird.

Das Dutschke-Attentat und die Auslieferungsblockade der Springer-Zeitungen

In den ersten Wochen des Jahres 1968 mehren sich die Anzeichen, dass Dutschke Opfer eines Anschlags werden könnte. So kommt es etwa in der Nacht vom 17. zum 18. Februar zu einem bezeichnenden Zwischenfall. Als Dutschke zusammen mit zwei Begleitern den Kurfürstendamm entlangfährt, wird ihr Pkw plötzlich von einem Dutzend Taxis gejagt. Einige der Taxifahrer steigen aus und versuchen das von ihnen gestellte Fahrzeug einzuzingeln. Erst in letzter Sekunde gelingt es dessen Fahrer, den Rückwärtsgang einzulegen und mit Vollgas eine Bresche zu schlagen, um Dutschke aus der Gefahrenzone herauszubringen. Einer der Taxifahrer teilt seinen Kollegen daraufhin über Funk mit, dass sie den Gesuchten nun verloren hätten.

Die Situation spitzt sich gefährlich zu, als der Senat in Reaktion auf die auf dem Internationalen Vietnam-Kongreß geäußerten Kampfansagen am 21. Februar vor dem Schöneberger Rathaus eine Art Gegenkundgebung durchführt. In einem Aufruf, der auch vom Abgeordnetenhaus, den darin vertretenen Parteien, dem DGB und dem Ring politischer Jugend unterzeichnet ist, sind alle Berliner zur Teilnahme aufgefordert worden. Unter Anspielung auf eine berühmte Kundgebung mit Ernst Reuter 20 Jahre zuvor heißt es, man wolle »vor aller Welt« kundtun, was die Berliner dächten und wollten. Man wisse, heißt es auf die Blockkonfrontation zwischen West und Ost verweisend, wer ihre Freunde seien und wo ihre Gegner stünden. Damit sich möglichst viele Bürger an dem Aufmarsch beteiligen können, ist den Angestellten des öffentlichen Dienstes für die Veranstaltung freigegeben worden, die Zeitungen des Axel-Springer-Verlags haben in großer Aufmachung mobilisiert, die Rundfunksender Extrameldungen verbreitet und die öffentlichen Verkehrsbetriebe Sonderlinien eingerichtet.

Unter dem Motto »Berlin darf nicht Saigon werden!« ziehen am späten Nachmittag Zehntausende von sechs verschiedenen Sammelplätzen aus zum

John-F.-Kennedy-Platz. Sie führen Transparente mit sich, auf denen Parolen zu lesen sind wie »Tausche zehn Studenten gegen einen kleinen Flüchtling«, »Dutschke Volksfeind Nummer eins«, »Dutschke und Kunzelmann über die Mauer«, »Teufel in den Zoo« und »Für ein Verbot des SDS«. Während des Anmarsches werden wiederholt junge Leute, die in Verdacht stehen, etwas mit der APO zu tun zu haben, aus den Marschsäulen heraus beschimpft und verprügelt. Zu den Misshandelten gehört auch der Journalist Kai Herrmann, der als Korrespondent der Wochenzeitung *Die Zeit* in West-Berlin arbeitet. Vor dem Schöneberger Rathaus versammeln sich dann etwa 80000 Bürger. Als Erstes distanziert sich Jürgen Grimming (SPD) von der »radikalen Minderheit«, die auf Kosten der Mehrheit versuche, ihre politischen Überzeugungen mit Gewalt durchzusetzen. Danach warnen der SPD-Landesvorsitzende Kurt Mattick, der CDU-Landesvorsitzende Franz Amrehn und der DGB-Bezirksvorsitzende Walter Sickert vor »Unruhestiftern und Randalierern«, die nichts anderes als die Freiheit zerstören wollten. Nach Abschluss der Kundgebung kommt es mehrmals zu gewalttätigen Ausschreitungen gegenüber vermeintlichen Studenten. Ein junger Mann, der angeblich wie Rudi Dutschke aussieht, muss zum Schutz vor Übergriffen von der Polizei in Gewahrsam genommen werden. Immer wieder sind Rufe wie »Lyncht ihn!« und »Hängt ihn auf!« zu hören. Bei Zwischenfällen werden insgesamt über 30 Personen verletzt und 26 von der Polizei zu ihrem eigenen Schutz festgenommen.

Der Psychologe Peter Brückner kommt in einem Gutachten, das er im Jahr darauf vor dem Landgericht Frankfurt vertritt, zu dem Schluss: »Die gegen die Studierenden mobilisierte und aufgehetzte Menge befindet sich unübersehbar in Pogromstimmung; man wird auch bei nüchternster Betrachtung sagen müssen, daß sich Rudi Dutschke spätestens vom Ende Februar 1968 an in Lebensgefahr befindet.«[52] Am Nachmittag des 11. April 1968 ist es dann so weit.

Es ist Gründonnerstag. Rudi Dutschke wartet an der Ecke Kurfürstendamm/Johann-Georg-Straße darauf, dass eine Apotheke nach der Mittagspause wieder geöffnet wird. Er sitzt auf seinem Fahrrad und will für seinen dreimonatigen Sohn Arznei besorgen. Die Stelle ist nur 50 Meter vom Zentrum des SDS entfernt. Nach einigen Minuten parkt ein Auto auf dem Mittelstreifen des Ku'damms, ein junger Mann steigt aus. Es ist der 24-jährige Hilfsarbeiter Josef Bachmann, der erst wenige Stunden zuvor mit dem Interzonenzug aus München angereist ist. Er geht direkt auf den Wartenden zu und fragt ihn, nur noch zwei Meter vor ihm stehend: »Sind Sie Rudi Dutschke?« Als dieser ohne Zögern und Argwohn mit einem ebenso einfachen wie klaren »Ja« antwortet, bricht es aus Bachmann wie aufgestaut heraus: »Du dreckiges Kommunistenschwein!« Aus einem unter einer Lederjacke sitzenden Schulterhalfter zieht er einen Revolver und drückt ab. Einmal, zweimal, dreimal.

Der erste Schuss trifft Dutschke in die Wange, er stürzt vom Rad auf den Asphalt. Den zweiten und dritten feuert Bachmann aus nächster Entfernung auf den bereits blutend am Boden Liegenden ab. Ein Schuss geht in den Kopf, ein weiterer in die Schulter. Trotz seiner schweren Verletzungen versucht Dutschke, sich noch einmal hochzuraffen und in Richtung SDS-Zentrum zu bewegen. Doch bereits nach wenigen Schritten bricht er blutüberströmt zusammen. Noch immer hat er sein Bewusstsein nicht vollständig verloren. Er ruft nach Vater und Mutter. Seine letzten Worte lauten zusammenhangslos »Soldaten, Soldaten«. Es ist 16.30 Uhr. Der Attentäter kommt ebenso wie sein Opfer ursprünglich aus der DDR.

Als mit Dutschke die Galionsfigur der Studentenrevolte lebensgefährlich verletzt wird, scheint der Hintergrund für die Mordaktion den Aktivisten in SDS und APO unmittelbar klar zu sein. Die Parole lautet: »Bild schoß mit!« Da die Tat als Folge einer systematischen Hetzkampagne des Berliner Senats und der Springer-Presse angesehen wird, kommt es im Verlauf der Ostertage in verschiedenen Städten zu massenhaften Versuchen, die Auslieferung der Springer-Zeitungen zu verhindern. Bereits am Abend nach dem Attentat haben sich 2000 Studenten im Auditorium maximum der Technischen Universität versammelt. Einer derjenigen, die in der ebenso sorgenvollen wie aufgeheizten Atmosphäre das Wort ergreifen, ist Bernd Rabehl, einer der engsten Freunde Dutschkes: »Ich darf daran erinnern, welche Pogromhetze gerade von den Abgeordneten dieses Berliner Senats nach dem 2. Juni stattfand. Ich erinnere daran, dass Neubauer und Schütz zusammen mit der Springer-Presse die Verantwortung für einen Mörder tragen, der sich an Rudi herangemacht hat, um ihn niederzuschießen. Und ich spreche ganz deutlich aus, die wirklichen Schuldigen heißen Springer, und die Mörder heißen Neubauer und Schütz.«[53] Auf der Versammlung wird beschlossen, dass der Senat zurücktreten und der Springer-Konzern enteignet werden müsse. Danach ziehen die Demonstranten durch die Innenstadt nach Kreuzberg zur Kochstraße. In der ersten Reihe ist Horst Mahler zu sehen, der ein Megafon mit sich führt. Der Rechtsanwalt fällt schon wegen seines bürgerlichen Outfits auf. Gegen 23 Uhr beginnen einige damit, das an der Mauer gelegene Springer-Hochhaus zu stürmen. Nachdem dieser Versuch durch starke Polizeikräfte vereitelt werden kann, werden die Fahrzeughallen in Brand gesetzt und mehrere Transportwagen zerstört. Besonders hervor tut sich dabei mit Peter Urbach ein Vertrauter der *Kommune I*, der – wie sich später herausstellt – als Agent Provocateur für den Verfassungsschutz arbeitet.[54] In seinen Armen trägt er ein Weidenkörbchen, in dem sich Brandflaschen – so genannte Molotow-Cocktails – befinden, die er freigebig unter den Demonstranten verteilt.

Einer der Aktivisten, die sich im Umfeld der *Kommune I* bewegen, schildert später, was sie zusammen mit Urbach in dieser Nacht noch alles im Schilde geführt, aber dann doch nicht umgesetzt haben: »An dem Abend nach den brennenden Autos, da bin ich mit Urbach und Fritz [der Kommunarde Fritz Teufel] rumgefahren im VW mit einer Kiste mit den restlichen Mollies, und wir haben überlegt, was wir nun noch anstecken könnten. Bei den Filialen waren wir schon zu spät, da waren schon Leute in den Filialen. Es war denn später, so zwei, und ab zwei da arbeiten schon Leute. Dann waren wir noch in der K I und haben überlegt, was wir den nächsten Tag machen und waren noch im Repclub [*Republikanischer Club*]. War noch so'ne Sitzung. Und denn haben wir noch gekieckt, was man sonst noch anstecken kann, ist uns aber nichts richtiges eingefallen, wollten denn noch die Oper anstecken, aber sind denn ratlos nach Hause gefahren. Wir wollten noch rausfahren nach Schwanenwerder, wo der Springer so'ne Villa hat, die wollten wir auch noch anstecken, aber dann wußte wieder keiner genau, wo das ist. Jetzt waren Terrorprobleme sehr aktuell.«[55] In den Erinnerungen von Michael »Bommi« Baumann, einem derjenigen, die im Jahr darauf als Erste in den Untergrund gehen, wird deutlich, wie nahe einige bereits in der Nacht nach dem Dutschke-Attentat dem Terrorismus kommen und welche Rolle dabei Axel Springer und eines seiner Wohnhäuser spielt.

Im Laufe von fünf Tagen beteiligen sich mehr als 50 000 Menschen an den Blockadeversuchen vor den Auslieferungstoren der Springer-Druckereien in Essen, Eßlingen, Frankfurt, Hamburg und West-Berlin. Insgesamt kommen dabei 21 000 Polizisten zum Einsatz. Über 1000 Demonstranten werden festgenommen, darunter auch unbeteiligte Passanten wie Hausfrauen und Rentner. Bei den schwersten Straßenschlachten in Deutschland seit der Weimarer Republik kommen zwei Personen, ein Fotograf und ein Student in München, ums Leben, 400 werden zum Teil schwer verletzt.[56]

Das Attentat auf Rudi Dutschke löst auch in zahlreichen europäischen und außereuropäischen Städten heftige Proteste aus. Zumeist richten sie sich gegen Büros des Springer-Verlags oder andere bundesdeutsche Einrichtungen und Niederlassungen. In Wien ziehen am Karfreitag 1500 Studenten und Schüler zum Büro der zum Springer-Verlag gehörenden Programmzeitschrift *Hör zu*. Die Demonstranten führen dabei Transparente mit Aufschriften wie »Springer – Mörder« und »Gestern King – heute Dutschke – morgen wir« mit sich. Am selben Tag werden in Rom Molotow-Cocktails gegen die Vertretungen von Mercedes-Benz und Porsche geworfen. Zu weiteren Demonstrationen, Kundgebungen und Protestaktionen kommt es in Amsterdam, Brüssel, Bern, Paris, Oslo, Kopenhagen, Prag, Zürich, Mailand, Rom, Belgrad, Tel Aviv, New York, Washington und Toronto. Die heftigsten Auseinandersetzungen spielen sich dabei in London ab.

Am Ostermontag versuchen dort über 2000 Demonstranten die bundesdeutsche Botschaft im Anschluss an die traditionelle Kundgebung gegen die Atombewaffnung zu stürmen. Dabei kommt es zu Handgreiflichkeiten mit 500, traditionellerweise unbewaffneten Bobbys, die in einer Kette das Gebäude zu schützen versuchen. Anschließend verlagern sich die Gewalttätigkeiten vor das Hochhaus des *Daily Mirror*, in dem auch das Büro des Axel-Springer-Verlags untergebracht ist. Dort kommt es ebenfalls zu heftigen Zusammenstößen mit der Polizei. Das Boulevardblatt *Daily Mirror*, das eine Auflagenhöhe von sechs Millionen Exemplaren hat, erscheint zwei Tage später mit der Schlagzeile »Die unzensierte Stimme des Protests«. Darin wird den Protestierenden angeboten, in den Spalten der Tageszeitung all das zu beschreiben, was sie auf die Straße treibe. Die Grenzen, heißt es, würden dabei nur durch die englischen Gesetze gezogen. Der Name »Springer« ist in diesen Tagen in Westeuropa vielerorts zum Synonym für eine rechtspopulistische Presse geworden, die kritische Minderheiten diskreditiert und im Zweifelsfall das Publikum gar gegen deren Sprecher zur Selbstjustiz aufhetzt.

Ähnlich wie während der *Spiegel*-Affäre melden sich auch diesmal eine Reihe von Hochschullehrern und Intellektuellen zu Wort, die sich demonstrativ hinter die studentische Kritik am Pressekonzern stellen. In einer öffentlichen Erklärung von zwölf Professoren, einem Schriftsteller und einem Publizisten heißt es in der Wochenzeitung *Die Zeit*: »So isoliert die Hintergründe des Mordanschlags auf Rudi Dutschke auch sein mögen, sie enthüllen den Zustand unserer Gesellschaft. Angst und mangelnde Bereitschaft, die Argumente der studentischen Opposition ernst zu nehmen, haben ein Klima geschaffen, in dem die gezielte Diffamierung einer Minderheit zur Gewalttätigkeit gegen sie aufreizen muß. Dieses Klima ist systematisch vorbereitet worden von einer Presse, die sich als Hüterin der Verfassung aufführt und vorgibt, im Namen der Ordnung der Mehrheit zu sprechen, mit dieser Ordnung aber nichts anderes meint als ihre Herrschaft über unmündige Massen und den Weg in einen neuen, autoritätsbestimmten Nationalismus [...] Die Unterzeichneten fordern darum, endlich in die öffentliche Diskussion über den Springer-Konzern, seine politischen und wirtschaftlichen Voraussetzungen und seine Praktiken der publizistischen Manipulation einzutreten. Sie erklären sich mit den Studenten solidarisch, rufen aber gleichzeitig dazu auf, sich bei allen Aktionen der Gewalt zu enthalten und der Angemessenheit der Mittel bewußt zu bleiben.«[57] Die Erklärung ist u.a. unterzeichnet von dem Philosophen und Kulturkritiker Theodor W. Adorno, dem Schriftsteller Heinrich Böll, dem Germanisten Walter Jens, dem Politologen Eugen Kogon, dem Historiker Golo Mann und dem Psychologen Alexander Mitscherlich.

Am selben Tag veröffentlicht der *Kölner Stadt-Anzeiger* eine noch weitergehende Stellungnahme Heinrich Bölls, mit der er sich ausdrücklich hinter das von den Studenten mit ihren Blockadeaktionen verfolgte politische Ziel stellt: »Sie wollen die Übermacht der stimmungsmachenden und meinungsbildenden Publikationen des Springer-Konzerns brechen; sie wollen die Öffentlichkeit auf diese Übermacht aufmerksam machen, und sie können es nur auf diese Weise: indem sie auf die Straße gehen. Die Straße ist der Studenten einziges Publikationsmittel, wenn sie nicht – was sinnlos wäre – universitätsintern bleiben wollen.«[58] Die Zeitungen, die nicht zum Springer-Verlag gehörten, hätten die Aufgabe, die Studenten nicht zu verteufeln. Sie sollten der außerparlamentarischen Opposition, die dann auch nicht mehr der Straße bedürfte, vielmehr ihre Spalten öffnen. Den Studenten empfiehlt Böll, ein bis zwei Monate in Klausur zu gehen, um sich gewaltlose und wirksamere Mittel zu überlegen. Als Schriftsteller, fügt er hinzu, zähle er »von Natur aus zur außerparlamentarischen Opposition«.

Ein Springer überaus gewogener Journalist, Hans Huffzky, der langjährige Chefredakteur der *Constanze*, zeigt sich durch die während der Ostertage ausgebrochene Gewalt derart erschüttert, dass er sich in Sorge um die politische Stabilität an den »Lieben Axel« wendet und ihn nachdrücklich dazu auffordert, als Verlagschef zurückzutreten: »Unser Volk befindet sich im Zustand der Selbstzerfleischung. Die letzten Tage seit dem Attentat auf Rudi Dutschke haben das bewiesen. Wenn dieser Prozeß der Selbstzerfleischung anhält, ist das Ende mit seinem Schrecken nicht mehr vorstellbar. Ich möchte Dich bitten, zu überlegen, ob Du nicht zurücktreten solltest. Ich meine damit, als politische Potenz ausscheiden aus unserer Öffentlichkeit […] Dieses Volk lebt in einer unvorstellbaren inneren Zerrissenheit. Hilf ihm aus dieser Not, aus dieser Angst, aus dieser Verzweiflung, aus dieser Ratlosigkeit. Gib ein Zeichen, ein spektakuläres Zeichen, das keiner erwartet. Tritt ab, so guten Glaubens Du auch sein magst. Dein Name ist geschändet, ob in Deiner Verantwortlichkeit oder nicht, das ist jetzt gleich.«[59] Die Emotionalität, mit der das Schreiben verfasst ist, macht deutlich, wie viel sich unter nachdenklich gestimmten Presseleuten bereits aufgestaut haben muss, bevor es dann mit dem Dutschke-Attentat und der dadurch ausgelösten Welle der Empörung zur Eruption der Gewalt gekommen ist. Obwohl Huffzky in einem persönlichen Gespräch noch einmal nachlegt, zeigt sich Springer von der Aufforderung offenbar unbeeindruckt.

Durch die immer weiter ausufernde Welle der Kritik sieht sich der angegriffene Verleger schließlich jedoch genötigt, zu den Vorwürfen selbst Stellung zu beziehen. Am 14. Mai veröffentlicht die *Welt* ein Schreiben Axel Springers, mit dem dieser auf eine Entschließung der Vereinigung der Evangelischen Akademikerschaft antwortet, in der es geheißen hatte, dass dem

Verlagshaus Axel Springer »eine Mitverantwortung an den Unruhen« nach dem Dutschke-Attentat »und den damit verbundenen Gewalttaten« trage und der Gesetzgeber deshalb aufgefordert werde, »die Pressekonzentration zu beseitigen«. Der Verleger schreibt: »Das Verlagshaus Axel Springer sieht den Grund für die Verketzerung der publizistischen Leistungen seiner Zeitungen in der Tatsache, dass in seinen Blättern konsequent eine Haltung und Meinung vertreten wird, die der extremen Linken diametral entgegengesetzt ist. Diese Haltung unseres Verlagshauses kommt in den vier Leitsätzen zum Ausdruck, nach denen sich die redaktionelle Arbeit der Zeitungen dieses Hauses vollzieht: 1. Eintreten für die Wiederherstellung der deutschen Einheit; 2. Aussöhnung zwischen Deutschen und Juden; 3. Ablehnung jeglicher Art von politischem Totalitarismus; 4. Bejahung der sozialen Marktwirtschaft.«[60] Zum Schluss bekräftigt Springer noch einmal, dass die »Unruhe auf den Straßen« keine »grundsätzliche Veränderung der verlegerischen und redaktionellen Arbeit der Zeitungen des Hauses Springer« bewirken würde.

Das stimmt zwar, täuscht zugleich jedoch darüber hinweg, dass der Verlag Eingriffe vornehmen muss, wenn er den öffentlichen Vorhaltungen nicht weiter schutzlos ausgeliefert sein will. Schließlich hat der Protest auch das Parlament erreicht. Nicht zuletzt hat die außerparlamentarische Bewegung mit ihrer Anti-Springer-Kampagne den Anstoß gegeben, im Bundestag eine Kommission zur Untersuchung der Pressekonzentration einzurichten.

Auf ihrer abschließenden Sitzung am 22. Mai 1968 stellt die von der Bundesregierung eingesetzte und unter dem Vorsitz des Präsidenten des Bundeskartellamts, Eberhard Günther, tagende Pressekommission fest, dass die vom Grundgesetz garantierte Pressefreiheit durch den vom Verlagshaus Axel Springer auf dem Publikationsmarkt erreichten Konzentrationsgrad gefährdet werde. Mit einem Anteil von 39 Prozent an der verkauften Auflage aller bundesdeutschen Zeitungen und Zeitschriften würden die, wie es in dem Urteil des Sachverständigengremiums nach einjähriger Beratungszeit lautet, noch tolerierbaren Grenzwerte weit überschritten. Die Pressekommission halte den Marktanteil eines Verlages in einer Größenordnung bis 10 bzw. 15 Prozent für unbedenklich. Ab 20 Prozent, heißt es weiter, werde jedoch die Pressefreiheit beeinträchtigt und ab 40 Prozent stark gefährdet. Als Schlussfolgerung schlagen die Sachverständigen vor, die Entwicklung der Anteilseigner auf dem Pressemarkt genau zu beobachten und Schritte zu seiner Entflechtung einzuleiten.

Diesem Schritt versucht der Axel-Springer-Verlag zuvorzukommen. Er tritt in gewisser Hinsicht die Flucht nach vorne an und veräußert innerhalb kurzer Zeit die Zeitschriften *Eltern*, *Jasmin*, *Kicker*, *Bravo* und *Twen*. Es sind allesamt Organe, die mit Springers in der Öffentlichkeit so unnachgiebig kritisierter Rolle nichts zu tun haben. Insofern ist der Schritt ambivalent und verfehlt zu einem erheblichen Teil seine Wirkung. Dennoch stellt der Verkauf wohl eine der einschneidendsten Zäsuren in der Verlagsgeschichte dar.

Zurück zum 11. April 1968. Es ist keineswegs nur eine studentische Minderheit, die davon überzeugt ist, dass der eigentliche Attentäter nicht Josef Bachmann, sondern Axel Springer heiße. Der eine ist in dieser Vorstellung der Verführte bzw. Manipulierte, der andere der Verführer bzw. Manipulateur und damit der eigentlich Verantwortliche. Das scheint sowohl theoretisch als auch empirisch ins Bild zu passen. In der zweiten Strophe von Wolf Biermanns Lied »Drei Kugeln auf Rudi Dutschke« heißt es: »Die Kugel Nummer Eins kam aus Springers Zeitungswald.«[61] Mehr und mehr führende Intellektuelle – darunter auch ein konservativer Historiker wie Golo Mann – stellen sich, wie die »Erklärung der Vierzehn« und andere Wortmeldungen deutlich machen, hinter eine Reihe der vom SDS erhobenen Forderung nach einer Beschneidung der Pressekonzentration.

An dem objektiven Sachverhalt, dass die Springer-Zeitungen in West-Berlin eine monopolartige Stellung innehaben und diese dazu nutzen, Linke, Studenten und andere Minderheiten zu diskreditieren und zu diffamieren, kann kaum ein Zweifel existieren. Die Frage jedoch, ob sich der Attentäter durch Organe des Hauses Springer zu seiner Tat auch tatsächlich angestiftet gefühlt hat, ist nicht so einfach zu beantworten. Was den Demonstranten, die die Auslieferung der Springer-Zeitungen zu blockieren versuchten, unmittelbar evident zu sein schien, hat das Westberliner Schwurgericht im Falle des wegen Mordversuchs angeklagten Josef Bachmann zum Gegenstand seiner Befragungen gemacht.

Landgerichtsdirektor Heinz Brandt versucht sich in einer der Verhandlungen ein Bild von den politischen Motiven des Attentäters zu machen. Dabei spielt die Frage nach seiner politischen Orientierung eine ebenso große Rolle wie die nach den Präferenzen seiner Zeitungslektüre:

»Richter: Haben Sie einer Partei nahegestanden; sich ihr verbunden gefühlt? Wenn ja, welche war das?
Bachmann: Das war die NPD.
Richter: Haben Sie das Programm dieser Partei gelesen?
Bachmann: Nein, aber es stimmt nicht, wie man die NPD heute hinstellt. Man möchte sie zur Seite schaffen, weil sie die Schwesterpartei der NSDAP sein soll, die diese schrecklichen Taten gemacht hat.
Richter: Woher haben Sie denn dieses politische Wissen?
Bachmann: Aus Zeitungen.
Richter: Aus welchen denn?
Bachmann: Aus linken Blättern: Wahrheit, Neues Deutschland, Spiegel, Stern, Pardon.

Richter: In den Akten sind Ausschnitte aus der Nationalzeitung und auch aus der Deutschen Soldatenzeitung. Einer mit der Überschrift: ›Stoppt Dutschke!‹ Die Ausschnitte sind in Ihren Sachen gefunden worden. Haben Sie diese Zeitungen auch gelesen?
Bachmann: Ja, die habe ich ganz vergessen, die Nationalzeitung und die Deutschen Nachrichten.
Richter: Sind denn das auch linke Zeitungen?
Bachmann: Nein, rechte.
Richter: Das sind nun zum Teil Zeitungen, die nicht täglich erscheinen, und die nicht jedem regelmäßig zugänglich sind.
Bachmann: Nein, aber mir hat's gereicht, was ich da gelesen hab.
Richter: Haben Sie auch die Tageszeitungen verfolgt?
Bachmann: Naja, die Stadtzeitung, wo ich gerade war. Aber ich hab keine Springer-Zeitung gelesen, möchte ich nebenbei bemerken.«[62]

Es war in der Tat so, dass Bachmann bei seiner Reise mit dem Interzonenzug von München nach Berlin die *Deutsche National-Zeitung* vom 22. März 1968 dabeihatte. Sie schien eine besondere Bedeutung für ihn gehabt zu haben, denn im Unterschied zu anderen Blättern hatte er Teile von ihr sorgfältig ausgeschnitten und in einem Pappumschlag aufbewahrt. Es war die Titelseite der Ausgabe Nr. 12 mit der Aufforderung: »Stoppt Dutschke jetzt! / Sonst gibt es Bürgerkrieg/Nazis jagen – Kommunisten hofieren?«[63] Unmittelbar darunter waren fünf Fotos abgebildet, die wie eine Serie aus einer Verbrecherkartei der Polizei wirkte. Für Bachmann hatten diese Aufnahmen offenbar auch einen ganz praktischen Zweck, sie dienten dazu, Dutschke zu identifizieren. Die Schlagzeile, die sich wie eine direkte Aufforderung zu einem Anschlag lesen ließ, war in dem chauvinistisch-rechtsradikalen Blatt alles andere als eine Ausnahme. Seit Wochen hatte sich dessen Redaktion auf Dutschke »eingeschossen«. Der SDS-Sprecher wurde dort als die größte Gefahr für Volk und Vaterland erklärt.

Insofern ist es sehr viel wahrscheinlicher, dass der Attentäter durch Gerhard Freys *Deutsche National-Zeitung* beeinflusst worden sein könnte als durch eines der Blätter aus dem Hause Axel Springers. Auch die Frage, die der *Stern* seinerzeit an den Psychoanalytiker Alexander Mitscherlich gerichtet hat, ob die Studenten nach dem Attentat nicht besser gegen die NPD hätten demonstrieren sollen, erscheint zu diesem Zeitpunkt als durchaus berechtigt.[64] Es war möglicherweise einer der gravierendsten Fehler der Protestierenden, ihre Empörung über das Attentat ausschließlich gegen den Axel-Springer-Verlag und nicht auch gegen Gerhard Frey, den Herausgeber der *Deutschen National-Zeitung,* oder gegen den direkten politischen Gegner, die NPD, gerichtet zu haben.

Durch die aufgeputschte und besonders zugespitzte Auseinandersetzung mit den Springer-Organen werden in West-Berlin bereits frühzeitig Forderungen laut, die der aus dem Iran stammende Germanist Bahman Nirumand auf die Formel bringt: »Wir müssen eine Gegenöffentlichkeit herstellen, um unsere Ziele wirksam zu erläutern und diskutieren zu können, und dazu brauchen wir Gegen-Sender und Gegen-Zeitungen.«[65] Unmittelbar nach dem Dutschke-Attentat unternimmt deshalb eine aus dem Schriftsteller Hans Magnus Enzensberger, dem Kabarettisten Wolfgang Neuss und dem Komponisten Hans Werner Henze zusammengesetzte Delegation der außerparlamentarischen Bewegung einen ungewöhnlichen Vorstoß. Sie fordern unter Verweis auf die marktbeherrschende Rolle der Springer-Zeitungen vom Intendanten des Senders Freies Berlin (SFB) »1 Stunde Sendezeit für die APO«. Franz Barsig, der sein Amt erst einen Tag zuvor angetreten hat, gibt nach der Unterredung eine Erklärung ab, in der er sich gegen den Vorwurf der Manipulation verwahrt und der gestellten Forderung eine klare Absage erteilt. Er sei zwar bereit, stellt er fest, der APO die Möglichkeit zu geben, »in Rede und Gegenrede« ihre Ziele zu vertreten, er könne ihr jedoch nicht das Sonderrecht einräumen, eine Sendung »in eigener redaktioneller Verantwortung« auszustrahlen. Schließlich sei die APO auch nur eine Gruppe unter anderen. Würde ihrem Verlangen nachgegeben, dann liefe das auf die Aushöhlung der Programmgestaltung hinaus.[66] Damit ist die Grenze der öffentlich-rechtlichen Anstalten abgesteckt. Ein eigener Sendeplatz oder eine unmittelbare Beteiligung an der Programmgestaltung kommt nicht in Frage.

Axel Springers Zeugenauftritt im Mahler-Prozess

Wegen seiner Rolle beim Sturm auf das Springer-Hochhaus in der Nacht vom 11. zum 12. April 1968 wird Horst Mahler in drei Schritten angeklagt. Zunächst wird gegen den Mann, der zu diesem Zeitpunkt in der Öffentlichkeit noch als »APO-Anwalt« gilt, aufgrund eines vom Springer-Verlag an die Rechtsanwaltskammer gerichteten Briefes ein Ehrengerichtsverfahren eingeleitet. Der Vorwurf lautet, Mahler habe durch seine Teilnahme an der Protestaktion gegen das Verlagshaus die Standesehre und seine Berufspflichten verletzt.

Dann fordert das Verlagshaus zusammen mit der Ullstein GmbH in einem Zivilverfahren von Mahler Schadenersatz in Höhe von mehr als einer halben Million DM, weil dieser »an der Spitze eines mit Steinen, Brandfackeln und Molotow-Cocktails bewaffneten Haufens in die Geschäftsräume eingedrungen« sei und dabei »Verwüstungen« angerichtet habe.[67] Und schließlich wird in einem dritten Schritt ein Strafverfahren eröffnet.

Der so genannte Mahler-Prozess beginnt im November 1969 vor der 4. Großen Strafkammer des Berliner Landgerichts und zieht sich monatelang hin. Nicht weniger als 102 Zeugen – 66 Polizisten, elf Journalisten aus dem Hause Springer, zehn weitere anderer Presseorgane, daneben der ehemalige Regierende Bürgermeister Heinrich Albertz, dessen Amtsnachfolger Klaus Schütz und der Dutschke-Attentäter Josef Bachmann – werden vorgeladen und vernommen. Zwei Gutachter, beides bekennende Linke, treten auf – der Hannoveraner Psychologe Peter Brückner und der Berliner Philosoph Wolfgang Fritz Haug.[68] Mahlers Verteidigung haben zwei Kollegen übernommen: Otto Schily, mit dem er in Frankfurt ein Jahr zuvor zusammen die Warenhausbrandstifter Baader, Ensslin u. a. verteidigt hat, und Kurt Groenewold aus Hamburg.

Eine Überraschung erlebt das Gericht dann, als am 1. Dezember 1969 der Dutschke-Attentäter als Zeuge der Verteidigung auftritt. Der Angeklagte Mahler selbst nimmt die Befragung des Zeugen Bachmann vor. Dabei geht es noch einmal um die Frage, durch welche Zeitungen er bei seinem Mordanschlag beeinflusst worden sein könnte. Nun widerruft er die Aussage, die er am ersten Verhandlungstag seines eigenen Prozesses gemacht hat, und erklärt: »Zum größten Teil wurden mir Zeitungen vorgelegt, die ich überhaupt nicht kannte. […] Ich habe diese Zeitungen nur aus Propagandazwecken angegeben. […] Ich wollte keine bevorzugen und sie alle in einen Topf werfen. […] Ich habe nicht die National-Zeitung gelesen in dieser Aufmachung: Stoppt Rudi Dutschke, sonst gibt es Bürgerkrieg, was die Bild-Zeitung in ihrer Schlagzeile verwendet hat. Ich habe damals die Bild-Zeitung verschont, und natürlich hat die Bild-Zeitung die National-Zeitung vor's Loch geschoben. […] Wenn ich heute ehrlich bin: Ja, es war die Bild-Zeitung, die ich gelesen habe. […] Ich habe mir mein Bild, das stimmt schon, nur aus Springer-Zeitungen gemacht.«[69] Danach muß Bachmann dem Richter Heinz Brandt eine Lüge nach der anderen aufgetischt haben. Welches Motiv er dabei gehabt haben könnte, bleibt unklar. Seine neue Aussage steht außerdem in krassem Widerspruch zu der Tatsache, dass er bei seiner Reise zum Ort des Attentats eine Mappe mit Ausschnitten der *Deutschen National-Zeitung* mit sich geführt hat.

Axel Springer ist als Zeuge vorgeladen, versetzt das Gericht jedoch ein ums andere Mal. Am 5. Januar hat er sich mit einer Grippe entschuldigen lassen. Am 2. Februar heißt es, er sei wegen »administrativer Maßnahmen im Zuge der Umgestaltung« seines Verlages verhindert. Als er der dritten Aufforderung nicht Folge leistet, verurteilt ihn das Gericht am 16. Februar zu einer Ordnungsstrafe von 500 DM, ersatzweise fünf Tagen Haft. Und wegen des vierten Fernbleibens erhält er eine Ordnungsstrafe von 1000 DM, ersatzweise zehn Tagen Haft. Sein Anwalt lässt mitteilen, dass sein Mandant zum

Mittelpunkt von Schmähungen gemacht werden solle. Außerdem seien Angriffe auf seine Gesundheit oder sein Leben nicht auszuschließen. Springer befinde sich in einem »übergesetzlichen Notstand«. Er habe ihm deshalb dahingehend geraten, in dem Verfahren nicht zur Verfügung zu stehen. Doch es hilft alles nichts. Beim fünften Mal ist es – nachdem ihm das Gericht mit einer zwangsweisen Vorführung gedroht hat – schließlich so weit, dass er tatsächlich erscheint.[70]

Der Journalist und Autor Stefan Reinecke skizziert das Bild, das zu dieser Zeit von dem Hamburger Verleger in der radikalen Linken und zu Teilen auch darüber hinaus existiert: »Der Zeuge Axel Cäsar Springer verkörpert, was die Linke an der Republik haßt: den steilen, skrupellosen Aufstieg, wirtschaftlichen Erfolg, fast grenzenlose publizistische Macht, antikommunistisches Ressentiment, blinde Treue zu den USA. [...] Springer ist ein Symbol für alles, was in der Bundesrepublik falsch läuft. Auch Liberale wie Ralf Dahrendorf, die mit der antikapitalistischen Rhetorik der APO nichts am Hut haben, wollen 1968 von Springer nur eines: daß er, als politischer Meinungsmacher, verschwindet. Springer ist für die APO die Inkarnation des Bösen.«[71] Die Zeichen stehen vor Springers Zeugenauftritt eindeutig auf Sturm.

Im Geleitschutz von drei uniformierten Polizisten wird er am späten Morgen des 4. März 1970 unter dem Blitzlichtgewitter der Fotografen im Saal 700 des Moabiter Gerichtsgebäudes in den Zeugenstand geführt.[72] Der Prozess wird zum Tribunal gegen den Verleger, die Rollen werden dabei von der Verteidigung vertauscht:[73] Der Zeuge wird zum Angeklagten und der Angeklagte selbst zum Nebenkläger.[74] Bevor die Vernehmung beginnt, fordert Mahler das Gericht in der Pose eines juristischen Assistenten auf, den Zeugen darauf hinzuweisen, dass er im dringenden Verdacht der »Volksverhetzung« stehe und deshalb das Recht habe, sich bei bestimmten Fragen auf die Verweigerung von Aussagen zu berufen. In der Rolle des Chefanklägers tritt Schily auf. Am ersten Tag macht er Springer wegen der von ihm zu verantwortenden Pressepolitik sechs Stunden lang Vorhaltungen. Mehrfach kommt es dabei aus dem Publikum zu Zwischenrufen und rüden Beschimpfungen.

Als Erstes befragt Schily – als handle es sich bei diesem um den eigentlichen Angeklagten – Springer nach Zusammenhängen mit dem Dutschke-Attentat. Er bezieht sich dabei auf das Gutachten Professor Brückners, in dem »der dringende Verdacht« begründet worden sei, dass Springer als Person oder sein Verlag gegen § 130 verstoßen und damit die Menschenwürde verletzt haben könnte.[75] Alle Fragen, die darauf abzielen, Anhaltspunkte für eine mögliche Einflussnahme auf die politische Führung während der so genannten Osterunruhen zu eruieren, stoßen bereits im Vorfeld ins Leere. Springer gibt an, dass er sich in der Zeit zwischen dem 5. und dem 18. April 1968 überhaupt nicht in West-Berlin aufgehalten und in der betreffenden

Zeit auch keinerlei Gespräche mit dem Regierenden Bürgermeister Schütz geführt habe.

Auf Vorhaltungen, dass Springer-Zeitungen »in bösartiger und verleumderischer Form Artikel über die kritischen Studenten« gebracht hätten, zu deren Konkretisierung Schily den Sachverhalt, dass die Polizei einen Studenten erschossen hat, völlig auf den Kopf stellende Schlagzeilen aus einer Ausgabe der *Bild*-Zeitung vom 3. Juni 1967 zitiert,[76] reagiert Springer ganz allgemein mit den Worten: »Der Verleger ist nicht der Journalist, der das geschrieben hat. Zu vielen Dingen habe ich ein positives Verhältnis, es gibt natürlich auch solche, von denen ich Abstand nehme.«[77] Danach zitiert er die bereits erwähnten Leitsätze des Springer-Journalismus. So geht es ein ums andere Mal. Springer bleibt höflich und konziliant. Er weicht konkreten Vorhaltungen in der Regel aus, wechselt die Ebene, geht zu allgemeinen Erklärungen über und bietet so Mahlers Verteidigung kaum eine Angriffsfläche.

Als er von Schily gefragt wird, ob er sich zum Einschreiten veranlasst fühle, wenn in der *Berliner Morgenpost* ein antisemitischer Leserbrief erscheine, kommt im Publikum starke Unruhe auf. In nur wenigen Augenblicken kippt die Stimmung vollständig um. Rufe werden laut. »Springer – Mörder«, »Wir werden uns rächen«, »Du feiges Schwein«, »Du Drecksau« und andere Verbalinjurien sind plötzlich zu hören. Der Gerichtsvorsitzende Walter Klamroth lässt den Saal schließlich mit Polizeigewalt vom Publikum räumen. Daraufhin ergreift Mahler das Wort und ruft: »Die Genossen, die Sie soeben aus dem Saal entfernt haben, haben erklärt, daß der Zeuge S. das Attentat auf Rudi Dutschke auf dem Gewissen habe. Sie haben – das möchte ich noch hinzufügen – auch den Tod von Herrn Bachmann auf dem Gewissen.«[78] Der Gerichtsvorsitzende entzieht ihm daraufhin das Wort und droht ihm mit der Verhängung einer Ordnungsstrafe.

Als Mahler später versucht, Springer mit Fragen zur NS-Vergangenheit einiger seiner Journalisten in die Enge zu treiben, eskaliert die Situation erneut. Der Gerichtsvorsitzende versucht zwar ein ums andere Mal Fragen zur Biografie von Springer-Mitarbeitern mit der Begründung abzuwehren, dass diese in keinem erkennbaren Zusammenhang zum Verfahren stehen würden, kann sich damit dem Angeklagten gegenüber jedoch nicht durchsetzen. Als dieser den Zeugen schließlich als »Würstchen« bezeichnet und einige Journalisten dazu Beifall klatschen, unterbricht Klamroth die Verhandlung. Als das Gericht nach einer kurzen Beratung die Verhandlung fortsetzt, droht der Vorsitzende zunächst damit, auch die Pressevertreter aus dem Saal zu weisen. Dann verhängt er über Mahler eine Ordnungsstrafe von drei Tagen Haft und lässt diese am Ende der Sitzung vollstrecken.

Schily lässt sich von alldem nicht beeindrucken und setzt die Befragung zur NS-Vergangenheit einfach weiter fort. Nun springt Scheid in die Bresche und weist die Fragen ein ums andere Mal zurück. Doch schließlich wird es Springer offenbar zu viel. Obwohl es nur einen impliziten, aber keinen direkten Zusammenhang gibt, erklärt er, als wolle er damit auf einen Schlag in die Offensive gehen, dass es in Deutschland keinen anderen Verlag gebe, der in seinen Gremien »mehr jüdische Mitarbeiter« habe als der seine.[79]

Auf detaillierte Fragen zu den Marktanteilen des Springer-Verlags, die schließlich in der Feststellung münden, dass die »Monopolisierungstendenzen« in den letzten Jahren im Gegensatz zu allen Verlautbarungen weiter zugenommen hätten, erklärt Springer ostentativ: »Es gibt überhaupt keine deutsche Stadt, wo wir ein Monopol haben.«[80] Auf diese wahrheitswidrige Entgegnung bleibt Schily eine angemessene Erwiderung schuldig. Insgesamt jedoch hinterlässt der Verleger mit seinen Aussagen einen defensiven, sich ins Allgemeine flüchtenden, vielfach ausweichenden Eindruck.[81]

Der – wie sich erst sehr viel später, nach der völlig überraschenden Implosion der DDR 1989/1990 herausstellt – von MfS-Agenten angeleitete *Berliner Extra-Dienst* fasst Springers Äußerungen mit den sarkastischen Worten zusammen: »Nein – Davon ist mir nichts bekannt – Da müssen Sie meine Chefredakteure fragen – Nein – Daran kann ich mich nicht erinnern – Da war ich nicht im Dienst – Nein – Nein!«[82] Diese »Kurzfassung einer sechsstündigen Vernehmung« verfahre nach dem Motto: »Sein Name ist Springer. Und er weiß von nichts.«[83] Zu einer Eskalation kommt es außerhalb des Gerichtsgebäudes.

Zwischen Springers erstem und zweitem Zeugenauftritt verüben Unbekannte in der Nacht vom 7. auf den 8. März einen Brandanschlag auf das Privathaus des BZ-Chefredakteurs Malte-Till Kogge. Gegen das in Berlin-Zehlendorf gelegene Gebäude werden drei Molotow-Cocktails geworfen. Als die Feuerwehr eintrifft, ist bereits alles vorüber. Der von den Brandsätzen angerichtete Sachschaden ist minimal.[84] Nach seiner dreitägigen Haftstrafe wegen Ungebühr vor Gericht wird Mahler wieder freigelassen. Am Nachmittag skandieren in der Berliner Innenstadt 2500 Demonstranten lautstark »Freiheit für Mahler«, »Hände weg von Mahler – Springer vors Gericht« und »Springer führt an seiner Hand die Justiz am Gängelband«.

Während der Schlusskundgebung vor dem Moabiter Landgericht kommt es zu schweren Zusammenstößen mit der Polizei. Dabei fliegen wiederholt Steine und Molotow-Cocktails.

Das Bild, das Springer bei seinen beiden Zeugenauftritten abgibt, enttäuscht zahlreiche Beobachter, widerspricht zugleich aber den über ihn verbreiteten Klischees gleich in mehrfacher Hinsicht: »Denn der prominente Verleger ist kein geifernder Ideologe, sondern ein melancholischer Herr, der sichtbar leidet. Man kann seinem Gesicht ablesen, dass er es für eine Zumutung hält, hier sein zu müssen. Doch er ist kein Kämpfer. Springer, so ein Ex-Mitarbeiter, ist ein liebenswürdiger, empfindlicher Mensch.«[85] Zu welch ungewöhnlichem Schritt er in der Lage ist, zeigt sich, als er sich in einer Verhandlungspause zu Schily und Groenewold begibt und sie zu einem Besuch in seine Villa in Schwanenwerder einlädt. Doch beide Anwälte lehnen ab.

Das Berliner Landgericht verurteilt Mahler schließlich wegen schweren Aufruhrs in Tateinheit mit Landfriedensbruch zu einer zehnmonatigen Freiheitsstrafe auf Bewährung. Die Augenzeugen, Polizisten wie Journalisten, wollen gesehen haben, dass Mahler am Abend des 11. April 1968 mit einem Megafon in der ersten Reihe des Demonstrationszuges marschiert ist. Um deutlich zu machen, dass er damit nichts Verbotenes unternehme, soll er den Polizisten zugerufen haben, es handle sich um eine spontane und damit um eine erlaubte Demonstration. »Ob Mahler in dem Windfang des Springer-Hauses eingedrungen oder hineingedrängt worden war, blieb ungeklärt. Nur soviel scheint festzustehen: Niemand hat beobachtet, daß Mahler persönlich Steine oder Feuerwerkskörper geworfen hat. Der Angeklagte äußerte sich nicht zu den Vorwürfen.«[86] Auch auf dieses Urteil antwortet die Linke mit einer Demonstration. Am Abend der Urteilsverkündung ziehen rund 3000 Demonstranten durch die Innenstadt. In Sprechchören skandieren sie: »Schickt Mahlers Staatsanwalt für immer in die Strafanstalt.«

In den Wochen und Monaten seines Prozesses bewegt sich der Angeklagte jedoch bereits in ganz anderen Zusammenhängen. Er ist inzwischen selbst dabei, eine Untergrundorganisation aufzubauen, die sich als effizienter als die beiden einzigen bis dahin existierenden Gruppierungen – die *Tupamaros West-Berlin* und die *Tupamaros München* – erweisen soll. Bereits im Oktober ist er deshalb nach London gereist, um den im britischen Exil lebenden Rudi Dutschke für das Projekt bewaffneter Kampf zu gewinnen,[87] und im Dezember oder Januar ist er nach Rom gefahren, um die auf der Flucht befindlichen Warenhausbrandstifter Andreas Baader und Gudrun Ensslin aufzufordern, nach West-Berlin zurückzukehren und sich am Aufbau einer derartigen Guerillaorganisation zu beteiligen.[88] Beim Prozess vor dem Frankfurter Landgericht im Oktober 1968 hatte Ensslin Mahler kühn prognostiziert, dass er eines Tages seine Robe ausziehen und »mit der Maschinenpistole argumentieren« werde. Das bestätigt sich nun, allerdings in einer anderen Weise, als von Ensslin wohl ursprünglich vermutet.

Die Anti-Springer-Ideologie der RAF

Um aus den verbalen Attacken auf den Axel-Springer-Verlag Bombenangriffe werden zu lassen, bedarf es keines größeren Begründungsbedarfs mehr. Im Grunde liegen bereits alle Argumentationsfiguren vor. Die ersten Exponenten des bewaffneten Kampfes brauchen sich der im Zuge der Anti-Springer-Kampagne entwickelten Argumentationsfiguren nur zu bedienen, um Stichworte wie Enteignung und Zerstörung zu Schlüsselworten einer Kampfstrategie zu machen.

Ein erster derartiger Ansatz taucht bereits im Frühjahr 1970 zu einem Zeitpunkt auf, als die RAF überhaupt noch nicht existiert. Es ist mit Georg von Rauch einer der führenden Köpfe der im November 1969 gegründeten *Tupamaros West-Berlin*, eines Vorläufers der mit der RAF ebenso konkurrierenden wie kooperierenden *Bewegung 2. Juni*,[89] der in einem Strategiepapier die »Zerstörung« bzw. »Zerschlagung« des Verlages propagiert. Als er nach einem Überfall auf den *Quick*-Journalisten Horst Rieck[90] in Berlin-Moabit in Untersuchungshaft sitzt, notiert er unter der Überschrift »Es lebe das Commando Schwarze Presse« zur »Springerpresse«: »Sie ist der Angelpunkt der internationalen und nationalen Taktik, der anarchistischen Zerstörung eines Konzerns, der Selbstorganisation unserer Schwarzen Presse und der kulturrevolutionären Veränderung des Bewußtseins der Massen.«[91] Für ihn scheint die Beseitigung des Axel-Springer-Verlags so etwas wie ein Schlüssel zu sein, um die nicht nur von ihm diagnostizierte Bewusstseinsblockade in den Köpfen der Bevölkerung zu durchbrechen und einen revolutionären Prozess auszulösen.

Und zu der vom SDS seinerzeit geforderten Anti-Springer-Kampagne schreibt er: »Der Fehler der damaligen Kampagne war aber die falsche Hoffnung, den Springerkonzern ideologisch über Analysen und Aufklärung allein zerschlagen zu können. Eine neue ›Kampagne‹ muß den Springerkonzern gerade ökonomisch angreifen, verletzen und wenn es in unseren Kräften steht: zerschlagen. Das Ziel: die exemplarische Zerschlagung eines Konzerns (Caballero, Brief aus dem Gefängnis) muß als ein Hauptpfeiler der Strategie in den Metropolen angesehen werden, da nichts grundlegender die Industrienationen für den revolutionären Kampf weichknetet als die Verletzung entscheidender Industriezweige. [...] Die Zerschlagung der Springerpresse muß begleitet sein vom Aufbau eigener kommunikativer Kanäle zur El Fatah und zu Black Panther und dem Aufbau einer eigenen Schwarzen Presse.«[92] Im Vordergrund steht nun die materielle Zerstörung der »Springerpresse«. Ein immer wiederkehrender Gesichtspunkt ist dabei die öffentlich propagierte Unterstützung des Staates Israel durch die Zeitungen des Verlages. Diese ist von Rauch ein besonderer Dorn im Auge. Er setzt derartigen Solidaritätsbekundungen immer wieder aufs Neue ein Bekenntnis zu den Palästinensern und ihren bewaffneten Organisationen entgegen.

Die bald darauf einsetzende Berichterstattung der Springer-Zeitungen über die Anfänge der RAF scheint das seit Jahren nicht nur in den Augen ihrer Mitglieder und Anhänger existierende Bild einer sich gegen die Linke allgemein richtenden und bei gegebenen Anlässen ständig aktualisierenden Hetzkampagne, die bei passender Gelegenheit in eine Aufforderung zur Lynchjustiz ausufert, in mancher Hinsicht zu bestätigen. Ein regelrechter Trommelwirbel prasselt in Wort und Bild tagtäglich über dem Publikum hernieder.[93]

Es kommt dabei zu Vorverurteilungen und mitunter auch zu Falschmeldungen. Aber auch zu hybride anmutenden Reaktionen prominenter Intellektueller. Als die *Bild*-Zeitung nach einem Banküberfall in Kaiserslautern, bei dem ein Polizist erschossen wird, die Schlagzeile »Baader-Meinhof-Bande mordet weiter« bringt,[94] lässt sich der Schriftsteller Heinrich Böll – nicht ahnend, dass die Meldung, von ihrem hysterischen Tonfall einmal abgesehen, durchaus den Tatsachen entspricht – zu einer emotionalen Entgleisung hinreißen. Der *Spiegel* bietet ihm für seinen Frontalangriff auf das massenwirksame Boulevardblatt eine geeignete Plattform. Voller Zorn schreibt der für seine sonst so wenig aggressive und friedfertige Art bekannte Präsident des internationalen PEN-Clubs, er könne nicht begreifen, dass angesichts des Rufes nach Lynchjustiz und der fortwährenden Weckung unkontrollierbarer Instinkte im Millionenpublikum noch irgendein Politiker einer solchen Zeitung ein Interview gebe: »Das ist nicht mehr kryptofaschistisch, nicht mehr faschistoid, das ist nackter Faschismus, Verhetzung, Lüge, Dreck.«[95] Seine Forderung, Ulrike Meinhof »freies Geleit« und einen »öffentlichen Prozeß« zu bieten, kombiniert er damit, anschließend »auch Herrn Springer [...] wegen Volksverhetzung« öffentlich den Prozess zu machen. Das klingt nun selbst nach einer publizistischen Kriegserklärung.[96] Auf jeden Fall aber ist damit zu dem Krieg, den die RAF dem Staat erklärt hat, noch ein Nebenschauplatz eröffnet: die jahrelang anhaltende Dauerfehde Böll contra Springer.[97]

In der Rhetorik von *Bild*, *Bild am Sonntag* und *Welt am Sonntag* geht es beinahe durchgängig um ein und dieselbe Themenkombination: um Sex & Crime. Dieses altbekannte Muster wird in den Schlagzeilen und Fotomontagen nicht nur reproduziert, sondern auch potenziert. Insbesondere mit den Abbildungen der weiblichen RAF-Mitglieder wird der Eindruck erweckt, als sei der Schritt in den Untergrund ausschließlich libidinös bedingt gewesen. Terroristisches Handeln und sexuelle Potenz nähern sich dabei so weit an, dass sie beinahe deckungsgleich werden.

So heißt es etwa im Hinblick auf eine der RAF-Mitbegründerinnen: »Die steckbrieflich gesuchte Ulrike Meinhof (36) versüßt sich das Versteckspiel mit der Polizei nach der Apo-Lebensregel: Erst wird geliebt, dann geschossen! Einem 32jährigen Komplicen redete sie Gewissensbisse aus: ›Wer große Dinge vor sich hat wie ich, muß dazu entspannt sein. Das bin ich nur nach einer Liebesnacht. Du mußt mich lieben.‹«[98] Und weitere repräsentative Schlagzeilen in *Bild* bzw. *Bild am Sonntag* lauten: »Revolte nach der Liebesstunde«,[99] »Liebesgrüße hingen am Perlonstrumpf«,[100] »Jetzt kommandiert die schöne Hedwig«,[101] »Meuterei, Schlägerei, Durststreik und: Terrorist Baader bei der Ensslin im Bett«.[102] Und in der Serie mit dem Titel »Andreas Baader: Verpfuscht in alle Ewigkeit« werden voyeurhaft »Zärtliche Nächte im Beduinenzelt« insinuiert.[103]

Vor allem die Zweideutigkeit im Umgang mit Schusswaffen ist ganz unzweideutig sexuell codiert: »Das Leben der Terrormädchen: Potente Männer, scharfe Waffen/Die Frauen der Baader-Meinhof-Bande waren stärker als ihre Komplizen. Hier erfahren Sie, warum«.[104] Nacktaufnahmen Gudrun Ensslins, die in einem eher harmlosen Film zu sehen sind, werden als Indizien für die angeblich pornografische Dimension von Gewaltexzessen gelesen und entsprechend ausgebeutet.[105] Wenn es die männlichen Mitglieder an der für ihre Aktionen nötigen Energie mangeln ließen, seien sie – wie »ein prominentes Bandenmitglied« angeblich gestanden hat – von ihren Genossinnen wieder »aufgebaut« worden.[106]

Ein anderer durchgängig zu beobachtender Tenor ist die exzessive Steigerung von Gewaltmitteln und deren angeblich zu befürchtender Einsatz gegen die Bevölkerung im Allgemeinen. Weitere Schlagzeilen in der *Bild*-Zeitung lauteten: »Komplice enthüllt Baader-Meinhof-Pläne/Bomben auf Rathäuser – egal, ob dabei Menschen sterben«,[107] »Das ist das Mädchen mit der Stalin-Orgel«,[108] »Mit Bomben, Terror und 1000 Mann – Aufstand in Deutschland geplant«.[109] Derartig obsessive Gewaltphantasien gehören in dieser Zeit zum Standardrepertoire von *Bild* und anderen Springer-Zeitungen, aber auch von Illustrierten wie etwa der *Quick*.[110]

Die RAF hat nie einen Zweifel an ihrer Einstellung zur *Bild*-Zeitung und den anderen Organen des Verlages gelassen. Doch erst im April 1972 findet sich in der programmatischen, vermutlich von Ulrike Meinhof verfassten RAF-Schrift »Dem Volke dienen« ein eigener Abschnitt zur »Springerpresse«. Darin knüpft sie an die SDS-Kampagne direkt an: »Die Rolle der Springerpresse bei der Militarisierung der Klassenkämpfe ist schon 1968 in der Kampagne ›Enteignet Springer‹ genau beschrieben worden: ›Man kann das Schema, nach dem die Springerpresse Öffentlichkeit produziert, auf folgende einfache Formel bringen: Jeden Befreiungsversuch der Menschen aus den Zwängen des Spätkapitalismus stellt die Springerpresse als Verbrechen dar. Der politische Revolutionär erhält die Attribute des Gewaltverbrechers. Der politische Kampf erscheint als individualistischer und abstrakter Terror, die imperialistischen Verhinderungsfeldzüge als Ungeziefervertilgungsaktion.‹ ›Der Springerkonzern bildet die propagandistische Vorhut des aggressiven Antikommunismus. Die Springerpresse ist der Feind der Arbeiterklasse. Sie verstümmelt die Fähigkeit zum politischen Willensausdruck und zum solidarischen Handeln. Aus dem Wunsch des Lesers nach Gerechtigkeit macht die Springerpresse Lynchinstinkte, aus der Sehnsucht nach einer freien Gesellschaft den Haß gegen diejenigen, die sie errichten wollen. Die Springerpresse dient der psychologischen Kriegsvorbereitung. Durch die Feindkonstruktionen will sie sagen: Wenn ihr euch jemals rührt, wenn ihr Scheidungen nicht dem Scheidungsanwalt, Lohnerhöhungen nicht den Tarifverhandlungen, Wohnungen nicht dem Wohnungsamt, Ungerechtigkeiten nicht dem Richter, eure Sicherheit nicht der Polizei, euer Schicksal nicht dem Spätkapitalismus überlaßt, dann kommt Mord, Folter, Vergewaltigung und Verbrechen.‹ Die Situation hat sich seit der Molotowcocktailveranstaltung im Februar '68 verschärft. ›Bild‹ hat die Spalte ›Bild kämpft für Sie!‹ eingeführt, und ›Bild‹ meldet tägliche Erfolge von der Kampffront gegen Mietwucher, gegen Ausländerkriminalisierung, gegen Kinderreiche-Familien-Kündigungen, gegen Frührentner- und Rentnerverzweiflung. Noch bevor sich die ausgebeuteten Massen von den Institutionen des Rechtsstaates abwenden, hat ›Bild‹ sich von ihnen abgewandt; noch bevor sich die Unzufriedenheit mit den Institutionen des Klassenstaates als Klassenbewußtsein konstituieren kann, stellt ›Bild‹ sich an die Spitze der Unzufriedenheit, dahin, wo die Nazis 1933 standen, berufen vom Kapital, nicht vom Proletariat. Böll hat das faschistisch genannt, um Mißverständnissen vorzubeugen: ›Verhetzung, Lüge, Dreck.‹ Er hat damit analytisch und politisch den Nagel auf den Kopf getroffen. Die Reaktionen zeigten, wie empfindlich das System geworden ist, wie labil der Status quo, wie faschistisch ›Bild‹, wie nervös das Klima im Springerkonzern.«[111]

Auffällig ist daran, dass hier fast vollständig auf die Entwicklung eigener Begründungsmuster verzichtet wird. Im Prinzip wird die 1967 vom SDS eingenommene Grundposition noch einmal zitiert und lediglich mit in diese Logik leicht zu integrierenden Faktoren wie der Kritik an den populistischen *Bild*-Kampagnen und polemischen Äußerungen Heinrich Bölls weiter ausgebaut.

Die Anschläge

Der RAF-Bombenanschlag auf das Springer-Hochhaus in Hamburg gilt innerhalb der mit ihr sympathisierenden radikalen Linken als einer der umstrittensten.[112] Die Tatsache, dass die telefonischen Warnungen für die Räumung eines derartig weitläufigen Gebäudes mit 3000 Mitarbeitern viel zu spät eingegangen sind und es vor allem Arbeiter und Angestellte getroffen hat, für deren Interessen die RAF angeblich zu den Waffen gegriffen haben will, führt innerhalb der linken Szene zu einer starken Verunsicherung und löst innerhalb der RAF-Führungscrew massive Vorwürfe aus.

Wie groß das Ausmaß der Ablehnung ist, lässt sich etwa an einer späteren Äußerung des RAF-Mitbegründers Horst Mahler erkennen, für den dieser Anschlag offenbar eine Art Wendepunkt in seinem Verhältnis zur RAF war: »Da wurde völlig klar, daß die Praxis sich völlig loslöste von dem, was wir mal gemeinsam uns unter Praxis vorgestellt haben. Denn jetzt wendeten sich diese militärischen oder militanten Aktionen ja gegen den Teil des Volkes, für den man vorgab, diesen Kampf zu führen, nämlich für Arbeiter und Angestellte, für die Lohnabhängigen [...].«[113]

Ähnlich ablehnend äußert sich etwa zur selben Zeit Hans-Joachim Klein, ein ehemaliges Mitglied der *Revolutionären Zellen* (RZ). Er bezeichnet den Anschlag als einen »üblen politischen Fehler« und schreibt: »Die Bomben bei Springer [...] fanden nicht den Funken eines Verständnisses bei mir. Die kamen Axel Caesar so zum rechten Zeitpunkt, daß sie von ihm persönlich gelegt sein könnten. Doch nicht er übernahm die Verantwortung dafür, sondern die RAF.«[114]

Anders hat sich mit Irmgard Möller ein ehemaliges RAF-Mitglied später geäußert. In einem Gespräch mit einem Journalisten formuliert sie, nicht ohne zuvor noch einmal an die »lange Tradition« des gegen den Springer-Verlag gerichteten Kampfes erinnert zu haben, einerseits eine deutliche Kritik, andererseits aber verlängert sie ungebrochen die Anti-Springer-Ideologie: »Die Gruppe hatte, nachdem die Bomben gelegt worden waren und bevor sie detonierten, im Verlagshaus angerufen und vor dem Anschlag gewarnt, damit die Leute das Verlagshaus verlassen sollten. Diese Warnung ist aber unterdrückt und ignoriert worden. Aber es war schon ganz falsch, darum ging es dann bei uns, einen Anschlag überhaupt so anzulegen, daß der Schutz der Unbeteiligten in die Hände von anderen gelegt wird, daß es hier also vom Konzern selbst abhing, ob Arbeiter und Angestellte Opfer werden würden oder nicht. Wenn man Springer angreifen will, kann man das unmöglich in seinem Verlagshaus machen, in dem Menschen arbeiten, die für die Politik des Konzerns und auch für die Inhalte in den Blättern nicht verantwortlich sind. [...] Das war wirklich ein böses Beispiel, wie man militante Politik auf gar keinen Fall machen kann.«[115] Für sie ist die Kritik an dem Bombenanschlag offenbar eine rein taktische Angelegenheit. Hätte das »Kommando 2. Juni« statt der Korrektoren Redakteure oder gar Mitglieder der Geschäftsleitung getroffen, dann wäre von ihr vermutlich Zustimmung zu hören gewesen.

Es gibt allerdings auch eine prominente Stimme, die mit der radikalen Linken und der RAF nichts zu tun hat, dennoch aber den Springer-Verlag für den Hamburger Bombenanschlag mit in die Verantwortung zu nehmen versucht. Der liberal-konservativ eingestellte *Stern*-Kolumnist Sebastian Haffner lässt einerseits keinen Zweifel daran, dass die Mitglieder der »Baader-Meinhof-Bande« für ihn keine Guerilleros, sondern nichts anderes als »reine Gewaltverbrecher« seien, man andererseits aber »an dem direkten Schuldanteil der Springer-Presse« nicht vorbeikomme: »Wenn Springer angesichts der Bombenattentate von einer ›Teufelssaat‹ spricht, die jetzt aufgegangen sei, sollte er sich an die eigene Nase fassen. Niemand hat in Deutschland die Saat der Gewalt seit Jahren so eifrig ausgesät wie die Springerpresse.«[116] Die *Bild*-Zeitung habe, pflichtet Haffner einem zynisch argumentierenden Horst Mahler bei, »friedliche Demonstranten zu entschlossenen Guerillakämpfern erzogen«. Springer sei deshalb zum Vorwurf zu machen, dass er sich die Bombenleger »zum guten Teil herangezüchtet« habe. Niemand hätte deshalb mehr Grund, diese »Gewaltverbrecher« zum Teufel zu wünschen, als die politische Linke, deren Anliegen durch sie nur diskreditiert würden.

Etwas ganz und gar Ungewöhnliches spielt sich in diesem Zusammenhang am Nachmittag des 4. Mai 1976 in Stuttgart-Stammheim vor Gericht ab. Am 106. Verhandlungstag des Prozesses gegen Baader, Ensslin, Meinhof und Raspe tritt eine der Angeklagten mit dem Anflug eines nachdenklich-selbstkritisch wirkenden Tons auf. Gudrun Ensslin erklärt, dass sie an der »Sache 72«, wie sie die so genannte »Mai-Offensive« der RAF nun bezeichnet, »das Mißverhältnis zwischen unserem Kopf und unseren Händen« bedrücke. Sie wären »militärisch gern effizienter« gewesen. Sie würden allerdings nicht nur die Verantwortung für die »Angriffe« auf die US-Hauptquartiere in Frankfurt und Heidelberg übernehmen, sondern auch die auf andere Einrichtungen: »Insofern sind wir sicher auch verantwortlich für Aktionen von Kommandos – z.B. gegen das Springer-Hochhaus, von denen wir nichts wußten, deren Konzeption wir nicht zustimmen und die wir in ihrem Ablauf abgelehnt haben.«[117] Diese Distanzierung – zumal vorgetragen vor den Pforten eines seitens der Angeklagten verhassten und vom ersten Tag an vollständig abgelehnten Gerichts – fällt völlig aus dem Rahmen. Es klingt nicht besonders glaubwürdig, dass die Spitze der RAF von einer derartigen Aktion nichts gewusst haben will und dass sie ihre Konzeption ebenso wie die Form ihrer Ausführung angeblich abgelehnt hat. Diese Äußerung stellt eindeutig ein Schuldbekenntnis auf Kosten anderer dar. Sie richtet sich in erster Linie gegen die Mitangeklagte Ulrike Meinhof, die die Idee zu dem Hamburger Bombenanschlag hatte und möglicherweise auch an dessen Ausführung mitgewirkt hat. Fünf Tage später wird Meinhof am Morgen des 9. Mai erhängt in ihrer Zelle aufgefunden. Sie ist am 4. Mai das letzte Mal im Gerichtssaal gewesen. Gemeinsam mit Ensslin hat sie um 14.24 Uhr den Verhandlungsraum verlassen. Eine halbe Stunde später ist Ensslin dann allein zurückgekehrt. Es dürfte nicht unwahrscheinlich sein, dass sie Meinhof zuvor davon unterrichtet hat, von dem Anschlag auf das Springer-Hochhaus abrücken zu wollen. Darüber hinaus ist denkbar, dass dieser Schritt einer öffentlichen Bloßstellung für Ulrike Meinhof den Ausschlag gegeben haben könnte, für sich keinen anderen Ausweg mehr als den der Selbsttötung zu sehen.[118]

Zum Zeitpunkt von Ensslins Distanzierung sind den Sicherheitsbehörden die wahrscheinlichen Hintergründe für den Anschlag auf das Springer-Hochhaus bereits bekannt. Denn am 13. April 1976 hat mit Gerhard Müller ein ehemaliges RAF-Mitglied im Zuge seiner wochenlangen Verhöre auch zu den Hamburger Bombenanschlägen umfassend ausgesagt.[119] Der am 15. Juni 1972 gemeinsam mit Ulrike Meinhof in Langenhagen bei Hannover Verhaftete schildert detailliert, wie es zu dem Bombenanschlag gekommen ist und wer ihn ausgeführt hat. Und er lässt darüber hinaus erkennen, dass es sich bei der Erklärung Ensslins um eine mit Aplomb vorgetragene Lüge handle, die die Vermutung, dass es sich bei ihrer Aussage um einen besonders aggressiven Akt gehandelt haben muss, noch einmal unterstreicht. Müller erklärt gegenüber den BKA-Beamten der Terrorismus-Abteilung: »Wenige Tage vor der Tat kam Ulrike MEINHOF, die zu dieser Zeit in Hamburg wohnte, nach Frankfurt. Sie hatte die Absicht, auf den Axel-Springer-Verlag einen Anschlag zu verüben. In einer längeren Diskussion mit den Gruppenmitgliedern BAADER, ENSSLIN, MEINS und RASPE konnte sie die Idee durchsetzen. Über taktische und operative Probleme wurde nicht gesprochen. Das überließ man der MEINHOF. Ihr wurden mehrere Rohrbomben (mindestens 3) und die dazugehörigen Uhren und Batterien übergeben. Sie wurde über die Handhabung und den Zusammenbau der Teile instruiert. Auf die Frage, wer diese Instruktionen erteilte, verweigere ich die Aussage. Unter den Bomben, die die MEINHOF mitnahm, befand sich auch eine, die von BAADER umgebaut worden war, da sie seinen Vorstellungen nicht entsprach. In dieser Bombe waren ursprünglich Wecker, Batterie und Zünder mit eingebaut. Diese Bombe wurde anschließend mit einem Spachtel Kitt, der auch in der Autobranche verwendet wird, bis oben hin abgedichtet. Bei einer der Bomben, die MEINHOF mitgenommen hatte, war als Sicherung ein Schalter – ebenfalls ein Autozubehör – vorgesehen. Bei allen Bomben, die für Hamburg vorgesehen waren, bestanden die elektrischen Verbindungen aus Bananensteckern, Kupplungssteckern, Klemmen und Lötstellen. Diese Einrichtungen waren aus Sicherheitsgründen für den Transport verwendet worden, da die Bomben erst in Hamburg fertiggemacht werden sollten. [...] Von dem Anschlag selbst habe ich aus den Nachrichten erfahren. Gegen Ende Mai – jedenfalls nach dem Anschlag – beorderte mich Ulrike

MEINHOF unter dem Vorwand, im Raum Hamburg irgendwelche Einkäufe tätigen zu müssen, nach Hamburg. Diesen Vorwand äußerte sie auch gegenüber BAADER, MEINS, RASPE und ENSSLIN. Es stellte sich dann aber heraus, daß in Hamburg gar nichts zu tun war, sondern daß sie um eine Fraktionierung (eigene Gruppe in Hamburg mit bestimmten Leuten) bemüht war. In Hamburg habe ich von der MEINHOF Einzelheiten über die Ausführung des Anschlags gehört. [...] Aus Gesprächen innerhalb der Gruppe weiß ich, daß Ulrike MEINHOF die nach dem Anschlag in Hamburg herausgegebene Erklärung, wie auch alle anderen Erklärungen nach Sprengstoffanschlägen, verfaßt hat.«[120] Müller nennt auch die Namen der drei Personen, die den Anschlag verübt hätten. Es seien zwei männliche RAF-Mitglieder gewesen, die Ulrike Meinhof »unterstanden« hätten.[121]

»Mir fällt jetzt ein«, fährt er weiter fort und überführt die in dem Bekennerschreiben gemachte Angabe, dass »rechtzeitig« vor den Bombenanschlägen gewarnt worden sei, als taktische Schutzbehauptung, »daß unmittelbar darauf, als der Anschlag in Hamburg über die Nachrichten bekannt wurde, BAADER in meiner Anwesenheit die MEINHOF aus einer Telefonzelle heraus anrief. [...] BAADER kritisierte, daß bei dem Anschlag so viele Arbeiter verletzt wurden. Er hielt das aus politisch/taktischen Gründen für unmöglich. BAADER wies die MEINHOF an, in der Erklärung das ›große Bedauern‹ der RAF über die verletzten Arbeiter zu äußern und zu der tatsächlichen Warnzeit (ca. 5 Minuten) aus optischen Gründen ein paar Minuten hinzuzuschwindeln.«[122] Müllers Aussage macht deutlich, in welcher Weise sich Ulrike Meinhof durch Ensslins offensichtlich wahrheitswidrige Gerichtsaussage hintergangen und öffentlich bloßgestellt fühlen musste. Zwar stammte die Idee zu dem Anschlag von Ulrike Meinhof, jedoch wurde dieser von Baader, Ensslin und den anderen erst einmal abgesegnet. Außerdem wäre Meinhof ohne die Bomben und die für deren Zusammenbau und Handhabung nötigen Instruktionen überhaupt nicht dazu in der Lage gewesen. Das alles bekam sie an Unterstützung bei ihrem Besuch in einer konspirativen Wohnung in der Inheidener Straße in Frankfurt. Es kann also überhaupt keine Rede davon sein, dass Baader, Ensslin und Raspe von dem Anschlag auf das Springer-Hochhaus nichts gewusst sowie weder dessen Konzeption noch Ablauf zugestimmt hätten. Ganz im Gegenteil, ohne ihre ausdrückliche Zustimmung und tatkräftige Unterstützung wäre er gar nicht zustande gekommen.

Nach dem Hamburger Anschlag spitzt sich der Krieg, den die RAF gegen den Axel-Springer-Verlag führt, immer mehr zu einem Feldzug gegen dessen Begründer, Inhaber und Namensgeber zu. Dieser hat sich am 23. Mai bei seiner Belegschaft für den »Geist der Zusammenarbeit« und ihre Besonnenheit bedankt. In dem Fernschreiben heißt es: »meine ersten gedanken nach dem hinterhaeltigen anschlag vom 19. mai galten den verletzten. in einigen faellen konnte ich mein mitgefuehl, meine teilnahme schon persoenlich ausdruecken. wir werden alles nur moegliche tun, um das leiden und den schock der betroffenen zu lindern. und ich danke gott, dass nicht noch schrecklicheres geschah. die attentaeter hatten es geplant. [...] die welle des terrors, die schon tote kostete und bisher schiessereien auf den strassen, attentate auf justiz-, polizei- und andere oeffentliche gebaeude, eine warenhaus-brandstiftung und unzaehlige einbrueche mit sich brachte, hat am freitag vor pfingsten nun unser haus erreicht. die teufelssaat von linksradikalen ist aufgegangen. dies ist eine entwicklung, vor der ich persoenlich, vor der all unsere zeitungen seit jahren vergeblich gewarnt haben. wir werden weiter warnen, solange bis sich das blatt wieder wendet, bis der ruhige, arbeitsame buerger in unserem lande wieder ungefaehrdet seiner beschaeftigung nachgehen kann.«[123] Abschließend kündigt er die Ergreifung von Sicherheitsmaßnahmen an.

Zunächst werden seitens der Geschäftsleitung erhebliche Anstrengungen unternommen, den Schutz der Gebäude und der darin Beschäftigten zu erhöhen. Am 23. Mai wird auf einer Sitzung beschlossen, zu diesem Zweck einen Werkschutz aufzubauen, der der Pförtnerei unterstellt und die Sicherung von Grundstücken und Gebäuden wie von Ein- und Ausgängen übernehmen soll.[124] Einen Tag darauf wird seitens der Berliner Geschäftsleitung ein Rundschreiben verbreitet, mit dem alle Mitarbeiter des Springer-Verlags über die zusätzlich ergriffenen Sicherungsmaßnahmen unterrichtet werden. Darin werden alle Beschäftigten gebeten, nur noch das an der Kochstraße gelegene Hauptportal zu benutzen und beim Betreten des Gebäudes nicht nur unaufgefordert ihre Hausausweise vorzuzeigen, sondern auch mitgeführte Gepäckstücke zur Kontrolle zu öffnen.

Wie aus einem »Vertraulichen Tagebuch« des Verlagshauses Axel Springer Berlin hervorgeht, gehen bereits wenige Tage nach dem Hamburger Anschlag in der Westberliner Zentrale weitere Drohungen und Warnungen ein.[125] So meldet sich am frühen Abend des 25. Mai 1972 aus Hamburg ein Mann, der vorgibt, Axel Springer sprechen zu wollen. Er gibt seinen Namen an, nennt eine Hamburger Telefonnummer, bei der sich später herausstellt, dass sie einer Anwaltskanzlei gehört, warnt vor einem Bombenanschlag auf das Berliner Springer-Hochhaus und erklärt, dass der Anschlag bereits in zwei Stunden um 21 Uhr erfolgen solle. Er habe das, erläutert er, aus linksradikalen Kreisen erfahren. Der Anruf ist von einer Sekretärin des Vorstandsbüros entgegengenommen worden, da das Sekretariat des Verlegers nicht mehr besetzt gewesen ist. Daraufhin werden Axel Springer, der Generalbevollmächtigte der Axel Springer AG, Eberhard von Brauchitsch, und mit Hans Jürgen Mesterharm der Vorsitzende des Geschäftsführungsbereichs Zeitungen informiert. Allerdings wird das »Berliner Haus« nicht alarmiert. Ob dafür ausschlaggebend ist, dass man meint, die Warnung nicht ernst nehmen zu müssen, geht aus der Notiz nicht hervor. Erstaunlich ist auf jeden Fall, dass man nach allem, was nur wenige Tage zuvor in Hamburg geschehen ist, dieses Risiko offenbar einzugehen bereit ist. Es passiert jedoch nichts.

Kurz nach Mitternacht geht dann beim Pförtner des Springer-Hochhauses eine weitere Drohung ein. Diesmal ist es ein anonymer Anrufer. Der Mann meldet sich als »RAF« und kündigt für 1 Uhr eine Bombenexplosion an.[126] Zwischen dem Anruf und dem genannten Zeitpunkt liegen 20 Minuten. Der Pförtner verständigt einen diensthabenden Mitarbeiter und der wiederum Mesterharm. Doch der entscheidet auch diesmal, keinen Alarm zu geben. Lediglich die Polizei solle eingeschaltet werden. Auch jetzt passiert nichts. Am Morgen meldet sich um 10.30 Uhr ein weiterer Anrufer. Der Mann erklärt: »Schicken Sie einen Reporter nach Tempelhof, dort können Sie das erleben, was Sie in Hamburg versäumt haben.«[127] Diesmal wird die Schutzpolizei benachrichtigt. Dazu heißt es in dem Tagebuch weiter: »Laut Rückruf der Polizei wurde die Warnung nicht ernst genommen.«[128] Auch dieses Mal scheint es sich um einen falschen Alarm gehandelt zu haben.

Die Biografin Friede Springers, seiner letzten Frau, Erbin, Großaktionärin und stellvertretende Aufsichtsratsvorsitzende der Axel Springer AG, schildert, wie groß die Angst des mächtigen Mannes vor Entführung oder Schlimmerem in dieser Zeit ist und wie die seit dem Ende der 1960er Jahre in Gang gesetzten Sicherheitsmaßnahmen aussehen: »Beamte in Zivil begleiteten ihn fast unbemerkt, wenn er einen öffentlichen Auftritt hatte. Als sich die Rote Armee Fraktion formierte, wurde Springer als eine der gefährdetsten Privatpersonen der Bundesrepublik eingestuft und unter Staatsschutz gestellt. Stets wurde er, wenn er im Auto unterwegs war, von gleich zwei Wagen eskortiert. Meistens saß der Verleger in seinem Mercedes, der in der Mitte fuhr. Die Begleiter tummelten sich mit ihm auf allen Bällen, saßen hinter ihm im Flugzeug, wenn er in die Schweiz, nach Israel oder Amerika reiste. Sie standen am Rand der Bühne, während er am Pult seine Rede hielt. Und sie saßen im Schichtdienst in ihren Wagen vor der Einfahrt seiner Anwesen. Axel Springer hatte Angst, manchmal sogar Todesangst. Friede erging es nicht anders. Aber sie sagte es ihm nicht. Neben dem staatlich gewährten Personenschutz hatte Springer noch einen privaten Sicherheitsdienst engagiert, der ihn in erster Linie schützen sollte, wenn er zu Hause war. Er beschäftigte einen eigenen Sicherheitschef, der die Bewachung seiner Person zu organisieren hatte. Außerdem besaß er eine Waffe mit Waffenschein, die er allerdings in Berlin nicht mitführen durfte, wo das aufgrund des Berlinabkommens verboten war. Er hielt sich zwei abgerichtete Schäferhunde und für den Fall, daß die einzige Straße von der Halbinsel Schwanenwerder versperrt sein sollte, ein Schnellboot.«[129]

Auf Springer selbst wird zwar nie ein Anschlag verübt, jedoch soll sein Name auf den Listen der von der RAF oder mit ihr kooperierenden terroristischen Gruppierungen der als mögliches Opfer ausgespähten Personen angeblich ganz oben stehen.[130] So soll der Name Springer auf einer Todesliste aufgetaucht sein, die die französische Polizei in der Pariser Wohnung des von Carlos am 27. Juni 1973 erschossenen Michel Moukarbal findet.[131] Einerseits kann es Zufall sein, dass Springer nicht wie Schleyer ein Opfer der RAF geworden ist, es kann allerdings auch an dem in seinem Fall mit einem außerordentlich hohen Aufwand betriebenen Personenschutz gelegen haben.

Springers Sicherheitsbeauftragter ist mit Paul Karl Schmidt ein ehemals hochrangiger Nationalsozialist, jener Mann, der unter seinem Pseudonym Paul Carell einer der erfolgreichsten Autoren war, die in der Nachkriegszeit über den Zweiten Weltkrieg geschrieben haben.[132] Schmidt ist nach übereinstimmendem Urteil der neueren Forschung während des Krieges einer der wichtigsten Propagandisten des NS-Regimes gewesen.[133] Bereits 1931 in die NSDAP und 1938 in die SS eingetreten, stieg er zwei Jahre später zum Obersturmbannführer auf. Kurz darauf wurde er Pressesprecher des von Joachim von Ribbentrop geleiteten Außenministeriums. Eine seiner wichtigsten Aufgaben bestand darin, die täglichen Pressekonferenzen des Ministeriums durchzuführen. Es kann kein Zweifel daran existieren, dass er die Judenvernichtung nicht nur gerechtfertigt, sondern auch noch Ratschläge gegeben hat, wie Deportationen am besten zu verschleiern seien.[134] Es gibt keinerlei Hinweis darauf, dass Springer an der politischen Vergangenheit seines Vertrauten – den er nur »PC« nannte – Anstoß genommen hätte.

In der RAF-Zeit entwickelt Schmidt die Pläne zu Springers Personenschutz und sucht sich die entsprechenden Leute dafür aus. Er hat genaueste Vorstellungen davon, was für die Sicherheit seines Chefs am besten ist: »Immer den gepanzerten Mercedes benutzen, nicht irgendein Auto. Immer auf der Seite aussteigen, die der Straße abgewendet ist, damit von gegenüber kein freies Schußfeld entsteht. Immer den Hauptausgang nehmen, wenn er am Berliner Verlagsgebäude vorfährt. Immer die Route wechseln, wenn er regelmäßig bestimmte Punkte anfahren muß.«[135] All diesen Anweisungen soll Springer, wenn auch häufiger widerstrebend, Folge geleistet haben. Zuweilen allerdings soll sich der im Dauerzustand der Bedrohung Lebende den von seinen Bodyguards an ihn gerichteten Anforderungen auf eine geradezu sklavische Weise unterworfen haben.[136]

Drohanrufe gegen den Verlag, dessen Chef ebenso wie einer ganzen Reihe seiner Redakteure dürften Mitte der 1970er Jahre zahllos gewesen sein. An einem Sommermorgen jedoch ist es ein privates Anwesen Axel Springers, das Ziel eines Anschlags geworden ist. Diesmal ohne vorherigen Warnanruf. Am 5. August 1973 läuft um 7.30 Uhr ein Stubenmädchen »Feuer, Feuer!« schreiend durch einen Flur. Aus dem Reetdach des in Kampen auf Sylt gelegenen Gästehauses dringt nicht nur beißender Qualm, erste Flammen züngeln bereits empor. Der Hausmeister reißt daraufhin einen der handelsüblichen roten Handfeuerlöscher aus seiner Halterung und rennt damit zur Seeseite hin auf die Veranda. Vergeblich versucht er das sich auf dem Strohdach des Nordwestflügels ausbreitende Feuer zu löschen. Die in dem Haus untergebrachten Gäste, darunter der Wirtschaftswissenschaftler und ehemalige Bundesminister Karl Schiller sowie der Kunsthistoriker Henrik Lungagnini mit seiner Familie, können sich ebenso wie die Hausangestellten und deren Kinder gerade noch in Sicherheit bringen.

Der »Klenderhof« gehörte ursprünglich dem jüdischen Cellisten Max Baldner. Der L-förmige Prachtbau war 1933 errichtet worden und hatte die NS-Zeit trotz einer geplanten Brandstiftung in der so genannten Reichskristallnacht unversehrt überstanden. Einer derjenigen, die damals darin vorübergehend residierten, war mit Reichsfeldmarschall Hermann Göring einer der mächtigsten Männer des NS-Staates. Nach dem Vorbild des »Klenderhofes« ließ er in der Schorfheide sein Jagdhaus »Karinhall« errichten. In dem von Springer 1960 erworbenen Gebäude, das im Volksmund nur »Mäuseburg« heißt, waren im Laufe der Jahre zahlreiche Prominente aus Politik und Kultur zu Gast, darunter führende Politiker wie Franz Josef Strauß und Helmut Schmidt, der israelische Botschafter Asher Ben-Natan sowie die Filmschauspielerin Romy Schneider.

Trotz strömenden Regens brennt das reetgedeckte Dach des sich über dem Wattenmeer auftürmenden luxuriösen Gebäudetrakts lichterloh. Es herrscht Windstärke acht. Eine Sturmbö nach der anderen facht die Flammen immer wieder an. Die in Kampen, Wennigstedt und Westerland alarmierten Feuerwehren sind zwar mit acht Löschzügen im Einsatz, können jedoch lediglich das Übergreifen des Brandes auf den Südostflügel verhindern. Nach zweieinhalb Stunden gelingt es schließlich, den Brand unter Kontrolle zu bringen. Neben dem Dach und dem Turm wird das Obergeschoß mit den Aufenthalts-, den Konferenz- und den Gästeräumen sowie der Bibliothek zerstört. Der durch das Feuer und die Löscharbeiten verursachte Schaden soll sich auf 2,5 Millionen DM belaufen.

Die beiden mit Zündern versehenen Brandsätze, die das Feuer ausgelöst haben, waren, wie sich bald darauf herausstellt, in hellbraunes Packpapier eingewickelt und mit einem Isolierband verklebt; sie steckten sechs Zentimeter tief im Reetdach. Trotz der Einrichtung einer neunköpfigen Sonderkommission der Kriminalpolizei und der Ausschreibung einer Belohnung in

Höhe von 20000 DM verläuft die nach den Tätern eingeleitete Fahndung im Sande. Nach sieben Tagen muss deren Leiter Oberregierungskriminalrat Hans-Georg Bartsch auf einer in Kampen durchgeführten Pressekonferenz erklären, dass sie nicht den geringsten Anhaltspunkt über den oder die Täter hätten. Die Erfolglosigkeit der Fahnder bietet der auflagenstärksten deutschen Illustrierten Anlass zu einer überaus zynischen Titelzeile: »Dachschaden bei Springer. Nach dem Feuer im Gästehaus des Hamburger Großverlegers haben die feinen Leute von Sylt ein neues Gesellschaftsspiel: Wer ist der Täter?«[137] Und der Chefredakteur der linken Monatszeitschrift *konkret*, Klaus Rainer Röhl, vergreift sich in der faktischen Zuordnung des Brandanschlags ebenso wie im historischen Vergleich und schreibt unter der Überschrift »Van der Lubbe auf Sylt«: »Diesen Brandanschlag müssen engste Freunde oder Sympathisanten von Springer ausgeführt haben. Der Brand nützt ausschließlich Springer.«[138] Obwohl ein Zusammenhang mit der RAF als wahrscheinlich gilt, fehlt es an Beweisen. Der oder die Täter können nicht ermittelt werden.

Anders verhält es sich mit einem Brandanschlag anderthalb Jahre später auf Springers Chalet in den Schweizer Bergen. Auch hier führen die Ermittlungen zu keinem Ergebnis, zur allgemeinen Überraschung legt jedoch einer der beiden Täter drei Jahrzehnte später ein Geständnis ab.

Am 6. Januar 1975 verbreitet die Schweizer Presse eine Polizeimeldung, in der es heißt: »Gestern morgen gegen vier Uhr alarmierte ein Einwohner aus Gstaad den Kommandanten der Gstaader Feuerwehr, nachdem er im Gebirge oberhalb von Rougemont ein verdächtiges Leuchten bemerkt hatte. Es stellte sich heraus, daß ein mehrere Fußstunden vom Tal entfernt liegendes Chalet, der Besitz des deutschen Verlegers Axel Springer, in Flammen stand. Gestern morgen wurden Feuerwehrleute aus Rougemont und Beamte der Kantonspolizei mit dem Hubschrauber an die Brandstätte geflogen. Das zurzeit unbewohnte Gebäude ist vollständig zerstört.«[139] Einen Tag später berichten auch fast alle deutschen Zeitungen darüber. In manchem Artikel sind auch Fotos von der in einer einsam in einer Schneelandschaft liegenden verkohlten Ruine zu sehen. Mit einem Anruf bei der französischen Presseagentur AFP in Paris bekennt sich wenige Tage später eine angebliche, bis dahin unbekannte »Gruppe für die Befreiung von Baader-Meinhof« zu dem Brandanschlag. Der anonyme Mann erklärt, die Zerstörung sei als Warnung für die »Springer-Presse« gemeint, die »in der Bundesrepublik gefolterte Revolutionäre« angreife. Weitere Aktionen würden folgen. Das erweist sich jedoch als Ente. Der Anruf ist offenbar ein in dieser Zeit besonders verbreiteter Akt von Trittbrettfahrern.

Springers Grundstück ist 4500 Quadratmeter groß und liegt in einer Höhe von 1850 Metern. Sein Wert wird mit 670000 Franken angegeben.

Ein Bergführer erklärt, dass die Täter sehr wagemutig gewesen sein müssten.[140] Sie hätten vermutlich ihr Leben riskiert, um mitten im Winter die am höchsten Punkt der Waadtland-Gemeinde Rougemont gelegene und zu dieser Zeit als völlig unzugänglich geltende Anlage zu erreichen. Auf jeden Fall aber müssten die Brandstifter ausgezeichnete Skiläufer gewesen sein. Denn um das nicht elektrifizierte Ferienhaus durch den Tiefschnee zu erreichen, benötige man auf Skiern mindestens drei Stunden. Und in der Tat: Als die Kriminalpolizei mit einem Helikopter an den noch qualmenden Gemäuern des ausgebrannten Chalets eintrifft, entdeckt sie in dem zwei Meter tiefen Neuschnee Ski- und Fußspuren.

Als im Frühjahr 2006 in einem Schweizer Verlag ein kleines Büchlein mit dem harmlos anmutenden Titel »Ein Sonntag in den Bergen« erscheint, handelt es sich um nichts anderes als das Geständnis des Brandstifters. Es stammt von einem Schriftsteller, der bereits mehrere Romane publiziert hat und als Präsident des Schweizer Schriftstellerverbandes fungiert. Seine späte Beichte ermöglicht es, wohl besser als je zuvor Einblicke in die Anti-Springer-Psychologie eines Brandstifters zu bekommen.

Daniel de Roulet (Jg. 1944) schreibt: »Noch lange nach dem Brand des Alpenchalets, lange nach dem Ende des Kalten Krieges habe ich felsenfest geglaubt, Springer sei ein Nazi gewesen. Sollte ich mich tatsächlich geirrt haben, werde ich mich jetzt beeilen müssen, um der Lächerlichkeit zu entgehen. [...] Jetzt, da der nächste Krieg begonnen hat, will ich den Kalten Krieg durchschauen, jene Zeiten, als wir noch Sonntagsterroristen waren. Das schulde ich denen, die wir einst mit dem großspurigen Satz bedacht haben: ›Wir müssen später einmal unseren Kindern in die Augen blicken können.‹ Hier ist also mein Geständnis.«[141]

Auslöser für die Publikation ist eine doppelte Episode am Rande des Filmfestivals 2003 in Locarno. Als bei einem Empfang der damalige Bundeskanzler Gerhard Schröder die halb ironische, halb sarkastische Bemerkung fallen lässt, dass er inzwischen Tag für Tag das »bekämpfe«, wofür er sich »als junger Mensch engagiert« hätte, fühlt sich de Roulet in seinem Innersten getroffen. Und als bei einem anschließenden Festmahl eine deutsche Psychiaterin meint, dass Springer überhaupt »kein Nazi« gewesen sei, fühlt er sich noch mehr irritiert. Um mit sich ins Reine zu kommen, beschließt er noch am selben Abend, den »ehemaligen Tatort« in den Waadtländer Bergen wieder aufzusuchen. Als er dort eintrifft, ist er ein weiteres Mal tief irritiert. Anstelle des von ihm erwarteten machtvoll-protzigen Neubaus sieht er sich lediglich mit einer Sitzbank und einer Tafel konfrontiert. Die Inschrift stammt von dem Schweizer Nationalhelden Nikolaus von der Flüe und lautet: »Was die Seele für den Leib ist, ist Gott für den Staat.«[142] Noch eine Überraschung. Seine Reaktion beschreibt de Roulet mit den Worten: »Ein weiteres Stück meines

Weltbildes brach weg. Sofort war mir klar, dieser Mann hat Stil.«[143] Er fasst nun den Beschluss, sich eingehender mit der Biografie seines damaligen Hassobjekts Axel Springer befassen und darüber schreiben zu wollen. Die Voraussetzung dafür ist gegeben, seitdem seine damalige Gefährtin, die die Tat im Januar 1975 mit ausgeführt hat, ein paar Jahre zuvor einer tödlichen Krankheit erlegen ist.

In der *Welt*, dem journalistischen Flaggschiff der Axel Springer AG, schildert er im Frühjahr 2006 minutiös das Vorgehen: »Ich habe eine Landkarte gekauft, auf der Springers Chalet eingezeichnet war. Anschließend bin ich einige Male nach Rougemont bei Gstaad gereist und habe die Gegend inspiziert. Am Tag der Tat stiegen wir mit Skiern den schneebedeckten Hang hoch. Es war ein strahlender Sonntagmorgen. Meine Partnerin hatte ihre blonden Haare unter einer schwarzen Perücke versteckt. Im Rucksack fanden sich die Tatwaffen: zwei dicke Weihnachtskerzen, die den Brand mit einer gewissen Verzögerung entfachten. [...] Als ich vor Springers Bücherwand stand, hatte ich Skrupel. Das Verbrennen von Büchern symbolisiert für mich immer noch sehr stark die Nazizeit. [...] Indem ich eine antifaschistische Tat begehen wollte, bediente ich mich der Mittel der Nazis. [...] Ich installierte die beiden Kerzen so, daß sie zuerst runterbrennen mußten und anschließend die Stoffe und das Holz entzünden. Dies gab uns die nötige Zeit, um zu flüchten. Die Skiabfahrt war dann auch der gefährlichste Teil der Aktion. Das Haus brannte rund zwölf Stunden später ab, doch wir befanden uns bereits nicht mehr im Tal. In einem anonymen Schreiben bekannten wir uns unter dem Titel ›Operation Berchtesgaden‹ zur Tat. Erstaunlicherweise wußte die Presse sofort, was dieser Vergleich bedeutete.«[144] Springers Ferienort in den Schweizer Alpen war in ihren Augen also mit Hitlers Alpenfestung, dem Obersalzberg bei Berchtesgaden, vergleichbar.[145] Sie verstanden ihre Brandstiftung als eine Aktion »in der Tradition des Widerstands gegen den Nationalsozialismus«.[146] Und genau an diesem Punkt – der vermeintlichen NS-Vergangenheit des verhassten Verlegers – bricht 2003 das Rechtfertigungsgebäude wie ein Kartenhaus in sich zusammen. De Roulet reist mit dem ICE nach Hamburg und erhält während der Fahrt durch die Lektüre einer Axel-Springer-Biografie die Bestätigung für die an dem Abend in Locarno von der deutschen Psychiaterin aufgestellten Behauptung, dass der Verleger alles Mögliche, aber gewiss kein Nazi gewesen sein kann.

Insbesondere in dem Teil der außerparlamentarischen Linken, die sich mit der DDR als dem vermeintlich antifaschistischen Staat identifizierte, waren erhebliche Anstrengungen unternommen worden, um braune Flecken in Springers Biografie ausfindig zu machen.[147] So schrieb etwa Martin Buchholz zur Zeit des Mahler-Prozesses im *Berliner Extra-Dienst* höhnisch über den Verleger: »Der bundesrepublikanische Chef-Wiedergutmacher, der sich schon 1933 mit Hakenkreuz-Armbinde und NSKK-Uniform als strammer Jung-Nazi ablichten ließ, ist in philosemitischen Enthusiasmus verfallen, seit die Israelis 1967 den Deutschen zeigten, wie man auch ›mit unseren Arabern‹ fertigwerden kann.«[148] Auf dem Titelbild wird der Leserschaft demonstrativ gezeigt, wie der 21-Jährige unter den Mitarbeitern der *Bergedorfer Zeitung* als Einziger in NS-Uniform zu sehen ist. Aber dieser Eindruck täuscht. Springer war, nach allem was bislang über seine Biografie bekannt geworden ist, weder ein Nazi noch ein Antifaschist, am ehesten noch war er ein Unpolitischer.[149] Allerdings scheint er – wie etwa der Fall des ehemaligen SS-Sturmbannführers Giselher Wirsing beweist, der des dem Strasser-Flügel nahestehenden, völkisch eingestellten, langjährigen *Welt*-Chefredakteurs Hans Zehrer unterscheidet sich nur wenig davon – keinerlei Bedenken gehabt zu haben, ehemals überzeugte Nationalsozialisten und Antisemiten in Organen seines Verlags schreiben zu lassen, sie einzustellen und ihnen wichtige Aufgaben anzuvertrauen.

Der Tod Rudi Dutschkes und der Selbstmord des Springer-Sohnes Sven Simon

Gegen Axel Springer steht seit dem Gründonnerstag 1968 ein Schuldvorwurf im Zentrum der meisten gegen ihn und seinen Verlagskonzern gerichteten Attacken – er habe durch die von ihm zu verantwortende Pressehetze seiner Zeitungsorgane den Mordanschlag auf Rudi Dutschke ausgelöst. Die erstmals während der Auslieferungsblockaden Ostern 1968 bundesweit zu hörenden »Mörder, Mörder«-Rufe hallen jahrelang nach. Bei Prozessen, wie dem gegen Horst Mahler etwa, werden sie von Teilen des Publikums wiederholt intoniert. Als schließlich der Mann, der wie kein Zweiter die 68er-Bewegung verkörpert, ganz überraschend am Heiligabend 1979 im Alter von nur 39 Jahren im dänischen Aarhus stirbt, wird der Vorwurf von vielen Seiten noch einmal erneuert. Für nicht wenige steht anscheinend fest, dass Axel Springer die Schuld am vorzeitigen Tod Dutschkes trägt. Der infolge eines epileptischen Anfalls in seiner Badewanne Ertrunkene sei ein Spätopfer des Attentats. Dieser Teil der vielerorts verbreiteten Behauptungen ist offenbar zutreffend. Denn Dutschke ist nach seiner massiven Gehirnverletzung wiederholt von derartigen Anfällen heimgesucht worden. Die dieser Vorwurfshaltung zugrunde liegende Argumentation jedoch, die nur durch eine Verkettung mehrerer in sich bereits fragwürdiger Argumentationsglieder aufgestellt werden kann, ist mehr als nur gewagt, sie ist überaus kurzschlüssig.

Obwohl die Berichterstattung der aus dem Hause Springer stammenden

Berliner Lokal- und Boulevardblätter maßgeblichen Anteil an der sich zu Beginn des Jahres 1968 gegen Dutschke, den SDS und die APO insgesamt ausgebreiteten Pogromstimmung getragen haben dürfte, so muss eine unmittelbare Verknüpfung mit den Motiven des Attentäters – trotz der von Josef Bachmann während des Mahler-Prozesses abgegebenen Dementis – eher zweifelhaft erscheinen. Dutschke scheint das Opfer eines Rechtsradikalen gewesen zu sein, der nicht in West-Berlin lebte und deshalb nicht von der durch die genannten Lokalblätter angeheizten Stimmung besonders beeinflusst gewesen sein dürfte.

Dutschke wird am Morgen des 3. Januar 1980 auf dem St.-Annen-Friedhof in Berlin-Dahlem beerdigt. Bei klirrender Kälte folgen mehrere Tausend ehemalige Weggefährten dem Sarg. Die Traueransprache hält sein väterlicher Freund und Mentor Helmut Gollwitzer.

Am Morgen desselben Tages entdeckt eine Spaziergängerin auf einer Parkbank an der Alster den Leichnam eines jungen Mannes, neben dem ein Hund sitzt, der ganz den Eindruck vermittelt, als wolle er den Toten bewachen. Es handelt sich, wie sich schnell herausstellt, um Axel Springers Sohn, der sich als Fotograf und Begründer einer Fotoagentur einen Namen gemacht hat, in der Öffentlichkeit aber meist nur unter dem Namen Sven Simon bekannt ist. Der 38-Jährige hat sich mit einer »Smith & Wesson«, die er zum Schutz gegen Terroristen mit sich führt, genau zwischen die Augen geschossen.[150] Der Tote wird von Sicherheitsberater Paul Karl Schmidt identifiziert.[151]

Als dem Vater die schreckliche Nachricht von der Polizei am Vormittag telefonisch mitgeteilt wird, soll er im ersten Moment zwar noch die Fassung bewahrt haben, dann jedoch völlig zusammengebrochen sein und tagelang geweint haben.[152] In einer in den Mittagsstunden vom Verlag verbreiteten Verlautbarung heißt es: »Im Anschluß an eine vor einem halben Jahr aufgetretene Allgemeininfektion traten bei Springer junior depressive Verstimmungen ein. Axel Springer junior hatte sich lange Zeit mit großem Erfolg als Fotograf unter dem Pseudonym Sven Simon einen Namen gemacht. Nach seinem Eintritt in das väterliche Haus übernahm er zunächst eine Reihe journalistischer Entwicklungsaufgaben. Zur Zeit seines Todes war er einer der Chefredakteure der ›Welt am Sonntag‹.«[153] Das jedoch ist lediglich die offizielle Version, mit der möglicherweise weitergehenden Gerüchten um ein Motiv das Wasser abgegraben werden soll.[154] Laut einer von der *Bild*-Zeitung am darauf folgenden Tag verbreiteten Meldung soll der Tote einen Abschiedsbrief hinterlassen haben.[155] Diese Meldung wird dann aber kurze Zeit später dementiert. In einem von Claus Jacobi in der *Welt am Sonntag* veröffentlichten Nachruf heißt es dazu klipp und klar: »Er hinterließ keinen Abschiedsbrief.«[156] Die Zweifel daran wollen jedoch nicht verstummen. So meldet die Münchner *Abendzeitung* in einem von Curt Werner und Stefan Esser verfassten Hintergrundbericht: »Neben dem Toten auf der Parkbank fand die Polizei einen Abschiedsbrief, über dessen Inhalt nichts bekannt wurde.«[157] Falls diese Information zutreffend sein sollte, dann ist auch naheliegend, warum über den Inhalt dieses Briefes striktes Stillschweigen bewahrt worden sein dürfte.

Doch noch in eine ganz andere Richtung kommen – obgleich aufgrund der darin unterstellten zeitlichen Abfolge von vornherein absurde – Spekulationen auf. Als der Filmexperte der *Welt am Sonntag*, Will Tremper, gar den Verdacht äußert, daß Hamburger Freunde von Dutschke sich nach (sic!) dessen Beerdigung an Axel Springer jr. gerächt hätten, weil sie an seinen Vater nicht herangekommen wären, weist das Günter Prinz aus der Chefredaktion der *Bild*-Zeitung mit Entschiedenheit zurück und hält ihm entgegen: »Es war eindeutig Selbstmord, Will. Es gibt auch einen Abschiedsbrief.«[158] Damit steht Aussage gegen Aussage. Und mit Jacobi und Prinz stammen sie von zwei der wichtigsten Gefolgsleute Springers überhaupt. Die erste Feststellung ist jedoch öffentlich verbreitet worden, die andere hingegen erst Jahre danach durch die Recherchen eines Biografen ans Tageslicht gekommen.

Allein die zeitliche Koinzidenz zwischen der Dutschke-Beerdigung auf der einen und dem Suizid von Springer jr. auf der anderen Seite ist jedoch ausreichend, um noch weitreichenderen Spekulationen Nahrung zu geben. Dutschkes Witwe Gretchen scheint sich in dieser Hinsicht jedenfalls ganz sicher zu sein. In der Biografie »Wir hatten ein barbarisches, schönes Leben« schreibt sie anderthalb Jahrzehnte später: »Über Axel Springer, der das Gesicht dieser Presse, die ›mordete und weiter mordet‹, personifizierte, schwebten an diesem Tag zwei Leichen. Sven Simon hatte sich umgebracht, um für seinen Vater zu sühnen. Er war nicht wie sein Vater. Er hatte die Bewegungen dieser Jahre verstanden. Und er wird gewußt haben, welche Wirkung seine Tat an diesem Tag haben mußte.«[159] Woher, mag sich der Leser fragen, will sie das alles wissen? Sühnen wollen, Bewegungen verstehen? Das klingt vermessen. Jedoch findet sich in der Biografie ein Anhaltspunkt, der zumindest dazu dienen könnte, die Existenz eines schlechten Gewissens bei Sven Simon zu bestätigen. Sie schildert, wie sie im Beisein ihres Mannes von einer Freundin Kinderkleidung erhalten hatte, die nicht von dieser, sondern von Axel Springers Sohn stammte. Er hatte sie den beiden Kindern Hosea und Polly gespendet, um damit die unter ungesicherten materiellen Verhältnissen lebende Dutschke-Familie zu unterstützen. Um sie davon zu überzeugen, die Annahme der Sommerkleider zu akzeptieren, hatte die Freundin noch hinzugefügt: »Der ist nicht wie sein Vater, er sympathisiert mit uns.«[160] Sie wüsste das von ihrer Schwester, fährt sie fort, die würde ihn gut kennen.

Eine durchaus ähnliche, jedoch keinerlei Verbindung zum Tod Dutschkes herstellende Ansicht vertritt mit Eduard Rhein, dem Begründer der *Hör zu*, eine der wichtigsten und für seine Unabhängigkeit bekannten Personen aus der Anfangszeit des Verlages. Er erklärt: »Ich empfinde seinen Freitod als einen öffentlichen Protest gegen seinen Vater.«[161] Demnach also doch ein bestimmtes Motiv für den Selbstmord? Aus Protest gegen den Vater, damit aber auch aufgrund eines Schuldvorwurfs im Zusammenhang mit dem frühzeitigen Tod Dutschkes? So weit jedenfalls will Rhein offenbar nicht gehen.

Doch damit nicht genug der tragischen Verstrickungen. Der ehemalige Chefredakteur der *Bild*-Zeitung, Peter Boenisch, ist der Überzeugung: Als der Verlagserbe tot aufgefunden worden sei, wäre auch das Leben seines Vaters, des Verlegers, zu Ende gewesen.[162] Die fünf Jahre, die er danach noch lebte, seien ein »Selbstmord auf Raten« gewesen. Insofern kann es durchaus sein, dass auch Axel Springer – vermittelt über den Selbstmord seines Sohnes und offenkundigen Wunschkandidaten für seine Nachfolge – an dem zwei Jahrzehnte zuvor ausgebrochenen und in der Folge ständig weiter eskalierenden Konflikt zugrunde gegangen ist. Nach allem, was darüber bekannt ist, erscheint es als zweifelhaft, ob Springer die Gründe und das Ausmaß des Hasses, das ihm in dieser Zeit entgegengeschlagen ist, jemals ermessen oder gar verstanden hat.[163]

In der Politik-, Medien- und Kulturgeschichte der Bundesrepublik Deutschland gibt es jedenfalls kaum einen anderen Konflikt, der so tief sitzt und immer noch als so schwer überwindbar gilt. Am Namen Springer – egal, ob damit der verstorbene Verleger oder die von ihm begründeten Einrichtungen gemeint sind – scheiden sich noch heute die Geister. Eine polarisierende Kraft, die in einem nur schwer vorstellbaren Gegensatz zur Person Axel Springers steht.

Resümee

Welche Schlussfolgerungen sind aus der ebenso vielschichtigen wie tiefreichenden Geschichte, des mit terroristischen Mitteln zum Bombenkrieg zugespitzten Konflikts um Axel Springer und sein Verlagsimperium zu ziehen?

Erstens: Kaum eine Zielsetzung des SDS und der APO hatte eine so polarisierende Wirkung, andererseits aber auch eine derartig starke Resonanz wie die Anti-Springer-Kampagne. Hier sind die Rolle der Massenmedien in ihrer problematischsten Funktion, der monopolartigen Ausweitung ihrer Macht zu einem demokratisch nicht mehr zu kontrollierenden Faktor, und eines der zentralen politischen Kampfziele, Axel Springers Pressekonzern zu enteignen oder zumindest zu entflechten, um die sich darin anbahnende Gefahr für die parlamentarische Demokratie zu bannen, unmittelbar miteinander verknüpft gewesen. Die Grundidee zu dieser Kampagne stammte jedoch aller Wahrscheinlichkeit nach nicht aus dem SDS, sondern von der SED. In der Staatspartei der DDR hatten die Angriffe auf die *Bild*-Zeitung und andere Presseorgane des Hauses Springer eine sehr viel längere Vorgeschichte. Sie geht bis in die Zeit vor dem Mauerbau zurück. Als der SDS dann 1967 mit seiner Forderung »Enteignet Springer!« an die Öffentlichkeit trat, reagierte das Politbüro der SED sofort mit der Bildung einer eigenen Aktionsgruppe zur Unterstützung der Kampagne. In diesen Zusammenhang gehört auch, dass zur selben Zeit der *Berliner Extra-Dienst* gegründet wurde, dessen rotes Emblem ganz offensichtlich als Kampfansage an die *Bild*-Zeitung wahrgenommen werden sollte. Zwar wurde die Anti-Springer-Kampagne vom SDS in eigener Regie geführt, der Impuls dazu dürfte jedoch von interessierter Seite in Ost-Berlin ausgegangen sein.[164]

Zweitens: Der Kulminationspunkt der 68er-Bewegung war zweifelsohne das Dutschke-Attentat und der darauf folgende Versuch, die Auslieferung von Springer-Zeitungen zu verhindern. Diese Reaktion auf den Mordanschlag lag zwar wegen der dauernden Diffamierung der rebellischen Studenten in der Luft, ließ sich jedoch nicht mit der Person des Attentäters und dessen Motivation zwingend in Verbindung bringen. Bachmann scheint, nach allem, was bekannt ist, tatsächlich rechtsradikal eingestellt gewesen zu sein, ob er jedoch auch Manipulationsobjekt der Springer-Presse war, muss trotz seines späteren Dementis vor Gericht bezweifelt werden. Was 1969 in seinem Strafprozess aufgedeckt werden konnte, spricht jedenfalls nach wie vor eher dafür, dass er von der *Deutschen National-Zeitung* entsprechend beeinflusst worden sein könnte. Dann wäre er vor allem ein propagandistisches Objekt des von dem rechtsradikalen Münchner Verleger Gerhard Frey herausgegebenen Blattes gewesen. Insofern dürfte die von den Demonstranten seinerzeit verbreitete Parole »Bild schoß mit« zumindest einseitig gewesen sein. Und Wolf Biermann müsste möglicherweise eine Strophe seines Liedes »Drei Kugeln auf Rudi Dutschke« dahingehend verändern, dass es nun hieße: »Die Kugel Nummer eins kam aus Gerhard Freys Blätterwald«.

Drittens: Die RAF hat – wie der aus einer ihrer programmatischen Schriften zitierte Abschnitt beweist – an die Anti-Springer-Kampagne einerseits unmittelbar anzuknüpfen versucht, andererseits aber nicht nur in einem materiellen Sinne zerstörerische, sondern auch offen terroristische Konsequenzen daraus gezogen. Sie tat so, als sei sie der bewaffnete Arm der längst untergegangenen APO. Axel Springer war für sie wie kein Zweiter so etwas wie der Erzfeind. Er erschien wie eine negative Idealfigur des Establishments, mit dem vollständigen Wertekanon der 1950er Jahre und einer überaus resistenten »Heile Welt«-Ideologie. In Springers Person bündelte sich all das, wogegen die RAF ihren Krieg führte: der Antitotalitarismus, der Proisraelismus, der Proamerikanismus, das Festhalten an der deutschen Einigung, die Verteidigung des kapitalistischen Wirtschaftssystems und die emphatische Propagierung eines Freiheitsideals. Die Zerschlagung des von ihm geschaffenen Medienimperiums galt als Schlüssel dafür, die »Manipulation« der lohnabhängigen Massen zu verhindern und sie statt dessen selbst zum Objekt einer revolutionär gesinnten Agitation machen zu können. In der Phantasie der RAF schien zwischen der politischen Apathie der Massen und ihrer klassenkämpferisch ausgerichteten Mobilisierung vor allem dieser zwar mächtige, von seinem Habitus aber eher moderat eingestellte Mann zu stehen.

Viertens: Die APO ist längst Geschichte, die den 68ern folgenden Protestbewegungen sind vorüber und die RAF hat sich vor einigen Jahren endgültig aufgelöst, der Konflikt mit den Springer-Zeitungen hält dagegen, auch wenn er sich abgeschwächt hat, jedoch immer noch an. Trotz aller soziokulturellen Wandlungen und sie beeinflussender technischer Innovationen ist der Name Springer in den Augen vieler ein Stigma geblieben. Ein ums andere Mal scheint sich dieser Konflikt, wie eine Reihe von Auseinandersetzungen während der rot-grünen Regierungskoalition bewiesen hat, auf einem niedrigeren Niveau zu erneuern. Dass die aus den 1960er Jahren rührende Gegnerschaft immer noch so tief verankert ist, liegt nicht zuletzt an einer in der Bundesrepublik häufig innerhalb der politischen Lager anzutreffenden Haltung der Kommunikationsverweigerung und einer nur mangelhaft ausgebildeten Dissenstoleranz. Diese sich aktualisierenden Konflikte in der Presse- und Medienlandschaft sind Ausdruck von weit zurückreichenden Verwerfungen in der politischen Kultur, für die der mit dem Hamburger Großverleger ausgetragene Kleinkrieg der RAF nur die zugespitzteste, terroristische Form war.

---

1   Zur Darstellung des RAF-Anschlags auf das Hamburger Springer-Hochhaus vgl. die in einigen Details abweichende Darstellung bei: Stefan Aust, Der Baader Meinhof Komplex, erweiterte und aktualisierte Ausgabe, München 1998, S. 246–248; Klaus Pflieger, Die Rote Armee Fraktion – RAF – 14. 5. 1970 bis 20. 4. 1998, Baden-Baden 2004, S. 33f.; Butz Peters, Tödlicher Irrtum. Die Geschichte der RAF, Berlin 2004, S. 289–291.

2   Inhalt und zeitliche Abfolge der anonym eingegangenen Warnungen konnten offenbar nicht exakt rekonstruiert werden. Nach einer nochmaligen Befragung der Telefonistinnen, die die Anrufe entgegengenommen hatten, heißt es daher relativierend: »Die Damen erklärten, sie könnten heute nicht mehr mit Sicherheit die verschiedenen Zeitpunkte, zu denen Warn-Anrufe eingegangen waren, genau angeben. Dergleichen können sie sich nicht mehr an den genauen Wortlaut der Anrufe erinnern.« K 42/AGS, Hamburg, den 2. Juni 1972, Betr.: Explosionen am 19. 5. 1972 im Hause

Springer/Hier: Zeitfolge der eingehenden Warnanrufe, Archiv des Hamburger Instituts für Sozialforschung (HIS-Archiv), SO, 03/007, 001–006, S. 1. Eine davon leicht abweichende Darstellung findet sich in einem anderen Dokument. Ermittlungsbericht der Hamburger Kriminalpolizei: Strafanzeige gegen Baader, Andreas Bernd, und andere vom 19. Mai 1972/ 141Js 419/72, HIS-Archiv, SO, 03/007, 001–006, S. 2.
3 K 42/AGS, S. 1. Der ersten Aussage nach hatte der Anruf gelautet:»Bei Ihnen geht 'ne Bombe hoch. Ihr verdammten Schweine. Räumen Sie das Haus.« Ermittlungsbericht, S. 2.
4 K 42/AGS, S. 1.
5 Ebenda. In der ersten Aussage hatte es dagegen geheißen, dass beim dritten Anruf eine neuerliche Warnung durchgegeben worden sei:»Es knallt gleich nochmal.« Ermittlungsbericht, S. 3.
6 *Springer aktuell*, Sonderausgabe vom 25. Mai 1972.
7 In den Ermittlungsakten heißt es dazu:»Versteck und Tarnung der Bombe war so gut, daß auch die nach der Explosion eingesetzten Suchtrupps der Polizei und des Verlags diesen – nicht detonierten – Sprengkörper übersehen haben.« Mö/Ir 003, 001, HIS-Archiv, S. 227.
8 K 42/AGS, S. 2.
9 Ebenda.
10 Kopie des Bekennerschreibens, Unternehmensarchiv Axel Springer AG, Bestand Axel Springer. Identische Textfassung: Sprengstoffanschlag auf das Springer-Hochhaus in Hamburg. Erklärung der RAF vom 20. Mai 1972, in: ID-Verlag (Hg.), Rote Armee Fraktion. Texte und Materialien zur Geschichte der RAF, Berlin 1997, S. 147.
11 *Springer aktuell*, Sonderausgabe vom 25. Mai 1972.
12 Vgl. Dieter Stäcker, Die Verpackung hatte die gleiche Farbe wie der Teppich. Offensichtlich kannten sich die Bombenattentäter im Springerhochhaus gut aus, *Frankfurter Rundschau* vom 23. Mai 1972.
13 In dem Aufmacher des Streitgesprächs heißt es:»Springer-Konzern und Deutschlands intellektuelle Elite – das ist eine nunmehr rund 40jährige Geschichte voll von ideologischen Grabenkriegen, persönlichen Fehden und bisweilen blankem Hass.« Der Gesprächsverlauf zeigt, dass zumindest zwischen Grass und Döpfner jenseits ihrer Bereitschaft, sich an einen Tisch zu setzen und miteinander zu reden, grundlegende Differenzen in der Auffassung von Presse und Demokratie erhalten geblieben sind. *Spiegel*-Streitgespräch »Wir Deutschen sind unberechenbar«. Springer-Vorstandschef Mathias Döpfner debattiert mit Literaturnobelpreisträger Günter Grass über die Medienmacht des Verlags, das Amerika-Bild der Deutschen sowie Verdienste und Fehler der 68er, *Der Spiegel* vom 19. Juni 2006, 60. Jg., Nr. 25, S. 156–163.
14 Vgl. zum Ablauf der Affäre die Chronologie in: Alfred Grosser/Jürgen Seifert, Die Spiegel-Affäre I – Die Staatsmacht und ihre Kontrolle, Olten 1966, S. 235–299; vgl. zur Analyse: Jürgen Seifert, Die Spiegel-Affäre als Staatskrise, in: Grosser/Seifert, Die Spiegel-Affäre I, S. 37–231; David Schoenbaum, Ein Abgrund von Landesverrat – Die Affäre um den »Spiegel«, Wien u.a. 1968; vgl. zur öffentlichen Auseinandersetzung: Thomas Ellwein/Manfred Liebel/Inge Negt, Die Spiegel-Affäre II – Die Reaktion der Öffentlichkeit, Olten 1966; vgl. außerdem die Nachbetrachtung: Joachim Schöps (Hg.), Die Spiegel-Affäre des Franz Josef Strauß, Reinbek 1983. Auffällig ist, dass mit Jürgen Seifert und Manfred Liebel ehemalige SDS-Bundesvorstandsmitglieder an der historischen Aufarbeitung der Affäre beteiligt waren.
15 Nicht unwichtig für diesen Zusammenhang dürfte auch die begründete Annahme gewesen sein, dass damals nahezu jeder zweite Student *Spiegel*-Leser gewesen sein soll.

Jedenfalls geht Rudolf Augstein in einem 1964 geführten Interview davon aus, dass unter den Studenten 40 Prozent »regelmäßige Leser« seien. Roland H. Wiegenstein/ Fritz J. Raddatz (Hg.), Interview mit der Presse – 12 internationale Zeitungen stellen sich vor, Reinbek 1964, S. 47.
16 »Wir sind bestürzt, Herr Präsident« – 285 Heidelberger Wissenschaftler zur Aktion gegen den »Spiegel«, *Der Spiegel* vom 12. Dezember 1962, 16. Jg., Nr. 50, S. 18.
17 Vgl. die auch heute noch maßgebliche Studie: Hans Dieter Müller, Der Springer-Konzern. Eine kritische Studie, München 1968; darin findet sich auf S. 332–372 auch eine von Jürgen Lütge zusammengestellte Dokumentation mit Textbeispielen aus der *Bild*-Zeitung.
18 Vgl. vor allem die Broschüre: Republikanischer Club e. V. (Hg.), Springer enteignen? Materialien zur Diskussion – Presse-Arbeitskreis des Republikanischen Clubs e. V. Westberlin, West-Berlin 1967.
19 Vgl. Bernd Jansen/Arno Klönne (Hg.), Imperium Springer. Macht & Manipulation, Köln 1968; Jürgen Alberts, Massenpresse als Ideologiefabrik. Am Beispiel »Bild«, Frankfurt am Main 1972.
20 So schrieb Max Horkheimer 1942 über den autoritären Staat, »daß die Isolierung der Individuen voneinander mit allen Verkehrsmitteln, mit Zeitung, Kino, Radio, systematisch betrieben werden muß, gehört zum Katechismus der autoritären Regierungskunst«. Max Horkheimer, Autoritärer Staat, in: ders., Gesellschaft im Übergang. Aufsätze, Reden und Vorträge 1942–1970, hrsg. von Werner Brede, Frankfurt am Main 1972, S. 20.
21 Max Horkheimer/Theodor W. Adorno, Kulturindustrie – Aufklärung als Massenbetrug, in: dies., Dialektik der Aufklärung. Philosophische Fragmente, Frankfurt am Main 1981, S. 141–191; zum Begriff der Manipulation insbesondere S. 142.
22 Als Enzensberger im November 1964 seine Poetik-Dozentur an der Frankfurter Universität antrat, hielt Adorno die Einführung in die erste Vorlesung zum Thema »Spielen Schriftsteller eine Rolle?«. Vgl. Wolfgang Kraushaar (Hg.), Frankfurter Schule und Studentenbewegung. Von der Flaschenpost zum Molotow-Cocktail 1946–1995, Bd. 1: Chronik, Hamburg 1998, S. 214.
23 Hans Magnus Enzensberger, Bewußtseins-Industrie, in: ders., Einzelheiten, Frankfurt am Main 1962, S. 7–15.
24 Hans Magnus Enzensberger, Journalismus als Eiertanz. Beschreibung einer Allgemeinen Zeitung für Deutschland, in: ders., Bewußtseins-Industrie, S. 16–61.
25 Hans Magnus Enzensberger, Die Sprache des *Spiegels*, in: ebenda, S. 62–87.
26 Hans Magnus Enzensberger, Scherbenwelt. Die Anatomie einer Wochenschau, in: ebenda, S. 88–109.
27 Hans Magnus Enzensberger, Bildung als Konsumgut. Analyse der Taschenbuch-Produktion, in: ebenda, S. 110–136.
28 Hans Magnus Enzensberger, Das Plebiszit der Verbraucher. Rezension eines Katalogs, in: ebenda, S. 137–146.
29 Vgl. dazu auch Jörg Lau, Hans Magnus Enzensberger. Ein öffentliches Leben, Berlin 1999, S. 69–97.
30 Wie wichtig die Habermas-Studie seinerzeit war, beleuchtet Oskar Negt ein Jahrzehnt später in einem Kommentar: »Für alle Versuche der Protestbewegung, die antiautoritären, wesentlich noch auf individuelle Emanzipation abgestellten Inhalte der kritischen Theorie in kollektiven Formen der Gegenöffentlichkeit auf ihre politischen Konsequenzen zu bringen, war das 1962 erschienene Buch von Jürgen Habermas ›Strukturwandel der Öffentlichkeit‹; es markiert theoretisch wie praktisch einen Wendepunkt der Linken in der Auseinandersetzung mit den Massenmedien: indem

es die mit Kulturkritik aufs engste verflochtenen medientheoretischen Ansätze der Frankfurter Schule in den kategorialen Zusammenhang einer empirischen Gesellschaftsanalyse einbezog, wurde es zum praktisch politischen Impuls für die später von den Protestbewegungen formulierte Strategie der Herstellung von Öffentlichkeit.« Oskar Negt, Massenmedien: Herrschaftsmittel oder Instrument der Befreiung?, in: Dieter Prokop (Hg.), Kritische Kommunikationsforschung. Aufsätze aus der Zeitschrift für Sozialforschung, München 1973, S. VIII.

31 Der Axel-Springer-Verlag hat seinerzeit genau registriert, welche Presseorgane die »Enteignet Springer«-Parole aufgegriffen haben und sich in bestimmter Hinsicht zum Sprachrohr der Anti-Springer-Kampagne machten. Im Unternehmensarchiv der Axel Springer AG befinden sich dazu zwei Dokumente. Erstens eine zehn Seiten umfassende maschinenschriftliche Auflistung »Kampagnen gegen Springer von Aug. 1967 – Anfang März 1968«, in der die einzelnen Artikel nach Erscheinungsdatum, Presseorgan und einer stichwortartigen Zusammenfassung ihres jeweiligen Inhalts untergliedert sind, und zweitens eine 29 Seiten umfassende, weitaus differenzierter verfahrende Auflistung, in deren Rubriken zwischen Publikationsorgan, Inhalt und Autoren unterschieden wird. Die zweite Liste, die den Zeitraum von 1962 bis 1982 umfasst, ist aufgeteilt in Printmedien (linke Kritik, rechte Kritik, weitere Berichterstattung), Darstellungen des Springer-Verlages, studentische Publikationen (mit und ohne Erwähnung des Springer-Verlages), Plakate, Flyer, Fotos, Aufsätze und einem »Anti-Springer-Forum«. Mit Letzterem ist die 1981 gestartete Kampagne »Wir arbeiten nicht für Springer-Zeitungen« gemeint. In diesem Dokument sind die Namen aller Unterzeichnerinnen und Unterzeichner von Heinz Ludwig Arnold bis Bettina Wegner aufgeführt.
32 Springer erklärte: »Ich stelle fest: Die Parole von der Enteignung stammt von drüben [...]. Ganz plötzlich ist diese große, große Hetzkampagne da! [...] da muß ja wohl jemand dran gedreht haben ...« *Der Spiegel* vom 30. Oktober 1967, 21. Jg., Nr. 45, S. 34.
33 Verlagshaus Axel Springer (Hg.), Die These von der »Enteignung des Axel-Springer-Verlages« – Ihr Ursprung und ihre Verbreitung, HIS-Archiv, S. 1–14, 14.
34 Franz Knipping, Jeder vierte zahlt an Axel Cäsar – Das Abenteuer des Hauses Springer, Ost-Berlin 1963. Der Anhang mit Angaben zur Verlagsstruktur, allen Publikationsorganen mitsamt den Angaben zur jeweils gedruckten und verkauften Auflagenhöhe findet sich auf S. 225 bis 227.
35 Klaus Wilczynski, Methoden der politischen Hetze und der Verdummung des Leserpublikums mit den Mitteln der Bildjournalistik in der imperialistischen Massenpresse, dargestellt an Beispielen der »Bild«-Zeitung 1958/59, unveröffentlichte Diplomarbeit, Leipzig 1960, zit. n. Knipping, Jeder vierte, S. 53.
36 Knipping, Jeder vierte, S. 52f.
37 Mit »5-B-Journalismus« ist ein Kombinationseffekt gemeint von: »Blut – das stillt den Nervenkitzel; Busen – das hebt den Verkauf; Baby – das lieben die jungen Mütter und Väter; Biest – das sichert das Wohlwollen der Tierfreunde; Beten – das erfreut den Klerus, den Kanzler und die alleinseligmachende Staatspartei.« Ebenda, S. 48.
38 Ebenda, S. 54.
39 Der Weg zum künftigen Vaterland der Deutschen – Festansprache des Genossen Walter Ulbricht in der Berliner Dynamo-Sporthalle am 21. April, *Neues Deutschland* vom 22. April 1966, S. 5.
40 Die Behauptung, dass das »Schlagwort ›Enteignet Springer‹ [...] gewiß nicht aus dem Osten« gestammt hätte, ist irreführend (Gudrun Kruip, Das »Welt«-»Bild« des Axel Springer Verlags, München 1999, S. 226). Wenn auch die Formel nicht im Vorhinein

von der SED geprägt worden sein sollte, so ist sie doch vom Kern ihres Sachgehalts her, wie die zitierte Ulbricht-Rede beweist, dort bereits vorhanden gewesen.
41 Vgl. Michael Jürgs, Der Fall Axel Springer. Eine deutsche Biographie, München 1995, S. 255.
42 Udo Bergdoll, Dutschke dreht an einem dollen Ding ..., *Berliner Zeitung* vom 21. Dezember 1966.
43 Vgl. *Der Spiegel* vom 11. Dezember 1967, 21. Jg., Nr. 51, Titelbild.
44 Jürgen Miermeister/Jochen Staadt (Hg.), Die Studenten- und Jugendrevolte in ihren Flugblättern 1965–1971, Darmstadt/Neuwied 1980, S. 138. Der Schriftsteller hatte zuvor bereits eine ähnliche Analyse der Berliner Lokalblätter vorgelegt, darin allerdings den Namen Springer auffälligerweise kein einziges Mal erwähnt: Reinhard Lettau, Journalismus als Menschenjagd, in: *Kursbuch*, 2. Jg., September 1966, Nr. 7, S. 116–129.
45 Ulrike Meinhof, Enteignet Springer!, in: *konkret*, 13. Jg., September 1967, Nr. 9, S. 2. Bemerkenswert an der Kolumne war, dass sich Meinhofs Kritik vor allem gegen den *Spiegel*-Herausgeber Rudolf Augstein richtete, dem sie vorwarf, dass er einen »platonischen Demokratiebegriff« habe, der besser zum Hause Springer passe.
46 Die wesentlichen Passagen in dem sechs Punkte umfassenden Aktionsprogramm lauten: »1. Der SDS wird gemeinsam mit allen Kräften der anti-autoritären und anti-kapitalistischen Opposition eine lang andauernde Kampagne zur Entlarvung und Zerschlagung des Springer-Konzerns führen. 2. Diese Kampagne wird das Grundrecht auf Freiheit der Information und Meinungsäußerung demonstrativ über das private Interesse des Springer-Konzerns stellen. Sie wird den realdemokratischen Widerstand gegen das Manipulationswesen organisieren. 3. Im Rahmen der Kampagne wird der SDS in den Zentren des Springer-Konzerns in West-Berlin und der BRD eine koordinierte Aktion zur Durchbrechung der Manipulation und zur demonstrativen Verhinderung der Auslieferung vornehmen. [...] 5. Der SDS wirkt auf die Bildung einer praktisch-kritischen Öffentlichkeit hin. Er fordert deshalb: a) Offenlegung aller Besitzverhältnisse und Verflechtungen wirtschaftlicher und politischer Art im gesamten Pressewesen. b) Wissenschaftliche Analyse und allgemeine Aufklärung über die systematische Vernichtung gesellschaftlichen Reichtums durch Konsumterror, geplanten Verschleiß und Aufbau unproduktiver funktionaler Anpassungsindustrien. c) Untersuchung der arbeitsrechtlichen, wirtschaftlichen und politischen Lage der Journalisten im Hinblick auf ihre geistige und publizistische Unabhängigkeit.« Sozialistischer Deutscher Studentenbund, »Resolution zum Kampf gegen Manipulation und für die Demokratisierung der Öffentlichkeit« der 22. ordentlichen Delegiertenkonferenz des SDS, in: *Neue Kritik*, 8. Jg., 1967, Heft 44, S. 33.
47 *Der Spiegel* vom 30. Oktober 1967, 21. Jg., Nr. 45, S. 24.
48 Vgl. Tilman Baumgärtel, »Ein Stück Kino, das mit Film nichts zu tun hatte«, in: Petra Kraus u. a. (Hg.), Deutschland im Herbst. Terrorismus im Film, München 1997, S. 36–47.
49 So sollen, wie einige ehemalige DFFB-Absolventen offenbar heute immer noch glauben, die von Kriminalobermeister Karl-Heinz Kurras auf Ohnesorg abgegebenen tödlichen Schüsse Thomas Giefer gegolten haben. Dieser habe dem Germanistikstudenten nicht nur verblüffende Weise ähnlich gesehen, sondern bei der Berliner Polizei wegen seiner Arbeit als Dokumentarfilmer unangenehm aufgefallen sein. Diese hätte sich, so heißt es, bei ihren Knüppelorgien nur ungern auf die Finger blicken lassen wollen. Vgl. ebenda, S. 37.
50 In einem kommentarlosen Flugblatt, das zu dieser Zeit zirkuliert, werden die Adressen von 25 Springer-Filialen samt Telefonnummern und die von neun Vertriebsstel-

len (ebenfalls mit Telefonnummern) aufgeführt. Es beginnt mit der »Kochstr. 50 (Hochaus)«, der Adresse der Berliner Geschäftszentrale. Jeder, der verstehen will, versteht, was die Adressenliste bedeutet. Sie ist eine Aufforderung zur Tat (SPRINGER-FILIALEN, Flugblatt, o. O., o. J., im Besitz des Verfassers).

51 Zur Biografie des am 9. November 1974 durch einen Hungerstreik zu Tode gekommenen RAF-Mitglieds Holger Meins vgl. die von einem ehemaligen Kommilitonen an der DFFB produzierte Dokumentation: Gerd Conradt, Starbuck. Holger Meins. Ein Porträt als Zeitbild, Berlin 2001. Neben Meins gehörte mit dem am 9. Mai 1975 in Köln von der Polizei erschossenen Philip Sauber ein weiterer ehemaliger DFFB-Student zu einer Untergrundgruppierung.
52 Das Gutachten von Professor Brückner wurde am 7. November 1969 vor dem Landgericht Frankfurt in dem Strafverfahren gegen Gerhard Paar vorgetragen. Peter Brückner, Springerpresse und Volksverhetzung, in: *Kritische Justiz*, 1. Jg., Oktober/Dezember 1969, Heft 4, S. 339–354, 351.
53 Zit. n. Stefan Reinecke, Otto Schily. Vom RAF-Anwalt zum Innenminister, Hamburg 2003, S. 104.
54 Zu den Hintergründen vgl. Wolfgang Kraushaar, Die Bombe im Jüdischen Gemeindehaus, Hamburg 2005, S. 173–181.
55 Michael »Bommi« Baumann, Wie alles anfing, München 1975, S. 42.
56 Aufschlussreich ist in diesem Zusammenhang auch, wie die Presseorgane des Springer-Verlags auf die Ereignisse eingegangen sind. Vgl. Peter Sörgel, Zur Informationspolitik des Springer-Konzerns während der Ostertage 1968, in: Peter Brokmeier (Hg.), Kapitalismus und Pressefreiheit. Am Beispiel Springer, Frankfurt am Main 1969, S. 97–113.
57 Die Erklärung der Vierzehn, *Die Zeit* vom 19. April 1968, 23. Jg., Nr. 16, S. 5.
58 *Kölner Stadt-Anzeiger* vom 19. April 1968.
59 Brief von Hans Huffzky an Axel Springer vom 19. April 1968, zit. n. Jürgs, Der Fall Axel Springer, S. 259.
60 »Dieser Staat ist wert, verteidigt zu werden« – Eine Antwort des Verlegers Axel Springer, *Die Welt* vom 14. Mai 1968.
61 Wolf Biermann, Drei Kugeln auf Rudi Dutschke, in: ders., Alle Lieder, Frankfurt am Main 1992, S. 210.
62 Nach dem stenografischen Wortprotokoll der Gerichtsreporter Hans-Joachim und Margarete Frohner, zit. n. Ulrich Chaussy, Die drei Leben des Rudi Dutschke. Eine Biographie, Darmstadt/Neuwied 1983, S. 285f.
63 *Deutsche National-Zeitung* vom 22. März 1968, 18. Jg., Nr. 12, S. 1. Die Titelseiten anderer Ausgaben waren im gleichen Tenor mit Schlagzeilen versehen wie: »Brecht Dutschkes Terror! Stoppt die roten Banditen!« (16. Februar 1968), »Rudi Dutschke – die Revolution frißt ihre Kinder – Rettet Deutschland vor dem Terror!« (19. April 1968) und »Hitler oder Dutschke – wer bedroht unseren Staat? Rettet unser Volk vor roten Revolutionären!« (10. Mai 1968).
64 Die Frage des *Stern*-Redakteurs Günther Schwarberg, die von einer Leserin aus München aufgeworfen worden war, lautete: »Der Attentäter war ein Rechtsradikaler. Warum haben sich die Studenten nicht gegen die NPD gewandt?« Und Mitscherlich antwortete darauf: »Ich glaube, daß die Studenten und ihre politischen Köpfe, die ja zum großen Teil ausgezeichnete und gescheite Leute sind, natürlich wissen, daß die NPD nicht ihr eigentlicher Feind ist. Die NPD ist eine Gruppe von Hinterwäldlern, die keine politische Tragkraft und keine politische Zukunft hat.« Warum kämpfen die Studenten gegen Springer?, *Stern* vom 5. Mai 1968, 20. Jg., Nr. 18, S. 110.

65 Bahman Nirumand, Die Avantgarde der Studenten im internationalen Klassenkampf, in: *Kursbuch*, 4. Jg., Juni 1968, Heft 13, S. 41.
66 Der entscheidende Passus in Barsigs Erklärung lautet: »Wir können die außerparlamentarische Opposition aber nicht privilegiert behandeln, denn unsere Satzung legt fest, daß der Sender Freies Berlin nicht Werkzeug einer Gruppe sein darf. Die außerparlamentarische Opposition ist eine Gruppe unter anderen, und sie muß deshalb bereit sein, einzusehen, daß ihr nicht Sonderrechte eingeräumt werden können. [...] Über die Forderung der außerparlamentarischen Opposition im konkreten, nämlich pro Tag eine Stunde Sendezeit in eigener redaktioneller Verantwortung, haben wir uns nicht einigen können. Ich konnte dieser Forderung nicht zustimmen, denn sie würde die Programmverantwortung aushöhlen, und sie müßte zwangsläufig dazu führen, daß jeder anderen Gruppe ein gleiches Recht eingeräumt wird. Das wäre das Ende eines Programms, das schließlich für die Hörer und Zuschauer und nicht für einzelne Gruppen gemacht wird.« Außerparlamentarische Opposition fordert eine Stunde Sendezeit – eine Erklärung des neuen SFB-Intendanten Franz Barsig, in: *Fernsehinformationen*, 19. Jg., 1968, Nr. 11, S. 216.
67 Vgl. in diesem Zusammenhang den einseitigen und mit Polemiken gespickten Artikel: Marianne Regensburger, Der Fall Horst Mahler oder Wie die Springer-Presse einen für den Abschuß präpariert, in: Peter Brokmeier (Hg.), Kapitalismus und Pressefreiheit. Am Beispiel Springer, Frankfurt am Main 1969, S. 114–127.
68 Vgl. Peter Brückner, Wie Springer-Zeitungen das Volk verhetzen, in: EXTRA-Dienst GmbH (Hg.), Der Mahler-Prozeß: Freispruch für Springer? Prozeßberichte von Martin Buchholz. Mit den Gutachten von Prof. Brückner und Dr. Haug, West-Berlin o.J. (1970), S. 18–27; Wolfgang [Fritz] Haug, Sozialpsychologische Hintergründe des Attentats auf Rudi Dutschke, ebenda, S. 27–32.
69 Hier handelt es sich um eine Zusammenfassung von Bachmanns Aussagen, bei denen – laut Redaktion – auf die Wiedergabe der an ihn gerichteten Fragen verzichtet worden ist: EXTRA-Dienst GmbH (Hg.), Der Mahler-Prozeß: Freispruch für Springer? Prozeßberichte von Martin Buchholz, S. 6.
70 »Drei Monate lang spielte Axel Cäsar Springer in verwirrender Szenenfolge den Richard Kimble der Westberliner Justiz: Mit braven Entschuldigungen, seltsamen Ausflüchten und juristischen Fehlinterpretationen entzog er sich immer wieder der für jeden anderen Bürger selbstverständlichen Pflicht, als Zeuge im Mahler-Prozeß aussagen zu müssen.« Karl-Heinz Krumm, Das seltsame Versteckspiel des Axel Springer, *Frankfurter Rundschau* vom 5. März 1970.
71 Reinecke, Otto Schily, S. 110.
72 Vgl. »Eine Fülle von ausgewachsenen Männern«. SPIEGEL-Reporter Gerhard Mauz über Axel Springer als Zeugen im Mahler-Prozeß, *Der Spiegel* vom 16. März 1970, 24. Jg., Nr. 12, S. 81 f.
73 Diese Verkehrung schlägt sich auch im Titel der zitierten Dokumentation nieder: EXTRA-Dienst GmbH (Hg.), Der Mahler-Prozeß: Freispruch für Springer?
74 Vgl. Lieselotte Müller, Angeklagter spielt Ankläger. APO-Anwalt seit November vor Gericht – Letzter Zeuge: Springer, *Handelsblatt* vom 16. März 1970. Zu einer Überraschung kommt es noch kurz vor Springers Zeugenauftritt, als das Gericht einen Nebenkläger und damit als dessen Bevollmächtigten einen Anwalt zulässt, der den Angeklagten so gut kennt wie kaum ein anderer: Mit Dietrich Scheid ist es ein ehemaliger Kollege, in dessen Praxis Mahler lange Zeit gearbeitet hat, bevor er eine eigene eröffnete. Scheid tritt allerdings nicht, wie er ausdrücklich betont, als Rechtsbeistand des Zeugen auf, sondern als Vertreter des Verlagshauses Axel Springer und der Ullstein GmbH.

75 § 130 StGB lautet: »Wer in einer Weise, die geeignet ist, den öffentlichen Frieden zu stören, die Menschenwürde anderer dadurch angreift, daß er
1. zum Haß gegen Teile der Bevölkerung aufstachelt,
2. zu Gewalt- oder Willkürmaßnahmen gegen sie auffordert oder
3. sie beschimpft, böswillig verächtlich macht oder verleumdet, wird mit Freiheitsstrafe von drei Monaten bis zu fünf Jahren bestraft. Daneben kann auf Geldstrafe erkannt werden.«
76 Die Titelzeile dieser Ausgabe lautete: »Blutige Krawalle: 1 Toter«. Daneben wird ein Foto von der Schah-Gattin Farah Diba gezeigt.
77 Prozeß Horst Mahler, Zeugenaussagen, 1970, Unternehmensarchiv Axel-Springer AG, S. 9 (Tonbandabschrift).
78 Ebenda, S. 12. Der Dutschke-Attentäter hat sich am 24. Februar 1970 in seiner Zelle erhängt. Einer der wenigen, die seitens der außerparlamentarischen Linken an seiner Beerdigung teilnehmen, ist Horst Mahler.
79 Ebenda, S. 23.
80 Ebenda, S. 36.
81 Vgl. Christel Sudau, Im Zeugenstand »als Deutscher schlechthin«. Die Vernehmung des Hamburger Presse-Zaren im Mahler-Prozeß wurde fast zum Springer-Tribunal, *Süddeutsche Zeitung* vom 10. März 1970.
82 EXTRA-Dienst GmbH (Hg.), Der Mahler-Prozeß, S. 10.
83 Ebenda.
84 Der Journalist erklärt kurz darauf zu dem auf ihn gerichteten Angriff: »Für mich und meine Redakteure gilt die Devise: Bangemachen gilt nicht«, *Welt am Sonntag* vom 8. März 1970.
85 Reinecke, Otto Schily, S. 110.
86 Müller, Angeklagter spielt Ankläger.
87 Vgl. Gretchen Dutschke, Rudi Dutschke. Wir hatten ein barbarisches, schönes Leben. Eine Biographie, Köln 1996, S. 238–240; Horst Mahler/Franz Schönhuber, Schluß mit dem deutschen Selbsthaß. Plädoyers für ein anderes Deutschland, Berg am Starnberger See 2000, S. 105–108.
88 Vgl. Aust, Der Baader Meinhof Komplex, S. 99; Peters, Tödlicher Irrtum, S. 135f.
89 Zur Geschichte der ersten bundesdeutschen Stadtguerillagruppierung vgl. Wolfgang Kraushaar, Die *Tupamaros West-Berlin,* in: Wolfgang Kraushaar (Hg.), Die RAF und der linke Terrorismus, Hamburg 2006, S. 512–530.
90 Zu den Einzelheiten vgl. Karin König, Zwei Ikonen des bewaffneten Kampfes. Leben und Tod Georg von Rauchs und Thomas Weisbeckers, in: Kraushaar (Hg.), Die RAF und der linke Terrorismus, S. 430–471.
91 Georg von Rauch, Es lebe das Commando Schwarze Presse, HIS-Archiv, SAK 270,05,10, o. S.
92 Ebenda.
93 Zur Analyse verschiedener massenmedialer Aspekte vgl. in diesem Zusammenhang: Andreas Musolff, Krieg gegen die Öffentlichkeit. Terrorismus und politischer Sprachgebrauch, Opladen 1996; Hanno Balz, Der »Sympathisanten«-Diskurs im Deutschen Herbst, in: Klaus Weinhauer/Jörg Requate/Heinz-Gerhard Haupt (Hg.), Terrorismus in der Bundesrepublik. Medien, Staat und Subkulturen in den 1970er Jahren, Frankfurt am Main/New York 2006, S. 320–350; Martin Steinseifer, Terrorismus als Medienereignis im Herbst 1977: Strategien, Dynamiken, Darstellungen, Deutungen, in: Weinhauer/Requate/Haupt (Hg.), Terrorismus in der Bundesrepublik, S. 351–381.
94 *Bild*-Zeitung vom 23. Dezember 1971.

95 Heinrich Böll, »Will Ulrike Gnade oder freies Geleit?«, *Der Spiegel* vom 10. Januar 1972, 26. Jg., Nr. 3, S. 54–57.
96 Der Springer-Verlag reagiert umgehend mit einer Kolumne auf die Kampfansage: Rudolf Krämer-Badoni, Bewaffnete Meinungsfreiheit. Heinrich Böll und die Baader-Meinhof-Bande, *Die Welt* vom 11. Januar 1972.
97 Der weitere Verlauf des Konflikts zwischen dem Literaturnobelpreisträger und dem Springer-Verlag, insbesondere mit Matthias Walden, wird hier nicht weiter verfolgt. Vgl. dazu die Dokumentation: Frank Grützbach (Hg.), Heinrich Böll: Freies Geleit für Ulrike Meinhof. Ein Artikel und seine Folgen, Köln 1972. Vgl. außerdem einen Band, mit dem sich der Schriftsteller gegen Angriffe des *Bild*-Chefredakteurs Peter Boenisch zur Wehr zu setzen versucht: Heinrich Böll, Bild. Bonn. Boenisch, Bornheim-Merten 1984.
98 »Baader-Bande: Liebe vor dem Banküberfall«, *Bild*-Zeitung vom 15. Februar 1971.
99 *Bild am Sonntag* vom 14. August 1977.
100 Angeblich hatte Marianne Herzog Kassiber in einem Perlonstrumpf befördert: *Bild am Sonntag* vom 25. Juni 1972.
101 Gemeint ist die RAF-Angehörige Ina Siepmann. *Bild am Sonntag* vom 21. Oktober 1973.
102 Wie sich dann aber herausstellt, sind beide vollständig bekleidet gewesen; sie hatten lediglich ihre Decken bis zum Hals hochgezogen. *Bild*-Zeitung vom 11. August 1977.
103 Entsprechend eindeutig soll sich die RAF-Angehörige Ingrid Schubert über Baader geäußert haben: »Seine Stärke bestand in seiner sexuellen Anziehungskraft auf die ›Damen‹ und kam erst nachts voll zur Geltung. Sie sahen (und hörten, vor allem), nicht ohne Neid, wie Andreas Baader ›mehrmals in der Nacht die Grete zu orgiastischen Schreien brachte‹ (Schubert). ›Grete‹ war der Deckname für Gudrun Ensslin.« *Bild*-Zeitung vom 12. Juni 1972.
104 Der Artikel beginnt mit einer Assoziationskette: »Handgranaten, Gummimatratze, Terror, Pfarrerstochter, Sex, Philosophiestudium, Tellerminen ... Beziehungsloser Wirrwarr? Nein. Der Stoff, aus dem die Terrormädchen sind.« *Bild*-Zeitung vom 6. Februar 1974.
105 Die Bildunterschrift lautet: »Szenen aus dem Leben einer Terroristin: Pfarrerstochter Gudrun Ensslin als nackte Darstellerin in einem Pornofilm.« *Bild*-Zeitung vom 6. Februar 1974.
106 »Wenn wir Männer schlapp wurden, zogen Ulrike und die anderen Mädchen uns ins Bett.« *Bild*-Zeitung vom 6. Februar 1974.
107 *Bild*-Zeitung vom 19. Januar 1972. Anlass für die Schlagzeile waren Aussagen des RAF-Aussteigers Karl-Heinz Ruhland vor dem Oberlandesgericht Düsseldorf.
108 Gemeint war die RAF-Angehörige Silke Mayer-Witt. *Bild*-Zeitung vom 29. August 1977.
110 R. Wienrich/B. Plogmann, Mit Bomben, Terror und 1000 Mann – Aufstand in Deutschland geplant. So stellen sich Baader-Meinhof und andere Terroristen den »Volkskrieg« vor, *Bild*-Zeitung vom 21. Juni 1972.
110 Vgl. in diesem Zusammenhang etwa die Serie »Ulrike Meinhof und ihre grausamen Mädchen«, in den *Quick*-Ausgaben vom 28. Juni sowie vom 5., 12. und 19. Juli 1972 (Nr. 27–30).
111 Rote Armee Fraktion, Dem Volke dienen. Stadtguerilla und Klassenkampf, in: ID-Verlag (Hg.), Rote Armee Fraktion. Texte und Materialien zur Geschichte der RAF, Berlin 1997, S. 112–177, S. 135f. Die hier angeführten Zitate stammen aus: SDS-Autorenkollektiv/Springer-Arbeitskreis der KU (Hg.), Der Untergang der Bildzeitung, West-Berlin 1969 (KU steht für Kritische Universität).

112 Eine der wenigen Gruppen, die sich vorbehaltlos hinter den Anschlag stellen, ist die Hamburger *Proletarische Front*. In einem Flugblatt, das mit »DIE SPRINGER-ZEITUNGEN/Verhetzung, Lüge Dreck ...« überschrieben ist, heißt es: »Die Bombe auf das Springer-Haus war gegen die Lügen Springers gerichtet.« Und am Ende: »Die Arbeiter bei Hoesch, die die Bild-Zeitungen verbrannten, die Studenten, die die Auslieferung der Bild-Zeitung verhinderten und schließlich die Bombenleger haben offen kundtun wollen, daß sie die Gewalttätigkeit dieses Staates und damit auch seines raffiniertesten Gewaltbeschönigers durchschaut haben.« Proletarische Front, Gruppe Hamburg (im Besitz des Verfassers).
113 Hans-Jürgen Bäcker/Horst Mahler, Die Linke und der Terrorismus. Gespräche mit Stefan Aust, in: Die Linke im Rechtsstaat, Bd. 2, West-Berlin 1979, S. 189.
114 Hans-Joachim Klein, Rückkehr in die Menschlichkeit. Appell eines ausgestiegenen Terroristen, Reinbek 1979, S. 166.
115 Oliver Tolmein, »RAF – Das war für uns Befreiung«. Ein Gespräch mit Irmgard Möller über bewaffneten Kampf, Knast und die Linke, Hamburg 1997, S. 65f.
116 Sebastian Haffner, Blutiges Spiel, *Stern* vom 4. Juni 1972, 24. Jg., Nr. 24, S. 114.
117 Zit. n. Aust, Baader Meinhof Komplex, S. 387.
118 Diese Schlussfolgerung wird jedenfalls in der erwähnten Darstellung von Stefan Aust nahe gelegt.
119 Müller ist als Zeuge nicht unumstritten. Das hängt nicht zuletzt mit dem Verdacht zusammen, dass er sich durch seine Aussagen eine mildere Strafe »erkauft« haben könnte. Eine ganze Zeit lang galt er als der Hauptverdächtige im Falle des am 22. Oktober 1971 in Hamburg von der RAF erschossenen Polizisten Norbert Schmid. (Zu den Einzelheiten: Peters, Tödlicher Irrtum, S. 254–256.) Margrit Schiller, die zusammen mit Müller und Ulrike Meinhof in den blutigen Vorfall verwickelt war, erklärte als Zeugin vor dem Oberlandesgericht Stuttgart: »Ich habe gesehen, wie Müller auf Schmid geschossen hat« (*Frankfurter Allgemeine Zeitung* vom 31. Juli 1976). Auch die Bundesanwaltschaft ging, wie die Anklageschrift gegen Baader u.a. vom 26. September 1974 ausweist, zunächst davon aus, dass Müller der Todesschütze gewesen sei. Das Landgericht Hamburg wollte jedoch »keine hinreichende Bestätigung« der Verdachtsmomente sehen und verurteilte ihn am 16. März 1976 wegen Mitgliedschaft in einer kriminellen Vereinigung, Beihilfe zum Mord und verschiedener anderer Delikte zu einer zehnjährigen Gefängnisstrafe.
120 BKA – TE 11, z.Z. Hamburg, den 13. 4. 76, Fortführung des Zeugen Gerhard MÜLLER zum Ermittlungsverfahren der Bundesanwaltschaft Az 1 Bjs 7/76, HIS-Archiv, SO 01/001, 014, S. 72–74.
121 In einer Information des Springer-Archivs wird zwischen Ausführenden und Planung unterschieden. Als »Ausführende« werden zwei Männer, darunter der am 4. Mai 1975 seinen bei dem Überfall auf die deutsche Botschaft in Stockholm davongetragenen Verletzungen erlegene Siegfried Hausner, und eine zum Zeitpunkt des Anschlags erst 18-jährige Frau genannt. Für die Planung wird dagegen allein Ulrike Meinhof verantwortlich gemacht. Anschlag 19. Mai 1972 auf das Hamburger Verlagshaus – Täter, Unternehmensarchiv Axel Springer AG, Bestand Axel Springer.
122 Ebenda, S. 74f.
123 Das Schreiben Axel Springers wird am 23. Mai 1973 von Ernst Cramer an Peter Tamm weitergeleitet. Unternehmensarchiv Axel Springer AG, Bestand Axel Springer. Ganz ähnlich äußert sich Springer in einem Interview mit Gerhard Löwenthal für das ZDF-Magazin. Abgedruckt in: *Die Welt* vom 25. Mai 1972.
124 Aktennotiz über ein Gespräch am 23. 5. 1972, Unternehmensarchiv Axel Springer AG, Bestand Axel Springer, 2 Seiten.

125 Vertrauliches Tagebuch, Verlagshaus Axel Springer Berlin, 26. Mai 1972, Unternehmensarchiv Axel Springer AG, Bestand Axel Springer, S. 4.
126 Ebenda.
127 Ebenda.
128 Ebenda.
129 Inge Koepfer, Friede Springer. Die Biographie, Hamburg 2005, S. 86.
130 »Auf einer Todesliste, die in der Wohnung eines erschossenen Terroristen gefunden wurde, stand der Name Axel Springer.« Claus Jacobi, Ein Stuhl blieb leer, *Die Welt* vom 27. August 2005.
131 Jürgs, Der Fall Axel Springer, S. 313. In einem Dossier, das das BKA nach der Auswertung der in der Rue Toullier aufgefundenen Dokumente angefertigt hat, findet sich jedoch kein entsprechender Hinweis: Bundeskriminalamt, Der Fall Carlos, HIS-Archiv, We, J/100,001.
132 Sein erfolgreichster Titel war: Unternehmen Barbarossa. Der Marsch nach Rußland, West-Berlin/Frankfurt am Main 1963. Kaum weniger erfolgreich waren: Die Wüstenfüchse. Mit Rommel in Afrika, Hamburg 1958; Sie kommen! Die Invasion 1944, Oldenburg 1960; Verbrannte Erde. Schlacht zwischen Wolga und Weichsel, West-Berlin/Frankfurt am Main 1966; Stalingrad. Sieg und Untergang der 6. Armee, Berlin/Frankfurt am Main 1992.
133 Vgl. Peter Longerich, Propagandisten im Krieg. Die Presseabteilung des Auswärtigen Amtes unter Ribbentrop, München 1987; Wigbert Benz, Paul Carell. Ribbentrops Pressechef Paul Karl Schmidt vor und nach 1945, Berlin 2005.
134 »Die geplante Aktion [gegen die Budapester Juden] wird in ihrem Ausmaß große Aufmerksamkeit erregen und Anlaß zu einer heftigen Reaktion bilden. Die Gegner werden schreien und von Menschenjagd usw. sprechen und unter Verwendung von Greuelberichten die eigene Stimmung bei den Neutralen aufzuputschen versuchen. Ich möchte deshalb anregen, ob man diesen Dingen nicht vorbeugen sollte dadurch, daß man äußere Anlässe und Begründungen für die Aktion schafft, z.B. Sprengstofffunde in jüdischen Vereinshäusern und Synagogen, Sabotageorganisationen, Umsturzpläne, Überfälle auf Polizisten, Devisenschiebungen großen Stils mit dem Ziel der Untergrabung des ungarischen Wirtschaftsgefüges. Der Schlußstein unter eine solche Aktion müßte ein besonders krasser Fall sein, an dem man dann die Großrazzia aufhängt.« Nürnberger Dokument NG?2424: »Notiz für Herrn Staatssekretär« Dr. Paul Karl Schmidts v. 27. 5. 1944; Begleitschreiben Eberhard von Thaddens v. 1. 6. 1944 mit dem Betreff »Judenaktion in Budapest« zur Weiterleitung der Vorschläge Schmidts an den Reisebevollmächtigten für Ungarn, Edmund Veesenmayer, Bundesarchiv, Außenstelle Ludwigsburg.
135 Jürgs, Der Fall Axel Springer, S. 319.
136 So berichtet Jürgs etwa, dass Springer selbst im eigenen Haus immer wieder die Schlafzimmer gewechselt habe, um sich möglichen Attentätern nicht als Zielscheibe anzubieten, ebenda, S. 321.
137 *Stern* vom 16. August 1973, 26. Jg., Nr. 34, S. 112f.
138 Klaus Rainer Röhl, Van der Lubbe auf Sylt, *konkret* vom 16. August 1973, Nr. 34, S. 12–14.
139 Zit. n. Daniel de Roulet, Ein Sonntag in den Bergen. Ein Bericht, Zürich 2006, S. 109.
140 Peter Amstutz, Winters war für den Pressezaren der Bergsitz kaum zu erreichen, *Frankfurter Rundschau* vom 8. Januar 1975.
141 Roulet, Ein Sonntag in den Bergen, S. 14.
142 »Den Alpen die Reinheit zurückgeben« [Interview mit Daniel de Roulet], *Die Welt* vom 6. März 2006.

143 Ebenda.
144 Ebenda.
145 Roulet, Ein Sonntag in den Bergen, S. 33.
146 Ebenda, S. 18.
147 So warf etwa Bernt Engelmann die Frage auf: »Wie konnte ein junger Mann, der 1933 gerade einundzwanzig Jahre alt wurde, das ›Dritte Reich‹ und den Krieg durchstehen, ohne irgendeine Uniform anziehen zu müssen?« Bernt Engelmann, Die Macht am Rhein. Meine Freunde die Geldgiganten, Berlin 1985, S. 569. Weiter scheint der Schriftsteller, dem für seine Arbeit in der DDR die einschlägigen Archive offen standen, jedoch nicht gekommen zu sein.
148 Martin Buchholz, Springer und die Juden, *Berliner Extra-Dienst* vom 18. Februar 1970, IV. Jg., Nr. 14, S. 1 f.
149 Michael Jürgs, der sich Ende der 1960er Jahre selbst zur APO gezählt hat, schreibt in der von ihm verfassten Springer-Biografie: »Er war nicht besser als andere und nie in der Partei, nur ein paar Monate lang als Anwärter im Nationalsozialistischen Kraftfahrerkorps. Seine politischen Gegner hätten ihm gerne bei den Auseinandersetzungen um seinen Konzern braune Ergüsse nachgewiesen und haben intensiv in den Archiven gesucht, aber es gab in den Zeitungen, für die er schrieb, nichts zu finden, nur Betrachtungen eines zutiefst Unpolitischen.« Jürgs, Der Fall Axel Springer, S. 24; kaum anders fällt die Einschätzung in einer anderen Springer-Biografie aus: »Axel Springer war kein Nazi. Und er war kein mutiger Held der Opposition.« Henno Lohmeyer, Springer. Ein deutsches Imperium, Berlin 1992, S. 61.
150 Vgl. das Kapitel »Tod auf der Parkbank oder Die Befreiung von der Last, ein Springer zu sein«, in: Lohmeyer, Springer, S. 17–50.
151 Benz, Paul Carell, S. 104. Schmidt hatte zuvor bereits die Polizeiberichte durchgesehen und war dabei auf die Meldung von einem unbekannten Toten – »Mann, zwischen 35 und 40, Selbstmord« – gestoßen.
152 Koepfer, Friede Springer, S. 105.
153 Zit. n. Jürgs, Der Fall Axel Springer, S. 353.
154 In diesem Sinne äußert sich auch die Biografin von Springers letzter Frau: »Die Kinderkrankheit, die ihm so auf die Seele geschlagen haben sollte, diente als offizieller Grund für den Freitod des Juniors.« Koepfer, Friede Springer, S. 107.
155 »Mit einem Schuß aus einem 9 mm-Revolver hat sich der älteste Sohn des Großverlegers Axel Caesar Springer, Axel Springer junior, gestern im Hamburger Alsterpark (angeblich hat Springer jr. sich in den Mund geschossen) das Leben genommen. Die Polizei fand die im Gesicht kaum noch identifizierbare Leiche des 38 Jahre alten Journalisten am frühen Morgen ausgestreckt auf einer Parkbank. Daneben soll ein Abschiedsbrief gelegen haben.« *Bild*-Zeitung vom 4. Januar 1980.
156 *Welt am Sonntag* vom 6. Januar 1980. Jürgs zitiert außerdem Springers Sicherheitsberater: »Es gab definitiv keinen Abschiedsbrief, beteuert Schmidt-Carell, das ist eine von vielen Spekulationen, frei erfunden.« Um dann misstrauisch hinzuzufügen: »Und selbst wenn es einen gegeben hat, meint ein anderer, dann liegt der bestimmt nicht mehr in der Asservatenkammer der Hamburger Polizei.« Jürgs, Der Fall Axel Springer, S. 360.
157 *Abendzeitung* vom 4. Januar 1980.
158 Tremper soll Prinz nach der Lektüre des Aufmacher-Artikels über den Selbstmord in der *Bild*-Zeitung aufgeregt angerufen und erklärt haben: »Der Axel wurde ermordet. Nach der Beerdigung von Dutschke vorgestern in Berlin hatten sich seine Hamburger Freunde besoffen und sind mit dem Vorsatz nach Hause gefahren, Rache zu nehmen. An den Alten kommen sie nicht ran. Also haben sie sich den kleinen Axel vor-

genommen. Mensch Günter, das ist doch klar wie Kloßbrühe ...« Lohmeyer, Springer, S. 20.
159 Gretchen Dutschke, Rudi Dutschke, S. 483.
160 Ebenda, S. 305.
161 Zit. n. Lohmeyer, Springer, S. 50.
162 Jürgs, Der Fall Axel Springer, S. 362. »Nach ›Aggelis‹ Tod, sagt Peter Boenisch, hat er sich eigentlich aufgegeben und sich nicht gegen seine Krankheiten gewehrt, sozusagen Selbstmord auf Raten gemacht.« Ebenda, S. 394. Diese Ansicht, unterstreicht Jürgs Boenischs Darstellung, würde auch von anderen so gewichtigen Repräsentanten des Axel-Springer-Verlags wie Peter Tamm, Claus Jacobi, Claus-Dieter Nagel und Paul Schmidt-Carell vertreten.
163 Diese Ansicht vertritt jedenfalls einer der Springer-Biografen, der dem Verleger ein gerüttelt Maß an Weltfremdheit unterstellt: »Enteignet ihn, rufen sie, und er kann sich gar nicht erklären, warum plötzlich die Studenten gegen ihn sind. Hat er nicht immer wieder Studentenwohnheime unterstützt?« Jürgs, Der Fall Axel Springer, S. 250.
164 Das jedenfalls ist die Behauptung eines ehemaligen wissenschaftlichen Mitarbeiters der Gauck-Behörde, der glaubt, dafür Belege gefunden zu haben: Hubertus Knabe, Der diskrete Charme der DDR. Stasi und Westmedien, Berlin 2001.

Wolfgang Kraushaar

Die RAF und ihre Opfer

Zwischen Selbstheroisierung und Fremdtabuisierung

Das Thema Terrorismus schlug seit Beginn des Jahres 2007 hohe Wellen in der deutschen Öffentlichkeit. Es ging und geht bei dieser kaum abklingenden öffentlichen Erregung in Deutschland um einen Terrorismus, der inzwischen zwei, drei Jahrzehnte zurückliegt und nach einhelliger Einschätzung der Sicherheitsbehörden längst keine Gefahr mehr darstellt. Dennoch dominierten die Kontroversen um die Freilassung bzw. Begnadigung ehemaliger RAF-Angehöriger die Schlagzeilen. Zwar sterben in Bagdad, Kirkuk oder Karbala an manchen Tagen mehr Menschen als in der gesamten, 28 Jahre dauernden RAF-Zeit zusammengenommen. Doch das hat in Deutschland in der öffentlichen Wahrnehmung zeitweilig offensichtlich weniger Gewicht als die Erörterung des Für und Wider eines Begnadigungsgesuchs, gestellt von Christian Klar, der seit einem Vierteljahrhundert inhaftiert ist, dessen Mindesthaftzeit aber erst in zwei Jahren verbüßt sein wird.

Angesichts dieses Missverhältnisses drängt sich die Frage auf, was eigentlich die Gemüter an den letzten RAF-Häftlingen so sehr bewegt. Diese Frage ist nicht einfach, schon gar nicht monokausal zu beantworten.

Zunächst einmal gilt das Faktum, dass sich die RAF-Geschichte im eigenen Land ereignete und es in den älteren Generationen, die inzwischen die vierzig überschritten haben, kaum jemanden geben dürfte, der daran keine lebendige Erinnerung hat. Im Vergleich dazu findet der Terror der Gegenwart zumeist Tausende von Kilometern entfernt in einem anderen Kulturkreis statt, und die terroristischen Akteure dort sind weitgehend gesichtslos. Die aus dem eigenen Land hingegen haben ein Gesicht, obgleich zumeist nur eines, das durch Fahndungsaufnahmen oder auf andere Weise medial vermittelt ist.

Der zweite Grund ist, dass das Kapitel RAF eine Ausnahme in der Geschichte der Bundesrepublik Deutschland war; weder davor noch danach hat es eine größere Herausforderung der politischen Ordnung gegeben. Schließlich versuchte die RAF das staatliche Gewaltmonopol zu brechen und verwarf damit zugleich die Voraussetzungen des Rechtsstaates. In der ihr eigenen Vermessenheit ging sie so weit, dem Staat den »Krieg« zu erklären.

Der dritte Aspekt, der hier zu nennen ist, dürfte vielleicht der brisanteste, auf jeden Fall aber der folgenreichste sein. Die Debatte hatte sich schnell auf zwei Rollen fixiert: auf die der Täter und die der Opfer. Nicht zuletzt durch diese Polarisierung haben die Fragen um Reue, Schuldeinsicht und Gnade eine geradezu existentielle Aufladung und zugleich eine ungeheure Schärfe erhalten. Obwohl die Taten, derentwegen die letzten noch einsitzenden Häftlinge zu mehrfach lebenslänglichen Haftstrafen verurteilt worden sind, lange zurückliegen, stehen sie in der Öffentlichkeit immer noch sehr im Vordergrund, nicht zuletzt, weil Hinterbliebene der RAF-Opfer endlich Aufklärung fordern: so etwa der Sohn des ermordeten Generalbundesanwalts Siegfried Buback, der Einzelheiten über den Hergang dieses Mordanschlags und insbesondere den Namen des Mörders seines Vaters wissen wollte. Die meisten der verurteilten RAF-Täter haben bislang hartnäckig geschwiegen und sich hinter der Formel versteckt, sie hätten die Taten ihrer Organisation kollektiv zu verantworten.

Und darum soll es gehen, um jenes Verhältnis, das die RAF zu ihren Opfern hatte, sowohl zu denen auf der eigenen wie zu jenen auf der anderen Seite. Dabei darf allerdings ein semantisches Problem nicht unbeachtet bleiben. Wenn im deutschen Sprachraum von einem Opfer gesprochen wird, dann ist der Begriff von einer grundsätzlichen Doppeldeutigkeit bestimmt,[1] nämlich von einer sakralen wie von einer profanen Dimension. Während etwa in der englischen Sprache zwischen dem heiligen Opfer (»sacrifice«) und dem weltlichen Opfer (»victim«) unterschieden wird, fallen im Deutschen diese beiden Dimensionen ununterscheidbar zusammen. Daraus resultiert eine weltanschaulich-religiöse Aufladung des Terminus auch in solchen Fällen, in denen eigentlich ganz präzise in einem juristischen oder kriminologischen Sinne vom Opfer eines Verbrechens als einer geschädigten, verletzten oder getöteten Person die Rede sein sollte. Das aber macht eine kontrollierte Verwendung dieses Begriffs mitunter so schwierig.

I.

»Der Tod ist jedem beschieden, aber nicht jeder Tod hat die gleiche Bedeutung. In alten Zeiten gab es in China einen Schriftsteller namens Sima Tjiän. Dieser sagte einmal: ›Es stirbt allerdings ein jeder, aber der Tod des einen ist gewichtiger als der Tai-Berg, der Tod des anderen hat weniger Gewicht als Schwanenflaum. Stirbt man für die Interessen des Volkes, so ist der Tod gewichtiger als der Tai-Berg; steht man im Sold der Faschisten und stirbt für die Ausbeuter und Unterdrücker des Volkes, so hat der Tod weniger Gewicht als Schwanenflaum.«²

Diese Zeilen stammen von Mao Tse-tung und sind einer der wichtigsten RAF-Schriften vorangestellt, einem Text, der 1972 unter der Mao-Parole »Dem Volke dienen« verbreitet wurde. Danach folgt eine denkwürdige Aufzählung von üblicherweise als alltäglich angesehenen Todesopfern in der damaligen Bundesrepublik:

»20 000 Menschen sterben jedes Jahr – weil die Aktionäre der Automobilindustrie nur für ihre Profite produzieren lassen und dabei keine Rücksicht auf die technische Sicherheit der Autos und den Straßenbau nehmen.

5000 Menschen sterben jedes Jahr – am Arbeitsplatz oder auf dem Weg dahin oder auf dem Heimweg, weil es den Produktionsmittelbesitzern nur auf ihre Profite ankommt und nicht auf einen Unfalltoten mehr oder weniger.

12 000 Menschen begehen jedes Jahr Selbstmord, weil sie nicht im Dienst des Kapitals hinsterben wollen, machen sie selber Schluß mit allem.

1000 Kinder werden jedes Jahr ermordet, weil die zu kleinen Wohnungen nur dazu da sind, daß die Haus-und Grundbesitzer eine hohe Rendite einstreichen können.

Den Tod im Dienst der Ausbeuter nennen die Leute einen natürlichen Tod. Die Weigerung, im Dienst der Ausbeuter zu sterben, nennen die Leute einen ›unnatürlichen Tod‹. Die Verzweiflungstaten der Menschen wegen der Arbeits- und Lebensbedingungen, die das Kapital geschaffen hat, nennen die Leute ein Verbrechen. Sie sagen: dagegen kann man nichts machen.

Damit diese falschen Ansichten der Menschen nicht von richtigen Ansichten abgelöst werden, haben der Bundesinnenminister, die Innenminister der Länder und die Bundesanwaltschaft jetzt Exekutionskommandos der Polizei aufgestellt. Ohne die falschen Ansichten von Verbrechen und Tod kann das Kapital nicht herrschen.

Petra, Georg, Thomas starben im Kampf gegen das Sterben im Dienst der Ausbeuter. Sie wurden ermordet, damit das Kapital ungestört weitermorden kann und damit die Leute weiterhin denken müssen, daß man nichts dagegen machen kann. Aber der Kampf hat erst begonnen!«³

Gemeint sind die ersten RAF-Mitglieder, die 1971/72 bei Fahndungsaktionen durch Polizeikugeln zu Tode kamen: Petra Schelm, Georg von Rauch und Thomas Weisbecker. Deren Tod war in der von der RAF für sich in Anspruch genommenen chinesischen Diktion »gewichtiger als der Tai-Berg«. Doch im Unterschied zu den beiden Männern geriet Petra Schelm schon bald in Vergessenheit. Sie eignete sich offenbar nicht besonders dazu, das Image des todesmutigen, ja todesbereiten Kämpfers zu pflegen. »Meine wirklichen Geschwister sind Thomas Weisbecker und Georg von Rauch«, schrieb etwa Gudrun Ensslin in einem Brief an ihre leiblichen Geschwister.[4] Dadurch, dass sie sich bewaffnet hatten und auf offener Straße erschossen worden waren, besaßen sie im Rahmen des spezifischen, innerhalb der RAF gepflegten Totenkults einen anderen Nimbus als jene Kombattanten, die später im Hungerstreik zu Tode kamen oder aber sich in ihren Zellen umbrachten. Sie waren sozusagen »im bewaffneten Kampf gefallen«. Damit waren sie von Anfang an von einer Aura umgeben, die sich bei den meisten späteren Todesopfern der RAF nicht mehr einstellen wollte. Wer sich auf die beiden berief, zitierte zugleich ein bestimmtes Pathos, das sie mit ihrem Untergrundkampf verbunden sehen wollten. Über den Polizisten Norbert Schmid jedoch, der zur selben Zeit von der RAF erschossen wurde, findet sich in dem Pamphlet kein einziges Wort.

Was bedeuten, so scheint die RAF zu fragen, schon ein paar Tote aufseiten des Staates, wenn deren Liquidation mit dazu beiträgt, das ausbeuterische, menschenunwürdige System des Kapitals, das angeblich so viele Menschenleben auf dem Gewissen hat, selbst zu liquidieren? Der Tod der »Ausbeuter und der staatlichen Handlanger des Kapitals« hat, in der eingangs zitierten zynischen Poesie formuliert, »weniger Gewicht als Schwanenflaum«. Gegen »die falschen Ansichten von Verbrechen und Tod« werden hier die vermeintlich »richtigen« gestellt. Die Aneinanderreihung der Todeszahlen wirkt wie eine vorgezogene Rechtfertigung künftiger RAF-Morde.

Die RAF betrieb einen ausgiebigen Opferkult. Bei ihren Kommandos benutzte sie durchweg die Namen von Toten aus ihren eigenen Reihen. So benannte sie etwa den Bombenanschlag auf das Offizierskasino des V. US-Korps in Frankfurt am Main nach Petra Schelm, den Überfall auf die deutsche Botschaft in Stockholm nach Holger Meins, den Mordanschlag auf Generalbundesanwalt Siegfried Buback nach Ulrike Meinhof.

Die Entführung und Ermordung des Arbeitgeberpräsidenten Hanns Martin Schleyer trug den Namen Siegfried Hausner, der Mordanschlag auf den Treuhandchef Detlef Karsten Rohwedder wurde nach Ulrich Wessel benannt, der Mordanschlag auf den Chef der Deutschen Bank, Alfred Herrhausen, nach Wolfgang Beer und der Sprengstoffanschlag auf die Justizvollzugsanstalt Weiterstadt nach der während ihrer Haftzeit einer Krebserkrankung erlegenen Katharina Hammerschmidt. Die Liste erweckt den Eindruck, als habe man durch die Serie von Anschlägen, Überfällen, Geiselnahmen und Mordaktionen zugleich eine Art Nekrolog stiften wollen.

Die RAF versuchte auf diese Weise drei verschiedene Aspekte miteinander zu verknüpfen: die ums Leben gekommenen Mitglieder postum zu heroisieren, ihre terroristischen Aktionen durch das Blut ihrer eigenen Kämpfer in gewisser Weise zu »weihen« und den Anschein zu erwecken, es handele sich dabei nur um eine Reaktion auf eine bereits existierende, dem kapitalistischen bzw. imperialistischen System inhärente strukturelle Gewalt.

Indem sich die RAF bei ihren Gewaltaktionen (die Todesopfer aufseiten ihrer Gegner intendierten oder aber zumindest billigend in Kauf nahmen) auf die Todesopfer aus ihren eigenen Reihen berief, unternahm sie den Versuch einer revolutionären, ja quasireligiösen Rechtfertigung ihrer Terrorakte.

II.

Die von den RAF-Kommandos Ermordeten spielten hingegen keinerlei Rolle in der Heroisierung der eigenen Toten. Sie waren nichts anderes als Störfaktoren, die es möglichst auszublenden galt. Es ist deshalb aufschlussreich, einen Blick zurückzuwerfen und konkreter nach jenen Opfern zu fragen, die bei Angriffen der RAF, der *Bewegung 2. Juni* oder der *Revolutionären Zellen* ihr Leben verloren haben. Auf diesem Weg entsteht eine Art soziologisches Diagramm, das zeigt, gegen wen sich diese Attacken vor allem richteten.

Ohne Anspruch auf Vollzähligkeit seien nur einige Funktionen der damals Getöteten genannt: Industriemanager, Bankchef, Fabrikdirektor, Generalbundesanwalt, Kammergerichtspräsident, Wirtschafts- und Militärattaché, Wirtschafts- und Finanzminister. Es sind also vor allem Angehörige bestimmter Funktionseliten, auf die es die RAF abgesehen hatte. Sie entstammen dem Wirtschafts- und Finanzkapital, dem diplomatischen Dienst, der Politik und der Justiz.

Als die RAF vor 30 Jahren zur sogenannten »Offensive 77« blies, um ihre seit einem halben Jahrzehnt gefangenen Kernmitglieder freizupressen, ermordete sie mit Generalbundesanwalt Siegfried Buback, dem Bankier Jürgen Ponto und dem Präsidenten des Arbeitgeberverbandes Hanns Martin Schleyer drei führende Repräsentanten von Staat, Finanzkapital und Großindustrie und damit Mitglieder des ihr so verhassten Systems. Die Angriffe dienten einerseits zwar der Freipressung, andererseits richteten sie sich aber auch gegen die drei Säulen des bundesdeutschen Staats- und Gesellschaftssystems.

Anders sieht es dagegen mit einer Berufsgruppe aus, die die meisten Opfer zu verzeichnen hatte – der Polizei. Es waren insgesamt zehn Polizeibeamte, durchweg niedriger Ränge, die bei der Bekämpfung des Terrorismus ihr Leben ließen. Sie waren nicht die Hauptzielscheibe, jedenfalls nicht aus rein ideologischen Gründen. Da es aber ihre Aufgabe war, das Gewaltmonopol des Staates durchzusetzen und die innere Sicherheit aufrechtzuerhalten, liefen sie am ehesten Gefahr, bei bewaffneten Auseinandersetzungen mit der

RAF getroffen zu werden. Ulrike Meinhof hatte überdies in ihrem berüchtigten Interview, das der *Spiegel* am 15. Juni 1970 unter dem Titel »Natürlich kann geschossen werden« veröffentlichte, jeden Zweifel ausgeräumt und Polizisten kurzerhand nicht nur als »Bullen«, sondern auch als »Schweine« definiert, mit denen man nicht reden und auf die man im Ernstfall schießen könne.[5]

Woran liegt es, dass die Namen der Polizeibeamten Reinhold Brändle, Hans Eckhardt, Walter Pauli, Roland Pieler, Fritz Sippel, Norbert Schmidt, Anton Tischler und Helmut Ulmer oder die der Fahrer Wolfgang Göbel, Eckard Groppler, Heinz Marcisz und Georg Wurster in der öffentlichen Debatte kaum eine Rolle spielen? Und schon gar nicht der Name von Edith Kletzhändler, einer Hausfrau, die 1979 in Zürich ganz zufällig bei einem Schusswechsel zwischen RAF-Terroristen und der Polizei ums Leben kam. Es sind die Namen der Prominenten, die im Zentrum der medialen Aufmerksamkeit stehen: Buback, Ponto, Schleyer, Beckurts, von Braunmühl, Herrhausen, Rohwedder. Man kann den Eindruck gewinnen, es bestehe eine Art »Zweiklassengesellschaft der RAF-Opfer«.

Dieser Anschein verstärkt sich bei der Lektüre eines Buches, das zuletzt auf großes Interesse gestoßen ist. So verdienstvoll der von Anne Siemens verfasste Band mit dem Titel »Für die RAF war er das System, für mich der Vater« einerseits ist, so wenig wird darin andererseits die unsichtbare Grenze zwischen den prominenten und den »unbekannten« Opfern überschritten.[6] Die Interviews werden ausschließlich mit den Hinterbliebenen der prominenten RAF-Opfer geführt, die der Nichtprominenten kommen dagegen nicht zu Wort. Die gesellschaftliche Ungleichheit, die für die Opfer der RAF im realen Leben galt, reicht im Hinblick auf die Fokussierung öffentlicher Aufmerksamkeit offenbar auch über den Tod hinaus.

III.

Es wäre allerdings simplifizierend zu unterstellen, die RAF hätte in Bezug auf ihre Anschlagsziele bzw. Opfer ein völlig homogenes Bild gehabt, denn es hat unter ihren Mitgliedern in der Frage, ob die Opfer ihrer Gewaltpolitik legitim seien, durchaus Differenzen gegeben. Insbesondere drei Fälle waren es, die innerhalb der RAF zu Kontroversen führten: die Verletzung des Bibliotheksangestellten Georg Linke bei der sogenannten Baader-Befreiung in West-Berlin am 14. Mai 1970, die Verletzung von Arbeitern und Angestellten bei dem Bombenanschlag auf das Springer-Hochhaus in Hamburg am 19. Mai 1972 und nicht zuletzt die kaltblütige Ermordung des GI Edward

Pimental am 8. August 1985 in Wiesbaden, die allein dem Zweck diente, sich dessen Ausweispapiere zu beschaffen, um damit auf ein Militärgelände zu gelangen und dort einen Anschlag auf US-amerikanische Einrichtungen zu verüben.

Bereits in dem von Ulrike Meinhof verfassten Gründungspapier »Das Konzept Stadtguerilla« setzte sich die RAF mit dem Vorwurf großer Teile der Presse auseinander, rücksichtslos und brutal zu sein. Meinhoff räumt zunächst ein: »Die Frage, ob die Gefangenenbefreiung auch dann gemacht worden wäre, wenn wir gewußt hätten, daß ein Linke dabei angeschossen wird [...] kann nur mit Nein beantwortet werden.«[7] Die Eindeutigkeit dieser Aussage erweist sich jedoch nur wenige Zeilen weiter als weitgehend gegenstandslos: Die Feststellung wird mit der Behauptung relativiert, dass es nichts bringe, nach dem »Was wäre wenn« zu fragen, um die Überlegungen dann noch mit dem markigen Satz zu übertrumpfen: »Der Gedanke, man müsste eine Gefangenenbefreiung unbewaffnet durchführen, ist selbstmörderisch.«[8] Sie beendet ihre Verteidigung schließlich mit dem Satz: »Wir schießen, wenn auf uns geschossen wird. Den Bullen, der uns laufen läßt, lassen wir auch laufen.«[9]

Der Bombenanschlag auf die Hamburger Springer-Zentrale war nicht nur innerhalb der mit der RAF sympathisierenden radikalen Linken besonders umstritten. Die Tatsache, dass die telefonischen Warnungen für die Räumung eines derartig weitläufigen Gebäudes mit 3000 Mitarbeitern viel zu spät eingegangen waren und es vor allem Arbeiter und Angestellte getroffen hatte, für deren Interessen die RAF angeblich zu den Waffen gegriffen haben wollte, löste auch innerhalb der RAF-Führungsgruppe massive Kontroversen aus.

Wie groß das Ausmaß der Ablehnung ausfallen konnte, lässt sich etwa an einer späteren Äußerung des RAF-Mitbegründers Horst Mahler erkennen, für den dieser Anschlag offenbar eine Art Wendepunkt in seinem Verhältnis zur RAF darstellte: »Da wurde völlig klar, dass die Praxis sich völlig loslöste von dem, was wir mal gemeinsam uns unter Praxis vorgestellt haben. Denn jetzt wendeten sich diese militärischen oder militanten Aktionen ja gegen den Teil des Volkes, für den man vorgab, diesen Kampf zu führen, nämlich für Arbeiter und Angestellte, für die Lohnabhängigen ...«[10] Ähnlich ablehnend äußerte sich Irmgard Möller: »Wenn man Springer angreifen will, kann man das unmöglich in seinem Verlagshaus machen, in dem Menschen arbeiten, die für die Politik des Konzerns und auch für die Inhalte in den Blättern nicht verantwortlich sind. [...] Das war wirklich ein böses Beispiel, wie man militante Politik auf gar keinen Fall machen kann.«[11] Und Hans-Joachim Klein, ein ehemaliges Mitglied der *Revolutionären Zellen,* bezeichnete den Anschlag als einen »üblen politischen Fehler«.[12]

Für Möller stellte die Kritik an dem Bombenanschlag jedoch kaum mehr als eine taktische Angelegenheit dar. Hätte das RAF-Kommando statt der Korrektoren einen der Redakteure oder gar Mitglieder der Geschäftsleitung getroffen, wäre von ihr vermutlich Zustimmung zu hören gewesen. Als sie im selben Interview gefragt wurde, ob sie die Ermordung Hanns Martin Schleyers im Nachhinein als Fehler ansehe, antwortete sie ganz unmissverständlich mit: »Nein. [...] Wenn man nicht bereit ist, jemanden wie Schleyer zu töten, darf man ihn gar nicht erst entführen.«[13] Und auf die Frage, warum sie den Fahrer erschossen hätten, um anschließend seinen Chef entführen zu können, erklärt sie in derselben unerbittlichen Konsequenzlogik: »Der ist doch nicht zufällig und willkürlich einen Tag vorher ausgesucht worden. Der sitzt mit im Wagen und weiß, was er für ein Risiko eingeht, wenn er diesen Job macht.«[14] Die ehemalige RAF-Angehörige überlebte die Nacht vom 17. auf den 18. Oktober 1977. Sie müsste deshalb am ehesten bezeugen können, dass nicht ein gedungenes staatliches Exekutionskommando für den Tod von Baader, Ensslin und Raspe verantwortlich ist. Dennoch verteidigt sie noch Jahrzehnte später die Mordpraxis und »Opferlogik« der RAF.

Auf die heftigste Kritik stieß die Ermordung des 20-jährigen US-Soldaten Edward Pimental. Die zu dieser Zeit in einem Lübecker Gefängnis einsitzenden RAF-Terroristinnen, darunter Irmgard Möller, konnten sich nur einen ganz bestimmten Reim auf diese Mordtat machen und erklärten kurzerhand: »Das war eine Counter-Aktion!«[15], also eine vom Staatsschutz oder einem Geheimdienst organisierte und mit dem Ziel durchgeführte Operation, die RAF bloßzustellen und ihre Ziele zu diskreditieren. Da sie sich der massiven Kritik der linken Öffentlichkeit damit allerdings nicht erwehren konnte, rückte die RAF von dem paranoid anmutenden Gedanken ab und räumte ein: »Wir sagen heute, dass die Erschießung des GIs in der konkreten Situation im Sommer ein Fehler war [...].«[16] Aber auch das war nichts anderes als eine taktische, auf äußeren Druck zustande gekommene Selbstkritik. Erst ein ganzes Jahrzehnt später distanzierte sich das RAF-Mitglied Birgit Hogefeld in der gebotenen Eindeutigkeit von der Hinrichtungsaktion, die wiederholt mit der Genickschusspraxis der SS verglichen wurde.

Die 1993 beim Einsatz der GSG 9 im mecklenburgischen Bad Kleinen verhaftete Hogefeld erklärte in ihrem Prozess vor dem Frankfurter Oberlandesgericht: Wenn »Menschen hergehen und einen jungen Mann erschießen, weil er Soldat der US-Armee ist und einen Ausweis besitzt, den sie haben wollen, dann empfinde ich das als grauenhaft und zutiefst unmenschlich – anders kann ich das nicht bezeichnen.«[17] Doch sie selbst war jene junge Frau mit den »schönen Augen«, die das Opfer in einer Wiesbadener Diskothek gezielt »abgeschleppt« hatte, damit es das »Kommando George Jackson« auf einem Waldweg mitten in der Nacht mit einem Schuss in den Hinterkopf liquidieren konnte. Hogefeld, die nach der Freilassung Eva Haules, die dem Mordkommando ebenfalls angehörte, zu den letzten beiden inhaftierten RAF-Mitgliedern zählt, wurde schließlich zu einer lebenslänglichen Haftstrafe verurteilt.

Die drei genannten Fälle zeigen, wie sehr sich die RAF-Kommandos in den Rechtfertigungsstrategien ihrer Gewalt- und Mordaktionen verfangen hatten und wie schwer sie sich damit taten, auch nur solche Fehler einzuräumen und sich öffentlich dazu zu bekennen, die bestimmte Operationen ihrer eigenen immanenten Handlungslogik nach zweifelsohne darstellten. Das Wort Schuld kommt dabei nicht vor.

IV.

Am 20. April 1998 ging bei der Nachrichtenagentur Reuters ein acht Seiten umfassendes Schreiben der RAF mit dem Satz »Heute beenden wir dieses Projekt«[18] ein. Zunächst einmal herrschte Ungläubigkeit vor, doch schon bald legte sich das über Jahrzehnte angewachsene Misstrauen und wich der Erleichterung, dass der »Spuk« nun offenbar vorüber war. Bei genauerer Lektüre des Papiers, dessen oder deren Verfasser auch den Behörden bislang unbekannt geblieben sind, stellte sich bei den ersten Kommentatoren jedoch Verwunderung über die immer noch vorherrschende mentale Starrheit und weiter anhaltende ideologische Verblendung ein, die aus dem Text spricht. Einerseits ist der vielleicht nachvollziehbare Gestus unübersehbar, zwar geschlagen, aber mit erhobenem Haupt den Platz des Geschehens verlassen zu wollen, andererseits jedoch überwogen Passagen einer ungebrochen phrasenhaften Subjekt- und Befreiungsrhetorik.

Die RAF, so heißt es, vom Ton her fast an preußische Partisanen erinnernd, habe »den Befreiungskrieg in der Bundesrepublik aufgenommen«. Der Tenor des gesamten Papiers folgt der gespaltenen Maxime: sich einerseits zwar verabschieden, andererseits aber doch nicht ganz aufhören zu wollen.

In dem Abschnitt »Wir stehen zu unserer Geschichte« heißt es: »Die RAF war der revolutionäre Versuch einer Minderheit. [...] Wir sind froh, Teil dieses Versuchs gewesen zu sein. Das Ende dieses Projekts zeigt, daß wir auf diesem Weg nicht durchkommen konnten. Aber es spricht nicht gegen die Notwendigkeit und Legitimation der Revolte. Die RAF ist unsere Entscheidung gewesen. [...] Für uns ist diese Entscheidung richtig gewesen. [...] Wir haben die Konfrontation gegen die Macht gewollt. Wir sind Subjekt gewesen, uns vor 27 Jahren für die RAF zu entscheiden. Wir sind Subjekt geblieben, sie heute in die Geschichte zu entlassen. Das Ergebnis kritisiert uns. Aber die RAF – ebenso wie die gesamte bisherige Linke – ist nichts als ein

Durchgangsstadium auf dem Weg zur Befreiung.«[19] Eingeständnisse von Fehlern kommen vor, doch sie fallen weitgehend taktisch aus. Manches hätte zwar anders gemacht werden können, es sei jedoch trotz der eingeräumten Fehler »grundsätzlich richtig gewesen, [...] die Kontinuitäten der deutschen Geschichte mit Widerstand zu durchkreuzen«. Nach Faschismus und Krieg habe die RAF etwas Neues in die Gesellschaft gebracht, »das Moment des Bruchs«. Einen Sieg will sich die RAF, wie sie ganz unmissverständlich zum Ausdruck bringt, im Moment ihrer Niederlage nicht nehmen lassen: »Die RAF hat nach dem Nazi-Faschismus mit diesen deutschen Traditionen gebrochen und ihnen jegliche Zustimmung entzogen.«[20] Das ist vermessen und klingt, als habe die RAF für eine neue Gesellschaftsordnung gesorgt.

Durch »alle Härten und Niederlagen hindurch«, heißt es, das eigene Durchhaltevermögen belobigend, weiter, habe sie mit Entschiedenheit gezeigt, dass sie »im Gang der Geschichte unkorrumpierbar« geblieben sei. Kein Wort über die Aussteiger, über die politischen Frontenwechsler wie Horst Mahler etwa, keines über die als »Verräter« denunzierten Kronzeugen und vor allem keines über die Opfer – kein Wort an deren Angehörige, keine Geste der Entschuldigung, kein Bitten um Vergebung, rein gar nichts.

Und als sollten letzte Zweifel ausgeräumt werden, wer allein für Tod und Terror verantwortlich gewesen sein kann, heißt es: »Der tatsächliche Terror besteht im Normalzustand des ökonomischen Systems.«[21] Hier schließt sich der Kreis. Ideologisch ist man wieder dort angelangt, wo man 1972 mit der Erklärung »Dem Volke dienen« endete. Was man selber tat, waren offenbar nichts anderes als Akte »revolutionärer Gewalt«, Akte, die lediglich von ihren Feinden durch die Etikettierung »Terror« stigmatisiert und denunziert worden seien.

Zum Schluss gedenken sie jener palästinensischen Terroristen, die die Lufthansa-Maschine mit den Mallorca-Urlaubern an Bord entführten. Für die RAF waren sie nichts anderes als Märtyrer, die letztlich für eine gute Sache gestorben seien. Die Auflösungserklärung endet schließlich mit der Auflistung jener 26 Namen, die im Laufe der 28 Jahre andauernden Existenz ihrer Organisation als RAF-Angehörige ihr Leben verloren haben, ohne jedoch irgendein Wort über die von ihr selbst verursachten Opfer zu verlieren. Zuletzt folgt ein trotzig zitierter Ausspruch Rosa Luxemburgs, der bereits wie ein utopisches Motto über ihrem eigenen, tragisch geendeten Leben gestanden hatte: »Die Revolution sagt: ich war, ich bin, ich werde sein!«[22]

Rosa Luxemburg wollte mit diesem Satz auf die Niederlage ihrer eigenen revolutionären Bewegung reagieren. Nach ihrem Tod wurde die Zeile »Ich war, ich bin, ich werde sein« unter Kommunisten zu einer Art Vermächtnis. Sie sollte mit dem Verweis, dass die Revolution auch weiterhin eine historische Notwendigkeit sei, in aussichtslos erscheinenden Situationen – wie beispielsweise der NS-Zeit – Zuversicht bieten und Trost spenden. In diesen durch die Ikone der undogmatischen Linken gestifteten, seit Jahrzehnten von Parteigängern des Kommunismus strapazierten, durch dessen Totalitarismus beschädigten und in sich gebrochenen Traditionszusammenhang klinkt sich die RAF bedenkenlos ein. Indem sie ihr eigenes Ende in dem Rosa Luxemburgs spiegelt, versucht sie zum Schluss deren moralisch unbestechlichen Ruf zu okkupieren und sich damit noch einmal mythisch zu erhöhen. Die Sätze sind von einem unerträglichen Pathos der Selbstgerechtigkeit getragen. Nirgendwo sonst ist das manichäische, existenziell aufgeladene Weltbild der RAF so deutlich hervorgetreten wie in ihrem Opferverständnis. Dem Kult um die eigenen Opfer, der unablässigen Heroisierung ihrer zu Tode gekommenen Aktivisten, wurde die Verachtung der fremden Opfer und ihre weitgehende Tabuisierung entgegengesetzt. Ein ehemaliges RAF-Mitglied, Klaus Jünschke, ein RAF-Mann der ersten Generation, kommentierte die Erklärung in einem Interview ernüchtert mit den Worten: »Das alte Tabu – kein Wort über die Opfer – wird nicht gebrochen.«[23] Die strikte Selektivität der Opferwahrnehmung hörte also auch nach der Einstellung des bewaffneten Kampfes keineswegs auf. Das extreme Missverhältnis zwischen Fremdopfer und Selbstopfer dürfte zudem grundlegend dafür gewesen sein, dass sich innerhalb der deutschen Linken der Mythos RAF über so viele Jahre hat erhalten und ein derartiges Echo erzeugen können.

1 Vgl. Ute Scheub, Vom Sinn des Opfers, Essay im Deutschlandradio vom 6. April 2007.
2 Dem Volke dienen. Stadtguerilla und Klassenkampf, in: ID-Verlag (Hg.), Rote Armee Fraktion. Texte und Materialien zur Geschichte der RAF, Berlin 1997, S. 112.
3 Ebenda.
4 Gudrun Ensslin, Zieht den Trennungsstrich jede Minute. Briefe an ihre Schwester Christiane und ihren Bruder Gottfried aus dem Gefängnis 1972–1973, hrsg. von Christiane Ensslin und Gottfried Ensslin, Hamburg 2005, S. 7.
5 »[…] und wir sagen natürlich, die Bullen sind Schweine, wir sagen, der Typ in Uniform ist ein Schwein, das ist kein Mensch, und so haben wir uns mit ihm auseinander zu setzen. Das heißt, wir haben nicht mit ihm zu reden, und es ist falsch, überhaupt mit diesen Leuten zu reden, und natürlich kann geschossen werden.« *Der Spiegel* vom 15. Juni 1970, 24. Jg., Nr. 25, S. 75.
6 Anne Siemens, Für die RAF war er das System, für mich der Vater. Die andere Geschichte des deutschen Terrorismus, München 2007.
7 Rote Armee Fraktion, Das Konzept Stadtguerilla, in: ID-Verlag (Hg.), Rote Armee Fraktion, S. 30.
8 Ebenda.
9 Ebenda.
10 Hans-Jürgen Bäcker/Horst Mahler, Die Linke und der Terrorismus. Gespräche mit Stefan Aust, in: Die Linke im Rechtsstaat, Bd. 2, West-Berlin 1979, S. 189.

11 Oliver Tolmein, »RAF – Das war für uns Befreiung«. Ein Gespräch mit Irmgard Möller über bewaffneten Kampf, Knast und die Linke, Hamburg 1997, S. 65f.
12 »Die Bomben bei Springer [...] fanden nicht den Funken eines Verständnisses bei mir. Die kamen Axel Caesar so zum rechten Zeitpunkt, daß sie von ihm persönlich gelegt sein könnten. Doch nicht er übernahm die Verantwortung dafür, sondern die RAF.« Hans-Joachim Klein, Rückkehr in die Menschlichkeit. Appell eines ausgestiegenen Terroristen, Reinbek 1979, S. 166.
13 Tolmein, »RAF – Das war für uns Befreiung«, S. 145.
14 Ebenda, S. 180.
15 Zitiert nach Butz Peters, Tödlicher Irrtum. Die Geschichte der RAF, Berlin 2004, S. 612f.
16 ID-Verlag (Hg.), Rote Armee Fraktion, S. 349.
17 Birgit Hogefeld, Ein ganz normales Verfahren ... Prozeßerklärungen, Briefe & Texte zu RAF, Berlin/Amsterdam 1996, Schlußwort im Prozeß, S. 160f.
18 Rote Armee Fraktion, »Wir beenden das Projekt«, *jungle world* vom 29. April 1998.
19 Ebenda.
20 Ebenda.
21 Ebenda.
22 Das Originalzitat lautet: »›Ordnung herrscht in Berlin!‹ Ihr stumpfen Schergen! Eure ›Ordnung‹ ist auf Sand gebaut. Die Revolution wird sich morgen schon ›rasselnd wieder in die Höh' richten‹ und zu eurem Schrecken mit Posaunenklang verkünden: Ich war, ich bin, ich werde sein!« Rosa Luxemburg, Die Ordnung herrscht in Berlin, *Die Rote Fahne* vom 14. Januar 1919, in: dies., Gesammelte Werke, Bd. 4: August 1914 bis Januar 1919, hrsg. vom Institut für Marxismus-Leninismus beim ZK der SED, Ost-Berlin 1974, S. 538. Zum historischen Kontext vgl. das Kapitel »Ich war, ich bin, ich werde sein«, in: Peter Nettl, Rosa Luxemburg, Köln/West-Berlin 1968, S. 699–747.
23 Klaus Jünschke, *die tageszeitung* vom 22. April 1998.

Luise Tremel

Literrorisierung

Die RAF in der deutschen Belletristik zwischen 1970 und 2004

Eigentlich sollte der Deutsche Bundestag am 7. Juni 1972 über staatliche Strategien gegen weitere Anschläge der RAF diskutieren; die parlamentarische Debatte wandte sich jedoch wiederholt von ihrem erklärten Thema ab und uferte in einen Angriff auf einige der namhaftesten deutschen Schriftsteller und Intellektuellen aus.[1] So bezeichneten wütende Parlamentarier Heinrich Böll als »intellektuelle[n] Helfershelfer«[2] der RAF sowie als »geistige[n] Bombenleger«.[3] Zu diesem Zeitpunkt beschränkte sich Bölls Beteiligung an der öffentlichen Auseinandersetzung mit dem Phänomen RAF auf einen einzigen veröffentlichten Artikel, seine Anfrage »Will Ulrike Meinhof Gnade oder freies Geleit?«. In diesem Artikel beschuldigt Böll einerseits die Springer-Presse der Verbreitung von »Verhetzung, Lüge, Dreck«[4] und kritisiert die Erbarmungslosigkeit der Politik gegenüber der RAF, spricht sich andererseits jedoch ausdrücklich gegen den bewaffneten Kampf aus, den er als »sinnlose[n] Krieg« bezeichnet.[5] In den darauf folgenden Jahren verfasste Heinrich Böll mehrere Prosawerke, in denen er die Misshandlung friedfertiger Bürger durch aggressive Medienvertreter und Beamte auf Terroristenjagd in den Vordergrund rückte. Obwohl seine Kritik an der RAF nicht nachließ, wurden sein Haus und Grundstück zahllose Male polizeilich durchsucht. 1977, kurz nach Beginn der Schleyer-Entführung, wurde Böll von Kurt Biedenkopf und Ernst Albrecht als besonders problematischer »Sympathisant« bezeichnet, ebenso der Norddeutsche Rundfunk und »Hochschullehrer«.[6] Für die Bemerkung »Das eigentliche Problem des Staates sind nicht die Terroristen selbst, sondern [...] die sogenannten Intellektuellen und Linksliberalen«[7] erhielten die beiden konservativen Politiker auf dem niedersächsischen CDU-Landesparteitag frenetischen Applaus. Wie diese Beispiele verdeutlichen, war in den 1970er Jahren jegliche Kritik an den staatlichen und medialen Anti-Terrorismus-Maßnahmen tabu – ja Äußerungen, die auch nur ansatzweise für einen milden Umgang mit der radikalen Linken warben, wurden von einigen für *schlimmer* befunden als terroristische Gewalttaten selbst.[8]

Heute, am Anfang des 21. Jahrhunderts, sind Schikanen gegen Intellektuelle oder Künstler, die eine Dämonisierung der RAF ablehnen, für die meisten jungen Deutschen unvorstellbar: Die Gruppe ist zu einem Element der Popkultur sowie zu einem Konsumobjekt geworden; ihre Anführer sind Ikonen. Modeläden vermarkten T-Shirts, die mit dem RAF-Logo bedruckt sind,[9] in einem erfolgreichen Popsong bedauert ein junger Rapper, dass sich seine Altersgenossen für Big-Brother-Darsteller begeistern anstatt für Andreas Baader oder Gudrun Ensslin,[10] und für Bildbände über tote RAF-Mitglieder finden sich Verleger wie Leser.[11] Zur gleichen Zeit trifft das Thema RAF jedoch nach wie vor politische Empfindlichkeiten, wie die öffentliche Kontroverse um die Berliner RAF-Ausstellung und den zunächst geplanten Namen »Mythos RAF« zeigte. Trotz der Aufregung um die Ausstellung kann es keinen Zweifel geben, dass sich der öffentliche Umgang mit dem Thema RAF ungeheuer gewandelt und auch entspannt hat.

Dieser Aufsatz soll zu einem besseren Verständnis der Veränderungen in der gesellschaftlichen Reaktion auf den Linksterrorismus beitragen, indem er die in den vergangenen 35 Jahren erschienenen literarischen Repräsentationen der RAF bespricht und deren Wandel aufzeigt. Eine solche umfassende Analyse der Belletristik zum Thema RAF ist deshalb von Interesse, weil sie Aufschluss über die Historisierung des bewaffneten Kampfes gibt, d. h. den Perspektivwechsel, der den Wandel der RAF von einer politischen Kraft zu einem historischen Phänomen begleitet hat. Eine Sichtung der zahlreichen literarischen Texte, die bis Ende 2004 zum Thema RAF entstanden sind, zeigt überraschenderweise, dass jedes dieser Werke in eine von nur drei Kategorien des belletristischen Umgangs mit dem Terrorismus fällt. Die erste Textgruppe, die nur aus Werken der Jahre 1970 bis 1987 besteht, beschäftigt sich mit den Auswirkungen der staatlichen Terrorismusbekämpfung auf die Gesellschaft sowie auf Sympathisanten. Die zweite in der Literatur erkennbare Gruppe konzentriert sich auf den Terroristen als Privatperson; entweder zeigen diese Werke wirkliche RAF-Mitglieder in fiktiven Situationen, oder sie beschreiben die Gedanken- und Gefühlswelten gänzlich fiktiver Terroristen. Die meisten Werke dieser Art stammen aus den Jahren 1988 bis 1993, jedoch ist dieser Ansatz auch in vereinzelten späteren Texten zu finden. Nostalgische sowie romantisierende Texte bilden die dritte Kategorie der literarischen Beschäftigung mit der RAF; in diesen ab 1997 erschienenen Werken fungiert der Terrorismus zumeist als aufregende Kulisse für Kriminal- oder Liebesgeschichten. Die klare zeitliche Begrenzung der drei Kategorien sowie die temporale Bindung verschiedener literarischer Ansätze an bestimmte Ereignisse oder Phasen der Geschichte des deutschen Terrorismus, wie beispielsweise an den Herbst 1977 oder an die Auflösungserklärung der RAF, legen nahe, dass die literarische Beschäftigung mit dem bewaffneten Kampf als direkte Reaktion auf gesellschaftliche Entwicklungen zu verstehen ist. In diesem Aufsatz analysiere ich für die drei Kategorien besonders typische Texte und erörtere die Rolle sozialer Veränderungen bei der Entstehung dreier sich deutlich voneinander unterscheidender Arten von Literatur. Zwar hat die Wissenschaft einzelne Werke oder isolierte Phasen der literarischen Verarbeitung der RAF bereits erfasst, jedoch existiert bisher keine Studie zur Entwicklung der RAF-Belletristik von der Gründung der Gruppe bis zur Gegenwart, welche die Literatur der verschiedenen Phasen in eine historische Perspektive rücken könnte.[12] Mit diesem Aufsatz soll den zahllosen historischen und soziologischen Studien zum Terrorismus eine Analyse der literarischen – und somit gesellschaftlichen – Verarbeitung des Terrorismus zur Seite gestellt werden.

Sympathisanten und andere Betroffene

In den Jahren 1970 bis 1978 beschäftigte die Konfrontation zwischen der RAF und dem westdeutschen Staat die Gesamtgesellschaft der BRD intensiver als in allen späteren Phasen des Linksterrorismus. Durch die staatliche Terrorismusbekämpfung, die während dieser Jahre nicht nur die Strafverfolgung aktiver Guerillakämpfer beinhaltete, sondern auch die effektive Kriminalisierung verschiedener nicht gewalttätiger sozialer Milieus, wurden viele eigentlich Unbeteiligte zu Betroffenen des Konflikts. In fast gänzlicher Abwesenheit einer parlamentarischen Opposition und angesichts der Übermacht der konservativen Presse fungierten literarische Texte, die sich mit dem bewaffneten Kampf befassten, als Protestliteratur. Ein Großteil der Literatur aus den ersten acht Jahren der RAF übt offene Kritik an den staatlichen Maßnahmen zur Terrorismusbekämpfung und betont dabei vor allem deren negative Auswirkungen selbst auf eigentlich Außenstehende. Die Behandlung, die Sympathisanten und andere Unbeteiligte seitens des Staatsapparates erfuhren, der sich unter wirklich gefährlichem Beschuss sah, steht bei diesen Texten im Vordergrund, wohingegen auf die Aktionen und Motivationen der RAF selbst kaum eingegangen wird. Durch diesen Schwerpunkt erwecken die Texte der Jahre 1970 bis 1978 den Eindruck, die staatliche Reaktion auf den Terrorismus habe eine weitaus größere Gefahr für die deutsche Gesellschaft dargestellt als die Aktivitäten der RAF.

Die Haltung vieler Schriftsteller in den 1970er Jahren war eine Folge der gesellschaftlichen Funktion, die westdeutsche Schriftsteller seit dem Ende des Zweiten Weltkriegs wahrgenommen hatten. 1967 beschrieb Hans Magnus Enzensberger, einer der jüngsten aus dieser Generation von Nachkriegsschriftstellern, ihre Arbeit als »Literatur, deren Aspiration es seit 1945 gewesen ist, mit ihren geringen Kräften, durch immanente Kritik und durch direkten Eingriff in den Mechanismus der Meinungsbildung und der Parlamentswahlen die Konstruktionsfehler der Bundesrepublik auszubalancieren«.[13]

Seit den frühen Nachkriegsjahren hatten in der *Gruppe 47* lose zusammengeschlossene Schriftsteller für eine neue, geschichtsbewusste Literatur plädiert und sich für die Förderung und den Schutz der jungen deutschen Demokratie mitverantwortlich gefühlt. Da die meisten dieser Schriftsteller ihre politischen Hoffnungen im Wahljahr 1965 auf eine Regierungsübernahme der SPD gesetzt hatten, fanden sie sich in einer kniffeligen Situation, als die SPD 1966 durch ihren Eintritt in eine Große Koalition die zerfallende CDU-Regierung unerwartet vor dem Zusammenbruch bewahrte. Enzensberger erklärte damals, die Große Koalition sei Beweis für die Unreparierbarkeit des politischen Systems der BRD sowie Zeichen der Niederlage jeglicher Aufrufe zur Veränderung seitens der Schriftsteller.[14] Die Deutschen, darauf beharrte er, würden sich zwischen Ergebung und Revolution entscheiden müssen – einer Revolution, die für ihn »nicht nur notwendig (das wäre sie schon 1945 gewesen), sondern auch denkbar [war] [...] – wenn auch nicht, in absehbarer Zeit, möglich«.[15]

Neun Jahre später argumentierte Peter Schneider ähnlich: 1967 hätten Schriftsteller vor der Alternative gestanden, *entweder* aktiv an der studentengeführten Rebellion gegen das Establishment teilzunehmen *oder* literarische Texte zu verfassen.[16] Laut Schneider gab es damals eine Dichotomie zwischen Schriftstellern, die auf die Straße gingen, aber nicht die Zeit, Energie, oder Inspiration zum Schreiben fanden, und Autoren, die an ihren Schreibtischen blieben und Literatur produzierten, die den politischen Aufbruch völlig unkommentiert ließ. Diese zweite Gruppe umfasste viele der älteren, von Enzensberger beschriebenen Schriftsteller, die vom Verfassen politisch engagierter Literatur zunächst abließen, als eine radikalere Straßenbewegung sich aufmachte, jene Gesellschaft zu revolutionieren, deren Reform die Schriftsteller selbst nicht hatten bewirken können. Die strenge staatliche Reaktion auf die demonstrierenden Studenten veranlasste diese Schriftsteller dennoch, ihre bekannten Namen durch gelegentliche Artikel und Petitionen, in denen sie die Aggressivität der Obrigkeiten harsch kritisierten, für den Aufstand einer jüngeren Generation einzusetzen.

Während der Studentenrevolte – also noch vor der Gründung der RAF – sei nur apolitische Belletristik entstanden, so Schneider. Die deutsche Literatur habe erst einige Jahre später begonnen, die politische Atmosphäre der späten 1960er Jahre zu reflektieren. Einer deutschen »Tradition« entsprechend, wie Schneider 1976 schrieb, formulierten die deutschen Schriftsteller ihren literarischen Protest gegen jene Kräfte, die die Rufe nach Veränderung erstickt hatten, erst dann, als der Studentenaufstand bereits weitgehend beendet war. Schneider erklärte, die deutsche Literaturgeschichte kenne viele solcher zeitlicher Klüfte zwischen Phasen der Hoffnung auf politischen Wandel und der Manifestation dieser Hoffnung in der Literatur. Danach hätten deutsche Schriftsteller literarisch innovative und politisch radikale Texte nicht etwa zeitgleich mit einer fortschrittlichen gesellschaftlichen Bewegung verfasst, sondern erst nachdem diese Bewegung gewaltsam unterdrückt worden sei: »[I]n Deutschland [sind] kulturelle Erneuerungen bisher zumeist auf dem Boden einer politischen Niederlage gewachsen.«[17] Im Gegensatz zu den früheren von Schneider beschriebenen Szenarien führte der Zerfall der Studentenrevolte in den späten 1960er Jahren jedoch nicht zur Beendigung des politischen Konfliktes. Stattdessen provozierte sie die Radikalisierung kleiner Splittergruppen, wie z. B. der RAF, deren Auslöschung die Obrigkeiten mit noch drastischeren und vielfältigeren Mitteln verfolgten als vorher die Bekämpfung der Studentenbewegung. Diese Intensivierung der Auseinandersetzung hatte zur Folge, dass die aufs Neue inspirierten politisch interessierten Schriftsteller – dieselben Autoren, von denen Enzensberger 1967 gesprochen hatte – ihre kreativen Energien nicht nur auf die bereits vergangene und vergleichsweise moderat verlaufene Niederschlagung der Studentenrevolte lenkten, sondern auch auf die aktuelle Verfolgung der RAF sowie deren Auswirkung auf die gesellschaftlichen Verhältnisse.

Obwohl diese Schriftsteller die staatliche Reaktion auf die RAF deutlich kritisierten, befürworteten sie zu keinem Zeitpunkt die Strategie des bewaffneten Kampfes. Bereits vor der Gründung der RAF hatte sich die große Mehrheit der Schriftsteller gegen die Anwendung von Gewalt seitens der Studentenbewegung ausgesprochen. Da der größte Teil der Studenten friedliche Mittel bevorzugte, hegten die meisten Schriftsteller eine positive Einstellung gegenüber den Methoden und Zielen der Bewegung. Den gewaltsamen Weg der RAF hingegen unterstützten diese Schriftsteller zu keiner Zeit. Ihre Texte zielten darauf, staatliche Gewaltanwendung sowie die konservative Grundeinstellung der Medien zu bekämpfen und standen daher in direkter Verbindung zu einzelnen Ereignissen oder Pressepolemiken.[18] Konservative Politiker und Medien wiederum agitierten gegen diese linksgerichteten, politisch orientierten Schriftsteller und dämonisierten sie als Unterstützer des Terrorismus, was dazu führte, dass Schriftsteller wie Heinrich Böll oder Erich Fried die sensationsheischenden Angriffe der Presse sowie die repressiven Mechanismen des Staatsapparats, die sie später zum Thema ihrer Werke machten, am eigenen Leib kennen lernten.[19]

Anstatt die RAF direkt zu thematisieren – oder auch nur zu erwähnen –, konzentriert sich die große Mehrheit der literarischen Werke aus den ersten acht RAF-Jahren auf die Auswirkungen der Terrorismusbekämpfung auf nicht militante Bürger. Ich werde mich auf drei exemplarische belletristische Texte konzentrieren, um dieses literarische Augenmerk auf Sympathisanten und andere Betroffene zu illustrieren: Heinrich Bölls »Die verlorene Ehre der Katharina Blum«,[20] Peter Schneiders »... schon bist du ein Verfassungsfeind«[21] und Bölls Satire »Berichte zur Gesinnungslage der Nation«.[22] Weiterhin werde ich einige Gedichte analysieren, die sich von den Prosawerken insofern unterscheiden, als sie den Staat direkt anklagen, anstatt ihre Kritik in Porträts betroffener Bürger zu verpacken. Die drei Prosawerke wie auch die Gedichte deuten zudem an, dass ein großer Teil der westdeutschen Gesellschaft sowie Regierung und Presse nicht nur jeden Ausdruck einer linken politischen Einstellung radikal ablehnten, sondern auch ehemaligen Nationalsozialisten, die weiterhin gesellschaftlichen Einfluss besaßen, mit übermäßiger Nachsicht und Toleranz begegneten.

Heinrich Bölls Narration »Die verlorene Ehre der Katharina Blum«, die er 1974 als Literaturnobelpreisträger und Präsident der internationalen Schriftstellervereinigung PEN schrieb, erzählt die Geschichte einer jungen Haushälterin, deren Ziel im Leben das Abbezahlen ihrer eigenen Wohnung sowie ihres Autos ist. Zu Beginn der Erzählung ist Katharina an politischen Dingen völlig uninteressiert. Nachdem sie jedoch eine Nacht mit einer Karnevalsbekanntschaft verbracht hat, stürmt die Polizei ihre Wohnung und unterzieht sie einem ausführlichen Verhör, in dem Katharina nicht nur über ihren Liebhaber – angeblich ein gefährlicher Krimineller – befragt wird, sondern auch über verschiedene Aspekte ihres Privatlebens. Am nächsten Tag lanciert ein vielgelesenes Boulevardblatt mit dem Namen ZEITUNG, dem die Details des vertraulichen Verhörs bekannt sind, eine Artikelserie, die Katharina als kriminelle Prostituierte darstellt, die sich an Verschwörungen gegen den Staat beteiligt.[23] Leser der ZEITUNG terrorisieren Katharina mit gehässigen Briefen und Telefonanrufen, und Katharinas frisch operierte Mutter stirbt, nachdem der ZEITUNGS-Reporter Werner Tötges sich in ihr Krankenzimmer geschlichen hat, um ein von den Ärzten verbotenes Interview durchzuführen. Als Katharinas Liebhaber nach einigen Tagen gefasst wird, stellt sich heraus, dass er, entgegen den Behauptungen der Polizei und der ZEITUNG, weder ein Mörder noch ein Anarchist ist,[24] sondern ein Deserteur, der dem Militär Geld entwendet hat. Da kein Beweismaterial gegen Katharina vorliegt, kann sie schließlich nach Hause gehen. Die viertägige Belästigung durch Polizei, Presse, Nachbarn und anonyme Anrufer hat allerdings nicht nur das Leben zerstört, das Katharina sich gewissenhaft aufgebaut hatte, sondern auch ihr Ehrgefühl sowie den Ruf ihres Arbeitgebers und Anwalts, dessen Frau sowie Katharinas mitfühlender Tante. Nach ihrer Heimkehr lädt Katharina Tötges für ein angebliches Exklusivinterview in ihre Wohnung ein, um den Verursacher ihrer Probleme zu konfrontieren. Als Tötges sie obszön zum Sex auffordert, erschießt Katharina den Reporter.

Katharinas Geschichte ist in 58 kurze Kapitel unterteilt, von denen manche nur einige Zeilen lang sind, und der Erzähler belegt seine Darstellung der Ereignisse sorgfältig mit Zitaten aus und Bezügen auf fiktive »Quellen« wie Polizeiprotokolle, die ZEITUNG sowie mündliche Aussagen von Katharinas Anwalt. Der Erzähler unterlässt jede persönliche Meinungsäußerung und erzeugt dadurch den Eindruck objektiver Berichterstattung. Seine Erzählweise steht in deutlichem Kontrast zu dem extrem polemischen Stil der ZEITUNG, deren abfällige Urteile selten auf Fakten basieren. Diese Gegenüberstellung der achtlosen Wortwahl der ZEITUNG und der Polizei mit dem umsichtigen Stil des Erzählers wirbt für einen überlegten Umgang mit Sprache, der dem Gesprächspartner oder Besprochenen Respekt vermittelt, anstatt diesen – wie dies Katharina durch die Polizei und ZEITUNG widerfährt – durch übereilige und engstirnige Urteile zu demütigen. Weiterhin regen der Stil und die Struktur von »Katharina Blum« den Leser dazu an, aus Ereignissen und Zitaten eigene Schlussfolgerungen zu ziehen. Die kurzen, deskriptiven Kapitel erlauben es dem Leser nicht, sich auf passive Rezeption zu beschränken, sondern veranlassen ihn am Ende jedes Kapitels zum Nachdenken über die erzählten Geschehnisse. Im Gegensatz zu einem ZEITUNGS-Leser, der die vorgeformten Urteile des Reporters übernimmt, wird Bölls Leser jegliche Interpretation der Ereignisse durch den Erzähler versagt. Der Leser wird gezwungen, die ihm präsentierten Informationen selbst auszuwerten, wodurch auch seine Bewertung der Geschichte gefestigt wird, da sie seine eigene ist und nicht die eines Autors oder Erzählers. Durch diese Wirkung auf den Leser erfüllt Bölls Text den politischen Zweck des Anregens zur kritischen Reflexion und fungiert somit als »Pamphlet in Form einer Reportage«,[25] wie Böll sich ausdrückt.

Primär warnt »Katharina Blum« vor der Macht der Boulevardpresse, jedoch zeigt die Erzählung auch das deutsche Beamtentum, hier durch Polizisten und Staatsanwälte vertreten, in keinem guten Licht. Der Text konstruiert seine Kritik durch die Schilderung der unverhältnismäßigen Polizeimaßnahmen gegen Katharina, die in jeder Hinsicht eine unschuldige und gesetzestreue Bürgerin ist, einerseits und durch die Beschreibung des respektlosen und unehrlichen Verhaltens *einzelner* Beamter andererseits. Sobald Katharina beispielsweise ihren zukünftigen Liebhaber Ludwig Götten kennen lernt, zapft die Polizei ihre Telefonleitung sowie die ihrer Tante an, obwohl die Frauen selbst keinerlei Delikt begangen haben. Kurz darauf verschafft sich die Polizei unter übermäßiger Gewaltanwendung Zutritt zu Katharinas Wohnung: »[Man drang] mit acht schwerbewaffneten Polizeibeamten in die Wohnung ein, stürmte sie regelrecht unter strengsten Vorsichtsmaßregeln.«[26]

Diesen deutlich überzogenen Vorsichtsgeboten entsprechend wird die Hausangestellte behandelt, als sei sie hochgefährlich: Als sie sich für den Gang zur Polizeiwache umzieht, wird sie nicht nur von einer Beamtin ins Badezimmer begleitet, sondern auch genötigt, die Tür offen zu lassen, damit auch zwei männliche Polizisten den Vorgang überwachen können. Diese völlig unnötige erzwungene öffentliche Nacktheit ist der erste Schritt auf dem Weg zur Zerstörung von Katharinas Ehre durch behördliche Vorgehensweisen und illustriert ihre Machtlosigkeit angesichts eines auf Vorschriften pochenden Polizeiapparats.

Das individuelle Verhalten der Beamten in Bölls Erzählung ist ähnlich verwerflich wie das bürokratische Procedere. Als der Kommissar Katharina fragt, ob sie mit Götten geschlafen habe, tut er dies auf obszöne und herablassende Weise; ein Polizeibeamter informiert die ZEITUNG über Katharinas Verhör und verletzt somit ihr Recht auf Vertraulichkeit; und die Polizeisekretärin zitiert Katharina im Protokoll falsch und macht sich sowohl über ihre Wortwahl als auch über ihr Beharren auf einer Protokolländerung lustig. Zuletzt bezeichnen alle Polizeibeamten, wie auch der ZEITUNGS-Reporter, Götten wiederholt als Mörder, obwohl, wie sie unmittelbar nach dessen Festnahme klarstellen, Götten niemals unter Mordverdacht stand. Die hier beschriebenen Beamten setzen bereitwillig Gewalt ein, verhalten sich respektlos, bezeichnen Verdächtige schon vor ihrer Anklage als schuldig und kollaborieren mit einer feindseligen Presse. »Katharina Blum« stellt bildlich dar, was auch in Wirklichkeit der Fall war – dass Maßnahmen, die selbst dann verfassungswidrig wären, wenn sie gegen Gewalttäter eingesetzt würden, auch bei Bürgern Anwendung fanden, die mit dem Terrorismus nichts zu tun hatten.

Bölls Erzählung erwähnt weder die RAF noch den Terrorismus ausdrücklich. Jedoch deuten die Anschuldigungen gegen Katharina eindeutig darauf hin, dass sie sowohl von der ZEITUNG als auch von den Verfassern anonymer Briefe mit dem bewaffneten Kampf in Verbindung gebracht wird. Beispielsweise spekuliert die ZEITUNG, Katharinas Wohnung sei »ein *Bandentreff*, ein Waffenumschlagplatz«,[27] was darauf schließen lässt, dass Katharina von ihren Verleumdern im Umfeld der »Baader-Meinhof-Bande« angesiedelt wird. Zudem beschimpfen die ZEITUNGS-Leser Katharina als »links«, »rot« und »kommunistisch«. Ganz anders als diese Briefe beschreibt der Erzähler den vermeintlichen Anarchisten Götten, der von allen Figuren dieses Romans einem »Terroristen« am nächsten kommt, als charismatischen, sanftmütigen und liebevollen Mann, der so vertrauenswürdig ist, dass ihn die sonst unnahbare Katharina bereits am Abend ihrer ersten Begegnung zu sich einlädt. In Bölls Erzählung fügt der vermeintliche Anarchist Katharina keinen Schaden zu, wohingegen sie von ihren angeblichen Beschützern, den Polizeibeamten, misshandelt wird. »Katharina Blum« legt nahe, dass Polizei und Boulevardpresse das Wohlbefinden eines durchschnittlichen Bürgers weitaus stärker beeinträchtigen können als ein »des Terrorismus *Verdächtige[r]*«.[28]

Während Polizei und Presse in »Katharina Blum« alle verdächtigen Aktivitäten als »links« einstufen und mit herben Maßnahmen reagieren, interpretieren sie umgekehrt alle Verbindungen zur politischen Linken als Indikatoren einer kriminellen Natur. Zum Beispiel wird Katharinas Tante von der Polizei schikaniert, weil ihr Vater 1932 von Deutschland in die Sowjetunion ausgewandert ist.[29] Der Freund der Tante hingegen – die einzige Person in Katharinas unmittelbarer Umgebung, die weder von der Polizei noch von der Presse belästigt wird – offenbart am Ende der Erzählung, dass er ein ehemaliger Nazi sei, »und dieser Tatsache allein verdanke er es wahrscheinlich, daß man bisher auf ihn nicht aufmerksam geworden sei«.[30] Böll impliziert hier, dass deutsche Beamte in den 1970er Jahren noch nationalsozialistische Denkmuster hatten: Die fiktiven Beamten verstehen die Flucht vor der drohenden NS-Herrschaft in die Sowjetunion als Verrat und sehen eine NS-Vergangenheit als Vertrauensgrund.

»Katharina Blum« ist ein besonders gewagtes Werk der Terrorismus-Literatur, da es, im Gegensatz zu den meisten anderen Texten der 1970er Jahre, eine sympathische Figur eine Gewalttat begehen lässt. Bölls Erzählung erklärt – oder rechtfertigt – Katharinas Motive, indem er die Ereignisse, die Katharina zu Tötges' Erschießung veranlassen, detailgetreu aufzeichnet. In einer Gesellschaft, in der es tabu ist, Gewaltbereitschaft auf etwas anderes zurückzuführen als auf Geisteskrankheit oder Bösartigkeit, zeichnet Böll die nachvollziehbare Entstehungsgeschichte eines Gewaltaktes, dessen selbst eine völlig friedfertige Person wie Katharina fähig wird, wenn sie nur ausreichend Demütigung erfährt. Das Werk beleuchtet die Verantwortung der Sensationspresse sowie der polizeilichen Schikane für Katharinas Flucht in die Gewalt.

Auch Peter Schneiders Roman »… schon bist du ein Verfassungsfeind« zeigt potentielle negative Auswirkungen der Anti-Terrorismus-Hysterie auf unbeteiligte Bürger in den 1970ern. Schneider richtet sein Augenmerk hierbei allerdings auf die Rolle von Gesetzen oder Erlassen gegen den Terrorismus, während Böll sich auf das nicht gesetzlich geregelte Verhalten von Individuen und Gruppen konzentriert. In dieser literarischen Abhandlung über die Schritte, die zur Dienstentlassung eines jungen Lehrers führen, skizziert Schneider, wie die breite Anwendung des Radikalenerlasses das Leben selbst eines Lehrers zerstören kann, der keiner extremistischen Gruppe angehört. In tagebuchartigen Briefen an seinen Anwalt beschreibt der fiktive Lehrer Matthias Kleff seine Reaktionen auf eine Benachrichtigung, in der die Schulbehörde Zweifel an seiner Verfassungstreue sowie an seiner Eignung als Gymnasiallehrer ausdrückt. Da die Behörde ihre Zweifel nicht begründet, versucht Kleff, selbst herauszufinden, was ihn zum Verfassungsfeind machen könnte – von diesen Überlegungen handeln seine Briefe. Schließlich erfährt Kleff, seine Überprüfung habe mit einem Brief zu tun, in dem er sich für das demokratische Recht seiner Schüler ausgesprochen hatte, friedlich gegen undemokratische Regeln zu protestieren. Kurze Zeit später wird er vom Schuldienst suspendiert. Seine gerichtliche Beschwerde gegen die Suspendierung ist erfolgreich, jedoch wird ihm sofort erneut gekündigt – diesmal endgültig –, da sowohl die Schulbehörde als auch das Gericht Kleffs Auflehnung gegen seine ursprüngliche Entlassung als Zeichen der mangelnden Treue zu seinem Arbeitgeber verstehen. »Verfassungsfeind« endet mit der Feststellung eines Richters, er könne über eine weitere Beschwerde nicht verhandeln, da der Beschwerdesteller Kleff unauffindbar sei; im geschichtlichen Kontext kann dies natürlich nur bedeuten, dass der Lehrer in den Untergrund gegangen ist und sich dem bewaffneten Kampf angeschlossen hat.

Dass Kleff verschwunden ist, wird nicht nur durch die Äußerung des Richters etabliert, sondern auch durch die narrative Struktur des Textes bestätigt: Der Absatz, der die Unauffindbarkeit des Lehrers offenbart, ist der einzige Abschnitt des Romans, in dem nicht Kleff selbst der Erzähler ist. Die Tatsache, dass der Erzähler eines hundertseitigen Textes sechs Zeilen vor dem Ende verloren geht, macht deutlich, dass Kleff nicht bloß umgezogen oder in den Urlaub gefahren ist, sondern dass er von den Behörden dazu gezwungen wurde, den radikalen Bruch mit seiner bisherigen Existenz zu vollziehen, und sich nun in einer Situation befindet, in der die schriftliche Kommunikation mit früheren Bekannten undenkbar ist. Der Erzählerwechsel kurz vor Ende des Romans unterstreicht, dass die Überprüfung Kleff marginalisiert hat; sie hat ihn aus der Erzählerstellung gedrängt und gleichzeitig aus der Gesellschaft, deren produktives Mitglied er vorher – wie auch Katharina Blum – gewesen ist. Kleffs Briefe offenbaren, dass der Lehrer bis zum Zeitpunkt seiner Entlassung dem bewaffneten Kampf gegenüber negativ eingestellt ist und keinerlei Absicht hat, die staatliche Ordnung zu untergraben. Kleffs wachsende Verzweiflung, die in seinem Verschwinden gipfelt, suggeriert somit eindeutig, dass der Staat durch seine rauen Maßnahmen selbst gegen friedfertige Linke den Zulauf zum bewaffneten Kampf fördert, anstatt den Terrorismus zu bekämpfen.

Das literarische Mittel, das diese kritische Botschaft des Romans am stärksten fördert, ist die verbale Ironie in Kleffs Briefen, die den vagen, lächerlichen und unrechtmäßigen Charakter der Anschuldigungen gegen den Lehrer hervorhebt. Beispielsweise zeigen Kleffs ironische Gedanken zum Thema Verfassungsfeindschaft, wie absurd das Konzept einer feindlichen Einstellung zur Verfassung ist: »Bis vor kurzem habe ich keinen Verfassungsfeind persönlich gekannt, jedenfalls war es mir nicht bewußt. Ich weiß nicht, wie man sich als Verfassungsfeind verhält, wie man spricht, was man denkt, wie man sich kleidet, was für Freunde man hat, ich weiß bis jetzt nur, daß entsprechende Zweifel an mir bestehen. Aber natürlich habe ich mich jetzt manchmal gefragt, ob ich vielleicht wirklich, ohne es recht zu wissen, ein Verfassungsfeind bin. [...] Die Schwierigkeit ist, daß man sich bis jetzt gar keine Gedanken gemacht hat, wie eine freundschaftliche Beziehung zur Verfassung eigentlich aussieht.«[31]

Indem er das oft gebrauchte Wort Verfassungsfeind mit Abläufen des täglichen Lebens in Verbindung bringt, defamiliarisiert Kleff den Ausdruck und betont dessen Undurchsichtigkeit. Sein Erwähnen einer »freundschaftliche[n] Beziehung zur Verfassung« weist nicht nur auf die Absurdität dieser in der Praxis bedeutungslosen, weil unvorstellbaren Beziehung hin, sondern entlarvt auch ihr Gegenteil, den Begriff der Verfassungsfeindschaft, als widersinnig. Indem ironische Passagen dieser Art den kontraintuitiven Charakter häufig verwendeter Begriffe wie Verfassungsfeindschaft betonen, formulieren sie die Kritik des Romans am Radikalenerlass im Besonderen und an den Initiativen der Terrorismusbekämpfung im Allgemeinen. Zudem bestärken Kleffs Äußerungen der Verzweiflung sowie ernsthaft formulierte Betrachtungen zum Zustand der deutschen Bürgerrechte die kritische Botschaft des Romans.

Schneiders Werk kritisiert den westdeutschen Staat auf drei Ebenen. An erster Stelle illustriert Kleffs Entwicklung vom motivierten Lehrer zum verzweifelten Untergetauchten, dass Anti-Terror-Maßnahmen wie der Radikalenerlass sich selbst auf Unschuldige schädlich auswirken können und kontraproduktiv sind, da sie die Gewaltbereitschaft in der Bevölkerung nur erhöhen. Der Radikalenerlass versetzt den vormals gesetzestreuen Beamten in eine finanzielle und soziale Situation, in der er deutlich größeren Anlass hat, den Obrigkeiten gegenüber – nicht jedoch der Verfassung – feindlich eingestellt zu sein als vor seiner Überprüfung. So äußert Kleff vor seiner Entlassung seinen Frust über die absehbaren Folgen einer Kündigung für seine zukünftigen Beschäftigungsmöglichkeiten: »Ist ein Angestellter aber einmal zum Verfassungsfeind erklärt, dann kann er eigentlich nur noch einer werden.«[32] Zweitens beklagt der Roman die Verletzung demokratischer Rechte durch den Staat, die aus der effektiven Kriminalisierung nicht nur des bewaffneten Kampfes, sondern jeder Form des Dissens resultiert: »Vielmehr bestreite [das Oberschulamt] das Widerstandsrecht überhaupt und versuche damit, den Unterschied zwischen dem bewaffneten Widerstand und friedlichen Formen des Widerstands wie Bürgerinitiativen, Demonstrationen etc. zu verwischen. Widerstand in jeder Form solle in den Ruch des Verfassungswidrigen gebracht werden.«[33]

Zuletzt moniert der Text, der Radikalenerlass werde ausschließlich auf Linke angewendet, obwohl im Erlass von politischem Extremismus im Allgemeinen die Rede ist und somit auch der Rechtsradikalismus mit eingeschlossen sein sollte.

Obwohl Peter Schneiders Roman die RAF nicht explizit erwähnt, stellt er das Thema des bewaffneten Kampfes in den Vordergrund: Zunächst dient der Terrorismus, im oben zitierten Kontext, als Rechtfertigung für die Beschränkung jedes von der staatlichen Doktrin abweichenden Verhaltens. Neben Kleffs Verschwinden am Ende des Romans lenkt ein Treffen zwischen Kleff und zwei Personen, die ihn für den Guerillakampf gewinnen wollen, die Aufmerksamkeit auf den bewaffneten Kampf. Die zwei Militanten, die von bewaffneten Aktionen als dem einzig sinnvollen Weg für politisch interessierte Linke sprechen, haben für Zögerlichkeit oder Angst nur Verachtung übrig und wirken somit in Kleffs Darstellung ähnlich dogmatisch wie die staatlichen Behörden selbst. Kleff ist nicht geneigt, dem Beispiel der Illegalen zu folgen: »Natürlich habe ich Angst, erwiderte ich, aber nur, um zu beweisen, daß ich keine Angst habe, nehme ich keine Knarre in die Hand.«[34] Kleffs Briefe lassen die Militanten unsympathisch, herablassend und barsch aussehen, jedoch machen sie auch deutlich, dass die beiden keine blutrünstigen, bösartigen Kriminellen sind. Nachdem sich der Lehrer ausdrücklich gegen eine Beteiligung am bewaffneten Kampf ausgesprochen hat, reagieren die Illegalen gelassen auf Kleffs Unwillen, ihnen seinen Pass zu überlassen, und fahren ihn anschließend sogar nach Hause. Kleff bereut später, den beiden seinen Ausweis so strikt verweigert zu haben, und zeigt dadurch, dass er ihren Weg trotz seiner eigenen Ablehnung bewaffneter Aktionen nicht dämonisiert. Kleffs nach der Unterhaltung mit den Illegalen überraschende Entscheidung, sich einer bewaffneten Gruppe anzuschließen, unterstreicht die Kritik des Romans an der hysterischen Reaktion der bundesdeutschen Gesellschaft auf den Terrorismus sowie der damit einhergehenden Quasikriminalisierung linker Einstellungen, indem sie zeigt, dass die Anti-Terrorismus-Maßnahmen Personen wie Kleff nicht nur das Leben schwer machen, sondern erst Anreize zu deren politischer Radikalisierung und Bewaffnung schaffen.

Heinrich Bölls »Berichte zur Gesinnungslage der Nation« verschiebt den Blickpunkt von den Opfern staatlicher Anti-Terror-Maßnahmen auf den gewaltigen Überwachungsapparat, dessen Aufbau die Politik mit den Bedürfnissen der Terrorismusbekämpfung rechtfertigte, und beleuchtet somit einen Aspekt der staatlichen Kontrolle, der in den 1970er Jahren für den Alltag fast jedes offen linksgerichteten Deutschen eine Rolle spielte. Der Text besteht aus briefähnlichen Berichten fiktiver Geheimagenten an ihre Vorgesetzten, in denen die Agenten ihre Einsichten in die »Gesinnung« der Sympathisantenszene darlegen. Die Lektüre der Berichte macht allerdings deutlich, dass die Agenten primär einander ausspionieren, also hauptsächlich Informationen über als Linke getarnte Verfassungsschützer ansammeln. Der Text enthält kaum realistische Beschreibungen wirklicher Linker, sondern konzentriert sich auf die Vorstellungen des Überwachungsapparats von Linken sowie auf die staatlichen Methoden der Informationsbeschaffung. Durch diese formale Struktur suggeriert der Text, dass das von den Agenten infiltrierte Milieu in Wirklichkeit harmlos ist – schließlich sind die getarnten Verfassungsschützer selbst die gefährlichsten »Linken« – und die extensiven Überwachungsmaßnahmen überflüssig, und wirft zudem ein kritisches Licht auf die in den frühen 1970er Jahren real erfolgte Infiltrierung und Aufstachelung linker Gruppen durch das Bundesamt für Verfassungsschutz.

Auch Bölls Werk bedient sich der Ironie, um seine politische Botschaft zu übermitteln. Hierbei widmen sich die verschiedenen Erzähler – oder Berichtverfasser – voller Ernst der Beschreibung von Situationen und Ereignissen, die nur der Leser, der besser informiert und weniger engstirnig ist als die Agenten, als ironisch erkennt. Die Berichte sind in einer formellen, bürokratischen Sprache verfasst, welche die absurde Wirkung der Überwachungseinsätze verstärkt, da die Formulierungen der Agenten selbst die trivialste oder lächerlichste Beobachtung – z. B., dass ein irischer Künstler bei seinen Auftritten häufig das Wort »Käse« benutzt[35] – als unverzichtbares Beweismaterial präsentieren, das zum Schutz des Staates vor seinen Feinden beitragen wird.

Die RAF selbst spielt in »Berichte« keine aktive Rolle, jedoch fungiert jeder verbale Bezug auf die RAF als Codewort für extrem verdächtige Aktivitäten. Wenn zwischen einer der wenigen »echten« von den Agenten überwachten Personen und der RAF auch nur die entfernteste Verbindung besteht, so klassifizieren die Agenten jene Person sofort als »Radikalsympathisanten«.[36] Eine solche Parodie der staatlichen Überreaktion ist zum Beispiel im Bericht des Agenten »Ackergaul« an seinen Vorgesetzten zu finden: »[S]ie hat seinerzeit einen Onkel einer Verwandten von UM, der bei ihrem Nachbarn zu Besuch war, mit ihrem Auto zum Bahnhof gebracht, *wissend*, um wen es sich handelte! [... sie sagte,] der betreffende Herr sei äußerst charmant und gehbehindert gewesen. Mehr nicht. Keine Reue!«[37]

Da nur wenige Figuren selbst um solche Ecken mit der RAF in Verbindung gebracht werden können, sind die Agenten gezwungen, sich auf andere Indikatoren einer rebellischen Gesinnung zu konzentrieren, namentlich auf den Besitz linksgerichteter Schriften – und in diesem satirischen Text erweckt selbst das regelmäßige Lesen des Feuilletons der FAZ das Misstrauen der Agenten.

Durch die sardonische Darstellung einer Operation, bei der unter anderem die Vorgesetzten ihre Agenten nicht von der Gegenwart weiterer Spione informieren, übt Bölls Werk Kritik an verschiedenen Aspekten des Überwachungsapparats. Zunächst zeigt Berichte einen totalen Überwachungs- und Verdächtigungszustand, in dem die Agenten nicht einzelne Personen beobachten, die bestimmter Straftaten verdächtigt werden, sondern eine »Szene«, etwa ein Studentenwohnheim, infiltrieren, Berichte über alle Mitglieder dieses Milieus erstellen und selbst Personen, die keinerlei Verbrechen begangen haben, als »verdächtig« einstufen, nur da diese eine bestimmte »Gesinnung« zur Schau getragen haben: »[E]s handelt sich nicht um Tatermittlungsinformationen, sondern um *Gesinnungseinsatz*.«[38] Zweitens werden durch die absurde Empfehlung der Rationierung von Streichhölzern, geriebenem Parmesankäse und Puderzucker,[39] welche nach Meinung der Agenten beim Bombenbau behilflich sein könnten, das Misstrauen des Staates gegenüber der Bevölkerung sowie die potentielle Lächerlichkeit staatlicher Vorsichtsmaßnahmen anschaulich gemacht und gleichzeitig bemängelt. Der Text warnt vor weiteren Ausweitungen staatlicher Befugnisse, indem er den extremen Fall skizziert, dass die Strafverfolgungsbehörde die subversiven Aktivitäten eines Verdächtigen nicht mehr beweisen muss, sondern ein Hinweis auf sein Aussehen zur Einstufung als »Verfassungsfeind« genügt. So liest man im gemeinsamen Abschlussbericht aller drei Agenteneinheiten, verfasst nach ihrer Entdeckung, dass sie hauptsächlich einander observiert hatten: »Es ist längst bekannt, daß Fingerabdrücke, Zitate, die üblichen Mittel der Ermittlung durch Beweise für oder über den *Gesichtsausdruck* in bestimmten Situationen ergänzt werden müssen. Das gilt besonders für Zuschauer bei Demonstrationen, es gilt für Teilnehmer bei Diskussionen, die sich nie zu Wort melden, aber durch ihren Gesichtsausdruck ihre Gesinnung, Sympathie oder Antipathie bekunden und verraten.«[40]

Weiterhin betont der Text, dass invasive Überwachungsmaßnahmen der hier dargestellten Art leicht zu einem Schaden für die observierten Individuen führen können. Beispielsweise stellt der folgende Abschnitt eine direkte Verbindung zwischen den von Studenten, Journalisten und Beamten gelesenen Büchern und ihren weiteren Berufschancen her:

»Von den 736 namentlich erfaßten Personen:
kannten Sartre 204
davon *schätzten* Sartre 78
verteidigten Sartre 23.
Dieses Detail nur als Hinweis für die Wichtigkeit der Gesinnungsarbeit, die bei der Beurteilung beruflicher Förderungswürdigkeit besonderes Gewicht bekommt.«[41]

Die hier etablierte direkte Beziehung zwischen einer aberwitzigen Untersuchung und einem realen negativen Effekt auf die berufliche Zukunft der

Überwachten illustriert die Gefahren der Existenz von Staatskörpern, deren Zweck das Sammeln und politische Verwerten selbst der trivialsten Informationen ist und welche die Macht haben, diese Daten gegen die observierten Personen zu verwenden.

Die drei hier besprochenen Prosawerke kritisieren westdeutsche Anti-Terrorismus-Maßnahmen sowie den reaktionären Sensationalismus der Presse, indem sie mögliche Auswirkungen auf unschuldige Bürger darlegen. Alle drei Texte betonen die unverhältnismäßige Beziehung zwischen der durch eine bestimmte Person dargestellten Bedrohung und den offiziellen, gegen ihn oder sie eingeleiteten Schritten. Indem sie die RAF kaum direkt erwähnen, erwecken die drei Romane zudem den Eindruck, dass die vom bewaffneten Kampf verursachte Bedrohung im Vergleich zu den Folgen der staatlichen Reaktion zu vernachlässigen ist.

Die Lyrik der 1970er Jahre weicht von der strengen Ausrichtung auf die Folgen der Terrorismusbekämpfung für Einzelne ab, welche die Prosaliteratur dieses Zeitraums charakterisiert, und kritisiert den Staat auf abstraktere, aber auch anklagendere Weise als die Prosawerke. Die Gedichte von Autoren wie Alfred Andersch und Erich Fried konzentrieren sich dabei auf drei Themen: auf Verbindungen zwischen der Bundesrepublik und dem Nationalsozialismus, auf die Frage, ob der Terrorismus oder die Reaktion auf denselben für die deutsche Demokratie schädlicher sei, sowie auf den Tod gefangener RAF-Mitglieder. Um eine Verbindung zwischen der modernen westdeutschen Gesellschaft und dem Dritten Reich herzustellen, bedienen sich die Gedichte zweier verschiedener historischer Argumente. Anderschs »Artikel 3(3)« beispielsweise beschuldigt die Deutschen einer faschistischen Mentalität, indem es auf Kontinuitäten zwischen dem Dritten Reich und der deutschen Gesellschaft der 1970er hinweist:

»ein volk von […]
ex nazis
und ihren
mitläufern
betreibt schon wieder
seinen lieblingssport
die hetzjagd auf
kommunisten
sozialisten
humanisten
dissidenten
linke.
[…]

die gesellschaft
ist wieder geteilt
in wächter
und bewachte
wie gehabt

ein geruch breitet sich aus
der geruch einer maschine
die gas erzeugt«[42]

Durch die mehrmalige Verwendung von Wörtern wie »wieder« und »wie gehabt« konstatiert Andersch, dass in Deutschland eine Rückkehr zu faschistischen Tendenzen stattgefunden habe. Das Bild von »Wächter[n] und Bewachte[n]« suggeriert durch seine Zweideutigkeit – es kann sich auf Konzentrationslager wie auch auf deutsche Gefängnisse und Überwachungsmechanismen der 1970er beziehen – Ähnlichkeiten zwischen dem Nationalsozialismus und der Bundesrepublik. Das Gedicht impliziert, ein offener Wiedereinzug von NS-Methoden – wie der Vergasung – werde nicht aus dem Nichts kommen, sondern Kontinuitäten zwischen dem NS-Regime und dem bundesdeutschen Staat hätten latent immer bestanden. So sei der »Lieblingssport« der Deutschen – Dissidenten zu verfolgen – von den 1930ern/1940ern bis in die 1970er der Gleiche geblieben; das Gedicht deutet hiermit an, die Nation selbst habe sich trotz ihrer demokratischen Fassade nicht verändert.

Die Dichter verwenden einen weiteren Vergleich, um die gegen politische Gefangene verhängten Haftstrafen zu thematisieren. In »Die Anfrage« stellt Fried die Bestrafung deutscher Linksextremisten, von denen keiner bis dahin mehr als drei Menschen getötet hatte, neben die Strafen für tausendfache Mörder:

»Aber Anfrage an die Justiz
betreffend die Länge der Strafen:
Wieviel Tausend Juden
muß ein Nazi ermordet haben
um heute verurteilt zu werden
zu so langer Haft?«[43]

Dieser Vergleich lässt nicht nur die gegen RAF-Mitglieder verhängten Haftstrafen – die längsten in der Geschichte der BRD – übermäßig streng aussehen, sondern weist auch darauf hin, dass die Strafen all jener Nationalsozialisten, die weniger als Tausende von Juden ermordet haben – vielleicht töteten sie Hunderte –, ihren Verbrechen keineswegs angemessen seien.

Der zweite Kritikpunkt – die Bedrohung der Demokratie durch erweiterte staatliche Befugnisse – ist in fast jedem Gedicht zu finden, das in den 1970ern über die RAF oder den westdeutschen Staat geschrieben wurde. Während konservative Journalisten und Politiker die angebliche linke Bedrohung der »freiheitlich-demokratischen Grundordnung« als Rechtfertigung für invasive rechtliche Maßnahmen und die Ausweitung von Polizeibefugnissen verwendeten, argumentieren die Gedichte, dass staatliche Maßnahmen eine deutlich größere Bedrohung der deutschen Demokratie und der Grundrechte darstellen als jeder Angriff militanter Gruppen. Dies ist z. B. die Botschaft von Erich Frieds Gedicht »Die Unschuldigen im Lande«:

»Die Ulrike Meinhof nicht den Tod gebracht haben
sind die die nicht bürokratisch und nicht erbarmungslos sind
und sie sind die von denen der Demokratie
in der Bundesrepublik Deutschland keine Gefahr droht.«[44]

Diese letzte Strophe des Gedichtes ist durch wiederholte Verneinungen syntaktisch wenig geradlinig und lädt den Leser folglich dazu ein, jede Zeile zweimal zu lesen und zu durchdenken, einmal wie sie auf dem Blatt steht und einmal ohne die Verneinungen. Diese doppelte Lektüre ergibt zwei verschiedene, sich ergänzende Aussagen. Erstens: Jene, die Ulrike Meinhof nicht getötet haben – also friedfertige Dissidenten –, stellen keine Bedrohung für die bundesdeutsche Demokratie dar. Zweitens, und ohne die Verneinungen gelesen: Jene, die Meinhof getötet haben – und für Fried, der zu diesem Zeitpunkt nicht an Meinhofs Selbstmord glaubte, waren das Repräsentanten des Staates –, gefährden die Demokratie in der BRD.

Weiterhin sprechen die terrorismusbezogenen Gedichte ein Thema an, das in der Prosaliteratur der 1970er gar nicht und auch später kaum aufgegriffen wird, und zwar das Sterben von RAF-Mitgliedern in Gefängnissen unter teilweise ungeklärten oder wenig erforschten Umständen. Die Lyrik, die nach den fünf Todesfällen der Jahre 1976/77 (Meinhof, Ensslin, Baader, Raspe, Schubert) geschrieben wurde und den Verdacht äußert, der westdeutsche Staat habe diese seine Bürger heimlich und illegalerweise exekutiert, übt nicht nur Kritik. Stattdessen sind diese Gedichte, wie zum Beispiel Frieds »Ulrike Meinhofs Selbstmord«, Ausdruck von Schock und Trauer darüber, dass die BRD ein Staat ist oder sein könnte, der politische Dissidenten liquidieren lässt:

»Aber es darf nicht
das Andere sein
Es *muss*
Selbstmord gewesen sein
trotz aller Spuren
Nämlich
sonst müßte es
Mord sein

Nicht Mord durch Zutodehetzen
Mord durch Gehässigkeit
Mord durch Unrecht
den keiner mehr Mord nennt

sondern
gemeiner Mord
wie durch Eindringen
eines Erwürgers
Wohin
kämen wir dann?
Wohin
sind wir gekommen?«[45]

Der Wechsel vom Konjunktiv ins Perfekt in der letzten Strophe dieses Gedichtes ist eine Manifestierung dieses Entsetzens, also der schmerzlichen Realisierung, dass das schreckliche, in den vorangegangenen Zeilen skizzierte Mordszenarium in der Bundesrepublik nicht nur eine hypothetische Möglichkeit, sondern vielleicht sogar eine Beschreibung der Realität ist. Andere Gedichte[46] befassen sich mit den Todesfällen, indem sie jene Beweisstücke betonen, die eher gegen einen Suizid sprechen. Diese Darstellung wirft ein kritisches Licht auf die hastigen staatlichen Interpretationen der Todesfälle als Selbstmorde sowie auf die Unterdrückung jeder Diskussion über die Todesursachen, da sie impliziert, dass die Obrigkeiten etwas – möglicherweise ihre Beteiligung – zu verstecken haben.

Zwar konzentrieren sich die Gedichte der 1970er Jahre auf die repressiven und autoritären Tendenzen des deutschen Staates, jedoch missbilligen viele den von der RAF eingeschlagenen Weg ausdrücklich. Zum Beispiel lässt Fried in einem seiner Gedichte Rosa Luxemburg zu Ulrike Meinhof sagen: »Ulrike, doch du hast Fehler gemacht«,[47] und in einem weiteren Gedicht bezeichnet er die Militanten als »Narren«.[48] Frieds Gedicht »Lebenslänglich« spricht sich ausdrücklich gegen den bewaffneten Kampf der RAF und ähnlicher Gruppen aus:

»Ich habe immer gesagt
und ich sage noch immer:
Was sich nennt ›Bewaffneter Kampf‹
bringt nichts als den Tod
bringt nichts
als Tod und Verrohung
auf beiden Seiten ...«[49]

Obwohl Frieds Gedichte sein offenes Missfallen an der Strategie der RAF bekunden, machen sie nicht die Guerillakämpfer allein für ihre Taten verantwortlich, sondern suchen die Ursachen für die extremen Positionen der RAF in der Gesellschaft.[50] Einerseits äußert Fried somit ausdrücklichere Kritik an den Zielen und Methoden der RAF als die hier besprochenen Prosatexte. Andererseits zeigt er, wie auch Böll und Schneider, deren sympathische Figuren sich nach ausgiebiger Schikane zu Gewalt hinreißen lassen, in seinen Gedichten großes Verständnis für die Beweggründe der bewaffneten Kämpfer.

In ihrer formellen Struktur ist diese hochpolitische Lyrik atypisch. Selten enthalten diese Gedichte irgendein Reimmuster; viele Gedichte bestehen aus Abschnitten radikal unterschiedlicher Länge; und das politische Vokabular, das hier lyrische Wendungen ersetzt, verursacht vielerorts Brüche im Rhythmus. In ihrem Zusammenspiel verhindern diese formellen Unregelmäßigkeiten, dass sich der Leser zu sehr in einer schönen Sprache verliert, und zwingen ihn stattdessen, den politischen Botschaften seine volle Aufmerksamkeit zu schenken. Zusätzlich verwenden manche dieser Gedichte zum Terrorismus logische Strukturen, die den Leser mit Hilfe verschiedener Prämissen bei einer logischen Schlussfolgerung über die RAF oder den Staat ankommen und diese somit als die einzig richtige Folgerung über den Terrorismus wirken lassen. Insgesamt verstärkt die Lyrik solcher Autoren wie Fried und Andersch die kritische Botschaft der Prosatexte, während sie die Kritik an den staatlichen Aktivitäten ausweitet.

Im Jahre 1978 ging die Produktion literarischer Texte über die RAF bzw. den Terrorismus drastisch zurück und stand zwischen 1979 und 1988 still, mit Ausnahme zweier Romane von Friedrich Christian Delius, die wie die oben besprochenen Texte die Auswirkungen des Terrorismus und seiner Bekämpfung auf die Gesellschaft anhand individueller Schicksale erforschen. Während die deutschen Schriftsteller zum Thema Terrorismus schwiegen, erschien eine Welle akademischer und pseudowissenschaftlicher Texte, deren erklärtes Ziel es war, die Ursachen des Terrorismus zu erforschen. Um zu erklären, warum linksgerichtete Schriftsteller, die sich über die vorausgegangenen sieben Jahre hinweg lebhaft an der gesellschaftlichen Diskussion über den Terrorismus beteiligt hatten, auf einmal verstummten, sind zwei Faktoren zu nennen: die Intensität des Konfliktes zwischen den Schriftstellern und dem Staat und den Medien auf der einen Seite sowie der Schock, den die Eskalation der Gewalt im Herbst 1977 verursacht hatte, auf der anderen Seite. Möglicherweise haben sieben Jahre aggressiver Polemiken gegen linksgerichtete – oder auch nur um die Bürgerrechte besorgte – Schriftsteller, haben sieben Jahre polizeilicher Durchsuchungen und Prozesse gegen Verleger diese Schriftsteller einfach erschöpft. Es kann gut sein, dass diese Autoren große Resignation verspürten, als ihre ständigen Bemühungen nach Jahren eines erhitzten Konfliktes um den Kampf einer jüngeren Generation noch immer keine positive Veränderung bewirkt hatten. Das Ausbleiben terrorismusbezogener literarischer Werke in den Jahren 1979 bis 1988 könnte möglicherweise ein Indikator dafür sein, dass staatliche, von aggressiven Medien unterstützte Verhetzung letztlich Wirkung gezeigt hat.

Der nächste Abschnitt wird einige jener Texte untersuchen, die das schriftstellerische Schweigen zum Thema Terrorismus in den frühen 1990er Jahren brachen. Diese Werke, die auf den Deutschen Herbst mit einem mehr als zehnjährigen Abstand zurückblicken, unterscheiden sich deutlich von den bisher behandelten Texten. Wie meine Ausführungen gezeigt haben, thematisiert die terrorismusbezogene Literatur der 1970er die RAF selten direkt, sondern konzentriert sich stattdessen auf den Effekt der staatlichen Terrorismusbekämpfung auf die nicht militante Linke und die Gesamtgesellschaft sowie auf die Verletzung bürgerlicher Rechte. Die Werke der frühen 1990er hingegen beschäftigen sich kaum mit den Folgen des bewaffneten Kampfes für die Gesellschaft oder Unbeteiligte. Stattdessen macht eine Analyse der literarischen Werke jener Jahre deutlich, dass ein Blickwechsel hin zu den Persönlichkeiten und zwischenmenschlichen Beziehungen von RAF-Mitgliedern stattgefunden hat.

Terroristen ganz persönlich

Eine große Anzahl der literarischen Texte, die seit 1988 erschienen sind, befassen sich mit einem Thema, dem die Literatur der 1970er kaum Aufmerksamkeit widmet: mit dem einzelnen »Terroristen« und seinen Motiven, Gefühlen, persönlichen Krisen sowie seinem Sozialverhalten. Zwischen 1988 und 2004 sind acht belletristische Werke und fünf Kinofilme erschienen, die sich auf den einzelnen Militanten konzentrieren, sowie fünfzehn mit dem bewaffneten Kampf zusammenhängende Biografien oder Autobiografien. Von den acht literarischen Werken werde ich jene drei analysieren, die meiner Meinung nach am relevantesten sind und den generellen Trend am besten repräsentieren: F. C. Delius' Roman »Himmelfahrt eines Staatsfeindes«,[51] Dea Lohers Drama »Leviathan«[52] und »Rosenfest« von Leander Scholz.[53] Im Gegensatz zu anderen Werken, die abstraktere Darstellungen deutscher Linksterroristen liefern,[54] handeln die drei hier zu besprechenden Werke von klar identifizierbaren RAF-Mitgliedern und eignen sich daher am besten für eine Studie der literarischen Rezeption der RAF.

Meine Analysen von Delius', Lohers und Scholz' Texten sollen zeigen, welchen Einfluss die literarische Beschäftigung mit dem einzelnen Terroristen auf die Darstellung des bewaffneten Kampfes hat und wie sie sich auf die Darstellung der Gruppendynamik, des Problembewusstseins der Stadtguerilla und die Rechtfertigungen der RAF-Strategie auswirkt. Zunächst ist zu bemerken, dass sich diese Texte nur für die Gründer und am stärksten ikonisierten Mitglieder der RAF, für Baader, Ensslin und Meinhof interessieren. Weiterhin zeigt sich, dass die RAF als Gruppe porträtiert wird, deren Beziehungen untereinander von Aggression, Misstrauen und dogmatischem Starrsinn sowie von den Eigenheiten ihrer Anführer Baader, Ensslin und Meinhof geprägt sind. Die Guerillakämpfer erscheinen hier als Opfer äußerer Umstände einerseits und ihres eigenen Handelns andererseits. Zudem werden die persönlichen Motive der RAF-Gründer als wichtiger für ihr Handeln dargestellt als ihre politischen Überzeugungen. Ein Ergebnis dieser literarischen Beschäftigung mit dem »privaten« Verhalten Baaders, Ensslins und

Meinhofs ist die Marginalisierung der RAF als Gruppe. Lohers Drama spielt vor der Erfindung des Namens »Rote Armee Fraktion« und erwähnt nur den bewaffneten Kampf, nicht die Gruppe selbst, und bei Scholz ist keine Rede von irgendeiner Organisation, ja, Baaders und Ensslins Aktionen zwischen 1967 und 1972 werden als das Werk von spontan operierenden Einzeltätern dargestellt. Da sich diese Werke der RAF durch die Beschäftigung mit den Einzelschicksalen dreier bewaffneter Kämpfer nähern, lassen sie andere Aspekte der Geschichte der RAF unwichtig erscheinen: Weder politische Strategien noch das Konzept der RAF als eine Gruppe aufeinander angewiesener Kämpfer noch die Funktion der RAF als Organisation, deren öffentliche und mediale Präsenz weitere »Generationen« für den bewaffneten Kampf mobilisieren konnte, finden in dieser Literatur Erwähnung.[55] Diese belletristischen Texte weichen somit deutlich von dem Bild einer politischen, eingeschworenen Gruppe ab, das die RAF in den 1970ern von sich selbst schuf. Stattdessen würde ich behaupten, dass Lohers Drama und Scholz' Roman den Diskurs der Politik und der Medien der 1970er weitgehend übernehmen, der sich primär dem einzelnen Terroristen und seiner oder ihrer Psychologie widmet;[56] Delius beleuchtet diesen Diskurs kritisch, bedient sich dafür aber auch der Perspektive des einzelnen RAF-Mitglieds. Die hier zu analysierenden literarischen Texte sind faszinierende Versuche deutscher Autoren, sich mit der Vergangenheit auseinander zu setzen, die allerdings – bewusst oder unbewusst – innerhalb eines konservativen Diskurses operieren. Obwohl sich die RAF als politisch verstand, interessieren sich diese späteren Werke weniger für die Politik der RAF als für die persönliche Entwicklung ihrer bekanntesten Mitglieder.

In ihrem Umgang mit politischen Themen unterscheiden sich »Himmelfahrt eines Staatsfeindes«, »Leviathan« und »Rosenfest« deutlich voneinander. Während »Himmelfahrt« die Perspektive Einzelner nutzt, um sich politischen Fragen zu nähern, schildert »Leviathan« nur wenige politische Diskussionen und befasst sich stattdessen mit dem persönlichen Dilemma der Protagonistin, einer fiktionalisierten Ulrike Meinhof. Scholz' »Rosenfest« schließlich ignoriert die politischen Aspekte der RAF fast komplett. Dass der Grad der Beschäftigung mit politischen Fragen hierbei chronologisch abnimmt, weist auf die Richtigkeit meiner Hypothese hin, nach der die RAF-Literatur mit wachsendem zeitlichen Abstand zwischen den Ereignissen und der literarischen Reaktion sowie mit wachsendem Altersunterschied zwischen RAF-Mitgliedern und Schriftstellern sich zunehmend für persönliche Schicksale und immer weniger für politische Aspekte interessiert. Obwohl ich auf Filme zur RAF nicht näher eingehen werde, möchte ich doch kurz erwähnen, dass in den terrorismusbezogenen Spiel- und Dokumentarfilmen eine ähnliche Entwicklung zu beobachten ist.

Das fast völlige Versiegen jeglicher literarischer Produktion zum Thema RAF folgt dem Deutschen Herbst – dem Höhepunkt einer anstrengenden jahrelangen Auseinandersetzung der Linken mit dem Staat – mit nur kurzem zeitlichen Abstand. Gleichzeitig geht dieses literarische Schweigen mit dem Ende jener ersten RAF-Generation einher, die manche Linke noch aus persönlichen Begegnungen kannten, sowie mit der Gefangennahme der für den Deutschen Herbst verantwortlichen zweiten Generation und mit der aktiven Phase einer damals weitgehend anonymen dritten RAF-Generation, deren verschwommene politische Ziele und zunehmend grausame Methoden mit den neuen Betätigungsfeldern der Linken wie Atomenergie, Umweltschutz und dem Kampf für Frauenrechte nicht zu vereinbaren waren. Die starke pazifistische Ausrichtung des neuen linken Aktivismus distanzierte die nicht militante Linke stärker denn je von der RAF und ihrem gewaltsamen Kampf für vermeintlich politische Ziele. Die Entwicklung der RAF in der zweiten Hälfte der 1980er und zu Beginn der 1990er Jahre machte es jedoch einfacher für die Linke und, wie die Wiederaufnahme der RAF-Literatur zeigt, auch attraktiv für Schriftsteller, sich wieder mit der RAF zu befassen. Im Folgenden werde ich *eine* mögliche Erklärung dafür geben, warum diese erneute literarische Annäherung an die RAF ausgerechnet den Weg über die Schicksale einzelner Personen nahm.

So führte die Kombination aus einer geringen Zahl an Festnahmen zwischen 1982 und 1992 und langen Haftstrafen für alle bis dahin Verhafteten zu einer erstmaligen klaren Teilung der RAF in zwei weitgehend unverändert bleibende Gruppen. Auf der einen Seite waren die Gefangenen – Mitglieder der ersten und zweiten RAF-Generation – und auf der anderen die aktive RAF, eine weitgehend unbekannte dritte Generation. Die vom Ende der 1980er Jahre an auch öffentlich sichtbar wachsende Spaltung zwischen den Gefangenen, von denen einzelne die aktuellen RAF-Aktionen kritisierten,[57] und der aktiven RAF machte es für die nicht militante Linke – und auch für jüngere Deutsche – einfacher, sich für die politischen Gefangenen zu interessieren und einzusetzen. Das Missverhältnis zwischen der von RAF-Gefangenen noch dargestellten Bedrohung und den weiterhin aufrechterhaltenen besonderen Haftbedingungen motivierte sogar junge Linke, die sich ansonsten klar gegen Gewaltanwendung aussprachen, zum Aktivismus für die Gefangenen.[58] Das Verhältnis der demokratischen Linken zur RAF war in den späten 1980ern also gespalten in starke Missbilligung der RAF-Anschläge und Mitgefühl mit den Gefangenen.

Während die westdeutsche Öffentlichkeit nur wenig über die Drahtzieher der dritten RAF-Generation wusste, waren die Namen und Gesichter der Gefangenen von früheren Fahndungsplakaten sowie aus Presseberichten über Festnahmen und Hungerstreiks bekannt. Dieser Wiedererkennungswert ließ die Gefangenen wohl stärker für »die RAF« stehen als die aktive, aber anonyme dritte Generation. Dabei hatte die zunehmende Gleichsetzung von »die RAF« und »die RAF-Gefangenen« unterschiedliche Auswirkungen auf die verschiedenen politischen Lager. Die politische Linke sah den Unterschied zwischen den Gefangenen und der aktiven RAF darin, dass Erstere noch eine politische Motivation gehabt hatten, während Letztere jegliches politische Motiv abgelegt hatte: »Die Zeit des Terrorismus als einer *politisch motivierten* mörderischen Kriminalität von illegalen Gruppen ist vorbei, was bleibt, ist ›normale‹ Gewaltkriminalität, die bekämpft und geahndet werden muß wie andere Morde und Verbrechen auch.«[59]

Das Ergebnis dieser Haltung zur RAF war der Einsatz linker Politiker für eine Amnestie der politischen Gefangenen sowie für deren Resozialisierung.[60] Konservative Deutsche hingegen sahen die Angriffe der RAF weiterhin als politisch motiviert und somit als Auswuchs linker Politik. Zudem schrieb die konservative Seite die Planung der RAF-Anschläge den besser bekannten Gefangenen zu und nicht der anonymen dritten RAF-Generation.[61] In den späten 1980ern stützten sich somit Linke wie Konservative in ihrer Wahrnehmung und Bewertung der RAF stark auf identifizierbare einzelne RAF-Mitglieder – in diesem Fall auf die RAF-Gefangenen. Das konservative Bild des gefangenen Terroristen als kriminelles Superhirn und das linke Mitgefühl für die Gefangenen trugen gleichermaßen dazu bei, dass sich eine Faszination durch bestimmte Individuen – und nicht durch die Organisation RAF – etablieren und intensivieren konnte. Es ist keine Überraschung, dass diese Haltung auch von Schriftstellern der späten 1980er und frühen 1990er Jahre übernommen wurde. Im Juni 1990 intensivierte sich die Personalisierung der RAF durch die Festnahmen jener RAF-Mitglieder, die Ende der 1970er Jahre in die DDR geflüchtet waren, weiter, da durch die Aussagen dieser Ex-Terroristen bisher unaufgeklärte Verbrechen einzelnen Gefangenen zugeordnet werden konnten. Von neu erlangten Informationen über die Gruppenstruktur und den Alltag der RAF wurde zudem erwartet, dass sie Legenden über die RAF zerstören und somit für die Demythologisierung der Gruppe sorgen würden: »[Nun werden] auf beiden Seiten der Barrikade gern gepflegte Schablonen wohl endgültig der Vergangenheit angehören: die RAF als Ansammlung blutrünstiger krimineller Killer sowie die RAF als verschworenes, kompromißlos-revolutionäres Kollektiv.«[62]

Gerd Rosenkranz, der hier für die *tageszeitung* schreibt, geht aber auch davon aus, dass sich die Aussagen und vor allem die Reaktionen der Gefangenen bestens zur Bildung neuer Legenden eignen. Die literarischen Texte der frühen 1990er ähneln diesen Aussagen insofern, als sie bestimmte RAF-Mythen angreifen, gleichzeitig aber den Legendenstatus der RAF-Anführer festigen. In ihren Darstellungen der RAF halten sich diese Texte von wilden

Mythen fern, zeigen aber durch ihre Wahl der legendärsten RAF-Figuren Baader, Ensslin und Meinhof als Protagonisten, dass sie sich innerhalb des öffentlichen Diskurses bewegen, der sich sowohl auf konservativer als auch auf linker Seite mit Einzelpersonen beschäftigte.

Wenn die belletristische Darstellung des Terrorismus wirklich so eng mit der Situation der RAF in den späten 1980ern und frühen 1990ern zusammenhing, so könnte man sich fragen, warum zeigt die Literatur dann Terroristen, die schon 1976/77 gestorben und nicht RAF-Mitglieder, die zur Zeit der literarischen Produktion noch gefangen waren? Meine Antwort ist, dass die Beschäftigung mit den politischen Gefangenen der späten 1980er Jahre eine frühere – und unverarbeitete – Phase der RAF-Geschichte zurück ins Gedächtnis der Bundesdeutschen rief, und zwar die Jahre 1970 bis 1977, als die Haftbedingungen ein ständig präsenter Streitgegenstand und die Gefangenenbefreiung das Hauptziel der RAF waren. Als die bundesdeutsche Gesellschaft begann, sich ein zweites Mal mit RAF-Gefangenen auseinander zu setzen, erstarkte die Erinnerung an die frühere und intensivere Phase der Beschäftigung mit politischen Gefangenen, besonders da diese Phase mit den Stammheimer Todesfällen so abrupt zu Ende gegangen und dann lange nicht offen thematisiert worden war. Die literarische Ausrichtung auf Baader, Ensslin und Meinhof ist, meiner Meinung nach, ein Ausdruck dieser kollektiven Erinnerung.

Die Gefangenen der 1970er haben zwei weitere Eigenschaften, die sie zu attraktiven literarischen Objekten machen. Erstens waren sie zur Zeit der am stärksten in Erinnerung gebliebenen »Schlacht« des bewaffneten Kampfes, dem Deutschen Herbst, die bekanntesten Mitglieder der RAF. Obwohl Baader und Ensslin nicht aktiv an den Morden und Entführungen teilnahmen, die das Jahr 1977 geprägt haben, kannte die damalige Bevölkerung, ähnlich wie später in den 1980ern, die Namen und Gesichter der Gefangenen weitaus besser als die der damals aktiven RAF. Meiner Auffassung nach verbindet die Öffentlichkeit den Deutschen Herbst infolgedessen auch in der Gegenwart noch stärker mit Baader, Ensslin und Raspe als mit den Mitgliedern der zweiten Generation, die die Anschläge ausführten. Zweitens, und das ist wohl der wichtigste Grund, sind Baader, Ensslin und Meinhof tot. Ob sie sich selbst das Leben genommen haben oder nicht, ihr Tod macht sie zu mehr oder weniger tragischen Opfern des Kampfes zwischen der RAF und dem deutschen Staat. Als solche eignen sie sich deutlich besser zur Legendenbildung als die Gefangenen der späten 1980er, die noch am Leben sind und deren Status als tragische Figuren strittig ist. Zuletzt ließe sich noch anführen, dass die Anführer der ersten Generation vergleichsweise wenige Morde zu verantworten haben – vor allem an den »großen« Anschlägen der RAF auf Buback, Ponto, Schleyer oder auch Herrhausen nicht beteiligt waren – und die Identifikation mit oder das Interesse an ihnen als Verfechter einer revolutionären Idee deutlich leichter fällt als mit den schwerer belasteten und weniger politisch artikulierten späteren RAF-Generationen.

Die Schriftsteller, die sich in den frühen 1990ern mit der RAF beschäftigt haben, hatten deutlich andere Motive als ihre Vorgänger in den 1970ern. Schriftsteller und Verleger wie Böll, Schneider, Wagenbach oder Fried hatten die Studentenproteste der späten 1960er Jahre miterlebt, unterstützt und teilweise an ihnen teilgenommen, und sie waren manchen der damals noch zukünftigen RAF-Mitglieder persönlich begegnet. F. C. Delius gehört als einziger Autor, der in den 1990ern über die RAF geschrieben hat, zu dieser ersten Gruppe, stellt aber eine große Ausnahme dar, auch weil er der einzige Schriftsteller ist, der zwischen 1978 und 1988 den Terrorismus direkt thematisiert hat. Loher und Scholz hingegen sind erst 1964 und 1969 geboren und können kaum persönliche Erinnerungen an die Studentenbewegung oder die erste RAF-Generation haben. Als diese jüngeren Autoren ihre Texte schrieben, war die aktive Auseinandersetzung zwischen der RAF und dem deutschen Staat faktisch vorbei. Da der bewaffnete Kampf spätestens seit der Einstellungserklärung der RAF 1992 weder die Tagespolitik besonders bewegte noch weitere Todesfälle verursachte, schien keinerlei Dringlichkeit mehr zu bestehen, sich von schriftstellerischer Seite in die Auseinandersetzung zwischen RAF und Staat einzumischen.[63] Dass »Leviathan« und »Rosenfest« keinerlei Verweise auf die Gegenwart enthalten und dass alle RAF-Mitglieder, die dort auftauchen, seit den 1970ern tot sind, ist ein weiterer Hinweis, dass diesen jüngeren Schriftstellern in ihrer Themenwahl nicht primär an politischem Aktivismus gelegen ist.

In Interviews haben Loher und Scholz deutlich gemacht, dass ihre literarische Beschäftigung mit dem Thema RAF erstens ein Versuch ist, Einsicht in die neueste deutsche Geschichte zu erlangen und die politischen Leidenschaften und den Aktivismus, die in der heutigen Gesellschaft nicht mehr zu finden sind, zu erforschen und zu verstehen,[64] und zweitens eine Wiedergabe der Perspektive ihrer eigenen auf den Versuch der vorangegangenen Generation, eine Revolution auszulösen. Loher hält ihr Werk für eine historische Analyse, da es einen geschichtlichen Moment betont, der von den meisten Diskussionen zur RAF übersehen wird: »[Ich finde es falsch,] wenn die ganze Geschichte der RAF nur aus der Perspektive von 1977 geschrieben wird und man das, was vorher war und sich auch anders hätte entwickeln können, nicht mehr sieht.«[65]

Es ist nicht das Ziel dieser jungen Schriftsteller, eine Veränderung der gesellschaftlichen Zustände zu bewirken; stattdessen wollen sie historische Prozesse verstehen und ihrer eigenen Generation und sich selbst die Motivationen der Guerillakämpfer aus den 1970ern verständlich machen. Paradoxerweise interessieren sich Loher und Scholz nicht für die RAF-Mitglieder der zweiten und dritten Generation, an die sich selbst erinnern können, sondern nur für die Gründergeneration der RAF. Sie orientieren sich also am kulturellen Gedächtnis ihrer Gesellschaft und nicht an ihren eigenen Erinnerungen, obwohl auch ihre Beschäftigung mit der RAF sicherlich von der gesellschaftlichen Auseinandersetzung mit den RAF-Gefangenen der späten 1980er beeinflusst ist. Hier würde ich behaupten, dass Lohers und Scholz' Texte durch ihre Darstellung jener RAF-Mitglieder, um die die meisten Legenden gesponnen werden,[66] den sensationalistischen Blickwinkel der Presse übernehmen und beibehalten. Trotz Lohers Absicht, vernachlässigte Aspekte der Geschichte hervorzuheben, entwickeln die Texte keine Gegenperspektive zu den resonanten Motiven der deutschen Erinnerung an die RAF.

»Himmelfahrt eines Staatsfeindes«, der letzte Roman in Friedrich Christian Delius' Trilogie über den Deutschen Herbst, ist im selben Jahr erschienen, in dem die RAF ankündigte, ihre Anschläge einzustellen. Während sich die beiden ersten Romane der Trilogie mit der Auswirkung des Deutschen Herbstes auf »Opfer« befassen, wie Schleyers fiktiven Assistenten und eine Geisel in der entführten Lufthansa-Maschine, konzentriert sich »Himmelfahrt« auf einzelne RAF-Mitglieder und mit der RAF beschäftigte Wissenschaftler und Beamte. In diesem Roman kommentiert Sigurd Nagel, eine fiktive Version des Andreas Baader, sein eigenes spektakuläres Staatsbegräbnis, das er auf seinem Weg in den Himmel beobachtet. Er beschreibt karnevaleske und fröhliche Festlichkeiten – die keineswegs der Realität der Baader-Ensslin-Raspe-Beerdigung entsprechen – und sinniert über die Ursprünge der RAF sowie über die Rolle der Gruppe in der deutschen Gesellschaft. In fast der Hälfte der 62 kurzen Kapitel ist Nagel der Erzähler; die restlichen Kapitel sind zwischen drei weiteren Erzählern aufgeteilt. Ein Erzähler berichtet in der dritten Person von Bernhard Schäfer, dem fiktionalisierten Chef des BKA. Maurizio Serratta, ein fiktiver italienischer Literaturprofessor, erzählt von seiner Reise nach Deutschland und seinen Nachforschungen betreffend des angeblichen Selbstmords einer Ulrike-Meinhof-Figur. Schließlich nimmt Conni, die die zweite Generation der RAF gerade verlassen hat, ihre Gedanken zur RAF in einem Versteck in Luxemburg auf Kassette auf. Für den durchschnittlichen deutschen Leser, der die RAF zum Zeitpunkt der Veröffentlichung mangels Interviews oder Autobiografien nur von Fahndungsplakaten oder aus den Fernsehnachrichten kannte, eröffnet Delius' Ich-Erzählung zweier RAF-Mitglieder eine völlig neue Perspektive auf den Terrorismus.

Das Hauptereignis des Romans, das alle Figuren außer der sich versteckt haltenden Conni bewegt, ist die Beerdigung von Nagel und den RAF-Größen Jeschke und Wollzeck, die klar als Gudrun Ensslin und Jan-Carl Raspe zu erkennen sind. Zahllose Besucher aus ganz Europa trinken Sekt, essen Popcorn und nehmen an der fröhlichen Feier teil, einem »freudige[n] nationale[n] Ereignis«.[67] Weiße Särge transportieren die RAF-Gründer, »auf zwei Ordenskissen liegen je eine Pistole, auf dem dritten Kissen ein zusammengerolltes Elektrokabel«, und ein Schriftzug heißt sie in der Heimatstadt des BKA willkommen, der Stadt, die laut Nagel am meisten vom bewaffneten Kampf profitiert hat: »WIESBADEN BEGRÜSST SEINE TERRORISTEN.«[68] Der Text vergleicht die Beerdigungsgäste mit Sportfans bei einem Fußballspiel, Besuchern einer Automobilausstellung sowie Zuschauern eines Faschingsumzugs[69] und betont so, dass die Beerdigung den Charakter eines Volksspektakels oder einer extravaganten Unterhaltungsveranstaltung hat.

Nagel amüsiert sich über die Mühe, die sich die Deutschen bei seiner Verabschiedung geben, und bemerkt, das Ausmaß und die Atmosphäre der Beerdigung seien jener Rolle angemessen, die er über Jahre in der Gesellschaft eingenommen habe – der Rolle des »Staatsfeind[s] von allerhöchsten Gnaden«.[70] Nagel behauptet, die deutsche Gesellschaft habe den Terrorismus, und besonders einen einzelnen, scheinbar gefährlichen Anführer wie ihn, gebraucht, um die Demokratie zu festigen und die Westdeutschen im Angesicht einer gemeinsamen Bedrohung zusammenzuführen: »[Die Täter] haben das Verdienst, euch herauskatapultiert zu haben aus der Nachkriegszeit: die spendierte, verordnete Demokratie habt ihr endlich selbst erobert, indem ihr sie tapfer im Kampf gegen ihre inneren Feinde verteidigt und damit nach dreißig Jahren Bewährung verdient.«[71]

Sowohl Nagel als auch der italienische Intellektuelle Serratta sind der Meinung, die RAF habe die konservativen Elemente in der deutschen Gesellschaft eher gestärkt als destabilisiert, indem sie den Obrigkeiten als Rechtfertigung für die gesamte Gesellschaft betreffende repressive Maßnahmen gedient habe. Die absurd feierliche Beerdigung ist der krönende Schlusspunkt dieser Phase der Festigung bestehender Strukturen. Serratta beobachtet zudem ein neues deutsches Selbstbewusstsein und einen gewachsenen Stolz, welche er dem Sieg der GSG 9 über die Flugzeugentführer und der vermeintlichen Niederschlagung des gesamten Terrorismus zuschreibt. Er bemerkt eine »neue, triumphierende Zufriedenheit«[72] unter den Deutschen und ist von ihrer enthusiastischen Haltung zum Deutschen Herbst unangenehm berührt. Damit der Sieg über den Terrorismus diese von Serratta beschriebene psychologische Funktion einer Steigerung des nationalen Selbstbewusstseins haben kann, so geht aus Serrattas und auch Nagels Ausführungen hervor, muss der Terrorismus als das Werk bösartiger Einzeltäter wahrgenommen werden und nicht als das Ergebnis struktureller Missstände in der Gesellschaft.

Nagel erläutert, deutsche Wissenschaftler und Politiker hätten in ihrer Suche nach den Wurzeln des Terrorismus ihre Aufmerksamkeit allein auf die persönliche Entwicklung der Terroristen gerichtet und deren Anschläge nie in Verbindung gebracht mit »Fernsehbildern vom Vietnamkrieg, mit der unterschlagenen Entnazifizierung, [...] und den vortrefflichen Daumenschrauben«.[73] Nagel erklärt sein eigenes Verlangen nach Freiheit zur Triebfeder seiner Rebellion und identifiziert die kleinbürgerliche Gemütlichkeit und die deutsche Konsumkultur als frustrierende Muster, von denen er sich befreien wollte. »*Warum nur, warum* überschätzt ihr mich und unterschätzt die Bereitschaft zur Revolte – [...] Reihenhaus oder Tod, das war die Alternative [...] Unterschätzt ihr immer noch die Bereitschaft zur Revolte gegen den Gartenzaun.«[74]

In Nagels Gedankenwelt erfährt der Leser, dass der bekannte fiktionalisierte Terrorist sich dem bewaffneten Kampf aus Unzufriedenheit mit der deutschen Politik und Gesellschaft gewidmet habe, nicht aufgrund irgendeiner Psychopathologie. Überraschenderweise teilt der BKA-Chef Schäfer, der sein Leben der Terroristenjagd gewidmet hat, Nagels Missfallen am »behäbigen bürgerlichen Dahinwohnen«.[75] Der Frust dieses höchsten Kriminalbeamten impliziert, dass Nagels Ablehnung der Lebensweise vieler Deutscher letztlich doch keine ganz so extreme Position ist, wie man meinen könnte: Der Mann, dessen Verantwortung es ist, die deutsche Gesellschaft vor terroristischen Angriffen zu beschützen, hasst die selben Aspekte dieser Gesellschaft wie der führende Terrorist – sind also die Motive der RAF möglicherweise doch nicht ganz so abwegig?

Anhand der Perspektive von Terroristen und Individuen in ihrer näheren Umgebung analysiert Delius' Text die Bedeutung der RAF für die deutsche Gesellschaft. Der Roman identifiziert den deutschen Terrorismus als diskursives Konstrukt – als ein Phänomen, das nur durch seinen jeweiligen Betrachter eine Bedeutung erlangt. Zum Beispiel beschreiben die deutsche Regierung und die Medien – und von den Medien beeinflusste Deutsche – den Terrorismus als die gefährlichste Kraft in der Geschichte der BRD, aus dem einfachen Grund, dass diese Gruppen eines Feindes bedürfen, um ihr eigenes Verhalten zu legitimieren. Nagel sieht die RAF keineswegs als terroristische Gruppierung, sondern als wenig erfolgreichen Befreiungsversuch. Für Conni war die RAF ursprünglich eine Gruppe mysteriöser und bewundernswerter Idealisten, dann ein Garant für Abenteuer und persönliches Engagement und ist schließlich, zur Erzählzeit, zur Quelle von Angst und Zerstörung geworden. Schäfer wiederum dient die RAF als Beschäftigung, als Rätsel sowie als Ursprung ständig neuer, zu verarbeitender Daten. Serrattas Ansicht nach besteht die RAF schließlich aus Leuten, die, wie Kinder, »alles auf einmal, alles sofort wollen und am liebsten als Helden des Tages sich auf den Fernsehschirmen entdecken«.[76]

Delius stellt in seinem Text die These auf, dass verschiedene gesellschaftliche Gruppen ein starkes Interesse an bestimmten Interpretationen der Geschichte des Terrorismus hegen und dass folglich die Aufgabe, die Bedeutung der RAF für die deutsche Geschichte zu bestimmen, extrem schwierig, wenn nicht unmöglich sein wird. Als Ganzes gesehen präsentieren die verschiedenen Perspektiven des Romans ein Bild von der RAF als politisch motivierter Gruppe, welche die deutsche Ordnung niemals ernsthaft gefährdet hat. Nichtsdestotrotz, so die Botschaft des Romans, hätten der Staat und die Medien die RAF als terroristische Gruppe dämonisiert und ihre Mitglieder mit Gewalt und ungerecht behandelt, da die unreife deutsche Demokratie unbedingt ein Feindbild benötige, um ihre Stärke zur Schau zu stellen. Um sich den Schwächen ihrer neuen, demokratischen Gesellschaft nicht stellen zu müssen, hätten sich die Deutschen fast obsessiv auf die vermeintlichen psychischen Verirrungen einzelner RAF-Mitglieder gestürzt. Nagel parodiert diese Konzentration auf den einzelnen Terroristen: »Machen Sie doch gleich einen Psychokrimi draus, lassen Sie alle politischen Aspekte weg, einen plumpen Steptanz von Gesinnungskriminellen!«[77]

Dea Lohers Drama »Leviathan« beschäftigt sich primär mit den persönlichen Dilemmata der RAF-Gründer und widmet der Bedeutung des bewaffneten Kampfes für die Gesellschaft, im Gegensatz zu Delius' Roman, kaum Aufmerksamkeit. Das Stück zeigt eine fiktionalisierte Ulrike-Meinhof-Figur namens Marie – der zweite Vorname der wirklichen Meinhof – in einem Moment der Unsicherheit und Entscheidung. Marie hat sich gerade am Gefängnisausbruch von Karl – einem fiktionalisierten Baader – beteiligt und versteckt sich im Haus ihrer Schwester Christine vor ihren Genossen und der Polizei. Hier will sie ihren Plan, mit Karl und seiner (Gudrun Ensslin ähnlichen Freundin) Luise eine Stadtguerillagruppe zu gründen, nochmals überdenken. Maries Entscheidungsprozess beinhaltet Diskussionen mit ihrer Schwester, die jede bewaffnete Strategie ablehnt, und mit mehreren Besuchern, die ihr Versteck ausfindig gemacht haben, darunter Karl, Luise und Maries früherer Ehemann. Durch diese Unterhaltungen wird sich Marie ihres Unwillens, ihr bürgerliches Leben wieder aufzunehmen, immer sicherer und, als Folge dieser Überlegung, auch ihrer Entscheidung, einen radikalen Weg einzuschlagen. Am Ende des Stückes bricht sie gemeinsam mit Karl und Luise in Richtung Syrien auf, um sich dort von palästinensischen Aufständischen ausbilden zu lassen. Marie trennt sich von ihren beiden kleinen Kindern, und auch Luise verlässt ihren dreijährigen Sohn, obwohl sie gerade erfahren hat, dass sich dessen Vater Wilhelm umgebracht hat. Das Drama endet mit einem Ausspruch Christines: »Und bei uns ist alles/so wie immer«,[78] der darauf hindeutet, dass sich in Deutschland trotz der militanten Pläne ihrer Schwester nichts ändern wird.

Das Stück »Leviathan«, dessen Autorin mehrfach für ihre Dramen prämiert wurde, wurde seit seinem Debüt 1993 zahlreiche Male auf deutschen Bühnen aufgeführt. Deutsche Theaterkritiker loben »Leviathan« als Tragödie über die Frau in der Gesellschaft,[79] als Studie einer Entscheidung zwischen dem Persönlichen und dem Politischen[80] oder als Ausführung über die oft tödliche Diskrepanz zwischen Ideal und Realität.[81] Die Rezensionen betonen allerdings auch, dass »Leviathan« der Versuch einer 30-jährigen Schriftstellerin ist, Ulrike Meinhof zu verstehen. Lohers Herangehensweise sei, wie ein Rezensent bemerkt, charakterisiert von der »Distanz der folgenden Generation, in der sich Verstehenwollen und Unverständnis, Naivität und Respektlosigkeit verschränken«.[82] »Leviathan« ist 1993 erschienen und steht damit am Anfang jener zweiten Welle literarischer Texte zur RAF, die mit einem Abstand von ca. 20 Jahren auf die frühe Phase des Terrorismus zurückblicken. Als einer der ersten belletristischen Texte, die sich zur Gründungsphase der RAF mit Kenntnis der weiteren Entwicklung der Gruppe äußern, behandelt »Leviathan«, wie auch ähnliche spätere Werke, die RAF nicht als *politisch* relevantes Thema, sondern als Phänomen der Vergangenheit, dessen Ursprünge der Erforschung und Reevaluierung bedürfen.

Das Drama konzentriert sich auf die Gefühle, Enttäuschungen und zwischenmenschlichen Beziehungen der nur minimal fiktionalisierten RAF-Gründer, thematisiert aber auch das Verhältnis zwischen den zukünftigen bewaffneten Kämpfern und der nicht militanten Linken der frühen 1970er. Die Figur der Christine, die negative Auswirkungen des bewaffneten Kampfes auf die gewaltlose Linke befürchtet, weist das Publikum auf deren mögliche Vorbehalte gegenüber der radikalen Agenda der RAF hin. Im Gegensatz zu den Prosatexten der 1970er schreibt »Leviathan« die Schuld für negative Auswirkungen auf Unbeteiligte also nicht dem Staat allein zu, sondern macht die Guerillakämpfer selbst verantwortlich für die direkten wie indirekten Folgen ihres Handelns. Durch die Gegenüberstellung der unterschiedlichen Positionen der RAF und der nicht militanten Linken suggeriert das Drama, dass die demokratische Linke die RAF von Anfang an kritisiert und vor allem die negativen Konsequenzen des Terrorismus vorausgesehen habe.

Sowohl Marie, die zukünftige Stadtguerillera, als auch ihre Schwester Christine führen zahlreiche Argumente *gegen* bewaffnete, aus dem Untergrund gesteuerte Maßnahmen an. Dabei denkt Christine primär an die Folgen der Auseinandersetzung für die Gesellschaft. Sie erwähnt Maries kleine Kinder, ist der Ansicht, die Gefährdung Unbeteiligter sei nicht zu rechtfertigen und ist um die legalen Unterstützer der RAF besorgt, die sich durch ihre Versorgung der Illegalen mit Unterkunft, Essen und Papieren selbst stark gefährden würden. Maries primäre Sorge hingegen gilt praktischen Fragen und den Konsequenzen des bewaffneten Kampfes für den einzelnen Militanten. Sie ist davon überzeugt, dass mit Beginn der Konfrontation kein Guerillakämpfer jemals zu einer legalen Existenz zurückkehren könne. Ihr ist außerdem schmerzlich bewusst, dass sie und ihre Genossen nicht genug Zeit hatten, eine Infrastruktur, darunter ein Netzwerk legal gemeldeter Helfer, aufzubauen und dass ihnen die zum Guerillakampf benötigte Fertigkeit und Erfahrung fehlen. Während Christine sich also über die Frage der Gewaltanwendung im Allgemeinen Gedanken macht, geht es Marie um die Machbarkeit des bewaffneten Kampfes zu einem bestimmten geschichtlichen Zeitpunkt. Sie glaubt, die Zeit für Diskussionen sei vorbei und die politische Situation Deutschlands schreie geradezu nach gewalttätigem Engagement, da der friedliche Aktivismus keine Verbesserung der Verhältnisse bewirkt habe: »Der Krieg geht weiter/die Verfassung wird geändert/die Notstandsgesetze verabschiedet.«[83] Marie ist mit der politischen Situation der 1970er wie mit ihrem Privatleben unzufrieden und sucht nach einer Möglichkeit zur Flucht aus beiden, hat jedoch Schwierigkeiten, zu erklären, warum ausgerechnet der bewaffnete Kampf die Lösung ihrer Probleme sein soll. In der Unterhaltung mit ihrer Schwester fragt sich Marie nicht, ob die Konfrontation mit dem Staat richtig, sondern lediglich, ob deren Erfolg möglich ist.

»Leviathans« Nahaufnahme von der Gründungsphase der *Roten Armee Fraktion* zeigt eine höchst dysfunktionale Gruppendynamik. Als Karl, der fiktionalisierte Baader, und Luise, die Ensslin-Figur, plötzlich in Christines Haus auftauchen, verhalten sie sich Marie gegenüber aggressiv und wenig unterstützend. Karl behauptet, Marie sei für das Guerillaleben ungeeignet, und Luise macht sich über Maries Gefühle und Ängste lustig. Darüber hinaus zeigt Luises Reaktion auf Maries Besorgtheit um die Situation der Gruppe und die Schwächen ihrer Strategie, dass Luise jede kritische Diskussion für unnötig und kontraproduktiv hält. Während die Frauen im Umgang miteinander teilweise grob sind, weisen ihre Namen, die an den häufig vorkommenden Doppelnamen Marie-Luise erinnern, auf eine enge Verbundenheit hin. Das Drama betont die Nähe der beiden Frauen auch durch Wilhelms Bemerkung, »wo Marie ist kann/Luise nicht weit sein«.[84] Ihre Namen und eine Szene mit dem Titel »Drei Schwestern« (die dritte ist Christine, die Eigenschaften von Meinhofs Schwester Wienke und Ensslins Schwester Christiane vereint) lassen Marie und Luise als Schwestern im Geiste sowie als zwei Teile eines Ganzen erscheinen.

Die gespannte Atmosphäre in der Gruppe und Maries Skepsis bezüglich der Realisierbarkeit des bewaffneten Kampfes drängen dem Leser die Frage auf, was Marie, Karl und Luise nun eigentlich verbindet und warum sich die drei letztendlich entscheiden, ihren gemeinsamen bewaffneten Weg einzuschlagen. Ihre Unterhaltungen verraten, dass keine(r) der drei durch Ideologie allein motiviert ist: Karl scheint von der Abenteuerlichkeit eines Lebens im Untergrund angezogen zu sein. Luise träumt primär davon, jemanden bis in den Tod zu lieben, ihrem Leben einen Sinn zu geben und durch die Liebe die Erlösung zu erfahren. Es ist offensichtlich, dass sie diese Hoffnungen auf ihre Beziehung zu Karl projiziert und dass ihr Wunsch, an seiner Seite zur Guerillakämpferin zu werden, romantisch und nicht politisch motiviert ist. Marie schließt sich dem Paar mehr aus Verzweiflung über ihre bisherige Situation denn aus der Überzeugung an, dass der bewaffnete Kampf zum Erfolg führen wird. »Leviathan« stellt die *Rote Armee Fraktion* als die Kreation dreier privat motivierter Menschen dar, die weder klare politische Ziele haben noch logistisch oder körperlich auf den bewaffneten Kampf vorbereitet sind. Zudem ist es ihr jeweiliger persönlicher Fanatismus, der Karl, Luise und Marie zusammenbringt, nicht etwa eine geteilte Ideologie. Als die zukünftigen RAF-Anführer in Richtung Syrien aufbrechen, erwägt Christine kurzzeitig, sich ihnen anzuschließen, entscheidet sich aber schließlich dagegen. Ihr vorübergehender Wunsch, das Trio zu begleiten, ist weniger das Ergebnis einer Meinungsänderung über den bewaffneten Kampf als eine direkte Folge ihrer Einsicht, dass sie mit ihrem täglichen Leben unzufrieden ist – am Ende einer längeren Unterhaltung mit Marie und Luise ruft sie: »Ich genieße das Leben nicht/Ich wache auf/und sehe einem Tag entgegen/und es packt mich Angst.«[85] In diesem Sinne ist Christines Entwicklung eine weitere Formulierung der Botschaft des Dramas, dass die RAF primär eine eskapistische Funktion hat. Die Gründung der Guerillagruppe ist bei Loher kein Aufbruch zu einer neuen sozialen und politischen Ordnung, sondern ein Fluchtweg für frustrierte Individuen, die sich nach persönlichem Glück sehnen.

Diese Konzentration auf die inneren Schwierigkeiten jedes einzelnen späteren RAF-Mitglieds und auf die persönlichen Beziehungen innerhalb der Gruppe ist typisch für die Literatur der frühen 1990er zum Thema Terrorismus. Als Drama kann »Leviathan« allerdings die Begegnung zwischen dem Publikum und den Protagonisten noch intensivieren – um direkten Zugang zur inneren Welt von Terroristen zu schaffen, anstatt deren Ansichten durch einen Erzähler zu filtern. Der Leser erhält keinen Kommentar und keine Erklärung des geschichtlichen oder sozialen Hintergrunds einer Szene. Stattdessen ist er gänzlich auf die Äußerungen der Figuren sowie deren verbalen Austausch gestellt und muss die Terroristen in spe somit selbst beobachten und bewerten. Diese direkte Konfrontation mit den Gefühlen und Dilemmata der Guerillakämpfer regt den Zuschauer oder Leser weniger dazu an, über die politischen und sozialen Implikationen des bewaffneten Kampfes nachzudenken, als sie eine Ausrichtung auf die Psyche einzelner Terroristen kreiert oder bedient.

Es ist hauptsächlich die Sprache des Dramas, die eine Verbindung herstellt zwischen dem sichtbaren Mangel an politischen Visionen und dem vorauszuahnenden Scheitern des revolutionären Projekts der Gruppe. Die Terroristen in spe benutzen immer wieder Redewendungen und Sätze, die aus den Schriften der echten RAF oder aus bekannt gewordenen Äußerungen von RAF-Mitgliedern stammen. Indem Loher die bekanntesten Phrasen aus sieben Jahren RAF in die wenigen Tage dieses Dramas transplantiert, impliziert sie, dass alle Facetten der späteren Ideologie der Gruppe sowie ihre Einsichten schon vor Beginn des bewaffneten Kampfes vorhanden waren. »Leviathan« suggeriert somit, die RAF sei auf eine sture Weise dogmatisch gewesen und es habe keinerlei ideologische Veränderung stattgefunden zwischen der Gründung der Gruppe – einem Zeitpunkt, zu dem ihre Gründer, so das Drama, kaum politische Ziele hatten – und dem Ende der ersten RAF-Generation im Deutschen Herbst. Darüber hinaus läßt das Stück die RAF einfallslos und seicht erscheinen, indem es die Ideologie der Gruppe auf ein paar Schlagworte reduziert – wie z.B. »Schwein oder Mensch/Schwein oder Mensch« und »ein Teil des Problems/oder ein Teil der Lösung/dazwischen gibt es nichts«.[86]

Welche Art von Analyse ist in »Leviathan« also zu finden? Untersucht das Stück die Anfänge der RAF, um die weitere Entwicklung der Gruppe zu erklären? Oder bedient sich »Leviathan« dieses Szenarios mit RAF-ähnlichen Charakteren zwecks abstrakter Ausführungen über zwischenmenschliche Beziehungen und die Unvereinbarkeit des Persönlichen und des Politischen, wie einige Rezensenten des Stückes behaupten?[87] Losgelöst von der Geschichte der RAF gelesen, könnte »Leviathans« Darstellung der Charaktere als generelle Studie menschlichen Schicksals verstanden werden. Jedoch hat die Kenntnis der späteren RAF-Geschichte starken Einfluss sowohl auf das Schreiben der Autorin als auch auf die Aufnahme durch Zuschauer und Leser. Die Unterhaltungen und Einstellungen der Figuren können nur als Erklärung der weiteren Entwicklung und des ultimativen Scheiterns der RAF wirken und somit als Interpretation der Geschichte der bewaffneten Gruppe. Liest man das Stück mit der Geschichte der RAF im Hinterkopf, so fungiert »Leviathan« als Allegorie: Wegen Baaders und Ensslins mangelnder Kritikfähigkeit war es der RAF unmöglich, die geplante Revolution, die noch nicht mal wirklich politisch motiviert war, herbeizuführen; weil die RAF so dogmatisch war, versäumte sie es, effektiv mit der deutschen Bevölkerung zu kommunizieren; und die Aktionen der Gruppe blieben übereilt und schlecht vorbereitet, weil Meinhof ihre Sorgen über Bord geworfen und die Militanz Baaders und Ensslins übernommen hat. Während die Ausrichtung auf die Entscheidungen, die einzelne RAF-Mitglieder zu treffen haben, diese humaner wirken lässt, als es beispielsweise journalistische Darstellungen der Stadtguerilla als kaltblütige Terroristen tun, macht dieser Fokus die fiktionalisierten RAF-Größen Meinhof, Baader und Ensslin zu hedonistischen Individuen, denen politische Überlegungen weitgehend fremd sind. »Leviathan« zeigt die RAF-Gründer als tragische Figuren, die sich aus Hybris auf einen Pfad begeben, von dem sie eigentlich wissen, dass er zu nichts führen kann (wie Marie) oder die eine generelle Neigung zum Fanatismus haben und ihr Handeln nicht rational kontrollieren (wie Karl und Luise).

»Fiction is not about changing names«[88] ist das erklärte Motto des Romans »Rosenfest« von Leander Scholz. Im Gegensatz zu Lohers Drama, das mit Hilfe fiktiver Namen auf bestimmte Eigenschaften seiner Protagonisten – und der echten RAF-Anführer, für die diese stehen – aufmerksam macht, heißen Scholz' Charaktere einfach Andreas Baader und Gudrun Ensslin. Die literarisierte Liebesgeschichte der zwei RAF-Gründer bedient sich geschichtlicher Ereignisse sowie Eckdaten aus dem Leben der echten Terroristen, verändert jedoch deren Chronologie und präsentiert von anderen begangene wirkliche Taten als die Aktionen der Charaktere Baader und Ensslin. Die Geschichte beginnt mit dem zufälligen Treffen der beiden bei einer Demonstration am Todestag Benno Ohnesorgs, dem 2. Juni 1967. Sie werden zu direkten Zeugen des Todesschusses und fliehen im Anschluss gemeinsam vor der Polizei. Gudrun verlässt ihren Verlobten kurze Zeit später, fängt eine Liebesbeziehung mit Andreas an, und die beiden reisen nach Frankfurt, wo sie ein Kaufhaus in Brand setzen. Im Gegensatz zum wirklichen Paar Baader und Ensslin, das am Tag nach der Brandstiftung verhaftet wurde, flieht das fiktionale Paar mit zwei Freunden erst nach Paris und dann – nachdem Andreas Georg, Gudruns ehemaligen Verlobten, an einer Tankstelle aus dem Auto geworfen hat – nach Italien. Gudrun, eine intelligente und politisch denkende Studentin, verliebt sich in den selbstsüchtigen, chauvinistischen Andreas. Als Andreas darauf besteht, nach Deutschland zurückzukehren, weigert sich Gudrun anfangs, sich ihm anzuschließen, da die beiden noch keinen klaren Handlungsplan entworfen haben. Ihr Ideal der romantischen Liebe lässt Gudrun jedoch die Politik vergessen. Sie und Andreas fahren zurück nach Deutschland, wo sie eine Bombe im Springer-Hochhaus platzieren – was in Wirklichkeit erst vier Jahre nach dem Kaufhausbrand stattfand. Als die Polizei das Paar direkt nach der Bombendetonation findet, wird Andreas verhaftet, während Gudrun flieht und ziellos durch Hamburg wandert. Der Roman endet damit, dass sie sich widerstandslos in einer Boutique festnehmen lässt.

Leander Scholz, dessen Roman 2001, auf dem Höhepunkt einer Welle von Veröffentlichungen zur RAF, erschien, ist Jahrgang 1969, zwei Jahre jünger als Gudrun Ensslins Sohn, und gehört zu einer Generation, die von der RAF aus anderen Gründen als einer gemeinsamen persönlichen Geschichte fasziniert ist. Sein Roman kann dementsprechend als Versuch eines Außenstehenden gelesen werden, sich einem Kapitel der neuesten deutschen Geschichte durch eine literarische Auseinandersetzung mit den Wurzeln der Gruppe, die diese Ära definiert hat, anzunähern. Der Literaturwissenschaftler Niels Werber hält »Rosenfest« in diesem Sinne für die Literatur einer jüngeren Generation, die den Terrorismus zur Popkultur macht, um ihn nachvollziehen zu können.[89] Der Großteil der deutschen Literaturkritiker reagierte auf »Rosenfest« negativ: Rezensenten aller politischen Einstellungen hielten Scholz' Text für schlecht geschrieben und die erzählte Geschichte für banal. Von linken Rezensenten wurde der Text für seine Geschichtsvereinfachung kritisiert, die der Geschichte ihre Tragik nehme.[90] Sie monierten auch die leere, depolitisierte Darstellung der Militanten, welche, so die Kritiker, eine sinnvolle Debatte über den Terrorismus unmöglich mache.[91] Die konservative Presse hingegen war der Meinung, Scholz glorifiziere und beschönige Baader und Ensslin und sein Text lasse Baader mitfühlend und heldenhaft erscheinen.[92]

Die Verwendung von Baaders und Ensslins vollen Namen ist ein gewagter Schritt des Autors Scholz: Wegen dieser Namen scheint der Text eine explizite Aussage über die echten Menschen Baader und Ensslin zu machen, anstatt relativ anonyme Charaktere zu beschreiben, die Baader und Ensslin stark ähneln, aber auch abstraktere Figuren sein könnten. Scholz' Roman zeigt Baader als höchst unangenehmen Zeitgenossen, der andere aggressiv behandelt, einen pathologischen Drang hat, den Anführer zu spielen, und der unfähig ist, seine persönlichen Impulse langfristigen Plänen unterzuordnen. Scholz' Baader hat kein Interesse an politischen Fragen und ist von ideologischen oder strategischen Diskussionen gelangweilt. Wenn er doch an einer Demonstration teilnimmt oder bewaffnete Angriffe plant, ist dies von einer Sucht nach persönlicher Anerkennung, Abenteuer und Sensation motiviert. Georg erkennt Baaders destruktive Wirkung auf jede politische Mission: »Andreas, dieser Verrückte, könne nicht mehr unterscheiden zwischen dem, was politisch motiviert ist, und seinem privaten und egoistischen Trip.«[93] Die häufigen Rückblicke auf Baaders Zeit als Prostituierter (zehn separate Flashbacks) sind Ausdruck eines Versuchs seitens des Autors, eine Verbindung herzustellen zwischen Andreas' Vergangenheit und seinem gegenwärtigen Verhalten, obwohl der Erzähler nicht erklärt, was für eine Verbindung dies sein könnte. Baader weicht Gruppenkonflikten aus, indem er entweder einfach weggeht oder sich über das Verhalten seiner Freunde beschwert. Da »Rosenfest« die Gruppe RAF völlig außen vor lässt, stellt Scholz die mit dieser wohl realistischen Baader-Darstellung zusammenhängende interessante Frage – wie ein solcher Mensch der Anführer einer Untergrundgruppe gewesen sein konnte, deren Mitglieder aufeinander angewiesen waren, um zu überleben – weder direkt noch indirekt.

Dass sich die fiktionalisierte Gudrun Ensslin in diesen Baader verliebt, scheint Scholz mehr zu interessieren als die Folgen von Baaders Verhalten für die Politik des bewaffneten Kampfes. Eingangs fühlt sich Gudrun von Andreas' Aggressivität und seinem Kommandoton beleidigt, sucht jedoch trotzdem seine Nähe und akzeptiert sein Verhalten letztlich. Nachdem Baader, in ihrer Gegenwart und zu ihrer Überraschung, eine Bombe in einem Frankfurter Kaufhaus versteckt, ist sie nicht verärgert, dass er die politischen Pläne des Freundeskreises ignoriert und allein gehandelt hat, sondern persönlich enttäuscht, dass sich ihr Liebhaber ihr nicht anvertraut hat. Ihre Liebesschwüre an Baader und ihre freudige Erwartung, als es darum geht, exquisite Modegeschäfte in Paris zu besuchen, drängen dem Leser die Frage auf, warum eine solche Gudrun jemals Krieg gegen die Konsumgesellschaft und bürgerliche Sozialnormen führen sollte, jedoch wird diese Frage gänzlich unbeantwortet gelassen. Ihre Liebe zu Baader lässt sie jede Eigenständigkeit verlieren, und ihr Verlangen nach einer konventiellen romantischen Beziehung ersetzt schnell ihr ursprüngliches Interesse am politischen Aktivismus.

»Rosenfest« nähert sich den Ursprüngen der RAF ohne neue Impulse. Zum Beispiel konstituiert Scholz' Darstellung von Ensslin als ahnungslose Zuschauerin von Baaders Brandstiftung keine neue Perspektive auf historische Ereignisse, wie man angesichts der Dämonisierung Ensslins in vielen Schriften zur RAF annehmen könnte. Stattdessen, wie Lorenz Jäger in der FAZ erläutert, entspricht »diese fiktive Rollenverteilung zwischen dem ›bösen‹ Baader und der ›guten‹, engagierten Pastorentochter [...] aufs Haar der öffentlichen Meinung von 1970«.[94] Scholz übernimmt hier offensichtlich die Annahmen und Werturteile (Vorurteile über Geschlechterrollen eingeschlossen) seiner Quellen aus Zeitungen der 1960er und 1970er Jahre.[95] Scholz' Narrativisierung dieses Medienurteils macht anschaulich, dass sein Roman wenig neue oder intelligente historische Analysen anstellt, sondern dass er hauptsächlich alte Informationen neu arrangiert.

Der Roman zeigt die politisch motivierten Aktionen der Gruppe als die hastig geplanten Soloschläge eines egoistischen Verrückten, der nach Aufmerksamkeit giert, und einer Frau, die ihm blind folgt. Diese Darstellung von Baader und Ensslin als Einzeltäter macht die Gruppe, durch die die beiden Individuen in die Geschichte eingegangen sind, völlig irrelevant. Der Text suggeriert nicht nur, dass jedes von den beiden initiierte Projekt impulsiv, schlecht geplant und höchstens am Rande politisch sein wird, sondern auch, dass das primäre Ziel seiner narzisstischen Organisatoren das Erregen von Aufmerksamkeit sein wird. Es mag sein, dass Scholz' Blick auf die romantische Beziehung zwischen Baader und Ensslin zeigen sollte, dass auch Terroristen sich verlieben, traurig sind und einfache und verständliche Wünsche und Charakterfehler haben. Das Ergebnis dieser narrativen Isolierung zweier führender Terroristen ist jedoch mehr eine Depolitisierung der RAF als eine Humanisierung von Baader und Ensslin.

Dass der Roman kitschig ist, heißt nicht, dass er kein ernsthafter Versuch eines jüngeren Schriftstellers ist, die radikalen politischen Aktivitäten einer älteren Generation zu verstehen und interpretieren.[96] Als solcher gelesen, ist »Rosenfest« ein Indikator dafür, wie die RAF von jenen Deutschen gesehen wird, für die sie ein Element der Geschichte und nicht der persönlichen Erinnerung ist. Der Roman zeigt, dass sein Autor die RAF nicht als Phänomen wahrnimmt, das politischer Analyse bedarf. Anstatt sich zu fragen, welche Aspekte der deutschen Gesellschaft junge, intelligente Menschen genug frustriert haben mögen, um ihr gesamtes Leben einem hoffnungslosen und gefährlichen Kampf zu widmen, oder welche Ereignisse letztlich zur Entscheidung führten, in den Untergrund zu gehen, konzentriert sich Scholz auf eine Liebesgeschichte, die noch nicht einmal wirklich unterhaltsam ist. Obwohl »Rosenfest« durch seine Verwendung historischer Daten und der wirklichen Namen Baaders und Ensslins die Erwartung weckt, der Roman werde die frühen Jahre der RAF sowie die Motivation ihrer Mitglieder neu interpretieren, zeigt Scholz weder in einem dokumentarischen noch in einem analytischen Sinne irgendetwas Neues. Scholz' Blickwinkel macht die RAF zur Quelle trivialer Unterhaltung für Leser, die von der immer noch mit Baaders und Ensslins Namen verbundenen Spannung und vom Sensationalismus angezogen werden.

Dokumentar- und Spielfilme zur RAF haben sich der Geschichte der Gruppe ähnlich genähert wie Scholz' Roman – sie haben sich mit dem Schicksal einzelner RAF-Mitglieder beschäftigt und nicht mit der Gruppe als politische Größe. Im Gegensatz dazu haben Filme der späten 1970er und frühen 1980er, ähnlich der im ersten Abschnitt beschriebenen Literatur, hauptsächlich die Folgen des bewaffneten Kampfes für Außenstehende und für die Gesamtgesellschaft beschrieben.[97] Dies nur als Hinweis darauf, dass die in der Literatur beobachtbaren Trends auch in anderen, und zwar besonders in publikumsträchtigeren Medien zu finden sind und somit als repräsentativ für einen breiteren gesellschaftlichen Standpunkt gegenüber der neuesten Geschichte gelten können.

Wir haben gesehen, dass die Literatur, die sich mit einzelnen Terroristen befasst, ungefähr so viele Legenden über die RAF strickt wie sie zu zerstören versucht. »Himmelfahrt« stellt eine Ausnahme dar, da der Roman selbstreflexiv verschiedene Erzählperspektiven verwendet, die zweier Terroristen eingeschlossen, um aufzuzeigen, wie Legenden über die RAF entstehen und wie ein biografisches oder literarisches Werk zur Mythologisierung der Gruppe beitragen kann. In ihrem Wunsch, die mysteriösen Anfänge der RAF persönlich zu verstehen und zu verarbeiten, depolitisieren Schriftsteller der Generation, der auch Loher und Scholz angehören, die RAF. Durch ihren Versuch, das Leben einzelner Terroristen ihrer eigenen Generation mit literarischen Mitteln verständlich zu machen, lassen diese Schriftsteller die RAF als politisches Phänomen in den Hintergrund treten: In diesen Werken taucht die Gruppe RAF entweder gar nicht auf, oder sie bleibt ein abstraktes Konstrukt, das wenig direkten Einfluss auf die einzelnen Mitglieder hat. Dass diese Werke geschichtliche Daten verwenden und neu arrangieren, zeigt, dass sie Versuche sind, die Geschichte neu zu schreiben oder zu interpretieren. Die neu angeordneten Fakten haben jedoch keine wirklichen Folgen für die Entwicklung der Charaktere. Somit bleiben die Erzählungen apolitische Geschichten über Einzelpersonen, die letztendlich mit dem historischen Rahmen der Texte wenig zu tun haben. Im Gegensatz zu Lohers und Scholz' Texten und auch zu Spielfilmen über die RAF beleuchten Delius' »Himmelfahrt« sowie verschiedene Dokumentarfilme die Rolle einzelner Terroristen aus mehreren Perspektiven und vermeiden somit die Falle, ahistorische, banale Geschichten zu erzählen.

»Abenteuerspielplatz der deutschen Geschichte«: Nostalgie nach dem Terrorismus

> »Aber wie die RAF-Leute mit dem ganzen Leben für seine Gesinnung einzustehen, das hat auch etwas Großes, Unbedingtes, Absolutes. Also Mythisches. Wie im Kino. […] Das Land zu RAF-Zeiten war der letzte große Abenteuerspielplatz der deutschen Geschichte.«[98]

Dieser Abschnitt befasst sich mit Werken, die 1997 und später geschrieben wurden und Beispiele der neuesten literarischen Perspektive zum Thema RAF sind. Es lässt sich zeigen, dass die Konzentration dieser Werke auf die Atmosphäre der 1970er Jahre – und nicht auf eine Einzelperson – zu einer Idealisierung der RAF sowie zu einer nostalgischen Romantisierung der Zeit des radikalen politischen Aktivismus führt.

Alle seit den späten 1990er Jahren erschienenen literarischen Texte zur RAF stellen die RAF als letzte Bastion des Idealismus in der deutschen Geschichte dar. Mitglieder der RAF und Sympathisanten sind in diesen Werken leidenschaftliche Idealisten, deren Entschiedenheit, humanere Lebensbedingungen für alle Menschen der Erde zu schaffen, chancenlos war angesichts weitverbreiteter politischer Apathie und eines rücksichtslosen Staatsapparats. Manche dieser Texte verklären nachträglich die RAF, während sie eine weitgehend apolitische Geschichte erzählen, andere verbinden die Nostalgie mit einer selbstreflexiven Analyse des Prozesses der Romantisierung, und in wiederum anderen versprechen Zeugen der sensationellsten Ereignisse aus der Geschichte der RAF neue Einsichten. Eine vierte Textgruppe, auf die hier nicht im Detail eingegangen wird, da sie die RAF nicht direkt erwähnt, sondern sich auf einen abstrakten Terror bezieht, gehört in den Bereich der Popliteratur.[99] In diesen Werken dienen terroristische Aktionen dazu, Langeweile zu bekämpfen und Aufregung in eine apolitische Post-1990er-Welt des Konsums und der Unterhaltung zu bringen. Die Wissenschaft hat sich ausgiebig mit solchen Popromanen befasst, in denen der Terror nur »ein Element des Ensembles aus Drogen, Mode, Sex und Lifestyle« ist.[100] Obwohl diese Werke als Perspektive einer jungen Schriftstellergeneration zu den Themen Terror und Gewalt von Interesse sind, werde ich mich auf die Analyse von Texten beschränken, die von größerer Relevanz für die Historisierung der RAF und ihrer Epoche sind.

Seit dem 20. Jahrestag des Deutschen Herbstes 1997 sind zahlreiche Romane erschienen, die die RAF – oder mit der RAF verbundene Ereignisse – in Kriminal- oder Liebesgeschichten einbauen. Die RAF dient diesen Texten als Kulisse oder Accessoire für ansonsten eigenständige Erzählungen, deren Hauptpersonen entfernte persönliche Beziehungen zur RAF oder deren Sympathisanten haben. In zwei Krimis, die ungefähr im Jahr 2000 spielen, hat der jeweilige Detektiv beispielsweise einen deutlich älteren Halbbruder, der einst der RAF angehört hat und dessen Mord der Detektiv/jüngere Bruder nun aufklären muss.[101] Die Jahrtausendwende sah auch die Veröffentlichung einer Reihe von Liebesromanen, die in den Jahren 1970 bis 1978 spielen. In diesen interessiert sich der männliche Erzähler, der auch die Hauptperson ist, nur am Rand für politische Fragen, erlebt jedoch die politische Radikalisierung und Kriminalisierung seiner Freundin aus nächster Nähe mit.[102] Ulrich Woelks Roman »Die letzte Vorstellung« unterscheidet sich vom Großteil der zwischen 1997 und 2005 erschienenen Texte insofern, als die Romanfiguren sich ausführliche Gedanken über die Ursprünge und Ideale der RAF machen und über die Auswirkung der RAF auf Gesellschaft und Politik diskutieren. Alle RAF-inspirierten Romane, die seit 1997 geschrieben wurden, Woelks mit eingeschlossen, zeigen RAF-Mitglieder oder Sympathisanten entweder als sympathische Idealisten, die ein übermäßig aggressiver Staat während einer ansonsten spannenden Phase des politischen Aufbruchs persönlich zerstört hat, oder in Situationen, in denen diese wohlmeinenden Individuen Gewaltverbrechen zum Opfer gefallen sind.

In diesem Abschnitt werde ich mich im Detail mit zwei Romanen auseinander setzen, die die typischen Eigenschaften der neuesten RAF-Literatur und ihrer nostalgischen Perspektive aufweisen:[103] Michael Wildenhains »Erste

Liebe Deutscher Herbst« und »Die letzte Vorstellung« von Ulrich Woelk. Schließen werde ich mit einer Analyse verschiedener Doku-Fiktionen.

»Erste Liebe Deutscher Herbst« ist 1997 erschienen, also genau 20 Jahre nach dem titelgebenden Deutschen Herbst. Der namenlose Protagonist, der auch der Erzähler ist, berichtet aus dem Jahr 1977, nimmt aber, im Gegensatz zu den vom Titel geweckten Erwartungen, kaum Bezug auf die Politik oder die RAF. Stattdessen spricht er zurückblickend von verschiedenen miteinander verwobenen Liebesbeziehungen und persönlichen Tragödien, die an den äußersten Rändern des linken Aktivismus stattfanden. Aus dem Jahr 1977, seinem Abiturjahr, erzählt er von seiner Beziehung zur 16-jährigen Barbara und seiner gleichzeitigen Verliebtheit in die Referendarin Manon. Barbara will die Traurigkeit ihres Elternhauses mit einem behinderten Vater und einer arbeitenden Mutter verlassen und stürzt sich in jede Aktivität, die Aufregung und Ablenkung verspricht. Obwohl Manon Referendarin ist und im Rahmen des Radikalenerlasses überprüft wird, organisiert sie Studenten- und Arbeitertreffen, um Proteste zu planen, die jedoch zu keiner großen politischen Aktivität führen. Im Laufe eines ganzen Jahres generieren diese Zusammenkünfte nur einen einzigen Stapel Flugblätter, die zur Unterstützung hungerstreikender RAF-Gefangener aufrufen, sowie eine einmalige nächtliche Graffitiaktion, bei der die Buchstaben R-A-F in Schwarz, Rot und Gold an ein Schulgebäude gesprayt werden. Barbara, Manon und Schöpp, ein Kinderfreund des Erzählers, sympathisieren mit der RAF, lassen aber ihrer Einstellung keine bedeutenden Handlungen folgen. Der Erzähler hingegen betont wiederholt, dass ihm die RAF und ihre Aktionen gänzlich egal gewesen wären, hätten seine Freunde kein Interesse an der Gruppe gehabt. Im Sommer des Erzähljahres wird Barbara festgenommen, während sie gemeinsam mit dem Erzähler und Schöpp an einer Demonstration gegen Atomenergie teilnimmt, und bleibt monatelang gefangen. Wie der Erzähler ist auch Schöpp in beide Frauen der Erzählung, in Barbara und Manon, verliebt. Als Barbara ein zweites Mal verhaftet wird und Manon kein Interesse an ihm zeigt, begeht Schöpp Selbstmord. Der Roman endet mit Barbaras gewaltsamem Angriff auf Manon, der sie die Verantwortung für Schöpps Tod zuschreibt.

Die RAF und der Deutsche Herbst spielen in »Erste Liebe« eine ausschließlich dekorative Rolle. Die gelegentliche Beschäftigung der Romanfiguren mit dem Thema RAF ist eher eine Flucht aus einem traumatischen Alltag als eine Konsequenz aus irgendeiner ernsthaften politischen Ansicht. Die RAF und das Jahr 1977 fungieren hier als politische Kulisse für Figuren und Erzählstränge, die, ohne wesentliche Veränderung des Handlungsablaufs, in eine Anzahl verschiedener Erzählsituationen eingebaut werden könnten. Wo Bölls »Katharina Blum« oder Schneiders »Verfassungsfeind«, die auch die Geschichten junger Menschen am Rande des Konfliktes zwischen Staat und

RAF erzählen, in ihrer jeweiligen Handlung sehr stark von der politischen Situation der 1970er abhängen, zeigt Wildenhains »Erste Liebe« angebliche RAF-Sympathisanten, deren persönliche Entwicklung oder Einstellungen in keiner Weise mit der RAF oder dem bewaffneten Kampf zu tun haben. Wildenhains Beweggrund für die Erwähnung der RAF scheint nicht die Absicht zu sein, die geschichtlichen Implikationen des Deutschen Herbstes zu beleuchten, wie dies beispielsweise Delius in »Himmelfahrt eines Staatsfeindes« tut, sondern er benutzt die RAF als externe Quelle der Spannung und Tragik für eine in sich geschlossene und ahistorische Erzählung.[104]

In einem Interview mit der *tageszeitung* weist Wildenhain in der Tat darauf hin, dass die Botschaft seines Romans – dass naive Menschen durch ihre persönlichen Beziehungen politisiert werden können – leicht in die Gegenwart übertragen werden kann.[105] Diese Aussage und der Roman selbst werfen die Frage auf, warum sich Wildenhain dafür entschieden hat, seine Geschichte ausgerechnet im Jahr 1977 spielen zu lassen. Meiner Meinung nach hat Wildenhain den Deutschen Herbst deshalb als Erzählzeitpunkt gewählt, weil dieser noch immer für Mysterium und Spannung steht und somit als Teil eines Buchtitels einen gewissen Grad von Aufmerksamkeit und Verkaufserfolg garantiert. Der Ausdruck »Deutscher Herbst« ist für viele Westdeutsche – ob sie das Jahr 1977 bewusst miterlebt haben oder nicht – synonym mit dem des nationalen Notstands.

Wildenhain berichtet im selben Interview, dass er 1977, als er – wie auch der Erzähler des Textes – 18 Jahre alt war, den terroristischen Anschlägen und Entführungen nur marginale Bedeutung zugeschrieben habe. Die Schleyer-Entführung gelte 20 Jahre danach als wichtigstes Ereignis der späten 1970er; die deutsche Gesellschaft habe allerdings erst einige Zeit nach Ende der Entführung begonnen, ihr solch hohe Bedeutung beizumessen. »Erste Liebe« könnte, in diesem Sinne, als Infragestellung der Wahrnehmung der 1990er gelesen werden, in der der Deutsche Herbst ein entscheidender Wendepunkt der deutschen Geschichte ist, nämlich der Zeitpunkt, zu dem die deutsche Regierung die schwer umkämpfte Schlacht gegen die RAF gewonnen und damit bewiesen hat, dass die Bundesrepublik eine intakte Demokratie ist. Gleichzeitig suggeriert Wildenhains Roman jedoch, der Deutsche Herbst sei tatsächlich als Höhepunkt der deutschen Nachkriegsgeschichte zu bewerten, indem er den Deutschen Herbst als Bezugspunkt für eine Erzählung verwendet, die auch ohne diesen ausgekommen wäre. Der Titel »Erste Liebe Deutscher Herbst« betont die Bedeutung des Deutschen Herbstes durch seine Uneindeutigkeit: Der Titel kann einerseits verstanden werden als »meine erste Liebe, die sich während des Deutschen Herbstes entwickelte«, und andererseits, auf nostalgische Weise, als »meine erste Liebe: der Deutsche Herbst«. Obwohl politische Fragen für das Leben der Romanfiguren keine besonders bedeutende Rolle spielen, ist die RAF zudem in den wenigen Unterhaltungen, die sich doch um Politik drehen, das alleinige Objekt ihres Interesses. Diese Stellung der RAF als einzige politische Kraft, deren Existenz die Romanfiguren zu kennen scheinen, untergräbt Wildenhains Behauptung und impliziert im Gegenteil, dass die von Wildenhain porträtierten jungen Deutschen die Auseinandersetzung zwischen RAF und Staat im Jahre 1977 eben doch für wichtig hielten. »Erste Liebe« versucht also, eine vom Autor empfundene gegenwärtige Überbetonung der Bedeutung des Deutschen Herbstes zu dekonstruieren, bestärkt jedoch gleichzeitig genau diese Obsession, indem der Roman die Perspektive der späten 1990er auf die Ereignisse des Jahres 1977 übernimmt.

Durch seine nostalgische Herangehensweise schreibt der Roman dem Deutschen Herbst und der RAF große Bedeutung zu. In der negativen Bedeutung des Wortes Nostalgie – also einer im Bedauern schwelgenden Erinnerung an einen vergangenen Zeitraum – ist Wildenhains Roman hoch nostalgisch. Ein kurzes Vorwort legt offen, dass der Autor von einer solchen bedauernden Erinnerung an eine frühere, unangenehme Zeit motiviert ist oder zumindest zu sein glaubt. Dieses Vorwort verwischt die Unterschiede zwischen dem Autor Wildenhain und seinem Erzähler, indem es eine Anekdote aus dem Leben des Autors an den Anfang einer nostalgischen Erzählung stellt und somit eine direkte Verbindung zwischen Wildenhains Nostalgie und den Gefühlen seines Erzählers herstellt. Das Vorwort enthält eine Äußerung von Wildenhains Tochter Lydia: »Erzähl mir eine Geschichte, als du klein warst. Eine schlimme.«[106] Die folgende Erzählung wirkt wie eine direkte Antwort auf diesen Wunsch nach einer schrecklichen Geschichte aus der Jugend des Autors. Die Untrennbarkeit der Forderung an den Autor von der Antwort durch den Erzähler bewirkt, dass »Erste Liebe« sowohl als Kommentar eines fiktiven Erzählers zu einer vergangenen Ära gelesen werden kann als auch als Rückblick des wirklichen Autors auf seine eigene Vergangenheit.[107] Indem das Vorwort die Motivation des Autors in die Erzählung verwickelt, verstärkt es die nostalgische Komponente des Textes.

Die Nostalgie des Romans »Erste Liebe« ist auf den Deutschen Herbst gerichtet – einen Zeitraum, in dem die Freunde des Erzählers gestorben sind, schwer verletzt oder gefangen genommen wurden. Einige emotionale Ausrufe des Erzählers weisen darauf hin, dass die Tragik der Schicksale seiner Freunde ihn auch zur Erzählzeit noch berührt und dass er von Herzen wünscht, die Dinge hätten einen anderen Lauf genommen. Die sentimentalen Erinnerungen an die Ereignisse des Jahres 1977 seitens des Erzählers – und des Romans – sind primär negativ und bedauernd. »Erste Liebe« enthält jedoch auch Momente der positiven Erinnerung. Beispielsweise berichtet der Erzähler von seiner freudigen Reaktion auf Schleyers Ermordung: »[Es kam] mir vor, als bestünde zwischen mir und den Mördern eine heimliche Verbindung. Das erfüllte mich mit Stolz.«[108] Der Erzähler qualifiziert seine Freude über die Zugehörigkeit zu einem exklusiven, wenn auch imaginären Zirkel nicht. Durch diese neutrale bis positive Darstellung des Stolzes, den er 1977 empfunden hat, zeigt der Erzähler, dass er auch zum Zeitpunkt des Erzählens noch ähnlich empfindet und die Erinnerung an eine Zeit schätzt, zu der ihm solche morbiden Gefühle möglich waren.

Neben der impliziten Nostalgie des Romans nach dem Jahre 1977 mit seinen Tragödien und Belohnungen stellt »Erste Liebe« die RAF selbst positiv dar. Zwar ist die RAF dem Erzähler, der die Meinungen seiner Freunde weder wirklich versteht noch hinterfragt, weitgehend gleichgültig. Schöpp hingegen lobt die RAF, bezeichnet sie als historischen Katalysator – er erwähnt nicht, wofür – und schwärmt, dass diese Funktion die wahre Kreativität der Gruppe zutage gebracht habe.[109] Immer wenn die Figuren irgendeine politische Diskussion führen, sprechen sie mit Enthusiasmus von der RAF und äußern keinerlei Kritik an deren Handlungen. In dieser Darstellung der Sympathisantenszene passt sich Wildenhains Roman dem konservativen Medienbild des Jahres 1977 an, das alle Linken oder Sympathisanten zu bedingungslosen Unterstützern der RAF machte. Diese Einschätzung der Medien war eindeutig fehlerhaft, wie der Buback-Nachruf zeigte, in dem ein »Mescalero« die Strategie der RAF kritisierte, *obwohl* er von dem RAF-Mord an Buback unfreiwillig freudig berührt war.

Während »Erste Liebe« den Deutschen Herbst als nostalgische »Hintergrundfolie«[110] verwendet, marginalisiert der Roman die RAF selbst. Der Erzähler, dessen Gedanken, Gefühle und Handlungen der Leser besser kennt als die der anderen Figuren, weiß nur wenig über die RAF und hat auch kein wirkliches Interesse an der Gruppe. So denkt er beispielsweise über das nächtliche Sprayen der Buchstaben R-A-F, wozu er von seinen Freunden überredet werden muss: »Ich hätte, nachdem die geplante Aktion – ohne mich – beendet gewesen wäre […] nach Hause gehen können. […] Ich kenne keine politischen Gefangenen. […] Und ich hätte schlafen gehen können.«[111] Die Gleichgültigkeit des Erzählers bezüglich der RAF ist Zeichen einer literarischen Verschiebung, weg von einer Deutung der RAF als aktive Kraft in der deutschen Geschichte. Eher bedienen sich neuere Romane wie »Erste Liebe«[112] des Kontextes des Deutschen Herbstes mit seiner spannenden und tragischen Atmosphäre, deren man sich erinnern kann, ohne der für die Ereignisse verantwortlichen Gruppe viel Aufmerksamkeit zu schenken. Dieser neue Blickpunkt in der RAF-Belletristik ist besonders in Romanen zu beobachten, die, wie »Erste Liebe«, eine autobiografische Komponente haben. Einerseits erwecken hier Bezüge auf des Autoren eigene Vergangenheit, wie Wildenhains Vorwort, einen Eindruck historischer Authentizität.

Andererseits schenken diese pseudoautobiografischen Romane der letzten acht Jahre den historischen Rahmenbedingungen, welche den erzählten Zeitraum bestimmten, nur wenig Aufmerksamkeit, sondern widmen sich primär den Erfahrungen apolitischer junger Menschen in den 1970ern.[113]

Während Wildenhain den Deutschen Herbst hauptsächlich als Verzierung einer tragischen Liebesgeschichte verwendet, enthält Ulrich Woelks Kriminalroman »Die letzte Vorstellung« explizite Diskussionen über die Geschichte des westdeutschen Terrorismus und seine Bedeutung für die deutsche Gesellschaft im 21. Jahrhundert. Der Roman spielt im November 2001. Darin stehen der westdeutsche Polizist Anton Glauberg und die ostdeutsche BKA-Beamtin Paula Reinhardt vor der Aufgabe, den brutalen Mord an dem ehemaligen (und fiktiven) RAF-Mitglied Hans Jacobi aufzuklären. Dessen polizeiliche Akte offenbart, dass Jacobi ab den späten 1970er Jahren in der DDR unter neuem Namen gelebt hatte und 1990 dort festgenommen wurde. Nach ausführlichen Aussagen und einer kurzen Haftstrafe hatte er sich in das abgelegene Haus am Deich zurückgezogen, in dem er dann umgebracht wurde. Bald wird bekannt, dass der ermordete Jacobi der ältere Halbbruder des Polizisten war und dass Glauberg diesen als Jugendlicher oft in einer Berliner WG besucht hatte. Zu den Ermittlungen gehört eine Reihe von Verhören, bei denen Glauberg und Reinhardt mit den Verdächtigen nicht nur über die technischen Einzelheiten des Mordes sprechen, sondern auch über die RAF und ihre Bedeutung für die deutsche Geschichte. Nach einer Weile beschuldigt die BKA-Beamtin den Polizisten, seinen Bruder aus Angst davor, mit der RAF in Verbindung gebracht zu werden, ermordet zu haben. Schließlich entdeckt Glauberg jedoch, dass es Reinhardt selbst war, die Jacobi in einem Racheakt getötet hat, da sie glaubte, Jacobi sei der Mörder ihres Vaters. Glauberg ist allerdings nicht der Meinung, dass der Mord an Reinhardts Vater tatsächlich von seinem Bruder begangen wurde: »Es gab zweifellos handfestere Motive, ihn zu töten, als die ideologische Verblendung meines Bruders.«[114] Der Roman endet mit der Grabrede des lokalen Pastors, der Jacobis Idealismus lobt und betont.

Durch die Ermittlungen und die Eulogie des Pastors präsentiert »Letzte Vorstellung« eine Anzahl verschiedener Meinungen zur RAF, den Motiven ihrer Mitglieder sowie der von der Gruppe für die Gesellschaft dargestellte Gefahr. Die Aussagen der verschiedenen Romanfiguren über Jacobi fügen sich zu einem Bild eines ehemals idealistischen und engagierten Mannes zusammen, der bereit war, für die positive Veränderung der deutschen Gesellschaft extreme Maßnahmen zu ergreifen. Nach Meinung der Charaktere trennte sich Jacobi nicht deshalb von der RAF, weil er den bewaffneten Kampf als falsch erkannte, sondern weil er einsah, dass seine Hoffnung, Einzelne könnten positive gesellschaftliche Veränderungen bewirken, illusorisch war. Manche Figuren des Romans, wie ein Polizeispitzel und der Pastor, empfinden Jacobis Lossagung vom bewaffneten Kampf sogar als feigen und egoistischen Verrat seiner Ideale.

Alle Figuren außer Reinhardt, die wiederholt betont, sie habe unter dem die RAF-Aussteiger unterstützenden DDR-Regime gelitten, erinnern sich voller Respekt und Bewunderung an die frühe RAF. So habe Glauberg, wie er sich entsinnt, seinen Halbbruder in den 1970ern voll Stolz besucht, da dieser »an die Veränderung der Welt«[115] geglaubt habe und Ungerechtigkeiten nicht habe ertragen können. Glauberg betont, dass er Jacobi und andere Militante damals nicht als Verbrecher gesehen habe,[116] und in einer Fotografie seines Bruders sieht er »eine unschuldige, lebensbejahende Harmlosigkeit«, da auch sein Bruder einst Wein, Zigaretten, das Lachen und das Leben genossen habe.[117] Glauberg beschreibt die Atmosphäre in der WG seines Bruders als warm und einladend, und er bezeichnet Jacobis Taten zu keiner Zeit als gewalttätig oder falsch. Der Polizist blickt auf die frühen 1970er, also auf die Zeit kurz vor Jacobis Untertauchen, mit Nostalgie zurück und sieht den bewaffneten Kampf nicht als verwerflichen Angriff gegen die Gesellschaft, sondern als Konsequenz gutgemeinter Hoffnungen auf eine bessere Welt.

Während seines Verhörs spricht der Fotograf Seewald, ein ehemaliger Mitbewohner Jacobis, diesem seinen Respekt aus: »Er war so viel konsequenter und ehrlicher als ich.«[118] Obwohl Seewald, der sich nie ernsthaft politisch betätigt hat, seine früheren Freunde dafür belächelt, ihren Wohlstand und ihre Bequemlichkeit dem Kampf für eine bessere Welt geopfert zu haben, ist er der Meinung, Jacobi solle als ehrlicher Mann in Erinnerung bleiben, nicht als Terrorist. Der Pastor Gnaatz, der zu Beginn des Romans Jacobis Leiche entdeckt, stellt Jacobi in seiner Eulogie als Gutmensch dar, über den kein negatives Urteil getroffen werden soll: »Können wir Menschen, die sich in jungen Jahren der Hoffnung hingegeben haben, die Welt lasse sich verbessern, wirklich verurteilen? [...] Die moralischen Maßstäbe [...] und die ethischen Ansprüche, die jene jungen Menschen an unsere Gesellschaft gestellt haben, hat diese Gesellschaft – haben wir selbst geschaffen und zur Grundlage unseres Miteinanders gemacht: Gerechtigkeit, Brüderlichkeit, Freiheit. [...] Hans Jacobi hat an diese Ideale geglaubt. Er wollte Solidarität statt Egoismus und Opferbereitschaft statt Gewinnstreben.«[119]

Der Pastor, der in moralischen Kategorien denkt und spricht, geht sogar einen Schritt über die Bezeichnung der RAF-Aktionen als ethisch motiviert hinaus, indem er bürgerliches Engagement à la Jacobi als moralischen Imperativ präsentiert.[120] Gnaatz erläutert, die meisten Deutschen, er selbst eingeschlossen, seien einst Idealisten wie Jacobi gewesen, und er hinterfragt ihre Motive für den Rückzug aus dem politischen Aktivismus: »Sind wir wirklich vernünftig geworden oder einfach nur träge?«[121] Durch diese Anfrage suggeriert er, dass jene Deutschen, die sich gegen einen Pfad der radikalen Opposition entschieden haben, dies nicht aus besserem Wissen getan hätten, sondern weil sie fauler, egoistischer oder stärker an materiellen Werten orientiert gewesen seien als die Mitglieder der RAF. Gnaatz impliziert somit, die RAF sei eine der wenigen Gruppierungen gewesen, die einen notwendigen Weg gegangen sind, während der Großteil der Deutschen lethargisch und zu Taten nicht bereit gewesen war. Diese wenig wünschenswerte Einstellung finde sich auch gegenwärtig überall in Deutschland: »Wir sind abhängig von unserem Wohlstand und sind Sklaven unserer Bequemlichkeit.«[122] Gnaatz' Grabrede ist ein Aufruf an seine Zuhörer, sich vom Idealismus der Terroristen sowie von deren Streben nach Veränderung eine Scheibe abzuschneiden.

Weiterhin spricht der Pastor die Frage an, ob die RAF jemals eine wirkliche Gefahr für die deutsche soziale Ordnung dargestellt habe: »Denn eine echte Bedrohung für unser Land – *dies lässt sich im Rückblick doch sagen* – war der Terrorismus der siebziger Jahre wohl nie, und angesichts der aktuellen Ereignisse [der Anschläge am 11. September 2001] mag er uns möglicherweise sogar harmlos erscheinen.«[123]

In der Figur des Pastors Gnaatz analysiert der Roman die RAF im Licht der geschichtlichen Entwicklung seit den 1970ern. Des Pastors Einsicht, die RAF habe niemals eine ernsthafte Bedrohung dargestellt, ist das Ergebnis einer retrospektiven Bewertung – er zieht einen Schluss, der ihm 2001 möglich ist, dies jedoch 1977 nicht gewesen wäre. Im Gegensatz zu Wildenhains Roman »Erste Liebe Deutscher Herbst«, der keinen Bezug auf die 20 Jahre nimmt, die zwischen der erzählten Zeit und dem Zeitpunkt des Erzählens verstrichen sind, hebt »Letzte Vorstellung« den Abstand zwischen der Erzählzeit (und dem Zeitpunkt der Veröffentlichung des Romans) und der Ära, an die die Romanfiguren zurückdenken, deutlich hervor. Auch Glauberg stellt die RAF in einen geschichtlichen Kontext und argumentiert, die RAF sei, im Gegensatz zu Organisationen wie Al-Qaida, als terroristische Gruppe nur von marginaler Bedeutung. Die Mitglieder der RAF bezeichnet er als »gescheiterte Altintellektuelle«, die Terroristen der Al-Qaida aber als »diabolische Fundamentalisten«, die eine weitaus größere Bedrohung für die Gesellschaften des Westens darstellen, als dies die RAF jemals gekonnt hätte.[124] Zwar ist es für die Figuren dieses Romans relativ unproblematisch, zu behaupten, die RAF sei niemals eine Gefahr für die deutsche Gesellschaft gewesen – es ist unklar, ob das einzige im Roman vorkommende RAF-Mitglied je eine andere Person verletzt hat –, jedoch beziehen sich ihre Überlegungen ausdrücklich auf die gesamte RAF und nicht auf Jacobi allein. Weiterhin bestärkt der grausame Mord einer Beamtin an dem sehr sympathisch wirkenden ehemaligen RAF-Mitglied die Darstellung der RAF als Kollektiv harmloser Idealisten, die den Kampf gegen einen gnadenlosen Staat nur verlieren konnten.

Auch Röder, ein Informant aus der linken Szene in Berlin, hält die RAF für vergleichsweise harmlos. Im Gegensatz zu Gnaatz und Glauberg vergleicht er die RAF jedoch nicht mit radikalen islamistischen Bewegungen, sondern mit dem alltäglichen Terror der Großstadt: »Denn Großstädte sind von sich aus brutal und zerstörerisch. Sie zerstören die Umwelt und sie zerstören die Menschen. In den großen Städten verpufft der Terror, weil sie selbst in ihrem Kern terroristische Einrichtungen sind. Orte der unberechenbaren Gewalt. Seelenvernichtungsmaschinen. [...] Die Provinzbevölkerung muss begreifen, dass der Terror nicht das Werk von ein paar Verrückten ist, sondern das logische Produkt der Metropolen. Eine Konsequenz der Zukunft.«[125]

Von einem Mitglied der radikalen Linken ist eine solche Aussage keine Überraschung. Allerdings bestätigt des Erzählers Beschreibung des kalten, kommerzialisierten, unpersönlichen Berlin des 21. Jahrhunderts – kontrastiert mit Glaubergs nostalgischen Erinnerungen an das Berlin der 1970er als warme, einladende Stadt – Röders Bewertung.

In diesem Vergleich gegenwärtiger und zukünftiger Formen des Terrors, aber auch in den Überlegungen anderer Figuren untersucht »Letzte Vorstellung« die Bedeutung des RAF-Terrorismus für die deutsche Gesellschaft der Gegenwart. Der Protagonist Glauberg, der wie zufällig dasselbe Geburtsjahr hat wie der Autor Woelk, beschäftigt sich mit dem Leben seines Halbbruders über das für die Ermittlungen Notwendige hinaus. Sein Interesse erklärt er mit einer Verbindung zwischen den erlangten Einsichten über seinen Bruder und einer wachsenden Selbstkenntnis: »Ich hatte das Bedürfnis, ihn zu verstehen, weil es mir schien, dass ich damit auch ein Stück von mir selbst verstehen würde. Und es kann sogar sein, dass ich eigentlich deswegen hier bin: *nicht um über ihn etwas herauszufinden, sondern über mich.*«[126]

Glaubergs Untersuchung der Vergangenheit seines Bruders kann als Symbol gelten für die deutsche Faszination für die 1970er und für den Versuch der Nach-RAF-Generationen, sich ein Verständnis der deutschen Gegenwart durch eine Auseinandersetzung mit der jüngsten Vergangenheit zu erschließen. Glauberg selbst hat kaum soziale Beziehungen, Interessen oder Ideale. Während seiner Erkundung der Vergangenheit seines Bruders hofft er einerseits darauf, endlich zu verstehen, was für jene Wärme, Leidenschaft und den Aktivismus verantwortlich war, an die sich Glauberg aus den 1970ern erinnert, und andererseits darauf, herauszufinden, warum diese Eigenschaften in seinem eigenen Leben im 21. Jahrhundert fehlen.

Wilke, ein Journalist Anfang dreißig, bietet während seines Verhörs eine Erklärung für die Begeisterung der Deutschen des 21. Jahrhunderts für das Thema RAF und den Linksterrorismus: »Ich glaube, dass wir Deutschen [...] uns sogar sehr für unsere Terroristen interessieren. Ja, davon bin ich überzeugt, denn wir [...] sind ein Volk ohne große Leidenschaften. Wir können uns nicht für den Fortschritt begeistern und nicht für die Liebe, nicht für die

Wissenschaft oder für die Literatur. Es gibt so vieles, an dem wir immer etwas auszusetzen haben: die Zukunft, das Triviale, das Geld oder die Demokratie – ja, nicht einmal mehr für unser eigenes Land, unsere Nation, mögen wir uns so recht erwärmen, weil sie uns zu deutsch ist. […] Die Begeisterung für den Fußball und der Terrorismus sind vielleicht die einzigen leidenschaftlichen Haltungen, die wir in den vergangenen dreißig Jahren hervorgebracht haben – wie sollten wir uns also nicht daran klammern, sei es in der Verehrung oder in der Verachtung?«[127]

Als eine von wenigen Quellen der Spannung und Erregung in der deutschen Gesellschaft und Geschichte eignet sich die RAF, so Wilke, hervorragend für nostalgische Projektionen. Sie ist ein besonders guter Anhaltspunkt einer nationalen Nostalgie, da sie die nostalgischen Bedürfnisse verschiedener Bevölkerungsgruppen gleichzeitig erfüllt. Je nach Bedarf kann die RAF entweder als Symbol einer als idealistisch und revolutionär empfundenen Epoche fungieren, an deren Aufbruchsstimmung man voll Nostalgie zurückdenkt, oder sie kann als Bedrohung von Frieden und Sicherheit in Erinnerung bleiben und somit das nostalgische Gedenken an eine Zeit ermöglichen, als dieser Frieden scheinbar noch aktiv und energisch gegen einen klar definierbaren Feind verteidigt werden konnte. Die von Wilke beschriebene Nostalgie ist die einer Gesellschaft, die keine Ideale oder Überzeugungen mehr zu verteidigen und keine Kämpfe mehr auszutragen hat und die ihren Blick nun sehnsüchtig zurück auf eine Zeit des Aufruhrs und der leidenschaftlichen politischen Auseinandersetzung richtet.

Eine weitere Kategorie nostalgischer Texte zum Thema RAF, die Gruppe der Doku-Fiktionen, integriert den Terrorismus nicht in eine im Vordergrund ablaufende Liebes- oder Detektivgeschichte, sondern sie zeigt sich nostalgisch, indem sie die mysteriösesten Ereignisse aus der Geschichte der RAF in einer Melange aus Fiktion und Dokumentation detailliert nacherzählt.[128] Texte dieser Art beleuchten die wichtigsten – oder sensationellsten – Momente der RAF-Geschichte erneut, führen jedoch keine auf Tatsachen basierende historische Analyse durch. Stattdessen vermischen sie Fakten mit fiktionalen Elementen, höchstwahrscheinlich um die Texte unterhaltsamer zu machen und den nostalgischen Wünschen der Leserschaft entgegenzukommen. Dass es für die Leser und Verfasser dieser Texte in ihrer Beschäftigung mit den erzählten Ereignissen von sekundärer Bedeutung ist, ob diese wirklich stattgefunden haben, zeigt eindeutig, dass in den Motiven für diese Auseinandersetzung die Nostalgie oder der Sensationalismus eine Rolle spielen, jedoch nicht der geschichtliche Wissensdurst. Das Verfassen und Lesen von Doku-Fiktionen ist somit eine Ausgeburt des Wunsches, eine aufregende Zeit erneut zu durchleben, und entstammt keineswegs einem Bekenntnis zu solider historischer Analyse.[129]

Verschiedene Doku-Fiktionen zur RAF wurden von Insidern wie dem RAF-Mitglied Peter-Jürgen Boock oder einem Stammheimer Vollzugsbeamten verfasst oder mitentworfen.[130] Somit können diese Texte als Augenzeugenberichte vermarktet werden und sich als wahrheitsgetreue Wiedergabe dessen verkaufen, was *wirklich* während der Schleyer-Entführung oder in Stammheim geschah. In Wahrheit beschreiben diese Texte jedoch nur, was passiert sein *könnte*, da sie die zur Verfügung stehenden historischen Fakten mit fiktiven Elementen mischen. Historische Tatsachen allein, so scheint es, reichen als Grundlage für diese Erzählungen nicht aus. Boock, z.B., muss sich vollständig auf sein Gedächtnis verlassen, da keine Aufzeichnungen der Situation, die er beschreibt – die sechswöchige Geiselhaft des Hanns Martin Schleyer –, übermittelt sind.[131] Da Boock die exakten Details der Ereignisse vergessen hat, kann seine Wiedergabe der Schleyer-Entführung nicht ohne Fiktion auskommen. Er warnt zu Beginn, seine Erinnerungen seien nicht präzise und seine Erzählung stelle die Ereignisse möglicherweise anders dar, als sie in der Wirklichkeit tatsächlich abgelaufen sind: »Bei dieser dokumentarisch-fiktiven Montage kann ich nicht ausschließen, daß in meiner Erinnerung einige der beschriebenen Situationen zeitlich oder auch inhaltlich durcheinander geraten sind.«[132] Dass Boock sich dennoch zum Verfassen dieser Doku-Fiktion entschlossen hat, zeigt, dass er und sein Verleger die erneute gedankliche Beschäftigung mit dem Deutschen Herbst für wünschenswert und profitabel erachten, unabhängig von der historischen Genauigkeit der Darstellung.

Im Gegensatz zu Boock, der sich nur auf seine Erinnerungen verlässt, verfügt der Vollzugsbeamte Horst Bubeck noch immer über seine Tagebücher aus den 1970ern und ist im Besitz einer umfassenden privaten Sammlung, die aus in Zellen gefundenen Notizen sowie Papieren der Gefängnisverwaltung besteht. Der von Oesterle verfasste Bericht über Bubecks Erfahrungen *könnte* somit ohne Fiktionalisierung auskommen und sich allein auf geschichtliche Quellen stützen. Nichtsdestotrotz klassifiziert sich der Text selbst als »eine Komposition aus Erzählung, literarischer Reportage und historischem Essay«,[133] als ein Werk, das über die Wiedergabe und Analyse historischer Fakten hinausgeht. Um eine Erzählung präsentieren zu können, die einen größeren Unterhaltungswert verspricht als ein »Geschichtsbuch«, muss der Autor den Kern historischer Fakten in einen Mantel erzählerischer Fiktion hüllen und somit eine Doku-Fiktion statt einer Dokumentation schaffen. Indem er den Bericht fiktionalisiert, abstrahiert Oesterle einerseits von der umfassenden Sammlung historischer Dokumente, die er in der Einleitung beschreibt, ergänzt diese aber andererseits auch durch nicht als solche identifizierte Meinungsäußerungen oder stellt unklare Sachverhalte als eindeutig dar. Diese vorsätzliche erzählerische Abweichung von den dokumentierten Tatsachen kann nur den Zweck haben, die Vorstellungskraft des Lesers zu animieren und somit einen Bericht zu erstellen, den der Leser aus nostalgischen Gefühlen für eine Epoche zur Hand nimmt und nicht aus Interesse an geschichtlicher Weiterbildung.

Obwohl Boocks und Oesterles Texte offen zugeben, dass sie Fakt und Fiktion vermischen, weisen sie nicht darauf hin, welche Elemente dokumentarisch und welche fiktiv sind. Diese mangelnde Differenzierung zwingt einen Leser, der die mysteriösen und spannenden Ereignisse nachempfinden möchte, dazu, zu verdrängen, dass nicht alles in diesen Texten Erzählte der Wahrheit entspricht, weil er sich sonst eingestehen müsste, dass möglicherweise genau die aufregendsten Teile die hinzugedichteten sind. Die Selbstdarstellung der Werke erleichtert es dem Leser hierbei, jegliche Zweifel über Bord zu werfen und schlichtweg zu vergessen, dass die Texte auch Erfundenes enthalten: Der Klappentext von Oesterles »Stammheim« bezeichnet die Erzählung als eine »wahre Geschichte«,[134] und auf der Rückseite von »Entführung und Ermordung« ist zu lesen, das Buch »dokumentiert zugleich Höhepunkt und Scheitern des RAF-Terrorismus in der Bundesrepublik Deutschland« – die fiktionalen Elemente bleiben unerwähnt.[135] Durch diese Betonung ihrer Wahrhaftigkeit sowie des Insiderstatus der Verfasser erhalten die Doku-Fiktionen einen Anschein von Unmittelbarkeit, erwecken den Eindruck, endlich die Wahrheit über bisher ungelöste Rätsel der deutschen Geschichte zu erzählen; die Vermischung historischer Tatsachen mit fiktiven Elementen scheint dabei kaum zu stören.

Die RAF eignet sich für die sentimentale Herangehensweise der hier besprochenen Texte[136] aus verschiedenen Gründen. Da die RAF sowie die Reaktion von Medien und Staat seit der Entstehung der Gruppe gesellschaftliche Spannungen und Spaltungen verursachten, hatte wohl jeder in den Jahren 1970 bis 1977 jugendliche oder erwachsene Westdeutsche eine Meinung zur RAF, ob positiv oder negativ, und hat diese Jahre folglich als eine Zeit der emotionalen Intensität im Gedächtnis behalten. Zweitens wurden wichtige mit der RAF zusammenhängende Ereignisse nie vollständig aufgeklärt und schreien somit geradezu nach der Bildung von Legenden. Drittens hat sich die deutsche Gesellschaft nach der traumatischen Erfahrung des Deutschen Herbstes mit dieser jüngsten Vergangenheit ein ganzes Jahrzehnt lang nicht wirklich beschäftigt. Als die Deutschen wieder begannen, über die frühen Jahre der RAF zu sprechen, war nur noch wenig von der ersten RAF-Generation übrig – sowohl personell als auch politisch. Als sich die RAF 1998, zu einem Zeitpunkt, als viele Mitglieder der ersten Generation bereits tot waren, offiziell selbst auflöste, wurden die Deutschen daran erinnert, dass der Linksterrorismus im Begriff war, aus dem Gedächtnis zu verschwinden und zu Geschichte zu werden. Diese Einsicht und der Wunsch, die Erinnerung an diese mysteriöse Phase der deutschen Vergangenheit wiederzubeleben, bevor es zu spät ist, haben meines Erachtens die Nostalgie ausgelöst, die in der neueren Belletristik zu finden ist.

Kombiniert mit den in den vorigen Abschnitten beschriebenen Phänomenen ist dieser literarische Wandel hin zur Nostalgie Zeichen einer sich langsam, aber kontinuierlich verändernden literarischen Beschäftigung mit der *Roten Armee Fraktion* und dem Linksterrorismus. Da die Versuche, die Geschichte der RAF zu verarbeiten und die Bedeutung des Terrorismus für die deutsche Identität zu verstehen – oder diesem eine bestimmte Bedeutung aufzuoktroyieren –, noch lange kein Ende zu nehmen scheinen, ist es wahrscheinlich, dass die Nostalgie nicht der letzte Trend in der RAF-Literatur ist, sondern schon bald anderen Herangehensweisen an den Terrorismus weichen wird.

Resümee

Die heftigen Gegenstimmen zur damals noch in der Planungsphase befindlichen Berliner Kunstausstellung zur RAF, die den Ausstellungsmachern unter anderem eine Romantisierung und Glorifizierung der *Roten Armee Fraktion* vorwarfen,[137] sowie das schnelle Einlenken der Kuratoren und Zugeständnisse bei der Ausstellung machten erneut deutlich, dass sich die deutschen Geister am Thema RAF weiterhin scheiden und dass die Gesellschaft weit von einer reifen Verarbeitung der Geschichte der Gruppe entfernt ist. Die RAF ist von vielen, die Ausstellungsmacher eingeschlossen, als mythologisches Objekt identifiziert worden, jedoch haben sich nur wenige bisher wirklich an ihre historische Deutung herangewagt. Wie dieser Aufsatz zeigt, hat sich auch die *nach* 1977 verfasste Literatur zur RAF kaum für die politischen oder historischen Implikationen des deutschen Terrorismus interessiert. Bis 1977 war es das Ziel der terrorismusbezogenen Literatur gewesen, eine offene Diskussion über die Auswirkungen des Terrorismus und der staatlichen Reaktion auf die deutsche Gesellschaft anzustoßen. Im Gegensatz dazu hat die seit den späten 1980ern entstandene Literatur kaum zu einem Verständnis des Einflusses der RAF auf die soziale und politische Entwicklung Deutschlands beigetragen. Mit einigen wenigen Ausnahmen haben es die Werke, die zu der Zeit geschrieben wurden, als die RAF auf dem Weg war, ein *historisches* Phänomen zu werden, nicht geschafft, in die Fußstapfen jener Literatur zu treten, die entstand, als die RAF noch ein aktiver Teil des Tagesgeschehens war. Anstatt sich, nach einem zehnjährigen literarischen Schweigen zur RAF, mit den Konsequenzen – oder auch mit den Ursachen – des Terrorismus auseinander zu setzen, lösen die Texte aus den Jahren 1988 bis 1996 die persönlichen Geschichten der legendärsten RAF-Mitglieder aus dem politischen Rahmen des Terrorismus. Sie machen die Guerillakämpfer zu ahistorischen Ikonen, anstatt die politische Bedeutung der RAF zu beleuchten oder die Motive der Terroristen zu thematisieren. Die neueste Literatur zur RAF wirft einen nostalgischen Blick auf die frühen Jahre des RAF-Terrorismus und erzählt dabei nur von den sensationellsten – und am besten vermarktbaren – Momenten aus der Geschichte der RAF.

In der hier durchgeführten umfassenden Analyse der Literatur zur RAF zeichnen sich zwei klar erkennbare Kategorien ab, in die sämtliche nach 1987 verfassten Texte fallen: Einer Konzentrierung auf den apolitischen einzelnen Terroristen folgt eine nostalgische ahistorische Romantisierung der 1970er. Diese limitierten literarischen Herangehensweisen an den Terrorismus zeigen, dass die deutsche Öffentlichkeit sich nur sehr selektiv an die RAF erinnern – oder sich diese vorstellen – möchte. Wie die Debatte zur Ausstellung gezeigt hat, löst jeder Versuch, den Rahmen der öffentlichen Beschäftigung mit der RAF zu erweitern und die Beschränkungen der gesellschaftlichen Auseinandersetzung aufzuzeigen, öffentliche Empörung aus. 36 Jahre nach der Gründung der RAF sind die Deutschen offensichtlich noch immer erst am Anfang einer wirklich tiefgehenden und umfassenden Beschäftigung mit ihrer Geschichte des Terrorismus.

1 Der CDU-Abgeordnete Friedrich Vogel bezog sich auf »die Bölls und Brückners«. Deutscher Bundestag, Verhandlungen des Deutschen Bundestages, 6. Wahlperiode, 188. Sitzung, 7. Juni 1972, S. 10986.
2 Ebenda, S. 10985 f.
3 Ebenda, S. 11046.
4 Heinrich Böll, »Will Ulrike Meinhof Gnade oder freies Geleit?«, *Der Spiegel* vom 10. Januar 1972, 26. Jg., Nr. 3, S. 54–57. Heinrich Bölls Kritik richtete sich hauptsächlich an den Axel Springer Verlag, namentlich an die *Bild*-Zeitung, bereits zwischen 1964 und 1978 mit rund 4 Millionen verkauften Exemplaren pro Tag die auflagenstärkste Zeitung Deutschlands. Tobias Fröhlich, »Bild Chronik«, Axel Springer Verlag, www.axelsprin ger.de/inhalte/pressese/inhalte/fotolounge/texte_bild/chronik.htm (2. Februar 2005).
5 Ebenda, S. 30.
6 Ebenda, S. 1.
7 Eckart Spoo, »Schuld sind die ›sogenannten Intellektuellen‹«, *Frankfurter Rundschau* vom 12. September 1977, S. 1.
8 Sowohl der öffentliche Konsens als auch neue Gesetze wie die Paragraphen 88a und 130a des Strafgesetzbuches kriminalisierten die verbale Unterstützung oder Verteidigung bewaffneter Gruppen.
9 Dieses Phänomen wird in vielen Artikeln besprochen. Vgl. z.B. Stefan Reinicke, Das RAF-Gespenst, *die tageszeitung* vom 5. September 2002.
10 Holger In, Eintopf à la Jamaica. Jan Eißfeldt kocht aus Reggae, HipHop und der RAF einen wohlklingenden Protest, *Die Zeit* vom 12. April 2001, 56. Jg., Nr. 16, S. 37.
11 Vgl. Gerd Conradt, Starbuck Holger Meins: Ein Porträt als Zeitbild, Berlin 2001, oder Astrid Proll, Hans und Grete: Die RAF 1967–1977, Göttingen 1998.

12 Stephan Schindler bespricht Kurzprosa und Lyrik bis 1977: Stephan Schindler, Bombige Bücher: Literatur und Terrorismus (1967–77), in: Wendezeiten, Zeitenwenden – Positionsbestimmungen zur deutschsprachigen Literatur 1945–1995, hrsg. von Brigitte Rossbacher, Tübingen 1997. Ein weitreichender Überblick über die RAF-Literatur, der allerdings nicht über das Jahr 1988 hinausgeht, stammt von Walter Delabar: Walter Delabar, »entweder mensch oder schwein« – Die RAF in der Prosa der siebziger und achtziger Jahre, in: Deutschsprachige Literatur der 70er und 80er Jahre: Autoren, Tendenzen, Gattungen, hrsg. von Walter Delabar und Erhard Schütz, Darmstadt 1997. Uwe Schütte widmet sich einer Auswahl von Werken zur RAF aus den Jahren 1988 bis 2001: Uwe Schütte, »Heilige, die im Dunkel leuchten«: Der Mythos der RAF im Spiegel der Literatur nachgeborener Autoren, in: Steve Giles/Maike Oergel (Hg.), Counter-Culture in Germany and Central Europe: From Sturm und Drang to Baader-Meinhof, Bern 2003. Schütte klassifiziert alle Texte aus den Jahren 1988 bis 2001 als Literatur »nachgeborene[r] Autoren«. Ich halte Schüttes Analyse aus zwei Gründen für problematisch: Erstens ordnet er *alle* Autoren, die literarische Texte über die RAF geschrieben haben, zwei verschiedenen »Generationen« zu, wobei er behauptet, nach Alter zu trennen, in Wirklichkeit aber die von diesen Autoren produzierte Literatur als Zuordnungsgrundlage benutzt. So zählt er zwei Schriftsteller, zwischen denen ein Altersunterschied von nur zwei Jahren besteht und die ähnliche prägende Erfahrungen gemacht haben, zu unterschiedlichen Altersgruppen, da sie Werke unterschiedlicher Art geschrieben haben. Zweitens differenziert Schütte nicht weiter zwischen den Texten, die er bespricht, d. h. zwischen den seit 1988 veröffentlichten Werken – für ihn sind sie die Werke »nachgeborener Autoren«. Durch die Aufteilung in zwei Generationen und die Nichtdifferenzierung zwischen Texten von Autoren, die er zur späteren Generation zählt, erreicht er sein offenbares Ziel, nämlich zu zeigen, dass zwei verschiedene Schriftstellergenerationen zwei unterschiedliche Gruppen literarischer Texte über die RAF produziert haben. Meiner Meinung nach ist diese Schlussfolgerung das Ergebnis einer zu großen Vereinfachung, und ich halte eine sorgfältigere Analyse der von ihm besprochenen Werke für notwendig.
13 Hans Magnus Enzensberger, Klare Entscheidungen und trübe Aussichten, in: Klaus Wagenbach u. a. (Hg.), Vaterland, Muttersprache: Deutsche Schriftsteller und ihr Staat seit 1945, Berlin 2004, S. 256.
14 Zu diesem Zeitpunkt fiel die *Gruppe 47* endgültig auseinander – aufgrund gewaltiger Meinungsverschiedenheiten bezüglich der angemessenen Reaktion auf die neue politische Situation.
15 Enzensberger, Klare Entscheidungen, S. 257.
16 Peter Schneider, Über den Unterschied von Literatur und Politik, in: Hermann Peter Piwitt/Peter Rühmkorf (Hg.), *Literaturmagazin,* Heft 5: Das Vergehen von Hören und Sehen: Aspekte der Kulturvernichtung, Reinbek 1976, S. 188–198.
17 Ebenda, S. 195.
18 Der Großteil der Schriftsteller, die zwischen 1970 und 1978 belletristische Literatur über den Terrorismus und die staatliche Reaktion verfassten, war zwischen 1910 und 1930 geboren und somit deutlich älter als die Mitglieder bewaffneter Gruppen. Zudem waren die Schriftsteller zu Beginn der Konfrontation zwischen Guerillagruppen und dem deutschen Staat bereits als Autoren etabliert und lenkten somit zu einem Zeitpunkt, als jede Abweichung von der staatlich diktierten Agenda zum Terrorismus tabu war, öffentliche Aufmerksamkeit auf die staatliche Repression. In den 1970ern verarbeiteten nur wenige Schriftsteller aus der Generation der Guerillakämpfer den Terrorismus in ihren Werken. Peter Schneider ist einer von wenigen Autoren, die zu

Beginn ihrer Karriere über die Studentenbewegung sowie über die gesellschaftlichen Auswirkungen des Terrorismus und seiner Bekämpfung schrieben. Ein solcher Schriftsteller ist auch Friedrich Christian Delius, der wie Peter Schneider an der Studentenbewegung seiner Generation teilnahm.

19 Die Angriffe gegen Erich Fried und mögliche Verbindungen zu seiner Lyrik sind besprochen in Bianca Dombrowa u.a. (Hg.), GeRAFftes: Analysen zur Darstellung der RAF und des Linksterrorismus in der deutschen Literatur, Bamberg 1994.
20 Heinrich Böll, Die verlorene Ehre der Katharina Blum: Wie Gewalt entstehen und wohin sie führen kann, Köln 1974.
21 Peter Schneider, ... schon bist du ein Verfassungsfeind: Das unerwartete Anschwellen der Personalakte des Lehrers Kleff, West-Berlin 1975.
22 Heinrich Böll, Berichte zur Gesinnungslage der Nation, Reinbek 1975. Die Seitenzahlen beziehen sich auf die Ausgabe aus dem Jahre 1977.
23 Jeder Leser wird die ZEITUNG sofort als fiktionalisierte Version der *Bild*-Zeitung erkennen. So gab Böll das reale Vorbild der ZEITUNG auch durch die folgende Erklärung zu erkennen, die am Ende des Buches abgedruckt ist: »Personen und Handlung dieser Erzählung sind frei erfunden. Sollten sich bei der Schilderung gewisser journalistischer Praktiken Ähnlichkeiten mit den Praktiken der Bild-Zeitung ergeben haben, so sind diese Ähnlichkeiten weder beabsichtigt noch zufällig, sondern unvermeidlich.«
24 Die Bezeichnung »Anarchist« ist hier als Terrorismusanklage zu verstehen: Viele RAF-Fahndungsplakate der frühen 1970er waren mit der Überschrift »Anarchistische Gewalttäter« versehen.
25 Heinrich Böll, Nachwort zu Katharina Blum, S. 240.
26 Ebenda, S. 24.
27 Ebenda, S. 49. (Hervorhebung L. T.)
28 Ebenda, S. 259.
29 Ebenda, S. 160.
30 Ebenda, S. 182.
31 Schneider, Verfassungsfeind, S. 22.
32 Ebenda, S. 62.
33 Ebenda, S. 100.
34 Ebenda, S. 97.
35 Böll, Berichte, S. 20.
36 Ebenda, S. 15.
37 Ebenda, S. 27.
38 Hervorhebung Bölls. Ebenda, S. 35.
39 Ebenda, S. 37.
40 Hervorhebung Bölls. Ebenda, S. 38.
41 Hervorhebung Bölls. Ebenda.
42 Alfred Andersch, Artikel 3 (3), in: Empört Euch, der Himmel ist blau, Zürich 1977.
43 Erich Fried, Die Anfrage, in: Gesammelte Werke, hrsg. von Volker Kaukoreit und Klaus Wagenbach, West-Berlin 1993, Bd. 2, S. 260.
44 Erich Fried, Die Unschuldigen im Lande, in: ebenda, S. 270.
45 Erich Fried, Ulrike Meinhofs Selbstmord, in: ebenda, S. 266.
46 Vgl. beispielsweise Peter Paul Zahl, Stammheimer Dialog, in: Der Staat ist eine mündelsichere Kapitalanlage, West-Berlin 1989, S. 37–40; Erich Fried, Der lange Arm der Ungerechtigkeit, in: Gesammelte Werke, Bd. 2, S. 485.
47 Erich Fried, Ein Lied von Rosa und Ulrike, in: ebenda, S. 268.
48 Erich Fried, Bewaffnetes Idyll, in: ebenda, S. 580.
49 Erich Fried, Lebenslänglich, in: ebenda, S. 585.

50 Erich Fried, Wir sind wieder wer, in: ebenda, S. 309; Fried, Die Anfrage.
51 Friedrich Christian Delius, Himmelfahrt eines Staatsfeindes, Reinbek 1992, nachgedruckt in: Deutscher Herbst: Drei Romane in einem Band, Reinbek 1997. Die Seitenzahlen beziehen sich auf die Ausgabe von 1997.
52 Dea Loher, Leviathan, in: Olgas Raum; Tätowierung; Leviathan: drei Stücke, Frankfurt am Main 1994.
53 Leander Scholz, Rosenfest, München/Wien 2001.
54 Unter abstrakt verstehe ich an dieser Stelle, dass keine der Figuren offensichtlich für ein wirkliches RAF-Mitglied steht. Nichtsdestotrotz befinden sich die in diesen Texten vorkommenden Militanten offensichtlich, wenn auch nicht explizit, im Umkreis der RAF oder einer anderen bewaffneten Gruppe der 1970er. Ein Beispiel eines solchen abstrakteren Werkes ist Christian Geissler, Kamalatta: romantisches Fragment, West-Berlin 1989.
55 Für personalisierte Darstellungen der Bedeutung der Bekanntheit der RAF für die Entscheidung Einzelner, am bewaffneten Kampf teilzunehmen, vgl. Andres Veiel, Black Box BRD: Alfred Herrhausen, die Deutsche Bank, die RAF und Wolfgang Grams, Stuttgart 2002, und Margrit Schiller, Es war ein harter Kampf um meine Erinnerung: ein Lebensbericht aus der RAF, Hamburg 1999. Bereits für die Rekrutierung der ersten Generation spielte dies eine Rolle, stärker jedoch für die zweite und dritte Generation.
56 Die meisten staatlichen Studien zum RAF-Terrorismus konzentrieren sich auf Untersuchungen der Psyche der einzelnen RAF-Mitglieder. Vgl. z.B. Herbert Jäger/ Gerhardt Schmidtchen/Lieselotte Süllwold, Lebenslaufanalysen. Analysen zum Terrorismus, Bd. 2, hrsg. vom Bundesministerium des Innern, Opladen 1982.
57 Wolfgang Gast/Gerd Rosenkranz, »Ohne die Gefangenen bräche die RAF zusammen«: Interview mit Christian Lochte, Leiter des Bundesamtes für Verfassungsschutz, *die tageszeitung* vom 9. Dezember 1989.
58 Petra Bornhöft, Als Autonome im Sauerland etabliert, *die tageszeitung* vom 4. April 1989.
59 Antje Vollmer, Konsequenzen aus dem Ende des Terrorismus: Zehn Thesen, *die tageszeitung* vom 18. Juli 1990, S. 10. (Hervorhebung L.T.)
60 »Die Gesellschaft muß den ersten Schritt tun« – Dokumentation der Erklärung von Ernst Käsemann, Antje Vollmer und Martin Walser: Vorschlag zur Eröffnung eines gesellschaftlichen Dialoges – gerichtet an die RAF-Häftlinge, an Justizminister Engelhardt und an Generalbundesanwalt Rebmann, *die tageszeitung* vom 14. Oktober 1987.
61 Der taz-Reporter Gerd Rosenkranz fasst die konservativen Argumente zusammen in: »Zellensteuerung«: Kampfbegriff der Ratlosen, *die tageszeitung* vom 29. August 1990.
62 Gerd Rosenkranz, Die RAF-Heimkehrer aus dem Osten packen aus: Aus dem Innenleben der Guerilla, *die tageszeitung* vom 20. November 1990, S. 3.
63 Zwar hätte es Anlass für eine kritische Beleuchtung der Situation der RAF in den frühen 1990ern gegeben, jedoch standen die kontroversen Aspekte mittlerweile weniger im Rampenlicht der Öffentlichkeit und konnten so nur wenige zeitgenössische Schriftsteller und Leser begeistern. Die anhaltende Gefangenschaft vieler RAF-Mitglieder der ersten und zweiten Generation bewegte ältere Schriftsteller und Künstler, die eine gemeinsame Vergangenheit mit diesen Häftlingen hatten (vgl. Martina Bick/ Thorwald Proll [Hg.], »Die schönste Jugend ist gefangen«: Freiheit für Irmgard Möller in Lyrik und Prosa, Hamburg 1994), jedoch erhielten solche Appelle keine breite Öffentlichkeit. Umstrittene Maßnahmen des Staates gegenüber der dritten Generation, namentlich die Erschießung Wolfgang Grams' in Bad Kleinen, finden erst 2004 Einzug in die belletristische Literatur.

64 Für Scholz' Erläuterung seines Interesses an der RAF vgl. Volker Weidermann, »Sie kämpften. Wir wissen nicht warum«, *die tageszeitung* vom 15. Februar 2001. Scholz nennt u. a. das Gefühl, zu spät geboren worden zu sein und in einer Zeit zu leben, die den 1970ern unterlegen sei.
65 Sandra Umathum, Unglückliche Utopisten, in: Interessengemeinschaft Theater der Zeit (Hg.), Stück-Werk 3, Neue deutschsprachige Dramatik, Berlin 2001, S. 101–105.
66 Beispiele solcher sensationsheischender Behandlung jeder Information über die RAF-Gründer sind zu finden in Wieland Freud, Irgendwo lebt ein Mensch, dessen Vater Andreas Baader ist, *Die Welt* vom 17. November 2003, und RAF: Das Gehirn des Terrors, *Spiegel Online*, 8. November 2002, Panorama, http://service-spiegel.de/digas/servlet/find/ON=spiegel222124 (15. Juni 2006).
67 Delius, Himmelfahrt, S. 458.
68 Ebenda, S. 439.
69 Ebenda, S. 480.
70 Ebenda, S. 444.
71 Ebenda, S. 667.
72 Ebenda, S. 496.
73 Ebenda, S. 690.
74 Ebenda, S. 690f.
75 Ebenda, S. 696.
76 Ebenda, S. 460.
77 Ebenda, S. 547.
78 Loher, Leviathan, S. 229.
79 Hilke Veth, »So nennen wir den Staat«, *die tageszeitung* vom 5. Oktober 1993.
80 Eva-Maria Magel, Schauspiel: »Leviathan« – Ringen um die richtige Art von Glück – Hinter Marie steckt Ulrike Meinhof: Simone Blattner inszeniert Dea Lohers Stück über einen Moment der Entscheidung, *Frankfurter Allgemeine Zeitung* vom 24. Januar 2005.
81 Irene Bazinger, RAF trainiert für Karneval – Die Politik bleibt links liegen: Dea Lohers schöner, schneller »Leviathan« im bat-Studiotheater, *Frankfurter Allgemeine Zeitung* vom 6. März 2003.
82 Andreas Rossmann, Wucht zur Tragödie – Wille zur Party: Dea Lohers Stück »Leviathan« in Hannover uraufgeführt, *Frankfurter Allgemeine Zeitung* vom 7. Oktober 1993.
83 Loher, Leviathan, S. 157.
84 Ebenda, S. 167.
85 Ebenda, S. 216.
86 Ebenda, S. 224f.
87 Magel, Schauspiel: »Leviathan«, S. B3; Rossmann, Wucht zur Tragödie, S. 37.
88 Scholz, Rosenfest, S. 247. Scholz schreibt diesen Satz dem amerikanischen Autor Don DeLillo zu.
89 Niels Werber, Der Teppich des Sterbens: Gewalt und Terror in der neusten Popliteratur, in: *Weimarer Beiträge*, 49. Jg., 2003, Heft 1, S. 55–69.
90 Lorenz Jäger, Terror und Stil – Wir basteln eine RAF: »Rosenfest« von Leander Scholz, *Frankfurter Allgemeine Zeitung* vom 13. Februar 2001.
91 Dirk Knipphals, Die Terroristin Meinhof kommt nicht mehr vor, *die tageszeitung* vom 9. Mai 2001.
92 Peter Zander, Hendrik Werner und Reinhard Wengierek, Die »Rote Armee Fraktion« in Film, Theater und Literatur, *Die Welt* vom 24. Juli 2003, http://www.welt.de/data/2003/07/24/139736.html?search=RAF+film+theater+literatur&search-HILI=1 (5. Januar 2005).

93 Scholz, Rosenfest, S. 161.
94 Jäger, Terror und Stil, S. 50.
95 Scholz zitiert wiederholt wörtlich aus deutschen Zeitungsartikeln über Ereignisse wie Che Guevaras Tod, den Kaufhausbrand oder das Attentat auf Rudi Dutschke.
96 Auf der letzten Seite des Buches gibt Scholz seiner Absicht Ausdruck, über Baader und Ensslin ernsthaft nachzudenken und diesen gerecht zu werden. So schreibt er: »Dieser Text ist ein fiktionaler, auch wenn seine Protagonisten reale Personen waren. Ihnen ist er gewidmet.«
97 Die prominentesten Filme dieser Art sind »Deutschland im Herbst« (1978) und »Die Bleierne Zeit« (1981).
98 Christiane Grefe, »Damals war noch was los«, Interview mit John von Düffel, *Die Zeit* vom 31. August 2000, 55. Jg., Nr. 36, S. 5.
99 Beispiele der Popliteratur zum Thema Terror sind Joachim Bessing, Wir-Maschine, Stuttgart 2001; Marc Fischer, Eine Art Idol, Köln 2001; Tim Staffel, Terrordrom, Berlin 1999.
100 Werber, Der Teppich des Sterbens, S. 64.
101 Ulrich Woelk, Die letzte Vorstellung, Hamburg 2002; Wolfgang Mock, Der Flug der Seraphim, Leipzig 2003.
102 Michael Wildenhain, Erste Liebe Deutscher Herbst, Frankfurt am Main 1997; Gerhard Seyfried, Der schwarze Stern der Tupamaros, Frankfurt am Main 2004.
103 Außer Uwe Schütte, der Wildenhains Roman in »Heilige, die im Dunkeln leuchten« kurz erwähnt, hat sich noch kein Wissenschaftler mit diesen Texten beschäftigt.
104 Der Literaturwissenschaftler Uwe Schütte schätzt den Roman ähnlich ein: »Vielmehr bleibt die Stadtguerilla aufgrund der klaren Unterordnung unter die Ebene des Entwicklungsromans ein fast schon beliebiges Versatzstück, da der Roman, mit minimalen Änderungen, auch im Jahre 1968 hätte spielen können.« Schütte, »Heilige, die im Dunkel leuchten«, S. 360.
105 Klaus Farin, »Literatur soll ja keine Diskurse abbilden« – Gespräch mit Michael Wildenhain und Raul Zelik, *die tageszeitung* vom 25. September 1997.
106 Wildenhain, Erste Liebe, S. 9.
107 Die Tatsache, dass der Erzähler namenlos bleibt und somit nicht erkennbar von Wildenhain zu unterscheiden ist, sowie ihr ähnliches Alter tragen weiter zur Fusion zwischen Autor und Erzähler bei.
108 Wildenhain, Erste Liebe, S. 164.
109 Ebenda, S. 171f.
110 Schütte, »Heilige«, S. 359.
111 Wildenhain, Erste Liebe, S. 104.
112 Ein Beispiel eines Romanes, der sich der RAF und den 1970ern auf sehr ähnliche Weise nähert wie »Erste Liebe«, ist Gerhard Seyfrieds Der schwarze Stern der Tupamaros (2004). In dieser Liebesgeschichte, die von ihrem männlichen Protagonisten rückblickend erzählt wird, wird die Freundin des Erzählers auf tragische Weise in den bewaffneten Kampf verwickelt, wobei weder ihre politischen Motive noch ihre genauen Aktivitäten jemals offen gelegt werden. In Seyfrieds Roman fungiert der bewaffnete Kampf als ominöse Macht, die aus dem Nichts heraus junge Menschen verschlingt oder zumindest belastet, obwohl der Grad ihrer Verbindung zu bewaffneten Gruppen ungeklärt bleibt.
113 Diese autobiografische Komponente kann in den meisten Romanen zur RAF gefunden werden, die zwischen 1997 und 2005 veröffentlicht wurden. So hätte Seyfried, ein ehemaliger linker Comic-Autor, zur Handlungszeit seines Romans dasselbe Alter gehabt wie sein Erzähler. Woelk war 1977 17 Jahre alt und somit genauso

alt wie sein Protagonist. »Die Bibliothek des Attentäters« von Franz-Maria Sonner, Jahrgang 1953, bedient sich zweier Zeitebenen, um von den Mordplänen eines Mannes zu erzählen, der in den 1970ern Anfang 20 war – genau wie Sonner selbst – und der als alternder Journalist und Romanautor in den 1990ern ermordet wird.

114 Woelk, Letzte Vorstellung, S. 302.
115 Ebenda, S. 80.
116 Ebenda, S. 82.
117 Ebenda, S. 153.
118 Ebenda, S. 87.
119 Ebenda, S. 269f.
120 Ebenda, S. 271.
121 Ebenda.
122 Ebenda, S. 272.
123 Ebenda, S. 269. (Hervorhebung L. T.)
124 Ebenda, S. 226.
125 Ebenda, S. 135f.
126 Ebenda, S. 255. (Hervorhebung L. T.)
127 Ebenda, S. 180f.
128 Ich beziehe mich hier ausschließlich auf Werke, die sich selbst ausdrücklich als Doku-Fiktionen bzw. als dokumentarische Fiktion oder dokumentarische Erzählung bezeichnen oder auf andere Weise klarstellen, dass sie Melangen aus Fakt und Fiktion sind.
129 Die deutsche Öffentlichkeit hat auf das Genre der Doku-Fiktion enthusiastisch reagiert: Heinrich Breloers »Todesspiel« hatte bei seiner Erstausstrahlung im deutschen Fernsehen fünf Millionen Zuschauer. Vgl. Helmut Schmidt, »Ex-Terroristen die Hand reichen? Nein!« – Gespräch mit Helmut Schmidt über den deutschen Herbst 1977 und die Folgen, Interview, *Die Zeit* vom 4. Juli 1997, 52. Jg., Nr. 28, S. 8.
130 Peter-Jürgen Boock, Die Entführung und Ermordung des Hanns Martin Schleyer. Eine dokumentarische Fiktion von Peter-Jürgen Boock, Frankfurt am Main 2002; Kurt Oesterle, Stammheim. Die Geschichte des Vollzugsbeamten Horst Bubeck, Tübingen 2003.
131 Obwohl die Schleyer-Entführer alle Unterhaltungen mit ihrer Geisel auf Kassette aufgenommen haben sollen, bleiben diese Kassetten unauffindbar, und auch Boock behauptet, deren Versteck nicht zu kennen.
132 Boock, Entführung und Ermordung, S. 11.
133 Oesterle, Stammheim, Klappentext.
134 Oesterle, Stammheim, Umschlagtext.
135 Boock, Entführung und Ermordung, Umschlagtext.
136 Hier schließe ich auch Leander Scholz' »Rosenfest« mit ein, das ich im zweiten Abschnitt besprochen habe. Im Unterschied zu den anderen Werken, die sich auf einzelne RAF-Mitglieder konzentrieren, wie »Himmelfahrt eines Staatsfeinds« oder »Leviathan«, offenbart »Rosenfest« in seiner Beschäftigung mit einzelnen Terroristen starke Nostalgie nach der Zeit, in der seine Erzählung spielt. Daraus wird deutlich, dass der Übergang von der im zweiten Abschnitt beschriebenen Perspektive zur RAF zur Nostalgie dieses Abschnittes fließend ist und dass einzelne Werke auch Eigenschaften beider Gruppen aufweisen. Somit sind *alle* belletristischen Werke zur RAF, die seit 1997 veröffentlicht wurden, auf irgendeine Weise nostalgisch.
137 Vgl. Lars-Broder Keil/Helmut Breuer/Birgit Warnhold, RAF-Ausstellung: Chef räumt Fehler ein, *Die Welt* vom 24. Juli 2003.

Zu den Autorinnen und Autoren

Christopher Daase, Dr. phil., Professor für Internationale Politik am Geschwister-Scholl-Institut für Politische Wissenschaft an der Universität München.

Andreas Elter, Dr. phil., Professor für Journalistik an der Macromedia Fachhochschule der Medien, Historiker und Medienwissenschaftler; arbeitet zudem als fest angestellter TV-Journalist in Köln. Forschungsschwerpunkte: Politische Kommunikation und Propaganda sowie Bildtheorien und visuelle Kommunikation.

Henner Hess, Dr. phil., Professor emeritus an der Universität Frankfurt am Main.

Martin Jander, Dr. phil., Historiker und Journalist, unterrichtet im Berlin-Programm der New York University (NYU). Forschungsschwerpunkte: Nationalsozialismus und die Geschichte der beiden deutschen NS-Folgestaaten.

Wolfgang Kraushaar, Dr. phil., Politologe, wissenschaftlicher Mitarbeiter am Hamburger Institut für Sozialforschung.

Herfried Münkler, Dr. phil., Politikwissenschaftler, Professor für Theorie der Politik am Institut für Sozialwissenschaften an der Humboldt-Universität Berlin. Forschungsschwerpunkte: Politische Theorie, Ideengeschichte und Theorie des Krieges.

Alexander Straßner, Dr. phil., Akademischer Rat z. A. am Institut für Politikwissenschaft der Universität Regensburg.

Luise Tremel, M. A., Studium der Geschichte und Literaturwissenschaften in Harvard und London, arbeitet als wissenschaftliche Referentin für Zeitgeschichte bei der Bundeszentrale für politische Bildung.

Rudolf Walther, Dr. phil., Studium der Geschichte und Philosophie in Basel und Frankfurt, 1977–1994 wissenschaftlicher Redakteur und Mitarbeiter des Lexikons »Geschichtliche Grundbegriffe«. Seither freier Publizist, lebt in Frankfurt.

Tobias Wunschik, Dr. phil., Studium der Politikwissenschaft, Psychologie und Soziologie in München und Berlin, seit 1993 Mitarbeiter der Bundesbeauftragten für die Stasi-Unterlagen (BStU), Abteilung Bildung und Forschung.